समाजशास्त्र विश्वकोश
Encyclopaedia of Sociology

समाजशास्त्र विश्वकोश

Encyclopedia of Sociology

(पूर्णतः संशोधित एवं परिवर्द्धित)

हरिकृष्ण रावत

रावत पब्लिकेशन्स

जयपुर • नई दिल्ली • बैंगलोर • गुवाहाटी • कोलकाता

ISBN 978-81-7033-447-7 (Hardback)
ISBN 978-81-7033-44[illegible] (Paperback)

Reprinted, 2022

Published by
Prem Rawat for **Rawat Publications**
Satyam Apts., Sector 3, Jawahar Nagar, Jaipur - 302 004 (India)
Phones: 0141 265 1748 / 265 7006
E-mail : info@rawatbooks.com
Website: rawatbooks.com

New Delhi Office
4858/24, Ansari Road, Daryaganj, New Delhi 110 002
Phone: 011-23263290

Also at *Bangalore, Guwahati* and *Kolkata*

Typeset by Rawat Computers, Jaipur
Printed at Nice Printing Press, New Delhi

प्रस्तुत संस्करण की बात

इस कोश का प्रकाशन प्रथम बार लगभग बारह वर्ष पूर्व हुआ था। तदनन्तर इसका पुनर्मुद्रण अवश्य हुआ, किन्तु किन्हीं कारणों से इसमें आवश्यक संशोधन, परिवर्द्धन और परिष्कार नहीं हो पाया। पिछले कुछ वर्षों में समाजशास्त्र सहित ज्ञान की सभी विधाओं में ढेर सारे नये सिद्धान्तों, उपागमों और अवधारणाओं के सृजन के साथ पुरानी अवधारणाओं और सिद्धान्तों में नये ज्ञान के संदर्भ में काफी परिमार्जन और परिष्करण हुआ है। इसी तथ्य को मध्यस्थ रखते हुए इस कोश के संशोधित संस्करण की आवश्यकता का अनुभव किया जा रहा था। इधर प्रकाशक, मेरे लघु भ्राता श्री कैलाश रावत का भी संशोधित संस्करण के लिये दबाव बढ़ता गया। इस संस्करण को न केवल संशोधित करने के साथ-साथ अद्यतन बनाने की पूरी कोशिश की गई है, साथ ही समय-समय पर विद्वान प्राध्यापकगण से प्राप्त सुझावों को भी यथास्थान समावेश कर कोश को अधिकाधिक उपयोगी बनाने का प्रयास किया गया है। किन्तु ज्ञान की अपार सीमा और निरन्तर दिन-प्रतिदिन इसमें हो रही अप्रतिम वृद्धि के कारण ज्ञान को जुटाने का हर प्रयास बौना हो जाता है। समाजशास्त्र के क्षेत्र में भी पिछले कुछ वर्षों में ढेर सारी शोध सामग्री एवं साहित्य का प्रकाशन हुआ है। इसे देखते हुए मेरा यह प्रयास तो अत्यन्त लघुत्तर है।

हरिकृष्ण रावत

आनन्द भवन
डिग्गी मोहल्ला
ब्यावर (राज.)

अपनी बात

सामाजिक विज्ञानों की शृंखला में समाजशास्त्र अपेक्षाकृत एक नया विज्ञान है। इसकी आधारशिला फ्रांस में रखी गई, किन्तु इसके कलेवर को सजाने-संवारने में, प्रारंभ में पश्चिम के देशों ने महत्वपूर्ण भूमिका अदा की है। इस विज्ञान का सर्वाधिक विस्तार एवं प्रसार अमेरिका में हुआ। यही कारण है कि कुछेक टिप्पणीकारों ने तो इसे एक 'अमरीकी विज्ञान' की ही संज्ञा दे दी। भारत में ज्ञान की इस शाखा की औपचारिक शुरुआत इस शताब्दी के प्रारंभिक वर्षों में सन् 1919 के आसपास हुई। अन्य विज्ञानों की भांति इसका अध्ययन-अध्यापन भी एक लम्बे अर्से तक आंग्ल भाषा में होता रहा। स्वतन्त्रता के बाद आंग्ल भाषा के प्रति बढ़ते हुए विमोह ने भारतीय भाषाओं—विशेषतः हिन्दी भाषा में, विभिन्न विज्ञानों के साहित्य सृजन की विधा को प्रोत्साहित किया। फलस्वरूप समाजशास्त्र के क्षेत्र में भी हिन्दी में ढेर सारी पाठ्य पुस्तकों का प्रणयन हुआ, किन्तु एक ऐसी पुस्तक का अभाव खटकता रहा जो इस विषय के पाठकों तथा एक सामान्यजन को समाजशास्त्र का ज्ञान अति संक्षेप में सार रूप में दे सके। प्रस्तुत ग्रंथ इसी अभाव की पूर्ति का एक लघुत्तर प्रयास है।

समाजशास्त्र-कोश की योजना की पूर्ति तीन खंडों में होगी। प्रथम खंड में समाजशास्त्र तथा इसके अति निकटस्थ सामाजिक विज्ञान यथा सामाजिक मानवशास्त्र, सामाजिक मनोविज्ञान आदि की मूलवर्ती पाश्चात्य अवधारणाओं एवं संकल्पनाओं के साथ-साथ बहुचर्चित उपागमों का संक्षेप में वर्णन-विवेचन किया गया है। द्वितीय खंड में सामाजिक विचारकों एवं समाज वैज्ञानिकों के व्यक्तित्व एवं कृतित्व पर समालोचनात्मक टिप्पणी प्रस्तुत की गई है। कोश के तृतीय खंड में मानव व्यवहार की व्याख्या करने वाले विभिन्न सिद्धान्तों के तुलनात्मक अध्ययन की योजना है।

प्रस्तुत कोश की प्रकृति मूलतः परिभाषात्मक है। समाजशास्त्र विविध क्षेत्रों में प्रचलित अवधारणाओं का उनके ऐतिहासिक परिप्रेक्ष्य में विवेचन के साथ-साथ उनके अर्थ-निरूपण एवं स्वरूप-निर्धारण का यत्न भी किया गया है। एक नवीन विज्ञान होने के कारण समाजशास्त्र की कई संकल्पनाओं के अर्थ अभी तक पूर्णतः सुनिश्चित नहीं हो पाए हैं। अतः संकल्पनाओं के अर्थ-निर्धारण हेतु जहां-तहां प्रख्यात समाजशास्त्रियों के विचारों को भी उदधृत किया गया है। मूल आंग्ल अवधारणाओं के लिए हिन्दी में समानार्थक शब्दों के सुनिश्चित न होने के कारण कोश में प्रविष्टियों का क्रम आंग्ल भाषा की वर्णमाला के अनुसार ही रखा है। कोश में प्रयोग किए गए हिन्दी समानार्थक शब्दों के चयन के लिए शिक्षा मंत्रालय, भारत सरकार द्वारा प्रकाशित शब्दावली तथा समकालीन समाजशास्त्रीय

हिन्दी जगत में प्रयुक्त शब्दावली की सहायता ली गई है। किसी एक प्रविष्टि का अन्यत्र वर्णन किए जाने के लिए बराबर का चिन्ह (=) दिया गया है, ताकि पाठक उस प्रविष्ट का अर्थ बराबर के चिन्ह के सामने दी गई प्रविष्ट में देखें।

शब्दकोश में शब्द ढूंढ़ने की क्रिया बहुत ही सरल है। यदि आप आंग्लभाषा के शब्द का अर्थ व विवेचन जानना चाहते हैं तो शब्द कोश में इसी क्रम में शब्दों को समायोजित किया ही गया है तथा अंत में इसी क्रम से आंग्ल शब्द सूची दी गई है जिसके सामने उनके हिन्दी अर्थ भी हैं। यदि आपको सिर्फ हिन्दी में ही अवधारणा का ज्ञान है तथा उसी आधार पर आप उसका आंग्ल अर्थ व विवेचन जानना चाहते हैं, तो इसके लिए हिन्दी शब्दी सूची भी अंत में अलग से संलग्न की गई है तथा उसके आगे शब्दों की पृष्ठ संख्या अंकित है। आप अपनी हिन्दी अवधारणा को हिन्दी वर्णक्रमानुसार देखकर, उस शब्द के सम्मुख अंकित पृष्ठ खोलें, आपको अपनी जिज्ञासा का समुचित उत्तर प्राप्त हो जाएगा।

इस कोश की योजना की प्रेरणा मुझे मेरे लघु भ्राता श्री कैलाश रावत से मिली जिन्होंने इसके प्रकाशन का दायित्व भी अपने कंधों पर लेना स्वीकार किया। इनकी प्रेरणा व अथक परिश्रम के बिना यह 'समाजशास्त्रीय-सुमन' प्रस्फुटित नहीं हो पाता। इस योजना को साकार रूप देने तथा इसके प्रथम खंड को आपके सामने इस रूप में प्रस्तुत करने में मेरे शिष्य एवं सहयोगी श्री रामप्रसाद कुमावत ने मुझे जो अपने अमूल्य सुझावों एवं प्रयत्नों से लाभान्वित किया है उसके लिए मैं उनका हृदय से आभारी हूं। मैं अपने अभिन्न मित्र श्री श्रीकृष्ण अग्रवाल तथा शिष्य-सहयोगी डॉ. एस. एल. जैन को भी धन्यवाद दिए बिना नहीं रह सकता जिन्होंनं हर समय मेरे लेखन कार्य को प्रोत्साहित किया है।

यह अपने प्रकार का मेरा प्रथम प्रयास है। अतः इसमें दुर्बलताएं-अक्षमताएं होना संभव है। किन्तु मेरा विश्वास है कि निरन्तर ऐसे प्रयासों द्वारा परिष्कार एवं पूर्णता में अभिवृद्धि होती रहती है। समाजशास्त्रीय साहित्य के व्यापक अध्ययन से समृद्ध ज्ञान युक्त प्रबुद्ध पाठक अपनी बौद्धिकता की पैनी दृष्टि से इस पुस्तक को गुजारते हुए अपने सुझाव/सृजनात्मक निर्देश देकर पुस्तक के अगले संस्करण को अधिक परिष्कृत बनाने में अपना सहयोग प्रदान करेंगे, ऐसी मेरी अपेक्षा है।

आनन्द भवन
डिग्गी मोहल्ला
ब्यावर (राज.)

हरिकृष्ण रावत

A

aberrant behaviour **विपथगामी व्यवहार**

सामान्य व्यवहार से हठकर किये गये अनियमित एवं अपचारी व्यवहार को विपथगामी व्यवहार कहा जाता है। **रॉबर्ट मर्टन** ने लिखा है कि विपथगामी व्यवहार एक ऐसा व्यवहार है जिससे किसी कानून अथवा किसी मानदंड (नार्म) का गुप्त/प्रच्छन्न रूप से तथा मुख्यतः व्यक्तिगत लाभ की दृष्टि से उल्लंघन होता है। यह नवाचार विचलन (इन्नोवेटिव डिविएन्स) का रूप भी धारण कर सकता है। नवाचार विचलन से तात्पर्य ऐसे अपचारी साधनों से है जिनका प्रयोग सांस्कृतिक अनुमोदित लक्ष्यों की पूर्ति हेतु किया जाता है (जैसे, आर्थिक सफलता प्राप्ति हेतु टैक्स चोरी करना) या पलायन (रिट्रीटिज्स) अर्थात् सामाजिक जीवन को पूर्णतः तिलांजलि देना तथा सामाजिक आदर्श नियमाचारों (मानदंडों) तथा मूल्यों को अस्वीकार करना है। इसमें वे व्यक्ति आते हैं जो मादक दवा (ड्रग) उपसंस्कृति को अपना लेते हैं, वे न केवल सामाजिक नियमों को अस्वीकार करते हैं, अपितु ऐसे व्यक्तियों की दृष्टि में वे ही सर्वाधिक महत्वपूर्ण मूल्य होते हैं।

विपथगामी व्यवहार और असंगत व्यवहार (नॉन कन्फार्मिग बिहेविअर) में अन्तर है। सामान्यतः असंगत व्यवहार से तात्पर्य ऐसे व्यवहारों से है जिससे सामाजिक मानदंडों का सार्वजनिक उल्लघंन होता है और जो बहुधा सामाजिक परिवर्तन लाने के उद्देश्य से प्रेरित होते हैं। राजनीतिक या धार्मिक असहमति प्रकट करने वालों के विचलन व्यवहार इसी श्रेणी में आते हैं। इसके विपरीत, असामान्य लैंगिक क्रियाएं जो सामान्यतः गुप्त रूप में सम्पादित की जाती हैं, विपथगामी व्यवहार का एक उदाहरण है। असंगत व्यवहार करने वाला व्यक्ति प्रतिमानों (लक्ष्य और/या साधन) की वैधता पर आपत्ति करता है तथा वर्तमान प्रतिमानों को सार्वजनिक रूप से अस्वीकार करके उन्हें नये प्रतिमानों द्वारा बदलने की सिफारिश करता है। इसके विपरीत, विपथमागी व्यक्ति न तो प्रतिमानों की न्यायिकता को चुनौती देता है और न ही पुराने प्रतिमानों को नये-प्रतिमानों से बदलने पर बल देता है।

aboriginal **आदिवासी**

किसी देश-प्रदेश के वे लोग, जो आदिकाल से वहां निवास कर रहे हैं, उन्हें उस देश-प्रदेश का आदिवासी कहा जाता है। आदिवासी उस देश-प्रदेश के मूल निवासी होते हैं।

abstracted empiricism **अमूर्त अनुभववाद**

सी. डब्ल्यू. मिल्स के अनुसार, जब समाजशास्त्रीय तथ्य-सामग्री (डाटा) को बिना किसी सैद्धान्तिक ढ़ांचे को विकसित किये मात्र संकलन के उद्देश्य से ही संकलित किया जाता है, तब यह विधि अमूर्त अनुभववाद कहलाती है। वास्तव में, यह सैद्धान्तिक ढ़ांचा (फ्रेमवर्क) ही होता है जो तथ्यों को अर्थ एवं महत्ता प्रदान करता है। मिल्स, समाजशास्त्र में इस बात को लेकर, विशेषतः द्रुतगति से चालित कम्प्यूटरों के आगमन से चिन्तित थे कि कहीं समाजशास्त्र विचारहीन और अर्थहीन सूचनाओं का मात्र एक अरण्यक न बन जाये। उन्होंने इस आधार पर वृहद् सिद्धान्तों (ग्रेंड थिअरिज़) की भी कटु आलोचना की और कहा कि ये सिद्धान्त वास्तविक संसार के संकलित तथ्यों पर आधारित न होने के कारण इतने अमूर्त एवं अव्यावहारिक हैं कि इनकी महत्ता मात्र सिद्धान्तशास्त्रियों के अतिरिक्त अन्य व्यक्तियों के लिये नगण्य है। मिल्स के अनुसार, अमूर्त अनुभववाद के प्रमुख प्रणेता **पॉल लेजार्सफेल्ड** रहे हैं।

accommodation **समंजन**

सामाजिक समायोजन की एक ऐसी प्रक्रिया को समंजन कहते हैं जिसके द्वारा संघर्षरत व्यक्ति अथवा समूह स्थायी रूप में अथवा कुछ समय के लिए शांतिपूर्ण अन्तर्क्रिया द्वारा संघर्ष को रोकना या टालना स्वीकार करते हैं। समंजन की स्थिति 'शांतिपूर्ण सहअस्तित्व' को प्रकट करती है। इस स्थिति में संघर्ष पूर्णतः समाप्त नहीं होता, अपितु बाह्य रूप में समाप्त हुआ दिखाई देता है। किन्तु आन्तरिक रूप में इसकी ज्वाला भभकती रहती है जो कभी भी दशाओं में परिवर्तन के साथ पुनः प्रज्वलित हो सकती है। समंजन में व्यक्ति अथवा समूह केवल उन मनोभावों को छोड़ने का यत्न करते हैं जिनसे संघर्ष उत्पन्न होने की आशंका रहती है, किन्तु वे अपने पृथक अस्तित्व तथा मनोभावों को बनाए रखना पसंद करते हैं।

account **विवरण/वृतांत**

समाजशास्त्रीय साहित्य में इस अवधारण का प्रयोग बहुआ अपचार/विपथगामी (डिविएन्ट) व्यवहार के संदर्भ में किया गया है। सामान्य रूप में लेखाजोखा या हिसाब-किताब के संदर्भ में प्रयोग की जाने वाली 'एकाउण्ट' की अवधारण से समाजशास्त्रीय जगत में कोई सरोकार नहीं है। सामाजिक अन्तर्क्रिया में एक विवरण या वृतांत से तात्पर्य ऐसे स्पष्टीकरण से है जो एक व्यक्ति दूसरे व्यक्तियों द्वारा पूंछने पर अपने व्यवहार के लिये देता है। उदाहरणार्थ, एक व्यक्ति दफ्तर में अपने देरी से आने के लिये या किसी कानून का उल्लंघन करने पर जो स्पष्टीकरण देता है, समाजशास्त्रीय भाषा में इसे 'विवरण' या 'वृतांत' कहते हैं। स्पष्टीकरणों के कई भिन्न रूप हो सकते हैं। छोटी-मोटी बातों को लेकर अपने मित्रों को दिये गये स्पष्टीकरणों का जहां रूप अनौपचारिक होता है, वहां गंभीर अपराधों के आरोपों से बचने के लिये दिये गये कानूनी स्पष्टीकरण नितांत औपचारिक होते हैं। संक्षेप में, विवरण या वृतांत वे स्पष्टीकरण हैं जिसे एक व्यक्ति अपनी किन्हीं क्रियाओं/व्यवहारों के दायित्व एवं/अथवा दंड से बचने के लिये देता है। **जी. स्याक्स एवं डी. मट्ज़ा** ने इस संदर्भ

में "निष्प्रभावीकरण की तकनीकों" की एक अवधारणा को उन विधियों के विश्लेषण हेतु विकसित किया है जिनके द्वारा विपथगामी व्यक्ति अपने व्यवहार के औचित्य को सिद्ध करने का प्रयास करता है।

ऐसे विवरण समाजशास्त्रीय दृष्टि से बड़े महत्वपूर्ण होते हैं। इन विवरणों के द्वारा हम दूसरे व्यक्तियों की आँखों में अपनी एक छवि बनाते हैं जिसके द्वारा हम अपने प्रति उनके बोध, प्रत्याशाओं, अभिवृतियों, और व्यवहारों को प्रभावित करते हैं।

acculturation **पर-संस्कृतिग्रहण**

संस्कृति-सम्पर्क द्वारा होने वाले परिवर्तनों की प्रक्रिया को पर-संस्कृति-ग्रहण कहते हैं। इस प्रक्रिया में एक संस्कृति दूसरी संस्कृति के तत्त्वों को स्वेच्छा से अथवा दबाव से ग्रहण करती है। इस प्रक्रिया के उद्‌भव का इतिहास आदिवासीय संस्कृति का आधुनिक समाजों की संस्कृति के साथ सम्पर्क से जुड़ा हुआ है। प्रारम्भ में, इस अवधारण का प्रयोग इस सम्पर्क के फलस्वरूप आदिवासीय संस्कृति में होने वाले परिवर्तनों के लिए किया गया, किन्तु यह एक द्विवर्ती या उभयपक्षीय प्रक्रिया है जिसमें सम्पर्क में आई हुई दोनों संस्कृतियों के बीच न्यूनाधिक मात्रा में सांस्कृतिक तत्त्वों, लक्षणों एवं संकुलों का आदान-प्रदान होता है। इस प्रक्रिया के फलस्वरूप आधुनिक समाजों पर आदिवासीय संघात को कई क्षेत्रों में देखा जा सकता है।

acculturation, contra **प्रति पर-संस्कृतिग्रहण**

यह एक ऐसी प्रक्रिया है जिसमें अधिशासित संस्कृति सर्वप्रथम पूर्णतः छिन्न-भिन्न हो जाती है। बाद में इसमें अपनी खोई हुई व्यक्तिगतता की प्रतिक्रिया के फलस्वरूप उभार आता है। इस प्रतिक्रिया को ही प्रति पर-संस्कृतिग्रहण कहते हैं। भारत में नागा-आंदोलन, झारखंड-आंदोलन इसी प्रक्रिया के उदाहरण हैं।

acephalous **शिरोहीन/अशीर्षी**

इस पद (टर्म) का प्रयोग ऐसे समाजों की राजनीतिक व्यवस्था के लिये किया गया है जो केन्द्रीय सत्ताविहीन होते हैं। ऐसे समाजों में सत्ता पर नियन्त्रण गौत्र, वंश-समूह या वंश के किसी एक भाग के हाथ में होता है। इसीलिये कई बार इस प्रकार के 'शीर्षहीन' समाजों के लिए एक वैकल्पिक पद 'खंडित' का भी प्रयोग किया जाता है। इस प्रकार के समाजों के प्रचुर उदाहरण हमें अफ्रिकी समाजों में देखने को मिलते हैं, जहां सत्ता पर नियंत्रण किसी व्यक्ति विशेष के हाथ में न होकर वंश-समूह के पास होता है।

achieved status = status, achieved

action **क्रिया**

एक ऐसा व्यवहार जो किसी व्यक्ति के लिए महत्त्वपूर्ण हो तथा लक्ष्य को ध्यान में रखकर किया गया हो, क्रिया कहलाता है। **टालकट पार्सन्स** के अनुसार,

"कर्त्ता-परिस्थिति-व्यवस्था की एक ऐसी प्रक्रिया को क्रिया कहते हैं जो अकेले कर्त्ता के लिए तथा समूह की स्थिति में इसके निर्मित करने वाले व्यक्तियों के लिए प्रेरणात्मक महत्त्व रखती हो।" इस दृष्टि से किसी भी क्रिया में चार तत्वों का होना आवश्यक है—(1) कर्त्ता (2) लक्ष्य (3) परिस्थिति और (4) मानदंड। समाजशास्त्रियों (विशेषतः मैक्स वेबर) ने क्रिया और व्यवहार में अन्तर किया है। (देखिये – सोश्यल एक्शन थिअॅरि)

action, social = social action

action theory = social action theory

action frame of reference **क्रिया की संदर्भ-परिधि**

'क्रिया की संदर्भ-परिधि' की अवधारणा के साथ प्रसिद्ध समाजशास्त्री **टालकट पार्सन्स** का नाम जुड़ा हुआ है। उन्होंने इस अवधारणा की रचना सामाजिक क्रिया के विश्लेषण के दौरान की। पार्सन्स के अनुसार, सामाजिक कर्त्ता (एक्टर) किसी भी क्रिया को स्वैच्छिक रूप में करता है, अर्थात्, क्रिया से संबंधित लक्ष्य-साधनों के उपलब्ध विकल्पों में से अपनी इच्छानुसार चुनाव करता है। यह चुनाव ऐसे परिवेश में होता है जो भौतिक और सामाजिक दोनों रूप में चुनाव को परिमित करते हैं। चुनाव को सामाजिक रूप से सीमित करने में सामाजिक मानदंडों (नार्म्स) और मूल्यों की महत्वपूर्ण भूमिका होती है। अतः किसी भी सामाजिक क्रिया का विश्लेषण करते समय क्रिया के लक्ष्यों एवं साधनों के साथ-साथ मूल्यों, मानदंडों और विशिष्ट परिस्थितियों को भी ध्यान में रखा जाना चाहिये। इन्हीं तत्वों के आधार पर क्रिया की संदर्भ-परिधि का निर्माण होता है।

सामाजिक क्रिया के विश्लेषण के उपर्युक्त प्रारूप के आधार पर उन्होंने सामाजिक प्रणाली (सिस्टम) के जिस वृहद् मॉडल का निर्माण किया, उससे उनके सामाजिक क्रिया के सिद्धान्त की स्वैच्छिक प्रकृति स्वतः स्पष्ट हो जाती है, क्योंकि कर्त्ता के सामने लक्ष्य-साधनों के चयन की धारणा विलुप्त हो जाती है और सामाजिक मानदंडों और मूल्यों के रूप में संरचनात्मक निर्धारक अति महत्वपूर्ण हो जाते हैं।

actionalism **क्रियावाद**

क्रियावाद और क्रिया सिद्धान्त (एक्शन थिअॅरि) या क्रिया की संदर्भ परिधि (एक्शन फ्रेम ऑफ रेफरॅन्स) को एक ही समझने की भूल नहीं की जानी चाहिये। सामान्यतः क्रियावाद को फ्रांसिसी समाजशास्त्री **एलेन तूरैन** के नाम के साथ जोड़ा जाता है। इस सिद्धान्त का जन्म सन् 1960 में हुआ और तूरैन ने इसे अपनी पुस्तक 'सेल्फ प्रोडक्शन ऑफ सोसाइटी', 1973 में एक अत्यन्त नया रूप प्रदान किया। स्वयं तूरैन के शब्दों में, वे "समाज के समाजशास्त्र को कर्त्ताओं के समाजशास्त्र में बदलना चाहते हैं।" इस लक्ष्य के पीछे उनका मूल मंतव्य समाजशास्त्र में वस्तुपरकता और व्यक्तिपरकता या प्रणाली (सिस्टम) और क्रियावादी उपागमों के बीच खिंची कृत्रिम रेखाओं को समाप्त करना है। उनका क्रियावाद कर्त्ता को,

संरचनात्मक और ऐतिहासिक घटनाओं के सिद्धान्तों सहित वैचारिक जगत में केन्द्रीय भूमिका प्रदान करता है। तूरैन के अनुसार, कर्त्ता सामाजिक व्यवस्थाओं के मात्र घटक या इकाईयां नहीं हैं, अपितु वे उन व्यवस्थाओं के अभिकर्त्ता (एजेन्ट) भी होते हैं।

तूरैन ने अपने सामाजिक विश्लेषण में कर्त्ता को अवश्य एक केन्द्रीय स्थान दिया है, किन्तु इसका तात्पर्य यह नहीं कि उसने समूहों और समष्टियों की सामाजिक वर्गों के रूप में अवहेलना की है। इनका प्रयोग उसने कोटियों (केटगरिज़) के रूप में न करके सामाजिक कर्त्ताओं के बीच गत्यात्मक संबंधों के समूह के रूप में किया है। इस परिप्रेक्ष्य में अप्रत्यक्ष रूप में, संरचनावाद और उत्तर संरचनावाद (जिसमें व्यक्ति विशेष का 'अवसान' हो जाता है) तथा तत्ववाद (इसेन्शलिज़्म) की आलोचना निहित है।

प्रसिद्ध अस्तित्ववादी विचारक **जियां पाल सार्त्र** की अवधारण ऐतिहासिकता का प्रयोग करते हुए तूरैन ने इसे क्रियावाद का गतिशील पक्ष कहा है। ऐतिहासिकता से तात्पर्य समाज की स्वतः कार्य करने की क्षमता तथा मानवीय क्रियाकलाप के रूप में इतिहास के गुण से है। समाजशास्त्री एक तटस्थ प्रेक्षक की अपेक्षा ऐतिहासिकता का एक अभिकर्त्ता (एजेन्ट) होता है और उसकी अपने समाज के संघर्षों में सहभागिता होती है। इसी धारणा के आधार पर, तूरैन ने "समाजशास्त्रीय हस्तक्षेपवाद" (सोसिऑलाजिकल इन्टरवेन्सनिज़्म) का प्रयोग किया। "समाजशास्त्रीय हस्तक्षेपवाद" से तात्पर्य सामाजिक परिवर्तन की एक ऐसी विधि से है जिसमें समाजशास्त्री सामाजिक परिवर्तन आंदोलनों का अध्ययन उनमें प्रत्यक्ष रूप में सहभागिक रूप में करते हैं। इसे ही तूरैन ने "क्रियावादी समाजशास्त्र" का नाम दिया है। तूरैन के अनुसार, यह क्रियावादी समाजशास्त्र भिन्न प्रकार का तथा संघर्षों से भरा होगा, किन्तु यही समाजशास्त्र वैध और प्रामाणिक होगा क्योंकि इसमें सामाजिक परिवर्तन की प्रक्रियाओं में समाजशास्त्री की सक्रिय भूमिका होगी। दूसरे शब्दों में, क्रियावादी उपागम यह बताने का प्रयत्न करता है कि सामाजिक मूल्यों को आकार किस प्रकार दिया जाता है और इस प्रकार सामाजिक परिवर्तन कैसे लाया जाता है।

action research **क्रियान्मुखी शोध**

व्यावहारिक शोध के ऐसे विशिष्ट रूप को क्रियात्मक या क्रियान्मुखी शोध कहते हैं जिसका प्रमुख उद्देश्य वांछित सामाजिक परिवर्तन के लिए प्रभावकारी साधनों की गवेषणा करना है। अधिकांश क्रियात्मक शोध किसी सामाजिक स्थिति अथवा दशा में संशोधन अथवा सुधार की इच्छा से प्रेरित होती हैं। बहुधा क्रियात्मक शोध सामाजिक परिवर्तन, व्यक्तियों अथवा लघु सामाजिक समूहों की व्याधिकीय स्थिति में सुधार या किसी संगठन की क्षमता में बढ़ोतरी करने अथवा किसी समूह में वैमनस्य को कम करने के प्रयोजनों को लेकर की जाती है। इस प्रकार की शोध में शोधकर्त्ता कई बार स्वयं नियोजित नीति कार्यक्रमों में सहभागिक बन जाते हैं और अपने ज्ञान और शोध अनुभव का प्रयोग उन संगठनों और समुदायों में करते हैं जिनमें उनकी सेवाएं ली जाती हैं।

adaptation **अनुकूलन**

जैविकीय अर्थ में, किसी जीव की अपने पर्यावरण के साथ समायोजन की प्रक्रिया को अनुकूलन कहते हैं। अनुकूलन की प्रक्रिया में परिवर्तित पर्यावरण की आवश्यकताओं के अनुसार जीव की क्रियाओं में परिष्करण संभव है। इसके अतिरिक्त स्वयं जीव में भी प्रजनन सम्बन्धी परिवर्तन हो सकते हैं जो उसकी नस्ल के अतिजीवन के लिए आवश्यक हों। अतः यह जैविकीय समायोजन का एक ऐसी प्रक्रिया है जिसमें पैतृकता द्वारा हस्तान्तरित गुणों का सावयविक अथवा संरचनात्मक परिष्करण करके समायोजन किया जाता है।

adaptation, social = social adaptation

adjustment **समायोजन**

एक ऐसी प्रक्रिया, जिसके द्वारा एक व्यक्ति अथवा समूह अपने भौतिक अथवा सामाजिक पर्यावरण के साथ सामंजस्यपूर्ण तथा स्वस्थ सम्बन्ध स्थापित करता है। यह समाजशास्त्रीय अवधारण की अपेक्षा एक मनोवैज्ञानिक अवधारणा अधिक है।

adjustment, social = social adjustment

adolescence **वयःसंधिकाल/किशोरावस्था**

बाल्यावस्था और वयस्कावस्था के बीच की स्थिति किशोरावस्था कहलाती है। कोई बालक किशोर हुआ अथवा नहीं, इसका निर्णय समाजशास्त्री आयु-प्रक्रिया के आधार पर जन्मजात रूप में नहीं मानते हैं। अनौद्योगिक (सरल) समाजों में बालक कम आयु पर ही सापेक्षिक रूप में आर्थिक दृष्टि से कार्यशील हो जाते हैं, किन्तु बहुधा तारुण्य के अवसर पर ही एक व्यक्ति को वयस्क प्रस्थिति प्राप्त होती है। इसके विपरीत, औद्योगिक समाजों में पूर्व वयस्कावस्था की अवधि को तारुण्य के बाद बहुधा बीसवें वर्ष के प्रारंभ तक खींचा जाता है। परिणामतः युवा व्यक्ति औद्योगिक व्यवसायों की अपेक्षाकृत अधिक परिष्कृत आवश्यकताओं के अनुरूप ढालने तथा वयस्कों के कार्यों के साथ प्रतिस्पर्धा करने के लिये अपने आपको सक्षम पाते हैं।

affine **विवाह-सम्बन्धी**

विवाह-सम्बन्धों के आधार पर बने हुए सम्बन्धियों को 'एफईन' अथवा विवाह-सम्बन्धी कहते हैं।

affluent society **समृद्ध समाज**

इस पद का प्रयोग प्रसिद्ध अर्थशास्त्री **प्रो. जे. के. गैलब्रेथ** द्वारा किया गया है। उन्होंने इसी नाम से एक पुस्तक भी लिखी है। गैलब्रेथ के अनुसार, कई आधुनिक समाज अभाव की समस्याओं का उन्मूलन करते हुए काफी धनवान हो गये हैं। ऐसे समाज, उनकी दृष्टि में, गन्दगी का सार्वजनिकरण और समृद्धि का निजीकरण करने में लगे हुए है।

age category **आयु-वर्ग**

समाजशास्त्रीय संदर्भ में, आयु-वर्ग सांस्कृतिक दृष्टि से परिभाषित आयु-अवधि है जैसे शैशवावस्था, बाल्यावस्था तथा किशोरावस्था, आदि। किसी समाज में आयु-अवधि के आधार पर जिस प्रकार व्यक्ति को एक सामाजिक प्रस्थिति दी जाती है और व्यक्तियों के प्रति एक विशिष्ट अनुभूति संजोई जाती है, उसी के अनुसार उनसे व्यवहार किया जाता है और उसी के अनुरूप उनसे प्रत्याशा की जाती है।

किसी संस्कृति में कितने आयु-वर्ग हैं, इसके संबंध में समाजों में भिन्नता पाई जाती है। नाइजीरिया की नूप जनजाति के लोगों में जहां मात्र तीन आयु-वर्ग हैं, वहां केन्या की नन्दी संस्कृति में 28 आयु-वर्ग देखने को मिले हैं। भारतीय समाज में भी मोटे रूप में 6 आयु-वर्गों यथा शैशवावस्था, बाल्यावस्था, किशोरावस्था, युवावस्था, प्रौढ़ावस्था और वृद्धावस्था की कल्पना की गई है।

ageism **वयवादिता**

व्यक्तियों अथवा समूहों के प्रति उनकी आयु पर आधारित भेदभाव या अतार्किक और पूर्वाग्रही विचारों को वयवादिता कहा जाता है। इसमें व्यक्ति या समूह की शारीरिक अथवा मानसिक क्षमताओं के संबंध में रूढ़िबद्ध धारणाएं सम्मिलित की जाती हैं। अधिकांशतः ये धारणाएं वृद्धों से संबंधित होती हैं।

प्रत्येक व्यक्ति के आयु-चक्र में ऐसा समयाकाल आता है जब वह अधीनस्थ (मातहत) की भूमिका (जैसे बाल्यावस्था) तो कभी सत्ताधारी (जैसे, मध्यम आयु-वर्ग में) की भूमिका का निर्वाह करता है। ये स्थितियां व्यक्ति को वयवाद के पूर्वाग्रहों से बोझिल कर देती हैं।

agelecism **समूहवाद**

इस शब्द की रचना **एमिल बेनीयत-स्मुलियन** द्वारा ग्रीक शब्द 'ऐजलिक' से की गई है जिसका प्रयोग समूह के अर्थ में किया जाता है। समूहवाद से तात्पर्य उस सामान्य समाजशास्त्रीय सिद्धान्त से है जो सामाजिक समूह को कारणात्मक प्राथमिकता प्रदान करता है। समूहवादी विचारधारा का उद्भव हमें फ्रेंच लेखकों जैसे **लुई द बोनाल्ड** तथा **जोसफ द मैस्त्र** की कृतियों में देखने को मिलता है जिनका मत था कि सामाजिक समूह का अस्तित्व व्यक्ति से पहले होता है और यही उसकी रचना करता है। समूहवाद संस्कृति और समस्त उच्च मूल्यों का स्त्रोत है। इस धारणा के अनुसार यह माना जाता है कि सामाजिक घटनाओं तथा परिवर्तनों को व्यक्तियों की बुद्धि तथा इच्छा मात्र से न तो प्रभावित किया जा सकता है और न ही ये प्रभावित होते हैं। बेनीयत स्मुलियन ने इस शब्द का प्रयोग दुर्खाइम की सभाजशास्त्रवाद की विचारधारा के स्पष्टीकरण हेतु किया है।

agnates/agnatic kin **पितृबन्धु**

पितृवंशीय वंशानुक्रम से संबन्धित व्यक्ति पितृबंधु कहलाते हैं।

agrarian society **कृषिहर समाज**

ऐसा समाज जिसके व्यक्तियों के जीविकोपार्जन का प्रमुख धंधा (मार्क्स की शब्दावली में उत्पादन-विधि) कृषि या कृषि पर केन्द्रित अन्य धंधे होते हैं, उसे कृषिहर समाज कहा जाता है। कृषिहर समाज निश्चित तौर पर आखेटक-संग्राहक समाज और बागबानीय समाज से भिन्न होते हैं। जहां आखेटक-संग्राहक समाज में किसी प्रकार का उत्पादन नहीं किया जाता, वहां बागबानीय समाजों में भोज्य सामग्री का उत्पादन बड़े-बड़े खेतों की अपेक्षा छोटे-छोटे बाग-बगीचों में किया जाता है।

alienation **अलगाव**

सामाजिक विज्ञानों में इस बहुचर्चित अवधारणा का प्रयोग कई भिन्न अर्थों एवं परिप्रेक्ष्य में किया गया है। स्थूल रूप में, अलगाव व्यक्ति की एक ऐसी सामाजिक-मनोवैज्ञानिक स्थिति अथवा दशा की परिचायक अवधारणा है जिसमें व्यक्ति का उसके सामाजिक अस्तित्व के मुख्य पक्षों से विरसन हो जाता है, अर्थात् वह उनसे कट जाता है। इस अवधारणा का प्रयोग प्रजातिक पूर्वाग्रह, मानसिक बीमारी, वर्ग-चेतना, औद्योगिक तनाव, राजनैतिक उदासीनता, अतिवादिता, उग्रवादिता तथा आतंकवाद आदि अनेक समस्याओं की व्याख्या में किया गया है।

इसका सर्वप्रथम प्रयोग प्रसिद्ध दार्शनिक **हीगल** की कृतियों में देखने को मिलता है। किन्तु **कार्ल मार्क्स** ने सर्वप्रथम इसे समाजशास्त्रीय सिद्धान्त की एक प्रमुख अवधारणा के रूप में प्रस्थापित किया। यह अवधारणा मार्क्स के विचारों और लेखनों में केन्द्रीय रही है। हीगल के आदर्शवादी विचारों में संशोधन करते हुए मार्क्स ने इस अवधारणा का प्रयोग आधुनिक पूंजीवादी औद्योगिक व्यवस्था की विसंगतियों पर प्रकाश डालने के लिए किया है। मार्क्स के अनुसार, मानव की यह प्रकृति है कि वह अपने बाह्य संसार को दूसरों के सहयोग से बदलकर अपना स्वयं का निर्माता बना है, किन्तु यह प्रकृति अब मानव के विपरीत हो गई। अब यह प्रकृति उसकी न रह कर किसी अन्य व्यक्ति अथवा वस्तु की बन गई है। उदाहणार्थ, धार्मिक क्षेत्रों में यह माना जाता है कि ईश्वर ही सभी ऐतिहासिक प्रक्रियाओं का जन्मदाता है तथा मानव तो केवल उसके पराधीन है। अर्थशास्त्र में यह माना जाता है कि धन मानव का इस तरह से नियन्त्रण करता है जैसे वे किसी प्रकार की वस्तु हों। अब वह इस नियंत्रण को किन्हीं अन्य चीजों में पाता है। मानव अब स्वयं अपने भाग्य का निर्माता नहीं रहा। अब इसका बनाने वाला कोई अन्य व्यक्ति हो गया है।

पूंजीवादी व्यवस्था में कामकाज की सामाजिक दशाओं ने कामगार को अपने कार्य से इस तरह विलग कर दिया है कि वे उसे ऐसे अवसर प्रदान नहीं करती ताकि उसका अस्तित्व रचनात्मक तथा अर्थपूर्ण बन सके। इन दशाओं में कामगार को न अपने कार्य से संतुष्टि मिल पाती है और न ही उसे अपने श्रम का पूरा मुआवज़ा मिलता है। यह स्थिति ही कामगार के अलगाव की दशा की परिचायक है। अलगाव आत्म-विमुखता की एक ऐसी

भावना है जिसकी उत्पत्ति अपने कार्य की भूमिका की अर्थहीनता तथा स्वयं की शक्तिहीनता की धारणा से होती है। इसकी शुरूआत कामगार और उसके कार्य के बीच टूटे संबंधों से होती है। कामगार अपने कार्य से विमुख हो जाता है। कामगार जो वस्तुओं का उत्पादन करते हैं, उनका निर्णय की व्यवस्था में, अर्थात् क्या बनाना है और कैसे बनाना है, कोई भूमिका नहीं होती। भूमिका-विशेषीकरण तथा सत्ता एवं पुरस्कार का असमान वितरण औद्योगिक उत्पादन की ऐसी विशेषताएं हैं जो कामगार को उसकी प्रकृति-प्रदत्त रचनात्मक प्रवृत्ति का पूरा-पूरा उपयोग करने में बाधा उत्पन्न करती हैं।

एरिक फ्रॉम ने अपनी पुस्तक 'द सेन सोसाइटी' में अलगाव का जो चित्र खींचा है, वह बहुत कुछ मार्क्स के विचारों से मिलता-जुलता है। फ्रॉम के अनुसार, अलगाव एक ऐसी स्थिति है जिसमें व्यक्ति अपनी शक्तियों तथा समृद्धि का कर्त्ता अपने आपको नहीं समझता, अपितु वह अपने को एक गई बीती वस्तु समझता है जो अपने से बाह्य शक्तियों पर आधारित होती है।

मार्क्स ने इस अवधारणा का प्रयोग संरचनात्मक तथा मनोवैज्ञानिक दोनों स्थितियों के चित्रण के लिए किया है, किन्तु आजकल इसका प्रयोग अधिकांशतः सामाजिक- मनोवैज्ञानिक दशाओं की अभिव्यक्ति के लिए ही अधिक किया जाता है। **सीमेन** ने इस अवधारण के मनोवैज्ञानिक आयाम में शक्तिहीनता, प्रतिमानहीनता, पृथकता, मानकशून्यता, आत्म-विलगाव, अवैयक्तीकरण जैसी प्रक्रियाओं को भी सम्मिलित किया है तथा इसके मापने के लिए मापदंड भी तैयार किये हैं ताकि इस अवधारणा को अधिकाधिक स्पष्ट किया जा सके।

alliance — वैवाहिक बंधन

इस अवधारणा का प्रयोग मानवशास्त्रीय एवं समाजशास्त्रीय साहित्य में वैवाहिक आधार पर निर्मित संबंधों के लिये किया गया है। यह एक ऐसी प्रक्रिया है जिसके द्वारा वंश-समूहों अथवा अन्य नातेदारी समूहों को अधिमान्य अथवा पुनरावर्तक विवाह के नियमों द्वारा जोड़ा जाता है, ताकि ये समूह वैवाहिक बंधनों द्वारा एक-दूसरे से कई पीढ़ियों तक बंधे रहें।

alliance theory — वैवाहिक बंधन सिद्धान्त

सामाजिक मानवशास्त्र के क्षेत्र में, नातेदारी सिद्धान्तों को मोटे रूप में दो समूहों में वर्गीकृत किया गया है—वंश समूह सिद्धान्त और वैवाहिक बंधन सिद्धान्त। वंश समूह सिद्धान्त (डिसेन्ट थिअॅरि) वंशक्रम के नियमों पर और वैवाहिक बंधन सिद्धान्त (अलाएन्स थिअॅरि) वैवाहिकता के नियमों पर बल देते हैं। वैवाहिक बंधन सिद्धान्त की रुचि यह मालुम करने में होती है कि विवाह के द्वारा किस प्रकार समूहों के बीच संबंध स्थापित करने संबंधी नियमों का प्रतिपादन किया जाता है। अतः विवाह और निकटाभिगम निषेध संबंधी नियम इस सिद्धान्त के केन्द्रीय महत्व के विषय हैं। वैवाहिक बंधन सिद्धान्त के अनुसार नातेदारी व्यवस्थाएं इसलिये विद्यमान हैं ताकि विवाह की संभावनाओं और असंभावनाओं का पता

लगाया जा सके। इस सिद्धान्त के प्रमुख प्रणेता **क्लाड लैवी स्ट्रॉस** रहे हैं।

स्ट्रास के अनुसार नातेदारी व्यवस्थाओं में उत्तराधिकार और वंशानुक्रम (उर्ध्वाकार निरंतरता), क्षैतीज संबंधों अर्थात् वैवाहिक बंधनों तथा पारस्परिकता एवं विनिमय पर आधारित संबंधों से कम महत्वपूर्ण होते हैं। ऐसे संबंधों का निर्माण विभिन्न समूहों के बीच विवाह के द्वारा होता है। स्ट्रास ने नातेदारी व्यवस्थाओं को प्रारंभिक और जटिल व्यवस्थाओं में वर्गीकृत किया है। प्रारंभिक नातेदारी व्यवस्था में, एक जीवन-साथी का चुनाव सामाजिक नियमों के अनुसार किया जाता है, जब कि जटिल नातेदारी व्यवस्था में वैवाहिक जीवन साथी का चुनाव संरचनात्मक नियमों के स्थान पर व्यक्तिगत रुचि के आधार पर किया जाता है।

सन् 1960 और 1970 के बीच वैवाहिक बंधन सिद्धान्त और वंशक्रम सिद्धान्त के बीच जो युद्ध छिड़ा, उसका मूलाधार सामाजिक मानवशास्त्र में एक लम्बे समय से चला आ रहा प्रकार्यवाद और संरचनावाद नामक दो वैचारिक परम्पराओं के बीच का विवाद रहा है। किन्तु अब यह विवाद ठंडा पड़ गया है और यह स्वीकार किया गया कि इन दोनों में कोई मौलिक अन्तर नहीं है और जो कुछ अन्तर दिखाई देता है वह मात्र प्रयोग किये जाने वाले सिद्धान्त के स्तर या अधिक्रम का है। (देखिये – डिसेन्ट थिअॅरि)

altruism **परार्थवाद**

परार्थवाद एक ऐसी प्रवृति है जिसके द्वारा व्यक्ति यह अनुभव करता है कि दूसरों की आवश्यकताएं उसके स्वयं की आवश्यकताओं से अधिक महत्वपूर्ण हैं। अतः वह दूसरों की आवश्यकताओं की बलवेदी पर अपनी आवश्यकताओं को उत्सर्ग कर देता है।

समाजशास्त्रीय साहित्य में, इस अवधारणा का प्रयोग कई भिन्न संदर्भों में किया गया है। **इमाईल दुर्खाइम** ने इसका प्रयोग कुछ समाजों में आत्महत्या के प्रतिमानों के एक प्रकार के रूप में किया है कि व्यक्ति इस सीमा तक किसी समूह अथवा समुदाय के साथ अपने आपको घुलामिला लेते है कि वे उसके हितों की रक्षा हेतु अथवा परम्पराओं को बनाये रखने के लिये अपने प्राणों की बाजी तक लगा देते हैं।

अभी हाल में परार्थवाद की 'सामाजिक-जीवशास्त्र के लिये प्रासंगिकता और सामाजिक जीवन में इसकी सार्थकता' का विषय चर्चा का विषय बन गया है। कुछ सामाजिक जीवशास्त्रियों का तर्क है कि चूंकि सामाजिक जीवन का आधार जीव वैज्ञानिक है, अतः मानव में अन्य विशेषताओं की भांति परार्थवाद का एक जीन भी होता है जो समुदाय के किसी सदस्य को परार्थवाद की ओर उन्मुख करता है। इस विचार को अभी किसी भी वैज्ञानिक क्षेत्र में व्यापक समर्थन नहीं मिला है।

परार्थवाद की अवधारणा को कुछ ऐसे समाजशास्त्रीय अध्ययनों में भी प्रयोग किया गया है कि किस प्रकार व्यक्ति प्रतिस्पर्धा, सहयोग, शोषण, विनिमय, सहभागिता के माध्यम से दूसरे व्यक्तियों के साथ संबंध स्थापित करने में निर्णय लेते हैं। इस दृष्टि से परार्थवाद की अवधारणा ने विनिमय सिद्धान्त के विकास में एक महती भूमिका अदा की है।

ambilateral/ambilineal = descent, ambilateral

ambilocal residence = bilocal residence

amitate **पितृश्वश्रेय/ भुआ अधिकार**

कुछ पितृसत्तात्मक समाजों में पाई गई एक ऐसी प्रथा को 'अमितेत' या पितृश्वश्रेय (भुआ-अधिकार) कहते हैं जिसमें पिता की बहिन अर्थात् भुआ का अपने भतीजे एवं भतीजियों के साथ विशिष्ट संबंध होता है। भुआ अपने भतीजों एवं भतीजियों के नामकरण से लेकर वैवाहिक जीवन-साथी ढूंढ़ने में विशेष भूमिका अदा करती है। भतीजे व भतीजियां भी भुआ को अपनी मां की अपेक्षा अधिक सम्मान देते हैं। इस प्रथा के अनुसार कहीं-कहीं भुआ की सम्पत्ति का उत्तराधिकारी भी उसका भतीजा होता है। दक्षिण अफ्रीका की कई जनजातियों में इस प्रथा के लक्षण पाये गये हैं।

analysis of variance **प्रसरण का विश्लेषण**

प्रसरण का विश्लेषण, (जो कि ए.एन.ओ.वी.ए. या 'एनोवा' के नाम से भी जानी जाती है) एक सांख्यिकीय तकनीक है, का प्रयोग यह सुनिश्चित करने के लिये किया जाता है कि किस प्रकार एक चर (वेरिएबल) दूसरे चर से संबंधित या जुड़ा हुआ है। इसका अधिकांश प्रयोग मनोविज्ञान में एक या अधिक प्रायोगिक समूहों की नियंत्रित समूह से तुलना करने के लिये किया जाता है। सांख्यिकी के निरंतर बढ़ते हुए प्रयोग के कारण प्रसरण के विश्लेषण का प्रयोग अन्य सामाजिक विज्ञानों में प्रचुर मात्रा में किया जाने लगा है।

anarchism **अराजकतावाद**

सामाजिक व्यवस्था को बनाये रखने वाली दमनकारी सत्ता का अभाव, विशेषतः जब कि सत्ता राज्य के हाथ में होती है, अराजकतावाद है। अराजकता किस स्थिति को कहा जाये और किस स्थिति को नहीं, इस संबंध में विभिन्न विचारकों में मतभेद है। सामान्यतः अराजकतावादी व्यवस्थित जीवन-शैली के विरोध में नहीं हैं, किन्तु वे इसे बनाये रखने के लिये राज्य द्वारा दमन और शक्ति के प्रयोग को बुरा मानते हैं। अराजकतावादी राजनीतिक सत्ता के किसी भी ऐसे रूप को जिसमें बाध्यता का तत्व विद्यमान होता है, उसे अनावश्यक एवं अवांछनीय मानते हैं। उनके अनुसार सरकार और सत्ता कृत्रिम रूप में थोपी गई है, यह नैतिक रूप में गलत और परिहार्य है, समाज को सभी प्रकार की मानव जरूरतों और उद्देश्यों की संतुष्ठि के लिये बने हुए सामाजिक समूहों के बीच स्वतंत्र समझौतों के आधार पर व्यवस्थित किया जाना चाहिये। कानून और राज्य के आधार पर निर्मित दमनात्मक और शोषणकारी व्यवस्था को व्यक्तियों के मुक्त सहयोग के आधार पर बनी नैसर्गिक (सहज) व्यवस्था से बदला जाना चाहिये।

साम्यवादी एवं समाजवादी अराजकतावादियों का कहना है कि राज्य मुख्यतः पूंजीवादी प्रभुत्व और शोषण की हितों की रक्षा करता है। अतः राज्य निजी स्वामित्व को बनाये रखने

के लिये दमनात्मक विधियों का प्रयोग करता है। ये बाध्यकारी सत्ता का विरोध करते हैं, किन्तु पारस्परिक सहयोग पर आधारित समाज व्यवस्था में विश्वास करते हैं।

एक सामाजिक आंदोलन के रूप में, अराजकतावाद की विभिन्न धाराएं उन्नीसवीं और बीसवीं शताब्दी के प्रारंभिक वर्षों, विशेषतः यूरोप और अमेरिका में पूंजीवाद के उदय की प्रतिक्रिया स्वरूप काफी सक्रिय रही हैं।

ancestor worship **पूर्वज-पूजा**

पूर्वज-पूजा एक धार्मिक प्रथा है जो इस प्रकार के सांस्कृतिक विश्वास से अनुप्राणित है कि पूर्वजों की आत्माओं में उनके वंशजों को प्रभावित करने की शक्ति होती है। इस धार्मिक प्रथा में कई बातें जैसे मृतकों की आत्माओं को नाराज न करने से लेकर अधिक उर्वरता प्राप्त करने जैसी इच्छित परिणामों को प्राप्त करने वाली प्रथाएं सम्मिलित होती हैं। जापानियों का शिंटोवाद पूर्वज-पूजा का एक उदाहरण है। कई आदिवासियों में पूर्वज-पूजा के साक्ष्यों को देखा जा सकता है।

आत्मा की अजरता-अमरता सम्बन्धी विश्वास ने मृतक पूर्वजों की आराधना को विकसित कर 'पूर्वज-पूजा' की धारणा को प्रस्थापित किया है। पूर्वज-पूजा मुख्यतः सामूहिक वंश समूहों के आधार पर संगठित समाजों का एक विशिष्ट लक्षण है। इस प्रथा के अनुसार पूर्वजों की पूजा देवताओं की भांति सम्पूर्ण धार्मिक क्रियाओं के साथ की जाती है।

animatism **जीवीवाद/जीवात्मवाद**

धर्म का एक ऐसा रूप जीवीवाद या जीवात्मवाद कहलाता है जिसमें यह विश्वास किया जाता है कि सृष्टि की प्रत्येक वस्तु (जड़ या चेतन दोनों) में एक अनिवर्चनीय, अज्ञेय, निर्वैयक्तिक, अप्राकृतिक, अलौकिक शक्ति अथवा सत्ता का निवास होता है। मानवशास्त्रीय साहित्य में **कॉडरिंगटन एवं मैरेट** ने जीवात्मवाद के एक विशिष्ट रूप को 'मानावाद' की संज्ञा दी है। मलेनेशिया के आदिवासी इस अलौकिक शक्ति को 'माना' के नाम से पुकारते हैं जो सभी सजीव एवं निर्जीव वस्तुओं में निवास करती है। कॉडरिंगटन की भांति **डी.एन. मजूमदार** ने भारतीय आदिवासियों (विशेषतः छोटा नागपुर के मुंडा तथा हो लोगों में) में 'बोंगा' नामक शक्ति के दर्शन किये जिसके आधार पर उन्होंने 'बोंगावाद' की धारणा को विकसित किया।

animism **जीववाद**

किसी जीवित व्यक्ति अथवा भौतिक सावयव के स्थूल शरीर में एक सर्वथा भिन्न अधिप्राकृतिक तत्व की विद्यमानता में विश्वास को जीववाद कहा जाता है। इस तत्व को जीवन शक्ति अथवा आत्मा के नाम से जाना जाता है। धर्म के इस सिद्धान्त के अनुसार यह माना जाता है कि सभी जड़ या चेतन वस्तुओं में (पेड़ों, चट्टानों, बादलों, पवन अथवा जानवरों आदि) आत्मा का निवास होता है। इस आत्मा का अस्तित्व प्राणी से भिन्न होता

है जिसमें वे वास करती हैं। अतः ये अन्य प्राणियों की मृत्यु या वस्तुओं को नष्ट हो जाने के बाद भी बची रहती हैं। ऐसा माना जाता है कि ये आत्माएं ही समस्त कार्यों का मूल कारण होती है। अंग्रेज मानवशास्त्री **टायलर** ने सर्वप्रथम आदिम धर्म की उत्पत्ति के संबंध में आदिम जातियों में आत्मा-सम्बन्धी इस विश्वास की विद्यमानता को स्वीकार किया था।

anomie **मानकशून्यता**

अंग्रेजी शब्द 'एनॉमी' का शाब्दिक अर्थ मानकशून्यता या मर्यादाविहीनता है। इस शब्द का सर्वप्रथम प्रयोग उन्नीसवीं शताब्दी में फ्रांस के सुप्रसिद्ध समाजशास्त्री **एमिल दुर्खाइम** ने सामाजिक सहभागिता के विभिन्न पक्षों पर प्रकाश डालने के लिए किया था। दुर्खाइम के विचारानुसार, ऐसी दशाएं जो मानव के विकास एवं सुख-समृद्धि के लिए आवश्यक मानी जाती हैं, उनका अभाव ही मानकशून्यता या मर्यादाविहीनता की स्थिति का परिचायक है। यह माना जाता है कि मानवीय व्यवहार का नियंत्रण किन्हीं नियमों द्वारा होना चाहिए, ताकि नियमों की एक सुचारु व्यवस्था का जन्म हो सके। व्यक्तियों के आपसी संबन्ध नैतिकता पर आधारित हों तथा जीवन में सुख-प्राप्ति की स्पष्ट सीमाएं हों। ऐसी कोई स्थिति जो अस्पष्ट, टकराहटपूर्ण अथवा असामंजस्यकारी नियमाचारों को जन्म देती हो या जिसमें एक व्यक्ति के दूसरे व्यक्तियों के साथ नैतिकता पर आधारित संबंध न हों या जहां जीवन के सुखों को प्राप्त करने की कोई निर्धारित सीमाएं न हों, ये सभी स्थितियां मानकशून्यता या 'एनॉमी' की द्योतक हैं।

अति संक्षेप में, एॅनामी मानदंडीय उलझन की एक ऐसी स्थिति है जिसमें व्यक्ति के सामने व्यवहार के समाजोनुमोदित निर्देश बहुत कम उपलब्ध होते हैं। दूसरे शब्दों में, यह नियमों के निलम्बन की एक ऐसी स्थिति है जिसमें व्यक्ति यह निर्णय नहीं कर पाता कि वह क्या करे और क्या न करे।

एनॉमी की अवधारणा का प्रयोग दुर्खाइम ने सर्व प्रथम यूरोप में आत्महत्या के प्रतिमानों के स्पष्टीकरण में किया था, किन्तु बाद में, इसका प्रयोग विचलन की सभी घटनाओं के विश्लेषण में किया गया। दुर्खाइम के काफी वर्षों बाद **आर.के. मर्टन** ने इस अवधारणा को थोड़ा नया अर्थ देते हुए इसका प्रयोग सामाजिक-सांस्कृतिक संरचनाओं के परिचालन से उत्पन्न विचलन व्यवहार को समझाने में किया। मर्टन के अनुसार, मानकशून्यता की स्थिति में सामाजिक संरचना टूट जाती है और एक ऐसी स्थिति उत्पन्न हो जाती है जिसमें समाज के स्वीकृत लक्ष्यों तथा उन्हें प्राप्त करने के साधनों के बीच आपसी तालमेल समाप्त हो जाता है, अर्थात, ऐसी स्थिति में साधन, लक्ष्यों के अनुरूप नहीं रहते हैं।

anthropological linguistics **मानवशास्त्रीय भाषाविज्ञान**

सांस्कृतिक मानवशास्त्र की वह शाखा मानवशास्त्रीय भाषाविज्ञान कहलाती है जो भाषाओं की उत्पत्ति, विकास एवं परिवर्तन का वैज्ञानिक अध्ययन करती है। एक मानवशास्त्रीय भाषाशास्त्री की रुचि अलिखित भाषा की संरचना तथा उसके इतिहास के अध्ययन में अधिक होती है।

anthropology **मानवशास्त्र**

मानवशास्त्र मानव प्राणी के (इस धरा पर अवतीर्ण होने से लेकर आज तक) शारीरिक, सामाजिक तथा सांस्कृतिक विकास तथा उसके व्यवहारों का वैज्ञानिक अध्ययन है। **हर्सकोवित्स** के शब्दों में, "मानव तथा उसके कार्यों का अध्ययन मानवशास्त्र है।"

इसकी दो प्रमुख शाखाएं हैं–भौतिक मानवशास्त्र तथा सामाजिक-सांस्कृतिक मानवशास्त्र। मानव को एक स्तनधारी पशु के रूप में अध्ययन करने वाली मानवशास्त्र की शाखा को भौतिक मानवशास्त्र कहा जाता है। इसके अन्तर्गत उद्‌विकासीय प्रक्रिया में बन्दर से मानव तथा उसके अस्थि-पंजर, शरीर-रचना, यौन-अन्तर, आनुवंशिकी, प्रजनन आदि विषयों का अध्ययन किया जाता है। मानवशास्त्र की दूसरी प्रमुख शाखा, जिसे अधिकांशतः ब्रिटेन में सामाजिक मानवशास्त्र तथा अमेरिका में सांस्कृतिक मानवशास्त्र की संज्ञा दी गई है, के अन्तर्गत मानव के कार्यों तथा उसके सामाजिक जीवन का अध्ययन संस्कृति के सृजनकर्त्ता के रूप में किया जाता है।

anthropology, applied **अनुप्रयुक्त/व्यावहारिक मानवशास्त्र**

मानवशास्त्र एक विशुद्ध विज्ञान है। इसमें मानव का अध्ययन 'ज्ञान के लिए ज्ञान' के उद्देश्य से किया जाता है। मानवशास्त्र का एक पक्ष जो 'अनुप्रयुक्त मानवशास्त्र' के नाम से जाना जाता है, मानव का अध्ययन खोजे हुए ज्ञान के व्यावहारिक प्रयोग के उद्देश्य की दृष्टि से करता है। अतः अनुप्रयुक्त अथवा व्यावहारिक मानवशास्त्र ज्ञान की वह शाखा है जिसमें सैद्धान्तिक रूप में प्राप्त मानवशास्त्रीय ज्ञान का उपयोग मानवीय समस्याओं को सुलझाने तथा सामाजिक परिवर्तन को नियोजित करने में किया जाता है।

anthropology, cultural **सांस्कृतिक मानवशास्त्र**

मानव-संस्कृतियों की उत्पत्ति, इतिहास, उद्‌विकास और प्रत्येक स्थान एवं काल में मानव-संस्कृतियों की संरचना एवं कार्यों के अध्ययन करने वाली मानवशास्त्र की शाखा को सांस्कृतिक मानवशास्त्र कहा जाता है। एक सांस्कृतिक मानवशास्त्री उन तरीकों का अध्ययन करता है जो मानव ने अपने प्राकृतिक परिवेश तथा सामाजिक संसार के साथ सामंजस्य स्थापित करने हेतु खोजे हैं। इसके साथ-साथ वह प्रथाओं को सीखने, उन्हें सुरक्षित रखने तथा एक पीढ़ी से दूसरी पीढ़ी तक इन प्रथाओं के हस्तान्तरण की प्रक्रियाओं का भी अध्ययन करता है।

सांस्कृतिक मानवशास्त्र की विचारधारा के पोषक मानवशास्त्री प्रमुखतः **ई.बी. टायलर** तथा **एफ. बोआस** परम्परा के हैं। इस विचारधारा का अधिकाधिक विकास अमेरिका में हुआ है। यही कारण है कि इंग्लैण्ड की अपेक्षा अमेरिका के अधिकांश मानव-वैज्ञानिक अपने आप को सांस्कृतिक मानवशास्त्री कहते हैं। इसके विपरीत जिन मानव-वैज्ञानिकों ने सांस्कृतिक तथ्यों की अपेक्षा सामाजिक तथ्यों के अध्ययन में अपनी अभिरुचि प्रकट की, वे दुर्खाइम, रेडक्लिफ ब्राउन के बौद्धिक वंशज माने जाते हैं। इस विचारधारा का प्रमुख प्रभाव

ब्रिटेन के मानव-वैज्ञानिकों में देखा जा सकता है। ब्रिटेन में समाज का अध्ययन करने वाली इस ज्ञान की शाखा को सामाजिक मानवशास्त्र नाम से जाना जाता है।

anthropology, physical **भौतिक मानवशास्त्र**

मानवशास्त्र का वह भाग भौतिक मानवशास्त्र कहलाता है जिसमें मानव का अध्ययन एक उद्‌भवशील भौतिक सावयव के रूप में किया जाता है। एक भौतिक मानवशास्त्री की प्रमुख रुचि आनुवंशिकी, भोजन, यौन-भेद, तुलनात्मक शरीर-रचना, शरीरशास्त्र तथा मानव के उद्‌गम के सिद्धान्तों जैसे विषयों को जानने में होती है।

anthropology, social **सामाजिक मानवशास्त्र**

मानवशास्त्र की एक प्रमुख शाखा यथा सांस्कृतिक मानवशास्त्र के एक उपविभाग को सामाजिक मानवशास्त्र की संज्ञा दी गई है जिसके अन्तर्गत सामाजिक घटनाओं, विशेषतः सामाजिक संरचना के तत्वों के अध्ययन पर बल दिया जाता है। सामाजिक मानवशास्त्र की संज्ञा का सर्वप्रथम प्रयोग इंग्लैण्ड में और बाद में कुछ अंशों में अमेरिका में किया गया। यूरोपीय देशों में इसके लिए दूसरी शब्दावली का प्रयोग किया जाता रहा है। इंग्लैण्ड में जिसे सामाजिक मानवशास्त्र कहते हैं, उसे ही यूरोपीय देशों में नृजाति-विज्ञान (इथनोलॉजी) या समाजशास्त्र (सोसियोलॉजी) कहा गया है। सामाजिक मानवशास्त्र के ब्रिटिश अध्येताओं ने संस्कृति की अपेक्षा समाज, सामाजिक संरचना एवं सामाजिक संबंधों की प्रकृति के अध्ययन को सामाजिक मानवशास्त्र की प्रमुख विषय-वस्तु माना है। उनकी रुचि किसी समाज के विद्यमान रीति-रिवाजों और नियमों जैसे विषयों के अध्ययन तक ही सीमित नहीं है। वे आजकल यह भी जानने का प्रयास करते हैं कि कौन से रीति-रिवाजों और नियमों का किस सीमा तक पालन किया जा रहा है, उनके उल्लंघन की क्या सज़ा है, इनमें से किन का पालन अधिक किया जाता है और क्यों। इन सबका संबंध वर्ग, जाति, प्रजाति, धर्म, नातेदारी, आयु के तत्वों से किस प्रकार है, आदि विषयों से है।

anthropometry **मानवमिति**

मानव-विज्ञान की वह शाखा मानवमिति कहलाती है जिसमें मानव के शारीरिक लक्षणों जैसे खोपड़ी, कपाल, ऑख, नाक, हाथ-पैरों की लम्बाई आदि की माप-जोख की जाती है। इस माप-जोख के आधार पर ही सम्पूर्ण मानवजाति को कुछ प्रजातिक समूहों (रेसियल ग्रूप्स) में वर्गीकृत किया जा सका है। मानव के उद्‌विकास के अध्ययन में मानवमिति ने महत्वपूर्ण भूमिका अदा की है।

apartheid **प्रजाति पार्थक्य/रंगभेद**

कठोर प्रजातीय आधार पर पृथकत्व, शोषण एवं घोर दमन की शताब्दियों पुरानी एक व्यवस्था को प्रजाति-पार्थक्य या रंगभेद का नाम दिया गया है। इसका व्यापक प्रयोग

दक्षिणी अफ्रिका में हुआ किन्तु सन् 1994 के बहु प्रजातिक राष्ट्रीय चुनावों द्वारा अधिकारिक रूप से अब वहां भी इसे समाप्त कर दिया गया है।

पश्चिमी देशों तथा अमेरिका में भी अभी कुछ समय पूर्व तक काले-गोरे के आधार पर भेदभाव तथा शोषण विद्यमान था।

applied sociology **व्यावहारिक/अनुप्रयुक्त समाजशास्त्र**

समाजशास्त्र का एक विशिष्ट क्षेत्र व्यावहारिक या अनुप्रयुक्त समाजशास्त्र के नाम से जाना जाता है जिसमें समाजशास्त्रीय अवधारणाओं, सिद्धान्तों तथा अन्तर्दृष्टि का प्रयोग वास्तविक संसार की समस्याओं के अध्ययन और समाधान के संबंध में निर्णय लेने के लिये किया जाता है। व्यावहारिक समाजशास्त्रीय कार्य के क्षेत्र में प्रमुखतः वस्तुओं एवं सेवाओं के उपभोग के प्रतिमानों से संबंधित तथ्यों को संकलित करने से लेकर अपराध, बेरोजगारी, बीमारी, वेश्यावृत्ति, भूखमरी, नशीली दवाओं का सेवन, जनसंख्या नियंत्रण, भिक्षावृति जैसी अनेक सामाजिक समस्याओं को सम्मिलित किया गया है।

विज्ञान के दो प्रमुख पक्ष हैं: विशुद्ध एवं अनुपयुक्त अथवा व्यावहारिक विज्ञान। विशुद्ध विज्ञान का उद्देश्य प्राकृतिक एवं सामाजिक घटनाओं के नियामक सिद्धान्तों की खोज करना है। इस खोज का मूल उद्देश्य 'ज्ञान के लिए ज्ञान' होता है। प्रकृति की विभिन्न घटनाएं क्यों और कैसे घटती हैं, मानव शरीर कैसे कार्य करता है, सामाजिक समूह अथवा संबंधों की रचना कैसे होती है, आदि बातों का पता लगाने का दायित्व विशुद्ध वैज्ञानिक का होता है। विज्ञान का दूसरा पक्ष, जिसे अनुप्रयुक्त अथवा व्यावहारिक विज्ञान कहा जाता है, वह विशुद्ध विज्ञानों में खोजे हुए ज्ञान के आधार पर प्रकृति एवं मानव-जीवन को नियंत्रित करके उसे अधिकाधिक रुचिकर बनाने का मार्ग प्रशस्त करता है। अनुप्रयुक्त अथवा व्यावहारिक समाजशास्त्र भी समाजशास्त्र (जो कि एक विशुद्ध विज्ञान है) में खोजे हुए ज्ञान का उपयोग मानव-जीवन की समस्याओं के निवारण एवं समाधान में करता है। जिस प्रकार एक इंजीनियर एक भौतिक रचना के निर्माण में भौतिक एवं रसायन विज्ञानों के नियमों का प्रयोग करता है, उसी प्रकार एक व्यावहारिक समाजशास्त्री (सामाजिक कार्यकर्त्ता) संघर्ष की प्रकृति एवं कारणों का पता लगाकर व्यक्तिगत एवं सानूहिक संघर्षों के टालने का वैज्ञानिक समाधान प्रस्तुत करता है। संक्षेप में, व्यावहारिक समाजशास्त्र का उद्देश्य मानव के सामाजिक जीवन-संबंधी समस्याओं का वैज्ञानिक समाधान खोजना तथा नीति-निर्माण में सहायता करना है। आजकल की 'सामाजिक परिवर्तन के प्रबंध' में भी इसका प्रयोग किया जाने लगा है।

appolonian = culture genius

archaeology **पुरातत्वशास्त्र**

पुरातत्वशास्त्र प्रमुखतः प्राचीन संस्कृतियों तथा आधुनिक सभ्यताओं की भूतकालीन दशाओं का अध्ययन है। इसमें भौतिक अवशेषों के अध्ययन द्वारा पुरातन मानव तथा उसकी संस्कृति के उद्भव, विकास तथा पतन का पता लगाया जाता है।

aristocracy **कुलीनतंत्र**

मूलतः इसका अर्थ "सर्वोत्कृष्ट व्यक्तियों के शासन", अर्थात् ऐसे चुनिन्दा (संभवतः स्व चयित) अभिजनों (एलीट) द्वारा शासन से है जिनमें कुछ विशिष्ट गुण एवं विशेषताएं होती हैं और जो शासन के लिये वांछनीय मानी जाती हैं। सामान्यतः यह माना जाता है कि ये गुण जन्मजात होते हैं, जैसे प्रखर बुद्धि, प्रजातिक शुद्धता (जर्मन नाज़ियों में), अभिजात परिवार में जन्म (सामंतशाही में), उच्च जाति में जन्म (भारत में)। आजकल इस संबोध (कन्सेप्ट) का प्रयोग शासक वर्ग के वर्णन-विश्लेषण के लिये किया जाता है जिन्हें आनुवंशिक अभिजात-वर्ग में जन्म होने के कारण शासन का अधिकार प्राप्त होता है जो अल्पतंत्र (ओलिगार्की) के विपरीत होता है जिसमें शासन के अधिकार में वैधता का अभाव होता है।

ascribed status = status ascribed

asrama/asrama system **आश्रम/ आश्रम व्यवस्था**

हिन्दू धर्म शास्त्रकारों ने मानव जीवन की सौ वर्ष की अवधि की कल्पना की है। इस जीवनावधि या जीवन-पथ को उन्होंने चार विश्राम-स्थलों या पड़ावों में बांटा है ताकि जीवन के आनन्द का भोग करते हुए जीवन के अंतिम लक्ष्य मोक्ष को निर्विध्न रूप में प्राप्त किया जा सके। इन पड़ावों या विश्राम-स्थलों को ही 'आश्रम' का नाम दिया गया है। ये चार आश्रम जीवन की चार अवस्थाओं या चरणों का संकेत देते हैं। इनमें से प्रत्येक चरण को अगले चरण में प्रवेश की तैयारी के साथ-साथ अगले सभी चरणों की तैयारी के रूप में देखा गया है। ये चरण अगले चरणों की तैयारी मात्र नहीं है, अपितु मृत्युपरान्त जीवन के संदर्भ में इस जीवन के कार्य, स्थान एवं अर्थ को समझने का उद्देश्य भी इस आश्रम-व्यवस्था की जड़ में निहित है। प्रत्येक आश्रम जीवन का एक ऐसा चरण है, जिसके अन्तर्गत मनुष्य एक निश्चित अवधि तक प्रशिक्षण प्राप्त करता है तथा नियत मर्यादाओं की सीमा रेखा के भीतर रहकर इस ढंग से परिश्रम ('आश्रम' शब्द का व्यत्पत्तीय अर्थ 'परिश्रम करना' होता है) करता है कि वह अगले चरण में प्रवेश योग्य बन सके।

जीवन के इन चार चरणों को ब्रह्मचर्याश्रम, गृहस्थाश्रम, वानप्रस्थाश्रम और संन्यासाश्रम कहा गया है। इन चारों आश्रमों के अलग-अलग कर्त्तव्य और प्रकार्य बताये गये हैं। ब्रह्मचर्य आश्रम को शिक्षण के साथ जोड़ा गया है। यह आशा की गई है कि व्यक्ति अपने जीवन के प्रथम पच्चीस वर्षों को ज्ञान-प्राप्ति अर्थात् विद्याध्यन को समर्पित करे। यह काल पूर्ण आत्म-संयम, इन्द्रिय-निग्रह और नैतिक चरित्र एवं व्यक्तित्व विकास का माना गया है। विद्याध्यन के बाद विवाह-संस्कार सम्पन्न कर व्यक्ति ग्रहस्थाश्रम के दूसरे चरण में प्रवेश करता है। इस आश्रम में वह पचास वर्ष की आयु तक रहता है। यह आश्रम जहां एक ओर व्यक्ति को सांसारिक सुखों के भोग की ओर प्रवृत करता है, वहां उससे पंच महायज्ञों (ब्रह्म, पित्र, देव, भूत और नृ) और तीन ऋणों (ऋषि, पितृ और दैव) की पूर्ति हेतु सन्तानोत्पादन की आशा की जाती है ताकि वह अपनी वंशवृद्धि के साथ-साथ मानव-जाति की निरन्तरता को बनाये रखे। पचास वर्ष की आयु के बाद व्यक्ति तीसरे चरण, अर्थात् वानप्रस्थाश्रम में प्रवेश करता

है। यह आश्रम उसे भोग से निर्लिप्तता और सांसारिक आसक्ति से मुक्ति की ओर अग्रसर करता है। इस आश्रम में व्यक्ति से आशा की जाती है कि अब वह धीरे-धीरे परिवार में रहते हुए भी अपने आपको पारिवारिक दायित्वों और मोह से विलग करे और अपना अधिकाधिक समय समाज-कल्याण, भजन, ध्यान और तपस्या में लगाये। वास्तव में, यह आश्रम अंतिम पड़ाव, अर्थात् संन्यास का पूर्वाभ्यास है। जैसे ही व्यक्ति पिच्चत्तर वर्ष पूरे करता है, उससे पूर्ण वैराग्य की अपेक्षा की जाती हैं और वह जीवन के अंतिम चरण सन्यासाश्रम में प्रवेश कर जाता है।

कुछ प्रारंभिक साहित्य में यह बताया गया है कि संन्यास की अवस्था गृहस्थ के बाद ही आये, यह आवश्यक नहीं है। एक व्यक्ति ब्रह्मचर्य की समाप्ति के उपरान्त भी बिना विवाह किये संन्यास आश्रम में प्रवेश कर सकता है। चार अवस्थाओं का क्रमबद्ध श्रृंखला-क्रम हमें बाद के उपनिषदों में देखने को मिलता है। एक संन्यासी के रूप में व्यक्ति का कोई 'सामाजिक व्यक्तित्व' शेष नहीं रह जाता, वह पारिवारिक और अन्य सांसारिक बंधनों से मुक्त हो जाता है, परिव्राजक का जीवन जीते हुए वह अनिकेत बन जाता है, जीवन की भोजन-वस्त्र संबंधी आवश्यकताओं की पूर्ति भिक्षावृति द्वारा करता है, उसकी अपनी कोई संपत्ति नहीं होती है, वह पूर्ण वैरागी हो जाता है। जीवन में अनुभूत सत्य का उपदेश देना ही उसके शेष जीवन का प्रमुख कर्त्तव्य होता है। संक्षेप में, सांसारिक विषयों एवं संबंधों के प्रति अपनी आसक्ति का परित्याग ही संन्यास है।

हिन्दू जीवन के चार ध्येय (धर्म, अर्थ, काम और मोक्ष), जिन्हें "पुरुषार्थ" कहा जाता है, इन आश्रमों से निकट से जुड़े हुए हैं। वास्तव में, आश्रम-व्यवस्था की पूर्ण व्याख्या इन पुरुषार्थों की व्याख्या के बिना नहीं की जा सकती। यही कारण है कि **डा. पी. एन. प्रभु** ने पुरुषार्थों को 'आश्रम-व्यवस्था' के विचार का मनःनैतिक आधार कहा है। (देखिये – पुरुषार्थ)

assimilation **आत्मसातकरण**

एक संस्कृति द्वारा अपने से भिन्न दूसरी संस्कृति को अपने में घुला-मिला लेने की प्रक्रिया को आत्मसातकरण कहते हैं। इस प्रक्रिया में धीरे-धीरे दूसरी संस्कृति के पृथक अस्तित्व का लोप हो जाता है। आत्मसातकरण की प्रक्रिया में दूसरी संस्कृति के इतिहास, स्मृतियों, परम्पराओं, भावनाओं व दृष्टिकोणों को इस प्रकार अपना लिया जाता है जैसे वे उन्हीं की संस्कृति के अंग हों। इस अवधारणा का प्रयोग कई बार पर-संस्कृतिग्रहण (अकल्चँरेशन) के पर्यायवाची के रूप में भी किया जाता है।

association **समिति**

एक ऐसे समूह को समिति कहते हैं जिसकी रचना जानबूझकर किन्हीं विशिष्ट उद्देश्यों को पूरा करने के लिए की गई हो। समिति का निर्माण हितों की तार्किक स्वीकृति के आधार पर होता है। इस प्रकार के समूहों की सदस्यता ऐच्छिक होती है। समितियाँ सनातन नहीं होती, अपितु उद्देश्यों की पूर्ति के साथ ही प्रायः समाप्त हो जाती हैं।

atomism **व्यष्टिवाद**

व्यष्टिवाद और समष्टिवाद सामाजिक जीवन की प्रकृति के पूर्णतः दो भिन्न स्वरूपों को प्रकट करने वाली अवधारणाएं हैं। व्यष्टिवाद का दृष्टिकोण व्यक्तिवादी और मनोवैज्ञानिक है। इसके अनुसार एक सामाजिक व्यवस्था व्यक्तियों के संग्रह से अधिक कुछ नहीं है। अतः यदि हम व्यक्तियों के बारे में जान जाते हैं तो अप्रत्यक्षतः हमें सम्पूर्ण सामाजिक व्यवस्था, जिसमें वे सहभागी हैं, का भी ज्ञान हो जाता है। संक्षेप में, यह विचारणा इस बात पर बल देती है कि सम्पूर्ण, भागों का योग मात्र है, इसके परे कुछ नहीं। (देखिये – समष्टिवाद)

attitude **मनोवृत्ति/ अभिवृत्ति**

साधारणतः इस शब्द का प्रयोग किसी व्यक्ति अथवा व्यक्तियों के समूह के व्यवहार द्वारा प्रदर्शित ऐसी सीखी हुई प्रवृति के लिए किया जाता है जिसके द्वारा किसी वस्तु तथा वस्तुओं के वर्ग का मूल्यांकन एक विशिष्ट एवं स्थायी रूप में किया जा सके है। यह किसी विषय-विशेष के सम्बन्ध में प्रवृत्त होने की मनःस्थिति को प्रकट करती है। मनोवैज्ञानिक अर्थ में, मनोवृत्ति मानसिक तथा स्नायविक तत्परता की एक ऐसी स्थिति है जिसका निर्धारण पूर्व अनुभव द्वारा होता है तथा जो उन समस्त वस्तुओं तथा परिस्थितियों के प्रति हमारी प्रतिक्रियाओं को प्रेरित एवं निर्देशित करती है जिनसे वह मनोवृत्ति संबंधित है। इस शब्द का सर्व प्रथम प्रयोग अमरीकी मनोविदों ने व्यक्ति की रुचि, रुख, प्रवृति, रुझान या सुझाव की अभिव्यक्ति के लिए किया था।

समाजशास्त्र में मनोवृत्ति की अवधारणा का प्रयोग दो अर्थों में किया गया है। प्रथम अर्थ में, बहुधा इसका प्रयोग विश्वासों एवं मूल्यों की अवधारणाओं के स्थानापन्न के रूप में किया जाता है, जैसे ये कथन कि "सरकार स्वास्थ्य रक्षा पर बहुत कम खर्च करती है", या "अश्लील कला पर प्रतिबंध लगाया जाना चाहिये", या "आप्रवास पर कठोर नियंत्रण लगाने की आवश्यकता है।" ये सभी कथन विश्वासों एवं मूल्यों सम्बन्धी दृष्टिकोण को प्रकट करते हैं। इस प्रकार के कथनों में 'मूल्य-निर्णय' का भाव निहित होता है।

मनोवृत्ति का दूसरा अर्थ विश्वास अथवा मूल्यों से परे है। इस अर्थ में, यह उद्वेग (इमोशन) और मनोभाव (सेंटिमेंट) के अर्थों के बहुत कुछ नजदीक है। इस अर्थ में, एक मनोवृत्ति किसी वस्तु के प्रति एक सांस्कृतिक अनुस्थापन (ऑरिएन्टेशन) है जो हमें उस वस्तु के संबंध में न केवल एक विशेष ढ़ंग से सोचने को तैयार करती है, अपितु उसके प्रति नकारात्मक अथवा सकारात्मक भाव को भी प्रकट करती है। उदाहरणार्थ, प्रजातिवाद मात्र विश्वासों और मूल्यों को ही प्रकट नहीं करता है, अपितु इसमें घ्रणा, तिरस्कार, घुटन, लज्जा, कृपालुता जैसे उद्वेग भी शामिल हैं। इसी प्रकार अपने देश के प्रति व्यक्तियों के विश्वास एवं मूल्य ही देशभक्ति की भावना को एक महत्वूपर्ण सांस्कृतिक शक्ति नहीं बनाते हैं, अपितु गर्व, स्नेह तथा उससे गहरे रूप में जुड़ी लगाव की भावनाएं भी देशभक्ति को सांस्कृतिक शक्ति के रूप में प्रदर्शित करने के लिये आवश्यक हैं।

मनोवृतियाँ मानसिक दशाओं को प्रकट करती हैं, जिन्हें प्रत्यक्षतः देखा-परखा नहीं जा सकता। इनके विषय में व्यवहार (शाब्दिक व्यवहार सहित) द्वारा अनुमान लगाया जाता है। मनोवृतियों को अन्य मानसिक कोटियों से अलग किया जाना चाहिये। ये अभिप्रेरणाओं (मोटिवेशन्स) की अपेक्षा अधिक स्थिर और स्थाई होती हैं, विचारधाराओं (आइडियोजॉजीज़) की अपेक्षा किन्हीं नामित स्थितियों और वस्तुओं से विशिष्ट रूप से संबंधित होती हैं, आन्तरिक रूप में इनमें मूल्यांकन का भाव निहित होता है, इनका उद्भव मूल्यों से होता है किन्तु फिर भी ये मूलतः मूल्यों के समरूप नहीं होतीं।

attitude scale **मनोवृत्ति प्रमाप**

किसी समूह के व्यक्ति किसी वस्तु अथवा घटना को कैसे देखते हैं, उसके संबंध में वे क्या विचार रखते हैं, यह जानने के लिये जिस तकनीक का प्रयोग किया जाता है, उसे मनोवृति प्रमाप कहते हैं। मनोवृति प्रमाप की रचना हेतु एक शोधकर्त्ता लोगों से शोध-विषय से संबंधित अनेकानेक प्रश्न पूंछता है।

audience **श्रोतासमूह या श्रोतावृन्द**

श्रोतासमूह एक ऐसा संस्थागत जन-समूह है जो किसी पूर्व निश्चित स्थान पर (किसी विशेष उद्देश्य से तथा निश्चित समय पर) एकत्रित होता है। किसी खेल को देखने, संगीत कार्यक्रम अथवा भाषण को सुनने या धार्मिक संस्कार में भाग लेने आदि के लिए एकत्रित हुआ जन-समुदाय श्रोता-समूह के विभिन्न रूप हैं। यह समूह भीड़ का ही एक विशिष्ट रूप है जो निष्क्रिय होता है।

authoritarianism **सत्तावाद**

सत्तावाद को व्यक्तित्व अथवा शासन-प्रणाली के एक ऐसे अंतःसम्बन्धित लक्षणों के पुंज के रूप में परिभाषित किया जा सकता है जिसमें प्रथानुगत मूल्यों के कठोरता से पालन, बाह्य समूहों के प्रति आक्रामक रुख अपनाने, राजनैतिक समस्याओं के जनतंत्र-विरोधी समाधानों को स्वीकार करने की तत्परता तथा सत्ता एवं शक्ति के प्रति नरम अथवा झुकने के भाव पर बल दिया जाता है। शासन के इस सिद्धान्त में जनमत, व्यक्तिगत अधिकारों, वैध विरोध या अनुमति आधारित सरकार पर बहुत कम या बिल्कुल ध्यान नहीं दिया जाता है। सत्तावाद में सत्ताधारी व्यक्ति के आदेशों का पालन बिना नानुच के भय-वश होकर किया जाता है। सत्तावाद का एक अतिवादी रूप हमें सर्वाधिकारवाद (टोटेलिटेरियनिज्म) में देखने को मिलता है।

authoritarian personality **सत्तावादी व्यक्तित्व**

इस अवधारणा का प्रयोग सामान्यतः एक ऐसे व्यक्ति के लिए किया जाता है जो घोर जाति-केन्द्रित, पूर्वाग्रह से ग्रस्त, प्रजातन्त्र-विरोधी, अति रूढ़िवादी, असभ्य, असहिष्णु,

अपरिवर्तनशील तथा प्रभुता में विश्वास करने वाला होता है। ऐसे व्यक्ति अपने मातहत व्यक्तियों के प्रति दंभपूर्ण तथा आतंकित करने वाला व्यवहार करते हैं। सत्तावादी व्यक्तित्व की अवधारणा का विशद् वर्णन-विश्लेषण **टी.डब्ल्यू. अडोर्नो** द्वारा किया गया है। अडोर्नों ने बताया है कि व्यक्तित्व एवं सामाजिक व्यवस्था में क्या पारस्परिक संबंध है।

authority **सत्ता**

दूसरे व्यक्तियों के व्यवहारों को व्यवस्थित (नियंत्रित) करने तथा उनके सम्बन्ध में निर्णय लेने के प्रस्थापित अधिकार को सत्ता कहते हैं। यह शक्ति के प्रयोग के प्रमुख रूपों में से एक है जिसमें अनेक व्यक्तिगत मानवीय कर्त्ताओं की क्रियाओं को आदेशात्मक तरीके से निर्देशित किया जाता है ताकि किसी विशिष्ट लक्ष्य अथवा सामान्य लक्ष्यों की प्राप्ति हो सके।

मैक्स वेबर ने सत्ता की विवेचना शक्ति (पॉवर) के रूप में की है और उन्होंने सत्ता के तीन रूपों की चर्चा की है– पारम्परिक सत्ता, तार्किक-कानूनी सत्ता और करिश्माई सत्ता।

authority, charismatic **करिश्माई या चमत्कारी सत्ता**

करिश्माई या चमत्कारी सत्ता का आधार व्यक्ति का चमत्कारी गुण अथवा विलक्षण व्यक्तित्व होता है। जिन व्यक्तियों के पास किसी प्रकार की विलक्षण शक्ति अथवा करामात होती है, वे करिश्माई सत्ता के अधिकारी होते हैं। इस प्रकार के सत्ताधारी व्यक्ति की आज्ञा का पालन श्रद्धा-भक्ति के साथ किया जाता है। महात्मा गांधी की सत्ता का आधार यही करिश्माई शक्ति थी। पीर, पैगम्बर, अवतार, धार्मिक नेता या योद्धा आदि की सत्ता इसी श्रेणी में आती है।

ग्रीक भाषा में इसका अर्थ 'दैविक देन' से है। इसका सर्वप्रथम प्रयोग **अर्नस्ट ट्रोलेच** ने किया और बाद में **मैक्स वेबर** ने इस प्रकार के व्यक्ति के लिए किया जिसमें मात्र अपने व्यक्तित्व तथा बल पर लोगों को नेतृत्व एवं प्रेरणा प्रदान करने की योग्यता होती है।

authority, legal-rational **कानूनी-तार्किक सत्ता**

इस सत्ता का आधार बौद्धिक रूप से निर्मित नियम अथवा कानून होते हैं। कानूनी-तार्किक सत्ता का पालन किसी पद पर नियुक्ति के कारण नहीं, अपितु उस वैधानिक व्यवस्था द्वारा होता है जो उस पद के साथ जुड़ी हुई है।

authority, traditional **पारम्परिक सत्ता**

इस सत्ता की वैधता का आधार प्राचीन काल से चली आ रही व्यवस्था, परम्परा अथवा स्वीकृत प्रतिमान होते हैं। पारम्परिक सत्ता एक व्यक्ति को परम्परा द्वारा स्वीकृत पद पर आसीन होने के कारण प्राप्त होती है। भारतीय समाज में ब्राह्मणों या पंचों की सत्ता को इसी श्रेणी में रखा जाता है।

autocracy **तानाशाही**

जब किसी राज्य में किसी एक नेता, सामान्यतः कोई तानाशाह के द्वारा शासन किया जाता है, तब यह शासन-व्यवस्था तानाशाही कहलाती है। कृषिहर समाजों में तानाशाही नेतृत्व का रूप राजवंशी (राजा-महाराजा) रहा है। नाज़ी जर्मनी में हिटलर तथा सोवियत संघ में स्टालिन की सत्ता तानाशाही के सुप्रसिद्ध उदाहरण हैं।

पितृसत्तात्मक पारम्परिक समाजों में पत्नी का पति के आधीन होना या बालकों का माता-पिता या वयस्क व्यक्तियों की आज्ञा या अनुशासन का पालन करना तानाशाही के अन्य उदाहरण हैं।

avoidance relationship **परिहार सम्बन्ध**

परिवार तथा परिवार के अतिरिक्त कुछ विशिष्ट व्यक्तियों के साथ सम्बन्धों में विमुखता बरतने, सम्बन्धों को टालने अथवा सामाजिक दूरी प्रदर्शित करने वाली प्रथा को परिहार सम्बन्ध कहते हैं। कई समाज अपने सदस्यों को मुक्त हेल-मेल या मेलजोल बढ़ाने की स्वीकृति नहीं देते। ऐसे समाजों में व्यक्तियों को अपने कुछ विशिष्ट सम्बन्धियों के साथ प्रत्यक्ष बातचीत करने, उनके आमने-सामने आने-जाने, साथ-साथ भोजनादि करने पर प्रतिबन्ध होता है। इस सम्बन्ध में उन्हें समाज द्वारा आरोपित निषेधों का पालन करना पड़ता है।

परिहार सम्बन्धी ये निषेध अलग-अलग समाजों में भिन्न पाए गए हैं, जैसे कहीं-कहीं जंवाई का अपनी सास के सामने या पुत्र-वधू का अपने श्वसुर के सामने जाना निषिद्ध है तो कहीं-कहीं कुछ सम्बन्धियों का एक ही थाली में भोजन करना मना है। व्यवहार के एक रूप में, परिहार सम्बन्धों द्वारा एक-दूसरे के प्रति सम्मान प्रकट किया जाता है।

avunculate **मातुलेय**

कुछ समाजों, में विशेषतः मातृसत्तात्मक समाजों में, एक व्यक्ति के अपनी मां के भाई (मामा) के साथ विशिष्ट प्रकार के सम्बन्ध पाये गये हैं। इन विशिष्ट सम्बन्धों को अभिव्यक्त करने के लिए ही 'मातुलेय' शब्द का प्रयोग किया जाता है। मातुलेय की धारणा मातृवंशीय समाजों में मामा का अपने भांजों-भांजियों पर शिक्षा-दीक्षा तथा विवाह आदि सम्बन्धी विशेषाधिकार को प्रकट करती है। कहीं-कहीं इस धारणा का प्रयोग मामा-भांजे के मुक्त व्यवहार के लिए भी किया जाता है जिसमें भांजा अपने मामा के साथ हंसी-मजाक कर सकता है। **मॉलिनोस्की** ने ट्रोबिएंड द्वीप-समूह के लोगों में इस प्रथा के प्रचलन का विस्तृत वर्णन किया है।

axiomatic theory **स्वसिद्ध सिद्धान्त**

स्वसिद्ध सिद्धान्त की रचना अवधारणाओं तथा अवधारणाओं के आधार पर बनी हुई प्राक्कल्पनाओं द्वारा होती है। इन प्राक्कल्पनाओं को एक संस्तरण क्रम में रखा जाता है। सबसे ऊपर सर्वाधिक अमूर्त कथन होते हैं जिनसे अन्य सभी सैद्धान्तिक कथनों की रचना

की जाती है। बाद वाले ये कथन प्रस्थापनाएं कहलाते हैं। यह निगमनात्मक सिद्धान्त का एक विशिष्ट रूप है। समाजशास्त्र में सिद्धान्त-रचना का यह रूप काफी समय तक अज्ञात रहा, किन्तु अब समाजशास्त्र तथा मनोविज्ञान में इस सिद्धान्त का तीव्रगति से प्रचार-प्रसार हो रहा है।

axioms **स्वसिद्ध प्रमाण/नियम**

स्वसिद्ध प्रमाण ऐसे कथन या सूक्तियां हैं जिनकी सत्यता या तो स्वतः स्पष्ट होती है या वे इतने प्रामाणिक होते हैं कि जिनकी सत्यता विश्वसनीयता के परे हो तथा जिन्हें किसी भी विज्ञान के क्षेत्र में सार्वभौम रूप में स्वीकार कर लिया गया हो। अधिकांश समाजशास्त्रीय सिद्धान्त एक या अधिक अस्पष्ट अनुमान या अभिधारणा पर आधारित हैं, जैसे 'सभी मानवीय क्रियाएं तर्कसंगत होती हैं', या मार्क्सवादी यह अभिधारणा कि 'वर्ग-संघर्ष इतिहास का चालक है।'

कुछ समाजशास्त्रियों ने ऐसी स्वसिद्ध अभिधारणाओं को 'तत्वमीमांसीय विश्वास' कहा है। **जार्ज रिज़र** ने इसी आधार पर अपनी पुस्तक 'समाजशास्त्र में तत्वमीमांसीय सैद्धान्तीकरण', (1991) में सामाजिक सिद्धान्तों की विवेचना की है।

B

backstage and frontstage role **पार्श्वमंच एवं अग्रमंच भूमिका**

इरविंग गौफमेन ने सामाजिक अन्तर्क्रिया के अपने अभिनयशास्त्रीय उपागम (ड्रामाटुर्जिकल) में पार्श्वमंच और अग्रमंच की अवधारणाओं का प्रयोग किया है। एक सामाजिक अभिनेता किसी अमुक समय पर जो भूमिका निभाता है, उसके दो स्वरूप हमारे सामने आते हैं। एक वह भूमिका जो वह दर्शकों के समक्ष निभा रहा है और दूसरी वह भूमिका या भूमिकाएं जो अभी वह निभा तो नहीं रहा है, किन्तु वे भी उसकी भूमिकाएं हैं। इस प्रकार, दर्शकों के समक्ष निभाई जाने वाली भूमिका को अग्रमंच भूमिका और छुपी हुई (जो भूमिका अभी निभा नहीं रहा है) भूमिका को पृष्ठ या पार्श्वमंच भूमिका कहा गया है। एक डाक्टर (सर्जन) जो एक पिता भी है, उसके जीवन में न केवल नर्सें, कम्पाउंडर, अन्य सहयोगी डाक्टर व स्वास्थ्य परिचारक ही सम्मिलित होते हैं, अपितु पारिवारिक स्वजन भी आते हैं। जब वह अस्पताल में कोई शल्य-चिकित्सा करता है, तब उसकी यह अग्रमंच भूमिका है और पिता, भाई आदि की पृष्ठमंच भूमिकाएं हैं। किन्तु जैसे ही वह घर आता है तब पिता, भाई या पति आदि की भूमिकाएं अग्रमंच बन जाती हैं और सर्जन की भूमिका पृष्ठमंच की हो जाती है।

backward class **पिछड़ा वर्ग**

भारतीय समाज के ऐसे कुछ वर्गों को उनकी सामाजिक-आर्थिक दयनीय स्थिति के कारण "पिछड़े वर्ग" के नाम से संबोधित किया गया है जिन पर स्वतंत्रता के बाद विशेष ध्यान दिए जाने की आवश्यकता को महसूस किया गया। ये वर्ग प्रमुखतः तीन हैं–(i) तथाकथित आदिवासी समूह (ii) वे समूह जिन्हें पहले जातीय समाज में अस्पृश्यों के रूप में माना जाता था। इन दोनों समूहों के कुछ चुने हुए समूहों को आजकल क्रमशः "अनुसूचित जातियां" तथा "अनुसूचित जनजातियां" के नाम से जाना जाता है। इन समूहों को विशेष संरक्षण देने की व्यवस्था की गई है। (iii) इन समूहों के अतिरिक्त हिन्दू वर्ण व्यवस्था में कुछ ऐसी जातियां हैं जिन्हें अति निम्न माना गया है तथा जो सामाजिक, आर्थिक एवं शैक्षणिक दृष्टि से समाज के सम्पन्न वर्गों की तुलना में कमजोर और निम्नस्तर पर है, उन्हें भारतीय संविधान में "पिछड़े वर्ग के नागरिक" या "अन्य पिछडे वर्ग" के नाम से संबोधित किया गया है। इनका निर्धारण जातीय आधार पर हो अथवा सामाजिक-आर्थिक दृष्टि से हो, अभी इस विषय को लेकर घोर मतभेद है।

band **दल**

सम्मिलित परिवारों के एक ऐसे स्थानीय समूह को 'बैंड' या दल कहते हैं जो घुमक्कड़ अथवा अर्द्ध घुमक्कड़ जीवन व्यतीत करता हुआ साथ-साथ रहता है तथा जो आमने-सामने के प्रत्यक्ष सम्बन्धों से बंधा होता है। ऐसे समूह अधिकांशतः निर्वाहमूलक अर्थव्यवस्था (आखेटक तथा खाद्य संग्राहक) वाले समाजों में पाए गए हैं।

barbarian/barbarism **बर्बर/बर्बरता**

बोलचाल में इस पद का प्रयोग गंवार अथवा असभ्य व्यक्ति के लिए किया जाता है। **एल.एच. मॉर्गन** की पुस्तक "एन्शन्ट सोसाइटी" (1877) के प्रकाशन के बाद समाजशास्त्रीय साहित्य में इस शब्द का प्रयोग एक विशेष अर्थ एवं संदर्भ में किया जाने लगा। तब से "बर्बरता" शब्द का प्रयोग मानव जाति के सामाजिक विकास के मध्य चरण को इंगित करने के लिए किया जाता है। मॉर्गन ने कहा है कि हमारे पास विश्वास करने योग्य अनेक साक्ष्य है जो यह प्रकट करते हैं कि मानव जाति की सभी जनजातियों में बर्बरता की शुरुआत जंगलीपन (सेवेजरी) के बाद में हुई और बर्बरता ने बाद में सभ्यावस्था को जन्म दिया। जंगली अवस्था एक लम्बे काल चली, जब तक ऐसे आविष्कारों का जन्म नहीं हो पाया जिन्होनें बर्बर अवस्था को विकसित किया। आखेटक एवं संग्राहक मानव समूह जंगली अवस्था का प्रतिनिधित्व करते हैं, जबकि कृषि का विकास तथा भ्रमणहीन जीवन, बर्बर अवस्था का संकेत देते हैं। बर्बरता के चार प्रमुख लक्षण हैं, यथा जानवरों को पालतू बनाना, अनाज की खोज, स्थापत्य में पत्थर का प्रयोग, तथा कच्चे लोहे को पिघलाने की विधि का आविष्कार।

अनेक लेखकों ने मॉर्गन की सभ्यता के विकास की योजना को यथावत स्वीकार किया है। कुछेक ने संशोधन कर इसे परिष्कृत रूप भी प्रदान किया। **गुर्डोन चाइल्ड** ने अपनी पुस्तक 'सोशल इवोल्यूशन' (1951) में खाद्य उत्पादन की तकनीक को जंगलीपन से बर्बरता की ओर जाने का प्रतीक माना है। वास्तव में, मानवीय समाज के इतिहास को तीन स्तरों जंगली, बर्बर तथा सभ्य में विभाजित करने की मॉर्गन की योजना को इतनी सरलता से स्वीकार किया जाना कठिन है। फिर भी, जब भी मानव समाज के विकास की बात की जाती है, तब किसी न किसी रूप में मॉर्गन के विचारों का अवश्य उल्लेख किया जाता है। आजकल "बर्बरतावाद" की अपेक्षा "बर्बर" शब्द के प्रयोग का प्रचलन बहुत कम हो गया है।

base = substructure

behaviour **व्यवहार**

किसी परिस्थिति विशेष में अवयव की सम्पूर्ण प्रतिक्रिया या प्रत्युत्तर ही व्यवहार है। इसमें न केवल उसकी शारीरिक प्रतिक्रियाएं तथा चाल-ढाल अपितु शाब्दिक कथन तथा व्यक्तिनिष्ठ अनुभव भी सम्मिलित होते हैं। कुछ लेखकों ने व्यवहार तथा क्रिया की

अवधारणाओं का प्रयोग समानार्थक अथवा स्थानापन्न के रूप में किया है, किन्तु व्यवहार की अवधारणा क्रिया से अधिक व्यापक है। इसका प्रयोग एक व्यक्ति जो कुछ करता है, कहता है, सोचता है या अनुभव करता है, इन सभी के लिए किया जाता है, चाहे ये सभी व्यक्ति के लिए अर्थपूर्ण तथा उद्देश्यपूर्ण हों अथवा न हों। (देखिये – एक्शन)

behaviour, aberrant = aberrant behaviour

behavioural interactional approach **व्यवहारात्मक अन्तर्क्रिया उपागम**

सामाजिक सिद्धान्त के इस उपागम के अन्तर्गत बाह्य व्यवहार के उन प्रतिमानों, जिनको देखा-परखा जा सकता है, के माध्यम से सामाजिक जीवन को समझने का प्रयास किया जाता है। सामाजिक-क्रिया सिद्धान्त की भांति इसमें व्यक्ति के व्यक्तिपरक इरादों अथवा स्थितियों को महत्व नहीं दिया जाता, क्योंकि व्यवहारवादियों के अनुसार इन्हें समझने का कोई सही मापदण्ड नहीं है। एक व्यवहारवादी कल्पनाओं के स्थान पर प्रेक्षण को तथा तात्विक अमूर्तीकरण के स्थान पर प्रेक्षणयुक्त वास्तविकताओं को अधिक महत्व देता है। **प्रो. होमंस** ने सामाजिक विनिमय द्वारा व्यवहारात्मक उपागम को समझाया है। उनके अनुसार व्यक्ति पारस्परिक अन्तर्क्रिया तभी करता है जब दोनों पक्षों को परस्पर लाभ मिलता है। (देखिये – सोश्यल एक्सचेंज थिऑरि)

behaviouralism **व्यवहारितावाद**

व्यवहारितावाद व व्यवहारवाद दो भिन्न अवधारणाएं हैं। व्यवहारवाद एक मनोवैज्ञानिक संबोध है जिसकी उत्पत्ति के साथ **जे.बी. वाट्सन** का नाम जुड़ा है। व्यवहारवाद केवल उन तथ्यों की प्रामाणिकता को महत्व देता है जो इंद्रियों के प्रयोग द्वारा प्रेक्षण-परीक्षण पर आधारित हैं। किन्तु समय बीतने के साथ मनोवैज्ञानिक भी यह अनुभव करने लगे कि बाह्य उद्दीपक (स्टिम्यूलस) तथा प्रेक्षनीय प्रत्युत्तर (रेस्पोन्स) के बीच कुछ व्यक्तिपरक अनुभव होते हैं जो व्यक्ति की व्याख्या को प्रभावित करते हैं। व्यवहारितावाद इन्हीं व्यक्तिपरक तथ्यों जैसे प्रयोजन, मंतव्य, इच्छा तथा विचार आदि को भी मानव के व्यवहार की व्याख्या के लिए आवश्यक मानता है। अतः उद्दीपन-प्रत्युत्तर (एस-आर) की विचारना व्यवहारितावाद में उद्दीपक-सावयव-प्रत्युत्तर (एस.ओ.आर) में बदल जाती है।

व्यवहारितावाद की आलोचना बहुधा कुछ आधारों पर की गई है; जैसे इस सिद्धान्त की प्रत्यक्ष अवलोकन के जरूरत से अधिक परे जाने की हठधर्मिता, सैद्धान्तिक दिखावापन, शोध की महत्ता अथवा रुचि की अपेक्षा ऐसे विषयों के अध्ययन का चुनाव जिनकी आसानी से माप की जा सकती हो, और कभी-कभी इसमें मूल्य निरपेक्षिता के दावे का अहंकार भी छुपा होता है।

behaviouralism, post **उत्तर व्यवहारितावाद**

यह व्यवहारवाद के प्रतिक्रिया स्वरुप उत्पन्न एक वैचारिक आंदोलन है जो

अध्ययन-विश्लेषण में तथ्य और मूल्य के विवेक सम्मत समन्वय पर बल देता है। व्यवहारवाद के नाम पर प्रयोग की गई प्राकृतिक विज्ञानों की कठोर शोध-पद्धति को नकार दिया गया है, जिसमें मूल्यों को कोई महत्व नहीं दिया जाता है। उत्तर व्यवहारितावाद क्रिया और उसकी प्रासंगिकता पर बल देता है। इसके मूल मंतव्य के अनुसार, सामाजिक शोध को समाज की आवश्यकताओं के संदर्भ में प्रासंगिक एवं संगतिपूर्ण होना चाहिये। उत्तर व्यवहारितावादियों ने मूल्य निरपेक्ष या तटस्थता के स्थान पर सामाजिक व्यवहार के अध्ययन हेतु मूल्यों की निर्णायक भूमिका को स्वीकार किया है।

behaviourism **व्यवहारवाद**

व्यवहारवाद एक मनोवैज्ञानिक उपागम है जो अवलोकनीय व्यवहार के अध्ययन पर बल देता है। यह उपागम इस बात पर केन्द्रित है कि व्यवहार-प्रतिमानों की रचना पूर्णतः पुरस्कार और दंड के माध्यम से अनुकूलन (कन्डिशनिंग) की प्रक्रिया द्वारा होती है। इस उपागम में मानवीय व्यवहार को समझने के लिये चेतना की कोई सार्थकता नहीं है। एक सिद्धान्त के रूप में इस उपागम का जन्म बीसवीं शताब्दी के प्रारम्भ में तत्कालीन प्रचलित 'अन्तर्निरीक्षणवाद' (इस्ट्रोस्पेक्शनिज्म) के विरोध में हुआ। अन्तर्निरीक्षणवाद आत्मनिरीक्षण के प्रयोग द्वारा चेतना के अध्ययन को अपना केन्द्र बनाता है। व्यवहारवाद ने 'चेतना' या 'मन' जैसी अवधारणाओं को पूर्णतः अस्वीकार किया है। व्यवहारवादी मानते हैं कि चेतना का ज्ञान प्राप्त करना कठिन है।

व्यवहारवाद के जन्मदाता **जे.बी. वाटसन** ने 'मन' सम्बन्धी विभिन्न धारणाओं पर आधारित मनोविज्ञान को त्याग कर एक ऐसे मनोविज्ञान की आधार शिला रखी जिसका निरीक्षण-परीक्षण किया जा सकता है। ऐसे ज्ञान को वाट्सन के अनुसार विज्ञान नहीं कहा जा सकता जिसे देख-परख नहीं सकते। हम व्यक्ति के 'मन' को नहीं देख सकते, किन्तु उसके व्यवहार को अवश्य देख सकते हैं और इसका निरीक्षण-परीक्षण संभव है। वाट्सन ने कहा कि अन्तर्निरीक्षण अविश्वसनीय है क्योंकि आत्म प्रतिवेदन अस्पष्ट और व्यक्तिपरक होता है और इसके द्वारा जो तथ्य प्राप्त किये जाते हैं, उनकी प्रामाणिकता की जांच स्वतन्त्र रूप में नहीं की जा सकती है। व्यवहारवादियों ने, प्रत्यक्षवाद (पॉजिटिविज़्म) का सहारा लेते हुए इस तथ्य का उद्घाटन किया कि इन्द्रियों के द्वारा प्राप्त ज्ञान ही सत्य एवं परीक्षणीय है। अपनी बात की पुष्टि के लिये व्यवहारवादियों ने पशुओं पर अनेक नियंत्रित परीक्षण किये जिसमें जे.बी. वाटसन का कुत्तों पर किया गया परीक्षण सुप्रसिद्ध है। इन परीक्षणों के निष्कर्ष के रूप में यह प्रस्थापित किया गया कि पशु एवं मानवीय व्यवहार 'उद्दीपन-अनुक्रिया' (स्टिम्यूलस-रेस्पोन्स) मॉडल के रूप में होता है। अतएव, वाट्सन ने मनोविज्ञान को 'उद्दीपन-अनुक्रिया' के अध्ययन तक ही सीमित करने का प्रयास किया। उन्होंने मानव-व्यवहार का आधार दैहिक माना है। शारीरिक प्रक्रियाओं की व्याख्या द्वारा मनोवैज्ञानिक व्यवहार की व्याख्या करना व्यवहारवादी सिद्धान्त का मूलाधार है।

बाद में, अमेरिका और ब्रिटेन में **स्कीनर, क्लार्क, हल और टालमैन** आदि ने वाट्सन के विचारों में थोड़ा संशोधन करते हुए इस सिद्धान्त को नया स्वरूप प्रदान किया जिसे

आजकल **नव व्यवहारवाद** कहते हैं। नव व्यवहारवाद की मुख्य प्रस्थापना यह है कि व्यक्ति उत्तेजना-प्रतिक्रिया का बण्डल मात्र नहीं है। वह किसी यंत्र के समान नहीं है, अपितु अभिप्रेरणाओं से संचालित होने वाला प्राणी है। अभिप्रेरणाएं मनोवैज्ञानिक तथ्य हैं, इनका घनिष्ठ सम्बन्ध व्यक्ति के मनोदैहिक संगठन से है। नव व्यवहारवाद व्यवहार के दैहिक आधार को मानते हुए रुचि, प्रेरणा, बिम्ब, तर्क आदि विशेषताओं को भी मानव-व्यवहार के विश्लेषण में स्थान देता है। इसका प्रमुख योगदान '**सीखने का प्रबलन**' सिद्धान्त है।

व्यवहारवादी विचारधारा 'परिवेशवाद' के एक अत्यान्तिक स्वरूप को प्रस्तुत करती है। बाद के विचारकों ने इसकी कई कमियों को उजागर किया। समाजशास्त्रियों ने व्यवहारवादियों के इस विचार की कटु आलोचना की कि सभी प्रकार के व्यवहार संगति या किसी न किसी प्रकार के अनुकूलन (कन्डिशनिंग) द्वारा सीखे जा सकते हैं और इस व्यवहार के बाह्य हेर-फेर (परिवेश में बदलाव) द्वारा इसी व्यवहार को भुलाया जा सकता है। समाजशास्त्रियों के अनुसार, व्यवहारवादियों का परिप्रेक्ष्य व्यक्तिवादी है। यही नहीं, किसी भी प्रकार का समाजशास्त्रीय अध्ययन यह जाने बिना कि व्यक्ति सामाजिक विश्व के बारे में क्या सोचते हैं, नहीं किया जा सकता है। **जी.एच. मीड** ने इस सम्बन्ध में व्यवहारवाद की कटु आलोचना करते हुए कहा कि व्यवहारवाद केवल यह बता सकता है कि व्यक्ति क्या कर रहे हैं, किन्तु यह नहीं बता सकता कि वे क्या सोच या अनुभव कर रहे हैं। यह मानवीय व्यवहार के कई पक्षों की अवहेलना करता है जिनका आसानी से प्रेक्षण संभव नहीं है। वृहत आधार पर जब हम व्यवहारवाद की विवेचना करते हैं, तब हम देखते हैं कि व्यवहारवाद सामाजिक व्यवस्थाओं और उसके सांस्कृतिक एवं संरचनात्मक पक्षों की ही अवहेलना करता है। सूक्ष्म स्तर पर यह मानवीय क्रिया और अन्तर्क्रिया में निहित अर्थ की महत्ता को ही नकारता है।

इन आलोचनाओं के उपरान्त भी हम व्यवहारवाद के कुछ तत्वों का प्रभाव कुछेक समाजशास्त्रियों पर देख सकते हैं। **जार्ज होमन्स** के विनिमय सिद्धान्त पर स्कीनर की धारणाओं का प्रभाव देखा जा सकता है। यही नहीं, इस सिद्धान्त के आलोचक जी.एच. मीड ने भी सामाजीकरण के अपने सिद्धान्त में 'चेतना' को महत्व देते हुए अपने आपको 'सामाजिक व्यवहारवादी' कहा है। इसी प्रकार, 'सांकेतिक अन्तर्क्रियावादी' समाजशास्त्रीय सिद्धान्त पर भी व्यवहारवाद की छाया देखी जा सकती है।

belief **विश्वास**

किसी प्रस्ताव अथवा विचार को सत्य मानना विश्वास का द्योतक है। सामान्यतः यह स्वीकृति बौद्धिक होती है, किन्तु कभी-कभी यह उद्वेगों द्वारा प्रेरित भी हो सकती है। विश्वास व्यक्ति में एक ऐसी मानसिक दशा का निर्माण करते हैं जो उसके स्वैच्छिक क्रिया के जनक का काम करती है। विश्वास कई प्रकार के हो सकते हैं, यथा वैज्ञानिक विश्वास, सनकपन पर आधारित विश्वास, अंधविश्वास, आदि।

bialateral = descent, bialateral

bilocal residence = family, bilocal

biologism **जीववाद**

जीववाद एक ऐसा सैद्धान्तिक उपागम है जिसमें सामाजिक एवं सांस्कृतिक घटनाओं की जीवशास्त्रीय अर्थ में व्याख्या की जाती है। बीसवीं शताब्दी में जीववादी निर्धारणवाद ने बहुत कुछ रूप में डार्विन के उद्‌विकास और प्राकृतिक प्रवरण के सिद्धान्तों का सहारा लेकर सामाजिक एवं सांस्कृतिक घटनाओं की व्याख्या की है। (देखिये–सामाजिक डार्विनवाद)

black money **काला धन**

वैध अथवा अवैध साधनों से कमाई ऐसी आय या सम्पत्ति जिसे कर (टैक्स) बचाने के लिये छुपाया जाता है, कालाधन है।

black power **अश्वेत शक्ति**

अश्वेत अमरीकियों द्वारा अपनी बिना पृथक पहचान का बलिदान किये, आर्थिक, राजनीतिक एवं सामाजिक जीवन में पूर्ण समानता प्राप्त करने हेतु किया गया आंदोलन अश्वेत शक्ति के नाम से जाना जाता है।

bonded labour **बन्धुआ मज़दूर**

एक ऐसे वर्ग को बन्धुआ मजदूर की संज्ञा दी जाती है जो धनाभाव की स्थिति में अपनी आवश्यकताओं की पूर्ति (जीवनयापन) के लिये समाज के सम्पन्न एवं धनाड्‌य वर्ग के पास स्वयं को गिरवी रख कर ऋण लेते हैं और अपना गुजर-बसर करते हैं। ये मज़दूर जब तक इस ऋण को चुका नहीं देते तब तक वे ऋण लिये हुए व्यक्ति के बन्धन से मुक्त नहीं हो पाते हैं।

borstal **किशोर सुधार केन्द्र (बॉर्स्‌टल)**

किशोर एवं युवा अपराधियों के सुधार एवं परिष्कार के लिये अंग्रेजी पद्धति पर बनी हुई संस्थाएं 'बॉर्स्‌टल' कहलाती हैं। इन संस्थाओं में अलग-अलग प्रकार के अपराधियों के लिए भिन्न सुधारात्मक व्यवस्था होती हैं। इंग्लैण्ड में जहां इस प्रकार की संस्थाओं की शुरुआत हुई, वहां प्रारंभिक ग्यारह बॉर्स्‌टल संस्थाओं में चार संस्थाएं चारदीवारी युक्त, चार संस्थाएं प्राचीर-विहीन, एक संस्था पैरोल के नियमों को तोड़ने वाले लड़कों के लिए तथा एक संस्था असाध्य अपराधियों के लिए थी। भारत में इस प्रकार के बॉर्स्‌टल स्कूल किशोर अपराधियों (16-21 वर्षों के आयु-समूह) के लिये विभिन्न स्थानों पर स्थापित किये गये हैं।

boundary maintenance **सीमा अनुरक्षण**

इस पद (टर्म) का प्रयोग **टी. पार्सन्स** (1951) ने अपने प्रकार्यवादी विश्लेषण में किया है जिन्होंने सामाजिक प्रणाली को अपने परिवेश के संदर्भ में, सीमा अनुरक्षण के रूप में

परिभाषित करते हुए प्रतिमान की कुछ नियमितताओं को बनाये रखने वाली बताया है। उनके अनुसार, कुछ ऐसी सामाजिक प्रक्रियाएं होती हैं जो किसी भी प्रणाली की सीमाओं और संतुलन दोनों को दूसरी प्रणालियों के संदर्भ में बनाये रखती हैं। ये दूसरी प्रणालियाँ ही किसी प्रणाली के लिये परिवेश का कार्य करती हैं। प्रणालियों के सतत अस्तित्व के लिये यह आवश्यक है कि उनका अपनी प्रणाली की सीमाओं से बाहर दूसरी प्रणालियों के साथ आदान-प्रदान होता रहे।

bourgeois **बुर्जुआ (पूंजीपति वर्ग)**

"बौरगेज" फ्रेंच भाषा का एक मध्यकालीन शब्द है जिसका प्रयोग फ्रांस के मध्यम वर्ग के नागरिकों के लिए किया जाता था। ऐसे व्यक्तियों को एक ओर किसानों से, तो दूसरी ओर समाज के संभ्रांत वर्ग से अलग किया गया। इस शब्द का प्रयोग बाद में **कार्ल मार्क्स** ने सर्वहारा वर्ग से एक अलग धनिक वर्ग प्रदर्शित करने के लिए किया। मार्क्स के अनुसार इन दोनों वर्गों में निरन्तर विरोधी संबंध रहे हैं जिनका अंत बुर्जुआओं की समाप्ति तथा सर्वहारा वर्ग की प्रशस्ति में होगा। मार्क्स ने इस शब्द को एक रंगीन जामा पहिना दिया, अन्यथा इस शब्द का प्रयोग सामान्यतः मध्यम वर्ग अथवा असमाजवादी राजनीतिक दल तथा पूंजीवादी समाज को इंगित करने के लिए किया जाता रहा है।

bride-price **वधू-मूल्य**

विवाह हेतु वर-पक्ष की ओर से वधू-पक्ष को दिये जाने वाला धन-धान्य या वस्तुएं वधू-मूल्य कहलाता है। प्राचीनकाल में, कई समाजों में यह धारणा प्रचलित थी कि वधू को खरीदा जा सकता है, अतः खरीद-राशि के रूप में नकद अथवा वस्तुओं के रूप में वर की ओर से वधू के माता-पिता अथवा निकटस्थ नाते-रिश्तेदारों को देने की प्रथा प्रचलित थी। कभी-कभी वधू-मूल्य को जन्मदाता परिवार द्वारा पुत्री के पालन-पोषण पर किये गये खर्च की क्षतिपूर्ति भुगतान के रूप में देखा जाता है। विभिन्न संस्कृतियों में इसके अर्थ एवं स्वरूप भिन्न हैं। कुछ समाजों में यह वधू की सम्पत्ति होती है और इसे विवाह-विच्छेद की स्थिति में बीमा समझा जाता है। इस प्रकार की प्रथा आज भी कई आदिम जातियों में विद्यमान है, किन्तु मानवशास्त्रियों में इस प्रकार की वैवाहिक धनराशि को वधू-मूल्य मानने के सम्बन्ध में मतभेद है। वास्तव में, वैवाहिक संस्कारों के सम्बन्ध में स्पष्ट ज्ञान न होने के कारण कुछ मानव वैज्ञानिकों तथा समाजशास्त्रियों ने इस प्रकार के वैवाहिक धन को वधू-मूल्य समझने की भूल की है।

आजकल वधू-मूल्य की इस पुरानी अवधारणा के स्थान पर वधू-धन की नई अवधारणा का प्रयोग किया जाने लगा है। प्रायः ऐसा देखा गया है कि जहां-कहीं वैवाहिक संस्कारों के अंग के रूप में वधू-धन दिया जाता है, वहां प्रतिदिन के खर्च के रूप में वधू के माता-पिता की ओर से वर के नाते-रिश्तेदारों को भेंट-स्वरूप कुछ दिया जाता है। साधारणतः यह प्रथा पितृरेखीय वंश-परम्परा के साथ जुड़ी पाई गई है।

bride service **सेवा-विवाह**

जनजातीय विवाह की एक पद्धति, जिसमें एक व्यक्ति को पत्नी प्राप्त करने के लिए अपने भावी सास-श्वसुर के यहां काम करना पड़ता है। बहुधा यह काम वधू-मूल्य के न चुका पाने के एवज में करना पड़ता है। इस प्रकार के विवाह भारत की जनजातियों (गौंड, बैगा, बिरहोर, आदि) तथा अन्यत्र अनेक जनजातियों में देखने को मिले हैं।

bureaucracy **अधिकारी तंत्र/नौकरशाही**

"ब्यूरोक्रेसी" शब्द का प्रयोग प्रशासकीय अधिकारियों द्वारा सम्पादित किये जाने वाले प्रशासन के कार्य-कलापों तथा कार्यपद्धति दोनों को इंगित करने के लिए एक सामूहिक शब्द के रूप में किया जाता है। बहुधा जब कभी इस शब्द का प्रयोग अधिकारी तंत्र की अक्षमता तथा उनके द्वारा शक्ति के दुरुपयोग के अर्थ में किया जाता है, तब इस शब्द का मूल अर्थ भ्रष्ट हो जाता है।

इस शब्द का सर्वप्रथम प्रयोग संभवतः अर्थशास्त्री **विंसेट द गौरने** द्वारा उन्नीसवीं शताब्दी में राज्य द्वारा बढ़ते हुए हस्तक्षेप को इंगित करने के लिए किया गया। बाद में अनेक यूरोपीय लेखकों ने इस शब्द का प्रयोग इसी प्रकार की दशाओं का वर्णन करने के लिए किया। सन् 1895 में **मोज़ाका** की पुस्तक 'द रूलिंग क्लास' के प्रकाशन के बाद इस शब्द ने एक स्थायी रूप ग्रहण कर लिया। किन्तु इसे अपने वर्तमान अर्थ एवं संदर्भ में सजाने-संवारने का श्रेय प्रसिद्ध समाजशास्त्री **मैक्स वेबर** को जाता है, जिन्होंने इस पद को अपने बहुप्रचलित भ्रष्ट स्वरूप से निकाल कर इसमें निहित धारणा को आधुनिक औद्योगिक समाज के किसी भी संगठन के लक्ष्यों की तर्कसंगत ढंग से प्राप्ति के लिए अपरिहार्य बताया। **मैक्स वेबर** ने इसके निम्नलिखित प्रमुख लक्षण बताये हैं: कानून तथा नियमों द्वारा निर्धारित कार्यालय के कार्यों का निश्चित क्षेत्र, लिखित प्रलेखों पर आधारित प्रशासन व्यवस्था, प्रशासन का प्रशिक्षित व्यक्तियों द्वारा नियमानुसार संचालन, तकनीकी योग्यता के आधार पर अधिकारियों का चुनाव, व्यक्तिगत रूप में स्वतंत्र अधिकार, कार्यालय तथा प्रशासन के किसी भी साधन की अधिकारियों की वरिष्ठता तथा योग्यता के आधार पर पदोन्नति तथा एक निश्चित वेतन-व्यवस्था, आदि।

संक्षेप में, अधिकारीतंत्र स्पष्टतः परिभाषित कार्यकलापों के प्रतिमानों की एक ऐसी संस्तरणामक व्यवस्था है जिसमें वृहत स्तर पर प्रशासकीय कार्यों को चलाने हेतु व्यक्तियों के कार्यों को युक्तिसंगतता तथा औपचारिकता के आधार पर समन्वय किया जाता है। इस संस्तरित व्यवस्था में प्रत्येक अधिकारी अपने से उच्च अधिकारी के प्रति उत्तरदायी होता है।

बाद के लेखकों ने अधिकारीतन्त्र की **मैक्स वेबर** की धारणा में काफी संशोधन एवं परिवर्द्धन किया है जिसमें प्रमुख उल्लेखनीय **प्रो. आर. के. मर्टन** रहे हैं। मर्टन ने कहा कि मैक्स वेबर द्वारा बताये गये अधिकारी तंत्र के लक्षणों पर यदि सूक्ष्म रूप से विचार करें तो ऐसा प्रतीत होता है कि यदि अधिकारियों द्वारा नौकरशाही नियमाचारों का कठोरतापूर्वक पालन किया जाता है तो यह प्रवृत्ति न्यूनाधिक मात्रा में लकीर के फकीर, अनम्यता,

रक्षात्मकता जैसे दुर्गुणों को जन्म देती है जिसके कारण जनता से व्यवहार करने में काफी कठिनाई आती है। **एम. क्रोजिअर** ने इन विचारों का समर्थन करते हुए लिखा है कि "अधिकारीतंत्र एक ऐसा संगठन है जो अपने व्यवहार में सुधार अपनी भूलों से सीखने के द्वारा नहीं कर सकता है।"

मैक्स वेबर के बाद, ब्यूरोक्रेसी पर बहुत कुछ लिखा गया है। इसकी बड़ी आलोचना-प्रत्यालोचना हुई है। इसी को आधार बनाते हुए **स्तानिस्ला आंद्रेस्की** ने (मैक्स वेबर्स इन्साइट्स एण्ड ऍरर्स, 1984) लिखा है कि वास्तव में आजकल ब्यूरोक्रेसी शब्द के साथ चार अर्थ जुड़े हुए हैं। इस शब्द का प्रयोग उन व्यक्तियों के समूह के लिये जो वेबर द्वारा बताये गये तरीकों के अनुसार प्रशासनिक कार्य करते हैं; संबंधों के एक ऐसे तानेबाने के लिये जिससे वे बंधे होते हैं; शक्ति की विपुल मात्रा के लिए जो उनके पास एक पुंज के रूप में होती है; तथा प्रशासकीय मशीन (कार्य प्रणाली) की विभिन्न प्रकार की कमजोरियों और कारगुजारियों को दर्शाने के लिये किया जाता है।

C

capitalism **पूंजीवाद**

पूंजीवाद की धारणा का प्रयोग सामान्यतः एक ऐसी आर्थिक व्यवस्था के लिए किया जाता है जिसमें आर्थिक जीवन का अधिकांश भाग, विशेषतः उत्पादित वस्तुओं का स्वामित्व अथवा विनियोजन, निजी तौर पर आर्थिक प्रतिस्पर्धा की प्रक्रिया तथा लाभ-प्राप्ति की प्रकट इच्छा द्वारा सम्पन्न होता है। इस आर्थिक व्यवस्था का उद्‌भव 16वीं एवं 17वीं शताब्दी में यूरोप में हुआ। **कार्ल मार्क्स** के परिप्रेक्षानुसार पूंजीवादी व्यवस्था, पूंजी की अवधारण और उत्पादन के साधनों पर स्वामित्व एवं नियंत्रण के ईदगिर्द घूमती है। इस प्रणाली की मुख्य विशेषताएं अग्रांकित हैं: (i) आर्थिक उत्पादन के साधनों (भूमि तथा पूंजीगत संसाधनों पर) का नियंत्रण तथा केन्द्रीकरण निजी (गैर सरकारी) मालिक के हाथों में। (ii) स्वतन्त्र बाजार-प्रणाली द्वारा सम्पदा तथा साधनों का अर्जन। (iii) स्वतंत्र श्रमिकों द्वारा बाजार में अपने श्रम का बेचान। (iv) आर्थिक क्रिया के लक्ष्य एवं प्रेरणा के रूप में अधिकाधिक लाभ की आकांक्षा। (v) वृहत् आधार पर उत्पादन तथा उच्चतम विशेषीकरण। (vi) मुख्यतः निजी लाभ की कामना से प्रेरित स्पर्धा।

capital punishment **प्राणदंड**

एक सामाजिक नीति के तहत किसी समुदाय की शासन-सत्ता द्वारा किसी गंभीर अपराधी को मौत के घाट उतारने के चलन को प्राणदण्ड कहते हैं।

case **प्रकरण**

कोई एक इकाई जो अध्ययन के लिये चुनी जाती है, शोध की भाषा में यह इकाई प्रकरण (केश) कहलाती है। यह इकाई अकेला एक व्यक्ति हो सकता है, या एक समुदाय या एक संस्था हो सकती है या सम्पूर्ण एक राष्ट्र भी हो सकता है।

case study method **एकल/वैयक्तिक अध्ययन विधि**

गुणात्मक विश्लेषण के ऐसे रूप को एकल अथवा वैयक्तिक अध्ययन विधि कहा जाता है जिसमें किसी एक व्यक्ति, घटना अथवा संस्था का सर्वांगीण अध्ययन किया जाता है। यह शोध-विधि की अपेक्षा अध्ययन-विश्लेषण का एक उपागम है जो अध्ययन की किसी

एक सामाजिक इकाई को उसकी समग्रता में देखने पर बल देता है। इस उपागम का प्रयोग समाज-विज्ञानों के अतिरिक्त कानून, व्यापार, जन संचार के साधनों, जनमत, प्रशासन आदि कई क्षेत्रों में किया जाता है। इसमें सम्पूर्ण जनसंख्या या प्रतिनिधि सेम्पल के अध्ययन की अपेक्षा किसी एक इकाई को अपनी सम्पूर्णता के अध्ययन पर बल दिया जाता है। सर्वेक्षण-शोध की भांति इसमें परिमाणात्मक विश्लेषण को कम महत्व दिया जाता है। शोध के इस परिप्रेक्ष्य में घटनाओं के क्रम, व्यक्तियों की प्रेरणाओं और सामाजिक संबंधों पर अधिक बल दिया जाता है। सूचनाएं एकत्रित करने के लिये इसमें प्राथमिक एवं द्वितीयक दोनों स्त्रोतों का प्रयोग किया जाता है।

case work **एकल कार्य (प्रकरण अध्ययन)**

सामाजिक कार्य की एक बहु प्रसिद्ध विधि जिसमें व्यक्ति विशेष की आवश्यकताओं और समस्याओं के समाधान पर जोर दिया जाता है। यह विधि मनोविश्लेषण से काफी मिलती जुलती है।

caste **जाति**

जाति, भारतीय (हिन्दू) सामाजिक व्यवस्था की कठोर प्रतिबंधित मापदंडों पर आधारित एक प्रमुख किन्तु अत्यंत जटिल संस्था है जिसे अधिकांशतः एक आदर्श प्रकार के कठोर संस्तरणात्मक सामाजिक स्तरीकरण के रूप में प्रस्तुत किया गया है। इसे कई रूप में परिभाषित किया गया है। एक इकाई के रूप में, जाति एक बन्द श्रेणीबद्ध प्रस्थिति समूह है। इसकी सर्वाधिक स्पष्ट परिभाषा **आंद्रे बेतेइ** ने दी है। उनके अनुसार, "एक जाति व्यक्तियों का एक छोटा और विशेष नाम वाला एक ऐसा समूह है जिसमें सजातीय विवाह, आनुवंशिक सदस्यता और एक विशेष जीवन-शैली की विशेषता होती है तथा जो परम्परा से चले आ रहे एक विशिष्ट व्यवसाय को करता है और जिसे पवित्रता और अपवित्रता की अवधारणाओं पर आधारित श्रेणीबद्ध व्यवस्था में न्यूनाधिक रूप में एक विशिष्ट सांस्कारिक प्रस्थिति प्राप्त होती है।" सरल एवं संक्षिप्त शब्दों में, एक जाति समान पारम्परिक पेशे वाला एक ऐसा अन्तर्विवाही सामाजिक समूह है जिसकी सदस्यता जन्म से निश्चित होती है तथा जिसके सदस्य सामाजिक व्यवहार, खानपान, सामाजिक-धार्मिक संस्कार आदि के मामलों में कुछ निश्चित प्रतिबंधों का पालन करते हैं।

जाति भारतीय हिन्दुओं के सम्पूर्ण जीवन को नियमित एवं प्रभावित करती है। इसका उद्‌गम चातुर्वर्ण्य विभाजन (ब्राह्मण, क्षत्रीय, वैश्य और शुद्र) की वर्ण-व्यवस्था रहा है। प्रत्येक वर्ण में अनेक जातियां हैं जो छोटे-छोटे अन्तर्विवाही समूह हैं। जहां वर्ण-व्यवस्था मूल्यों की व्यवस्था को प्रस्तुत करती है, वहां जाति कार्यात्मक संगठन और कार्य-व्यापार को परिलक्षित करती है। कुछ समाजशास्त्रियों ने विवादास्पद रूप में 'जाति' शब्द का प्रयोग भारतीय महाद्वीप के बाहर के समुदायों, विशेषकर दक्षिणी अफ्रीका तथा अन्य देशों में प्रजातीय आधार पर अपनाई गई पार्थक्य नीति के लिये भी किया है।

जाति का अध्ययन एक इकाई और एक व्यवस्था दोनों के रूप में किया जा सकता है। एक व्यवस्था के रूप में जाति का अर्थ अन्तर्संबंधित प्रस्थितियों और विभिन्न जातियों के बीच अनेकों प्रतिबंधों द्वारा निर्मित प्रतिमानित अन्तर्क्रिया से है। ये प्रतिबंध सदस्यता, व्यवसाय, विवाह, सहभोज, पारस्परिक व्यवहार से संबंधित होते हैं। (देखिये – जाति-व्यवस्था)

casteism **जातिवाद**

जातिवाद राजनीति में रूपान्तरित जाति के प्रति निष्ठा है। जातिवाद द्वारा जाति के आधार पर ऊंच-नीच की भावना को प्रश्रय दिया जाता है। कुछ व्यक्तियों में चाहे वास्तविक योग्यता न हो, फिर भी किसी जाति विशेष का होने के कारण उन्हें बहुधा लाभ प्राप्त हो जाता है। **काका कालेलकर** ने कहा है, "जातिवाद एक ऐसी उच्च, अन्ध तथा सर्वोच्च समूह-भक्ति है जो न्याय, औचित्य, समानता तथा विश्व बन्धुत्व जैसे स्वस्थ सामाजिक मानकों की उपेक्षा करती है।"

caste system **जाति-व्यवस्था**

यह एक ऐसी कठोर संस्तरण व्यवस्था है जिसमें कुल-परंपरा द्वारा व्यक्ति के स्तृत (स्ट्रटा) का निर्धारण होता है तथा जिसमें प्रायः सामाजिक गतिशीलता संभव नहीं होती। इस व्यवस्था के निर्मायक प्रत्येक स्तृत अर्थात् जाति के भोजन, विवाह, पूजा तथा पवित्रता-अपवित्रता संबंधी विशिष्ट नियम तथा संस्कार होते हैं जो उसे अन्य उपजातियों से अलग-थलग करते हैं।

category **श्रेणी/कोटि**

एक ही प्रकार के लोगों की संकलित इकाईयों के समूह-संयोजन को श्रेणी कहते है।

census method **संगणना विधि**

जब किसी क्षेत्र की समस्त इकाईयों (व्यक्ति, वस्तु, घटना अथवा तत्व) को अध्ययन का आधार बनाया जाता है, तब शोध-शब्दावली में इसे संगणना विधि कहा जाता है। 'सेन्सस' शब्द का प्रयोग पूर्ण गणना के अर्थ में किया जाता है। यह अर्थ 'सेम्पल' के साथ जुड़े हुए आंशिक गणना के अर्थ से भिन्न है।

change **परिवर्तन**

जब किसी वस्तु अथवा वस्तुओं की व्यवस्था के किसी भाग अथवा अंग की स्थिति में इस प्रकार अन्तर आता है कि उस व्यवस्था का संरचनात्मक ढांचा ही बदल जाता है, तो इसे हम परिवर्तन कहते हैं। परिवर्तन का तात्पर्य किसी वस्तु अथवा घटना में समय के अंतराल के साथ होने वाले अन्तर से ही नहीं है, अपितु इसमें गति, संशोधन तथा रूपान्तरण का भाव भी सम्मिलित होता है।

change, planned = planned change

change, social = social change

charishma **करिश्मा**

एक आध्यात्मिक या ईश्वरीय देन। इस शब्द का एक लम्बे काल तक धर्मशास्त्रीय साहित्य तथा चर्च इतिहास में प्रयोग होता रहा है। समाजशास्त्रीय साहित्य में इस अवधारणा का प्रयोग **मैक्स वेबर** ने ऐसे व्यक्तियों के लिए किया है जो असाधारण योग्यता, लावण्य, प्रतिभा तथा शक्ति के धनी होते हैं। ये अद्‌भुत विशेषताएं ही इनके प्रभाव का आधार होती हैं। ऐसे व्यक्ति दूसरे व्यक्तियों द्वारा महामानव तथा दैविक शक्ति-सम्पन्न व्यक्ति माने जाते हैं। अतः समाज में इन्हें शासक, मुखिया, पीर, पैगम्बर के रूप में अगुआ माना जाता है।

charishmatic authority = authority, charismatic

charismatic personality = personality, charismatic

chicago school **शिकागो सम्प्रदाय**

अमेरिका में सर्वप्रथम सन् 1892 में शिकागो विश्वविद्यालय में समाजशास्त्र विभाग की स्थापना हुई। इस विभाग द्वारा अध्ययन-अध्यापन एवं शोध की जो परम्परा विकसित की गई, वही कालांतर में समाजशास्त्रीय जगत में शिकागो सम्प्रदाय (स्कूल) के नाम से सुप्रसिद्ध हुई। शिकागो सम्प्रदाय ने विशेषतः नगरीय समस्याओं (अपराध, अपचार, गरीबी, आदि) के अध्ययन की ओर विशेष ध्यान दिया तथा अध्ययन-पद्धति के रूप में पारिस्थिकीय (इकालॉजिकल) तथा नृविज्ञानीय (इथ्नोग्रफिक) विधियों का प्रयोग कर शोध-अध्ययनों को नया आयाम दिया। बाद में, इसी सम्प्रदाय के मूल विचारों के आधार पर 'अन्तर्क्रियावादी परिप्रेक्ष्य' का विकास हुआ।

इस सम्प्रदाय के संस्थापक **एल्विन स्माल** (1854-1926) रहे हैं। उनके प्रमुख साथियों एवं अनुयाईयों में ई.डब्ल्यू. बर्गेस, जे.एच.मीड, रॉडरिक मैकेन्जी, आर.ई. पार्क, डब्ल्यू. आई. थॉमस, लुई वर्थ तथा एफ. नैनकी, आदि विद्वानों के नाम विशेष उल्लेखनीय हैं। सन् 1895 में, इस सम्प्रदाय द्वारा समाजशास्त्र की एक प्रथम प्रमुख पत्रिका–'अमरिकन जर्नल ऑफ सोसिआलॉजी' का प्रकाशन प्रारम्भ किया गया और सन् 1905 में 'अमरीकी समाजशास्त्रीय परिषद्' की स्थापना की गई। इस सम्प्रदाय के कार्यों एवं उपलब्धियों का विस्तुत लेखाजोखा **आर.ई.एल. फैरिस** की पुस्तक 'शिकागो स्कूल' (1967) और **एम.ब्ल्यूमर** की 'द शिकागो स्कूल ऑफ सोसिआलॉजी' (1984) में देखा जा सकता है।

शिकागो सम्प्रदाय की प्रमुख विशेषताएं दार्शनिक प्रयोजनात्मकतावाद (प्रेगमेटिज्म), घटनाओं का प्रत्यक्ष अवलोकन और नगरीय सामाजिक प्रक्रियाओं का विश्लेषण कहा जा सकता है। इस सम्प्रदाय ने समाजशास्त्र में क्षेत्रकार्य और आनुभविक अध्ययनों की न केवल ठोस आधार शिला रखी, अपितु समाजशास्त्र में इसे अध्ययन-अनुसंधान की एक प्रमुख

पद्धति के रूप में स्थापित किया। **रॉबर्ट पार्क** का यह कथन इस तथ्य की पुष्टि करता है। पार्क ने अपने विद्यार्थियों से कहा कि "जाओ और विलासितापूर्ण होटलों के बरामदों और जरजर मकानों की सीढ़ियों पर बैठो, गोल्ड कोस्ट की बैंचों और गंदी बस्तियों के बिस्तरों पर बैठो, नृत्य-संगीत घरों और मदिरालयों में बैठो। संक्षेप में, जाओ और वास्तविक शोध हेतु अपनी पेन्टों की बैठकें खराब करो।" इसी निर्देश के फलस्वरूप अनेक प्रतिष्ठित आनुभविक अध्ययनों की शुरूआत हुई। इनमें से प्रमुख कुछ उल्लेखनीय **फ्रेडरिक थ्रेसर** की 'द गेंग' (1927), **क्लिफोर्ड शॉ** की 'द जैक रोलर' (1930), **नेल्स एण्डरसन** की 'होबो' (1923), तथा **हारवे ज़ोरबाघ** की 'द गोल्ड कोस्ट एण्ड द स्लम' (1929) के अध्ययन हैं। इन अध्ययनों द्वारा 'सहभागिक अवलोकन' और 'वैयक्तिक अध्ययन विधि' में काफी संशोधन एवं परिमार्जन किया गया।

शिकागो परम्परा ने न केवल गुणात्मक शोध, अपितु परिमाणात्मक शोध में भी अपनी विशिष्टता प्रदर्शित की है। अनेक सामाजिक सर्वेक्षणों और समुदाय आधारित सांख्यिकीय शोध तथा सामाजिक क्षेत्रों के संख्यात्मक निर्धारण द्वारा इस तथ्य की पुष्टि होती है। यही नहीं, **ई.सी. ह्यजेज़** के नेतृत्व में इस परम्परा में सैद्धान्तिक शोध के क्षेत्र में भी काफी काम हुआ है। ह्यूजेंज़ ने व्यवसायों और पेशों के समाजशास्त्र के क्षेत्र में कार्य कर कुछ सैद्धान्तिक प्रस्थापनाएं प्रस्तुत की हैं।

जैसा शुरूआत में बताया गया है कि इस सम्प्रदाय का प्रमुख कार्य-क्षेत्र नगर और नगरीय समस्याएं रहा है। नगरीय समाजशास्त्र की अधिकांश जड़ें इसी परम्परा में गड़ी हुई हैं। वास्तव में, जिन व्यक्तियों ने द्रुत गति से बढ़ते हुए नगरीय विकास से जनित समस्याओं पर काम किया, बाद में उनकी अध्ययन-पद्धति एवं विचारों को ही 'शिकागो सम्प्रदाय' का नाम दिया गया।

शिकागो सम्प्रदाय ने जहां एक ओर समाजशास्त्र को एक सुस्पष्ट रूप-स्वरूप एवं कलेवर प्रदान किया, वहां दूसरी ओर इसे सामाजिक मनोविज्ञान के एक विशिष्ट स्वरूप के उद्भव का श्रेय भी जाता है। **जार्ज हरबर्ट मीड** के नेतृत्व में सामाजिक अन्तर्क्रिया किस प्रकार व्यक्तिगत पहिचान और 'स्व' को विकसित एवं प्रभावित करती है, इस संबंध में मीड और बाद में **हरबर्ट ब्ल्यूमर** ने 'सामाजिक अन्तर्क्रियावाद' के सिद्धान्त को विकसित किया।

christianity **ईसाई धर्म**

ईसाई धर्म की स्थापना पेलेस्टाइन (इज़रायल) में लगभग दो हज़ार वर्ष पूर्व ईसा मसीह (जीसस क्राइस्ट) द्वारा की गई थी। इस धर्म को यहूदी धर्म का परिष्कृत रूप भी माना जाता है। ईसाई धर्म का मुख्य धार्मिक ग्रंथ बाइबल है जिसे इस धर्म के धर्मावलम्बी ईसा के उपदेश मानते हैं। स्वतंत्रता, समानता, दया, त्याग, मानवतावाद, उदारता, भ्रातत्वभाव जैसे सिद्धान्त इस धर्म की आधारशिला हैं। इस्लाम धर्म की भांति यह धर्म भी ऐकेश्वरवादी और मूर्तिपूजा का विरोधी है। ईसाई जीवन के पॉच प्रमुख अनुष्ठान हैं, यथा बपतिस्मा, पुष्टिकरण (परिपक्वता), आत्मनिवेदन (स्वीकारोक्ति), पवित्र संप्रेषण और विवाह। इस धर्म के दो प्रमुख पंथ हैं—कैथोलिक और प्रोटेस्टेंट।

ईसाई धर्म के कई पक्षों का समाजशास्त्रीय अध्ययन किया गया है जिसमें **मैक्स वेबर** का 'द प्रोटेस्टेंट इथिक एण्ड द स्प्रिट ऑफ केपिटलिज़्म' (1905) विशेष उल्लेखनीय है। वेबर की यह पुस्तक धर्म के समाजशास्त्र में मील का पत्थर कही जा सकती है। अपने इस ग्रंथ में, वेबर ने आधुनिक पूंजीवाद को विकसित करने वाली शक्तियों (प्रोटेस्टेंट आचार संहिता) का गहन विश्लेषण कर धर्म और अर्थव्यवस्था के बीच संबंधों का स्पष्टीकरण किया है।

circulation of elite **अभिजन-परिभ्रमण**

सामाजिक परिवर्तन के संदर्भ में **विल्फ्रेड पेरटो** ने अभिजन की परिभाषा की अवधारणा को प्रस्तुत करते हुए कहा है कि प्रत्येक काल तथा समाज में सामान्यतः दो प्रमुख वर्ग देखे जा सकते हैं–एक उच्च वर्ग (अभिजन) तथा दूसरा निम्न वर्ग (अभिजनेतर)। उच्च वर्ग के लोगों के हाथों में शक्ति एवं सत्ता होती है और वे प्रायः समाज के शासक होते हैं। पेरेटो ने इसी विशिष्ट उच्च वर्ग को 'अभिजन' या 'अभिजात वर्ग' कहा है। यह वर्ग स्थायी नहीं होता, अपितु इसके अन्तर्गत निरन्तर ऊपर-नीचे आने-जाने का क्रम चलता रहता है। निम्न वर्ग अर्थात्, अभिजनेतर वर्ग अभिजन वर्ग का स्थान ग्रहण करने में सदा लगा रहता है। परिणामस्वरूप जो वर्ग आज अभिजात है, वह अपनी असफलताओं के कारण गुणों को खोकर निम्न वर्ग में आ जाते हैं और उनका स्थान भरने के लिए निम्न वर्ग के बुद्धिमान, चतुर, कुशल, एवं समर्थ व्यक्ति आ जाते हैं। अभिजात वर्ग की इस चक्रिक प्रक्रिया को ही पेरेटो ने 'अभिजन-परिभ्रमण' की संज्ञा दी है। इस परिभ्रमण की गति तथा तीव्रता प्रत्येक समाज में एक-सी नहीं होती, किन्तु यह प्रक्रिया सभी समाजों में होती अवश्य है।

city **नगर**

नगर को परिभाषित करना अत्यन्त कठिन है। **इ. बर्गेस** ने इसीलिए लिखा है "प्रत्येक व्यक्ति यह जानता है कि नगर क्या है किन्तु किसी ने भी इसकी संतोषजनक परिभाषा नहीं की है।" इसकी परिभाषा भौतिक आवास, जनसंख्या के घनत्व और जीवन की शैली आदि कई आधारों पर की गई। **सोमबार्ट** ने नगर को समाजशास्त्रीय दृष्टिकोण से परिभाषित करते हुए लिखा है कि "नगर एक ऐसा स्थान है जो इतना बड़ा है कि जिसके निवासी परस्पर एक-दूसरे को नहीं पहचानते हैं।" इस परिभाषा को अन्तिम नहीं माना जा सकता, क्योंकि बहुत छोटे नगरों पर यह परिभाषा चरितार्थ नहीं की जा सकती। **पार्क एवं बर्गेस** के अनुसार, "नगर अकेले व्यक्तियों तथा सामाजिक सुविधाओं का मात्र एक पुंज नहीं है और न ही यह संस्थाओं तथा प्रशासनिक व्यवस्थाओं का एक समूह है। नगर तो वास्तव में, एक मानसिक दशा, प्रथाओं एवं परम्पराओं, संगठित विचारों तथा भावनाओं का एक समूह है जो प्रथाओं द्वारा जीवित रहता है तथा जिसका अनुरक्षण परम्पराओं द्वारा होता है।" इस प्रकार, एक नगर अत्यधिक वृहत् आकार तथा जनसंख्यात्मक घनत्व वाला एक ऐसा समुदाय है, जिसके निवासी विविध एवं अकृषिहर विशिष्ट कार्यों में संलग्न रहते हैं तथा जिनकी एक विशिष्ट जीवन-शैली होती है जो प्रायः ग्रामीण जीवन-शैली से भिन्न होती है।

city planning **नगर-नियोजन**

नगर-नियोजन विकास एवं समायोजन की एक ऐसी प्रक्रिया है जिसमें नगर के परिवेश का विकास लोगों की आर्थिक और सामाजिक आवश्यकताओं के आधार पर किया जाता है। इसके दो प्रमुख पक्ष हैं, यथा (1) भौतिक नियोजन तथा (2) सामाजिक नियोजन। भौतिक नियोजन के अन्तर्गत उपयोग की जाने वाली भूमि, स्थान, भवन-निर्माण, कला, संचार-सुविधा व अन्य भौतिक पक्षों का समावेश होता है। सामाजिक नियोजन के अन्तर्गत नागरिकों का सामाजिक एवं सांस्कृतिक स्थितियों के साथ समायोजन, अर्थात् सामाजिक आवश्यकताओं, सांस्कृतिक मूल्यों तथा व्यक्तियों की जीवन-शैली आदि का ध्यान रखा जाता है।

civil religion **नागरिक धर्म**

एक ऐसे लौकिक (सेक्यूलर) प्रतीकों और अनुष्ठानों के समूह को नागरिक धर्म कहा जाता है जिसमें कुछ मात्रा में लगाव की भावना, सामाजिक एकता तथा विस्मय एवं भय, जो सामान्यतः किसी भी धर्म तथा पवित्र वस्तुओं के साथ जुड़े होते हैं, सम्मिलित होते हैं। कुछ समाजशास्त्रियों का मत है कि औद्योगिक समाजों में जैसे-जैसे सामाजिक जीवन में संस्थागत (पारम्परिक) धर्म शिथिल होता जाता है, धीरे-धीरे इसके स्थान पर एक नये धर्म के तानेबाने का उदय हो जाता है जो बहुत कुछ रूप में संस्थागत (परम्परागत) धर्म के प्रकार्यों को सम्पादित करता है।

civil society **नागरिक समाज**

कार्ल मार्क्स ने नागरिक समाज के संबोध का प्रयोग एक ऐसे भ्रष्ठ पूंजीवादी समाज के लिये किया है जो चरम व्यक्तिवादिता तथा भौतिकवादी प्रतिस्पर्धा (प्रत्येक की प्रत्येक से) पर आधारित होता है। इस भ्रष्ठ पूंजीवादी समाज के फलस्वरूप उत्पन्न संघर्ष और दुर्गति को रोकने एवं नियंत्रित करने के लिये ही आधुनिक राज्य की आवश्यकता हुई। मार्क्स ने आधुनिक पूंजीवाद और मध्यकालीन समाजों में भिन्नता बताते हुए बताया कि मध्यकालीन समाजों में सामाजिक संबंधों का समस्त तानाबाना मुख्यतः पारिवारिक रिश्तों और सामंतवादी राजनीतिक बंधनों एवं दस्तकारी संघों पर आधारित था।

civilization **सभ्यता**

सभ्यता का आशय उस समूची यंत्र-पद्धति और उसके संगठन से है जिसकी मानव ने अपने जीवन की परिस्थितियों पर नियंत्रण प्राप्त करने के प्रयास में रचना की है। इस प्रकार पेन, पेन्सिल, मकान, हवाई जहाज, पंखे, कार, स्कूटर आदि सभी सभ्यता की द्योतक वस्तुएं हैं। सभ्यता, सांस्कृतिक विकास के स्तर को प्रकट करती है। यह किसी मानवीय समाज की विशिष्ट मानवीय उपलब्धि तथा गुणों का संकेत देती है। सभ्यता एवं संस्कृति का अन्तर बताते हुए प्रसिद्ध साहित्यकार एवं चिन्तक श्री **अज्ञेय** ने लिखा है कि "सभ्यता वह है जिसमें हम जीते हैं और संस्कृति वह है जो हम में जीती है।" जो कुछ हम हैं वही संस्कृति है, तथा

जो कुछ हमारा है, वही सभ्यता है। **प्रो. ऑगबर्न** ने संस्कृति के दो पक्षों यथा भौतिक एवं अभौतिक की चर्चा की है और अभौतिक पक्ष को ही उन्होंने 'सभ्यता' कहा है।

clan **गोत्र**

अंग्रेजी के 'क्लान' शब्द के लिए हिन्दी भाषा में गोत्र शब्द का प्रयोग कई वंशजों के एक ऐसे व्यापक समूह के लिए किया जाता है जिसके सदस्य अपने को किसी दूरस्थ वास्तविक अथवा मिथकीय या कल्पित पूर्वज की संतान मानते हैं। यह पूर्वज किसी पुरावृत्त पर आधारित मानव, पशु, पौधा अथवा कोई निर्जीव पदार्थ भी हो सकता है। बहिर्विवाही नियम पर आधारित होने के कारण एक गोत्र के सदस्यों के बीच विवाह-संबंध वर्जित होते हैं। यह रक्त-मूलक समूह होता है, किंतु इसके सदस्य संयुक्त आवासी नहीं होते। अंग्रेजी के कुछ लोगों ने गोत्र की धारणा को व्यक्त करने के लिए 'क्लान' शब्द के स्थान पर 'सिब' शब्द का भी प्रयोग किया है।

class **वर्ग**

आनुवंशिक विशेषताओं के अतिरिक्त किसी भी अन्य आधार पर एक दूसरे से विभक्त समूह को वर्ग कहते हैं। एक वर्ग कुछ सामान्य विशेषताएं यथा समान सामाजिक-आर्थिक प्रस्थिति, जीवन-शैली एवं स्तर आदि लिये हुए होता है। **कार्ल मार्क्स** ने आर्थिक उत्पादन की प्रक्रिया से जुड़े व्यक्तियों के पदों के संदर्भ में वर्ग को परिभाषित किया है। मार्क्स के अनुसार वर्ग समान विशेषताओं को लिये व्यक्तियों का एक समूह मात्र नहीं है, अपितु इस समूह के सदस्यों में अपने वर्ग के सम्बन्ध में जागरूकता भी होना चाहिये। इस जागरूकता को मार्क्स ने वर्ग-चेतना का नाम दिया है। इसी वर्ग-चेतना के आधार पर मार्क्स ने उत्पादन-प्रणाली से जुड़े दो वर्गों–बुर्जुआ वर्ग और सर्वहारा वर्ग की कल्पना की है। अतः वर्ग-चेतना तथा वर्ग-संगठन, मार्क्स के अनुसार, वर्ग के दो प्रमुख निर्णायक तत्व हैं।

class, middle = middle class

class, social = social class

class awareness **वर्ग जागरूकता**

वर्ग-जागरूकता से तात्पर्य जन मानस में सामाजिक वर्ग की व्यक्तिपरक परिभाषा और व्याख्या से है, अर्थात् किसी समूह के व्यक्ति स्वयं को किस सामाजिक वर्ग में रखते हैं। किसी समूह के सदस्यों में समान जीवन-शैली और समान उपभोग के प्रतिमानों द्वारा एक प्रस्थिति-समूह के रूप में आत्म पहिचान का जो भाव उत्पन्न होता है, यह वर्ग जागरूकता को इंगित करता है। बहुधा इस अवधारणा का प्रयोग 'वर्ग पहिचान' (क्लास आइडेन्टिफिकेशन) के पर्यायवाची के अर्थ में किया गया है। इस अवधारणा का अधिकांशतः प्रयोग अमेरिका और ब्रिटेन में किया गया, क्योंकि इसमें वर्ग-चेतना (क्लास कॉन्शसनेश) की मार्क्सवादी अवधारणा के साथ जुड़े विचारों का भाव बहुत कम मात्रा में निहित है।

वर्ग-जागरूकता और मार्क्सवादी वर्ग-चेतना की अवधारणाओं में काफी साम्यता है और समाजशास्त्रीय लेखनों में कहीं-कहीं इनका प्रयोग एक दूसरे के स्थान पर भी किया गया है। फिर भी दोनों अवधारणाएं अलग अर्थ और संदर्भ लिये हुए है। समाजशास्त्रियों ने वर्ग-जागरूकता संबंधी अपने अन्वेषणों में सामान्यतः रोजमर्रा में प्रयोग किये जाने वाले वर्ग-नामों (लेबिल), व्यक्तियों द्वारा स्वयं को इन नामों के साथ जोड़ने की मात्रा, विशिष्ट वर्गों के साथ जोड़े जाने संबंधी निर्धारक कारकों तथा वृहत राजनीतिक अभिमुखन (ऑरियन्टेशन) और सामाजिक व्यवहार पर इस वर्ग-पहिचान का प्रभाव जैसे विषयों को महत्व दिया है।

class conflict = conflict, class

class consciousness **वर्ग-चेतना**

मूलतः वर्ग-चेतना की अवधारणा का प्रयोग मार्क्सवादी साहित्य में पूंजीवादी व्यवस्था के विकास की उस अवस्था को दर्शाने के लिये किया गया है जब सर्वहारा वर्ग दूसरे वर्ग, अर्थात् बुर्जुआ वर्ग के संदर्भ में अपनी स्थिति के संबंध में अत्यधिक सचेत हो जाता है। **कार्ल मार्क्स** ने वर्ग-चेतना को एक ऐसी सामाजिक दशा के रूप में परिभाषित किया है, जिसमें एक सामाजिक वर्ग के सदस्य (विशेषतः सर्वहारा वर्ग), एक वर्ग के रूप में अपनी दयनीय दशा के संबंध में जागरूक हो जाते हैं, अर्थात् वे अपने आपको बुर्जुआ वर्ग से एक भिन्न वर्ग समझने लगते हैं। इस प्रकार की चेतना क्रांतिकारी आंदोलन के संगठन एवं प्रशिक्षण की एक प्रथम शर्त मानी जाती है। अभी हाल में **माइकेल मन्न** ने मार्क्स की अवधारणा का विस्तार करते हुए इसमें वर्ग-सदस्यता की जागरूकता के साथ पूंजीपतियों और कामगारों के बीच के विरोधी संबंधों को भी सम्मिलित किया है।

सामान्य अर्थ में, इस अवधारणा का प्रयोग बहुधा किसी समूह के आत्म-चेतना के भाव के लिये भी किया जाता है। इस अर्थ में किसी समूह के सदस्य समान उपभोग के पालन द्वारा एक प्रस्थिति-समूह के रूप में आत्म-पहिचान स्थापित करते हैं।

class imagery **वर्ग बिम्ब**

समाज में विभिन्न वर्गों की भिन्न विशेषताओं, जैसे संख्या, आकार, गठन आदि से सम्बन्धित समाज के सामान्य सदस्यों द्वारा सामाजिक वर्ग के बारे में साधारण या रोजमर्रा की धारणाएं वर्ग बिम्ब कहलाती हैं। बहुधा सामाजिक स्तरीकरण से संबंधित अध्ययनों में वर्ग संबंधित वस्तुपरक या व्यक्तिपरक मानदंडो का प्रयोग किया जाता है। वस्तुपरक मानदंडो में शक्ति या विशेषाधिकार तथा व्यक्तिपरक में वर्ग बिम्बों का प्रयोग किया जाता है।

class interest **वर्ग हित**

वर्ग हित की अवधारणा **कार्ल मार्क्स** के सामाजिक वर्ग के सिद्धान्त का मुख्य केन्द्र बिन्दु है। मार्क्स के अनुसार वर्ग को परिभाषित करने वाले सामाजिक सम्बंध आंतरिक रूप से विरोधी हितों को जन्म देते हैं। यही कारण है कि बुर्जुआओं (पूंजीपति वर्ग) के हित

कामगार वर्ग से भिन्न एवं विरोधी होते हैं। बुर्जुआ वर्ग का हित कामगार वर्ग का अधिकाधिक शोषण करना है, जब कि कामगार वर्ग का हित बुर्जुआ वर्ग को उखाड़ कर फेंक देना है।

class position **वर्ग-पद**

ब्रिटिश समाजशास्त्री **डेविड लॉकवुड** ने लिपिकों (क्लर्क) की वर्ग-चेतना से संबंधित अपने एक अध्ययन में वर्ग-पद की अवधारणा को प्रस्तुत किया है। उन्होंने बताया कि एक व्यक्ति की वर्ग-स्थिति के निर्धारण में तीन कारक—बाज़ार-स्थिति, कार्य-स्थिति और प्रस्थिति-स्थिति का योगदान होता है। इन्हीं कारकों द्वारा वर्ग-चेतना का निर्माण होता है।

classificatory system = kinship terms, classificatory

closed response = questionnaire, closed

coding **संकेतन**

संकेतन तथ्यों के संक्षिप्तीकरण की एक प्रक्रिया है। सारणी के रूप में जमाने के पूर्व संकलित गुणात्मक तथ्यों के विभिन्न वर्ग-समूहों को वर्ग-संकेत, चिन्ह अथवा प्रतीक प्रदान किये जाते हैं। शोध की भाषा में, वर्णनात्मक तथा गुणात्मक तथ्यों को संकेतों में बदलने की यह प्रक्रिया ही 'संकेतन' कहलाती है। (ये संकेत अंक, अक्षर, शब्द अथवा अन्य कोई प्रतीक हो सकते हैं।) संकेतों द्वारा प्राप्त प्रत्युत्तरों को विभिन्न वर्गों में छांटना उसी भांति सरल हो जाता है, जिस प्रकार डाक-सेवा को छांटने के लिए आजकल "पिन कोड नम्बर" का प्रयोग किया जाता है।

cognates/cognative kin **समस्त्रोतीय बंधु**

एक ही पूर्वज या पूर्वजा के वंशज समस्त्रोतीय बंधु या सपिंड कहलाते हैं। यदि यह समान पूर्वज पुरुष हो, तब इन वंशजों को पितृबंधु या पितृरेखीय स्वजन कहा जाता है। यदि समान पूर्वज कोई स्त्री हो, तब इन को मातृबंधु या मातृरेखीय स्वजन कहते हैं।

cognition **संज्ञान**

संज्ञान एक अत्यन्त व्यापक अवधारणा है जिसमें जानने से संबंधित प्रत्यक्षण, स्मरण, कल्पना, समझ, तर्क तथा निर्णय आदि मानसिक प्रक्रियाएं सम्मिलित होती हैं। वस्तु की तात्कालिक अनुभूति से लेकर चिन्तन के सभी विभिन्न रूप इसके अन्तर्गत आ जाते हैं।

cognitive theory **संज्ञानात्मक सिद्धान्त**

यह एक मनोवैज्ञानिक सिद्धान्त है जो इस बात पर बल देता है कि व्यक्ति किस प्रकार सोचता-समझता तथा चयन करता है। व्यक्ति अपने विचारों तथा अर्थ-बोध के अनुसार व्यवहार करता है। संज्ञानात्मक सिद्धान्त इस अर्थ-बोध अथवा संज्ञान के निर्धारण एवं

परिवर्तन के नियमों की खोज करता है। संज्ञान के अन्तर्गत व्यक्ति के प्रत्यक्षीकरण, कल्पना, चिन्तन तथा तर्क-वितर्क की क्षमताओं, आदि को सम्मिलित किया जाता है। इसी धारणा के आधार पर यह कहा जाता है कि प्रत्येक व्यक्ति का संसार के प्रति अपना एक संज्ञानात्मक मानचित्र होता है।

cognitive theory, dissonance **संज्ञानात्मक असंगति का सिद्धान्त**

उत्प्रेरणा की एक ऐसी दशा जिसकी उत्पत्ति तब होती है जब व्यक्ति के संज्ञानात्मक तत्वों (मनोवृत्तियां, प्रत्यक्षण, अनुभवमूलक व्यवहार, आदि) के बीच आपस में कोई तालमेल नहीं होता। इस अवधारणा का विकास **लिओ फेस्टिंगर** द्वारा सन् 1950 के आस-पास ऐसे 'असमायोजित सम्बन्धों' की अभिव्यक्ति के लिए किया गया जिनके फलस्वरूप अन्य बातों के अतिरिक्त हमारी मनोवृति में भी परिवर्तन हो सकता है। मनोवृत्ति का यह परिवर्तन संघर्ष, निर्णय तथा असंगति की प्रक्रियाओं द्वारा होता है। उत्प्रेरणा की इस दशा द्वारा जिस तनाव की उत्पत्ति होती है उसे सामंजस्यकारी तत्वों को उत्पन्न कर के या असंगतिमूलक तत्वों में से किसी एक ऐसे तत्व को परिवर्तित करके, जिसका अब अन्य तत्वों के साथ तालमेल न रह गया है, या असंगतिमूलक तत्वों की महत्ता को कम करके, कम किया जा सकता है।

फेस्टिंगर इस सिद्धान्त द्वारा यह स्पष्ट करते हैं कि व्यक्ति किस प्रकार विचार और व्यवहार के प्रतिस्पर्धी, असंगत और विरोधी तत्वों को अपनाते हैं। एक व्यक्ति यह जानते हुए भी कि धुम्रपान से स्वास्थ्य को खतरा है, फिर भी वह धुम्रपान करता रहता है। ऐसा क्यों ? इस प्रश्न के उत्तर में फेस्टिंगर कहते हैं कि व्यक्ति इस प्रकार का व्यवहार करते हुए तर्क पर अधिक भरोसा नहीं करते जितना के वे मनोवैज्ञानिक जरूरत (एक प्रकार की मनो-तार्किक) पर विश्वास करते हैं। ऐसी असमंजस की अवस्था में संतुलन और सामंजस्य पैदा करने के लिए संज्ञानों के बीच संगति बिठाने का प्रयास किया जाता है। इस संगति को या तो व्यक्ति के व्यवहार में परिवर्तन या मनोवृति में बदलाव द्वारा कम किया जाता है। उपरोक्त उदाहरण में व्यक्ति को या तो धुम्रपान छोड़ने के लिये बाध्य होना पड़ेगा या धुम्रपान के प्रभाव संबंधी अपनी सोच में संशोधन करना होगा, अर्थात् उसे अपने सोच में बदलाव लाते हुए यह मानना पड़ेगा कि धुम्रपान करने वाले सभी व्यक्ति युवावस्था में नहीं मरते, या धुम्रपान से सभी को कैंसर उत्पन्न नहीं होता, अतः उसे धुम्रपान से कोई खतरा नहीं है।

इस सिद्धान्त की यह कह कर आलोचना की गई कि यह सिद्धान्त अस्पष्ट है तथा संगति की आंतरिक आवश्यकता का लगभग पुनरूक्ति के रूप में मात्र प्रतिपादन है।

collateral kin = kin, collateral

collective behaviour **सामूहिक व्यवहार**

व्यक्तियों के समूह के ऐसे व्यवहार को सामूहिक व्यवहार के नाम से जाना जाता है जो सहभागियों के पारस्परिक उद्दीपन द्वारा स्वतः उत्पन्न होता है तथा जिसमें सापेक्षिक रूप में असंगठित, अनिश्चित, अस्थायी एवं नियोजनहीन होने के गुण विद्यमान होते हैं। भीड़,

जन-विद्रोह, आदिम धार्मिक व्यवहार, आदि सामूहिक व्यवहार के ही भिन्न रूप हैं। सामूहिक व्यवहार के विषय में कोई भी भविष्योक्ति करना कठिन होता है। यह समूह व्यवहार से भिन्न होता है।

collective conscience/consciousness **सामूहिक विवेक/सामूहिक चेतना**

इस पद का प्रयोग फ्रांस के एक सुप्रसिद्ध समाजशास्त्री **एमिल दुर्खाइम** द्वारा फ्रेंच भाषा में "ला कान्शन्स कलेक्टिव" के रूप में किया गया। किसी समाज के औसत सदस्यों के सामान्य विश्वासों, मान्यताओं एवं भावनाओं की समष्टि द्वारा जिस सुगठित व्यवस्था की रचना होती है, दुर्खाइम ने इस स्थिति को ही सामूहिक विवेक या सामूहिक चेतना कहा है। इसके स्वरूप और अन्तर्वस्तु में समाज की प्रकृति (यांत्रिक और सावयविक एकता द्वारा गठित समाज) के अनुसार भिन्नता होती है। इसका भान हमें तब होता है जब किसी अनैतिक कार्य द्वारा सामूहिक-चेतना को ठेस पहुंचाई जाती है। यही कारण है कि व्यक्ति सामूहिक चेतना के भय से अनैतिक और गैर कानूनी कार्य करने से डरता है।

collective representation **सामूहिक प्रतिनिधान**

समाज द्वारा मान्य उन विचारों, धारणाओं, भावनाओं तथा प्रतीकों को सामूहिक प्रतिनिधान की संज्ञा दी जाती है जो सामूहिक रूप से समस्त समूह का प्रतिनिधित्व करते हैं। इन्हें समाज के सदस्य आदर की दृष्टि से देखते हैं। इनका निर्माण सामाजिक अन्तर्क्रियाओं के दौरान या व्यक्तिगत चेतना के पारस्परिक प्रभावों के फलस्वरूप होता है। ये ही बाद में सामाजिक प्रतीकों के रूप में विकसित हो जाते हैं। ये प्रतीक समाज के अधिकांश सदस्यों द्वारा मान्य होने के कारण सामाजिक जीवन के विभिन्न पक्षों का प्रतिनिधित्व करते हैं। सामूहिक रूप में प्रतिनिधित्व करने वाले इन प्रतीकों के लिए ही **दुर्खाइम** ने 'सामूहिक प्रतिनिधान' की अवधारणा का प्रयोग किया है। राष्ट्रीय ध्वज सामूहिक प्रतिनिधान का एक श्रेष्ठ उदाहरण है जो समूह विशेष अर्थात् किसी राष्ट्र की भावनाओं का प्रतिनिधित्व करता है।

collectivism **सामूहिकतावाद**

इस शब्द का प्रयोग अनेक अर्थ एवं संदर्भ में किया गया है। अत्यंत साधारण अर्थ में, सामूहिकतावाद से तात्पर्य किसी भी ऐसे राजनीतिक या सामाजिक-आर्थिक सिद्धान्त या तौर-तरीके से है जो उत्पादन और वितरण के साधनों पर सामुदायिक या राजकीय स्वामित्व या नियंत्रण को बढ़ावा देता है। पूर्व सोवियत संघ में बड़े-बड़े कृषि फार्मों का संचालन-संगठन इसी सिद्धान्त पर आधारित था। यह सामाजिक संगठन के व्यक्तिवादी सिद्धान्त के पूर्णतः विपरीत है।

commodification **वस्तुकरण**

मार्क्सवादी परिप्रेक्ष्य में जब वस्तुओं का उत्पादन स्वयं उत्पादनकर्त्ता द्वारा प्रत्यक्ष रूप

में प्रयोग किये जाने के स्थान पर उसका वितरण के लिये उत्पादन किया जाता है, तब यह वस्तुकरण कहलाता है। इस अवधारणा का प्रयोग तृतीय विश्व के देशों के अध्ययनों में प्रचुर मात्रा में किसानों की ऐसी क्रियाओं के लिये किया गया है जब वे अपने उत्पादन का उपभोग न करके उसे नकद दामों के बदले में बेच देते हैं।

communalism **सम्प्रदायवाद**

जब कभी सम्प्रदायवाद, साम्प्रदायिकता, साम्प्रदायिक दृष्टिकोण शब्दों का प्रयोग किया जाता है, तब इनका अर्थ दो समुदायों में विद्यमान विद्वेष, तनाव, संदेह अथवा संघर्ष के भाव को व्यक्त करना होता है। इस प्रकार का विद्वेष अथवा तनाव धर्म, भाषा अथवा प्रजाति के तत्वों पर आधारित होता है। भारत के संदर्भ में इस शब्द का प्रयोग विशेषतः विभिन्न धार्मिक समुदायों के बीच अलगाव एवं वैमनस्य के भाव को अभिव्यक्त करता है।

communication **सम्प्रेषण/संचार**

विचारों, भावनाओं, विश्वासों जैसी व्यक्तिपरक घटनाओं को सामान्यतः भाषा के माध्यम अथवा दृष्टिमूलक विधियों, अनुकरण, सुझाव द्वारा आदान-प्रदान करने या आम बनाने की प्रक्रिया को सम्प्रेषण कहते हैं। मानवीय समूहों में सामाजिक अन्तर्क्रिया की प्रक्रिया मूलतः वाणी अथवा भाषा के माध्यम से सम्प्रेषण की ही प्रक्रिया है। मानव से नीचे के प्राणी सम्प्रेषण के हल्के रूपों जैसे भावात्मक चीत्कारों, शारीरिक हावभावों अथवा अन्य संकेतों आदि का प्रयोग करते हैं। जहां तक ज्ञात है, केवल मानव के पास ही स्पष्ट वाणी है। सम्प्रेषण के इस उच्च रूप, जिसे भाषा कहते हैं, के माध्यम से ही मानव एक-दूसरे से अपने अनुभवों, विचारों, विश्वासों और भावनाओं के आदान-प्रदान द्वारा समान क्रिया-कलापों और समान भावनाओं को जन्म देने में सफल हुआ है। अतः मानव समूहों में सम्प्रेषण, एकता तथा संस्कृति की निरन्तरता के संचरण का मुख्य तत्व है। संस्कृति के रूप में मानव के पास जो सामाजिक विरासत है, उस सबका आधार मानवीय सम्प्रेषण का प्रमुख रूप भाषा है। मानव ने भाषा का निर्माण कर अन्तःक्रिया की समस्या को हल कर लिया है।

communism **साम्यवाद**

साम्यवाद सामाजिक दर्शन या सामाजिक संगठन की एक ऐसी व्यवस्था है जिसमें आर्थिक सेवाओं तथा उत्पादन के भौतिक साधनों को जन-स्वामित्व के सिद्धान्त पर आधारित माना जाता है। इसका मूलदर्शन समाजवादी दर्शन से मिलता-जुलता है किन्तु किन्हीं मामलों में ये दोनों दर्शन एक-दूसरे से भिन्न हैं। साम्यवाद, समाज के क्रमिक विकास के दर्शन को अस्वीकार करता है तथा इस बात पर बल देता है कि मन्द गति एवं टुकड़ों-टुकड़ों में किये गये प्रयास नये समाज की स्थापना नहीं कर सकते। यही नहीं, साम्यवादी दर्शन में यह माना जाता है कि सामूहिक अर्थ-व्यवस्था की स्थापना संवैधानिक तरीकों से उन देशों में भी संभव नहीं है जहाँ राजनीतिक प्रजातन्त्र है। अतः साम्यवाद पूंजीवादी व्यवस्था के विनाश तथा नवीन व्यवस्था की स्थापना के लिए बल-प्रयोग एवं हिंसात्मक साधनों को उचित मानता है।

दूसरा महत्त्वपूर्ण अन्तर मज़दूर को श्रम के बदले मिलने वाली मज़दूरी की व्यवस्था में है। दोनों व्यवस्थाओं में इस बात को स्वीकारा गया है कि स्वामित्व द्वारा अर्जित आय की समाप्ति होनी चाहिए तथा केवल श्रम के आधार पर ही आय मिलनी चाहिए। किन्तु जहाँ समाजवाद सामूहिक अर्थव्यवस्था के अन्तर्गत आय को व्यक्तिगत योग्यता अथवा सामाजिक सेवाओं के आधार पर समायोजन की छूट देता है, वहाँ साम्यवाद में व्यक्तिगत योग्यता सम्बन्धी प्रतिस्पर्धा की भी स्वतन्त्रता नहीं है। साम्यवाद का यह बहु प्रसिद्ध नारा कि "प्रत्येक को अपनी योग्यता के अनुसार काम और अपनी आवश्यकता के अनुसार वेतन मिलना चाहिए", सभी कामगारों को समान वेतन के सिद्धान्त पर बल देता है। समाजवाद की भांति साम्यवाद भी एक राजनीतिक व्यवस्था की अपेक्षा मुख्यतः एक आर्थिक धारणा है।

आधुनिक साम्यवाद के प्रणेता **मार्क्स एवं एंजिल** के अनुसार साम्यवाद एक ऐसा तंत्र अथवा व्यवस्था है जिसमें आर्थिक उत्पादन, वितरण और विनिमय के प्रमुख साधनों पर किसी व्यक्ति विशेष का स्वामित्व न होकर सम्पूर्ण समाज का स्वामित्व होता है। वे इस तन्त्र की स्थापना की चरम परिणिति 'सर्वहारा के अधिनायकतन्त्र' में देखते हैं।

community **समुदाय**

व्यक्तियों के एक ऐसे संकलन अथवा संग्रह को समुदाय कहते हैं जिसके सदस्य अपनी प्रतिदिन की क्रियाओं के सम्पादन हेतु एक सामान्य भू-भाग को सहभागियों के रूप में प्रयोग करते हैं तथा जिनमें "हम भावना" प्रबल रूप में विद्यमान होती है। इस प्रकार समुदाय की दो प्रमुख विशेषताएं है, यथा (1) विशिष्ट भौगोलिक क्षेत्र तथा (2) हम-भावना। कुछ ऐसे समूह जिन्हें समुदाय की श्रेणी में रखा जाता है, वे उपरोक्त विशेषताओं के अपवाद हैं। प्रारम्भिक आखेटक तथा खाद्य संग्रहाक समूहों का घुमक्कड़ी जीवन होता था, उनका कोई निश्चित भू भाग नहीं हुआ करता था, फिर भी वे समुदाय की श्रेणी में रखे जाते हैं। किन्तु, समुदाय की अन्यतम विशेषता 'हम भावना' या 'एक दूसरे से जुड़े होने की परस्पर आश्रितता की भावना' से ये समूह ओतप्रोत होते थे।

जर्मन समाजशास्त्री **एफ. टॉनिज़** ने समुदाय की अवधारण में समान संस्कृति, सहभागिक अनुभव, तथा घनी अन्तर्निर्भरता पर आधारित लगाव की भावना तथा पारस्परिक प्रतिबद्धता को सम्मिलित किया है। टॉनिज़ के अनुसार समुदाय (गेमिनशेफ्त) और समाज (गैसिलशेफ्त) सामाजिक सहचारिता के दो विरोधाभासी रूप हैं। समुदाय में जहां संबंधों की घनिष्टता और व्यक्तिगतता मिलती है, वहां समाज में संबंध अव्यक्तिगत और लगाव रहित होते हैं। (देखिये – गेमिनशेफ्त और गौसिलशेफ्त)

community development **सामुदायिक विकास**

इस अवधारणा की रचना दो शब्दों यथा समुदाय तथा विकास से मिलकर हुई है। साधारणतः 'समुदाय' शब्द का प्रयोग किसी भी ऐसे मानव-समूह के लिए किया जाता है जो किसी एक भौगोलिक क्षेत्र में रहता हो और जिसमें 'हम भावना' पाई जाती है। 'विकास'

शब्द का प्रयोग एक ऐसी प्रक्रिया अथवा स्थिति के लिए किया जाता है जिसमें व्यक्ति अथवा समूह अपनी अन्तर्निहित क्षमता, शक्ति एवं उपलब्ध साधनों का अधिकतम उपयोग करने में समर्थ हो। इस प्रकार समुदाय के सर्वांगीण विकास हेतु समुदाय की अन्तर्निहित क्षमता, शक्ति तथा उपलब्ध साधनों द्वारा जो सामूहिक प्रयास किये जाते हैं, उन्हें "सामुदायिक विकास" कहा जाता है। भारतीय संदर्भ में, सामुदायिक विकास एक ऐसा कार्यक्रम है जिसमें किसी समुदाय के सदस्य अपनी आवश्यकताओं एवं समस्याओं का स्वयं निर्धारण कर सरकारी एवं गैरसरकारी सहायता लेते हुए उनके निदान एवं समाधान के लिए स्वयं प्रयत्नशील होते हैं। भारत में, 'सामुदायिक विकास योजना' के नाम से इस प्रकार के कार्यक्रम की शुरूआत सन् 1952 में हुई थी।

community power **सामुदायिक शक्ति**

मैक्स वेबर के अनुसार, 'शक्ति से तात्पर्य किसी भी सामुदायिक क्रिया में व्यक्तियों द्वारा दूसरे व्यक्तियों (जो कि उस क्रिया में सहभागिक हैं) के विरोध के बावजूद अपनी इच्छा को पूरी कर लेने की संभावना को शक्ति कहते हैं।' शक्ति की इस परिभाषा पर भारी विवाद है। शक्ति से संबंधित अनेक प्रतिस्पर्धी सिद्धान्त सामुदायिक शक्ति संबंधी वाद-विवाद से ग्रस्त हैं जो इस बात पर बल देते हैं कि स्थानीय प्रजातांत्रिक राजनीति में शक्ति का प्रयोग किनके द्वारा कैसे किया जाता है।

सामुदायिक शक्ति संबंधी **एफ. हंटर** का एक सुप्रसिद्ध ग्रंथ, 'कम्यूनिटी पॉवर स्ट्रक्चर' (1953) इस संदर्भ में विशेष उल्लेखनीय है जिसमें शक्ति के संस्तरण सिद्धान्त को प्रस्तुत किया गया है। यह सिद्धान्त इस तथ्य पर बल देता है कि स्थानीय शक्ति का प्रयोग अभिजनों/श्रेष्ठिजनों (स्थानीय अधिकारीगण, राजनीतिज्ञ, प्रमुख व्यापारी आदि) द्वारा किया जाता है जिनकी अभिव्यक्ति जननीतियों से संबंधित निजी एवं सार्वजनिक निर्णयों में देखी जा सकती है। कुछेक राजनीति वैज्ञानिकों को जैसे **रॉबर्ट डहल** (हू गवर्णस्, 1961) ने इस संस्तरण सिद्धान्त की तीव्र आलोचना की है और लिखा है कि उच्च वर्ग के अभिजन (एलीट), अपने हितों के लिये, अधिकृत राजनेताओं और नागरिक नेताओं के माध्यम से शासन नहीं करते। उनका कहना है कि प्रतिनिधिक प्रजातंत्र के आगमन के पश्चात् शक्ति/सत्ता, अभिजनों से अब विभिन्न संगठित हित समूहों के हाथों में चली गई है।

स्टीवेन लुकेज़ ने इस संबंध में एक अन्य दृष्टिकोण प्रस्तुत किया है। उनके अनुसार शक्ति का प्रयोग व्यक्तियों द्वारा शिकायतों को रखने के प्राथमिक स्तर पर ही रोकने के लिये किया जा सकता है। उन्होंने लिखा है कि व्यक्तियों के बोध, संज्ञानों, प्राथमिकताओं को इस प्रकार बना दिया जाता है कि वे विद्यमान व्यवस्था या दशा के लिये स्वयं को एक भागीदार समझने लगते हैं। इस प्रकार कुछ मुद्दे उठ ही नहीं पाते क्योंकि उनके लिये वे भी जुम्मेवार होते हैं।

comparative method **तुलनात्मक विधि**

सामाजिक विज्ञानों में तुलनात्मक विधि या परिप्रेक्ष्य का प्रयोग विभिन्न समाजों की

तुलना करने अथवा एक ही समाज के विभिन्न भागों (समूहों) की तुलना करने के लिए किया जाता है। तुलना का उद्देश्य विभिन्न समाजों की सामाजिक संरचना तथा संस्कृति में पाई जाने वाली समानताओं एवं भिन्नताओं (परिवर्तन और विकास) का स्पष्टीकरण कर सामान्य सिद्धान्तों की खोज करना होता है। प्राकृतिक विज्ञानों की प्रायोगिक पद्धति की भांति सामाजिक विज्ञानों में सामान्यीकरणों की खोज घटनाओं की तुलना द्वारा की जाती है। इस विधि का सर्वाधिक प्रयोग मानवशास्त्रियों द्वारा अन्तर-सांस्कृतिक (क्रास कल्चरल) तथा जनजातीय समाजों के अध्ययनों में किया गया है। सामाजिक व्यवस्थाएं कैसे बदलती हैं, कैसे विकसित होती हैं, जैसे प्रश्नों के उत्तर खोजने में तुलनात्मक परिप्रेक्ष्य काफी उपयोगी सिद्ध हुआ है।

competition **प्रतिस्पर्धा**

व्यक्तियों अथवा समूहों के बीच उन लक्ष्यों तथा संतुष्टियों को प्राप्त करने के ऐसे निर्वैयक्तिक, अचेतन एवं निरन्तर प्रयासों को प्रतिस्पर्धा कहते हैं, जिन्हें सीमित होने के कारण सभी व्यक्ति प्राप्त नहीं कर सकते हैं। **मैक्स वेबर** ने प्रतिस्पर्धा को 'शांतिपूर्ण संघर्ष' कहा है जिसमें शांतिपूर्ण प्रयत्नों द्वारा ऐसे अवसरों तथा लाभों पर नियंत्रण प्राप्त किया जा सकता है जो दूसरों के द्वारा भी वांछित हैं। प्रतिस्पर्धा की प्रक्रिया उस समय तक 'नियंत्रित प्रतिस्पर्धा' होती है, जब तक उसके लक्ष्य एवं साधन एक व्यवस्था की ओर उन्मुख होते हैं। प्रारंभिक समाजशास्त्रियों, विशेषतः **एच. स्पेंसर** ने प्रतिस्पर्धा को सामाजिक प्रगति का एक आवश्यक कारक माना है। यह दृष्टिकोण बहुत कुछ रूप में आधुनिक पूंजीवादी व्यवस्था में प्रगति के सिद्धान्त से मिलता-जुलता है।

complex **मनोग्रंथि**

पूर्ण अथवा आंशिक रूप में दमित ऐसी मान्यताएं, अभिवृत्तियां एवं स्मृतियां मनोग्रंथि कहलाती हैं जो अत्यधिक संवेगात्मक हों तथा जो व्यक्ति द्वारा साधारणतः मान्य विचारों अथवा समूह के प्रतिकूल हों। ग्रंथियों में जितनी अधिक संवेगात्मकता होगी, व्यक्ति की चेतना पर उसका उतना ही गहरा प्रभाव अंकित होगा।

ग्रंथियां अनेक प्रकार की हो सकती हैं। इनमें मुख्यतः हीनता एवं उच्चता की दो ग्रंथियां मानव-जीवन में महत्वपूर्ण स्थान रखती हैं। हीनता की ग्रंथि का उद्भव तब होता है जब व्यक्ति आत्म को प्रस्थापित नहीं कर पाता है, अर्थात् वह दूसरों के साथ व्यवहार करते समय आत्म-विश्वास का परिचय नहीं दे पाता है। उसे दूसरों के व्यवहार से अकारण यह संदेह रहता है कि उसका अपमान किया जा रहा है। यही स्थिति उसमें हीनता की ग्रन्थि की द्योतक है। **एडलर** के अनुसार सब प्रकार के मानसिक रोगों का मूल कारण हीनता की ग्रन्थि है। इसका प्रभाव शरीर एवं मन दोनों पर पड़ता है।

मानव जीवन में मनोग्रंथियों का महत्वपूर्ण स्थान है। उसके मनोदैहिक विकास-क्रम में अनेकानेक ग्रंथियां निर्मित होती रहती हैं जो जाने-अनजाने ही व्यक्ति के सामान्य दैनिक

जीवन को प्रभावित करती रहती हैं। **सी.जी. युंग** ने तो इसी आधार पर 'मंनोग्रंथि मनोविज्ञान' की ही रचना कर दी। युंग के अनुसार प्रत्येक समस्या की व्याख्या मनोग्रंथि के आधार पर की जा सकती है।

concept **अवधारण/प्रत्यय/संबोध**

किसी वस्तु, घटना अथवा प्रक्रिया के वैज्ञानिक प्रेक्षण एवं बोध के आधार पर निर्मित सामान्य विचारों को अभिव्यक्ति करने के लिए जिन विशिष्ट शब्द-संकेतों का प्रयोग किया जाता है, उन्हें वैज्ञानिक शब्दावली में अवधारणा, प्रत्यय या संबोध कहते हैं। एक अवधारणा वस्तुओं, घटनाओं, व्यक्तियों, संबंधों, प्रक्रियाओं आदि के विशिष्ट वर्ग अथवा समूह को दिया गया एक विशिष्ट नाम अथवा संकेतात्मक पद है।

वैज्ञानिक शोध में इनका प्रयोग यथार्थ के प्रत्यक्षीकरण, वर्गीकरण तथा बोध के लिए किया जाता है। सिद्धान्त-रचना में इनका महत्वपूर्ण स्थान है। सिद्धान्त-रचना के प्रथम स्तर पर मूर्त घटनाओं का अवधारणाओं के रूप में अमूर्तीकरण किया जाता है। तत्पश्चात् इन्हें तर्कसंगत आधार पर व्यवस्थित कर सिद्धांत में परिणित किया जाता है। अवधारणाएं स्थिर नहीं होतीं, अपितु इनके अर्थ में निरन्तर संशोधन एवं परिष्करण होता रहता है।

concubinage **रखैलपन**

एक प्रथा जो एक पुरुष को एक अथवा अधिक उपपत्नी रखने की स्वीकृति देती है, उसे रखैलपन कहते हैं। इस प्रथा के अनुसार एक स्त्री, एक पुरुष की समाजोनुमोदित लैंगिक साथी बन जाती है। वह वैधानिक पत्नी या पत्नियों के स्थान पर या उनके साथ घर में रहती है। इस प्रकार की उपपत्नियों की प्रस्थिति एवं अधिकार विभिन्न समाजों में भिन्न देखने को मिलते हैं।

conflict **संघर्ष**

जब दो या दो से अधिक व्यक्ति अथवा समूह सीमित साधनों पर नियंत्रण प्राप्त करने के लिए शांतिपूर्ण तरीके अपनाते हैं, तब यह स्थिति 'प्रतिस्पर्धा' कहलाती है। किन्तु जब इन सीमित उद्देश्यों एवं हितों की पूर्ति के लिए बल-प्रयोग तथा हिंसा का सहारा लिया जाता है, तब प्रतिस्पर्धा की यह स्थिति संघर्ष में परिणित हो जाती है। संघर्ष में उत्तेजना प्रतिस्पर्धा की वस्तुओं से हटकर स्वयं प्रतिद्वन्द्वियों पर केन्द्रित हो जाती है। अतः ऐसी प्रतिस्पर्धा को 'शांतिपूर्ण संघर्ष' कहा जा सकता है जिसमें शारीरिक हिंसा का प्रयोग नहीं होता। **मैक्स वेबर** के मतानुसार, "एक ऐसे सामाजिक संबंध को संघर्ष की संज्ञा दी जा सकती है जिसमें कर्त्ता की स्वयं की इच्छा की पूर्ति के लिए कोई क्रिया दूसरे व्यक्ति अथवा व्यक्तियों का विरोध करते हुए की जाती है।" भिन्न महत्व की वस्तुओं में संघर्ष की मात्रा एवं तीव्रता में अन्तर हो सकता है। यह संगठित अथवा असंगठित, स्थायी अथवा अल्पकालिक, भौतिक, बौद्धिक अथवा आध्यात्मिक हो सकता है।

संघर्ष के दो रूप हो सकते हैं। प्रथम की उत्पत्ति दो या अधिक व्यक्तियों अथवा समूहों

के बीच हितों के टकराव के कारण होती है, जब कि दूसरे की उत्पत्ति व्यक्ति अथवा समूहों का एक दूसरे के साथ सक्रिय रूप में हाथापाई के कारण होती है। हित आधारित संघर्ष से हमेशा खुले विरोध की संभावना नहीं रहती, जब कि सक्रिय संघर्ष में यह संभावना बनी रहती है।

conflict, class **वर्ग-संघर्ष**

ऐसे व्यक्तियों के समूहों में हिंसात्मक विरोध को वर्ग संघर्ष माना जाता है जो न्यूनाधिक मात्रा में स्थाई रूप से संबंधित होते हैं तथा जिन्हें सार्वजनिक रूप से उनके प्रशिक्षण सुविधाओं तथा प्रस्थिति के आधार पर भिन्न माना जाता है ऐसे समूहों की भिन्नता अनुभव, धन-सम्पदा, शिक्षा, राजनीतिक प्रभाव, जीवन-शैली, आराम अथवा सौन्दर्यात्मक रुचि आदि में स्पष्ट झलकती है। सामान्यतः ये समूह प्रगतिशील तथा रूढ़िवादी जैसे सामान्य विरोधी दलों में बंटे होते हैं।

निम्न एवं दलित आर्थिक समूह उच्च एवं सुविधाभोगी समूहों के शोषण एवं प्रभुत्व से स्वतन्त्र होने तथा उच्च वर्गों द्वारा अपने प्रभुत्व एवं सुविधाओं को बनाये रखने के लिए ऐतिहासिक संघर्ष निरन्तर करते रहे हैं। **कार्ल मार्क्स** के अनुसार, वर्ग-संघर्ष अपरिहार्य मतभेद को प्रकट करता है जो अधिकांश समाजों में आर्थिक संगठन के स्वरूप के कारण उत्पन्न होता है। इस प्रकार का संघर्ष प्रत्येक युग में धनवान (सम्पत्ति सम्पन्न) एवं निर्धन (सम्पत्तिहीन) के बीच विद्यमान रहा है। प्राचीन काल में यह संघर्ष स्वामी और दास के बीच, मध्यकाल में सामंत और खेतिहर मजदूर के बीच और आधुनिक औद्योगिक समाजों में पूंजीपति और औद्योगिक श्रमिक के मध्य निरन्तर चल रहा है। इसीलिए मार्क्स ने अपनी बहुप्रसिद्ध कृति 'कम्युनिस्ट मेनिफेस्टो' की शुरुआत इन शब्दों से की है, "आज तक के विद्यमान सभी समाजों का इतिहास वर्ग-संघर्ष का इतिहास रहा है।" मार्क्स के अनुसार, मजदूरों की विश्वव्यापी क्रांति समाजवाद की स्थापना करेगी जो अन्ततः वर्गहीन, जाति-विहीन तथा राज्य-विहीन समाज की मार्क्स की कल्पना को साकार करेगी। ऐसे समाज में मार्क्स की मान्यतानुसार वर्ग-संघर्ष की गुंजाइश नहीं होगी।

conflict theory **संघर्ष-सिद्धांत**

संघर्ष की समाज में क्या भूमिका है तथा समाज में संघर्ष क्यों उत्पन्न होता है, इस सम्बन्ध में समाज-विचारकों में काफी मतभेद रहे हैं। एक विचारधारा, जिसके प्रमुख प्रणेता जर्मन समाजशास्त्री **प्रो. सिमेल** रहे हैं, के अनुसार, संघर्ष को अन्तःक्रिया का एक मुख्य स्वरूप माना गया है। स्वयं सिमेल ने लिखा है कि "यदि मानवों के बीच होने वाली प्रत्येक अन्तर्क्रिया सामाजिकता (सोसिएशन) को प्रकट करती है, तो फिर संघर्ष को भी अनिवार्यतः सामाजिकता समझा जाना चाहिए। . . . . यह एकता प्राप्त करने का एक ऐसा तरीका है जिसमें संघर्षरत व्यक्तियों में से किसी एक का नष्ट होना संभव है।" **पार्क एवं बर्गेस तथा ल्युइस कोजर** ने भी प्रो. सिमेल के विचारों से प्रभावित हो संघर्ष के एकीकरण के प्रकार्यों की ओर ध्यान आकर्षित किया है। इसके ठीक विपरीत एक अन्य विचारधारा के अनुसार

संघर्ष को एक विभाजनमूलक प्रक्रिया के रूप में स्वीकार किया गया है।

ख्यातिप्राप्त आधुनिक समाजशास्त्री **टालकट पार्सन्स** ने भी 'व्यवस्था के निरन्तर संतुलन' की बात कहते हुए संघर्ष के प्रकार्यात्मक पक्ष का अनुमोदन किया है। किन्तु पार्सन्स के इन विचारों की कटु आलोचनना करने वाले **डेविड लॉकवुड** (1956) ने इसे पार्सन्स के 'भ्रमजाल का संसार' का नाम देते हुए कहा है कि पार्सन्स ने अपने विश्लेषण में सामाजिक व्यवस्था में परिवर्तन तथा अव्यवस्था उत्पन्न करने वाले कारकों की अपेक्षा समाज में स्थायित्व तथा संतुलन बनाये रखने वाले कारकों पर आवश्यकता से अधिक बल दिया है। यही नहीं, व्यवस्था तथा संतुलन को अधिक महत्व दिये जाने के कारण पार्सन्स ने अव्यवस्था, अस्थिरता तथा संघर्ष को विचलन, असामान्य तथा व्याधिकीय मानकर सामाजिक वास्तविकता को नकराने का यत्न किया है। लॉकवुड ने संस्थात्मक उप व्यवस्थाओं में संघर्ष के महत्व की चर्चा करते हुए कहा कि औद्योगिक तथा शैक्षिक संस्थाओं में सामंजस्य होना आवश्यक नहीं है। संघर्षवादी सिद्धान्त के एक अन्य अनुसरणकर्त्ता **प्रो. डेहरेनडार्फ** ने भी पार्सन्स की प्रकार्यवादी विचारधारा की धज्जियां उड़ाते हुए कहा है कि सामाजिक व्यवस्था में हर समय संगठन, समन्वय तथा स्थिरता नहीं देखी जा सकती है। सभी संस्थाओं में सत्ता के सम्बन्ध में अन्तर-संस्थात्मक संघर्ष उत्पन्न होते रहते हैं। यह एक सामाजिक वास्तविकता है जिसे नकारना कठिन है।

संघर्ष-सिद्धान्त को व्यवस्थित करने तथा उसे एक नवीन रूप प्रदान करने का श्रेय **कार्ल मार्क्स** को दिया जाता है। पारम्परिक विचारकों (**हॉब्स, लॉक** आदि) ने **डार्विन** के 'अस्तित्व के लिए संघर्ष' की धारणा के आधार पर 'सभी की लड़ाई, सभी के साथ' की बात कही है। किन्तु मार्क्स ने किसी भी समाज में हितों के संघर्ष का मूल कारण उत्पादन के साधनों को माना है और इसी कारण निरन्तर वर्ग-संघर्ष सभी क्षेत्रों में संघर्ष को उत्पन्न करता है।

मार्क्स का सिद्धान्त प्रो. सिमेल से भिन्न है। मार्क्स का वर्ग-संघर्ष का सिद्धान्त इस बात की व्याख्या करता है कि समाज में कैसे परिवर्तन लाया जा सकता है तथा पूंजीवाद को कैसे समाप्त किया जा सकता है। इसके विपरीत सिमेल ने परिवर्तन को जानने की अपेक्षा सामाजिक जीवन को समझने पर अधिक बल दिया है। सिमेल ने अन्तर्क्रिया की विषय-वस्तु एवं उसके रूप तथा अन्तर्क्रिया के विभिन्न लक्ष्य तथा उनके संदर्भों में भेद किया है। जहां मार्क्स संघर्ष को विभाजनकारी प्रक्रिया मानता है, वहां सिमेल इसे एकता उत्पन्न करने वाली शक्ति मानता है।

संघर्ष के स्त्रोत क्या हैं? संघर्ष कैसे उत्पन्न होता है? इन प्रश्नों के उत्तर भी मार्क्स तथा अन्य समाज-वैज्ञानिकों ने भिन्न रूप में दिये हैं। मार्क्स का सम्पूर्ण सिद्धान्त उत्पादन की विधि, उत्पादन के सम्बन्ध, उत्पादन की तकनीक, आदि पर टिका हुआ है। मार्क्स ने आर्थिक असमानता को विश्लेषण का केन्द्र बनाते हुए सुविधा-सम्पन्न वर्ग द्वारा उत्पादन के साधनों पर नियंत्रण की बात कही है, जबकि आधुनिक संघर्ष सिद्धान्तवादी आर्थिक असमानता के स्थान पर सामाजिक असमानता को अपने विश्लेषण का केन्द्र मानते हैं। वे इस सामाजिक असमानता का स्त्रोत सुविधाभोगी अभिजन में निहित शक्ति तथा नियंत्रण

को मानते हैं। **मैक्स वेबर** ने आर्थिक संबंधों के अतिरिक्त प्रजाति, धर्म, नस्ल जैसे कारकों को भी संघर्ष का आधार माना है। **राल्फ डेहरेनडार्फ** ने संघर्ष का प्रमुख स्त्रोत शक्ति को माना है।

conformity **अनुरूपता**

प्रो. मर्टन की व्यक्तिगत अनुकूलन की योजना का एक रूप अनुरूपता है जिसमें व्यक्ति सांस्कृतिक लक्ष्यों और उनको प्राप्त करने वाले संस्थागत साधनों अर्थात् नियमाचारों दोनों को स्वीकार करता है। यह स्थिति इस बात की परिचायक है कि वह सांस्कृतिक लक्ष्यों व उनको प्राप्त करने के संस्थागत साधनों दोनों से संतुष्ट है। इस दशा अथवा स्थिति में समाज में पूर्णतः संगठन बना रहता है।

conjugal family = family, conjugal

connubium **वैवाहिकता**

मानवशास्त्रीय साहित्य में 'कन्यूबिअम' शब्द का प्रयोग विवाह के एक ऐसे रूप के लिए किया जाता है जिसमें एक समूह विशेष के सदस्यों को स्त्रियों के किसी निर्धारित समूह में से पत्नी के चयन करने का अधिकार होता है। इस आधार पर वंश-समूहों के मध्य निर्मित सम्बन्ध चिरकालिक गठबंधन को जन्म देते हैं। विवाह की इस प्रकार की प्रतिबंधित व्यवस्थाएं ऐसी मुक्त व्यवस्थाओं से भिन्न होती हैं जिनमें सिद्धांततः जीवन-साथी के चुनाव का दायरा काफी विस्तृत होता है। इस अवधारणा का प्रयोग **दुर्खाइम तथा मॉस** की कृतियों में भी देखने को मिलता है।

रोमन सिविल कानून में कुछ समूहों के बीच इस प्रकार के विवाह की अनिवार्यता प्रकट की गई है। इस कानून के अन्तर्गत उन समूहों का भी उल्लेख किया गया है जिनके बीच विवाह-सम्बन्ध हो सकता है। विवाह की इस प्रथा की अनेक व्याख्याएं दी गई हैं। निकटाभिगमन निषेध, राजनीतिक गठबंधनों का निर्माण, तथा समूहों की सांकेतिक सीमाओं को परिभाषित करने का प्रयास आदि इन व्याख्याओं के कुछ उदाहरण हैं।

consanguineous / consanguinity **समरक्तता**

रक्त-सम्बन्धों को 'समरक्तता' कहा जाता है। किसी सामान्य पूर्वज की सन्तानों के बीच सम्बन्धों का आधार समरक्तता होती है। सामाजिक मानवशास्त्रियों का कहना है कि समरक्तता को मालुम करते समय वास्तविक जैविक बंधनों की भांति ही काल्पनिक संबंध भी महत्वपूर्ण होते हैं। (देखिये – किनशिप)

consciousness of kind **स्वजाति-चेतना**

स्वजाति चेतना की धारणा का विकास **प्रो. गिडिंग्ज़** द्वारा समाज के एक ऐसे भाग की अभिव्यक्ति के लिए किया गया जिसमें एक समूह के सदस्य यह अनुभव करते हैं कि वे

समान विचारों, लक्षणों तथा परिस्थितियों द्वारा आबद्ध हैं। जब व्यक्ति यह अनुभव करता है कि उसके तथा अन्य व्यक्तियों के व्यवहार में इस प्रकार की न केवल समानता है, अपितु उनमें भाईचारा तथा एक दूसरे के प्रति सहानुभूति भी विद्यमान है, यह अनुभूति ही स्वजाति-चेतना है। मानव जाति में यह चेतना केवल बाह्य भौतिक क्रियाओं तक ही सीमित नहीं होती, अपितु उनके उद्देश्यों एवं प्रेरणाओं में भी निहित होती है। इसी चेतना के कारण सहयोग एवं प्रतिस्पर्धा की प्रक्रियाओं का जन्म होता है। प्रो. गिडिंग्ज़ के विचारानुसार यही चेतना यूथचारिता को समाज के रूप में बदलती है।

consensus **मतैक्यता**

मतैक्यता सामाजिक प्रणालियों का एक गतिशील लक्षण है। इसकी मात्रा दो या दो से अधिक व्यक्तियों के समूह तथा सम्पूर्ण समाज में भिन्न होती है। इन प्रणालियों के सदस्यों में तब मतैक्यता मानी जाएगी जब इन प्रणालियों के सदस्यों में, आदर्शात्मक तथा संज्ञानात्मक विषयों से संबंधित क्रियाओं के संबंध में सकारात्मक स्वीकृति होती है। ये क्रियाएं एक-दूसरे के प्रति या प्रणाली के प्रमुख व्यक्तियों अथवा भूमिकाओं तथा समूहों के प्रति हो सकती है। अतः मतैक्यता उन नियमों के सम्बन्ध में एक समझौता है जो प्रणाली के लक्ष्यों तथा व्यवस्था के अन्तर्गत भूमिकाओं तथा पुरस्कारों के आवंटन-संबंधी उनके व्यवहारों को नियत्रित करते हैं। मतैक्यता में एक अन्य तत्व भी निहित होता है, वह है एकात्मता। इसका विकास व्यक्तिगत स्नेहपूर्ण सम्बन्धों या कुछ आधारभूत विशेषताओं या एक सामान्य संस्कृति में सहभागी होने के कारण सामान्य पहिचान की अनुभूति द्वारा होता है।

किसी भी प्रणाली में, चाहे वह छोटी हो या बड़ी, पूर्ण मतैक्यता असंभव है। किन्हीं मसलों पर अन्य मसलों की अपेक्षा अधिक मतैक्य हो सकता है। किन्हीं मामलों पर किसी समूह के एक वर्ग की अपेक्षा समूह के अधिकांश व्यक्ति अधिक मतैक्यता रख सकते हैं। यही नहीं, समय के अनुसार मतैक्यता की मात्रा में बदलाव आ सकता है।

मतैक्यता किसी भी वृहत सामाजिक प्रणाली का एक महत्त्वपूर्ण लक्षण है। इसका तात्पर्य यह नहीं कि पूर्ण मतैक्यता के आधार पर ही व्यवस्था संभव है। प्रणाली के लिए मतैक्यता के साथ-साथ दूसरे तत्वों का भी होना आवश्यक है। इसके लिए केन्द्रीय संस्थात्मक प्रणाली की वैधता के साथ-साथ केन्द्रीय प्रणाली संबंधी भूमिकाओं की वैधता के बारे में पर्याप्त समरूपता का होना आवश्यक है।

conspicuous consumption **दर्शकीय उपभोग**

धन-सम्पदा अथवा सेवाओं के ऐसे उपभोग को दर्शकीय उपयोग कहा गया है जिसका प्रमुख उद्देश्य मात्र उच्च जीवन-स्तर का प्रदर्शन करना होता है। इस अवधारणा का प्रयोग **थर्स्टन वेबलन** द्वारा उनकी बहुप्रसिद्ध कृति 'द थिऑरि ऑफ द लैज़र क्लास' (1899) में यह बताने के लिए किया गया कि जिन लोगों के पास अपने निर्वाह-स्तर से ऊपर अत्यधिक

अतिरिक्त धन-सम्पदा होती है, वे उसका प्रयोग लोकोपयोगी अथवा रचनात्मक कार्यों की अपेक्षा ऐसे कार्यों में करते हैं जिनसे उनकी सामाजिक प्रतिष्ठा में वृद्धि हो। वे बहुमूल्य वस्तुओं का उपभोग दिखावे की भावना से प्रेरित होकर करते हैं, न कि इनमें कोई आन्तरिक मूल्य विद्यमान होने के कारण। सुविधाभोगी वर्ग द्वारा अपनी पहचान को बनाये रखने का यह दिखावा उनकी धन-सम्पदा तथा पद के प्रदर्शन की चाह से प्रेरित होता है। परिणामतः दर्शकीय उपभोग घृणित वर्ग-भेद को जन्म देता है, क्योंकि वे व्यक्ति, जो सुविधाभोगी वर्ग में आते हैं, इस प्रकार का व्यवहार प्रदर्शित करते हैं। वस्तुतः यह व्यवहार अधिकांशतः नव धनाढ्य वर्ग द्वारा प्रदर्शित किया जाता है जो अपनी नव अर्जित प्रतिष्ठा के प्रति संशकित रहते हैं कि कहीं यह छिन न जाये। असुरक्षा के इस भाव के कारण वे बहुमूल्य वस्तुओं की खरीद पर घोर अपव्यय कर के अपने उच्च जीवन-स्तर को प्रमाणित करने का यत्न करते हैं।

content analysis **अन्तर्वस्तु-विश्लेषण**

संचार के लिखित, मौखिक अथवा दृश्यात्मक साधनों में अभिव्यक्ति अन्तर्वस्तु के वस्तुपरक, व्यवस्थित एवं परिमाणात्मक विश्लेषण की विधि को अन्तर्वस्तु-विश्लेषण कहते हैं। इस विधि की शुरुआत समाचार-पत्रों की सामग्री के वस्तुपरक अध्ययन से हुई। बाद में इसका प्रयोग प्रचार-सामग्री तथा जनमत-अध्ययनों के परिमाणात्मक विश्लेषण में किया गया।आजकल इसका प्रयोग रेडियो, दूरदर्शन कार्यक्रमों, साहित्य व कला की विभिन्न विधाओं से संबंधित सामग्री, संगीत एवं शिक्षा के क्षेत्र में किया जा रहा है। इस विधि के द्वारा सम्प्रेषण की विषय-वस्तु को वर्गीकरण के नियमों के वस्तुपरक तथा व्यवस्थित प्रयोग द्वारा उसे परिमाणात्मक तथ्यों में परिणित किया जाता है ताकि उसके आधार पर तुलना की जा सके। अन्तर्वस्तु का प्रमुख उद्देश्य सम्प्रेषित कच्ची सामग्री को इस प्रकार के तथ्यों में बदलना है जिसे वैज्ञानिक रूप में विश्लेषित किया जा सके। यह विधि संप्रेषण में निहित अर्थों के विश्लेषण द्वारा मानव के सामाजिक व्यवहार को समझने में सहायता करती है। इस विधि का प्रयोग सम्प्रेषण सामग्री में निहित संदेश के इच्छित-अनिच्छित प्रभाव को जानना होता है।

conurbation **उपनगरीय समूहन**

पैट्रिक गैड्स ने इस अवधारणा की रचना सर्वप्रथम सन् 1915 में अपनी पुस्तक 'सिटीज इन इवोल्यूशन' में दक्षिणी लंकाशायर नगर के साथ विकसित हुए नगरों के विश्लेषण में की। आजकल इसका प्रयोग एक सर्वमान्य तकनीकी अवधारणा के रूप में ऐसे नवीन नगरीय क्षेत्रों के लिए किया जाता है जिनका निर्माण उद्योगों तथा बस्तियों के फैलने के कारण आसपास के नगरों के आपसी घुलन-मिलन द्वारा हुआ है। नगरीय समूहन की प्रक्रिया ऐसे महानगरीय विस्तार को प्रकट करती है जिसमें निकटवर्ती छोटे-छोटे कस्बे महानगरों की ओर बढ़ते हैं और अन्ततः वे उनमें विलीन हो जाते हैं।

co-operation **सहयोग**

सहयोग वह सामाजिक प्रक्रिया है जिसके द्वारा एकाधिक व्यक्ति अथवा समूह सामान्य उद्देश्यों अथवा लक्ष्यों को प्राप्त करने के लिए संयुक्त प्रयत्न करते हैं।

courtship **प्रणय-याचन**

अविवाहित स्त्री एवं पुरुष के पारस्परिक आकर्षण के फलस्वरूप एक-दूसरे से मिलने-जुलने की क्रिया को प्रणय-याचन कहते हैं। पश्चिमी देशों तथा अमेरिका में इसे वैवाहिक जीवन-साथी के चुनाव का एक सामान्य एवं मान्य तरीका माना जाता है। प्रणय-याचन की प्रथा के कुछ भिन्न रूप संसार की कई आदिवासी जातियों में भी पाये गये हैं।

couvade **सहप्रसविता**

संसार की कुछ अदिवासी जातियों में एक ऐसी प्रथा देखने को मिली है जिसके अनुसार पुरुष को स्त्री के प्रसवकाल से संबंधित उन सभी निषेधों एवं क्रियाओं का पालन करना होता है जिनका पालन उसकी पत्नी प्रसवावस्था में करती है। जैसे नदी-नाले न उलांघना, भोजन सम्बन्धी निषेध, आदि। यही नहीं, पुरुष को प्रसूति के कष्टों का नाटक भी रचना पड़ता है। भारत की टोडा एवं खासी जनजातियों में यह प्रथा देखी गई है।

crime **अपराध**

अपराध समाज के बनाए और माने हुए रास्ते को तोड़ने का नाम है। अपराध को कानूनी और समाजशास्त्रीय दो दृष्टिकोणों से परिभाषित किया गया है। कानूनी दृष्टि से अपराध कानून का उल्लघंन है। **हॉल जेरोम** के अनुसार, "अपराध कानूनी तौर पर वर्जित और साभिप्राय (इन्टेन्शनल) कार्य है जिसका सामाजिक हितों पर हानिकारक प्रभाव पड़ता है तथा जिसका अपराधिक उद्देश्य होता है और जिसके लिये कानूनी तौर पर दण्ड निर्धारित है।" गैर-कानूनी एवं सामाजिक शब्दों में, अपराध एक 'असामाजिक कार्य' है। **इलियट एवं मैरिल** ने लिखा है, "ऐसा समाज विरोधी व्यवहार अपराध है जो किसी समूह विशेष द्वारा अस्वीकार किया जाता है तथा जिसके लिये समूह द्वारा दण्ड के निर्धारण की व्यवस्था होती है।"

समाजशास्त्रीय परिप्रेक्ष्यानुसार अपराध एक ऐसा व्यवहार है जो उन मानव संबंधों की व्यवस्था में बाधा डालता है जिसे समाज अपने अस्तित्व की मौलिक शर्त मानता है। कानूनी परिभाषा की भांति समाजशास्त्रीय परिप्रेक्ष्य सीमित नहीं है। इसके अनुसार वे व्यक्ति भी अपराधी हैं जिन्होंने अपराधिक व्यवहार किया है, किन्तु किन्हीं कारणों से पकड़े नहीं जा सके या फिर साक्ष्यों के अभाव में जिन्हें न्यायालय ने दोषमुक्त कर दिया है।

crime, occupational = white collar crime

crime, organized **संगठित अपराध**

अवैध क्रियाओं द्वारा आर्थिक अथवा अन्य उपलब्धियों का सहयोगात्मक प्रयासों द्वारा अर्जन को संगठित अपराध कहते हैं। इस प्रकार के अपराध नियोजित ढंग से अपराधी संगठनों द्वारा संचालित होते हैं। अपराधी संगठनों के कार्य-संचालन के लिए एक संस्तरणात्मक व्यवस्था होती है जिसमें प्रत्येक का काम बंटा होता है। अपराध संगठनों का स्वरूप अत्यन्त ढीले-ढाले से लेकर व्यापारिक संगठनों की भांति पूर्ण औपचारिक हो सकता है।

संगठित अपराध शब्द का प्रयोग कई बार लचीले रूप में ऐसे अपराधों के लिये भी किया जाता है जो कुछ सिद्धान्तों के विरोध में होते हैं, किन्तु उनमें अनिवार्यतः कानून के उल्लघंन जैसी कोई चीज नहीं होती है। ऐसे अपराधों में राज्य या शक्ति सम्पन्न व्यक्तियों द्वारा किये गये अपराधों को सम्मिलित किया जा सकता है। वास्तव में, स्वयं राज्य राजनीतिक कारणों से अपराध और अपराधी कानूनों का प्रयोग अपने हितों की पूर्ति के लिये कर सकता है। राष्ट्रीय आपातकालीन स्थिति में कई विद्यमान कानूनों को निष्क्रिय कर नये हितकारी कानूनों को पारित कर दिया जाता है।

crime, professional **पेशेवर अपराध**

आजीविका के मुख्य साधन हेतु पेशे के रूप में की गई अवैध क्रियाओं को पेशेवर अपराध कहते हैं। इस प्रकार के अपराध नियोजनबद्ध तरीकों द्वारा आर्थिक लाभ के उद्देश्य से नियमित रूप में किये जाते हैं। (देखिये – प्रोफेशनल क्रिमिनल)

crime, white collar **सफेदपोश अपराध**

सफेदपोश अपराध की अवधारणा का प्रतिपादन **प्रो. सदरलैंड** ने सन् 1939 में अमरीकी समाजशास्त्रीय परिषद् के समक्ष प्रस्तुत करते हुए अपने एक शोध-पत्र में किया था। इसे परिभाषित करते हुए उन्होंने कहा, "एक ऐसा अपराध, जो व्यवसाय की क्रियाकलापों के दौरान समाज में उच्च प्रस्थिति एवं प्रतिष्ठा प्राप्त व्यक्तियों द्वारा (अपराधिक कानून के उल्लंघन से) किया जाता है, उसे सफेदपोश अपराध कहते हैं।" इसमें वे ही अपराध आते हैं जिनकी उत्पत्ति किसी व्यक्ति की सामाजिक प्रतिष्ठा, विशेषतः उसके व्यवसाय के कारण होती है। गबन एक ऐसा ही अपराध है जो बैंक के अफसरों या लेखाविदों द्वारा किया जाता है। इसके अन्तर्गत उच्च वर्ग के व्यक्तियों के सभी अपराध जैसे हत्या, मद्यपान, व्यभिचार आदि नहीं आते, क्योंकि वे सामान्यतः इन व्यक्तियों के धंधों का भाग नहीं होते। यदि इन क्रियाओं का प्रयोग अपने धन्धों के क्रियाकलापों के एक भाग के रूप में किया जाता है, तो ये क्रियाएं भी सफेदपोश अपराध की श्रेणी में आ जाती हैं। इन अपराधों में उन धनिकों के अधोलोक में खेले जाने वाले जुओं से संबंधित अपराध सम्मिलित नहीं किये जाते क्यों कि न तो यह उनके व्यवसाय का अंग होता है और न ही इस प्रकार के अपराध करने वाले व्यक्तियों की समाज में उच्च सामाजिक प्रस्थिति होती है। आजकल इस अवधारणा का

प्रयोग निम्न श्रेणी के ऐसे व्यक्तियों के लिये भी किया जाता है जो अपने धंधों के दौरान सफेदपोश अपराधियों के तौर-तरीकों को अपनाते हैं। इसीलिये ऐसे अपराधों को 'व्यावसायिक अपराध' भी कहा जाता है।

criminal **अपराधी**

सामान्यतः अपराधी उस व्यक्ति को माना जाता है जिसने अपराध किया है। किन्तु कानूनी दृष्टि से अपराधी वह व्यक्ति है जिसे किसी अपराध के लिए दोषी ठहराया गया है तथा दण्डित किया गया है।

criminal, professional **पेशेवर अपराधी**

एक ऐसा व्यक्ति जो नियमित रूप से अपराध करता है तथा जिसने अपराध को अपने व्यवसाय के रूप में स्वीकार कर लिया है, पेशेवर अपराधी है। अपराध, ऐसे व्यक्तियों की जीवन-शैली का एक तौर-तरीका बन जाता है तथा वे जीवन के प्रति एक विशिष्ट प्रकार की धारणाओं की सृष्टि कर लेते हैं। पेशेवर अपराधियों को अपराध-कला एवं तकनीक में विशिष्ट दक्षता एवं निपुणता हासिल होती है। ऐसे व्यक्तियों की आय का प्रमुख स्त्रोत अपराध होता है। ये अपराधी जगत में ही अधिकांश विचरण करते हैं। इनमें तथा आदतन अपराधी में भेद होता है। आदतन अपराधी नियमित रूप से अपराध तो करते हैं, किन्तु वे अपराध-कला में पेशेवर अपराधियों की भांति चतुर, चालाक एवं निपुण नहीं होते। सेंधमार, लुटेरे, डाकू, जेबकतरे आदि पेशेवर अपराधियों के ही उदाहरण हैं जिनकी आजीविका का मुख्य स्त्रोत अपराध होता है।

criminal, white collar **सफेदपोश अपराधी**

सफेदपोश अपराधी ये उच्च प्रस्थिति-प्राप्त व्यक्ति होते हैं जो अपने संदेहपूर्ण आचार-व्यवहार द्वारा अपने व्यापारिक कामकाज करते हैं। ऐसे अपराधी अपनी उच्च सामाजिक एवं आर्थिक प्रस्थिति के कारण प्रायः कानून की आंखों में धूल झोंकने में सफल रहते हैं और पकड़े जाने पर भी बेदाग छूट जाते हैं। ऐसे व्यक्ति अपराध करने के तरीकों में तथा उन्हें छुपाने दोनों में अत्यधिक निपुण होते हैं। **सदरलैंड** ने लिखा है, "सफेदपोश अपराधी वह उच्च सामाजिक-आर्थिक प्रस्थिति-प्राप्त व्यक्ति होता है जो उन्हीं कानूनों का उल्लंघन करता है जो उसकी व्यावसायिक क्रियाओं को नियंत्रित करने के लिए बनाये गये हैं।"

criminal tribes **अपराधी जनजातियां**

वे जनजातियां, जिनकी संस्कृति अपनी जनजाति के सदस्यों को छोड़कर अन्य व्यक्तियों के साथ ऐसा व्यवहार करने को स्वीकृति देती है जो व्यवहार स्थानीय कानून द्वारा निषिद्ध है। भारत में स्वतंत्रता के पूर्व इस प्रकार के कुछ समुदाय थे जिन्हें तत्कालीन शासन ने अपराधी जनजातियां घोषित किया था। इनमें सांसी, कंजर, नट आदि प्रमुख समुदाय थे।

criminology **अपराधशास्त्र**

अपराधियों से संबंधित लक्षणों की नियमितताओं, समानताओं, प्रतिमानों तथा इनके कारणात्मक कारकों के साथ-साथ अपराध एवं अपराधी दोनों के प्रति समाज की प्रतिक्रियाओं को जानने, अध्ययन एवं विश्लेषण करने वाले विज्ञान को अपराधशास्त्र कहते हैं। समाज में अपराधों का जन्म कैसे होता है, एक व्यक्ति अपराधी कैसे बनता है, अपराध और अपराधी के प्रति समाज का क्या रूख है, अपराध की रोकथाम के लिये समाज क्या उपाय करता है, जैसे विषय अपराधशास्त्र की परिधि में आते हैं।

अपराध और अपराधी के अध्ययन संबंधी उपागमों और वैचारिक परम्पराओं में काफी भिन्नता है। अपराध के अध्ययन के रूप में अपराधशात्र की रुचि अपराध के वितरण तथा अपराध की विधियों एवं संगठन में होती है; जब कि अपराधी के अध्ययन के रूप में अपराधशास्त्र, जीवशास्त्र, मनोविज्ञान और समाज की राजनीतिक-अर्थव्यवस्था में अपराधी व्यवहार के कारणों को खोजने का यत्न करता है। इसी प्रकार, इससे सम्बन्धित 'कानून के समाजशास्त्र' की रुचि कानून के बनाने और तोड़ने की प्रक्रियाओं के साथ-साथ ऐसे विषयों, जैसे अपराध के अनुरूप दंड के निर्धारण में हो सकती है। सन् 1960 और 1970 के दशक के प्रारम्भिक वर्षों में पारम्परिक अपराधशास्त्र की समाजशास्त्रीय प्रतिक्रिया स्वरूप 'विचलन के समाजशास्त्र' का उद्‌भव हुआ। सन् 1970 और 1980 के बीच अपराधशास्त्र पर आन्तरिक एवं बाह्य प्रभावों के फलस्वरूप 'विवेचनात्मक अपराधशास्त्र' और 'नारीवादी अपराधशास्त्र' का जन्म हुआ।

अपराधशास्त्र को एक स्वतंत्र ज्ञान की शाखा और समाजशास्त्र की एक उपशाखा दोनों ही रूप में देखा गया है। वास्तव में, अपराधशास्त्र समाजशास्त्र, अर्थशास्त्र, इतिहास, मनोविज्ञान और मानवशास्त्र जैसे विषयों से निर्मित एक भिन्न, किन्तु गतिशील विषय है। कुछेक समालोचकों ने यह सुझाव दिया है कि अपराधशास्त्र को मुख्यतः व्यवस्था की रचना और इसके विघटन, अर्थात् दूसरे शब्दों में, अपराध की अपेक्षा नियंत्रण के अध्ययन पर ही अपने को केन्द्रित करना चाहिये। कुछेक आलोचक तो अपराधशास्त्र के अवसान की एक उत्तर-आधुनिक कल्पना को प्रस्तुत करने से भी नहीं चूके हैं। अन्य विज्ञानियों ने अपराधशास्त्र के अवसान संबंधी घोषणाओं को अपरिपक्व कहा है। वे अपराध विरोध की नई दिशाओं तथा विवेचनात्मक और नारीवादी अपराधशास्त्र को गढ़ने का प्रयास कर रहे हैं।

criminology, classical **वरेण्य अपराधशास्त्र**

इस सिद्धान्त का उद्‌भव दर्शनशास्त्र में अठारवीं शताब्दी में हुआ। अपराधशास्त्र का वरेण्यवाद (क्लासिज्म) अपराधत्व और अपराधी न्याय के क्रियान्वयन की तार्किकता, चयन, उत्तरदायित्व तथा दंड की निवारक शक्ति के सिद्धान्तों पर आधारित है। यह सिद्धान्त, वास्तव में, अपराधी को मनमाने, जंगली तथा अन्यायपूर्ण ढंग से सजा और दंड दिये जाने के विरुद्ध मानवीय विकल्प का प्रतिपादन करता है। अपराधशास्त्र का यह तार्किक सिद्धान्त

प्रशासनिक समानता की स्थापना, अपराध के कारण होने वाले नुकसान के अनुपात में दंड दिये जाने, और प्रतिशोध की भावना से दंड की अपेक्षा निवारण के उद्देश्य से दंड दिये जाने पर बल देता है। इस सिद्धान्त के प्रणेताओं का प्रसिद्ध राजनीतिक विचारक रूसो के 'समझौता सिद्धान्त' और 'स्वतंत्र इच्छा' की धारणाओं में विश्वास था। इनके अनुसार एक व्यक्ति पूर्णतः स्वतंत्र, तार्किक और प्रभुसत्ता सम्पन्न होता है जो अपने कार्यकलापों के बारे में सोच-समझ कर स्वयं निर्णय लेने में सक्षम होता है। उन्होंने राज्य या समाज को ऐसी सर्वशक्ति सम्पन्नं सत्ता के रूप में स्वीकार नहीं किया जो व्यक्तियों के कार्यकलापों में अकारण तथा समझौतावादी दृष्टि को लांघकर हस्तक्षेप करे। वास्तव में, व्यक्तियों ने अपने व्यक्तिगत तथा पारस्परिक भलाई की दृष्टि से राज्य/समाज की स्थापना का समझौता किया है। समझौते को तोड़ने का अर्थ अप्रत्यक्ष रूप से समाज के नियमों को तोड़ना है जो यह दर्शाता है कि व्यक्ति स्वतंत्र इच्छा और विकल्प से सम्पन्न होता है। किन्तु व्यक्ति की यही क्रिया (कानून को तोड़ना) उसकी सामाजिक दायित्व की असफलता को भी प्रकट करती है जो अन्ततः समाज द्वारा उपयुक्त दंड दिये जाने की मांग करती है ताकि दूसरे व्यक्ति इस प्रकार की क्रिया करने से डरें।

इस सिद्धान्त का प्रतिपादन इटली के विचारक **सीज़र बेकेरिया** (1738-94) ने किया जो स्वयं बेंथम और जॉन हॉवर्ड जैसे विद्वानों के विचारों से प्रभावित थे। बेकेरिया तथा अन्य वरेण्य अपराधशास्त्रियों के अनुसार, (1) मानवीय व्यवहार उद्देश्यपूर्ण, तार्किक तथा स्व-हित द्वारा संचालित होता है तथा सुखवाद (सुख-दुख सिद्धान्त) पर आधारित होता है, (2) सामाजिक व्यवस्था एकमत्यता और सामाजिक समझौते पर आधारित होती है, (3) अपराध कानूनी नियमों का उल्लंघन है, न कि सामाजिक मानदंडों का, (4) सभी अपराधों के लिये दंड की व्यवस्था होनी चाहिये ताकि अपराध के करने से मिलने वाले सुख से दुख की मात्रा अधिक हो, (5) दंड की मात्रा अपराध के अनुपात में हो तथा दंड के मामले में 'निरोध' के नियम का पालन किया जाना चाहिये।

रूढ़िवादी वरेण्यवाद की कटु आलोचना हुई है। इस सिद्धान्त में अपराधी की सामान्य परिस्थितियों तथा उन परिस्थितियों जिसमें वास्तविक रूप में अपराध हुआ है, पर कोई ध्यान नहीं दिया जाता, अतः आलोचकों का कहना है कि अपराध के अनुपात में दंड दिये जाने का क्या औचित्य है। इसी प्रकार, अपराध के कारणों (जैविक या परिवेशजन्य) तथा वरेण्यवादियों की स्वतंत्र-इच्छा की तार्किकता, अपराध की प्रकृति एवं स्वरूप (सामान्य अथवा गंभीर अपराध), विभिन्न अपराधियों में (आयु, लिंग, योग्यता) भेद का अभाव आदि को लेकर जो आलोचनाएं हुईं, उनके आधार पर उन्नीसवीं शताब्दी में प्रत्यक्षवादी अपराधशास्त्र का जन्म हुआ। यह सही है कि वरेण्यवादी अपराधशास्त्र में भी समय के साथ परिवर्तन हुआ है तथा समकालीन नव वरेण्यवादी स्वरूप में अपराध में उत्तरदायित्वता, आयु, लिंग, मानसिक दशा के आधार पर न्यूनतम और अधिकतम दंड संबंधी न्यायिक निर्णय आदि को सम्मिलित किया गया है।

criminology, critical **विवेचनात्मक अपराधशास्त्र**

अपराध और कानून की परम्परागत धारणाओं की नये ढंग से व्याख्या एवं विवेचन ने अपराधशास्त्र के एक नवीन परिप्रेक्ष्य को जन्म दिया है। यह परिप्रेक्ष्य अपराध एवं समाज के मध्य संबंधों की पुनर्व्याख्या पर बल देता है तथा अपराध एवं अपराधी संबंधी व्यक्तिवादी ऐसे सिद्धान्तों की कटु आलोचना करता है जो अपराध के कारणों को व्यक्तिगत दोषों में देखते हैं। यही नहीं, यह उन कानूनों तथा कानून से संबंधित संस्थाओं एवं एजेन्सियों की अक्षमताओं को भी उजागर करता है जो सत्ताधीशों की नैतिकता एवं प्रतिमानों से अनुप्राणित हैं और उनके स्वार्थी हितों की रक्षा करते हैं ताकि यथास्थिति को बनाये रखा जा सके। मूलतः अपराधशास्त्र का यह नवीन परिप्रेक्ष्य जो 'विवेचनात्मक अपराधशास्त्र' के नाम से जाना जाता है, कानूनों की न्यायोचितत्ता पर ही प्रश्न उठाता है जो व्यापक रूप से समाज के स्वीकृत मूल्यों को अभिव्यक्त नहीं करते और मात्र किन्हीं वर्ग या समूह विशेष दोनों की आड़ में बनाये गये हैं।

इस परिप्रेक्ष्य का उद्‌भव 1970 के दशक के प्रारंभिक वर्षों में हुआ जो 'आमूल परिवर्तनवादी (रेडिकल) अपराधशास्त्र' के नाम से भी जाना जाता है। अपराधशास्त्र का यह परिप्रेक्ष्य मार्क्सवाद के अनेक रूपों पर आधारित है और संघर्ष उपागम का सहारा लेकर यह राज्य की शोषण करने की शक्ति, अपराध को परिभाषित एवं निर्धारण करने पर इसका नियंत्रण तथा पूंजी के द्वारा शक्तिहीन व्यक्तियों के शोषण जैसे तथ्यों पर बल देता है। इस परिप्रेक्ष्य के अनुसार अपराध को पूंजीवाद से संबंधित सामाजिक और ऐतिहासिक प्रक्रियाओं का प्रतिफल माना और परिभाषित किया जाता है। इसका सविस्तार वर्णन-विश्लेषण **इआन टेलर, पाल वाल्टन और जोक यंग** की पुस्तक 'नवीन अपराधशास्त्र', (1973) में किया गया है। प्रत्यक्षवादी अपराधशास्त्र के व्यवहारवाद तथा चिन्हीकरण सिद्धान्त (लेबलिंग थिऑरि) के अ-राजनीतिक एवं संकुचित दृष्टिकोण दोनों की इस सिद्धान्त द्वारा कटु आलोचना किये जाने के बावजूद स्वयं इस सिद्धान्त की कई मुद्दों को लेकर आलोचना की गई है। इस सिद्धान्त के आलोचकों ने कहा है कि यह सिद्धान्त अत्यधिक विवादास्पद है क्योंकि इसमें लैंगिकता और प्रजाति से जुड़े मसलों की अवहेलना की गई है तथा अपराधी को गौरवान्वित कर एक ऐसे व्यक्ति के रूप में देखा गया है जो पूंजी तथा राज्य के राजनीतिक प्रतिरोध में संलग्न होता है। यही नहीं, यह सिद्धान्त अपराध-नियंत्रण पर तो अत्यधिक बल देता है, किन्तु अपराध और उससे पीड़ित व्यक्ति की अवहेलना करता है। इन आलोचनाओं के कारण कुछेक व्यक्तियों ने, विशेषतः वे व्यक्ति जो यथार्थवादी अपराधशास्त्र के विकास में जुड़े हुए हैं, इसे 'वामपंथी आदर्शवाद' कहा है।

criminology, feminist **नारीवादी/नारीमूलक अपराधशास्त्र**

सामान्यतः अपराध को एक पुरुषत्व प्रधान घटना माना जाता रहा है, क्योंकि अधिकांश अपराध पुरुषों द्वारा किये जाते हैं। इस तथ्य ने लैंगिक संबंधों (जेनृडर रिलेशन्स) और अपराध के बीच के संबंधों के बारे में एक मौलिक प्रश्न को जन्म दिया है कि लैंगिकता

किस प्रकार अपराध की प्रवृति को जन्म देती है और इसे पुरुष प्रधान घटना बनाती है। इसी प्रश्न ने अपराधशास्त्र में 'नारीमूलक अपराधशास्त्र' के नये क्षेत्र को जन्म देकर लैंगिक संबंधों के विषय की शुरुआत की है।

नारीवादी अपराधशास्त्र ने महिला अपराध, महिला अपराधियों के प्रति विभिन्न न्यायालयी प्रतिक्रियाएं और महिला जेल जैसे विषयों के संबंध में (पुरुषों द्वारा की जाने वाली पारंपरिक गवेषणाएं) ही पुनः रुचि जाग्रत नहीं की, अपितु महिला-अपराध संबंधी अध्ययन के कई नये क्षेत्रों के द्वार खोले। उदाहरणार्थ, इस नये क्षेत्र द्वारा यह प्रतिपादन किया गया कि महिलाओं में विपथगामिता अधिकांशतः बहुधा यौन-भेदकरण और चिकित्साकरण दोनों के कारण उत्पन्न होती है। इसके अलावा, इसमें नियंत्रण के नये क्षेत्रों को (जैसे, महिलाओं के शरीर का संचालन, उनका जनन चक्र, उनका निजी और व्यक्तिगत जीवन तथा उनकी कामुकता) भी खोजने का प्रयास किया गया। इस संबंध में **सुसन ब्राउनमिलर** का एक महिलावादी विश्लेषण प्रमुख रूप से उल्लेखनीय है जिसमें उन्होंने यह प्रतिपादित किया है कि 'महिलाओं के जीवन के नियंत्रण में बलात्कार के भय की एक केन्द्रीय भूमिका होती है।'

महिलावादी अपराधशास्त्र का जन्म 1970 के दशक में हुआ। इसके उद्भव में आंशिक रूप में महिला आंदोलन और नारीवाद दोनों का योगदान है। इसके साथ-साथ इसे तथाकथित नवीन विचलन सिद्धान्त और विवेचनात्मक (क्रिटिकल) अपराधशास्त्र की प्रतिक्रिया का परिणाम भी कहा जा सकता है। ब्रिटेन में नारीवादी या नारीमूलक अपराधशास्त्र पर लिखी गई सर्वप्रथम प्रमुख पुस्तक **केरोल स्मार्ट** की "महिला, अपराध और अपराधशास्त्र" है जिसमें अपराधशास्त्र की अद्यतन आलोचनात्मक समीक्षा की गई है। अमेरिका में, इस विषय पर अनेक विवादास्पद अध्ययन हुए हैं। कुछेक अध्ययनों में यह बताया गया कि नवीन नारी चेतना के साथ-साथ महिलाओं में अपराध-दर में भी वृद्धि हुई है। (उदाहरणार्थ, एफ.एडलर की 'अपराध में बहिनें', 1975 और आर. साइमन की 'महिलाएं और अपराध', 1975)

प्रारंभिक समालोचकों का विचार था कि अपराध और नियंत्रण के क्षेत्रों में महिलाओं के अध्ययन की अवहेलना हुई है। कुछेक अध्ययन जो इस क्षेत्र में उपलब्ध थे, उनकी समीक्षा से पता चला कि वे पितृसत्तात्मक और पुरुषवादी धारणाओं से ग्रस्त थे (देखिये, ओ. पोलाक की 'महिलाओं में अपराधत्व')। इन अध्ययनों से एक बात अवश्य स्पष्ट हुई कि क्या महिलाओं को विचलन सिद्धान्त की मुख्यधारा में सम्मिलित किया जा सकता है, अर्थात् क्या मानकशून्यता सिद्धान्त या उपसंस्कृति सिद्धान्त का प्रयोग पूर्णतः किशोरियों के द्वारा बने हुए गिरोहों पर किया जा सकता है।

criminology, liberal **उदारवादी अपराधशास्त्र**

इसे मुख्यधारा अपराधशास्त्र भी कहा जाता है। इसका उद्भव लगभग चालीस और पचास के दशकों के बीच में हुआ। प्रारंभिक उदारवादी अपराधशास्त्र का जन्म रूढ़िवादी अपराधशास्त्र के मूल विचारों को लेकर ही हुआ, किन्तु इस नवीन अपराधशास्त्र ने अपराध

के कारणों को व्यक्ति में खोजने की अपेक्षा सामाजिक संस्थाओं और समाज की संरचना में ढूंढ़ने पर बल दिया। इस प्रकार, उदारवादी अपराधशास्त्र ने अपराध और अपराधी के संबंध में रूढ़िवादी अपराधशास्त्र के सोच के नजरिये से पूर्ण बदलाव ला दिया। प्रारंभिक उदारवादी अपराधशास्त्र के सोच के मुख्य बिन्दु ये हैं: (1) अपराध अपराधी संस्कृति में सीखे जाते हैं; (2) अपराध सामाजिक और व्यक्तिगत नियंत्रण की शिथिलता की उपज है; (3) अपराध का कारण साध्य और साधनों की असंगतता हो सकता है।

सन् 1960 और 1970 के दशकों में इस उदारवादी अपराधशास्त्र की विचारधारा में भी परिवर्तन हुआ, परिणामस्वरूप "नव उदारवादी अपराधशास्त्र" का जन्म हुआ। इस नवीन विचारधारा के अनुसार अपराध संघर्ष की उपज है जो कि व्यक्ति के हितों और विभेदीय शक्ति के बीच उत्पन्न होता है। सामान्यतः समाज में अपराधी वे व्यक्ति होते हैं जो शक्तिहीन होने के साथ-साथ अपने हितों की रक्षा करने के संघर्ष में असफल रहते हैं। अपराध और अपराधी के संबंध में यह दृष्टिकोण प्रारंभिक उदारवादी अपराधशास्त्र से भिन्न है। यह दृष्टिकोण अपराधी को मात्र कानूनी उल्लंघनकर्त्ता के रूप में नहीं मानता, अपितु यह अपराधी कानूनों के बनाने और लागू करने की प्रक्रिया में अपराध के कारणों को ढूंढ़ता है।

criminology, positivist **प्रत्यक्षवादी (विज्ञानवादी) अपराधशास्त्र**

समाजशास्त्र में प्रत्यक्षवाद शब्द का प्रयोग सर्वप्रथम अगस्त कोम्त द्वारा सामाजिक घटनाओं को वैज्ञानिक तरीके से अध्ययन करने के लिये किया गया था। अपराध के क्षेत्र में प्रत्यक्षवादी सिद्धान्त का प्रयोग सर्वप्रथम **लॉम्ब्रोसो, एनरिको फैरी और राफेल गारफेलो** ने किया और इन्होंने अपराधी व्यवहार के जैविक या पैतृक पक्षों पर बल दिया। इन वैज्ञानिकों के अनुसार अपराध के कारणों को व्यक्ति के शारीरिक, आनुवंशिक, मनोवैज्ञानिक और नैतिक गठन में ढूंढा जा सकता है। प्राक्कल्पना परीक्षण, आनुभविक अन्वेषण, वर्गीकरण और सारणीकरण प्रत्यक्षवाद की मुख्य विशेषताएं हैं। प्रत्यक्षवादी परिप्रेक्ष्य वरेण्य अपराधशास्त्र की स्वतंत्र इच्छा और एक तार्किक कर्त्ता के रूप में अपराधी की धारणाओं को अस्वीकारता है।

इटली के निवासी लॉम्ब्रोसो का मत था कि अपराधी जन्मजात होते हैं। वे सामान्य व्यक्तियों से भिन्न विशिष्ट शारीरिक बनावट के व्यक्ति होते हैं। एक अपराधी में अनेक शारीरिक असामान्यताएं हो सकती हैं, अतः उन्हें इन विशेषताओं के आधार पर पहिचाना जा सकता है। फैरी तथा गारफेलो दोनों ने भी लॉम्ब्रोसो के मत का समर्थन किया। फैरी ने अपराधी व्यवहारों में मानवशास्त्रीय कारकों के साथ-साथ पर्यावरण के प्रभावों को भी स्वीकार किया। गारफेलो, जो कि लॉम्ब्रोसो का अनुयायी था, शारीरिक विशेषताओं के आधार पर अपराधियों को एक 'टाइप' न मानकर मनोवैज्ञानिक आधारों पर उन्हें एक 'टाइप' माना है।

criminology, radical **आमूल परिवर्तनवादी अपराधशास्त्र**

आमूल परिवर्तनवादी अपराधशास्त्र आधुनिक पूंजीवादी समाज की संरचना को

अपराधों का मूल कारण मानता है। इस संरचना पर राजनीतिज्ञों, नौकरशाहों और पुलिस-सेना के बहुत थोड़ी सी संख्या में लोगों का आधिपत्य होता है। ये लोग अपने हितों को ध्यान में रखते हुए कानून को बनाते हैं और लागू करते हैं। कानून का कार्य मात्र जनसमूह को विनयशीलता पाठ पढ़ाने का होता है ताकि वे किसी प्रकार की प्रतिक्रिया (बलवे के रूप में) न करें। अतः जब तक वर्तमान आर्थिक-राजनीतिक संरचना में बदलाव नहीं आता, तब तक अपराध बने रहेगें, और कानून लोगों के हितों की उपेक्षा करते रहेंगे।

सन् 1970 में जब **गूल्डनर** ने मूल्य-निरपेक्षता (तटस्थता) की वैधता को चुनौती दी, तब इसके परिणामस्वरुप आलोचनात्मक और आमूल परिवर्तनवादी विचारों का उदय हुआ। इन विचारों ने ज्ञान के विभिन्न क्षेत्रों में हलचल उत्पन्न कर दी। अपराध, अपराधी और समाज के संबंधों को नये आयाम दिये गये। इन संबंधों की व्याख्या नये ढंग से की जाने लगी। व्याख्या के एक रूप जिसके द्वारा आधुनिक पूंजीवादी सामाजिक संरचना को अपराध का मूल कारण माना गया, इसे ही आमूल परिवर्तनवादी अपराधशास्त्र का नाम दिया गया।

criminology, realist — यथार्थवादी अपराधशास्त्र

यथार्थवादी अपराधशास्त्र का उद्‌भव ब्रिटेन में **जोक यंग** तथा अन्य विज्ञानीयों की कृतियों द्वारा 1980 के दशक के मध्य हुआ। इसे कभी-कभी 'वामपंथी यथार्थवाद' भी कहते हैं। इस विचारधारा के प्रतिपादक अपराध के सामाजिक कारणों तथा सामाजिक नियंत्रण के अभिकरणों (जैसे पुलिस और न्यायालय), अपराधी, पीड़ित व्यक्ति और जनता के बीच होने वाली अन्तर्क्रिया के अध्ययन पर बल देते हैं।

criminology, sociological — समाजशास्त्रीय अपराधशास्त्र

समाजशास्त्र सामाजिक क्रिया और सामाजिक व्यवहार का अध्ययन करता है; अपराधशास्त्र अपराधत्व का अध्ययन करता है, और समाजशास्त्रीय अपराधशास्त्र अपराधियों के व्यवहार और अपराध के समाजशास्त्र, अर्थात् अपराध को ऐसे व्यवहार के रूप में देखता है जिसकी उत्पत्ति सामाजिक संरचनाओं या सामाजिक दबाव के फलस्वरूप होती है, का अध्ययन करता है। इसमें सामाजिक अभियांत्रिकी के द्वारा अपराध के रोकथाम और नियंत्रण तथा सामाजिक व्यवस्था को बेहतर बनाने की चर्चा की जाती है।

critical theory/critical sociology — विवेचनात्मक सिद्धान्त/विवेचनात्मक समाजशास्त्र

अत्यंत सामान्य अर्थ में, विवेचनात्मक सिद्धान्त समाजशास्त्र का एक ऐसा सिद्धान्त है जो सामाजिक जीवन की सतह को कुरेद कर उन अनुमानों तथा मुखोटों (आवरण) को हटाने का यत्न करता है जो हमें विश्व के प्रचालन के विषय में पूर्ण और सही ज्ञान देते हैं। उदाहरणार्थ, हम पश्चिमी यूरोप के देशों और उत्तरी अमेरिका को प्रजातांत्रिक देश मानते हैं। इन देशों के निवासी भी यही मानते हैं। किन्तु औद्योगिक पूंजीवाद के तहत पनपी राजनीति के विवेचनात्मक विश्लेषण से यह प्रकट होता है कि इन देशों में वास्तविक आर्थिक सत्ता

सापेक्षिक रूप में कुछ व्यक्तियों के हाथ में ही होती है और यह वास्तविकता प्रजातंत्रात्मक सिद्धान्त से मेल नहीं खाती। विवेचनात्मक सिद्धान्त का प्रमुख लक्ष्य ही, वास्तव में, यह प्रकट करना है कि किस प्रकार सतही यथार्थता आन्तरिक (मूल) यथार्थता से भिन्न है। दोनों स्थितियों में ढ़ेर सारी असंगतताएं हैं। मार्क्सवादी विचारक तो इससे भी एक कदम आगे बढ़कर यह कहते हैं कि जो कुछ हम आलोचना करते हैं उसमें परिवर्तन लाने के लिये विवेचनात्मक विचारधारा को विवेचनात्मक कार्यवाही से मिलाना आवश्यक है।

विवेचनात्मक सिद्धान्त के मूलभूत विचार बीसवीं शताब्दी के प्रत्यक्षवाद के कुछ सिद्धान्तों से सर्वथा विपरीत हैं। ज्ञान की प्राप्ति एन्द्रियक अनुभवों द्वारा होती है, इस धारणा के विपरीत विवेचनात्मक सिद्धान्त बुद्धिवाद का एक स्वरूप है; अर्थात् विवेचनात्मक सिद्धान्तवादी यह मानते हैं कि हमारे समस्त ज्ञान का स्त्रोत और हमारी समान मानवीयता का स्त्रोत यह तथ्य है कि हम सभी विवेकशी प्राणी हैं। **हीगल** ने कहा है कि 'यथार्थ तर्कणापरक होता है।' विवेचनात्मक सिद्धान्त इसी बात को इस प्रकार रखता है कि 'यथार्थ को तर्कणापरक होना चाहिये।' हीगल के दृष्टिकोण से इतिहास में निरंतर एक तार्किक अंत की ओर परिवर्तन हो रहा है; हीगल के मार्क्सवादी आत्मसात्करण ने शनैः शनैः अपरिहार्यता के विचार को नकार दिया और इस प्रक्रिया को मानवीय क्रियाकलापों के साथ जोड़ दिया। इस विचार का सविस्तार वर्णन लुकाक्स की कृतियों में देखा जा सकता है।

विवेचनात्मक सिद्धान्त को बहुधा जर्मनी के फ्रेंकफुर्त विश्वविद्यालय के समाज वैज्ञानिकों, जो बाद में 'फ्रेंकफुर्त (स्कूल) सम्प्रदाय' के नाम से जाना गया, के साथ जोड़ा जाता है। इस सम्प्रदाय (स्कूल) का प्रमुख कार्य पूंजीवादी परिवेश में पल्लवित जीवन तथा उसकी व्याख्या के तत्कालीन तरीकों की आलोचना करना रहा है। यह सही है कि इनके विचारों का आधार मार्क्सवाद रहा है, फिर भी इन विद्वानों ने मार्क्सवाद के कुछ मूल अनुमानों में संशोधन और उन्हें अन्य वैचारिक उपागमों से मिलाकर फ्रेंकफुर्त स्कूल को एक विशिष्ट स्वरूप प्रदान किया है। इसके लिये उन्होंने जहां-तहां निर्धारणवादी मार्क्सवाद की भी कटु आलोचना की है।

फ्रेंकफुर्त सम्प्रदाय के विद्वानों ने मार्क्सवादी इन आधार विचारों को अस्वीकार किया है कि अर्थतंत्र ही सामाजिक जीवन के स्वरूप का निर्धारण करता है। इन विद्वानों ने सामाजिक जीवन के निर्धारण में संस्कृति की महत्वपूर्ण भूमिका पर बल दिया है और कला, सौंदर्य और जनसंचार के एक विवेचनात्मक उपागम को विकसित किया। यही नहीं, इन्होंने पूंजीवादी समाज के संदर्भ में व्यक्ति और व्यक्तित्व को समझने के लिये मार्क्सवाद को फ्रायडवादी विश्लेषण के साथ मिलाने का भी यत्न किया है। अपने समस्त लेखनों में ये विद्वान समाज के कठोर नियंत्रण से मानवीय अस्तित्व को स्वतंत्र करवाने के प्रति प्रतिबद्ध रहे हैं। समाज का यह नियंत्रण परिष्कृत प्रौद्योगिकी के माध्यम से व्यक्ति पर कुशलता एवं नियंत्रण के अधिकाधिक मूल्यों द्वारा छाया रहता है। यह मानता है कि मानवता को मुक्ति दिलाने की प्रबोधकाल की संभावनाएं अधिकाधिक शोषित जीवन-शैली में बदल कर विकृत

हो गई हैं। इस सिद्धान्त के फ्रेंकफुर्त स्कूल के प्रणेताओं में मुख्य रूप में **थियोडर एडर्नो, एरिक फ्रॉम, जुर्गेन हर्बमॉ, मैक्स होरखीमर, हरबर्ट मारकूस** तथा **फेलिक्स वेल** आदि विद्वानों का नाम विशेष उल्लेखनीय है। अमेरिका में इस सिद्धान्त के जनक के रूप में **जार्ज लूकाक्स** को जाना जाता है जिन्होंने इस सिद्धान्त को जर्मन विद्वानों की दार्शनिकता के स्थान पर आनुभविकता का धरातल प्रस्तुत किया। लूकाक्स ने मार्क्स (वस्तुकरण) और वेबर (विवेकीकरण) के विचारों का खण्डन-मण्डन करते हुए इन दोनों के विचारों के सम्मिश्रण के आधार पर अपने विवेचनात्मक सिद्धान्त को विकसित किया है। लूकाक्स ने बहुत सीमा तक अपने सिद्धान्त में हीगल का अनुसरण करते हुए चेतना की प्रक्रिया, मार्क्स के ऐतिहासिक द्वन्द्ववाद के स्थान पर हीगल के द्वन्द्ववाद, मानव के आंतरित मूलभूत गुण और व्यक्ति की स्वतंत्रता आदि बातों पर बल दिया है।

फ्रेंकफुर्त सम्प्रदाय के विवेचनात्मक सिद्धान्त के कई बिन्दुओं पर आलोचना हुई है। यह कहा गया है कि यह निराशावादी चित्र प्रस्तुत करती है। इस संबंध में यह तर्क दिया गया है कि पूंजीवाद ने बड़ी चालाकी से अपने आन्तरिक विरोधों से त्राण पा लिया है और सर्वहारा वर्ग को व्यवस्था का एक अंग बना कर उन्हें समन्वित कर लिया है। **मारकूस** ने कुछ अन्य अल्पसंख्यक समूहों, जैसे प्रजातिक समूहों अथवा विद्यार्थी वर्ग को व्यवस्था के छोर पर रहने की बात की है जो अब विरोध के संभावित केन्द्र बने हुए हैं, किन्तु **एडर्नो** अभी भी 'अवन्त-गर्डे' संस्कृति के परे आशा के कुछ चिन्ह देखते हैं जिसने व्यक्तियों को कम से कम सोचने के लिये प्रेरित किया है। **एडर्नो** की 'द ऑथेरिटेरियन पर्सनलिटी' (1950) और **मारकूस** की 'इरोज़ एण्ड सिवलिज़ेशन' (1955) में मनोविश्लेषण के आधार पर 'आइडिओलॉजी' का एक सिद्धान्त विकसित किया गया है। यह सिद्धान्त न केवल इस तथ्य की व्याख्या करता है कि व्यक्ति किस प्रकार दूसरों के अधीनत्व में रहते हैं, अपितु वे किस प्रकार अधीनत्व में रहने की जरूरत महसूस करते है। **हर्बमॉ** के विचार थोड़े अलग प्रकार के हैं। वे **टाककट पार्सन्स** के प्रणाली-सिद्धान्त से काफी मिलते-जुलते हैं, फिर भी उनमें आलोचना का तत्व विद्यमान है। हर्बमॉ कई मामलों में इस सिद्धान्त के प्रथम पीढ़ी के विचारकों से भिन्न रहे हैं। उन्होंने अपनी पुस्तक 'नॉलेज एण्ड हयूमन-इन्टरेस्ट्स' (1968) में मानव द्वारा प्रयोग किये जाने तीन बोधात्मक हितों (उद्देश्यों) की चर्चा की है। ये हित हैं: तकनीकी हित, व्यावहारिक हित और उद्धारात्मक हित। हर्बमॉ का आदर्श तार्किक समाज के विचार पर आधारित नहीं है जैसा कि हम अन्य पारम्परिक विवेचनात्मक सिद्धान्तों में देखते हैं। उनकी अवधारणा आदर्श वाणी स्थिति पर निर्भर करती है।

cross cousin **विलिंग सहोदरज**

विषमलिंगी सहोदरों की सन्तान विलिंग सहोदरज या ममेरे-फुफेरे भाई-बहिन कहलाते हैं। एक व्यक्ति की मां के भाई की सन्तान तथा पिता की बहिन की सन्तान दोनों इसी श्रेणी में आती हैं। मानवशास्त्र एवं समाजशास्त्रीय साहित्य में इस अवधारणा का प्रयोग वैवाहिक संबंधों में वरीयता की धारणा को स्पष्ट करने के संदर्भ में किया गया है। जब विषमलिंगी

सहोदरों की संतानों में विवाह होता है तो इसे विलिंग सहोदरज विवाह या ममेरा विवाह कहते हैं। यदि एक व्यक्ति अपने मामा की लड़की से विवाह करता है तो इसे 'मातृपक्षीय विलिंग सहोदरज विवाह' कहते हैं, किन्तु यदि वह अपनी बुआ की लड़की से विवाह करता है तो इसे 'पितृपक्षीय विलिंग सहोदरज विवाह' कहते हैं।

crowd **भीड़**

व्यक्तियों का एक ऐसा अस्थायी संकलन, जो ध्यान (आकर्षण) के किसी सामान्य केन्द्र से प्रेरित होकर एक साथ प्रतिक्रिया करता है, 'भीड़' कहलाता है। भीड़ के इन सदस्यों में घनिष्ठ भौतिक सम्पर्क होता है। आकर्षण के सामान्य केन्द्र के विलुप्त होने के साथ-साथ व्यक्तियों का यह संकलन भी धीरे-धीरे स्वतः समाप्त हो जाता है।

प्रारंभिक समाज मनोवैज्ञानिकों में प्रमुख रूप से **ली बां** तथा **गैब्रिल टार्डे** दोनों ने भीड़ की उत्पत्ति के लिये पशु प्रवृति और जन-अनुकरण की भावनाओं को उत्तरदायी बताया। आजकल समाजशास्त्रीय जगत में भीड़ का अध्ययन 'सामूहिक व्यवहार' के एक उप विषय के रूप में किया जाता है।

cult **पंथ/सम्प्रदाय**

मानवशास्त्रीय संदर्भ में, एक पंथ किसी स्थानीय देवी-देवता से संबंधित एक समूह के रीति-रिवाज़ों और विश्वासों के पूंज को कहते हैं। समाजशास्त्रीय अर्थ में, एक सम्प्रदाय धार्मिक रूप से सक्रिय व्यक्तियों का एक छोटा सा समूह होता है जिनके विश्वास विशिष्ट रूप में रहस्यमय, व्यक्तिवादी और समन्वयपरक होते हैं।

cultural alternatives **सांस्कृतिक विकल्प**

उन व्यवहार प्रतिमानों को सांस्कृतिक विकल्प कहा जाता है जो व्यक्तिगत चुनाव के लिए स्वतंत्र होते हैं तथा जो व्यक्तियों के ऐसे समूहों द्वारा पालन किए जाते हैं जिन्हें सामाजिक रूप में मान्यता प्राप्त नहीं होती है।

cultural anthropology = anthropology, cultural

culturlal convergence **सांस्कृतिक समाभिरूपता**

विभिन्न क्षेत्रों में हुए समान प्रजातिक अथवा सांस्कृतिक लक्षणों के स्वतंत्र विकास की स्थिति को सांस्कृतिक समाभिरूपता कहते हैं। जापान की ऐनू तथा काकेशियन प्रजातियों के लोगों के शरीर पर घने बाल या पेरू तथा मिस्र में समान रूप में तांबे के सिरे की कुल्हाड़ी का प्रयोग सांस्कृतिक समाभिरूपता के उदाहरण हैं। यह स्थिति विभिन्न संस्कृतियों के सम्पर्क के कारण अथवा दोनों के स्वतंत्र और समानान्तर विकास का परिणाम हो सकती है।

cultural determinism **सांस्कृतिक निर्धारणवाद**

एक ऐसी धारणा, जिसके अनुसार यह माना जाता है कि सभी सामाजिक घटनाएं

संस्कृति की उपज हैं। यह दृष्टिकोण इस बात पर बल देता है कि मानव का व्यक्तित्व तथा व्यवहार दोनों ही मुख्यतः सांस्कृतिक कारकों से निर्धारित होता है। संस्कृति निर्धारणवादी संस्कृति की सत्ता को व्यक्तियों से स्वतंत्र मानने लगे हैं। प्रसिद्ध मानवशास्त्री **ई. बी. टायलर** के विचारानुसार, व्यक्ति संस्कृति को समाज के एक सदस्य के रूप में प्राप्त करता है, किन्तु संस्कृति निर्धारणवादी टायलर द्वारा प्रतिपादित संस्कृति के इस सामाजिक रचना सम्बन्धी मत को नहीं स्वीकारते हैं। उनके मतानुसार, संस्कृति अन्य सभी वस्तुओं की रचियता है, किन्तु उसकी स्वयं की रचना, विकास एवं संचालन के अपने नियम हैं। मानव-शरीरशास्त्र, मानव-मनोविज्ञान और मानव-समाज, ये तीनों ही संस्कृति की वास्तविकता की व्याख्या करने में असमर्थ हैं। इस दृष्टिकोण को **प्रो. क्रोबर** ने पराजैविक कहा है। वस्तुतः यह दृष्टिकोण पराजैविक ही नहीं, परामानसिक और परासामाजिक भी है। **लेस्ली व्हाइट** आजकल संस्कृति निर्धारणवाद के प्रमुख प्रवक्ता हैं।

cultural diffusion = diffusion, cultural

cultural lag **सांस्कृतिक विलम्बना**

इस अवधारणा का सर्वप्रथम प्रयोग **ऑगबर्न** ने सन् 1922 में प्रकाशित अपनी बहु प्रसिद्ध पुस्तक 'सोशल चेंज' में किया। ऑगबर्न ने संस्कृति के दो पक्षों की चर्चा की है, यथा भौतिक तथा अभौतिक संस्कृति। आगॅबर्न के अनुसार संस्कृति के इन दोनों पक्षों में समान गति से परिवर्तन नहीं होता। संस्कृति के भौतिक पक्ष अर्थात् सभ्यता में अभौतिक पक्ष अर्थात् मूल्यों, विश्वासों, आदतों, परम्पराओं आदि की अपेक्षा तीव्र गति से परिवर्तन होता है। परिणामतः परिवर्तन की दौड़ में संस्कृति का अभौतिक पक्ष, भौतिक पक्ष से पिछड़ जाता है। इन दोनों संस्कृतियों के बीच उत्पन्न इस पिछड़न की स्थिति को ही ऑगबर्न ने 'सांस्कृतिक विलम्बना' या 'सांस्कृतिक पिछड़न' के नाम से इंगित किया है।

ऑगबर्न ने कहा है कि जब हम 'विलम्बन' शब्द का प्रयोग करते हैं तब इसका अभिप्राय किसी वस्तु के आगे बढ़ने में होने वाली देरी से है। अतः जब संस्कृति के दोनों संबंधित पक्षों में तनाव उत्पन्न होने के कारण उनमें असमान गति से परिवर्तन होता है, तब हम इसे उस अंग की विलम्बना या पिछड़न कहते हैं जो मन्द गति से परिवर्तित हो रहा है क्योंकि इसमें एक अंग दूसरे से पीछे रह जाता है।

यह अवधारणा यह बताती है कि एक समाज के तकनीकी विकास और उसकी नैतिक एवं कानूनी संस्थाओं में समान गति से परिवर्तन नहीं होता है। तकनीकी विकास में तीव्र गति से परिवर्तन होता है, परिणामतः दोनों में एक अन्तराल उत्पन्न हो जाता है। इस पिछड़न और अन्तराल के कारण कभी-कभी कुछ समाजों में सामाजिक संघर्ष और समस्याएं उत्पन्न हो जाती हैं।

cultural materialism **सांस्कृतिक भौतिकतावाद**

सांस्कृतिक भौतिकतावाद एक ऐसा सिद्धान्त है जो संस्कृति के विभिन्न पक्षों, जैसे

धार्मिक विश्वास आदि की व्याख्या प्राकृतिक अथवा भौतिक दशाओं (विशेषतः भूगोल, जलवायु और जनसंख्या) के संदर्भ में करता है। इस सिद्धान्त के अनुसार यह माना जाता है कि संस्कृति के विभिन्न पक्ष भौतिक दशाओं के साथ अनुकूलन की उपज हैं। इस सिद्धान्त के प्रमुख प्रणेता **मारविन हैरिस** नामक मानवशास्त्री रहे हैं। इस सिद्धान्त के द्वारा युद्ध और पुरुष प्रभुत्व की प्रवृति से लेकर नरभक्षण और यहूदियों में सूअर के मांस के निषेध, जैसी सामाजिक घटनाओं की व्याख्या की गई है। हिन्दुओं द्वारा गाय तथा अन्य पशुओं को पवित्र प्रस्थिति प्रदान करने की व्याख्या भी हैरिस ने भौगोलिक दशाओं के साथ अनुकूलन के आधार पर की है।

cultural pattern = culture pattern

cultural pluralism **सांस्कृतिक बहुलवाद**

जब किसी समाज में एकाधिक संस्कृतियों के लोग साथ-साथ रहते हैं तथा उनके इस प्रकार के सहअस्तित्व का समर्थन भी किया जाता है, तब यह स्थिति सांस्कृतिक बहुलवाद के नाम से जानी जाती है। भारत इसका अत्युत्तम उदाहरण है जहां विभिन्न मत-मतान्तर वाले समुदायों को भारतीय समाज की महत् परम्पराओं में सहभागी रहते हुए अपनी-अपनी सांस्कृतिक परम्पराओं के पालन करने की स्वच्छंदता है।

cultural relativity **सांस्कृतिक सापेक्षता**

प्रत्येक संस्कृति अपनी-अपनी विशिष्ट परिस्थितियों के साथ अपने ढंग से समायोजन करती है। अतः किसी एक संस्कृति का मूल्यांकन किसी अन्य संस्कृति के मानदंडों के अनुसार नहीं किया जा सकता। यह स्थिति ही सांस्कृतिक सापेक्षता कहलाती है। अतः किसी व्यवहार का मूल्यांकन करते समय स्थान विशेष की संस्कृति के ताने-बाने तथा मूल्य व्यवस्था के परिप्रेक्ष्य को ध्यान में रखकर किया जाना चाहिए। एक संस्कृति दूसरे की दृष्टि में बुरी हो सकती है, किन्तु जिस समुदाय की वह संस्कृति है उसके लिए वह हितकर है। अतः संस्कृति की श्रेष्ठता एक सापेक्षवादी दृष्टिकोण है।

सांस्कृतिक सापेक्षितावाद इस बात पर बल देता है कि अवधारणाएं सामाजिक रूप से निर्मित होती हैं। क्या अच्छा है, नैतिक रूप से क्या सही है, ज्ञान क्या है, यथार्थ क्या है, जैसी मौलिक धारणाओं के बारे में भी संस्कृतियों में भिन्नता होती है। **पीटर विंच** ने कहा है कि हमारा यथार्थता का भाव सामाजिक रूप से निर्मित है और यह एक समाज के विद्यमान ज्ञान पर आधारित होता है। अतः सापेक्षतावादी प्रकार्यवाद, मार्क्सवाद या फ्रायडवादी मनोविश्लेषण जैसे महत् सिद्धान्तों के तार्किक एवं सार्वभौमिक आधारों को अस्वीकारते हैं।

cultural structuralism = structuralism, cultural

cultural universal = culture universal

culturalism = cultural determinism

culturation, de **वि-संस्कृतिकरण**

जब एक समूह अपनी संस्कृति को पूर्णतः खो देता है, भुला देता है, तब इस प्रक्रिया को वि-संस्कृतिकरण कहते हैं।

culturation, dis **निसंस्कृतिकरण**

रॉबर्ट सोमर ने अपराधशास्त्र के क्षेत्र में इस अवधारणा का प्रयोग एक ऐसी प्रक्रिया के लिये किया जिसके द्वारा बन्दी अस्थाई रूप में बाह्य जगत के रोजमर्रा के जीवन के कुछ तथ्यों को बनाये रखने में असमर्थ हो जाता है, अर्थात् वह उन्हें भूलने का प्रयास करता है। यही प्रक्रिया वृहत परिप्रेक्ष्य में 'वि-समाजीकरण' (डीसोसिऑलाइजेशन) कहलाती है।

culturation, neo **नव संस्कृतिकरण**

नवीन संस्कृति-तत्वों को अपनाने, सीखने की प्रक्रिया को नव संस्कृतिकरण कहते हैं।

culturation, trans **पारस्परिक संस्कृतिग्रहण**

जब दो संस्कृतियां आपस में सांस्कृतिक तत्वों का आदान-प्रदान करती हैं, तब इस प्रक्रिया को पारस्परिक संस्कृतिग्रहण कहते हैं।

culture **संस्कृति**

संस्कृति को अनेक ढंग से परिभाषित किया गया है, यथा ऐतिहासिक, दार्शनिक, साहित्यिक, मनोवैज्ञानिक तथा मानवशास्त्रीय दृष्टिकोण, आदि से। साधारण अर्थों में, संस्कृति शब्द का प्रयोग 'सुसंस्कृत' अथवा 'संस्कार' के अर्थ में किया जाता है। साहित्यिक, दार्शनिक एवं ऐतिहासिक अर्थों में संस्कृति शब्द का प्रयोग शिक्षण-प्रशिक्षण से प्राप्त सामाजिक शिष्टता, बौद्धिक उत्कर्ष, नैतिकता, मधुरता तथा कुछ अन्य विशिष्ट लक्षणों को इंगित करने के लिए किया जाता है। इन सभी धारणाओं में प्रत्यक्ष-परोक्ष रूप में मूल्यांकन अर्थात् अच्छे-बुरे का भाव निहित है। समाजविज्ञान एवं मानवशास्त्र में जीवन-विधियों का तुलनात्मक दृष्टि से मूल्यांकन नहीं किया जाता। इनमें अधिकांशतः जीवन के तथ्यों को मूल्य-विहीन संदर्भ में ग्रहण किया जाता है। इन विज्ञानों की वैज्ञानिक दृष्टि विशेष विकासों अथवा सुसंस्कार के अतिरिक्त सामान्य व्यवहार-प्रकारों को भी संस्कृति का अविभाज्य अंग मानती है। इस दृष्टि से प्रसिद्ध मानव-वैज्ञानिक **ई. बी. टायलर** की परिभाषा दृष्टव्य है, "संस्कृति वह जटिल सम्पूर्णता है जिसमें ज्ञान, विश्वास, कलाएं, नैतिकता विधि, प्रथाएं और वे सभी योग्यताएं एवं क्षमताएं सम्मिलित की जाती हैं जिन्हें समाज के एक सदस्य के रूप में मानव अर्जित करता है।"

संस्कृति हमारे रहन-सहन तथा सोचने- समझने की शैली में, हमारे प्रतिदिन की बातचीत में, कला, साहित्य, धर्म, मनोरंजन तथा अमोद-प्रमोद में हमारे स्वभाव की अभिव्यक्ति है।

संक्षेप में, संस्कृति उन सभी व्यवहार-प्रतिमानों के लिए प्रयुक्त किया जाने वाला एक सामूहिक शब्द है जो सामाजिक रूप में अर्जित तथा सामाजिक रूप से ही हस्तान्तरित किये जाते हैं। संस्कृति का संचरण औपचारिक अथवा अनौपचारिक सीखने अथवा प्रशिक्षण की प्रक्रियाओं द्वारा होता है।

culture, contra **प्रतिरोधी संस्कृति**

प्रतिरोधी संस्कृति एक प्रकार की उप संस्कृति है जो मुख्य संस्कृति, जिसका कि वह उपभाग है, के कुछ महत्वपूर्ण लक्षणों को अस्वीकार या उनका विरोध करती है। कभी-कभी समाज के कुछेक सदस्य अपनी संस्कृति के सामान्य मानदंडो, नैतिक मूल्यों, आदर्शों की अवहेलना या उल्लघंन करने लगते हैं, ऐसी स्थिति प्रतिरोधी संस्कृति को प्रकट करती है। प्रतिरोधी संस्कृति अपनाने वाला समूह विरोधी तरीकों, विचारों व नियमों को सामान्य (मुख्य) संस्कृति से अधिक महत्व देता है। 1960 के दशक में अमेरिका में भौतिकतावाद, वियतनाम के युद्ध, सत्ता के प्रति भक्तिभाव, रूढ़िवादी जीवन-शैली जैसे मुख्य धारा संस्कृति के विरोध में उत्पन्न आंदोलनों को प्रतिरोधी संस्कृति का परिचायक कहा जा सकता है।

culture, idealistic **आदर्शात्मक संस्कृति**

सामाजिक-सांस्कृतिक परिवर्तन के संदर्भ में **प्रो. सोरोकिन** ने तीन प्रकार के संस्कृति-रूपों की परिकल्पना प्रस्तुत की है–ऐन्द्रियिक, भावात्मक और आदर्शात्मक। उनके अनुसार आदर्शात्मक संस्कृति ऐन्द्रियिक एवं भावनात्मक दोनों संस्कृतियों के बीच की अवस्था है। यह संस्कृति भौतिक सुखों और आध्यात्मिक चिन्तन दोनों के समन्वय की स्थिति को प्रदर्शित करती है।

culture, ideational **विचारणात्मक संस्कृति**

ईश्वरीय एवं आध्यात्मिक चिंतन पर बल देने वाली संस्कृति को **प्रो. सोरोकिन** ने भावात्मक या विचारणात्मक संस्कृति का नाम दिया है। संस्कृति का यह रूप भौतिक मूल्यों की अपेक्षा आध्यात्मिक मूल्यों को अधिक महत्व देता है। इसका संबंध आत्मा, भावना एवं ईश्वर से होता है, विवेक, तर्क तथा इन्द्रियों से नहीं। इसमें वास्तविकता का बोध इन्द्रियातीत, अभौतिक तथा एक अनवरत शक्ति के रूप में किया जाता है। इसमें भौतिक आवश्यकताओं पर आत्मानुशासन द्वारा अंकुश लगा कर उन्हें कम किया जाता है।

culture, immaterial/non-material **अभौतिक संस्कृति**

सम्पूर्ण संस्कृति का वह भाग जो अमूर्त तथा भौतिक तत्व से रहित होता है, अभौतिक अथवा अपार्थिव संस्कृति कहलाता है। इसमें ज्ञान-विज्ञान, रीति-रिवाज, युक्तियां, परम्पराएं, आदतें आदि आती हैं। इसका जन्म भौतिक संस्कृति के पहले होता है। अभौतिक संस्कृति का नष्ट होना भौतिक संस्कृति की अपेक्षा अधिक हानिप्रद है। संस्कृति के भौतिक एवं

अभौतिक पक्षों का उल्लेख **प्रो. विलियम ऑगबर्न** ने अपनी पुस्तक 'सोशल चेंज' में किया है।

culture, material **भौतिक संस्कृति**

संस्कृति का वह पक्ष जो भौतिक वस्तुओं अथवा शिल्प तथ्यों या ऐसी वस्तुओं से बना होता है जिन्हें अभौतिक संस्कृति कोई अर्थ अथवा महत्व प्रदान करती है, भौतिक अथवा पार्थिव संस्कृति कहलाती है। संस्कृति का यह पक्ष प्रायः सभ्यता के नाम से जाना जाता है। मानव ने अपनी सुख-सुविधा और प्रकृति से अपनी आत्म-रक्षा करने के लिए जिन वस्तुओं का सृजन किया है, वे सभी संस्कृति के भौतिक पक्ष में सम्मिलित की जाती हैं, जैसे मकान, अस्त्र-शस्त्र, वस्त्र, आभूषण, कल-कारखाने, आदि। संस्कृति का यह पक्ष मूर्त होता है।

culture, peasant = peasant society

culture, sensate **ऐन्द्रियिक संस्कृति**

प्रो. सोरोकिन के अनुसार संस्कृति का वह रूप ऐन्द्रियिक संस्कृति कहलाता है जिसमें आत्मिक विकास की अपेक्षा इन्द्रियों की तृप्ति, सांसारिक सुख, विलासी जीवन पर अधिक बल दिया जाता है। संस्कृति का यह रूप मूर्त, भौतिक एवं स्थूल होता है। इस संस्कृति में विज्ञान, कला, धर्म, साहित्य, राजनीति आदि सभी का आधार भौतिकवादी होता है।

culture, sub = sub culture

culture area **संस्कृति क्षेत्र**

उस क्षेत्र को संस्कृति-क्षेत्र कहा जाता है जिसमें समान संस्कृति पाई जाती है। **क्लार्क विज़लर** के शब्दों में, "संस्कृति क्षेत्र एक भौगोलिक क्षेत्र है जिसमें समान संस्कृतियों वाले अनेक सापेक्षिक रूप से स्वतंत्र समुदाय रहते हैं।" इस प्रकार के क्षेत्र की विशेषताओं के संदर्भ में यह कहा जा सकता है कि ऐसे क्षेत्र में किसी भी संस्कृति-तत्व का आसानी तथा शीघ्रता से प्रसार हो सकता है।

culture complex **संस्कृति संकुल**

संस्कृति विशेषकों अथवा लक्षणों के समुच्चय को संस्कृति-संकुल कहते हैं। यह समुच्चय संस्कृति के किसी एक प्रमुख तत्व के साथ इस प्रकार अर्थपूर्ण ढंग से गुंथा होता है कि वह एक अन्तर्संबंधित समष्टि को साकार बनाता है। कुण्डली मिलाना, बरात ले जाना, तोरण संस्कार, पाणिग्रहण संस्कार, यज्ञ, मंत्रोच्चारण आदि सांस्कृतिक लक्षण मिलकर हिन्दू विवाह-संकुल की रचना करते हैं। इसी प्रकार, किसी खेल से संबंधित वस्तुएं, नियमाचार, गणवेश, निर्णायकगण आदि मिलकर उस खेल के संकुल का निर्माण करते हैं, जैसे क्रिकेट कॉम्प्लेक्स, फुटबाल कॉम्प्लेक्स, हॉकी कॉम्प्लेक्स। एक दृष्टि से, संस्कृति-संकुलों के अर्थपूर्ण योग से जिस आकृति की रचना होती है, उसे ही संस्कृति कहते हैं।

culture configuration **संस्कृति संरूप**

एक संस्कृति के प्रत्येक बड़े संभाग की अपनी जीवन-शैली या प्रतिमान होता है। एक ही संस्कृति के अंतर्गत ऐसी कई शैलियां या प्रतिमान हो सकते हैं। **रुथ बेनेडिक्ट** के अनुसार भिन्न-भिन्न प्रतिमानों के मिलने से एक ऐसा विशाल प्रतिमान उभर कर आता है जो किसी संस्कृति के जीवन का एक मात्र स्त्रोत होता है। इस विशाल अथवा परम प्रतिमान को ही संस्कृति-संरूप या समाकृति कहते हैं। इस संरूप में पेड़ के तने में शाखाओं के समाहित हो जाने की भांति संस्कृति के छोटे-छोटे प्रतिमान एकीभूत हो जाते हैं। संस्कृति का यह संरूप सम्पूर्ण संस्कृति की जीवन-शैली का प्रतिनिधित्व करने वाला होता है। भिन्न-भिन्न प्रतिमानों से संस्कृति की जिस समाकृति की रचना होती है, वह संस्कृति में विद्यमान सभी तरह की विचारधाराओं का समन्वय होती है।

संस्कृति-संरूप की अवधारणा संस्कृति को एक समष्टि के रूप में देखती है जिसके अंग एक दूसरे से इस प्रकार गुंथे होते हैं कि एक भाग का परिवर्तन दूसरे भाग को प्रभावित किये बिना नहीं रहता। संरूप का निर्माण करने वाले सांस्कृतिक तत्व एक दूसरे से अनुप्राणित होते रहते हैं।

culture-genius **संस्कृति की आत्मा**

एक संस्कृति में सभी जीवन-शैलियों के बीच एक प्रकार की सुसंगति होती है। यह सुसंगति, **रूथ बेनेडिक्ट** के अनुसार, उस मुख्य प्रवृति, धारा या रुझान से पैदा होती है जो प्रत्येक संस्कृति के सभी पक्षों में देखी जा सकती है। इस मुख्य प्रवृत्ति, रुझान अथवा धारा को रुथ बेनेडिक्ट ने 'संस्कृति की आत्मा' (जीनस) कहा है। संस्कृति की यह आत्मा ही संस्कृति का समाकलन या एकजुट कर उसे एक विशिष्ट रूप प्रदान करती है।

बेनेडिक्ट के अनुसार, संस्कृति की इस आत्मा के, जो संस्कृति के प्रतिमान को जीवन प्रदान करती है, दो प्रकार होते हैं: देवधर्मी (अपोलोनियन) एवं दानवधर्मी (डायोनीशियन)। प्राचीन ग्रीकवासी 'अपोलो' शब्द का प्रयोग अपने पूज्य व कृपालु सूर्य देवता के लिए तथा 'डायोनीसियन' शब्द राक्षसी वृत्ति वाले देवता के लिए करते थे। अपोलोनियन या देवधर्मी आत्मा शांति अथवा सतोगुणी संस्कृति की परिचायक है। जिस संस्कृति का समाकलन इस आत्मा पर आधारित होता है, उसके सभी पक्षों में इसका आभास होता है। इसके विपरीत, डायोनिसियस आत्मा अशांति, हिंसा एवं क्रूर प्रवृति या रजोगुणी-संस्कृति का प्रतिनिधित्व करती है। जिस संस्कृति के समाकलन का आधार डायोनिसियस रहा है, उसके सभी पक्षों में इसके लक्षणों को किसी न किसी रूप में देखा जा सकता है। बेनेडिक्ट ने इस संदर्भ में तीन उल्लेखनीय उदाहरण प्रस्तुत किए हैं। अमरीका के उत्तर-पूर्वी तट के डोबू तथा क्वाक्विटल लोगों में डायोनिसियस तथा न्यू मेक्सिको के प्युबलों लोगों की संस्कृति में अपोलोनियन आत्मा के लक्षणों को उन्होंने मुख्य रूप में पाया।

culture pattern **संस्कृति-प्रतिमान**

व्यवहार के समान तरीकों तथा उनके साथ जुड़े हुए विश्वासों को संस्कृति-प्रतिमान

कहते हैं। इस अर्थ में प्रत्येक समाज का अपना एक विशिष्ट संस्कृति-प्रतिमान होता है। विभिन्न समाजों में संस्कृति प्रतिमानों में भिन्नता का कारण संसाधनों, जलवायु के साथ-साथ परम्पराओं में भिन्नता है। विभिन्न समाज समान प्रमुख एवं पुनरावर्तक जीवन की समस्याओं का समाधान अलग-अलग रूप से विकसित करते हैं, इसीलिये उनके भिन्न संस्कृति-प्रतिमान होते हैं।

गेस्टाल्ट मनोविज्ञान तथा **मालिनोस्की** के 'संस्कृति-सिद्धान्त' से प्रेरित होकर **रूथ बेनेडिक्ट** ने संस्कृति की अंतरंग संरचना के विश्लेषण के लिए संस्कृति-प्रतिमान की अवधारणा का प्रयोग किया। बेनेडिक्ट के अनुसार, संस्कृति का एकीकृत स्वरूप एक स्थाई अथवा अर्द्ध स्थाई जीवन-शैली को प्रकट करता है जिसकी रचना संस्कृति की अंतर्वस्तु, अर्थात् संस्कृति के लक्षणों एवं संकुलों के संयोजन से होती है। बेनेडिक्ट ने संस्कृति के लक्षणों एवं संकुलों द्वारा निर्मित इस विशिष्ट जीवन-शैली या जीवन-पद्धति को ही संस्कृति-प्रतिमान की संज्ञा दी है। **हर्स्कोवित्स** ने इसे संस्कृति लक्षणों का रूपांकन (डिजाइन) कहा है। प्रत्येक संस्कृति का अपना एक विशेष प्रतिमान होता है जो उसे अन्य संस्कृतियों से पृथक करता है।

'प्रतिमान' शब्द सामान्यतः मापने के पैमाने के अर्थ-बोध के रूप में प्रयोग किया जाता है जिसके द्वारा हम अपने व्यवहार अथवा अपनी सम्पूर्ण जीवन-शैली को माप कर उसे सही अथवा गलत ठहराते हैं। इसी 'प्रतिमान' के द्वारा हम अपनी संस्कृति की हर बात का मूल्यांकन करते हैं। अतः संस्कृति-प्रतिमान संस्कृति के आदर्शों एवं लक्ष्यों की अभिव्यक्ति है।

culture themes — सांस्कृतिक मान्यताएं

मोरिस ओपलर ने संस्कृति के गठन के अध्ययन तथा विश्लेषण करने के संदर्भ में सांस्कृतिक मान्यता संबंधी इस अवधारणा को विकसित किया है। सांस्कृतिक मान्यताएं वे प्रेरक तत्व हैं जो किसी समाज में विभिन्न प्रकार के व्यवहारों के मूल में निहित रहती हैं। ये प्रेरक तत्व संस्कृति के विभिन्न पक्षों को एक सूत्र में पिरोने का कार्य करते हैं। इन प्रेरक तत्वों को ही प्रो. ओपलर ने मान्यताएं कहा है। ओपलर की यह अवधारणा, एक तरह से **रूथ बेनेडिक्ट** के सांस्कृतिक प्रतिमान की अवधारणा को दूसरे रूप में प्रस्तुत करती है, किन्तु यह बेनेडिक्ट की संस्कृति की आत्मा सम्बन्धी विचारों को स्वीकार नहीं करती। बेनेडिक्ट की भांति **प्रो. ओपलर** संस्कृति के दो प्रेरक कारक ही नहीं मानते। उनके अनुसार मनुष्य के व्यवहार को प्रभावित एवं संचालित करने वाले कई प्रेरक कारक हो सकते हैं। ओपलर ने 'अपाचे' लोगों के अपने अध्ययन में इस अवधारणा का प्रयोग कर यह बताने का यत्न किया कि प्रेरक कारकों की खोज का कार्य अध्ययनकर्त्ता की खोज पर छोड़ दिया जाना चाहिए।

culture trait — सांस्कृतिक लक्षण/विशेषक

संस्कृति की सबसे छोटी ऐसी अभिज्ञेय एवं प्रकार्यात्मक इकाई को संस्कृति लक्षण

अथवा विशेषक कहते हैं, जिसके पुनःविभाजन पर वह इकाई निरर्थक साबित हो जाती हो। सांस्कृतिक लक्षण भौतिक अथवा अभौतिक दोनों प्रकार के हो सकते हैं। पंखा, घड़ी, टेबल-कुर्सी, टाई आदि भौतिक सांस्कृतिक विशेषक हैं। कोई प्रथा, परम्परा, मंच, संस्कार आदि अभौतिक सांस्कृतिक विशेषकों के उदाहरण हैं। दण्डवत् प्रणाम करना अथवा नमस्ते करना पारम्परिक हिन्दू संस्कृति के सांस्कृतिक लक्षण हैं।

culture universals **संस्कृति सामान्यक**

वे विचार, आदतें तथा अनुबंधित संवेग जो किसी समाज के समस्त समझदार एवं वयस्क व्यक्तियों के लिए सामान्य होते हैं, संस्कृति सामान्यक कहलाते हैं। यह अवधारणा किसी संस्कृति विशेष के संदर्भ में ही लागू होती है। **मर्डक** ने संस्कृति के कतिपय ऐसे सर्वमान्य तथ्यों की सूची दी है जो संसार के प्रत्येक मानव-समूह के जीवन में मिलते हैं, जैसे नृत्य, लोक गीत, जादू, धर्म, खेलकूद, विवाह की रीतियां आदि। इनके वास्तविक स्वरूपों में अलग-अलग समाजों में भिन्नता हो सकती है।

custom **प्रथा**

पीढ़ी-दर-पीढ़ी चले आ रहे सामाजिक मान्यता-प्राप्त सोचने-विचारने और व्यवहार करने के ढंग को प्रथा कहते हैं। यह व्यवहार पारम्परिक होता है। सामाजिक अस्वीकृति के कारण इस प्रकार के व्यवहार का उल्लंघन करना प्रायः अनुचित माना जाता है। प्रथाओं के पीछे राज्य की भयात्मक शक्ति कार्य नहीं करती। जनरीतियों की अपेक्षा प्रथाएं अधिक स्थाई एवं कठोर होती हैं।

customary law **प्रथानुगत कानून**

प्रथानुगत कानून, जनरीतियों और पूर्ण विकसित कानून के बीच की अवस्था है। आधुनिक विकसित कानूनों का विकास इन्हीं से हुआ है। ऐसे कानूनों की रक्षा के लिए कोई विधानसभा अथवा न्यायालय नहीं होते। प्रथागत कानून उन समाजों में देखने को मिले हैं जिनमें राजनीतिक व्यवस्था का आधुनिक विकसित एवं विशेषीकृत रूप नहीं पाया जाता है। ऐसे समाजों में न्याय का ढांचा अधिक सरकारी नहीं होता तथा व्यक्तियों के एक विशिष्ट समूह को न्यायाधीशों के अधिकार प्राप्त होते हैं। अफ्रीका के होटनटोट आदिम समाज में पुलिस एवं विधानसभा नहीं देखी गई, किन्तु फिर भी उनमें कानून का व्यवस्थित रूप देखने को मिला है। होटनटोट लोगों में एक बुजुर्ग लोगों की समिति होती है जो हत्या, व्यभिचार, निकटाभिगमन आदि मामलों पर विचार करती है। ऐसे कार्यों में लिप्त व्यक्ति को पकड़ कर इस समिति के सामने पेश किया जाता है। अपराधी से प्रश्न-उत्तर किए जाते हैं और गवाहों को पेश किया जाता है। अपराधी पाये जाने पर सब लोग उसको तब तक पीटते हैं जब तक उसकी मृत्यु नहीं होती। **के. डेविस** ने लिखा है कि यद्यपि होटनटोट लोगों में कोई कानूनी समिति अथवा संविधान नहीं होता, फिर भी वहां का प्रत्येक व्यक्ति एक सिपाही की भांति जागरूक रहता है।

cybernetics **संत्रांत्रिकी**

मशीन, पशु और मानव के बीच संचार का अध्ययन, विशेष रूप में नियंत्रण की प्रक्रिया में प्रतिपुष्टि (फीडबैक) सूचना की भूमिका के अध्ययन को संत्रांत्रिकी कहा जाता है। सामाजिक विज्ञानों में, यह सिद्धान्त सामाजिक नियंत्रण को संचार की प्रकृति और प्रकार्यों से जोड़ता है। इस सिद्धान्त का प्रयोग अत्यधिक रूप में औपचारिक संगठनों के अध्ययन में किया गया है।

cycle of deprivatior **वंचना-चक्र**

वंचना-चक्र सिद्धान्त का प्रयोग कई पीढ़ियों तक गरीबी तथा सामाजिक-आर्थिक रूप में कमज़ोर स्थिति के बने रहने की व्याख्या करने के लिए सन् 1970 के आसपास किया गया। इस सिद्धान्त के अनुसार यह माना जाता है कि पीढ़ी दर पीढ़ी सामाजिक वंचना की स्थिति को हस्तान्तरित करने का मुख्य जरिया पारिवारिक व्याधिशास्त्र है और इसी कारण से गरीब परिवारों और समुदायों में शिक्षा की निम्न स्थिति, बेरोजगारी, गन्दे और हल्के मकान दर पीढ़ी बने रहते हैं

D

darwinism — डार्विनवाद

प्राकृतिक प्रवरण के द्वारा उद्विकास की धारणा में विश्वास डार्विनवाद है। **चार्ल्स डार्विन** ने इस सिद्धान्त का प्रतिपादन उद्विकास संबंधी अपने दो ग्रंथों–'ऑरिजिन ऑफ स्पिसीज़' (1859) तथा 'डिसेन्ट ऑफ मेन' (1871) में किया है। इस सिद्धान्त के मौलिक स्वरूप में यह बताया गया है कि यदि प्रजनन दर, प्रतिस्थापन दर से ऊंचे होते हुए भी जनसंख्या की मात्रा स्थिर रहती है, तब अवश्य इस प्रक्रिया में कोई ऐसी व्यवस्थित प्रवरण (चुनाव) की कार्यविधि है जिसके द्वारा कुछ व्यक्ति नष्ट हो जाते हैं तथा कुछ बच जाते हैं। इस कार्यविधि को ही 'प्राकृतिक प्रवरण' कहते हैं जिसके द्वारा वे प्राणी जो पर्यावरण से भली-भांति समायोजन करने की योग्यता रखते हैं, वे बच जाते हैं और जो पर्यावरण से अनुकूलन में अक्षम रहते हैं, वे मर जाते हैं। इसी के आधार पर एक लम्बी अवधि में इस प्रक्रिया द्वारा प्राणियों की जातियों (स्पिशीज़) की रचना हुई है। लगभग तीस वर्षों बाद आधुनिक नव डार्विनवाद का जन्म हुआ जिसके द्वारा आनुवंशिकता की वास्तविक कार्यविधि में अर्थात्, व्यक्तिगत वंश (जीन) को महत्व दिया गया।

बाद में, इसी सिद्धान्त का प्रयोग समाजों के ऐतिहासिक विकास की व्याख्या करने में किया गया। **हरबर्ट स्पेन्सर** प्रथम व्यक्ति थे जिन्होंने इस सिद्धान्त का सामाजिक घटनाओं के विकास में प्रयोग कर 'सामाजिक उद्विकासवाद' की आधार शिला रखी। स्पेंसर ने ही इस सिद्धान्त के संदर्भ में बहु प्रसिद्ध सूक्ति 'योग्यतम की उत्तरजीविता' (सरवाइवल ऑफ द फिटेस्ट) की रचना की जिसे भूल से कभी-कभी डार्विन की सूक्ति मान लिया जाता है।

darwinism, social — सामाजिक डार्विनवाद

उन्नीसवीं शताब्दी में विकसित सामाजिक डार्विनवाद, **चार्ल्स डार्विन** के उद्विकासीय सिद्धान्त का सामाजिक घटनाओं की व्याख्याओं में प्रयोग है। इस सिद्धान्त द्वारा यह प्रतिपादित किया गया है कि सामान्य रूप में सामाजिक जीवन और विशेष रूप से सामाजिक विषमता/असमानता उद्विकास का परिणाम है। सामाजिक जीवन की घटनाओं की व्याख्या में इस सिद्धान्त का सर्वप्रथम प्रयोग ब्रिटेन में **हरबर्ट स्पेन्सर** और बाद में अमेरिका में बहुत सीमा तक **विलियम ग्राहम समनर** ने किया। यह सिद्धान्त इस तथ्य पर बल देता है कि समाज भी प्राकृतिक संसार की भांति है जिसमें प्रतिस्पर्धा और 'योग्यतम' (सर्वोत्तम) की

उत्तरजीविता' का आधिपत्य होता है। इस सिद्धान्त के अनुसार सामाजिक विषमता के लिये सामाजिक डार्विनवाद ने अमीर और गरीब के अन्तर का प्रमुख कारण जीने और फलने-फूलने के प्रति अमीर व्यक्तियों की 'अधिक योग्यता' को माना है।

data **समंक/तथ्य**

किसी घटना से सम्बन्धित ऐसी व्यवस्थित जानकारी, जिसके आधार पर कोई निष्कर्ष निकाले जा सकते हैं अथवा सिद्धान्त की जांच की जा सकती है, समंक अथवा तथ्य कहलाती है। यह जानकारी ज्ञात अथवा उपलब्ध सामग्री, आंकड़ों या सूचनाओं के रूप में होती है। सांख्यिकीय दृष्टि से समंक उस समस्त भूत तथा वर्तमान की सार्थक सामग्री को कहते हैं जो अध्ययन एवं विश्लेषण का आधार बनती है।

data, primary **प्राथमिक समंक/तथ्य**

प्राथमिक समंक अथवा तथ्य मौलिक सूचनाएं तथा आंकड़े होते हैं जिनका संकलन पहली बार किया गया है। प्रथम बार संकलित किए जाने के कारण ही इन्हें प्राथमिक तथ्य कहा जाता है। सामाजिक विज्ञानों में इन तथ्यों के एकत्रण के लिए सामान्यतः अवलोकन, साक्षात्कार, प्रश्नावली आदि विधियों का प्रयोग किया जाता है।

data, qualitative **गुणात्मक समंक/तथ्य**

ऐसे तथ्य गुणात्मक प्रकृति के होते हैं जिन्हें किन्हीं वर्णित विशेषताओं के आधार पर पहचाना जा सकता है, जैसे लिंग को संख्यात्मक इकाइयों में नहीं बांटा जा सकता है। इसे स्त्री और पुरुष के वर्गों में ही प्रदर्शित किया जाता है। गुणात्मक तथ्यों की संख्यात्मक रूप में गणना नहीं की जा सकती, किन्तु परिमाण की अनिश्चित परिभाषा के अनुसार इनमें भिन्नता अवश्य प्रकट की जा सकती है।

data quantitative **परिमाणात्मक समंक/तथ्य**

ऐसे तथ्य परिमाणात्मक कहलाते हैं जिन्हें किसी माप की इकाइयों के आधार पर संख्याओं में प्रस्तुत किया जा सकता है, जैसे समय तथा आयु को वर्षों, दिनों, महीनों, घंटों तथा अन्य कालिक इकाइयों में प्रदर्शित किया जाता है। इन तथ्यों को मापा-तोला जा सकता है। इनकी माप-तोल की इकाइयां निश्चित की जा सकती हैं। इन्हें संख्याओं, आंकड़ों अथवा अंकों में प्रदर्शित किया जाता है।

data, secondary **द्वितीयक समंक/तथ्य**

विद्यमान अथवा पूर्व संकलित तथ्यों को द्वितीयक समंक कहा जाता है। ऐसे समंकों का संकलन शोधकर्ता के किसी विशिष्ट उद्देश्य से प्रेरित नहीं होता। ऐसे तथ्यों का संकलनकर्त्ता तथा प्रयोगकर्त्ता दो अलग-अलग व्यक्ति अथवा संस्थाएं होती हैं। लिखित प्रलेख, जनमाध्यमों से प्रचारित रिपोर्ट, सरकारी दस्तावेज़ आदि द्वितीयक संमक सामग्री में

ही आते हैं। ये प्रथम बार संकलित किये गये तथ्य नहीं होते, अपितु अन्य लोगों द्वारा संकलित मूल तथ्यों के आधार पर निर्मित तथ्य होते हैं।

deculturation = culturation, de

deductive method **निगमन विधि**

जब किसी ज्ञात नियम का किन्हीं दृष्टान्तों पर निगमन करते हैं, अर्थात् दृष्टान्तों को ज्ञात नियम पर घटाकर उसकी सत्यता को प्रमाणित किया जाता है, तब तर्कशास्त्र में इसे निगमन विधि या पद्धति कहते हैं। इसमें खोज की प्रक्रिया सामान्य से विशिष्ट की ओर चलती है। मानव मरणशील है, अतः राम, मोहन, श्याम सभी मरेंगे। यह निगमन विधि का ही एक उदाहरण है।

निगमन पद्धति के दो भेद हैं–प्रत्यक्ष निगमन विधि और विपरीत निगमन विधि। प्रत्यक्ष निगमन विधि से दृष्टान्त व परीक्षण द्वारा ज्ञात नियमों की सत्यता को प्रमाणित किया जाता है। प्राकृतिक विज्ञानों में इसी का प्रयोग होता है। विपरीत निगमन विधि में सर्वप्रथम परीक्षणात्मक साधारणीकरण को ज्ञात किया जाता है, फिर उसके आधार पर दृष्टान्तों का परीक्षण किया जाता है। सामाजिक विज्ञानों में इसी विधि का प्रयोग होता है।

definition **परिभाषा**

परिभाषा किसी वस्तु अथवा घटना का तार्किक वर्णन अथवा किसी शब्द अथवा पद के अर्थ व्यक्त करने वाली व्याख्या है। इस व्याख्या में उसके महत्वपूर्ण विशिष्ट गुणों एवं लक्षणों के उल्लेख के साथ-साथ उसकी अन्तर्वस्तु एवं सीमाओं का निर्धारण सम्मिलित होता है।

definition, conceptual **प्रत्ययात्मक परिभाषा**

वे परिभाषाएं, जिसमें एक संकल्पना का स्पष्टीकरण किसी अन्य संकल्पनाओं के माध्यम से किया जाता है, प्रत्यायात्मक परिभाषाएं कहलाती हैं। जैसे, "राजनीतिक हिंसा" की यह परिभाषा कि "राजनीतिक उद्देश्यों की पूर्ति हेतु शस्त्रों के प्रयोग को राजनीतिक हिंसा कहते हैं," एक प्रत्यायात्मक परिभाषा का उदाहरण है। इस प्रकार की परिभाषाओं का मुख्य उद्देश्य विचारों का सम्प्रेषण करना है।

definition, operational **प्रायोजक परिभाषा**

किसी अमूर्त अवधारणा को प्रेक्षण, परीक्षण तथा मापने योग्य तथ्यों में परिणत किये जाने की प्रक्रिया प्रायोजक परिभाषा कहलाती है। अवधारणाओं की अमूर्तता एक समस्या है। किसी अमूर्त संकल्पना की उपयोगिता तब ही प्रदर्शित की जा सकती है जब उस अवधारणा को किसी विशिष्ट मूर्त एवं आनुभविक घटना के साथ जोड़ा जाये। अतः आनुभविक शोध में अमूर्त अवधारणा को मूर्त रूप देने के लिए उसे वास्तविक घटना के साथ जोड़ा जाता है, ताकि उसे मापा जा सके। इस प्रक्रिया को ही प्रायोजक परिभाषा कहते

हैं। 'बुद्धिमता' को बुद्धिफल द्वारा तथा 'सामाजिक वर्ग' को आय के रूप में मापने की प्रक्रिया प्रायोजक परिभाषा के उदाहरण हैं।

defunctionalisation = functionalisation, de

deindustrialisation = industrialisation, de

delinquency **अपचार**

समाजानुमोदित कार्य को सम्पन्न किये जाने की विफलता या किसी सामाजिक दायित्व के उल्लंघन को उपचार की संज्ञा दी जाती है। सामान्यतः 'डिलिन्क्वेन्सी' शब्द का प्रयोग बाल-न्यायालयी कानून के तहत ऐसे बाल-अपराधों को परिभाषित करने के लिए किया जाता है जो न्यायालय के क्षेत्र में आते हैं। न्यायिक दृष्टि से 'अपराधी व्यवहार' तथा 'अपचारी व्यवहार' का अन्तर इस सिद्धान्त पर आधारित है कि बाल-अपराधी उन विशिष्ट उद्देश्यों से प्रेरित नहीं होते जैसा कि उनके द्वारा वयस्कों को प्रेरित किये जाने के बारे में माना जाता है। इसी आधार पर वयस्क एवं बाल-अपराधियों के साथ व्यवहार तथा उनके उपचार में भिन्नता बरती जाती है।

delinquency, juvenile **बाल-अपचार**

किसी निश्चित आयु-सीमा के नीचे के बालकों द्वारा किये गये समाज-विरोधी व्यवहार को बाल-अपचार कहते हैं। ऐसे व्यवहार या तो कानून द्वारा निश्चित तौर पर निषिद्ध होते हैं, या कानूनी रूप में ऐसे व्यवहारों को अपचारिता के रूप में परिभाषित किया गया होता है। अधिकांश आधुनिक समाजों में बाल-अपराध की आयु-सीमा सोलह से अठारह वर्ष (गैर-वयस्क) तक निश्चित की गई है। अलग-अलग देशों व राज्यों में बाल-अपचारियों की आयु तथा अपचारी व्यवहार अथवा कार्यों के संबंध में भिन्नता है।

delinquency area **अपचारी/अपराधी-क्षेत्र**

किसी नगर का कोई ऐसा क्षेत्र, जिसमें समान आकार तथा जनसंख्या वाले अन्य क्षेत्रों की तुलना में अपचारिता की अत्यधिक ऊंची दर हो, अपराधी-क्षेत्र कहलाता है। ऐसे क्षेत्र बहुधा नगर के ऐसे संभागों में होते हैं जिनकी प्रकृति संक्रमणशील होती है।

delinquent **अपचारी**

समाज-विरोधी व्यवहार के ऐसे दोषी व्यक्ति को अपचारी कहा जाता है जिसके व्यवहार को सामान्यतः उस व्यक्ति के दुराचार से कम माना जाता है जिसे 'अपराधी' कहा जाता है। सामान्यतः अमरीकी समाजशास्त्रीय साहित्य में 'डिलिन्क्वेन्ट' शब्द का प्रयोग ऐसे बाल-अपराधियों के लिए किया गया है जिनका दुराचरण कानून का उल्लंघन करने वाला होता है। ऐसे व्यवहार को सामान्यतः वयस्क द्वारा किये गये दुराचरण की अपेक्षा, बालक की अपरिपक्वता तथा दुर्भाग्यपूर्ण परिवेश जनित परिस्थितियों के कारण, कम दोषी माना

जाता है जो कि बहुधा ऐसे दुराचरण के लिए बाध्य करती हैं।

democracy **प्रजातंत्र/लोकतंत्र**

प्रजातंत्र या लोकतंत्र एक दर्शन, आदर्शों का एक पुंज या एक सामाजिक-राजनीतिक व्यवस्था को इंगित करता है जो कि समुदाय के प्रत्येक व्यक्ति को मानव प्राणी के नाते अपने व्यक्तित्व के आधार पर समुदाय की गतिविधियों में भाग लेने तथा समानुपातिक रूप में उन पर नियंत्रण स्थापित करने पर बल देता है। निरपेक्ष अथवा विशुद्ध प्रजातंत्र में लिंग, आयु, जाति, प्रजाति, धर्म, सम्पदा, व्यवसाय, प्रतिभा, कुल, पद, प्रस्थिति जैसी व्यक्तिगत विशेषताओं को कोई महत्व नहीं दिया जाता है। किन्तु इस प्रकार का नितान्त विशुद्ध प्रजातंत्र शायद ही कहीं विद्यमान रहा हो और संभवतः बहुत कम समय के लिए कभी कहीं स्थापित होकर समाप्त हो गया हो। अतः विशुद्ध प्रजातंत्र एक असंभवता है।

एक शासन-प्रणाली के रूप में, लोकतंत्र में सत्ता का केन्द्रीकरण जनता के हाथों में होता है। शाब्दिक दृष्टि से भी प्रजातंत्र का अर्थ 'जनता की सत्ता' है। जनता अपने चुने हुए प्रतिनिधियों द्वारा समाज पर शासन-प्रशासन करती है। लोकतंत्र एक ऐसी शासन प्रणाली का प्रतिनिधित्व करता है जिसमें **अब्राहम लिंकन** के अनुसार, "सरकार जनता की, जनता के द्वारा तथा जनता के लिए होती है।" राजनीतिक प्रजातंत्र में शासन जनता द्वारा सभी वयस्क मताधिकारियों की स्वतंत्र तथा समान सहभागिता पर आधारित होता है। जन-प्रतिनिधियों का चुनाव बहुसंख्यक जनता के मतों द्वारा होता है। लोकतांत्रिक चुनाव पद्धति की निम्नलिखित विशेषताएं हैं–

(1) वैकल्पिक प्रत्याशी को चुनने की स्वतंत्रता, (2) जनता को राजनीतिक दल बनाने तथा उसके द्वारा प्रत्याशियों को खड़ा करने का अधिकार, (3) प्रचार-अभियान की स्वतंत्रता, (4) हारे हुए प्रत्याशियों को अपने प्रचार को चालू रखने का अधिकार।

आधुनिक प्रजातंत्र का विचार तथा वास्तविक रूप में इसकी स्थापना का इतिहास ईसा पूर्व पन्द्रहवीं शताब्दी में यूनान के नगर-राज्यों की अवधारणा से जुड़ा हुआ है। उस समय इसका अर्थ "नागरिकों द्वारा शासन" (द डेमोज़) मात्र था जिसमें सभी व्यक्तियों को प्रभावित करने वाले निर्णयों में सभी व्यक्तियों की राय ली जाती थी। इस प्रकार के प्रजातंत्र की अपनी कुछ विशिष्टताएं थीं जो आज के प्रजातंत्रों से कई मामलों में काफी भिन्न थीं। प्रजातंत्र का वर्तमान मॉडल जिसे 'प्रतिनिधिक प्रजातंत्र' कहते हैं, का उद्‌भव सर्वप्रथम इंग्लैण्ड में सत्रहवीं शताब्दी में हुआ। इस मॉडल को धीरे-धीरे कुछ संशोधनों एवं परिवर्द्धनों के साथ अन्य देशों ने भी अपना लिया। इस मॉडल में नागरिकगण राजनीतिज्ञों (नेताओं) को चुनते हैं जो नागरिकों के हितों की रक्षा एवं प्रतिनिधित्व करने का वादा करते हैं।

demographic transition **जनांकिकी संक्रमण**

संक्रमण के एक ऐसे रूप को 'जनांकिकी संक्रमण' का नाम दिया गया है जो दो जनांकिकी क्षेत्रों में होता है, प्रथम में प्रजनन क्षमता और नैतिकता दोनों के स्तर उच्च होते हैं; द्वितीय में, प्रजनन क्षमता और नैतिकता दोनों के स्तर निम्न होते हैं। प्रथम को पारम्परिक

संक्रमण और द्वितीय को आधुनिक संक्रमण भी कहा जाता है। इस प्रकार का जनांकिकी संक्रमण विकसित विश्व के कई भागों में देखा गया है। जनांकिकी संक्रमण सिद्धान्त के प्रतिपादक **फ्रेंक डब्ल्यू.नोटेस्टेन** के अनुसार, प्रजनन क्षमता में कमी होने के पहले नैतिकता के स्तर में ह्रास होना जरूरी है। नैतिकता के ह्रास से तीव्र गति से जनसंख्या में वृद्धि होती है (जैसे की ग्रेट ब्रिटेन में उन्नीसवीं शताब्दी के प्रथम अर्द्धांश में हुआ), तत्पश्चात्, जननक्षमता में उसी स्तर में कमी आती जाती है। क्या विकासशील देशों में भी जनांकिकी संक्रमण का स्वरूप यही होगा? इस प्रश्न पर घना वाद-विवाद हो रहा है।

demography **जनांकिकी**

'डेमोग्राफी' शब्द का प्रयोग सर्वप्रथम फ्रांस के विद्वान **ए. गुईलर्ड** ने किया है। उनके अनुसार, "जनांकिकी मानव प्राणी का प्राकृतिक एवं सामाजिक इतिहास है. . . . इसके अन्तर्गत जनसंख्याओं का गणितीय अध्ययन, उनमें उत्पन्न होने वाले सामान्य परिवर्तन तथा उनकी भौतिक, नगरीय, बौद्धिक एवं नैतिक संरचनाओं का अध्ययन किया जाता है।" जनांकिकी, जनसंख्या का विज्ञान है जो जन्म, विवाह, मृत्यु एवं प्रवासिता के सांख्यिकीय विश्लेषण द्वारा जनसंख्या की दशा, दर एवं गतिशीलता का अध्ययन करता है। कभी-कभी 'डेमोग्राफी' शब्द का प्रयोग जीव वैज्ञानिकों द्वारा पशु-जनगणना के लिए भी किया जाता है। इसमें ऐसे प्रश्नों, जैसे किसी देश अथवा क्षेत्र में कितने व्यक्ति रहते हैं, मरते हैं तथा जन्म लेते हैं; उनकी जननक्षमता, मरणशीलता तथा विवाह की क्या दर है, आदि विषयों का अध्ययन-विश्लेषण किया जाता है।

demystification = sociology and demystification

dependency theory **आश्रितता सिद्धान्त**

गरीब देशों (तृतीय विश्व के अनौद्योगिक देश) में विकास कैसे हो, या कैसे किया जाये इस संबंध में कई सिद्धान्त विकसित हुए हैं। आश्रितता का सिद्धान्त विकास के मामले में तृतीय विश्व के देशों का विकसित देशों पर आश्रितता के विचार का प्रतिपादन करता है। अतः यह माना जाता है कि तृतीय विश्व के देशों में हो रहे आर्थिक विकास को तब तक भली-भांति नहीं समझा जा सकता, जब तक इन देशों और निहित स्वार्थी औद्योगिक देशों के बीच जो आश्रितता के संबंध हैं, उन्हें समझा नहीं जाता। आश्रितता का सिद्धान्त एक ऐसी अवधारणा है जो तृतीय विश्व (अनौद्योगिक) के देशों में औद्योगिक देशों द्वारा भारी निवेश के बाद भी आर्थिक विकास की असफलता के कारणों की व्याख्या करता है।

द्वितीय विश्व युद्ध के बाद की दशाब्दियों में औद्योगिक पूंजीवादी देशों, जैसे ब्रिटेन और अमेरिका में यह विस्तृत रूप में स्वीकार किया गया कि तृतीय विश्व के आर्थिक विकास की कुंजी आधुनिकीकरण, अर्थात् प्रौद्योगिकी, औपचारिक शिक्षा और आधुनिक मूल्यों (दीर्घ आयोजन और मुक्त बाजार व्यवस्था) के प्रयोग में है। आश्रितता का सिद्धान्त आधुनिकीकरण द्वारा छुटपुट सफलता से अधिक कुछ नहीं पैदा करने की असफलता की तीव्र

प्रतिक्रिया का परिणाम है। इस सिद्धान्त का मुख्य तर्क यह है कि विश्व आर्थिक व्यवस्था, सत्ता और संसाधनों के वितरण के मामले में अत्यधिक असमान है, अतः यह स्थिति अधिकांश राष्ट्रों को औद्योगिक शक्तियों के साथ आश्रितता के संबंध बनाने के लिये मजबूर करती है। यह आश्रितता तृतीय विश्व के विकास को मुख्य रूप में इसलिये अवरूद्ध करती है क्यों कि सम्पन्न देश अपने अनवरत प्रभुत्व को बनाये रखने के लिये इन देशों में अपनी शर्त्तों पर प्रौद्योगिकी और इस प्रकार के अन्य निवेश थोपते हैं। उदाहरण के तौर पर जब बहुराष्ट्रीय प्रतिष्ठान इन देशों में नये कल-कारखाने स्थापित करते हैं, तब वे बड़े नियोजित ढंग से इन प्रतिष्ठानों के लाभ को इन देशों में पुनः निवेश करने के स्थान पर अपने देश में ले जाते हैं। इसी प्रकार, कृषि के क्षेत्र में भी ये सम्पन्न देश ऐसी जीवन-निर्वाह की वस्तुओं, जो स्थानीय समुदाय के भरणपोषण के लिये आवश्यक होती है, के स्थान पर निर्यात की जाने वाली नकद फसल (चाय, कॉफी, फल, साग-सब्जी, शक्कर, आदि) के उत्पादन पर जोर देते हैं ताकि उत्पादनकर्त्ता देशों को अपनी भरणपोषण की आवश्यक वस्तुओं के लिये सम्पन्न और समृद्ध देशों पर आश्रित रहना पड़े और वे इन वस्तुओं को सम्पन्न देशों से खरीद करने के लिये मजबूर रहें।

dependent variable = variable, dependent

deprivation = relative deprivation

derivation **भ्रांत तर्क**

विलफ्रेड पेरेटो तथा उनके अनुयायियों ने भ्रान्त-तर्क की अवधारणा का प्रयोग क्रियाओं के एक ऐसे व्यापक समूह के लिए किया है जिसके द्वारा व्यक्ति व्यवहार की तार्किकता या औचित्य के संबंध में स्वयं अपने आपको तथा अपने साथियों को समझाने या विश्वास दिलाने का यत्न करता है। इन तर्कों को भ्रान्त इसलिये कहा जाता है क्योंकि ये सामान्य मत के विपरीत अतर्कसंगत तथा अप्रयोगसिद्ध आधारों पर आधारित होते हैं। कर्त्ता अपने व्यवहार की यथार्थता या औचित्य को बड़े ही तार्किक ढंग से प्रस्तुत करता है, किन्तु वास्तव में न वे सत्य होते हैं और न ही उचित। इन तर्कों के सत्य व उचित न होने पर भी इसीलिए उन्हें स्वीकार या अस्वीकार किया जाता है क्योंकि वे हमारी भावनाओं तथा संवेगों को उचित या अनुचित प्रतीत होते हैं। प्रचार, विज्ञापन, फेशन आदि इसी प्रकार के भ्रान्त-तर्कों पर आधारित व्यवहार हैं। पेरेटो ने इन भ्रान्त-तर्कों के चार प्रमुख रूप बताए हैं: साधारण तथा पुनरावर्तक अभिकथन या घोषणाएं, सत्ता के प्रति निवेदन, समाज द्वारा प्रिय मूल्यों के प्रति नतमस्तक होना, विशुद्ध मौखिक हेराफेरी। भ्रान्त-तर्कों के ये रूप तार्किक व्याख्याओं की आवश्यकताओं की पूर्ति कर सकते हैं या तर्कों का स्थान ले सकते हैं या तार्किक मुद्दों को ही नहीं आने देते हैं।

desanskritization = sanskritization, de

descent **वंशानुक्रम/वंशक्रम**

वंशानुक्रम शब्द का प्रयोग एक व्यक्ति तथा उसके पूर्वजों के बीच पाये जाने वाले मान्य सामाजिक संबंधों की अभिव्यक्ति के लिए किया जाता है। वंशानुक्रम एक पीढ़ी से दूसरी पीढ़ी का सीधी उर्ध्वाकार रेखा में जुड़ना प्रदर्शित करता है। वंशानुक्रम में एक शीर्षस्थ पूर्वज से वर्तमान वंशज तक पीढ़ीगत संबंधों की गणना की जाती है। इसका आधार वास्तविक जैविक संबंध या कभी-कभी काल्पनिक जैविक संबंध भी हो सकते हैं जैसा कि हम गोद लेने की प्रथा में देखते हैं। वंशानुक्रम के कई रूप प्रचलित हैं–यथा एक पक्षीय, उभयपक्षीय, द्विपक्षीय, संदिग्धपक्षीय वंशानुक्रम।

descent theory **वंशक्रम सिद्धान्त**

सामाजिक मानवशास्त्र में नातेदारी व्यवस्थाओं की व्याख्या हेतु मोटे रूप में दो सिद्धान्तों, यथा वैवाहिक बंधन सिद्धान्त (अलाएंस थिअॅरि) और वंशक्रम सिद्धान्त (डिसेन्ट थिअरि) का प्रयोग हुआ है। सन् 1930 और 1960 के बीच सामाजिक मानवशास्त्र में वंशक्रम सिद्धान्त का बोलबाला था। **मेयर फोर्टस्** जैसे अफ्रिकी समाज के अध्ययनकर्त्ता और **रेडक्लिफ ब्राउन** जैसे सामाजिक मानव वैज्ञानिकों के नाम इस सिद्धान्त के नाम से जुड़े हुए हैं। वंशक्रम सिद्धान्त इस धारणा पर आधारित है कि नातेदारी व्यवस्थाएं इस कारण चलती रहती हैं ताकि वंश समूह एक लम्बी अवधि तक राजनीतिक सत्ता में बने रहें। अतः माता-पिता दोनों की ओर से या दोनों में से किसी एक तरफ से वास्तविक अथवा काल्पनिक वंश-सम्पर्कों के आधार पर, वंश समूहों में ही संबंध स्थापित हों और उन्हें बनाये रखे जाने चाहिये। अतः इस सिद्धान्त में माता-पिता और संतान तथा सहोदर संबंधों को महत्व दिया जाता है। वंश समूह सिद्धान्त को लेकर किये गये अध्ययनों में वंशक्रम और उत्तराधिकार पर बल दिया गया है और इन्हें प्रकार्यवादी सिद्धान्त से जोड़ा गया है। प्रकार्यवादी सिद्धान्त के अनुसार नातेदारी व्यवस्थाओं का प्रमुख प्रकार्य समाजों में दायित्व एवं अधिकारों का सुचारू रूप में आवंटन करना है। मानव समाजों में नातेदारी व्यवस्थाओं की विद्यमानता का यही प्रमुख कारण है। (देखिये– अलाएंस थिअॅरि)

descent, alternate **वैकल्पिक/वक्र वंशक्रम**

जब पुरूष से उसकी पुत्रियों एवं महिला से उसके पुत्रों को वंशक्रम की सदस्यता मिलती है, तब इसे वैकल्पिक या वक्र वंशानुक्रम कहते हैं। यह वंशक्रम व्यवस्था बहुत कम पाई जाती है।

descent, ambilateral/ambilineal **संदिग्ध वंशक्रम**

उभयवाही वंशक्रम का एक ऐसा रूप जिसमें स्त्री अथवा पुरूष दोनों में से किसी एक पूर्वज के आधार पर वंश निर्धारण की छूट दी जाती है, तब इसे संदिग्ध वंशक्रम या वंशानुक्रम कहते हैं। वंशक्रम की इस व्यवस्था में एक व्यक्ति को अपने माता अथवा पिता

दोनों में से किसी एक के नातेदारी समूह के साथ अपने को जोड़ने की स्वतंत्रता रहती है।

descent, bilateral **उभयवाही/उभयपक्षीय वंशक्रम**

जब एक व्यक्ति अपने संबंधी-समूह अथवा स्वजनों की गणना बिना किसी एक पक्ष में अन्तर करते हुए माता और पिता दोनों की ओर से करता है, तब इसे उभयवाही वंशक्रम कहते हैं। इस व्यवस्था में विरासत का हस्तांतरण मां और पिता दोनों की वंश परम्पराओं से होता है, साथ ही समूह की सदस्यता भी दोनों की ओर से प्राप्त होती है। इस अवधारण का प्रयोग वंशगणना अथवा साम्पत्तिक अधिकारों के संचरण की प्रक्रिया को इंगित करने के लिये किया जाता है। उभयवाही वंशक्रम एकपक्षीय/एकरेखीय वंशक्रम के विरोधी भाव को प्रकट करता है। इस वंशक्रम प्रथा में एक व्यक्ति अपने दादा-दादी और नाना-नानी दोनों से समान रूप में सम्बद्ध रहता है। आधुनिक परिवार उभयवाही वंशक्रम के नियम पर बना हुआ है।

descent, double **द्वैध या द्विवंश वंशक्रम**

जब पितृवंशीय एवं मातृवंशीय दोनों वंशक्रम-व्यवस्थाओं को एक साथ प्रयुक्त किया जाता है, तब ऐसी संयुक्त व्यवस्था को द्वैध, द्विनामी या दुहरा वंशक्रम कहते हैं। इस व्यवस्था में एक व्यक्ति एक ही समय में पिता के पैतृक तथा माता के मातृक समूहों से सम्बद्ध रहता है, किन्तु पिता के मातृक तथा माता के पैतृक समूह से उसका कोई नाता-रिश्ता नहीं रहता है। इस प्रकार वह एक ओर से अपने दादा और दूसरी ओर से अपनी नानी से संबद्ध रहता है। द्वैध वंशानुक्रम में दोनों रेखाओं का प्रतिनिधित्व करने वाले कुछ ही स्वजनों को सम्मिलित किया जाता है। इस वंशक्रम व्यवस्था में व्यक्ति को एक वंश से चल सम्पत्ति तो दूसरे वंश से अचल सम्पत्ति विरासत में मिलती है। इस कारण से वंशक्रम की सदस्यता अलग-अलग प्रयोजनों के लिये दोनों तरफ की वंश परम्पराओं की मानी जाती है।

descent group = group, descent

descent, matrilineal **मातृवंशीय वंशक्रम**

जब वंश का निर्धारण मां के परिवार से होता है, तब इसे मातृवंशीय या मातृपक्षीय वंशक्रम कहते हैं। वंशक्रम के इस नियम के अनुसार पिता की ओर से संबंधित सभी रक्त-संबंधियों को छोड़ दिया जाता है तथा एक बालक को उसकी मां की ओर से संबंधियों के समूह से जोड़ दिया जाता है। एक सामान्य स्त्री पूर्वजा के सभी वंशज 'सहोदर बंधु' (यूटरिन किन) कहलाते हैं।

प्रायः मातृवंशीय वंशक्रम और मातृसत्तात्मक व्यवस्था को पर्यायवाची समझने की भूल की जाती है। प्रारंभिक विद्वानों जैसे **बेकाफेन** जैसों ने भी यह भूल की है। यह आवश्यक नहीं है कि मातृवंशीय वंशानुक्रम वाले समूहों में मातृसत्ता भी हो। मातृवंशीय समूहों में यद्यपि वंशक्रम की सदस्यता महिलाओं के माध्यम से निश्चित होती है, तथापि सामाजिक

नियंत्रण, भूमि एवं अन्य सम्पत्ति के बारे में निर्णय लेने की शक्ति प्रायः पुरुषों के हाथ में होती है।

descent, parallel **समानान्तर वंशक्रम**

इस व्यवस्था में वंशक्रम का निर्धारण लिंग के अनुसार होता है। इस वंशक्रम की सदस्यता पुरुषों द्वारा पुत्रों को और महिलाओं द्वारा पुत्रियों को मिलती है। वंशक्रम का यह एक दुर्लभ रूप है।

descent, patrilineal **पितृवंशीय वंशक्रम**

जब पिता के परिवार से वंशक्रम का निर्धारण होता है, तब इसे पितृवंशीय या पितृपक्षीय वंशक्रम कहते हैं। पितृवंशीय नियमानुसार एक बालक को मां के वंश-समूह से अलग कर के केवल उसके पिता के रक्त संबंधियों के समूह के साथ संबद्ध कर दिया जाता है। एक सामान्य पुरुष के पूर्वज सभी वंशज पितृबंधु (एग्नेटस्) कहलाते हैं।

descent, unilineal/unilateral **एकपक्षीय वंशक्रम**

वंशक्रम की गणना जब मां अथवा पिता दोनों में से किसी एक पक्ष से की जाती है तथा दो में से एक रेखा को पूर्णतः अनदेखी कर देते हैं, तब इसे एकपक्षीय या एक रेखीय वंशानुक्रम कहते हैं। कुल व गोत्र एकपक्षीय वंशानुक्रम के नियम पर आधारित समूह है।

deschooling **अ-विद्यालयीकरण**

एक ऐसा वैचारिक आंदोलन जो बालक के विकास की प्रक्रिया में आधुनिक औपचारिक शैक्षणिक व्यवस्था की भूमिका की सार्थकता पर प्रश्न चिन्ह खड़ा करता है और इस बात पर बल देता है कि शिक्षा और सीखना सभी प्रकार के सामाजिक संबंधों और जीवन-अनुभवों में विद्यमान रहता है और इसे मात्र औपचारिक शिक्षा व्यवस्था का एकाधिकार मानना निरी भूल है। अतः बालक को स्कूल के आहते में भेज कर उनके स्वाभाविक विकास की प्रक्रिया को अवरूद्ध करना है। इस क्षेत्र में हुए शोध-अध्ययनों ने इस तथ्य को उजागर किया है कि आधुनिक विद्यालयों ने विश्व के दरिद्र लोगों के लिए पेशेवर शिक्षकों पर संस्थात्मक निर्भरता को मात्र बढ़ाने का कार्य किया है। यही नहीं, तृतीय विश्व के देशों में मानव-पूंजी पर आधारित विकास कार्यक्रमों के प्रभाव अनुत्पादक सिद्ध हुए हैं। अतः इन देशों में पाठ्यक्रम ऐसा होना चाहिये जो विद्यार्थियों के स्वयं के अनुभवों को तरजीह दे और उन्हें सार्थक ज्ञान तथा निपुणता हासिल करवाने में सहायक हो सके। व्यावहारिक रूप में पारस्परिक शिक्षा-व्यवस्था (शिक्षण-संस्थाएं) कई सामाजिक समूहों (गरीब लोग) को शिक्षा से वंचित रखती हैं, उनका उपहास करती हैं और उनकी अधिकाधिक संस्थात्मक निर्भरता को बढ़ाती है।

इस आंदोलन के साथ **इवान इलिच** (डी स्कूलिंग सोसाइटी, 1971) और **पालो फ्रेरी** (पेडागोगी ऑफ ऑप्रेस्ड, 1970) का नाम जुड़ा हुआ है। इन विद्वानों के पूर्व **रेने ड्यूमां**

(फाल्स स्टार्ट इन अफ्रीका, 1962) ने भी विद्यार्थियों की भूमिका की आलोचना की है।

descriptive terminology = kinship terms, descriptive

desertion **परित्याग**

बिना औपचारिक तलाक अथवा पृथक्करण अथवा परिवार के निर्वाह एवं संतानों के पालन-पोषण की व्यवस्था किये यदि पति-पत्नी बिना बतलाये आपस में सहवास बन्द कर देते हैं तो यह स्थिति परित्याग कहलाती है।

de socialization = socialization, de

deterrance/deterrant theory **प्रतिरोध/प्रतिरोधात्मक सिद्धान्त**

दंड के संदर्भ में एक ऐसा दृष्टिकोण, जिसके अनुसार यह माना जाता है कि अपराधी को दिया गया दंड दूसरों के लिए चेतावनी का कार्य करेगा तथा दूसरों को अपराध करने से रोकेगा, दंड का प्रतिरोधात्मक सिद्धान्त कहलाता है। यह सिद्धान्त सुखवाद के विचारों पर आधारित है जिसके अनुसार व्यक्ति सुख एवं दुःख का हिसाब लगा कर उन कार्यों से बचने की कोशिश करते हैं जिनसे उन्हें अधिक दुःख मिलने की आशंका रहती है। यह सिद्धान्त दंड के अन्य सिद्धान्तों यथा प्रतिकारात्मक सिद्धान्त, सुधारात्मक सिद्धान्त आदि से भिन्न है। दण्ड का यह सिद्धान्त मूलतः पीड़ा एवं भय की धारणाओं से अनुप्राणित है। इस सिद्धान्त के प्रमुख प्रणेता **बेन्थम एवं बेकारिया** रहे हैं।

detriabilization **विजनजातीकरण**

परिवर्तन की एक ऐसी प्रक्रिया जिसमें एक आदिवासी समूह (जनजाति) अपनी पारम्परिक जनजातीय जीवन-शैली तथा जीवन प्रतिमानों को छोड़कर दूसरी जीवन-शैली एवं प्रतिमान सामान्यतः आधुनिक जीवन-पद्धति को अंगीकार करती है, यह प्रक्रिया विजनजातीकरण कहलाती है।

deviance **विपथगमन/विचलन**

ऐसी संस्थागत अपेक्षाओं के उल्लंघन किए जाने वाले व्यवहार को विपथगमन या विचलन कहते हैं जिन्हें किसी समाज-विशेष में अपनाया तथा वैध समझा जाता है। दूसरे शब्दों में, विपथगमन एक ऐसा व्यवहार है जिसे किसी समाज के व्यक्ति गलत, अशांत, अनुचित एवं अनैतिक मानते हैं तथा जिसके रोकने लिए समाज में कुछ विशिष्ट सामाजिक नियंत्रण के उपाय मौजूद होते हैं।

deviance amplification **विचलन प्रवर्धन**

विचलन प्रवर्धन अपराधशास्त्र के क्षेत्र की एक ऐसी अवधारणा है जिसके अनुसार यह माना जाता है कि एक छोटी सी प्रारंभिक भूल (विचलन), दोषारोपण (लैबलिंग) या अति

सक्रियता की प्रक्रियाओं द्वारा निरंतर उत्तरोत्तर महत्व प्राप्त कर बढ़ती जाती है। जिसे हम सामान्य भाषा में 'तिल को ताड़ बना देना' कहते हैं, यह कहावत विचलन प्रवर्धन पर पूर्णतः चरितार्थ होती है। इस अवधारणा का सर्वप्रथम प्रयोग **लेस्ली विलकिन्स** ने अपनी पुस्तक 'सोश्यल डिविएन्स' (1964) में किया। इस अवधारणा का प्रयोग नशीली दवा के सेवनकर्त्ताओं से लेकर एडस् से ग्रस्त व्यक्तियों जैसे कई समूहों पर किया गया है।

विचलन प्रवर्धन एक ऐसी स्थिति है जो पुलिस और मीडिया जैसे साधनों के विपथगामी व्यवहार के प्रति सामाजिक प्रतिक्रिया के कारण उत्पन्न होती है और इसके परिणाम स्वरूप विचलन (अपराध) में कमी आने की अपेक्षा उसमें उत्तरोत्तर बढ़ोतरी होती जाती है। उदाहरणार्थ, यदि भारत में मीडिया मादक द्रव्यों के अवैध व्यापार की समस्या को खूब उछालता है तो उसमें ऊंचे तबके के लोगों की अपेक्षा नीचे तबके के लोगों के ही पकड़े जाने और गिरफ्तार किये जाने की अधिक संभावना रहती है। सामान्यतः मीडिया का कुछ नीची जातियों वर्गों संबंधी स्थापित रूढ़िबद्ध धारणाओं और पूर्वाग्रहों का शिकार बनना सरल होता है और मीडिया भी कुछ जाति विशेष के लोगों को ही इस प्रकार के अपराध में लिप्त प्रमुख अभियुक्तों के रूप में पेश करता है। मीडिया के इस प्रकार के प्रदर्शन के प्रभाव के कारण पुलिस हरकत में आती है और वह निम्न लोगों की बस्तियों पर छापा मारती है, उनके वाहनों को रोकती है, उनकी तलाशी लेती है और थोड़े से भी संदेह पर उन्हें गिरफ्तार कर लेती है। पुलिस की इन कार्यवाहियों से ऊंचे तबके के लोग भी आतंकित हो जाते हैं और वे नीचे तबके के अपने साथियों का साथ छोड़ने के लिये बाध्य हो जाते हैं। इन सब कार्यवाहियों के कारण नीचे तबके के लोग अपने को अकेला, उपेक्षित, सताया हुआ, असुरक्षित और चारों ओर से घिरा हुआ अनुभव करते हैं और वे ऊंचे तबके के साथियों से अलग-थलग पड़ जाते हैं। परिणामस्वरूप वे पुलिस और अन्य अधिकारियों की अवज्ञा और अवमानना करने लगते हैं। निष्कर्षतः वे सामाजिक प्रतिक्रियाएं (पुलिस कार्यवाही आदि) जिनका लक्ष्य विचलन को रोकना या अपराध-नियंत्रण होता है, अन्ततः वे ही 'विचलन-प्रवर्धन' में सहायक होती हैं। (देखिये – दोषारोपण (लैबलिंग) सिद्धान्त)

deviant **अपचारी/पथभ्रष्ट व्यक्ति**

वह व्यक्ति जो समाज अथवा समूह की अपेक्षाओं (कानूनों या लोकाचारों) का उल्लंघन करता है, उसे अपचारी या पथभ्रष्ट व्यक्ति कहते हैं।

dialectic **द्वन्द्वात्मक**

अंग्रेजी के शब्द 'डाइलेक्टिक' का साधारण अर्थ वाद-विवाद या तर्क-वितर्क करना है। प्राचीन काल में विद्वानों द्वारा यह विश्वास किया जाता था कि चिन्तन की प्रक्रिया में विरोधों अथवा विपरीत मतों का प्रकट होना सत्य तक पहुंचने का एक संकेत है। प्रारंभ में चिन्तन की इस द्वन्द्वात्मक प्रणाली का प्रयोग प्राकृतिक घटनाओं के समझाने में किया गया और यह विश्वास किया जाने लगा कि प्रकृति का विकास प्रकृति में विरोधों के विकास द्वारा अर्थात् प्रकृति में विरोधी शक्तियों की अन्तःक्रिया के फलस्वरूप होता है। बाद में, चिन्तन की इस

प्रणाली का प्रयोग प्रसिद्ध दार्शनिक **हीगल** द्वारा किया गया। हीगल के अनुसार, "संसार में प्रत्येक वस्तु की विरोधी अर्थात् प्रतिवादी वस्तु अवश्य होती है। पहले 'वाद' का जन्म होता है और बाद में उसके 'प्रतिवाद' का। इन दोनों के द्वन्द्व से एक तीसरी वस्तु उत्पन्न होती है, जिसे 'संवाद' कहा जाता है। इस 'संवाद' में 'वाद' एवं 'प्रतिवाद' दोनों की विशेषताओं का समावेश होता है। 'संवाद' की स्थिति अस्थाई होती है। यह 'संवाद' बाद में 'वाद' में परिणित हो जाता है और पुनः इसके 'प्रतिवाद' का जन्म होता है। बाद में, इन दोनों के संघर्ष द्वारा 'संवाद' का जन्म होता है। वाद, प्रतिवाद और संवाद की यह प्रक्रिया निरन्तर चलती रहती है।"

dialectical materialism **द्वन्द्वात्मक भौतिकवाद**

द्वन्द्वात्मक भौतिकवाद की अवधारणा की रचना दो शब्दों से हुई है। प्रथम शब्द अर्थात् 'द्वन्द्वात्मक' उस प्रक्रिया को इंगित करता है जिसके अनुसार सृष्टि का विकास एवं उसमें परिवर्तन होता है। दूसरा शब्द अर्थात् 'भौतिकवाद' सृष्टि की रचना के मूलतत्व को सूचित करता है। द्वन्द्वात्मक भौतिकवाद की विचारधारा के प्रणेता **मार्क्स** ने अपने अमर ग्रंथ 'कैपिटल' की भूमिका में लिखा है कि "मैंने हीगल के द्वन्द्ववाद को सिर के बल (अध्यात्म) खड़ा पाया, मैने उसे पैरों के बल (भौतिकवाद) पर खड़ा कर दिया।" मार्क्स ने हीगल के आत्मा तथा निरपेक्ष विचारों को अस्वीकारते हुए कहा कि संसार 'निरपेक्ष विचार' अर्थात् विश्वात्मा का मूर्त रूप नहीं है। इसके विपरीत, संसार अपनी प्रकृति के अनुसार 'भौतिक' है। संसार की अगणित घटनाओं का आधार गतिशील भौतिक तत्त्व या पदार्थ है जो अपने आन्तरिक स्वभाव द्वारा विकसित होकर नाना रूपों में प्रकट होता है। यह विकास भौतिक पदार्थ में निहित एक आन्तरिक विरोध द्वारा संचालित होता है। इसमें 'वाद', 'प्रतिवाद' और 'संवाद' के तीन चरण होते हैं। घटनाओं में अन्तःसंबंध तथा अन्तःनिर्भरता गतिशील पदार्थों के विकास का ही एक नियम है और इसी गतिशीलता के नियम के आधार पर संसार का विकास होता है। इस विकास के लिए विश्वात्मा की जरूरत नहीं होती। मार्क्स के शब्दों में, "पदार्थ चेतना की उपज नहीं है, अपितु चेतना स्वयं पदार्थ की ही सर्वश्रेष्ठ उपज है।"

मार्क्स ने अपने द्वन्द्वात्मक भौतिकवाद की धारणा का प्रयोग आधुनिक पूंजीवादी समाज की अनिवार्य समाप्ति के प्रतिपादन में किया। उनके अनुसार, एक न एक दिन पूंजीवादी व्यवस्था का स्थान समाजवादी व्यवस्था ले ही लेगी।

dictatorship **अधिनायकवाद**

एक राजनीतिक व्यवस्था, जिसमें एक व्यक्ति या व्यक्तियों के एक लघु समूह को किसी देश के समस्त व्यक्तियों के जीवन पर शासन करने का अधिकार होता है। ऐसे देश में लेखन, भाषण, संगठन तथा आवेदन-निवेदन की स्वतंत्रता सहित सभी नागरिक अधिकार बहुत सीमित या बिल्कुल नहीं होते हैं; तथा सत्ता में रहने वाले व्यक्ति अथवा व्यक्तियों को हटाने के लिए जनता के पास क्रांति के अतिरिक्त अन्य कोई साधन नहीं होता।

dictatorship of the proletariat **सर्वहारा का अधिनायकत्व**

मार्क्सवादी सिद्धान्त के अनुसार यह माना जाता है कि पूंजीवादी तथा समाजवादी व्यवस्थाओं के बीच एक ऐसी संक्रमणकालीन स्थिति आएगी जब बहुसंख्यक कामगारों के हित में काम करने वाले कुछ अल्पसंख्यकों का राज्य-सत्ता पर एकान्तिक अधिकार होगा। इस स्थिति को ही **मार्क्स** ने 'सर्वहारा का अधिनायकवाद' कहा है। मार्क्स के शब्दों में, "पूंजीपतियों के साथ संघर्ष के दौरान अपनी परिस्थितियों से विवश होकर सर्वहारा अपने को एक वर्ग के रूप में संगठित करने को बाध्य होगा. . . . क्रांति के द्वारा वह अपने को शासक वर्ग में परिणित करेगा।"

differential association theory **वैभिन्य संगति-सिद्धान्त**

विभिन्न मात्रा में आदर्शात्मक तथा अपचारी प्रभावों के साथ व्यक्तियों के संसर्ग को वैभिन्य संगति कहते हैं। अपराध तथा अपराधी की व्याख्या के संदर्भ में इस अवधारणा का प्रयोग **प्रो. सदरलैंड** (1930) ने यह बताने के लिए किया कि एक व्यक्ति सच्चरित्र व्यक्तियों की अपेक्षा दुष्चरित्र व्यक्तियों के संसर्ग एवं सम्पर्क में रहकर अपराधी व्यवहार-प्रतिमानों को सीखता है। अपराधी व्यवहार संबंधी इस प्राक्कल्पना द्वारा यह माना जाता है कि एक व्यक्ति जिसमें अपराधी प्रवृत्तियों का विकास होता है, वह उन व्यक्तियों से भिन्न होता है जिनमें अपराधी प्रवृत्ति का जन्म इसलिए नहीं होता क्योंकि अपराधी प्रतिमानों के साथ उनकी संगति की प्रकृति एवं मात्रा तथा अपराध-विरोधी प्रतिमानों से उनकी सापेक्षिक पृथक्ता होती है। अतः अपराधी तथा अपराध-विरोधी प्रतिमानों के साथ व्यक्ति की वैभिन्य संगति अपराधी व्यवहार का कारण होती है। इस प्राक्कल्पना के अनुसार अपराध की तकनीक, उद्देश्य, तार्किकीकरण तथा अन्य तत्वों को अपराधी प्रतिमानों के संसर्ग में सीखा जाता है और यदि आंशिक रूप में कुछ बातें दूसरे प्रकार की संगति में सीखी गई हैं तो उन्हें अपराधी प्रतिमानों के साथ बाद में घुला-मिला दिया जाता है।

इस सिद्धान्त का उद्‌भव, वास्तव में, **शैल्डन ग्लूएक** के अपराध में बहुकारकीय उपागम की प्रतिक्रिया स्वरूप हुआ। सदरलैंड का मुख्य उद्देश्य अपराध के एक सुगठित समाजशास्त्रीय सिद्धान्त की रचना करना था। उसने अपने इस सिद्धान्त द्वारा इस बात पर बल दिया कि अपराध, मूलतः एक सीखी जाने वाली घटना है। बाद में, सदरलैड ने अपने इस सिद्धान्त में समय-समय पर कई संशोधन भी किये हैं।

differential identification theory **वैभिन्य पहचान का सिद्धान्त**

डेनियल ग्लेज़र ने प्रो. सदरलैण्ड के 'वैभिन्य संगति के सिद्धान्त' के स्थान पर 'वैभिन्य पहचान के सिद्धान्त', का प्रतिपादन किया है। 'वैभिन्य पहिचान' की अवधारणा मूलरूप में वैभिन्य-संगति का एक संशोधित रूप है। **ग्लेज़र** के अनुसार, एक व्यक्ति तब अपराध करता है जब वह अपनी पहचान उन वास्तविक अथवा काल्पनिक व्यक्तियों के साथ जोड़ता है जिनकी नजर में उसका अपराधी व्यवहार मान्य होता है। वह ऐसे व्यक्तियों का चुनाव करता है जिनके साथ वह अपने आपको उन व्यक्तियों के समकक्ष समझने का यत्न करता है। ऐसे

व्यक्ति उसके व्यवहार के लिए मॉडल का कार्य करते हैं तथा उसके लिए भूमिका का आदर्श प्रस्तुत करते हैं।

differential opportunity theory **वैभिन्न्य अवसर का सिद्धान्त**

इस सिद्धान्त का प्रतिपादन **क्लोवर्ड एवं ओहलिन** ने सदरलैण्ड के वैभिन्न्य संगति के सिद्धान्त की प्रतिक्रिया के फलस्वरूप किया है। उन्होंने मर्टनवादी एनॉमी सिद्धान्त को सांस्कृतिक संचरण और वैभिन्न्य संगति की शिकागो सम्प्रदाय की परम्परा के साथ जोड़कर अपचारी अपसंस्कृति का एक सामान्य सिद्धान्त विकसित करने का प्रयास किया है। **क्लोवर्ड एवं ओहलिन** के अनुसार अपराधिक व्यवहार का जन्म वैभिन्न्य संगति के कारण नहीं, वरन् वैभिन्न्य अवसरों की संरचना पर निर्भर करता है। इन विद्वानों के अनुसार प्रत्येक व्यक्ति की समाज की वैधानिक एवं अवैधानिक अवसर व्यवस्था में एक स्थिति होती है। इस स्थिति के आधार पर ही वह अपनी अभिलाषाओं को प्राप्त करने का प्रयास करता है तथा अपने आपको समायोजित करता है। जब एक व्यक्ति अपने लक्ष्यों एवं अभिलाषाओं को वैध अवसरों द्वारा प्राप्त या पूरा नहीं कर पाता, तब उसे नीचे की ओर ढकेल दिए जाने के लिये बाध्य होना पड़ता है। यह स्थिति उसमें तीव्र कुंठा एवं नैराश्य को जन्म देती है जो बाद में विच्युत या अपराधी व्यवहार का कारण बनती है। संक्षेप में, अपराध का प्रमुख कारण इस सिद्धान्त के अनुसार आकांक्षा-स्तर तथा अवसर-संरचना में संभावित दरार का उत्पन्न होना है।

यह सिद्धान्त इस मान्यता पर आधारित है कि अपराध एवं अपचारिता समाज के लक्ष्यों को वैधानिक रूप में प्राप्त करने के लिए किये गए असफल प्रयत्नों का परिणाम है। अमरीकी संस्कृति सफलता के अर्जन को नैतिक दृष्टि से अनिवार्य मानती है, किन्तु सफलता को प्राप्त करने के वैधानिक एवं अवैधानिक अवसरों का वितरण भिन्न रूप में करती है। यही कारण है कि व्यक्ति चोरी करने, गिरोह की क्रियाओं में शामिल होने या नशीले पदार्थों के सेवन द्वारा पलायनवादी बन कर गैर कानूनी साधनों द्वारा भौतिक सम्पत्ति और सामाजिक प्रस्थिति अर्जित करने का यत्न करता है।

diffusion **प्रसार**

किसी वस्तु, विचार, पार्थिव-अपार्थिव तत्व, नवोन्मेष आदि के अपने उत्पत्ति स्थल से अन्य क्षेत्रों में उत्तरोत्तर फैलने की प्रक्रिया को प्रसार कहते हैं। उदाहरणार्थ, 16वीं शताब्दी में चीन में सर्वप्रथम छापेखाने का आविष्कार हुआ था। बाद में वह तकनीक समस्त विश्व में फैल गई।

diffusion, culture **संस्कृति-प्रसार**

प्रवास अथवा पारस्परिक लेन-देन की प्रक्रिया द्वारा सांस्कृतिक तत्वों का एक क्षेत्र से दूसरे क्षेत्र अथवा एक ही क्षेत्र के एक समूह से दूसरे समूह में फैलने की प्रक्रिया संस्कृति-प्रसार कहलाती है।

diffusionism **प्रसारवाद**

मानवशास्त्र का वह सिद्धान्त जिसके अनुसार यह माना जाता है कि संस्कृति का विकास एवं वृद्धि, सांस्कृतिक तत्वों के एक संस्कृति से दूसरी संस्कृति में फैलने के द्वारा होती है, प्रसारवाद कहलाता है। इस सिद्धान्त का उद्‌भव अठारवीं और उन्नीसवीं शताब्दी में मूलतः उद्‌विकासवाद की प्रतिक्रिया के फलस्वरूप हुआ। प्रसारवादी मानते हैं कि विभिन्न संस्कृतियों में समान तत्वों की विद्यमानता का कारण स्वतंत्र रूप से आविष्कार न होकर प्रसार है। पारस्परिक लेन-देन के कारण रीति-रिवाजों, प्रथाओं, धर्म, कला तथा भौतिक वस्तुओं आदि का एक समाज से दूसरे समाज में प्रसार होता है। अतः एक स्थान पर आविष्कृत सांस्कृतिक एवं सामाजिक तत्व जब दूसरे स्थान पर फैलते हैं, तो इसे प्रसारवाद के नाम से जाना जाता है।

प्रसारवाद के दो प्रमुख रूप उभर कर आये हैं। प्रथम, जर्मन प्रसारवाद जिसके समर्थक विद्वान् **ग्रेबनर, एंकरमेन** तथा **स्मिथ** आदि रहे हैं। ये विद्वान् यह मानते हैं कि संस्कृति-संकुल विभिन्न कालों में संसार के विभिन्न भागों में विकसित होकर बाद में अन्य भागों में प्रसारित होते रहे हैं। इसके विपरीत, द्वितीय सिद्धान्त के प्रतिपादक यह मानते हैं कि संस्कृति का उद्‌भव किसी एक स्थान से हुआ है और बाद में वहां से प्रसार द्वारा उसका फैलाव हुआ। अपने इस विचार की पुष्टि में मानवशास्त्रियों ने माया संस्कृति के मंदिरों और मिस्त्र के पिरमिडों में पाई गई समानता को उदाहरण के रूप में पेश किया है। इस विचार के प्रतिपादक अंग्रेज विद्वान **इलियट तथा पैरी** यह मानते हैं कि मिश्र से ही संस्कृति का विश्वव्यापी प्रसार हुआ है। उनके अनुसार संसार की समस्त संस्कृतियों के आवश्यक लक्षण केवल मिस्त्र की नील नदी की घाटी से ही प्रसारित हुए हैं।

रॉबर्ट लॉवी जैसी प्रसारवादियों ने संस्कृतियों को उधार लिये गये लक्षणों को चप्पाकारी कहा है जिसमें उत्कृष्ठ लक्षण, केन्द्र से बाहर चले जाते हैं।

dionesian = culture genius

discrimination **भेदभाव**

सामान्य अर्थ में भेदभाव का तात्पर्य 'अन्यायपूर्ण बर्ताव' से है। समाजशास्त्र में, इसका प्रयोग अधिकांशतः नृजातीय एवं प्रजातीय संबंधों के संदर्भ में हुआ है। इसका प्रयोग भारतीय संदर्भ में विभिन्न जातियों के बीच स्थापित दुरावपूर्ण संबंधों को लेकर हुआ है। **डब्ल्यू. जी. समनर** और **एफ.एच. गिडिग्ज** जैसे प्रारंभिक समाजशास्त्रियों ने भेदभाव को "स्वजातिकेन्द्रितता" (ऍथ्नॉसेन्ट्रीज्म) की एक अभिव्यक्ति के रूप में देखा है, अर्थात्, यह 'असमान के प्रति नापसंदगी' की एक सांस्कृतिक घटना है। ऐसा माना जाता है कि विभिन्न प्रजातियों और जातिगत समूहों के बीच भेदभावपूर्ण संबंधों का आधार रूढ़िबद्ध धारणाएं रही हैं। भेदभाव के विषय के अधिकांश समाजशास्त्रीय विश्लेषणों में प्रभुत्व एवं शोषण के प्रतिमानों की खोज के प्रयास किये गये हैं। इन्हें सत्ता और अधिकार के लिये संघर्ष की अभिव्यक्तियों के रूप में देखा गया है।

पिछले कुछ वर्षों में, भेदभाव की अवधारणा का विस्तृत प्रयोग लिंगों (स्त्री एवं पुरुष) के बीच संबंधों को लेकर हुआ है। इस संबंध में हुए शोध अध्ययनों से पता चला है कि महिलाएं अधिकांशतः श्रम-बाजार के द्वितीय खंड में नियोजित हैं। आजकल वृद्धों और अक्षम एवं अयोग्य लोगों के प्रति किये जाने वाले भेदभाव का भी अध्ययन किया जा रहा है।

discrimination, positive **सकारात्मक भेदभाव**

कई समाजों में जाति, प्रजाति, नस्ल, लिंग और धर्म के आधार पर अनेकों वर्षों से भेदभाव बरता जा रहा है। ऐसे समाजों में इस प्रकार के भेदभाव से पीड़ित वर्गों को राहत देन, उनके उत्थान और उद्धार की दृष्टि से कुछ नीतियां, कानून-कायदे और नियम बनाये गये हैं जो इन पीड़ित समूहों के उत्थान के लिये आवश्यक हैं। कई स्थानों पर ऐसे समूहों के लिये शिक्षा, नौकरी तथा अन्य क्षेत्रों में आरक्षण की व्यवस्था की गई है। भारत में, सदियों से पीड़ित दलित, अस्पृश्य और पिछड़ी जातियों के लिये स्वतंत्रता के बाद, संवैधानिक तथा सरकारी एवं गैर सरकारी प्रयासों द्वारा इनकी दयनीय सामाजिक, आर्थिक एवं राजनीतिक प्रस्थिति में परिवर्तन लाने का प्रयास किया जा रहा है। अमेरिका तथा कुछ अन्य देशों में लगभग यही स्थिति काले लोगों तथा अन्य प्रजातिक समूहों की है। इन देशों में भी इन्हें नौकरी और शिक्षा के क्षेत्रों में आरक्षण दिया गया है। अतः आर्थिक रूप से शोषित और सामाजिक रूप से पीड़ित समाज के वर्गों को न्याय और उन्नति के समान अवसर उपलब्ध कराने के प्रयासों को ही 'सकारात्मक भेदभाव' कहा गया है। भारत तथा कुछ अन्य स्थानों पर इसके लिये '**क्षतिपूरक भेदभाव**' या '**संरक्षात्मक भेदभाव**' के पदों का भी प्रयोग हुआ है। यह संरक्षात्मक भेदभाव सुरक्षात्मक कवच का कार्य करता है। आरक्षण नीति इसी भेदभाव की एक अभिव्यक्ति है।

सकारात्मक या संरक्षात्मक भेदभाव की नीति को अपनाने के पीछे कई तर्क दिये गये हैं। इसके पक्ष में सर्वाधिक महत्वपूर्ण तर्क यह दिया गया है कि विद्यमान असमानताओं और रूढ़िबद्ध धारणाओं के बने रहते हुए संरक्षात्मक भेदभाव की नीति आवश्यक है ताकि ऐतिहासिक दृष्टि से सुविधाभोगी वर्गों के साथ इन्हें भी प्रगति का अवसर मिले। यह नीति काफी विवादास्पद रही है और इसके संबंध में सभी स्थानों पर वैधानिक और राजनीतिक दृष्टि से भारी वाद-विवाद हुआ है। समाजशास्त्रियों की रुचि कदाचित इस वाद-विवाद में नहीं है। उनकी रुचि का केन्द्र तो इस अवधारणा और अवसर की समानता के व्य।वहारिक प्रयोग हेतु सकारात्मक भेदभाव के निहितार्थों और प्रभावों में है।

सकारात्मक भेदभाव का दायरा अब जाति या प्रजाति तक ही सीमित नहीं रह गया है। आजकल लिंग और आयु के आधार पर भी आरक्षण (सकारात्मक भेदभाव) की मांग जोर पकड़ती जा रही है। इसी आधार पर भारत में महिलाओं और वृद्धजनों को कई क्षेत्रों में आरक्षण की व्यवस्था की जा रही है। भारत में अभी हाल विधान-मंडलों में 33% पद महिलाओं के लिये आरक्षित करने की मांग की है।

disculturation = culturation, dis

disintegration **विघटन/विखंडन**

किसी इकाई का उसके निर्मायक भागों में बंट जाने की प्रक्रिया को विघटन या विखंडन कहते हैं। समाजशास्त्रीय दृष्टि से, हम-भावना या समान हितों के लोप हो जाने, तथा समूह को निर्मित करने वाली निर्मायक विभागीय इकाइयों के पृथक-पृथक हो जाने की अवस्था विघटन कहलाती है। यह स्थिति किसी समूह, संस्था या सम्पूर्ण राष्ट्र की संगठनात्मक एकता के पूर्णतः चरमराने, उसकी अखंडता (संरचनात्मक-प्रकार्यात्मक एकता), संगठन तथा एकात्मकता के इस सीमा तक टूट जाने की द्योतक है कि उसका अस्तित्व ही लोप हो जाये। विघटन की अवस्था किसी इकाई के समापन या विच्छिन्न होने के तत्काल पहले की है।

disintegration, social = social disintegration

disorganization **विसंगठन**

किसी क्रमबद्ध व्यवस्था तथा उसकी क्रियाशीलता की योजना के विघटन या टूट जाने की प्रक्रिया विसंगठन कहलाती है। विसंघठन की स्थिति अव्यवस्था तथा दुष्क्रियाशीलता की दशा को प्रकट करती है जिसके कारण एकात्मक अथवा समन्वयात्मक व्यवहार का लोप या अभाव हो जाता है। इस पद का प्रयोग व्यक्ति तथा सामाजिक समूहों दोनों के संदर्भ में किया जाता है।

disorganization, community **सामुदायिक विसंगठन**

किसी समुदाय के स्थापित सामाजिक संबंधों में विघटन की स्थिति सामुदायिक विसंगठन कहलाती है।

disorganization, family **पारिवारिक विसंगठन**

वैवाहिक तथा पैतृक संबंधों से संबंधित सामाजिक आचारों के विपरीत किया गया कोई भी व्यवहार पारिवारिक विसंगठन का द्योतक है। चूंकि वैवाहिक एवं पैतृक सम्बन्धों सम्बन्धी सामाजिक आचारों में देश-काल के अनुसार भिन्नता होती है, अतः पारिवारिक विसंगठन की परिभाषा भी उसके अनुसार बदलती रहती है।

disorganization, personal **व्यक्तिगत-विसंगठन**

किसी व्यक्ति द्वारा समाजोनुमोदित व्यवहार प्रतिमानों के साथ अनुरूप व्यवहार करने की उसकी ऐसी अयोग्यता या बेरुखेपन की स्थिति व्यक्तिगत विघटन की द्योतक है जो कि व्यक्ति को सामाजिक विसंगठन की ओर धकेलने में सहायक हो। सामान्यतः विसंगठन व्यक्ति के दृष्टिकोण एवं व्यवहार तथा सामूहिक मूल्यों के बीच संघर्ष का परिणाम है। इस संघर्ष की अभिव्यक्ति अपराध या वैश्यावृत्ति जैसे समाज विरोधी व्यवहार में हो सकती है या स्वयं व्यक्ति में संघर्ष का जन्म हो सकता है जिसके कारण एक प्रकार के दृष्टिकोण तथा

दूसरे प्रकार के दृष्टिकोणों या व्यवहारों को अपनाने में वह पसोपेश में पड़ जाता है। परिणामतः यह स्थिति उसे अस्थिर व्यक्तित्व, मानसिक एवं भावनात्मक अव्यवस्था और कभी-कभी आत्महत्या की ओर भी अग्रसर कर देती है।

disorganization social = social disorganization

division of labour **श्रम-विभाजन**

श्रम-विभाजन सामाजिक विज्ञानों की एक सर्वाधिक पुरानी अवधारणा है। श्रम-विभाजन से तात्पर्य किसी भी स्थाई संगठन में मिलजुल कर काम करने वाले व्यक्तियों, या समूहों द्वारा भिन्न, किन्तु समन्वयात्मक क्रियाओं के सम्पादन से है। श्रम-विभाजन के अन्तर्गत विभाजित काम के प्रत्येक भाग को किसी पृथक व्यक्ति अथवा व्यक्तियों के समूह द्वारा सम्पादित किया जाता है। अतः किसी समाज में किसी कार्य को सम्पादित करने वाले व्यक्तियों के बीच सम्पन्न की जाने वाली क्रियाओं एवं सेवाओं के वितरण एवं वैभिन्यकरण की प्रक्रिया श्रम-विभाजन कहलाती है। इस अवधारणा का सामाजिक विज्ञानों में सर्वप्रथम प्रयोग **एडम स्मिथ** द्वारा अपनी पुस्तक 'इन्क्वायरी इन टू द नेचर एण्ड काज़ेज ऑफ द वेल्थ ऑफ नेशन्स' (1775) में पुरातन राजनीतिक अर्थव्यवस्था के अध्ययन में किया गया जो कि आधुनिक अर्थव्यवस्था की पूर्वज मानी जाती है।

इस अवधारणा के बारे में अनेक मत-मतांतर होते हुए भी समाजशास्त्र के संस्थापकों में इस बात पर सहमति है कि सत्ता संबंध, विचारधारा और नैतिक नियमाचारों द्वारा श्रम-विभाजन को बनाये रखा जाता है। उदाहरणार्थ, **कार्ल मार्क्स** ने कहा है कि बाज़ार की प्रक्रियाएं वर्ग-सत्ता में निहित विभाजन को अभिव्यक्त करती हैं जो कि सम्पूर्ण सामाजिक-आर्थिक पुंज की सम्पत्ति होती हैं और जो व्यक्तिगत प्रयोजनों और व्यवहारों को भी सम्मिलित करती हैं। उनके मतानुसार श्रम-विभाजन ने ही सर्वप्रथम उत्पादन के विरोधी संबंधों को जन्म दिया है। इसी कारण से किसी भी विशिष्ट काल में श्रम-विभाजन के बाद के रूप उत्पादन-संबंधों के मालिकों और मजदूरों के बीच अतिरिक्त उत्पादन के वितरण से संबंधित संघर्ष को प्रतिबिम्बित करते हैं। **दुर्खाइम** ने इसी बात को थोड़े दूसरे ढंग से कही है। उनके अनुसार श्रम-विभाजन का प्रमुख कार्य नैतिकता का संचार करना है, अर्थात् समाज में एकजुटता (सोलिडरिटी) को उत्पन्न करना है ताकि व्यक्तिगत अंह, स्वतंत्रता, निष्ठुरता तथा क्रूरता को नियंत्रित किया जा सके।

एमिल दुर्खाइम ने श्रम-विभाजन संबंधी अपने विचारों का सविस्तार वर्णन-विश्लेषण सन् 1893 में फ्रेंच भाषा से अंग्रेजी में अनुदित अपनी पुस्तक 'द सोश्यल डिवीजन ऑफ लेबर' में किया है। यद्यपि इतिहासकारों और मानवशास्त्रियों ने इस विचार के संबंध में कि पूर्व आधुनिक समाजों में श्रम-विभाजन का अभाव था, प्रश्न खड़ा किया है, किन्तु दुर्खाइम ने अपनी यांत्रिक और सावयविक एकता (एकजुटता) संबंधी जुड़वां अवधारणाओं द्वारा श्रम-विभाजन के प्राचीन और अर्वाचीन स्वरूप पर विस्तृत प्रकाश डाला है। दुर्खाइम के अनुसार, जैसे-जैसे किसी समाज में श्रम-विभाजन में वृद्धि होती जाती है, वैसे-वैसे यांत्रिक

एकता पर आधारित समाज सावयविक एकता का रूप ग्रहण करता जाता है। इसी आधार पर उन्होंने सामाजिक उद्विकास के दो स्तरों को प्रतिबिम्बित करने वाले दो प्रकार के समाजों के बीच स्पष्ट अन्तर बताया है।

संभवतः **एंजिल** और **टी. वेबलन** को छोड़ कर लिंग और आयु के आधार पर बने हुए श्रम-विभाजन को समाजशास्त्र के तथाकथित संस्थापकों ने बहुत कम महत्व दिया है। कदाचित्, पिततंत्र को सामाजिक क्रियाकलापों के बलात् एवं शोषणकारी विभाजन का सबसे पुराना उदाहरण बताया जा सकता है। अधिकांश समाजों में स्त्री और पुरुष के आधार पर मोटे रूप में श्रम-विभाजन देखने को मिलता है। यह श्रम-विभाजन हम स्पष्ट रूप में सामाजिक, धार्मिक और राजनीतिक क्रियाकलापों तथा विशिष्टतः उन कार्यों में देख सकते हैं जो वे सम्पादित करते हैं। सवेतन रोजगार के संदर्भ में इसे व्यावसायिक पृथक्करण कहते हैं, किन्तु श्रम-बाज़ार में प्रजाति और धर्म के आधार पर पृथक्करण विशेष रूप में अधिक देखने को मिलता है।

अभी हाल में, नारीवादी विश्लेषण ने सत्ता और नैतिकता दोनों को अपनी व्याख्याओं का आधार बनाया है ताकि वे औद्योगिक समाजों में लिंग के आधार पर हुए श्रम-विभाजन से उत्पन्न पक्षपाती भेदभाव को उजागर कर सकें। सत्ता की असमानता को स्पष्ट रूप में औद्योगिक उत्पादन की व्यवस्था में देखा जा सकता है। जो कई वर्षों से चली आ रही है। यह व्यवस्थास्त्रियों को घरेलू बनाने और उनके वेतन रहित घरेलू श्रम पर आधारित है। पुरस्कारों की दुराग्रही असमानता और स्त्रियों एवं पुरुष के क्षेत्रों में श्रम-बाज़ारों के पृथक्करण में अब धीरे-धीरे कमी आ रही है। परिवार की विचारधारा में नैतिक नियंत्रण, रूमानी प्रेम की धारणा, मातृत्व के कर्त्तव्य तथा लिंगों में तथाकथित प्राकृतिक भिन्नताएं जो बालक एवं बालिकाओं का सामाजीकरण प्रोत्साहित करता है, जैसे तत्व अभी भी कार्यरत हैं। अतः नैसर्गिक अधिकरों के आधुनिक सिद्धान्तों के होते हुए भी स्त्रियों को बहुधा उन कानूनी और राजनीतिक अधिकारों से (अभी कुछ समय पूर्व तक) अलग रखा जाता है जिसे दुर्खाइम ने सावयविक एकजुटता से संबंधित श्रम-विभाजन के लिये आवश्यक माना है।

division of labour, domestic **घरेलू श्रम-विभाजन**

घर-परिवार के भीतर कार्यों, भूमिकाओं तथा दायित्वों का विभाजन घरेलू श्रम-विभाजन को प्रतिबिम्बित करता है। विवाहित महिलाओं को अधिकाधिक रूप में घर से बाहर औपचारिक नियोजन (नौकरी) की तलाश एवं संलग्नता ने समाजशास्त्रियों का इस विषय पर अपना ध्यान आकर्षित किया है। आजकल समाजशास्त्री उन प्रक्रियाओं का बारीकी से अध्ययन कर रहे हैं जो घर और कार्यस्थल को जोड़ते हैं। इसके साथ वे यह भी अध्ययन कर रहे हैं कि किस प्रकार महिलाओं के अधिकाधिक नियोजन ने पारम्परिक घरेलू भूमिकाओं और घरेलू श्रम के संगठन को पुनर्संयोजन एवं व्यवस्थापन के लिये तत्पर किया है। इस संबंध में पश्चिमी देशों में हुए अध्ययनों की ढ़ेर सारी सामग्री और उन पर आधारित सैद्धान्तिक विवेचन सामने आये हैं। ऐसे परिवार जिसमें स्त्री एवं पुरुष दोनों ही घर से बाहर काम पर जाते हैं, उनमें लिंग पर आधारित घरेलू कार्यों का विभाजन न्यूनाधिक रूप में

यथावत बना हुआ है। पारम्परिक घरेलू कार्य अभी तक महिलाओं द्वारा ही अधिकांशतः सम्पादित किये जाते हैं तथा घर के बाहर के ऐसे कार्य, जिसमें 'यांत्रिक रुचि' की जरूरत पड़ती है, मात्र अधिकतर पुरुषों द्वारा सम्पन्न किये जाते हैं। इस स्थिति ने महिलाओं पर काम की 'दूहरी मार' और 'भूमिका-संघर्ष' की समस्याएं उत्पन्न की हैं।

divorce **विवाह-विच्छेद/तलाक**

अधिकारिक वैवाहिक संबंधों की वैधानिक समाप्ति तलाक कहलाती है। इसका प्रमुख उद्देश्य उन व्यक्तियों को राहत देना है जहां सामान्य वैवाहिक संबंध दूभर हो गये हैं। पश्चिमी समाजों तथा अमेरिका में, जहां तलाक बहु प्रचलित है, तलाक को एक ऐसी प्रक्रिया माना जाता है जिसमें वैध माने जाने वाले विवाह को वैवाहिक जीवन साथियों के जीवन काल में तोड़ा जा सकता है तथा इसके बाद वे पुनः अकेले हो जाते हैं तथा दूसरा विवाह करने के लिए स्वतंत्र रहते हैं।

तलाक और पृथक्करण में भिन्नता है। पृथक्करण की स्थिति में वैवाहिक युग्म वैधानिक रूप में पृथक घरों में रहना स्वीकार करते हैं किन्तु वे पुनर्विवाह करने के लिए स्वतंत्र नहीं होते क्योंकि उनकी वैवाहिक प्रस्थिति पृथक्करण के बावजूद यथावत् बनी रहती है। सभी संस्कृतियों में तलाक एवं पृथक्करण को इन कड़े अर्थों में स्वीकार नहीं कियां गया है। कुछ आदिवासीय समाजों में पृथक्करण, अमान्य विवाह तथा तलाक की धारणाएं आपस में घुलमिल गई हैं। ऐसे समाजों में इन तीनों स्थितियों में स्पष्ट भेद करना कठिन है। किन्तु आधुनिक सभी संस्कृतियों के अधिकांश समाजों में जीवन साथियों के जीवन-काल में कुछ निश्चित दशा में विवाह के मूल समझौते के अनुसार वैवाहिक बंधनों के पूर्ण समापन को स्वीकृत किया गया है तथा बाद में पुनर्विवाह करने की भी स्वीकृति दी गई है।

समूह की स्वीकृति द्वारा वैवाहिक बंधनों की समाप्ति संभवतः उतनी ही पुरानी है जितनी कि स्वयं विवाह की संस्था। अधिकांश आदिवासी समाजों में किन्हीं परिस्थितियों में वैवाहिक बंधनों के समापन को स्वीकृत किया गया है। यद्यपि समापन संबंधी नियमाचारों एवं प्रथाओं में अवश्य भिन्नता देखी गई है।

तलाक किन परिस्थितियों में दिया जा सकता है, इस संबंध में अलग-अलग समाजों और भिन्न ऐतिहासिक कालों में काफी भिन्नता देखी जा सकती है। अफ्रीका के कुछ समाजों में एक पुरुष अपनी पत्नी को मात्र इस बात पर तलाक दे सकता है कि वह उसके कपड़े सीना नहीं जानती। ग्यारहवीं शताब्दी तक यहूदी कानून के अनुसार, एक पति को मात्र अपनी खुशी के लिए अपनी पत्नी को छोड़ने का अधिकार था, जबकि पत्नी द्वारा पति को छोड़ने का कोई अधिकार नहीं था। आधुनिक इज़राइल में पारस्परिक सहमति के आधार पर अब दोनों को तलाक देने का अधिकार प्राप्त है। भारत में भी प्राचीन काल में पत्नी को तलाक देने का अधिकार नहीं था, किन्तु पति अवश्य प्राचीन धर्म संहिताओं में (मनुस्मृति आदि) उल्लिखित परिस्थितियों के आधार पर विवाह-विच्छेद की कामना कर सकता था।

तलाक-प्रतिमानों द्वारा किसी समाज में स्त्रियों की स्थिति का पता चलता है। प्राचीन

पितृसत्तात्मक समाजों में विवाह-विच्छेद की घटनाएं अपेक्षाकृत अजान थीं तथा स्त्रियों के अधिकार सापेक्षतः सीमित थे, किन्तु समतावादी समाज की आधुनिक विचारधारा ने तलाक की मात्रा में वृद्धि की है। आधुनिक तलाकों के आधारों में काफी भिन्नता है। क्रूरता, परगमन, परित्याग, मद्यपान तथा पालन-पोषण करने में विफलता आदि कुछेक आधुनिक तलाकों के वैधानिक आधार हैं।

वास्तव में, उन परिस्थितियों को बताना अपेक्षाकृत सरल है जिनमें वैध विवाह को तोड़ा जा सकता है, किन्तु किसी समाज में होने वाले तलाकों की वास्तविक संख्या को बताना कठिन है। इस समस्या का मूल कारण यह है कि विवाह एवं तलाक की स्पष्ट एवं निश्चित परिभाषा का अभाव है तथा तलाक की सांख्यिकी का भी आसानी से पता नहीं लगाया जा सकता।

dominant caste **प्रभुजाति/प्रबल जाति**

'प्रभुत्वपूर्णता' की अवधारणा का सामाजिक विज्ञानों में सर्वप्रथम प्रयोग अफ्रीकी राजनीतिक व्यवस्था के विश्लेषण में हुआ है। भारतीय समाजशास्त्र में इस अवधारणा को सर्वप्रथम प्रयोग में लाने वाले **प्रो. एम.एन. श्रीनिवास** रहे हैं जिन्होंने इसका प्रयोग जाति-व्यवस्था के विश्लेषण में करते हुए इसके संबंध में लिखा है कि "उस जाति को प्रबल या प्रभु जाति कहा जा सकता है जो किसी गांव अथवा क्षेत्र विशेष में आर्थिक एवं राजनीतिक दृष्टि से महत्वपूर्ण प्रभाव डालती है। इस जाति का पाम्परिक एवं प्रथानुगत जातीय श्रेणी में सर्वोच्च स्थान होना जरूरी नहीं है। किसी जाति की जनसंख्या की ताकत, शिक्षा तथा सांस्कारिक प्रस्थिति जैसे कुछ ऐसे कारक हैं जो किसी जाति को किसी एक गांव विशेष में अथवा ग्रामीण भारत के किसी क्षेत्र में उसे प्रभु-जाति का दर्जा देते हैं।"

dormitory **युवागृह**

आदिवासी समाजों में कुछ ऐसी समितियां अथवा संगठन पाये गये हैं जिनका कार्य अपने समाज के युवक-युवतियों को समाज की संस्कृति में शिक्षित-दीक्षित करना, उनके लिए वैवाहिक जीवन की आवश्यक पृष्ठभूमि तैयार करना तथा उन्हें अपने भावी जीवन के सभी पहलुओं की जानकारी देना है। ये संगठन ही युवागृह कहलाते हैं। भिन्न-भिन्न जातियों में इन्हें अपनी स्थानीय भाषा में अलग-अलग नाम से पुकारा जाता है। भारत के मुड़िया व गौड़ों में घोटुल, उरावों में धुमकुरिया, नागाओं में मौरुंग व किचुकी के नाम से इन्हें जाना जाता है। युवागृह सामान्यतः अविवाहित युवक-युवतियों के मिलन-स्थल हैं जहां वे सम्मिलित रूप में अथवा अलग-अलग रूप में नित्य शाम को एकत्रित होते हैं। वहां वे मनोरंजन करते हैं तथा रात्रि में वहीं विश्राम करते हैं। कुछ जनजातियों में पुरुष एवं स्त्रियों के अलग-अलग युवागृह हैं तो कहीं संयुक्त। युवागृह सामान्यतः एक विशेष रूप में बने हुए भवन (झोपड़ी) में स्थित होता है। यह झोंपड़ी बहुधा गांव के बाहर, जंगल के बीच बनाई जाती है।

double descent = descent, double

dowry **दहेज**

दहेज वह धन अथवा सम्पत्ति है जो विवाह के अवसर पर (विवाह के पहले या बाद में) वधू पक्ष की ओर से वर पक्ष को दी जाती है। विवाह के अवसर पर भेंट देने की प्रथा एक सार्वभौम घटना है। हिन्दू धर्मशास्त्रों में भी विवाह के अवसर पर माता-पिता द्वारा पुत्री को भेंट देने का उल्लेख मिलता है। संभवतः इस भेंट की शुरुआत का कारण माता-पिता का अपनी सन्तान के प्रति स्नेह एवं मोह रहा होगा। कालांतर में यह प्रथा एक कठोर रूढ़ि बन कर सामाजिक एवं पारिवारिक प्रस्थिति के साथ जुड़ गई। इस सहसंबंध ने प्रतिस्पर्धा की भावना को जन्म देकर प्रदर्शन की प्रवृति को उभारने में मदद की है। परिणामतः प्रतिस्पर्धा एवं प्रदर्शन ने इस प्रथा को एक सामाजिक बुराई में परिणित कर दिया।

dramaturgy **अभिनयशास्त्र**

मीड तथा **कूले** की परम्परा का अनुसरण करते हुए **इरविंग गोफमेन** द्वारा सांकेतिक अन्तर्क्रियावादी उपागम के एक विशिष्ट रूप को अभिनयशास्त्र की संज्ञा दी गई है। अभिनयशास्त्र के उपागम के अनुसार 'स्व' की रचना कई भूमिकाओं द्वारा होती है जो व्यक्ति अदा करता है। सामाजिक अभिनेताओं का प्रमुख लक्ष्य अपने विभिन्न आत्मनों को इस प्रकार प्रस्तुत करना होता है ताकि उनकी एक विशिष्ट (सामान्यतः अच्छी) छवि की रचना हो सके। इसके लिए पूर्ण निष्ठा से अभिनय की आवश्यकता होती है। गोफमेन के अनुसार सामाजिक विश्व स्व-व्यवस्थित नहीं है और न ही व्यवहार में कोई अर्थ निहित होता है। किसी भी सामाजिक व्यवस्था तथा किसी विशिष्ट व्यवहार के अर्थ तभी महत्त्वपूर्ण होते हैं, जब व्यक्ति उन्हें कोई अर्थ प्रदान करते हैं। सामाजिक अन्तर्क्रिया में व्यक्ति एक-दूसरे के समक्ष मात्र उपस्थित ही नहीं होते, अपितु वे अपनी प्रतिभा को प्रदर्शित करने का यत्न भी करते हैं।

शेक्सपीयर और मैकयावली के जमाने से चली आ रही इस उक्ति कि 'सम्पूर्ण विश्व एक रंगमंच है और सभी व्यक्ति इसके रंगकर्मी हैं', का प्रयोग करते हुए गोफमेन ने अपने उपागम के स्पष्टीकरण के लिये रंगमंच और रंगशाला का प्रयोग मुख्य उपमाओं के रूप में किया है। सामाजिक व्यवहार बहुत-कुछ रूप में रंगमंचीय अभिनय से मिलता-जुलता है। इसीलिए गोफमेन ने अभिनय की भाषा तथा शब्दावली जैसे कथ्य, श्रोतागण, अभिनेता, अभिनय, भूमिका आदि शब्दों का प्रयोग करते हुए प्रतिदिन के जीवन में 'स्व' के प्रस्तुतीकरण का सूक्ष्म विवेचन किया है।

drive **अंतर्नोद/चालक**

अंतर्नोद या चालक शब्द का प्रयोग शारीरिक उद्दीपनों के लिए किया जाता है। शारीरिक शक्तियों की गतिशील अथवा उत्तेजित अवस्था को अन्तर्नोद कहते हैं। अन्तर्नोद अवस्था में व्यक्ति अपने अन्दर असंतोष का अनुभव करता है जो उसकी सामान्य प्रवृत्तियों

को क्रियाशील करती हैं। यह शरीर में चालक (मोटर) के समान कार्य करती है जिसके परिणामस्वरूप शरीर की मांसपेशियों एवं ग्रंथियों को शक्ति प्राप्त होती है। मनोवैज्ञानिकों ने अन्तर्नोद को एक ऐसे तथ्य के रूप में स्वीकार किया है जिसे तुष्ट करने के लिए अवयव बाध्य हैं। आहार, निद्रा और मैथुन मुख्य अन्तर्नोद हैं। इनके अतिरिक्त खेलना, थकना, स्वच्छ वायु में श्वांस लेना या अनुकूल तापक्रम में रहना भी अन्तर्नोद के विभिन्न रूप हैं।

अन्तर्नोद या चालकों को जन्मजात जैवकीय प्रवृत्तियां माना जाता है जिनके आधार पर शिक्षण द्वारा सम्पूर्ण जटिल प्रेरणाओं का विकास होता है। ऐसा माना जाता है कि अन्तर्नोद अवस्था में शरीर में रासायनिक परिवर्तन होते हैं जिनकी अनुभूति हमें नहीं होती। ये रासायनिक परिवर्तन ही अवयवों के लिए क्रिया करने की प्रेरणा शक्ति का कार्य करते हैं। अन्तर्नोद की अवस्था में सावयव ऐसे कारकों के अधीन हो जाता है जो उसके नियंत्रण के बाहर होती है, वह बिना परिणामों का ध्यान किये क्रियाएं करने लगता है।

dual organization **द्वैध संगठन**

जब किसी आदिवासी जाति के सभी गोत्र मिलकर दो भागों में अर्थात् अर्द्धांशों में बंट जाते हैं, तब जिस नवीन सामाजिक संरचना का उदय होता है, वह द्वैध संगठन कहलाता है। इसमें प्रत्येक अर्द्धांश 'द्विदल' या 'मोईटी' के नाम से जाना जाता है। ये अर्द्धांश समूह सामान्यतः बहिर्विवाही होते हैं किन्तु इसके कुछ अपवाद भी हैं। भारत की कई जनजातियों में द्वैध संगठन प्रचलित है। दक्षिण में नीलगिरि पर्वत की निवासी टोडा जनजाति अंतर्विवाही है जो 'तेइवालिओल' और 'तारथारोल' नामक दो दलों में बंटी हुई है। आसाम की गारो जनजाति 'मारक' एवं 'संगमा' नामक दो भ्रातृदलों में बंटी हुई है। 'लोनटे' और 'कोल्हन' नामक कूकी जनजाति में भी द्वैध संगठन का प्रचलन पाया गया है।

dysfunction/dysfunctional **दुष्प्रकार्य/दुष्प्रकार्यात्मक**

किसी क्रिया अथवा घटना के ऐसे परिणामों को दुष्कार्य कहा जाता है जिसमें किसी सामाजिक इकाई (समूह अथवा समाज) अथवा उसके किसी भाग की एकता तथा स्थायित्व में कमी आती है तथा जो उसके अतिजीवन तथा निरन्तरता की संभावनाओं को कम करते हैं। इन्हें घटना के नकारात्मक प्रकार्य भी कहा जाता है।

दुष्प्रकार्य या दुष्प्रकार्यात्मक दोनों शब्दों का प्रयोग सामाजिक व्यवस्था के तनावों को अभिव्यक्त करने के लिये किया जाता है। किसी भी घटना/वस्तु/कार्य को तब दुष्प्रकार्यात्मक कहा जाता है जब यह एक सम्पूर्णता के रूप में व्यवस्था में अवरोध या अस्त-व्यस्तता उत्पन्न करता है।

E

ecology **पारिस्थितिकी/पारिस्थितिशास्त्र**

सावयव तथा उनके प्राकृतिक वास के बीच पाये जाने वाले पारस्परिक संबंधों के अध्ययन को पारिस्थितिकी या पारिस्थितिशास्त्र कहते हैं। पारिस्थितिकी के अनुसार यह माना जाता है कि जीवन का संगठन पारिस्थितिकी व्यवस्था (इको सिस्टम) द्वारा होता है जिसमें सभी प्रकार के जीव एक दूसरे के साथ तथा भौतिक पर्यावरण के साथ तालमेल बना कर रहते हैं।

पारिस्थितिकी मूलतः जीवशास्त्र की एक शाखा है जिसमें वनस्पति तथा जीवों का उनकी प्राकृतिक अवस्था तथा उनकी पर्यावरण के साथ अन्तर्निर्भरता के संदर्भ में अध्ययन किया जाता है। पेड़-पौधे एक दूसरे के संग रहते हैं, अतः उनका अध्ययन सहजीवियों के रूप में किया जाता है। यही बात पशुओं तथा मानव प्राणी पर भी लागू होती है।

कभी-कभी पारिस्थितिकी शब्द का प्रयोग भौगोलिक पर्यावरण के स्थानापन्न के रूप में भी किया जाता है। किन्तु ऐसा प्रयोग त्रुटिपूर्ण है क्योंकि पारिस्थितिकी में जीव या वनस्पति का अपने भौतिक पर्यावरण के साथ भौतिक रूप में किये गये अनुकूलन का ही अध्ययन नहीं किया जाता। जैसे वनस्पतिशास्त्र में पेड़-पौधों का मिट्टी तथा जलवायु के साथ संबंधों का ही अध्ययन नहीं किया जाता, अपितु पेड़-पौधों तथा जीवनयुक्त सावयवों के साथ उनके संबंधों का भी अध्ययन किया जाता है।

ecology, human **मानवीय पारिस्थितिकी**

मानवीय पारिस्थितिकी, सामान्य पारिस्थितिकी की एक शाखा है जो मानवीय सावयव, सामाजिक समूहों तथा उनके पर्यावरण के साथ संबंधों का अध्ययन करती है। मानवीय पारिस्थितिकी के अध्ययन का समारंभ **रॉबर्ट पार्क** तथा शिकागो सम्प्रदाय के समाजशास्त्रियों द्वारा किया गया था। ज्ञान की यह शाखा विशेष रूप में मानव के क्षेत्रीय व्यवस्थापन तथा सामाजिक जीवन पर पड़ने वाले उसके प्रभावों का अध्ययन करती है। **पार्क एवं बर्गेस** के शब्दों में, "मानवीय पारिस्थितिकी को मानव के ऐसे स्थानीय एवं अस्थायी संबंधों के अध्ययन के रूप में परिभाषित किया जा सकता है जिन पर पर्यावरण के चयनित, वितरणात्मक तथा समायोजनात्मक शक्तियों का प्रभाव पड़ता है। मानवीय पारिस्थितिकी मूलतः मानवीय संस्थानों तथा मानवीय व्यवहार पर काल तथा स्थान की दृष्टि से पड़ने वाले

स्थिति संबंधी प्रभावों का अध्ययन करती है।" मानव-समुदाय के उदय एवं विकास में पारिस्थितिकी का अत्यधिक महत्व है। किसी भी स्थान के भूमितल की बनावट, परिवहन के साधन, उद्योग-धन्धों के रूप तथा समस्त आर्थिक व्यवस्था समुदाय की सामाजिक व्यवस्था को प्रभावित करती है और उसके विकास की सीमा का निर्धारण करती है।

ecology, social **सामाजिक पारिस्थितिकी**

विज्ञान की वह शाखा जो मानवीय आवास के क्षेत्रों की स्थानीय प्रकार्यात्मक संरचना, सामाजिक एवं सांस्कृतिक लक्षणों एवं संकुलों के स्थानिक वितरण, तथा सामाजिक एवं पारिस्थितिकीय प्रक्रियाओं की अन्तर्क्रिया के फलस्वरुप उत्पन्न होने वाली घटनाओं की उत्पत्ति एवं परिवर्तन का अध्ययन करती है, सामाजिक पारिस्थितिकी के नाम से जानी जाती है। आजकल सामाजिक पारिस्थितिकी में प्रौद्योगिकी का पर्यावरण के साथ संबंधों के अतिरिक्त प्राकृतिक संसाधनों के दोहन के लिए आवश्यक समूहों की रचना एवं वितरण के साथ-साथ ऐसे अप्रत्यक्ष संबंधों का भी अध्ययन किया जाता है जिनका जन्म इस प्रकार के समूहीकरण द्वारा हुआ है।

ecology, urban **नगरीय पारिस्थितिकी**

विकासात्मक, प्राकृतिक तथा नैतिकतारहित-दृष्टि से नगरों में व्यक्तियों, समूहों एवं संस्थाओं के स्थानिक वितरण का अध्ययन करने वाली ज्ञान की शाखा को नगरीय पारिस्थितिकी कहते हैं। इसमें मुख्य रूप में किसी नगर में व्यक्तियों एवं संस्थाओं के स्थानिक वितरण के रूपों की रचना करने वाली प्रक्रियाओं का अध्ययन किया जाता है। नगरीय अध्ययनों में पारिस्थितिकीय सिद्धान्त का प्रयोग शिकागो सम्प्रदाय द्वारा प्रचुर मात्रा में किया गया है।

economic determinism **आर्थिक निर्धारणवाद**

एक विचारधारा जिसके अनुसार यह माना जाता है कि सामाजिक जीवन तथा सामाजिक परिवर्तन को प्रभावित करने वाला सर्वाधिक प्रबल कारक आर्थिक हित है। इस कारक की अभिव्यक्ति उत्पादन एवं वितरण के लिए आवश्यक जमीन (प्राकृतिक संसाधन), प्रौद्योगिकी, सम्पत्ति तथा सामाजिक संबंधों जैसे कारकों में होती है। यह अवधारणा मूलतः 'इतिहास की व्याख्या' की ही पर्यायवाची है। इस सिद्धान्त को अपने आधुनिक प्रचलित रूप में प्रतिपादित करने का श्रेय **कार्ल मार्क्स** को जाता है। मार्क्स के अनुसार, सभी सामाजिक घटनाओं का निर्धारण उत्पादन के संबंधों (आर्थिक कारक) द्वारा होता है।

economic growth **आर्थिक वृद्धि**

आर्थिक वृद्धि से तात्पर्य, संक्षेप में, राष्ट्रीय आय में बढ़ोत्तरी से है। दूसरे शब्दों में, एक निश्चित समय में जनसंख्या के प्रति व्यक्ति के अनुसार वास्तविक वस्तुओं और सेवाओं के ऐसे उत्पादन को आर्थिक वृद्धि कहते हैं जिसकी माप सामान्य रूप में 'सकल राष्ट्रीय

उत्पादन' (जी.एन.पी) में की जा सकती है। जब किसी देश की सकल राष्ट्रीय आय में वार्षिक वृद्धि, जनसंख्या की वार्षिक वृद्धि से अधिक होती है तब यह स्थिति आर्थिक वृद्धि की परिचायक है। तृतीय विश्व के देशों के संदर्भ में आजकल इसके लिये एक वैकल्पिक शब्द 'आर्थिक विकास' का भी प्रयोग किया जा रहा है। आर्थिक वृद्धि अनिवार्यतः उपभोग में वृद्धि और सम्पदा एवं जनकल्याण के वितरण में सुधार को प्रकट नहीं करती। इसमें मुख्यतः इस तथ्य पर बल दिया जाता है कि अधिक उत्पादन का प्रयोग कैसे और किनके द्वारा किया जाता है।

economic organization **आर्थिक संगठन**

सीमित साधनों द्वारा असीमित भौतिक लक्ष्यों (आवश्यकताओं) की अधिकतम तुष्टि के संगठित प्रयासों को आर्थिक संगठन कहते हैं।

economy **अर्थव्यवस्था**

मानव प्राणी तथा सामाजिक समूहों की भौतिक आवश्यकताओं की तुष्टि के लिए सीमित साधनों, तकनीकों तथा कार्यों का जिस प्रकार संगठन एवं आवंटन किया जाता है, वह अर्थव्यवस्था का द्योतक है।

educational sociology **शैक्षिक समाजशास्त्र**

ज्ञान की वह शाखा जो शिक्षा के प्रशासन तथा/या प्रक्रियाओं का वैज्ञानिक रूप से अध्ययन करती है, शैक्षिक समाजशास्त्र के नाम से जानी जाती है। इसमें समाज का अध्ययन शिक्षा की दृष्टि से किया जाता है, अर्थात् किस प्रकार शिक्षा समाज की प्रगति को प्रभावित करती है। शैक्षिक समाजशास्त्र का मूल उद्देश्य शैक्षणिक तथा शिक्षा से संबंधित सामाजिक प्रश्नों के हल ढूंढ़ना है।

ज्ञान की इस शाखा का उद्‌भव पिछली शताब्दी के उत्तरार्द्ध में लगभग सन् 1892 में अमेरिका में तत्कालीन शिक्षा शास्त्रियों द्वारा शिक्षण संस्थाओं की गंभीर एवं दैनिक जीवन की समस्याओं के समाधान के उद्देश्य को लेकर हुआ। उस समय विशेष रूप में शिक्षा पर पर पड़ने वाले सामाजिक प्रभावों के समुचित अध्ययन हेतु शिक्षा एवं समाजशास्त्र के एक मिश्रित रूप में 'शैक्षिक समाजशास्त्र' का जन्म हुआ। सन् 1895 में सर्वप्रथम मिनिसोटा नॉर्मल ट्रेनिंग स्कूल में शिक्षा के पाठ्यक्रम में इसे जोड़कर इसका व्यवस्थित रूप में अध्ययन-अध्यापन किया जाने लगा। ज्ञान की इस शाखा के प्रमुख प्रवर्तक **जॉन ड्यूई** रहे हैं जिन्होंने पिछली शताब्दी के अन्तिम वर्षों में पाठशाला तथा समाज के मध्य पाये जाने वाले संबंधों के अध्ययन के लिए ज्ञान की इस शाखा की आधार शिला रखी। ड्यूई ने पाठशाला को एक ऐसे अत्यन्त लघु समुदाय या एक सूक्ष्म समाज के रूप में स्वीकार किया है जो बाह्य वृहत समाज को प्रतिबिम्बित करने के साथ-साथ एक लम्बे काल में समाज में सुधार लाने के लिए उत्तरदायी है। देखिए – 'शिक्षा का समाजशास्त्र'।

egalitarian/egalitarianism **समता/समतावाद**

इस अवधारणा का प्रयोग व्यक्तियों तथा समूहों के बीच वांछित सामाजिक संबंधों के विषय में अनुमानों अथवा निर्देशों के लिए किया जाता है। समतावाद की धारणा न्यूनाधिक मात्रा में समान स्थितियों में समान व्यवहार को प्रकट करने के साथ-साथ व्यक्तियों को निरर्थक मापदंडों के आधार पर वर्गीकरण को अस्वीकार करती है। सामाजिक संबंधों में समतावाद का सबसे अच्छा उदाहरण हम सार्वभौम राजनीतिक वयस्क मताधिकार का दे सकते हैं जिसमें जाति, प्रजाति, धर्म, लिंग, सम्पदा अथवा शैक्षणिक योग्यता को कोई महत्व नहीं दिया जाता है। समतावाद का सिद्धान्त इस मान्यता पर आधारित है कि तथाकथित सभी सामाजिक वर्गों में लगभग प्रतिभा, योग्यता, बुद्धि, शारीरिक बल आदि समान सापेक्षिक मात्रा में विद्यमान होते हैं।

ego **अहम्**

व्यक्तित्व का वह भाग अहम् के नाम से जाना जाता है जो व्यक्ति को वास्तविक तथ्यों की चेतन जानकारी देता है। मनोविश्लेषण में (फ्रायड द्वारा) अहम् व्यक्ति का वह अंश माना गया है जिसका कार्य 'इड' की प्रकृत इच्छा-भावों और नैतिक मन (पराहम्) के कठोर नियमों के बीच मध्यस्थता करना है। यह भाग आंशिक रूप से चेतन व आंशिक रूप से अचेतन होता है। इड की भांति यह भाग तात्कालिक एवं प्रकृत सुख नहीं चाहता, किन्तु यह वास्तविक सापेक्ष सुख पाने में इड की मदद अवश्य करता है। वस्तुतः अहम् इड का ही परिष्कृत स्वरूप है जो बाह्य जगत् के प्रभाव के प्रतिफल तथा चेतना से उतप्लावित होता है। निद्रा अथवा सुप्तावस्था में भी इड पर इसका नियंत्रण रहता है।

अहम् का प्रयोग 'स्व' (सेल्फ) के अर्थ में भी किया गया है। स्व के अर्थ में व्यक्ति अपने संबंध में अपना क्या मत रखता है, कहीं-कहीं अहम् का प्रयोग इस आशय के प्रतिनिधि के रूप में किया गया है। सन् 1890 में **जेम्स** तथा अन्य मनोवैज्ञानिकों ने अहम् शब्द का प्रयोग 'स्व' के अर्थ में ही किया है।

जन्मते ही व्यक्ति में अहम् जैसा कोई तथ्य नहीं होता। बाल्यकाल में अहम् अत्यन्त दुर्बल और अविकसित होता है, किन्तु वास्तविक जीवन के सम्पर्क में अहम् का धीरे-धीरे विकास होता जाता है। अज्ञान मन की इच्छाओं पर यह बाह्य और वास्तविक जीवन के नियमों के आधार पर नियंत्रण करता है। इसमें संगठन, योजना और विचारगम्यता होती है।

ego, super **पराहम्**

व्यक्तित्व का वह भाग पराहम् कहलाता है जो नैतिकता का प्रतिनिधित्व करता है। यह हमारे आदर्शों का प्रतिनिधि होता है, वास्तविकता का नहीं। नैतिक मन प्रायः बलवान शक्तियों और व्यक्तित्व का प्रमुख निर्धारक होता है। इसी के आधार पर मानव की समस्त क्रियाओं की आलोचना-प्रत्यालोचना होती है और व्यक्ति अनुचित कार्य करने से डरता है। इसका प्रभुत्व व्यक्तित्व के अन्य भागों—इड तथा अहम् पर होता है। इसका विकास अहम् से होता है और यह अहम् की क्रियाओं का ही प्रतिफल है। इसे अन्तःकरण या अन्तर्रात्मा

के अर्थों में भी जाना जाता है।

पराहम् का कार्य हमारी उन चंचल वृत्तियों की अभिव्यक्ति को नियंत्रित करना है जिनसे सामाजिक या नैतिक व्यवस्था के भंग होने का खतरा रहता है। ये प्रवृत्तियाँ मुख्यतः यौन और युयुत्सा हैं। पराहम् व्यक्ति पर आंतरिक नियंत्रण लगाकर हमें उच्छृंखल होने से रोकता है। यह कार्य पराहम् पुरस्कार और दण्ड के सहारे करता है। पराहम् का अधिक अथवा कम विकास दोनों ही स्थितियां व्यक्तित्व में असंतुलन पैदा करके अनेक रोगों का कारण बनती हैं।

egocentric **अंहकेन्द्रिता**

प्रत्येक वस्तुस्थिति को वैयक्तिक दृष्टिकोण से देखने, समझने तथा अपने आप में केन्द्रित रखने की प्रवृत्ति अहंकेन्द्रिता कहलाती है। इस प्रवृत्ति से ग्रसित व्यक्ति अपने को ब्रह्माण्ड का केन्द्र समझता है और आशा करता है कि विश्व उसके चारों ओर फिरे। ऐसा व्यक्ति बहुत कुछ अंशों तक दूसरे के अधिकारों एवं जरुरतों की अवहेलना करता है।

egoism **अहंवाद**

एक सिद्धान्त जिसके अनुसार यह माना जाता है कि सभी व्यवहार आत्म-लाभ की इच्छा से प्रेरित होते हैं। अहंवादी व्यक्ति की सभी क्रियाएं ऐसे लाभों के चहुंओर मंडराती रहती हैं जिन्हें वह अपना लाभ समझता है।

eidos **सम्मूर्तता/ईडॉज**

प्रो. क्रोबर एवं बेट्सन ने आदिम समाजों के अपने अध्ययनों के दौरान संस्कृति के दो प्रमुख पक्षों यथा 'ईडॉज तथा ईथॉज' की ओर ध्यान आकर्षित किया है। ईडॉज संस्कृति का बाह्य रुपांकन है जिसके द्वारा संस्कृति की रचना प्रकट होती है। बेट्सन ने आदिम समाजों संबंधी अपनी पुस्तक 'नावेन' (1936) में संस्कृति के क्रियाशील संज्ञानात्मक पक्ष को 'ईडॉज' की संज्ञा दी है।

electra complex **इलेक्ट्रा मनोग्रंथि**

मनोविश्लेषणात्मक सिद्धान्त के अनुसार यह माना जाता है कि पुत्र मां की ओर तथा पुत्री पिता की ओर आकर्षित होती है। पुत्री का पिता के प्रति आसक्ति, आकर्षण अथवा रुझान उसमें माता के प्रति ईर्ष्या की भावना उत्पन्न करती है। यही स्थिति इलेक्ट्रा मनोग्रन्थि के नाम से जानी जाती है। यह शब्द एक ग्रीक पौराणिक कथा पर आधारित है।

elite **अभिजन/श्रेष्ठिजन/संभ्रांतजन**

सत्रहवीं शताब्दी में 'ऐलीट' शब्द का प्रयोग किसी विशेष वस्तु की श्रेष्ठता को प्रकट करने के लिए किया जाता था। बाद में इस शब्द का प्रयोग समाज के श्रेष्ठ व्यक्तियों के लिये किया जाने लगा। अभिजन कौन है? वे कौन व्यक्ति हैं जो अभिजनों की श्रेणी में

आते हैं ? इन प्रश्नों का उत्तर हमें सर्वप्रथम **मोज़ाका तथा पेरेटो** की कृतियों में देखने को मिलता है। मोज़ाका के अनुसार, अभिजन समाज के अन्य लोगों से उच्च स्तर के व्यक्ति होते हैं। **पेरेटो** ने 'ऐलीट' पद की व्याख्या दो भिन्न ढंगों से की है। प्रथम अर्थ में, 'यदि मानवीय गतिविधि के प्रत्येक क्षेत्र में अंक निर्धारित किये जायें और जिन व्यक्तियों को किसी विशेष मानवीय गतिविधि के लिए सर्वोच्च अंक मिलें, उन्हें एलीट या अभिजन कहा जायेगा।' द्वितीय अर्थ में 'योग्यता, चारित्रिक गुण, कुशलता, क्षमता तथा शक्ति में श्रेष्ठ और विशिष्टता-प्राप्त व्यक्ति ऐलीट या अभिजन कहलाते हैं।' **एच.डी. लॉसवेल** के शब्दों में, 'अभिजन की श्रेणी में वे व्यक्ति आते हैं जो समाज में मूल्यों के सर्वाधिक निर्माता, संरक्षक तथा नियंत्रक होते हैं..... किसी समाज में सर्वोच्च प्रस्थिति प्राप्त व्यक्ति अभिजन कहलाते हैं।' अभिजनों को अपनी योग्यता, कार्यक्षमता तथा सूझबूझ के कारण अपने समूह अथवा समाज में प्रतिष्ठा प्राप्त होती है। वे प्रत्यक्ष अथवा परोक्ष रूप में अगुआ की भूमिका अदा कर के समाज के कार्यकलापों को निर्देशित एवं प्रभावित करते हैं।

elites, circulation = circulation of elite

elopment **सहपलायन**

विवाह का एक चलन सहपलायन कहलाता है जिसके अनुसार लड़का व लड़की बिना बताये घर से भाग जाते हैं और विवाह रचा लेते हैं। बाद में ऐसे विवाहों को सामाजिक स्वीकृति मिल जाती है। कभी-कभी माता-पिता की विवाह की अनुमति न मिल पाने या आवश्यक वधू-मूल्य न चुकाये जाने के कारण या सामान्य विवाह में आने वाली अन्य बाधाओं के उत्पन्न होने के भय से लड़के-लड़कियों को भाग कर विवाह के इस तरीके को अपनाने के लिए मजबूर होना पड़ता है। कई स्थानों पर यह विवाह की एक स्वीकृत प्रथा बन गई है। इस प्रकार के विवाहों का प्रचलन कई आदिवासी जातियों में आम बात रही है। आजकल पारम्परिक समाजों में भी इस प्रथा का चलन बढ़ता जा रहा है।

emotion **संवेग**

व्यक्ति की एक अत्यधिक उत्तेजित दशा को संवेग का नाम दिया गया है जिसमें कुछ विचार, भावनाएं और सामान्यतः चालक अभिव्यक्तियां मिलकर व्यक्ति की चेतन अनुभूति, व्यवहार और अन्तरावयवों में एक प्रकार की हलचल मचा देती हैं। क्रोध, भय, शोक, वात्सल्य, प्रेम आदि संवेग के ही उदाहरण हैं।

empirical generalization **आनुभविक सामान्यीकरण**

घटनाएं किस प्रकार घटती हैं, इस संबंध में प्रस्तुत किये गये एक सरल कथन को आनुभविक सामान्यीकरण की संज्ञा दी गई है। यह कथन दो या दो से अधिक परिवर्त्यों (वेरिएबल) के बीच सहसंबंधों के हमारे अवलोकन पर आधारित होता है, जैसे स्त्रियों में पुरुषों की अपेक्षा अधिक धार्मिक भावनाएं पाई जाती हैं। (देखिये – अनुभवमूलक विज्ञान, अनुभववाद)

empirical science **आनुभविक/अनुभवमूलक विज्ञान**

आनुभविक या अनुभवमूलक विज्ञान से तात्पर्य ऐसे ज्ञान एवं विश्वासों से है जिन्हें अवलोकन, निरीक्षण-परीक्षण तथा व्यवस्थित प्रयोगों द्वारा प्राप्त किया जाता है। उन्हीं तथ्यों को आनुभविक कहा जाता है जिनकी सत्यता का परीक्षण ज्ञानेद्रियों द्वारा संभव है। आधुनिक सामाजिक विज्ञान उस सीमा तक आनुभविक कहलाते हैं जिस सीमा तक उनमें ज्ञान की दार्शनिक-तार्किक विधियों के विपरीत ज्ञानेद्रियों पर आधारित अनुभवजन्य विधियों का प्रयोग किया जाता है।

empiricism **अनुभववाद**

अनुभववाद वह सिद्धान्त है जिसके अनुसार यह माना जाता है कि ज्ञान का उद्भव केवल अनुभवों द्वारा होता है। सामान्यतः ऐसे ज्ञान को अन्तःप्रज्ञा पर आधारित ज्ञान से भिन्न किया जाता है। कभी-कभी इसे तर्कवाद का विपर्यय भी माना जाता है। यह तार्किक ज्ञान से भिन्न होता है जो सामान्य दार्शनिक सिद्धान्त से निष्कर्षित निगमन विधि पर आधारित होता है। आनुभविक का सामान्य अर्थ ऐसे प्रमाणों से है जो विश्वसनीय हैं तथा कोरी कल्पना या नैतिक बोध से अप्रभावित हैं। अतः कोई भी कथन, जो तथ्यात्मक प्रतीत होता है किन्तु यदि उसकी अनुभव द्वारा प्रामाणिकता सिद्ध नहीं की जा सकती है, तो वह निरर्थक है।

समाजशास्त्र में शोध के इस प्रकार के उपागम को अनुभववाद की संज्ञा दी गई है जिसमें काल्पनिक सिद्धान्तों की अपेक्षा तथ्यों के संकलन और प्रेक्षण-परीक्षण पर बल दिया जाता है। (देखिये– आनुभविक विज्ञान)

enculturation **संस्कृति-ग्रहण**

एक ऐसी प्रक्रिया संस्कृति-ग्रहण या संस्कृतिकरण कहलाती है जिसके द्वारा मानव प्राणी अपने समूह की संस्कृति के अनुसार अपने आप को ढालता है तथा अपनी प्रस्थिति एवं भूमिकाओं से संबंधित कार्यों को करना सीखता है। समाजशास्त्र में इससे मिलती-जुलती एक अन्य प्रक्रिया है जिसे 'समाजीकरण' कहते हैं। समाजीकरण में सीखने की औपचारिक विधि अर्थात् पाठशालाई शिक्षण-प्रशिक्षण भी सम्मिलित है, किन्तु संस्कृति-ग्रहण की प्रक्रिया सामान्यतः अनौपचारिक सीख तक ही सीमित है।

endogamy **अन्तर्विवाह**

विवाह का ऐसा नियम, जिसके अनुसार व्यक्ति को अपने समूह (जाति, धर्म, प्रजाति, जनजाति, आदि) में विवाह करने के लिए बाध्य होना पड़ता है, अन्तर्विवाह कहलाता है। भारत में इस नियम के अनुसार एक हिन्दू को अपनी ही जाति में विवाह करना अनिवार्य होता है।

enlightenment **प्रबोधकाल**

अठारवीं शताब्दी के यूरोपीय दार्शनिक और सामाजिक आंदोलन को प्रबोधकाल का नाम दिया गया है। इसे बहुधा 'विवेक-युग' के नाम से भी पुकारा जाता है। प्रबोधकालीन दार्शनिकों ने अनेक प्रगतिशील विचारों को जन्म दिया, जैसे—अभिव्यक्ति और विचारों की स्वतन्त्रता, धर्म की आलोचना, विज्ञान एवं तर्क की महत्ता, सामाजिक प्रगति के प्रति प्रतिबद्धता तथा व्यक्तिवादिता का महत्व। आधुनिक समाजों के उद्‌भव में इन आलोचनात्मक और लौकिक विचारों ने महत्वपूर्ण भूमिका अदा की है। इस काल के प्रमुख विचारक एम. कोन्डरेक्ट (1734-94), डी. ह्यूम (1711-76), वॉल्तेयर (1694-1778), डी. डीडरॅट (1713-84), जे. एच. रूसो (1712-78) और आई. कान्त (1724-1804) रहे हैं।

इस काल की आलोचना भी हुई है। उन्नीसवीं शताब्दी में स्वच्छन्दतावादियों ने कहा कि प्रबोधकालीन विवेक भावशून्य था, और रूढ़िवादियों ने इसे उग्र अतिवादी बताया। बीसवीं शताब्दी में कहा गया कि यह ऐसा आंदोलन था जो व्यक्तिगत और सांस्कृतिक भिन्नताओं के प्रति असहिष्णु था। महिलावाद ने इसे पुरुष मूल्यों पर आधारित एकतरफा ऐसा आंदोलन बताया जो वास्तविकता के एक पक्ष को ही उजागर करता है।

epistemology **ज्ञानमीमासा**

दर्शनशास्त्र की एक शाखा जिसमें ज्ञान के उद्‌भव, आकार-प्रकार, विधि आदि का अध्ययन किया जाता है, ज्ञान मीमांसा के नाम से जानी जाती है। ज्ञान की क्या प्रकृति है, ज्ञान कैसे उत्पन्न होता है, उसके क्या आधार हैं, व्यक्ति जो ज्ञान प्राप्त करता है, वह उसे कैसे मिलता है, इन सभी प्रश्नों की खोज ज्ञानमींमासा में की जाती है। कभी-कभी इस शब्द का प्रयोग मात्र वैज्ञानिक विधियों से प्राप्त ज्ञान के लिये ही कर लिया जाता है, किन्तु बहुधा व्यापक अर्थों में इसका प्रयोग सभी प्रकार के ज्ञान और ज्ञान प्राप्ति की विधियों के लिये ही किया जाता है।

ज्ञान मींमासा का संबंध ज्ञान प्राप्ति से संबंधित अनेकानेक मुद्दों से होता है, जैसे ज्ञानार्जनकर्त्ता तथा ज्ञान की विषय-वस्तु के बीच संबंध, विभिन्न प्रकार के ज्ञान (वैज्ञानिक, आध्यात्मिक और अन्य) के बीच अन्तर, सत्य की प्रकृति, सामाजिक जीवन को समझने के लिये मात्र वैज्ञानिक तथ्यों के प्रयोग की संभावना, किसी भी वस्तु के संबंध में किसी भी प्रकार के प्रामाणिक ज्ञान प्राप्ति की संभावना, विभिन्न प्रकार के ज्ञान प्राप्त करने के लिये सर्वाधिक प्रामाणिक विधियां तथा ज्ञानार्जन में तर्क और इन्द्रियों की भूमिका।

समाजशास्त्र में, समाजशास्त्रीय ज्ञानार्जन के लिये सर्वाधिक उपयुक्त ज्ञान मींमासा, दूसरे शब्दों में, सामाजिक जीवन को जानने के लिये कौन सी सर्वाधिक उपयुक्ति विधि है, इस संबंध में समाजशास्त्र में चिरकालिक एक विवाद है। जो लोग वैज्ञानिक विधि का प्रयोग करते हैं, वे सामान्यतः सामाजिक विश्व को जानने के लिये आनुभविक विधियों की उपयुक्तता के बारे में प्रश्न करने की अपेक्षा इस बात पर बल देते हैं कि इन विधियों में से किसको चुना जाये। इस दृष्टिकोण के विपरीत, एक दृष्टिकोण यह भी है कि सामाजिक जीवन

के आधारों को जानने के लिये समाजशास्त्रियों को प्रेक्षण की जाने वाली घटनाओं के साथ-साथ ऐसी घटनाओं पर भी ध्यान दिया जाना चाहिये जिन घटनाओं का प्रत्यक्ष रूप में प्रेक्षण नहीं किया जा सकता है।

equality **समानता**

समानता के चार प्रमुख रूपों की चर्चा की जाती है, यथा (1) सत्तामूलक समानता, अर्थात् व्यक्तियों की समानता का सिद्धान्त; (2) वांछनीय लक्ष्यों को प्राप्त करने में अवसरों की समानता; (3) दशाओं में समानता जिसमें जीवन की दशाओं को विधानों द्वारा समान बनाया जाता है; (4) निष्पत्ति या परिणामों की समानता।

सत्तामूलक समानता सामान्यतः धार्मिक विश्वास से संबंधित है। उदाहरणार्थ, ईसाई धर्म में यह विचारणा प्रचलित है कि चूंकि ईश्वर मानवता का पिता है, अतः सभी मानव समान हैं। किन्तु लौकिकीकरण (सेक्यूलराइजेशन) ने इस धारणा को धक्का पहुँचाया है।

अवसर की समानता का विचार फ्रांसिसी आंदोलन की उपज है। इस विचार के अनुसार यह माना जाता है कि समाज में सभी पदों को व्यक्तिगत प्रतिभा के आधार पर शैक्षिक योग्यता के माध्यम से खुली प्रतियोगिताओं द्वारा भरा जाना चाहिये। इस प्रकार की समानता हेतु व्यक्तियों के चयन के लिये सार्वभौमिक कसौटियों की आवश्यकता पड़ती है। यह समानता समाज में उपलब्धिपरक प्रेरणा को भी महत्व देती है। इसमें जाति, प्रजाति, लिंग, आयु जैसे भेदभावमूलक कारकों को कोई महत्व नहीं दिया जाता है। इस प्रकार की समानता के आलोचकों का कहना है कि सांस्कृतिक धरोअर के मालिक होने के कारण कुछ व्यक्तियों (सम्पन्न व्यक्ति) जो इस प्रकार की प्रतिस्पर्धा में भाग लेते हैं, उन्हें पहले से ही कई लाभ मिले होते हैं, अतः दीनहीन वर्ग को, दशाओं की असमानताओं के कारण, ऐसी प्रतियोगिताओं में आगे आने का मौका ही नहीं मिल पाता। यही कारण है कि कुछ समाजों में आजकल समाज के पिछड़े वर्गों को आगे लाने के लिये विधानों के माध्यम से "सकारात्मक भेदभाव" की नीति को लागू कर आगे लाने का प्रयास किया जा रहा है।

समाज के आमूल परिवर्तनवादियों (रेडिकल्स) का कहना है कि 'अवसर की समानता' एक ऐसी स्थिति है जिसका समर्थन उदारवाद द्वारा किया गया है और 'दशाओं में समानता' परिवर्तन का एक रूप है जिसका लक्ष्य विद्यमान असमानताओं की व्यवस्था को खत्म करने की अपेक्षा सुधार करना है। आमूल परिवर्तनवादी इन दोनों प्रकार की समानताओं के विरूद्ध हैं। उनके अनुसार समाज और प्रतिस्पर्धा के बीच की उपमा अपने आप में पूंजीवाद के विचारों से अनुप्राणित हैं और यह पूंजीवाद की विचारधारा को ही प्रकट करती है। उदाहरणार्थ उन्नीसवीं शताब्दी में "सामाजिक डारविनवाद" ने 'उत्तरजीविता के लिये संघर्ष' के संदर्भ में समाज की परिकल्पना की थी। इन उपमाओं के विपरीत, समाजवादियों ने 'परिणामों की समानता' पर बल दिया जिसे राजनीतिक और आर्थिक आंदोलन के कार्यक्रमों के द्वारा प्राप्त किया जा सकता है। ये आंदोलन असमानता के सामाजिक कारकों को ही विनष्ट कर देगें। समाजवाद का लक्ष्य असमानताओं को समाप्त कर (जिसका मुख्य कारण उत्पादन के साधनों पर निजी स्वामित्व है) जन्म के कारक (जैसे, लिंग) की अवहेलना करते

हुए समान रूप में मानवीय आवश्यकताओं की पूर्ति करना है।

समानता के इन रूपों की कटु आलोचनाएं हुई हैं। आलोचकों के विचार में इस प्रकार की समानताएं न तो व्यावहारिक हैं और न हीं वांछनीय। इस संबंध में कहा गया कि आमूल परिवर्तनवादी समानता अयथार्थवादी है क्यों कि इसके लिये बालकों का सामाजीकरण घर-परिवार से दूर करना होगा ताकि उन्हें कम से कम सांस्कृतिक लाभों की विरासत प्राप्त हो, सम्पत्ति की विरासत के सभी रूपों को समाप्त करना होगा, प्रतिस्पर्धा और उपलब्धि का निषेध होना चाहिये और परार्थवाद और सहयोगिता के मूल्यों का एक सार्वभौमिक शिक्षण कार्यक्रम द्वारा विकास किया जाना चाहिये। क्या ये सभी कार्यक्रम संभव हैं? आनुभविक शोध बताते हैं कि समानता को लाने के लिये इज़राइल में किब्बुतुज, धार्मिक समुदाय, धर्म निरपेक्ष कम्यून, कृषक आंदोलन और साम्यवादी आंदोलनों आदि के सभी प्रयोग असफल सिद्ध हुए। इनकी असफलता का मुख्य कारण वर्ग, प्रस्थिति, शक्ति और सत्ता के कारक हैं जिन्हें समूल नष्ट करना असंभव नहीं तो मुश्किल अवश्य है। इस संबंध में यह भी कहा गया कि 'दशाओं में समानता' और 'निष्पत्ति (परिणामों) की समानता' आवश्यक रूप में वांछनीय नहीं है क्यों कि इनका दूसरे मूल्यों, जैसे व्यक्तिगत स्वतन्त्रता और व्यक्तिवादिता से विरोध है। उदाहरणार्थ, प्रजातंत्रात्मक समाजों में माता-पिता को अपनी संतानों को अपनी इच्छानुसार शिक्षा देने की स्वतंत्रता है, वे चाहें जिस संस्था में अपनी संतान को शिक्षा दिला सकते हैं। सरकार इस संबंध में अवसर या दशा की समानता के नाम पर उन पर कोई दबाव नहीं डाल सकती है। इसके विपरीत, यह सुझाव दिया गया कि सम्पन्न सामाजिक समूह एक ऐसी विचारधारा, जैसे 'चयन की स्वतंत्रता' अपनाते हैं जो स्वतंत्रता की रक्षा के लिये नहीं होती, अपितु निरंतर बनी हुई असमानता के फलस्वरूप उत्पन्न उन सुविधाओं को बनाये रखने के लिये होती है जिसका भोग वे कर रहे हैं।

यह सही है कि समाजशास्त्रियों ने असमानता के अध्ययन पर काफी श्रम किया है, फिर भी समानता की दशाओं और समतापरक सामाजिक आंदोलनों के विकास पर मुख्यधारा समाजशास्त्र में विशेष ध्यान नहीं दिया गया है। समानता को जो वर्तमान में महत्व दिया जा रहा है, वह समतावादी विचारधारा (जैसे, समाजवादी), नागरिकता के फलस्वरूप सामाजिक अधिकारों का विस्तार, नगरीकरण के परिणामस्वरूप प्रस्थिति आधारित संस्तरण में कमी तथा जन समाज के उद्‌भव के एक अंग के रूप में वृहद आधार पर उपभोग के विकास की उपज है।

eros **जीवन वृति या सृजनात्मक वृति**

यह वृति जीवन और जाति के संरक्षण को बनाये रखने की द्योतक है। इसकी रचना अहं और कामेच्छा के समन्वय द्वारा होती है। कामवृति का सर्वाधिक विश्लेषण फ्रायड और अन्य मनोविश्लेषणवादियों के साहित्य में हुआ है।

ethnicity/ethnic group **प्रजातिकता/प्रजातिक समूह**

व्यक्तियों के एक ऐसे समूह को प्रजातिकता के रूप में परिभाषित किया जाता है जो

स्वयं या दूसरों के द्वारा यह समझा जाता है कि उनकी कुछ ऐसी सामान्य विशेषताएं हैं जो उन्हें समाज के अन्य समूहों से अलग करती हैं। इस समूह का अपना एक अलग विशिष्ट सांस्कृतिक व्यवहार होता है। कभी-कभी नस्ल (रेस) और प्रजातिकता को एक ही समझ लिया जाता है, किन्तु ये दो भिन्न धारणाएं हैं। वास्तव में, प्रजातिकता शब्द की रचना नस्ल शब्द के विरोध में हुई है। नस्ल की पहिचान के लिये नस्लीय लक्षणों (प्राणीशास्त्रीय लक्षणों) का प्रयोग किया जाता है, जब कि प्रजातिकता की पहिचान के लिये नस्लीय लक्षणों के साथ-साथ सांस्कृतिक विशेषताओं, जैसे धर्म, व्यवसाय, भाषा, राजनीति का रूप आदि को भी ध्यान में रखा जाता है। प्रजातिक समूहों और सामाजिक वर्गों में भी अन्तर है।

ethnocentrism **स्वजातिवाद/नस्लवाद**

एक ऐसी संवेगात्मक मनोवृत्ति जिसके अनुसार व्यक्ति अपने समूह, जाति, प्रजाति, समाज अथवा संस्कृति को अन्य प्रजातिक अथवा सांस्कृतिक समूहों की अपेक्षा श्रेष्ठ समझता है तथा दूसरों के प्रति घृणा, द्वेष, संदेह, उदासीनता, अरुचि जैसे मनोभावों को प्रकट करता है। स्वजातिवाद की भावना से ग्रस्त व्यक्ति प्रायः ऐसे व्यक्तियों के विचारों एवं दृष्टिकोणों को समझने में असमर्थ रहता है जिनकी भाषा, धर्म, नैतिकता तथा आचार-विचार उससे भिन्न होते हैं। संक्षेप में, स्वजातिवाद एक ऐसी प्रवृत्ति है जो व्यक्ति को अपने समूह के मूल्यों के अनुसार संदर्भित घटनाओं एवं वस्तुओं के मूल्यांकन की ओर प्रवृत्त करती है।

इस अवधारणा का सर्वप्रथम प्रयोग **डब्ल्यू. जी. समनर** (1906) ने अन्तः समूह और बाह्य समूह के बीच ऐसी पक्षपातपूर्ण मनोवृतियों को समझाने के लिये किया जिनके द्वारा हम अपने रीति-रिवाजों, व्यवहार-प्रतिमानों और विश्वासों को बिना किसी नानुच के अच्छा और उच्च ठहराते हैं।

ethnography **प्रजातिलेखन**

किसी समाज के प्रथानुगत व्यवहारों, विश्वासों एवं मनोवृत्तियों का विस्तृत वर्णनात्मक लेखा-जोखा तैयार करने की विद्या प्रजातिलेखन कहलाती है। सांस्कृतिक मानवशास्त्र की यह शाखा सामान्यतः आदिम अथवा पूर्वशिक्षित समाजों के विवरणात्मक अध्ययनों से संबंधित है। ज्ञान की इस शाखा में विश्लेषण एवं व्याख्या की अपेक्षा वर्णन को ही प्रमुखता दी जाती है। प्रजातिलेखन में बहुधा सहभागिक अवलोकन की शोध-विधि का प्रयोग किया जाता है।

ethnology **प्रजातिशास्त्र**

विभिन्न समाजों के सांस्कृतिक तत्वों का तुलनात्मक अध्ययन करने वाली सांस्कृतिक मानवशास्त्र की एक शाखा प्रजातिशास्त्र के नाम से जानी जाती है। संस्कृतियों में क्या भिन्नता है और इस भिन्ता के क्या कारण हैं, प्रजातिशास्त्र के अध्ययन की प्रमुख विषय-वस्तु है। इस विषय-वस्तु का अध्ययन करने के लिए संस्कृतियों की तुलना की जाती है। सांस्कृतिक तत्वों की तुलना के अतिरिक्त सांस्कृतिक क्षेत्रों का समूहीकरण तथा

उद्‌विकासीय प्रवृत्तियों का भी इसमें अध्ययन किया जाता है। **रेडक्लिफ ब्राउन** के मतानुसार, "प्रजातिशास्त्र का कार्य प्रजातिक एवं सांस्कृतिक तत्वों के आधार पर मानव समुदायों का वर्गीकरण करना तथा प्रव्रजन, मिश्रण एवं सांस्कृतिक प्रसार के कारण उत्पन्न हुए इनके वर्तमान और प्राचीन वितरण की व्याख्या करना है।"

प्रजातिलेखन तथा प्रजातिशास्त्र दो भिन्न अवधारणाएं हैं। जहां प्रजातिलेखन में एकाधिक समुदायों का मात्र वर्णन होता है, वहाँ प्रजातिशास्त्र में प्रजातिलेखनों द्वारा उपलब्ध कराई गई सामग्री के आधार पर सिद्धान्तों की खोज करने का यत्न किया जाता है। इसके लिए विभिन्न समुदायों की सामग्री का तुलनात्मक अध्ययन किया जाता है।

ethnomethodology **लोक पद्धति विज्ञान/नृजातीय पद्धति**

सामाजिक स्थितियों को परिभाषित एवं विश्लेषित करने के लिए व्यक्ति कुछ नियमाचारों का पालन एवं प्रयोग करते हैं। समाजशास्त्र के क्षेत्र में नव विकसित अध्ययन-विधि जिसे 'नृजातीय पद्धति' या लोक पद्धति (ऍथनॉमेथडोलॉजी) कहा जाता है, इन सामाजिक स्थितियों को परिभाषित एवं विश्लेषित करने वाले नियमाचारों के खोज की ही एक विधि है। नृजातीय विधि अथवा ऍथनॉमेथडोलॉजी का प्रमुख कार्य यह जानना है कि किसी समाज के व्यक्ति किस प्रकार सामाजिक अन्तर्क्रियाओं के दौरान संकेतात्मक अभिव्यक्तियों को अर्थ प्रदान करते हैं। संकेतात्मक अभिव्यक्तियों से तात्पर्य ऐसे शब्दों अथवा वाक्यांशों से है जिनका कोई सर्वसम्मत अर्थ नहीं होता तथा जिनका अर्थ संदर्भ-परिस्थितियों पर निर्भर करता है। ऐसे शब्दों एवं वाक्यों का अर्थ एक घटना से दूसरी घटना पर बदलता रहता है। यह अर्थ बहुत कुछ शब्द के बोलने वाले अथवा जिसके लिए शब्द का प्रयोग किया जा रहा है, उस पर निर्भर करता है। संकेतात्मक शब्दों की सूची में ऐसे अनेक शब्दों को सम्मिलित किया गया है, जैसे वह, हम, वे, तुम, यहां, अब, यह, मैं, तब, आज, कल, आदि। इन शब्दों के अर्थ अनिश्चित हैं। अतएव, इनके प्रयोग में स्पष्टीकरण तथा संदर्भ की आवश्यकता होती है। उदाहरणार्थ, जब कोई सेना-अधिकारी भर्ती के लिए इस प्रकार का विज्ञापन देता है कि 'जनरल चौधरी को तुम्हारी आवश्यकता है।' इस कथन में 'तुम्हारी' शब्द का अर्थ निश्चित नहीं है। जो भी व्यक्ति विज्ञापन के पोस्टर के सामने खड़ा है, इस विज्ञापन को पढ़ता है, वह व्यक्ति 'तुम्हारी' शब्द अपने लिए प्रयोग किया गया मान सकता है। नृजातिपद्धति के अनुसरणकर्त्ता विद्वान की अभिरुचि ऐसे शब्दों के अर्थ को स्पष्ट करने वाले नियमों की खोज में होती है।

सामाजिक विज्ञानों में इस उपागम का विकास अभी कुछ वर्षों पहले ही हुआ है। इस उपागम के प्रमुख प्रवर्तक विद्वान **हेरोल्ड गारफिंकल** रहे हैं जिनकी पुस्तक 'स्टडीज इन ऍथनॉमेथडोलॉजी' (1967) के प्रकाशन द्वारा अध्ययन के इस उपागम का सूत्रपात हुआ। गारफिंकल ने 'ऍथनॉमेथडोलाजी' शंब्द की उत्पत्ति को समझाते हुए लिखा है कि 'ऍथनॉ' से तात्पर्य लोक या जन सामान्य से है और 'मेथडॅलाजी' का अर्थ अध्ययन पद्धति से है। गारफिंकल के अनुसार, ऍथनॉमेथडोलॉजी का उद्देश्य जन सामान्य को अपने समाज के बारे में उसी रूप में सामान्य ज्ञान उपलब्ध करवाना है जिस प्रकार वह स्वयं किसी भी वस्तु के

बारे में सामान्य ज्ञान प्राप्त करता है। उदाहरणार्थ, हम 'लोकवनस्पतिशास्त्र' (ऍथनॉबोट्नी) को लें तो इसका तात्पर्य किसी समाज के व्यक्तियों के पेड़-पौधों के बारे में सामान्य ज्ञान या समझ से है। इसी प्रकार, 'लोकचिकित्सा' (ऍथनॉमेडिसन) का अर्थ विभिन्न समाजों के व्यक्तियों को बीमार और बीमारी के बारे में अपने-अपने लोक ज्ञान, विचार और व्यवहार से है, अर्थात् बीमारी के संबंध में बीमार की देखभाल तथा उपचार संबंधी प्रचलित लोक ज्ञान से है। इसी आधार पर गारफिंकल ने उन विधियों के विस्तृत एवं गहन अध्ययन में रूचि लेना प्रारंभ किया जिनके द्वारा एक सामान्य व्यक्ति अपने जीवन की रोजमर्रा की क्रियाओं को स्वयं के लिये तथा दूसरों के लिये परिभाषित करते हैं। परम्परागत वैज्ञानिक शोध की विधियों से हटकर मानवीय व्यवहार के अध्ययन के लिये गारफिंकल ने नृजाति (लोक) पद्धति अपनाने का सुझाव दिया। अभी तक इस उपागम के अनुसरणकर्त्ता विद्वान बहुत कम हैं तथा इस क्षेत्र में काम भी बहुत कम हुआ है। सामाजिक जीवन के विश्लेषण के इस नवीन उपागम को विकसित करने में गारफिंकल को **आल्फ्रेड शूज** की 'फिनामिनालॉजी' की विचारधारा से प्रेरणा मिली। इसे अग्रसर करने में **गोफमेन, बिटनर, चर्चिल, मोरमेन, सेक्स, शंगोफ** तथा **सिसौरल** आदि विद्वानों ने प्रमुख भूमिका अदा की है।

नृजातिपद्धति के अन्तर्गत प्रतिदिन के जीवन की ऐसी सामान्य घटनाओं का अध्ययन किया जाता है जिसके बारे में प्रत्येक व्यक्ति की जानकारी होती है। नृजाति पद्धति के विद्वानों की रुचि रोजमर्रा के जीवन के साथ-साथ भाषा के सामाजिक पक्ष के विश्लेषण में भी होती है। इसके द्वारा सामाजिक यथार्थ को समझने का यत्न किया जाता है। शूज के अनुसार नृजातिपद्धति का प्रमुख कार्य इस प्रकार की अवधारणाओं तथा सिद्धान्तों को विकसित करना है जिनके द्वारा यह स्पष्ट किया जा सके कि व्यक्तियों द्वारा यथार्थ की धारणा की रचना कैसे होती है, उसे कैसे बनाए रखा जा सकता है तथा उसमें कैसे परिवर्तन होता है।

यह उपागम कई बातों में 'सांकेतिक अन्तर्क्रियावाद' से मिलता-जुलता है। दोनों में अध्ययन का प्रमुख विषय अन्तर्पारस्परिक अन्तर्क्रियाएं हैं। दोनों में सामाजिक अन्तर्क्रिया को व्यक्तियों के बीच होने वाली अर्थपूर्ण सम्प्रेषणीय क्रिया माना जाता है। किन्तु इस बाह्य समानता के उपरान्त भी उपागमों के रूप में नृजातिपद्धति तथा सांकेतिक अन्तर्क्रियावाद में काफी भिन्नता है। दोनों के प्रेरणा स्त्रोत अलग-अलग हैं। दोनों में मानव की प्रकृति और उसके संसार के प्रति भिन्न मान्यताएं हैं।

ऐतिहासिक दृष्टिकोण से देखा जाए तो नृजातिपद्धति का विकास समाजशास्त्रीय प्रकार्यवाद के प्रतिक्रिया स्वरुप हुआ है जिसमें नियमबद्ध तथा संरचित सामाजिक संबंधों, संस्कृति द्वारा मान्यता-प्राप्त प्रतिमानों तथा बाध्यतामूलक दशाओं पर बल दिया जाता है। इसके विपरीत, नृजातिपद्धति सामाजिक संरचना तथा प्रकार्य पर आधारित सैद्धान्तीकरण को अस्वीकार करती है।

ethno sociology — आंचलिक या लोक समाजशास्त्र

किसी समाज विशेष के अध्ययन के आधार पर निर्मित सिद्धांतों का परिप्रेक्ष्य आंचलिक

या लोक समाजशास्त्र कहलाता है। पिछले कुछ वर्षों में विकासशील देशों में यह अनुभव किया गया है कि पश्चिम में निर्मित एवं विकसित सिद्धान्त व अवधारणाएं किसी ऐसे अन्य समाज के अध्ययन हेतु अनुपयुक्त व निरर्थक हैं जिनकी संस्कृति-सभ्यता, सामाजिक संरचना तथा ऐतिहासिक पृष्टभूमि पश्चिमी समाजों से भिन्न है। इस आवश्यकता ने ही आंचलिक समाजशास्त्र को जन्म दिया है ताकि समाज विशेष के संदर्भ में उत्पन्न अवधारणाओं एवं सिद्धान्तों के आधार पर सामाजिक यथार्थ को समझा-परखा जा सके।

ethos **ईथॉज़ (लोक-चरित्र)**

'ईथॉज़' संस्कृति की आत्मा का प्रतीक शब्द है जो संस्कृति के गुण-धर्म, मान्यताओं तथा रुचियों का निर्धारण करती है। इसके द्वारा संस्कृति के भावात्मक पक्ष का प्रतिनिधित्व होता है। संस्कृति की अपनी पहचान ईथॉज़ के द्वारा ही बनती है। ईथॉज़ विशिष्ट जीवन-शैली की वह सम्पूर्णता है जो एक समूह को दूसरे समूह से विशेषतः उनके मूल्यों को अलग करती है। इस शब्द की रचना **प्रो. ए. एल. क्रोबर** ने की है। ईथॉज़ का संबंध कार्य की विषयवस्तु की अपेक्षा कार्य करने की पद्धति से होता है। हमारी क्रियाओं के संचालन में इनकी महत्ती भूमिका होती है।

eufunction = function

eugenics **सुप्रजननशास्त्र**

वह विज्ञान जो मानवीय वंशानुक्रम के सिद्धान्तों पर आधारित है तथा जिसमें मानव-प्रजाति के सुधार पर बल दिया जाता है। सुप्रजनन का मुख्य उद्देश्य जाति में उन गुणों की वृद्धि करना है जो समाज के लिए वांछनीय और उपयोगी समझे जाते हैं। इस पद की रचना **एफ. गाल्टन** (1883) ने मानवजाति में सुधार लाने के लिये की थी। अमेरिका में 1890 और 1920 के बीच एक आंदोलन के रूप में गाल्टन की 'जेनेटिक नीति' का काफी प्रभाव पड़ा। इस नीति के अनुसार सकारात्मक साधनों (जैसे प्रबुद्ध माता-पिता को आर्थिक मदद देना) तथा नकारात्मक साधनों (जैसे निम्न श्रेणी के माता-पिता पर उत्पादन पर प्रतिबंध लगाना) के द्वारा मानवीय जनसंख्या में सुधार लाना संभव है। आजकल सुप्रजनन की नीति चलन में नहीं है, किन्तु प्रकृति बनाम पोषण वाले पुराने वाद-विवाद के मूल मुद्दे अभी भी जिन्दा हैं।

euphoria **सुखबोध (उल्लासोन्माद)**

ऐन्द्रियक तुष्टि तथा कुशल-क्षेम की एक सामान्य भावना को सुखबोध या यूफॉरी कहा जाता है।

evaluation research = research, evaluation

evolution **उद्विकास**

परिवर्तन की वह प्रक्रिया उद्विकास के नाम से जानी जाती है जिसमें प्रत्येक परवर्ती

अवस्था का पूर्ववर्ती अवस्था से आवश्यक संबंध होता है। इसमें वृद्धि, विकास और निरंतरता की तीनों घटनाएं सन्निहित होती हैं। उद्विकास परिवर्तन की एक ऐसी प्रक्रिया है जिसमें किसी वस्तु की अन्तर्निहित विशेषताएं अपने आपको धीरे-धीरे प्रकट एवं प्रस्फुटित करती हैं। इस अवधारणा का सर्वप्रथम प्रयोग प्रसिद्ध वैज्ञानिक **चार्ल्स डार्विन** ने सन् 1859 में जीवों के विकास को समझाने हेतु किया था। सामाजिक विज्ञानों के क्षेत्र में इस अवधारणा के प्रथम प्रयोगकर्ता **हरबर्ट स्पेन्सर** रहे हैं जिन्होंने उद्विकास की व्याख्या करते हुए लिखा है, "उद्विकास पदार्थ का एकीकरण तथा गति का अपव्यय है। इस प्रक्रिया में पदार्थ एक अनिश्चित एवं असंबद्ध समानता से निश्चित एवं सुसंबद्ध वैभिन्न्यता की ओर अग्रसर होता है।" उद्विकास की धारणा प्रगति से भिन्न है। प्रगति में मूल्य एवं अच्छाई का भाव निहित होता है। बेहतर स्थिति की ओर हुआ परिवर्तन प्रगति है। उद्विकास एक मूल्य-तटस्थ धारणा है।

evolution, social **सामाजिक उद्विकास**

मूल रूप में प्राणिशास्त्र में विकसित उद्विकास की धारणा ने सामाजिक घटनाओं को भी प्रभावित किया है। यह माना गया है कि प्राणी के विकास की भांति समाज, संस्कृति तथा सामाजिक संस्थाओं का भी विकास विभिन्न स्तरों में हुआ है। उद्विकासवादियों की मान्यता है कि सभी समाज एवं संस्कृतियों का विकास एक निश्चित क्रम एवं अवस्था में होता है। विकास का यह क्रम चिरन्तन काल से सरलता से जटिलता, समानता से विभिन्नता तथा अनिश्चितता से निश्चितता की ओर चलता रहता है। उद्विकास की धारणा का प्रयोग **मोर्गन** ने विवाह एवं परिवार, **टायलर** ने धर्म, **कोम्त** ने दर्शन, **हैड्डन** ने कला, **लैवी ब्रुहल** ने तर्क और स्वयं **स्पेन्सर** ने सभ्यता के विकास को समझाने में किया है। सामाजिक उद्विकास की प्रक्रियाओं को भी न्यूनाधिक रूप में जैविकीय उद्विकास की प्रक्रियाओं जैसे वैभिन्न्यीकरण, अस्तित्व के लिए संघर्ष, प्रवरण, अनुकूलन आदि के समकक्ष सिद्ध करने का यत्न किया गया है, किन्तु ये प्रक्रियाएं सामाजिक उद्विकास की प्रक्रियाओं के समान कदापि नहीं हैं। **हरबर्ट स्पेन्सर** ने समाजों के विकास के संबंध में यह धारणा प्रकट की है कि आज के औद्योगिक समाजों का विकास 'आदिम' अथवा 'असभ्य' कहे जाने वाले समाजों से हुआ है। किन्तु विभिन्न सामाजिक संगठनों पर निर्मित आधुनिक समाजों को एक रेखिक विकास का परिणाम नहीं माना जा सकता। उद्विकासवाद की अपनी आन्तरिक कमजोरियों के उपरान्त भी यह कहा जा सकता है कि सामाजिक विकास तथा जैविकीय उद्विकास के बीच की उपमा ने इस विषय को आज तक जीवन्त बनाये रखा है।

बीसवीं शताब्दी के प्रारंभ से ही सामाजिक विज्ञानों में उद्विकास का प्रभाव क्षीण होता गया। इसे निर्बल बनाने में प्रकार्यवाद ने महत्वपूर्ण भूमिका अदा की है। **रेडक्लिफ ब्राउन** तथा **मालिनोस्की** जैसे मानवशास्त्रियों ने न केवल उद्विकासवाद पर तीव्र प्रहार किया अपितु उन्होंने विकासवादियों के 'अवशेष' सम्बन्धी विचारों का भी पुरजोर खण्डन किया। प्रकार्यवादियों ने किसी प्रथा, संस्कार अथवा संस्थागत व्यवहार को 'अवशेष' मानना स्वीकार न कर उसके स्थान पर उसके अस्तित्व के लिए उसके प्रकार्यों की भूमिका पर बल दिया है।

सन् 1960 और 1970 के बीच सामाजिक वैज्ञानिकों में उद्‌विकास की एक नई लहर ने पुनः रुचि पैदा की। परिणामतः उद्‌विकासवाद पर एक नये सिरे से सोच-विचार प्रारंभ हुआ जिसने बाद में नव उद्‌विकासवाद को जन्म दिया।

evolutionary change **उद्‌विकासीय परिवर्तन**

किसी निश्चित दिशा में निरन्तर एवं क्रमिक बदलाव उद्‌विकासीय परिवर्तन का द्योतक है। किसी विशिष्ट पर्यावरण, जो स्वयं परिवर्तनशील है, के अनुरूप, अनुकूलन अथवा समायोजन की प्रक्रिया, निरन्तर बढ़ता हुआ वैभिन्यीकरण, वैभिन्य प्रकार्यों के अनुरूप बनती हुई जटिल संरचना उद्‌विकासीय परिवर्तन की प्रमुख विशेषताएं हैं। उद्‌विकासीय परिवर्तन और क्रांतिकारी परिवर्तन में अन्तर है। क्रांतिकारी परिवर्तन अचानक तथा अनेकों अवस्थाओं को लांघते हुए होता है, जब कि उद्‌विकासीय परिवर्तन क्रमिक रूप में एक अवस्था से दूसरी अवस्था के बीच गुजरते हुए मन्द अथवा मन्थर गति से निरन्तर होता रहता है। उद्‌विकासीय परिवर्तन के दो प्रमुख रूप हैं–एक रेखीय और बहुरेखीय।

evolutionary theory/evolutionism **उद्‌विकासीय सिद्धान्त/उद्‌विकासवाद**

उन्नीसवीं शताब्दी में, उद्‌विकासवाद जैवकीय उपमा पर आधारित एक प्रमुख विचारधारा थी, किन्तु इसकी प्रकृति डार्विन के निर्धारणवादी सिद्धान्त से भिन्न थी। **डार्विन** के उद्‌विकास के सामान्य सिद्धान्त के अनुसार यह माना जाता है कि नैसर्गिक जातियों (स्पिसीज़) का उद्‌भव भिन्नता और प्राकृतिक प्रवरण (नैचॅरल सिलेक्शन) की ऐसी प्रक्रिया द्वारा होता है जो अनिवार्यतः प्रगतिशील नहीं हैं। किन्तु विक्टोरिया काल के सामाजिक वैज्ञानिकों ने इस बात को स्वीकार नहीं किया है। इनके उद्‌विकासीय सिद्धान्त द्वारा यह माना गया कि मानवीय समाजों में परिष्करण और सुधार अवश्यभावी है, परिवर्तन प्रगतिशीलता लिये होता है जो मानवीय समाज को उच्च सभ्यता और नैतिक विकास की ओर अग्रसर करता है। उन्नीसवीं शताब्दी में समाज और राजनीतिक जीवन संबंधी उपागमों में ये विचार केन्द्रीय महत्व के थे।

समाजशास्त्र में उद्‌विकासीय सिद्धान्त की शुरूआत **हर्बर्ट स्पेन्सर** के लेखनों से हुई, किन्तु बाद में, इस सिद्धान्त को **कार्ल मार्क्स, फ्रेडिरक एंजिल्स, एमिल दुर्खाइम** और **वी. गोरडन चाइल्ड** जैसे भिन्न प्रकार के लेखकों द्वारा भी इसे किसी न किसी रूप में स्वीकार कर लिया गया। यहां एक बात विशेष उल्लेखनीय है कि इस सिद्धान्त ने रूढ़िवादी और प्रगतिवादी दोनों प्रकार के समाज वैज्ञानिकों को प्रभावित कर यह सिद्ध कर दिया कि पश्चिमी विचारधारा में उद्‌विकासवाद को कितना सांस्कृतिक महत्व प्रदान किया गया है। (देखिये – उद्‌विकास, सामाजिक उद्‌विकास)

evolutionary universals **उद्‌विकासीय सार्वभौमिक तत्व**

टालकट पार्सन्स ने अपने बाद के लेखनों में ('सोसाइटीज़', 1966; 'द सिस्टम ऑफ मॉडर्न सोसाइटीज़', 1971) अपने प्रकार्यवादी सिद्धान्त को उद्‌विकासीय परिप्रेक्ष्य के साथ

जोड़ दिया (विशेषतः तथाकथित व्यवस्था संबंधी चार समस्याओं के संदर्भ में)। **पार्सन्स** के अनुसार जैवकीय सावयवों की भांति समाजों में भी प्रगति होती है। यह प्रगति इस तथ्य पर निर्भर करती है कि समाजों में अपने पर्यावरण के साथ सामान्य अनुकूलन करने की कितनी क्षमता है। यह क्षमता मुख्यतः संरचनात्मक वैभिन्न्यकरण की प्रक्रियाओं द्वारा प्राप्त की जाती है। संरचनात्मक वैभिन्न्यीकरण से तात्पर्य ऐसी विशेषीकृत संस्थाओं के विकास से है जो बढ़ती हुई आवश्यकताओं के अनुरूप सामाजिक प्रकार्य सम्पादित कर सके। बाद में, बढ़ती हुई जटिलता के कारण एकीकरण के नये तरीकों की जरूरत पड़ती है ताकि नवीन तथा अधिक विशेषीकृत तत्वों के बीच तालमेल बिठाया जा सके। इसे संत्रांतिकी संस्तरण (साइबरनेटिक हाइअरकी) के सिद्धान्त, अर्थात् ज्ञान के विकास या अधिक सूचनाओं के विनिमय द्वारा प्राप्त किया जाता है।

इस प्रकार, उद्‌विकास पारम्परिक से आधुनिक समाजों की ओर होता है और प्रगति को नौकरशाही संगठनों, मुद्रा एवं बाज़ार समूहों, स्तरीकरण और सामान्यीकृत सार्वभौमिक मानदंडों जैसे उद्‌विकासीय सार्वभौमिक तत्वों द्वारा मालुम किया जा सकता है। किसी भी समाज को ये तत्व पर्यावरण के साथ अधिक कुशलतापूर्वक रूप में अनुकूलन करने में सहायता करते हैं।

exchange theory = social exchange theory

existential sociology **अस्तित्ववादी समाजशास्त्र**

यह प्रमुखतः अमरीकी (विशिष्टतः वेस्ट कोस्ट से संबंधित) समाजशास्त्र की एक शाखा है जिसका उद्‌भव समाजशास्त्र के सर्वाधिक रूढ़िवादी वैज्ञानिक स्वरूप की प्रतिक्रिया के फलस्वरूप हुआ। इसकी जड़ें **सोरेन कीर्केगार्ड, फ्रेडरिक नीत्से, मार्टिन हाईडेगर और ज्यां-पाल सार्त्र** जैसे यूरोपीय अस्तित्ववादी दर्शन तथा घटनाचक्रवादी (फ़िनॉमिनोलॉजी) **हर्सल और शूज़** के विचारों में गड़ी हैं। इसमें प्रबोधन काल के महत् सिद्धान्तों को नकार कर प्रतिदिन के जीवन, अर्थात् व्यक्ति जिस प्रकार जीवन जीता है, की जटिलताओं के सूक्ष्म अध्ययन पर बल दिया गया है। इस सिद्धान्त के कुछ प्रणेताओं के अनुसार विश्व अर्थहीन है और समाजशास्त्रियों का दायित्व है कि वे उन प्रक्रियाओं का अध्ययन करें जिनके द्वारा व्यक्ति अपने जीवन और परिवेश को अर्थ प्रदान करते हैं। इस दृष्टि से वे बहुत कुछ रूप में **मैक्स वेबर** और बहुत स्पष्टतः सांकेतिक अन्तर्क्रियावाद के विचारों के नज़दीक पहुंच जाते हैं, जैसा कि **एडवर्ड त्रियाकिन** ने अपनी पुस्तक 'सोसिआलोगिज़्म एण्ड एग्जिस्टेनशॅल्ज़िम' (1962) में बताया है।

इस उपागम के अत्याधुनिक प्रणेता प्रतिदिन के जीवन के अनुभवों की घनिष्ट जानकारी पर ज़ोर देते हैं। सन् 1970 में प्रकाशित दो पुस्तकों ने इस नवीन समाजशास्त्र को चर्चा का विषय बना दिया। इनमें पहली पुस्तक **जैक डगलस** की 'अन्डरस्टेंडिंग एवरिडे लाइफ' और दूसरी पुस्तक **स्टेन्डफोर्ड. एम लीमेन. एण्ड मार्विन. बी स्कॉट** की 'ए सोसिआलॉजी ऑफ द एब्सर्ड' है। अभी हाल में प्रकाशित कुछ अन्य पुस्तकों, जैसे **जैक डगलस और जॉनसन** की

'एग्जिस्टेनशियल सोसिआलॉजी', (1977) तथा **कोरतबा एवं फोनटेना** की 'द एग्जिस्टेनशियल सेल्फ इन सोसाइटी' (1984) में इन विचारधारा को आगे बढ़ाया गया है।

अस्तित्ववादी समाजशास्त्र मानवीय अस्तित्व की प्रकृति की व्यवस्थित खोज पर बल देता है। इसमें अकेलापन, दीर्घकालिक दर्द, मृत्यु और नैतिक दायित्व जैसे तात्कालिक अनुभवों के अध्ययन को प्राथमिकता दी जाती है।

अभी तक बहुत कम समाजशास्त्रियों ने इस परम्परा का अनुसरण किया है। इसकी आलोचना कई मुद्दों को लेकर हुई है। कुछ लोगों ने इन पर यह आरोप लगाया है कि यह मुख्यधारा के समाजशास्त्र से लोगों का ध्यान हटाने का एक असफल प्रयास मात्र है।

existentialism **अस्तित्ववाद**

एक महत् दार्शनिक सिद्धान्त अथवा आन्दोलन, जो व्यक्तिगत अस्तित्व तथा उससे उद्भूत स्वच्छंदता, चुनाव, निर्णय की समस्याओं का हामी है। सामान्यतः यह माना जाता है कि इस विचारधारा का जन्म **सोरेन कीर्केगार्ड** तथा **नीत्शे** की कृतियों से हुआ। इस दार्शनिक सिद्धान्त के अन्य प्रणेताओं में प्रमुखतः **हाईडेगर, गाब्रैल, मार्शल, सार्त्र, कामू** तथा **पोण्टी** आदि रहे हैं। अस्तित्ववाद का उद्भव प्रबोधन काल के तर्कवाद तथा शास्त्रीय (पुरातन) जर्मन दर्शन के साथ-साथ पिछली शताब्दी के समय चहुं ओर फैली हुई क्रांतिवादी तथा प्रत्यक्षवादी धारणाओं की प्रतिक्रिया के फलस्वरुप हुआ है। अस्तित्ववाद की मुख्य धारणा यह है कि मानव स्वयं अपना निर्माता है। उसके निर्माण में पर्यावरण या परिवेश की भूमिका नगण्य है। उसका निर्धारण परिवेश की दशाओं द्वारा नहीं होता जैसा आमतौर पर माना जाता है। वह क्या बनना चाहता है, इसका चुनाव वह स्वयं करता है। अपने स्वतंत्र चुनावों के आधार पर वह अपने आपको बनाता है। अपने मूल्यों का अनुभव वह स्वयं करता है, उनके अनुसार वह व्यवहार करता है, किन्तु इन मूल्यों के अनुरूप जीवन व्यतीत कर तथा चुनाव द्वारा इनका निर्माण भी वह स्वयं करता है। अपनी समस्त क्रियाओं के लिए वह स्वयं उत्तरदायी है। अस्तित्ववाद वैज्ञानिक बुद्धिवाद, सर्वाधिकारवाद, निर्वैयक्तीकरण, व्यवस्था तथा मतान्धता का घोर विरोधी है।

exogamy **बहिर्विवाह**

एक प्रथा, नियम अथवा चलन, जिसके अनुसार एक व्यक्ति को स्थानिक रूप से परिभाषित एवं अनुमोदित संबंधों के दायरे; जैसे परिवार, गोत्र, प्रजाति आदि के बाहर विवाह करना आवश्यक होता है। यह अन्तर्विवाह की प्रथा के ठीक विपरीत चलन है। भारत में इस नियम के अनुसार एक व्यक्ति को अपने वंश अथवा गोत्र-समूह में विवाह करना निषिद्ध एवं अनुचित माना जाता है।

experiment/experimental method **प्रयोग/प्रायोगिक पद्धति**

प्रयोग एक वैज्ञानिक शोध विधि है जिसमें परिवर्त्यों (वेरिएबल्स) के बीच कारण-प्रभाव संबंधों को ज्ञात करने का प्रयास किया जाता है। प्रायोगिक शोध-अभिकल्प में अध्ययन

किये जाने वाले परिवर्त्यों (वेरिएबल्स) के संबंधों पर अधिकाधिक नियंत्रण लगाने पर बल दिया जाता है। इस विधि में, शोधकर्ता एक अथवा अधिक स्वतंत्र परिवर्त्यों को परिचालित तथा नियंत्रित कर आश्रित परिवर्त्य में उत्पन्न हुए परिवर्तन को ज्ञात करता है। अपने शुद्ध रूप में इस प्रकार के शोध-अभिकल्प में अध्ययन के तत्वों को दो प्रकार के समूहों—प्रायोगिक एवं नियंत्रित समूहों में अनायास ही विभाजित किया जाता है। तत्पश्चात् प्रायोगिक समूह में कारणात्मक कारक (स्वतंत्र परिवर्त्य) को लागू किया जाता है जबकि नियंत्रित समूह में ऐसा नहीं किया जाता। एक निश्चित अवधि के बाद दोनों समूहों का पुनः अध्ययन कर यह ज्ञात किया जाता है कि कारणात्मक कारक के लागू किए जाने के कारण प्रायोगिक समूह में नियंत्रित समूह की तुलना में क्या भिन्नता उत्पन्न हुई।

सामान्यतः चार प्रकार के प्रयोगों को काम में लिया जाता है, यथा प्रयोगशालायी प्रयोग, क्षेत्र-प्रयोग, प्राकृतिक प्रयोग तथा अर्द्ध-प्रयोग। सामाजिक विज्ञानों में प्रयोगशालायी पद्धति की अपनी सीमाएं हैं। इसका प्रयोग प्राकृतिक विज्ञानों की भांति मुक्तहस्त रूप से नहीं किया जा सकता। प्रायोगिक परिस्थितियों का प्रयोज्यों पर प्रभाव की समस्या के साथ-साथ वास्तविक प्रायोगिक परिस्थितियों का निर्माण करना सामाजिक विज्ञानों में एक टेढ़ी खीर है।

F

fact **तथ्य**

एक तथ्य यथार्थता की कोई प्रामाण्य घटना है जिसकी प्रामाणिकता की पुष्टि आनुभविक आधार पर संभव होती है। विज्ञान के तथ्य प्रेक्षण-परीक्षण की उपज होते हैं। ये आकस्मिक न होकर अर्थपूर्ण होते हैं। घटनाओं के संबंध में ऐसे कथन ही तथ्य की श्रेणी में आते हैं जिनका आनुभविक आधार पर परीक्षण किया जा सकता है।

fact, social **सामाजिक तथ्य**

एक अत्यंत जटिल विचार, जिसमें बाह्यता, बाध्यता और अपरिहार्यता के गुण विद्यमान होते हैं। दुर्खाइम के शब्दों में, 'एक सामाजिक तथ्य व्यवहार (सोचने-समझने, अनुभव करने या क्रिया सम्पादित करने) का एक भाग है जो प्रेक्षक की दृष्टि में वस्तुपरक है तथा जिसकी प्रकृति बाध्यतामूलक होती है।' सामाजिक संबंध तथा इन्हें नियंत्रित करने वाली प्रथाओं, परम्पराओं, कानून, धार्मिक, विश्वास, व्यावसायिक मान्यताओं की व्याख्या दुर्खाइम ने सामाजिक तथ्य के रूप में की है। दुर्खाइम के अनुसार इन सभी घटनाओं की उत्पत्ति मानव के मस्तिष्क से स्वतन्त्र रूप में हुई है। इनका मानव पर भयात्मक एवं बाध्यतामूलक प्रभाव पड़ता है। सामाजिक तथ्य वस्तुओं की भांति प्रेक्षक से बाह्य होते हैं। इसे **दुर्खाइम** की 'सामूहिक चेतना' और 'सामूहिक प्रतिनिधान' की अवधारणाओं के संदर्भ में ठीक प्रकार से समझा जा सकता है।

faction **गुट**

पक्षपाती उद्देश्य पर आधारित एक विशिष्ट प्रकार के संघर्ष-समूह को गुट कहते हैं। सुप्रसिद्ध राजनीतिशास्त्री **एच. डी. लासवैल** के शब्दों में, 'किसी वृहत्तर इकाई के ऐसे संभागी समूहों को गुट कहा जाता है जो किन्हीं विशिष्ट व्यक्तियों अथवा नीतियों को अग्रसर करने का कार्य करते हैं।' गुटों की उत्पत्ति विशेषतः किसी पद अथवा प्रभाव की प्रतिस्पर्धा के लिए होने वाले सत्ता के संघर्ष के कारण होती है। अतः गुट शब्द से ऐसे तनावपूर्ण संबंधों का आभास होता है जो कि एक स्वार्थ समूह का दूसरे स्वार्थ समूह के साथ होता है। रचना की दृष्टि से प्रायः ऐसे समूह काफी ढीले-ढाले तथा अस्थाई प्रकृति के होते हैं।

fad **सनक/फेड**

फैशन का एक ऐसा रूप 'फेड' कहलाता है जिसे जल्दी ही अपना लिया जाता है और जल्दी ही छोड़ दिया जाता है। फैशन की अपेक्षा इसमें परिवर्तन की गति अति तीव्र होती है।

familism **परिवारवाद**

सामाजिक संगठन का एक ऐसा स्वरूप परिवारवाद कहलाता है जिसमें पारिवारिक मूल्यों को अत्यधिक महत्व दिया जाता है। परिवारवाद व्यक्ति में पारिवारिक लगाव की एक अति तीव्र भावना, निष्ठा, पारिवारिक सदस्यों के मध्य पारस्परिक सहयोग तथा एक इकाई के रूप में परिवार को बनाये रखने की चेतना उत्पन्न करता है। संगठन का यह स्वरूप परिवार के सदस्यों को अपने व्यक्तिगत हितों तथा व्यक्ति को पारिवारिक समूह के हितों तथा कल्याण की बलिवेदी पर उत्सर्ग करने की प्रेरणा देता है।

family **परिवार**

विभिन्न समाजों में परिवार के स्वरूप एवं कार्यों की भिन्नता के कारण इसे कई रूप में परिभाषित किया गया है। इसकी रचना या तो जैवकीय आधार पर बने मां-बालक युग्म द्वारा या सामाजिक आधार पर निर्मित माता-पिता-संतान के त्रयी बन्धनों द्वारा होती है। एक जैवकीय इकाई के रूप में एक परिवार वह समूह है जिसमें स्त्री व पुरुष को यौन संबंधों की स्थापना व संतान पैदा करने के लिए समाज की स्वीकृति प्राप्त होती है। सामाजिक इकाई के रूप में परिवार स्त्री-पुरुष का एक समूह है जो विवाह या रक्त या गोद के संबंधों के आधार पर निर्मित होता है। **बर्गेस एवं लॉक** की एक परिभाषा यहाँ दृष्टव्य है जो अनेक आलोचनाओं के बाद भी पारिवारिक समूह के स्वरूप को परिलक्षित करने में सक्षम प्रतीत होती है—'परिवार व्यक्तियों का एक ऐसा समूह है जो विवाह, रक्त अथवा दत्तक बंधनों से बंधा होता है। इसके द्वारा एक अकेले घर की रचना होती है; इसके सदस्य पति-पत्नी, माता-पिता, भाई-बहिन की सामाजिक भूमिका में एक दूसरे से अंतर्क्रिया तथा अंतर्सम्प्रेषण करते हुए एक सामान्य संस्कृति की रचना करते हैं।' यह परिभाषा विवाह के आधार पर बने आधुनिक वैयक्तिक लघु परिवारों पर ही अधिक चरितार्थ होती है तथा भारत के संयुक्त परिवार इसके घेरे में नहीं आ पाते जिसमें पति-पत्नी और उनकी संतानों के अतिरिक्त रक्त संबंधियों की दो या दो से अधिक पीढ़ी साथ-साथ निवास रहती है। अतः विस्तृत अर्थों में परिवार एक ऐसा समूह है जिसमें दत्तक व्यक्तियों सहित कुछ वैवाहिक एवं रक्त सम्बन्धी सम्मिलित होते हैं तथा जिसे सामाजिक इकाई के रूप में मान्यता प्राप्त होती है।

family, atomistic **आणविक परिवार**

प्रो. ज़िमरमेन ने अपनी पुस्तक "फैमिली एण्ड सिवलिजेशन" (1947) में सबसे छोटे ऐसे परिवार को आणविक अथवा लघु परिवार की संज्ञा दी है जो पति-पत्नी तथा उनके अविवाहित संतानों द्वारा बने होते हैं। इस प्रकार के परिवारों में अत्यधिक व्यक्तिवादिता की

भावना पाई जाती है तथा परिवार के सदस्यों को पारिवारिक नियंत्रण से व्यक्तिशः काफी छूट होती है। व्यक्ति सम्पूर्ण परिवार के हितों की अपेक्षा अपने कल्याण को अधिक महत्व देता है। ऐसे परिवारों में प्रथानुगत लोकाचारों का कोई महत्व नहीं होता और परिवार के प्रत्येक सदस्य की स्वेच्छा ही महत्वपूर्ण होती है।

family, autonomic **स्वायत्तामूलक परिवार**

एक ऐसा परिवार जिसमें पति व पत्नी दोनों को अलग-अलग रूप में बराबर संख्या में निर्णय लेने का अधिकार होता है। यह समतावादी आधुनिक परिवार का एक रूप है।

family, avanculocal **मातुल स्थानीय परिवार**

जब विवाहित दम्पत्ति पति की मां के भाई (पति के मामा) के साथ या उसके सानिध्य में रहते हैं, तब ऐसे परिवार को मातुल स्थानीय परिवार कहते हैं। इस प्रकार के परिवारों का भौगोलिक वितरण अत्यन्त सीमित है।

family, biolocal **उभयवाही परिवार**

कुछ समाजों में नवदम्पत्ति को पति अथवा पत्नी में से किसी एक के परिवार के साथ रहने की छूट दी जाती है। वे दोनों में से किसी एक के माता-पिता के साथ रह सकते हैं। पारिवारिक संगठन की यह व्यवस्था उभयवाही परिवार के नाम से जानी जाती है।

family, companionship **साहचर्य परिवार**

बर्गेस एवं लॉक ने दो प्रकार के परिवारों का वर्णन किया है, यथा संस्थागत परिवार और साहचर्य परिवार। साहचर्य परिवार को संस्थागत परिवार के विपर्यय के रूप में प्रस्तुत करते हुए बर्गेस एवं लॉक ने दाम्पत्य स्नेह एवं एकमत्यता पर आधारित परिवार को साहचर्य परिवार की संज्ञा दी है। बर्गस का मत है कि अमेरिकन परिवार संस्थात्मक परिवार से साहचर्य परिवार में परिवर्तित हो रहा है। इस प्रकार के परिवारों की मुख्य विशेषता विवाहित युग्म का साहचर्यात्मक जीवन बिताने की मनोकामना है। विवाहित युग्म स्थाई वैवाहिक बंधनों की अपेक्षा परिवर्तनशील मैत्रीवत् सम्बन्धों में आबद्ध रहना अधिक पसंद करते हैं।

family, compound/composite **यौगिक परिवार**

बहु विवाह के आधार पर बने परिवार को यौगिक परिवार कहते हैं। इसमें दो या दो से अधिक केन्द्रीय परिवार किसी एक सामान्य घर में साथ-साथ रहते हैं।

family, conjugal **दाम्पतिक (दाम्पत्यमूलक) परिवार**

परिवार का वह रूप जिसमें रक्त संबंधों की अपेक्षा पति-पत्नी के संबंधों को प्राथमिकता दी जाती है। इस प्रकार के परिवार का जन्म विवाह के आधार पर होता है। विवाह के आधार पर निर्मित इस प्रकार के परिवार की रचना पति-पत्नी तथा उनकी

अविवाहित आश्रित संतानों द्वारा होती है। यदि इनके साथ अन्य संबंधी भी रहते हैं तो उनकी स्थिति किनारे की अर्थात् महत्वहीन होती है। अधिसंख्य पश्चिमी परिवारों का रूप स्वतंत्र एकाकी दाम्पतिक परिवार का ही है।

family, consanguine **रक्तमूलक/रक्तिक परिवार**

पति-पत्नी से घिरे हुए रक्त संबंधियों के समूह को रक्तिक या रक्तमूलक परिवार कहते हैं। इस प्रकार के परिवार में पति-पत्नी के वैवाहिक संबंधों की अपेक्षा माता-पिता एवं संतान, भाई-बहिन के रिश्तों को अधिक महत्व दिया जाता है। इनमें रक्त संबंधियों की स्थिति केन्द्रीय तथा पति-पत्नी की स्थिति घेरे के किनारे की अर्थात् महत्वहीन होती है। भारतीय संयुक्त परिवार रक्तमूलक परिवार का ही उदाहरण है।

family, domestic **गृहस्थ परिवार**

ज़िमरमेन के अनुसार गृहस्थ परिवार धरोअरधारी एवं आणविक परिवार का एक रूप है जिसमें इन दोनों ही परिवार की कुछ-कुछ विशेषताएं पाई जाती हैं। ये परिवार औपचारिकता एवं व्यक्तिवाद दोनों के बीच संतुलन बनाये रखते हैं।

family, duolocal **द्विस्थानीय परिवार**

ऐसे परिवार द्विस्थानीय कहलाते हैं जिनमें विवाह के बाद भी पति-पत्नी एक साथ नहीं रहते, अपितु वे अलग-अलग उन्हीं परिवारों में रहते हैं जिनमें उनका जन्म हुआ था। लक्षद्वीप तथा केरल के कुछ भागों में परिवार का यह रूप देखने में आया है। पति रात बिताने अपनी पत्नी के घर अवश्य जाता है, किन्तु दिन के समय पुनः अपने जन्म के परिवार में उसे लौटना पड़ता है।

family, extended **विस्तारित परिवार**

दो या दो से अधिक नाभिक परिवारों द्वारा निर्मित एक घर एवं एकिक आर्थिक इकाई को विस्तारित परिवार कहते हैं। दूसरे शब्दों में, यह एक ऐसा परिवार-संकुल है जो वंशानुक्रम से संबद्ध होते हुए भी अपनी भिन्न-भिन्न इकाईयों के रूप में परिवारों में बंटा होता है। सामान्यतः इस प्रकार के परिवार में दो या दो से अधिक पीढ़ियां साथ-साथ रहती हैं तथा यह एक लिंग अर्थात् पति अथवा पत्नी की ओर की सभी विवाहित संतानों, उनके जीवन-साथी तथा परिवारों द्वारा बना होता है। उदाहरणार्थ, एक विस्तारित परिवार में दादा, दादी, उनकी अविवाहित संतानें, विवाहित लड़के (मातृवंशीय परिवार में विवाहित लड़कियां), उनके जीवन-साथी तथा संतानें सम्मिलित होती हैं।

family, institutional **संस्थात्मक परिवार**

इ. डब्ल्यू बर्गेस द्वारा इंगित परिवार का एक ऐसा रूप जिसमें सदस्यों का व्यवहार लोकाचारों तथा जनरीतियों द्वारा नियंत्रित किया जाता है, इसे संस्थात्मक परिवार कहते हैं।

family joint **संयुक्त परिवार**

विस्तारित परिवार के एक विशिष्ट रूप, जो विशेषतः भारत के हिंदू समुदाय में पाया गया है, को संयुक्त परिवार की संज्ञा दी गई है। संयुक्त परिवार के समाजशास्त्रीय एवं कानूनी व्याख्याओं में भेद होने के कारण इसकी भिन्न परिभाषाएं की गई हैं। कानूनी दृष्टिकोण के अनुसार, 'एक संयुक्त परिवार में वे सभी व्यक्ति सम्मिलित किए जाते हैं जो एक सामान्य पूर्वज के वंशज होते हैं। इनके अतिरिक्त, इसमें उनकी पत्नियां तथा अविवाहित लड़कियां भी आती हैं। ऐसे परिवारों की सम्पत्ति भी संयुक्त होती है। समाजशास्त्रीय दृष्टिकोणानुसार 'संयुक्त परिवार एक ऐसा घर है जिसमें नाभिक परिवारों की अपेक्षा अधिक पीढ़ियों (सामान्यतः इसमें तीन या अधिक पीढ़ियों) के व्यक्ति रहते हैं और जिसके सदस्य सम्पत्ति, आय, पारस्परिक अधिकार एवं कर्त्तव्यों द्वारा एक-दूसरे से आबद्ध होते हैं।' संयुक्त परिवार कई प्रकार के हो सकते हैं, जैसे (i) पति-पत्नी उनकी अविवाहित संतान तथा उनका विवाहित पुत्र अपनी संतानों सहित, (ii) पति-पत्नी उनकी अविवाहित संतान तथा पति के माता-पिता, अविवाहित भाई-बहिन सहित, (iii) पति-पत्नी, पति के माता-पिता, विवाहित युग्म की अविवाहित संतान तथा विवाहित पुत्र व उनकी संतान, (iv) कई भाई अपनी-अपनी पत्नियों व संतान सहित, (iv) कई भाई अपनी पत्नियों, संतान व माता-पिता सहित। संक्षेप में, संयुक्त परिवार का विस्तार समरेखीय (उदग्र) या क्षैतिज (भिन्न शाखाई) दोनों रूप में हो सकता है।

औद्योगीकरण, शहरीकरण, व्यक्तिवादिता, भौगोलिक गतिशीलता, शिक्षा आदि के कारण संयुक्त परिवार अब धीरे-धीरे टूटने लगे हैं, या रूपाकार में परिवर्तन आया है, किन्तु भारतीय संस्कारों के प्रभाव के फलस्वरुप संयुक्त परिवार की भावना सर्वथा नष्ट नहीं हुई है। जीवन पथ के संस्कारों—जन्म, परण एवं मरण तथा होली-दिवाली जैसे पर्व-त्यौहारों पर आज भी संयुक्त परिवार के सदस्य एक स्थान पर एकत्रित होते हैं, यद्यपि उनमें अब सहयोग, त्याग एवं उत्सर्ग की भावना पहिले जैसी दृष्टिगोचर नहीं होती।

family, maternal **मातृक परिवार**

परिवार का एक ऐसा रूप जिसमें परिवार की सत्ता की औपचारिक मालकिन मां अथवा स्त्री-मुखिया होती है तथा जिसमें पुरुष कुछ सीमा तक पत्नी के सम्बन्धियों के मातहत होते हैं, मातृक परिवार कहलाता है। मातृसत्तात्मक परिवारों की भांति मातृक परिवारों में भी वंश-गणना स्त्री (मां) के कुल एवं गोत्र के आधार पर की जाती है। यह संभव है कि ऐसे परिवारों में सत्ता का उपयोग स्त्रियों के जरिये पुरुष करें। कुछ समाजों में स्त्रियों के ये अधिकार वास्तविक होते हैं, अन्य में नाम मात्र के।

family, matriarchal **मातृसत्तात्मक परिवार**

पारिवारिक संगठन का एक ऐसा रूप मातृसत्तात्मक कहलाता है जिसमें सत्ता की व्यावहारिक एवं औपचारिक दोनों दृष्टि से मुखिया स्त्री (मां) होती है। सिद्धान्ततः

मातृसत्तात्मक परिवार रक्तमूलक (रक्त सम्बन्धों पर आधारित) होते हैं जो मातृवंशीयता तथा मातृस्थानीयता के नियमों के आधार पर गठित होते हैं तथा जिनमें परिवार की देख-रेख वृद्धा स्त्री जैसे नानी द्वारा होती है। ऐसे परिवारों में शक्तियों (अधिकार एवं नियन्त्रण) का केन्द्रीयकरण स्त्री वर्ग में होता है।

family, matricentric **मातृकेन्द्रित परिवार**

एक ऐसा परिवार जिसमें मां की केन्द्रीय स्थिति तथा पिता की गौण स्थिति होती है, मातृकेन्द्रित परिवार कहलाता है। कई मातृवंशीय व्यवस्थाओं में यह देखने को मिला है कि जहां पत्नी विवाह के उपरान्त भी अपने ही रक्त संबंधियों के साथ रहती है, वहां पति का अपनी पत्नी के साथ स्थाई संबंध नहीं होता। पत्नी के परिवार में उसकी स्थिति एक आगन्तुक अथवा एक सम्मानित अतिथि की-सी होती है। अतः ऐसे परिवार में पति के अधिकांश समय बाहर रहने के कारण घर-परिवार संबंधी सभी निर्णय पत्नी द्वारा लिए जाते हैं, अतः वह परिवार की केन्द्र बन जाती है।

family, matrilineal **मातृवंशीय परिवार**

परिवार का यह रूप जिसमें वंश का निर्धारण मां की ओर से किया जाता है, अर्थात् जहां वंश का नाम मातृपक्ष से चलता है, मातृवंशीय परिवार कहलाता है। मातृवंशीय परिवार में एक व्यक्ति अपने मातृकुल से संबद्ध होता है। मातृवंशीयता को मातृसत्तात्मक के साथ मिलाने की भूल नहीं की जानी चाहिये जिसमें सत्ता स्त्रियों के हाथों में होती है।

family, matrilocal **मातृस्थानीय परिवार**

जब विवाहित दम्पत्ति वधू के माता-पिता अथवा उसके स्वजनों के साथ या समीप रहते हैं, तब ऐसे परिवार को मातृस्थानीय परिवार कहा जाता है। मातृसत्तात्मक तथा मातृस्थानीय परिवार भारत में खासी, गारो, नायर आदि समाजों में पाए जाते हैं। इन समाजों में बच्चे अपने परिवार का नाम माता से गृहण करते हैं, न कि पिता से।

family, matri-patrilocal **मातृ-पितृस्थानीय परिवार**

पितृस्थानीय परिवार के ही एक भिन्न रूप को **प्रो. मर्डक** ने 'मातृ-पितृस्थानीय परिवार' कहा है। निवास स्थान के इस नियमानुसार, नव दम्पत्ति कुछ समय के लिए वधू के माता-पिता और तदुपरान्त स्थाई रूप से पति के माता-पिता के साथ रहने के लिए चले जाते हैं।

family, matronymic **मातृनामी परिवार**

परिवार का एक रूप जिसमें बच्चों का नामकरण मां के वंश के आधार पर किया जाता है। मातृनामी परिवार में व्यक्ति मातृकुल से सम्बद्ध रहता है।

family, monogamous **एक-विवाही परिवार**

एक पुरुष द्वारा एक स्त्री के साथ विवाह के उपरान्त जो परिवार गठित होता है, उसे एक-विवाही परिवार कहते हैं। सामान्यतः एक-विवाही परिवार में एक जीवन-साथी के जीवित रहते हुए दूसरा विवाह नहीं किया जा सकता।

family, natal = family of orientation

family, neolocal **नवस्थानीय परिवार**

जब विवाहित दम्पत्ति न पति के स्वजनों के साथ रहें और न पत्नी के परिवार में, वरन् नया ही घर बसा कर रहते हैं, तब इसे नवस्थानीय परिवार कहते हैं। आधुनिक समाजों में निवास की दृष्टि से परिवार का यही रूप सर्वाधिक प्रचलित है।

family, nuclear **नाभिक परिवार**

पारिवारिक संगठन की ऐसी आधारभूत इकाई जिसकी रचना विवाहित दम्पत्ति तथा उनकी आश्रित सन्तानों द्वारा होती है, उसे नाभिक परिवार कहते हैं। विस्तारित परिवार का विकास नाभिक परिवार द्वारा ही होता है। नाभिक परिवार की स्थिति विस्तारित परिवारों के बीच की होती है। इसलिए ही इन्हें नाभिक परिवार कहा जाता है। कभी-कभी इसी प्रकार के परिवारों को इंगित करने के लिए दाम्पत्यमूलक परिवार शब्द का प्रयोग भी किया जाता है। **जी.पी. मरडॉक** ने इसे 'सार्वभौमिक मानवीय समूह' की संज्ञा दी है। उन्होंने इसे मानव जाति के अतिजीवन और सामाजिक निरंतरता के लिये आवश्यक बताया है।

family, paternal **पैतृक परिवार**

जब परिवार की सत्ता परिवार के किसी पुरुष-मुखिया के हाथ में होती है, तब ऐसा परिवार पैतृक परिवार के नाम से जाना जाता है। ऐसे परिवारों में सत्ता का मालिक सामान्यतः परिवार का कोई ज्येष्ठ पुरुष होता है। पैतृक परिवारों में वंश-गणना भी पुरुष के कुल से होती है।

family, patriarchal **पितृसत्तात्मक परिवार**

परिवार का वह रूप जिसमें शक्तियों (अधिकार एवं नियंत्रण) का केन्द्रीकरण परिवार के सबसे ज्येष्ठ पुरुष-मुखिया के हाथ में होता है। नृविज्ञानियों के मतानुसार इस प्रकार के परिवार का उदय निजी सम्पत्ति के विकास तथा पुरुषों द्वारा उत्पादन के प्रमुख कार्यों के सम्पादन किये जाने के साथ ही हो गया होगा। परिवार का यह रूप सभी आधुनिक समाजों में देखा जा सकता है। यही नहीं, मातृसत्तात्मक कहे जाने वाले समाज भी अब धीरे-धीरे पितृसत्तात्मक समाजों में परिणित होते जा रहे हैं, किन्तु आजकल आधुनिक कानूनों ने पिता के अधिकारों पर प्रहार कर कई समाजों में उन्हें सीमित कर दिया है।

family, patricentric **पितृकेन्द्रित परिवार**

मातृकेन्द्रित परिवार के ठीक विपरीत एक ऐसा परिवार का रूप जिसमें घर के कामकाज, सत्ता एवं नियंत्रण आदि की दृष्टि से पिता की केन्द्रीय स्थिति होती है, पितृकेन्द्रित परिवार कहलाता है।

family, patrilineal **पितृवंशीय परिवार**

जब वंश का निर्धारण पिता की ओर से होता है, अर्थात् जहां वंश का नाम पितृपक्ष से चलता है, तो इसे पितृवंशीय परिवार कहते हैं।

family, patrilocal **पितृस्थानीय परिवार**

यदि विवाह के बाद पत्नी अपने पति के परिवार वालों के साथ रहने लगे, तो ऐसा परिवार निवासस्थान की दृष्टि से पितृस्थानीय परिवार कहलायेगा।

family, patronymic **पितृनामी परिवार**

पितृनामी परिवार में व्यक्ति अपने पितृकुल से सम्बद्ध हो जाता है। ऐसे परिवारों में बच्चों का नामकरण पिता के वंश के आधार पर किया जाता है।

family, polyandrous = polyandry

family, polygamous = polygamy

family, polygynous = polygyny

family, stem **स्तम्भ परिवार**

प्रो. लीप्ले ने परिवार के एक ऐसे रूप को स्तम्भ परिवार की संज्ञा दी है जिसमें एक नाभिक परिवार के साथ एकाधिक अन्य संबंधी भी रहते हैं। लीप्ले की दृष्टि से स्तम्भ परिवार कई दृष्टि में एक आदर्श परिवार होता है, क्योंकि इसमें पितृसत्तात्मक परिवार की अपेक्षा पारिवारिक स्थायित्व एवं निष्ठा के साथ-साथ पारिवारिक सदस्यों को व्यक्तिशः स्वतन्त्रता काफी मात्रा में प्राप्त होती है। प्रो. लीप्ले ने स्तम्भ परिवार के अतिरिक्त अन्य तीन प्रकार के परिवारों—पितृसत्तात्मक, अस्थाई तथा विशिष्टिकृत परिवारों की भी चर्चा की है।

family, symmetrical **सममितिक/प्रतिशय परिवार**

पति और पत्नी के युग्म से निर्मित एक ऐसा नाभिक परिवार जो अपने संबंधियों से किसी प्रकार की सहायता प्राप्त नहीं करता और न ही सहायता की यह आशा करता है। यह पूर्णतः आत्मनिर्भर एक स्व प्रशासित परिवार होता है।

सन् 1970 में लगभग दो हजार परिवारों के एक प्रतिदर्श के आधार पर किये गये एक सर्वेक्षण द्वारा परिवार का जो रूप उभर कर आया, उसी के लिये **यंग एवं विलमोट** ने

"सिमेट्रिकल फैमिली" की संकल्पना का प्रयोग किया। 'सिमिट्री' का अर्थ एक ऐसी व्यवस्था से है जिसके सभी अंग या भाग समान होते हैं। यंग एवं विलमोट ने प्रतिशय या सममितक परिवार की संकल्पना इस अर्थ में की है कि ऐसे परिवार में पति-पत्नी दोनों की वैवाहिक भूमिकाएं समान होते हुए भी धीरे-धीरे अधिकाधिक मात्रा में समान बनती जाती हैं। ऐसे परिवारों में घरेलू श्रम-विभाजन अधिक निश्चित नहीं होता तथा सामाजिक जीवन और सामाजिक पहिचान की दृष्टि से घर का केन्द्रीय महत्व होता है।

family, syncretic **समन्वयवादी परिवार**

एक ऐसा परिवार जिसमें पति-पत्नी मिलकर अधिकांश निर्णय लेते हैं, समन्वयवादी परिवार कहलाता है।

family, trusteeship **धरोअरधारी परिवार**

कार्ल ज़िमरमेन ने एक ऐसे परिवार को धरोअरधारी परिवार कहा है जिसमें सम्पूर्ण परिवार के कल्याण की बलबेदी पर व्यक्तिगत स्वार्थों एवं हितों को न्यौछावर कर दिया जाता है।

family of orientation **जनक परिवार**

जिस परिवार में व्यक्ति का जन्म एवं शिक्षा-दीक्षा होती है, उसे जनक परिवार कहते हैं। सामान्यतः व्यक्ति के संस्कारों का बीजारोपण इसी परिवार में होता है।

family of procreation **जनन परिवार**

विवाह के उपरान्त व्यक्ति जिस परिवार को स्वयं जन्म देता है तथा जिसमें सन्तानोत्पत्ति करता है, जनन परिवार कहलाता है।

family planning **परिवार नियोजन**

सामान्यतः परिवार नियोजन तथा जन्म निरोध को समानार्थी समझने की भूल की जाती है। परिवार नियोजन का तात्पर्य नियोजित पितृत्व से है जिसमें जन्म निरोध को अन्य पारिवारिक समस्याओं के समाधान के एक साधन के रूप में स्वीकार किया जाता है। यह एक आन्दोलन है जिसके द्वारा बालकों के जन्म के बीच एक उचित अन्तराल की नीति को अपना कर तथा अनिच्छित गर्भ को रोक कर नियोजित पितृत्व के सामाजिक आदर्श को प्रश्रय दिया जाता है। यह कार्य नसबन्दी, वैवाहिक सलाह केन्द्रों, सामाजिक कल्याण कार्यक्रमों आदि द्वारा सम्पादित किया जाता है।

भारतीय संदर्भ में, एक ऐसे कार्यक्रम को परिवार नियोजन की संज्ञा दी गई है जिसमें देश की जनसंख्या वृद्धि को कम करने के उद्देश्य से परिवार को सीमित रखने की सलाह दी जाती है।

fascism **फ़ासीवाद**

इटली में 1922 और 1945 के बीच मुसोलिनी ने जिस सामूहिकतावादी राजनीतिक व्यवस्था को जन्म दिया, उसे ही बाद में फासीवाद का नाम दिया गया। इस शब्द का प्रयोग बहुधा इससे मिलते-जुलते राजनीतिक आंदोलनों जैसे जर्मन नाजीवाद और स्पेन के फालंज के लिये भी किया जाता है। फासीवाद एक सत्तावादी, राष्ट्रवादी और उदारताविहीन राजनीतिक आंदोलन था जिसकी उत्पत्ति की जड़ें प्रथम विश्व युद्ध के बाद की सामाजिक और आर्थिक संकट में गढ़ी हुई हैं। यह माना गया कि इस संकट से उबरने के लिये तत्कालीन उदारवादी और प्रजातांत्रिक प्रक्रिया अपर्याप्त थीं। इस सिद्धान्त का कोई सुसंबद्ध एवं विकसित दर्शन नहीं है। इसका आधार राष्ट्रवाद की धारणा है।

साम्यवाद का कट्टर विरोध, प्रजातंत्रात्मक राजनीति के प्रति अविश्वास, एक दल प्रणाली के प्रति प्रतिबद्धता और करिश्माई नेताओं में विश्वास जैसी विचारणाएं इस वाद के प्रमुख लक्षण हैं। इस सिद्धान्त में हिंसा को प्रश्रय और सर्वसत्तावाद का समर्थन किया जाता है।

fashion **फैशन/चलन**

किसी भी जनसमूह की रुचि में क्रमिक रूप में निरन्तर होने वाले परिवर्तनों को फैशन या चलन कहा जाता है। यह समाज स्वीकृत ऐसा व्यवहार प्रतिमान है जो अपेक्षाकृत अल्पकालिक होता है। साज-सज्जा, पहनावा, आभूषण, फर्नीचर, संगीत, कला, बातचीत का ढंग तथा संस्कृति के कुछ अन्य क्षेत्रों में सतत रूपान्तर होता रहता है। ये रूपान्तर वस्तुओं के स्थाई रूपों में होते हैं तथा जो समाज की किसी प्रथा अथवा रीतिरिवाज से अनुमोदित होते हैं। इन रूपान्तरणों में उपयोगिता अथवा कलात्मक उच्चता का कोई उद्देश्य सामान्यतः निहित नहीं होता। फैशन परिवर्तन का मूल कारण नवीनता का आग्रह, मोह अथवा लालसा है। एक समय था जब नक्काशी वाले फर्नीचर को रखना समय की मांग समझा जाता था। बीच में ऐसा समय आया जब इस प्रकार के फर्नीचर को त्याग कर लोग सीधा-सादा बना हुआ फर्नीचर रखने लगे। अब पुनः नक्काशी युक्त फर्नीचर रखने का आग्रह बढ़ने लगा है।

fecundity **जननक्षमता**

जनांकिकी (जनसंख्या विज्ञान) में प्रजनन और जननक्षमता में अन्तर किया जाता है। प्रजनन का संबंध वास्तविक प्रजननता, अर्थात् पैदा हुए बच्चों की कुल संख्या से है, जबकि जननक्षमता का तात्पर्य प्रजनन की शक्ति से है। वास्तविक प्रजनन और जननक्षमता में अन्तर हो सकता है। एक स्त्री ने वास्तविक रूप में दो ही बालकों को जन्म दिया हो, किन्तु यदि गर्भ निरोध के साधनों का वह प्रयोग नहीं करती तो संभवतः पांच बालकों को और जन्म दे सकती थी। यह तथ्य उसकी जननशक्ति का परिचायक है।

feeling **भावना**

किसी वस्तु, व्यक्ति अथवा घटना के प्रति प्रीतिकर अथवा अप्रीतिकर संवेगात्मक

अनुभवों को भावना कहते हैं। सुख-दुख की चेतन अनुभूति भावना को प्रकट करती है। **वुण्ट** ने भावना के तीन आयाम बताये हैं—तनाव-शिथिलता, उत्तेजना-अवसाद तथा सुख-वेदना।

felony **महापराध**

इस शब्द की उत्पत्ति अपराधों के कानूनी वर्गीकरण के आधार पर हुई है जिसके अनुसार अपराध को दो वर्गों में बांटा जाता है—साधारण और महापराध। साधारण अपराध वाले अपराधी समाज-सुरक्षा की दृष्टि से खतरनाक नहीं होते। इसके विपरीत, गंभीरता एवं नृशंसता पर आधारित महापराधों द्वारा सम्पूर्ण समाज के हितों को नुकसान पहुंचने का भय होता है। चोरी, मारपीट, मदिरापान आदि साधारण अपराध माने जाते हैं, जबकि हत्या, बलात्कार, अपहरण, डाकेजनी महाअपराध की श्रेणी में आते हैं। इस प्रकार के अपराधों के अभियुक्तों को आजन्म या लम्बे कारावास की सजा से लेकर कहीं-कहीं मृत्युदंड तक दिया जाता है।

feminism **महिलावाद/नारीवाद**

जीवन के प्रत्येक क्षेत्र में पुरुषों के बराबर स्त्रियों के अधिकारों के समर्थन को नारीवाद या महिलावाद का नाम दिया गया है। इस विचारधारा की उत्पत्ति मूलतः पितृसत्तात्मकता अर्थात् पुरुष-प्रभुत्व की प्रतिक्रिया स्वरूप हुई है। इसकी व्याख्या दो रूपों में की जा सकती है। एक राजनीतिक विचारधारा के संकुचित अर्थ में, यह महिलाओं का समानता के लिये किया गया एक सामाजिक आंदोलन है जो लिंगवादी सिद्धान्त, अर्थात् पुरुष प्रभुत्वता और सामाजिक शोषण की प्रथा की समाप्ति पर बल देता है। विस्तृत अर्थों में, महिलावाद कई भिन्न किन्तु अन्तर्संबंधित संकल्पनाओं का एक पुंज है जिसका प्रयोग लिंग की सामाजिक यथार्थता तथा लिंग असमानता की उत्पत्ति, प्रभाव एवं परिणामों के अध्ययन, विश्लेषण एवं विवेचन में किया जाता है।

एक आन्दोलन के रूप में, महिलावाद का जन्म कब और कैसे हुआ, इस संबंध में निश्चितता नहीं है। यही नहीं, इन आंदोलन के उद्देश्य तथा संचालन में भी काफी भिन्नता देखने को मिली है। ऐसा अनुमान है कि इसका जन्म अठाहरवीं शताब्दी के अंतिम काल में यूरोप (फ्रांस और ब्रिटेन) में हुआ और आज यह नारीवादी आंदोलन लगभग सभी देशों (विकसित एवं विकासशील) में न्यूनाधिक रूप में फैल गया है। यह आंदोलन लैंगिक समानता का पक्षधर है तथा इस समानता को प्राप्त करने के लिये सभी स्तरों पर महिलाओं के अधिकारों में वृद्धि की मांग करता है।

ज्ञात महिलावादी आंदोलन के इतिहास की शुरुआत मूलतः फ्रांस की क्रांति के आदर्शों में छुपी है। इस क्रांति ने महिलावाद की प्रथम लहर को उत्पन्न किया और महिलाओं को क्रांति में भाग लेने की प्रेरणा दी।* ब्रिटेन में सन् 1792 में प्रकाशित **मेरी वूलस्टोनक्राफ्ट**

---

* फ्रांस में **सिमेना द बुआ** की पुस्तक 'द सेकेन्ड सेक्स' तथा **बैट्टी फ्रेडन** की पुस्तक 'द फेमिनिन मिस्टिक' ने महिलावाद को प्रश्रय देने में अहम् भूमिका निभाई है।

की पुस्तक 'ए विनडिकेशन ऑफ द राइट्स ऑफ वूमन' ने महिलावाद की प्रथम लहर को जागृत किया। इस पुस्तक में समान शिक्षा के महिला अधिकारों का पुरजोर समर्थन किया गया। उन्नीसवीं शताब्दी के कई महिला समर्थक इसके लिए लड़े तथा स्त्रियों के लिए विद्यालय तथा महाविद्यालयों की स्थापना की, लड़कों के महाविद्यालयों तथा पुरुषों के व्यवसायों में स्त्रियों को प्रवेश दिलवाया। बाद में कानूनी सुधारों द्वारा स्त्रियों के संपत्ति संबंधी वैयक्तिक अधिकारों तथा तलाक देने की स्वीकृति ने स्त्रियों की प्रस्थिति में भारी परिवर्तन ला दिया। महिलावादियों ने लैंगिकता संबंधी स्त्रियों की समस्याओं पर भी ध्यान दिया और वेश्यावृत्ति तथा बलात्कार जैसे कुकृत्यों के लिए समुचित कानून पारित करवा कर स्त्रियों को सुरक्षा प्रदान की।

भारत में भी उन्नीसवीं शताब्दी में कुछ समाज सुधारकों द्वारा महिलाओं की प्रस्थिति में सुधार लाने का यत्न किया गया। राजा राममोहन राय, केशवचंद्र सेन, देवेन्द्रनाथ ठाकुर, स्वामी दयानन्द, श्रीमती एनीबीसेन्ट के अतिरिक्त थियोसोफिकल सोसाइटी, रामकृष्ण मिशन जैसी अनेक संस्थाओं ने स्त्री शिक्षा तथा महिलाओं की अन्य समस्याओं के समाधान में योगदान किया।

महिलावादी आन्दोलन की द्वितीय लहर की शुरुआत **बैटी फ्रेडन** की पुस्तक 'फ़ेमिनिन मिस्टिक' (1963) से होती है जिसमें तथाकथित सुखी उच्च-मध्यम वर्ग की एक अनाम पूर्णकालिक गृहिणी एवं मां अपने दुःखों एवं नैराश्य की कहानी कहती है। ब्रिटेन तथा अमेरिका में महिलावाद को प्रश्रय नव-वामवाद में भाग लेने वाली स्त्रियों द्वारा भी मिला जिन्होंने अपने पुरुष साथियों द्वारा उनके साथ किए गए व्यवहार से प्रताड़ित होकर विद्रोह का झंडा गाड़ दिया। ब्रिटेन में कार्यरत महिलाओं द्वारा समान वेतन के लिए हड़तालें की गई। महिलावादी आन्दोलन की इस द्वितीय लहर ने ही वास्तव में आधुनिक 'नारी मुक्ति आन्दोलन' की नींव रखी। यह आन्दोलन न तो संस्तरणात्मक ही था और न ही पूर्णतः संगठित। यह एक ढीले-ढाले प्रकार का आन्दोलन रहा है जिसमें अनेक समूह, राजनीतिक सिद्धान्त और कार्यक्रमों का मिला-जुला रूप सम्मिलित है। नारी मुक्ति आन्दोलन स्त्रियों को सामाजिक, राजनीतिक, आर्थिक एवं अन्य क्षेत्रों में पुरुषों के समकक्ष प्रस्थिति, अधिकार, सम्मान और उन्नति के अवसर उपलब्ध करवाने हेतु सक्रिय संघर्ष में विश्वास करता है।

महिलावाद की व्याख्या तीन ढंग से की गई है, यथा उदारवादी, मार्क्सवादी और रेडिकल। उदारवादी परिप्रेक्ष्य के अनुसार लिंग असमानता मुख्यतः सामाजीकरण का परिणाम है जो पुरुषों और स्त्रियों के संबंध में व्यक्तियों के विकृत एवं हानिकारक विचारों को उत्पन्न करता है। इसके साथ-साथ कुछ सांस्कृतिक प्रथाएं भी हैं जो लैंगिक असमानता के लिये उत्तरदायी हैं। मार्क्सवादी परिप्रेक्ष्य महिलावाद को सीधे पूंजीवाद तथा पितृसत्तात्मक व्यवस्था से जोड़ता है। रेडिकल परिप्रेक्ष्य के अनुसार, लिंग असमानता तो अज्ञान तथा स्वतंत्रता के अभाव के कारण और न ही पूंजीवाद के कारण है, अपितु यह तो पुरुषों द्वारा स्त्रियों पर प्रभुत्व, नियंत्रण और शोषण के उनके सामूहिक प्रयासों का प्रतिफल है।

महिलावाद ने (विशेषतः द्वितीय लहर ने) समाजशास्त्र को भी कई महत्वपूर्ण रूप में

प्रभावित किया है। अनेकानेक महिलाओं को अब उन्हें अपने शैक्षणिक कार्य के लिये सम्मान दिया जाने लगा है। यहीं नहीं, अब पुरुष केन्द्रित समाजशास्त्रीय सिद्धान्तों में महिलावादी आलोचनाओं को भी स्थान दिया जाता है। उदाहरणार्थ, अपराध के सिद्धान्त, जो प्रमुख रूप से पुरुष केन्द्रित थे, में महिलाओं की दृष्टि से भी अध्ययन-विश्लेषण किया जाने लगा है। महिलाओं के जीवन से संबंधित शोध में पिछले वर्षों में काफी वृद्धि हुई है। लैंगिक असमानता को लेकर कई सिद्धान्त विकसित हुए हैं जिनमें यौन-भेद, लिंग-भेद, पितृसत्तात्मकता और लैंगिक भूमिकाओं जैसी अवधारणाओं का प्रचुर मात्रा में प्रयोग किया गया है। यही नहीं, महिलावादी आंदोलनों ने राष्ट्र संघ को 1975-85 के दशक को महिलाओं के नाम समर्पित करने के लिये प्रेरित कर महिलाओं की समस्याओं की ओर ध्यान आकर्षित किया है। (देखिये–'जेन्डर')

feminist social theory **नारीवादीमूलक सामाजिक सिद्धान्त**

बीसवीं शताब्दी के नारीवादीमूलक सामाजिक सिद्धान्त को एक सामाजिक आंदोलन के रूप में शुरू हुए महिलावाद से न अलग किया जा सकता और न ही पृथक रूप में समझा जा सकता है। नारीवादी आंदोलन की शुरुआत सन् 1920 में समान मताधिकार के मुद्दे को लेकर हुई थी जो बाद में सवैतनिक कार्य (नौकरी) के क्षेत्र और घरेलू कार्यकलापों, कानूनी संबंधों और सांस्कृतिक प्रथाओं में मूलभूत लैंगिक समानता (जेन्डर इक्वलिटी) के एक आमूल परिवर्तनवादी आंदोलन में बदल गया। अतः नारीवादीमूलक सामाजिक सिद्धान्त का उद्‌भव भी कई भिन्न रूपों—उदारवाद, मार्क्सवाद और उत्तर आधुनिकतावाद में हुआ। सामान्य रूप में, नारीमूलक सामाजिक सिद्धान्त का उद्देश्य लैंगिक भिन्नताओं और विशिष्ट रूप में पितृसत्तात्मक सिद्धान्त के संदर्भ में समाज में महिलाओं की मातहत की स्थिति को समझना और स्पष्ट करना है।

नारीवाद की प्रथम लहर मुख्यतः स्त्री एवं पुरुषों की औपचारिक समानता की समस्या से संबंधित थी (देखिये – नारीवाद)। द्वितीय लहर जिसका सुत्रपात 1960 के दशक में हुआ, इसमें नारीवादी आंदोलन ने तीखे तेवर प्रदर्शित किये। सैद्धान्तिक दृष्टि से, इस लहर ने कई भिन्न रेडिकल परम्पराओं, जैसे मार्क्सवाद, मनोविश्लेषण और अराजकतावाद के विचारों को अपना लिया। अमेरिका में, महिलावाद की इस 'द्वितीय लहर' को काले लोगों के नागरिक अधिकारों के संघर्ष के साथ जोड़ दिया गया। इस राजनीतिक संघर्ष के द्वारा इस विचार का उद्‌भव हुआ कि महिलाओं की अधीनस्थ स्थिति बहुत कुछ रूप में साम्राज्यवादी शासन की दशाओं में काले लोगों और महिला मुक्ति समस्या का उपचार न केवल आर्थिक और राजनीतिक आधार पर, अपितु मनोविज्ञान और संस्कृति के स्तर पर भी किये जाने की आवश्यकता है। पितृसत्तात्मकता के विरूद्ध इस महिलावादी आंदोलन को सैनिकवाद के विरोध और इस धरा के पर्यावरण विनाश संबंधी पारस्थितिकीय समस्या के साथ भी जोड़ दिया गया। सामाजिक संस्तरण, प्रजातिवाद, युद्ध, हिंसा और पर्यावरण-विनाश को पुरुष की प्रभुत्व स्थापित करने की मनोवैज्ञानिक आवश्यकता तथा पितृसत्तात्मक सामाजिक संगठन के प्रभावों के रूप में देखा गया। सामाजिक सिद्धान्त के स्तर पर, महिलावाद की कई शाखाओं

के साथ जोड़ने के प्रयोग किये गये। इस लहर से संबंधित निम्नलिखित प्रमुख प्रकाशन प्रकाश में आयेः **एस. द बुआ** की 'द सेकिन्ड सेक्स' (1949), **एस. फायरस्टोन** की 'द डायलेक्टिक्स ऑफ सेक्स' (1970), **जी. ग्रीर** की 'द फिमेल यून्च' (1970), **के. मिलेट** की 'सेक्युल पॉलिटिक्स' (1969) और **जे. मिचैल** की 'वूमेनः द लॉगेंस्ट रिवोल्यूशन' (1974), आदि।

सन 1980 और 1990 के दशक में महिलामूलक सामाजिक सिद्धान्त पर उत्तरसंरचनावादी और उत्तर-आधुनिकतावादी विश्लेषण का प्रभाव पड़ा। उत्तर-आधुनिकतावादियों का अनुसरण करते हुए महिलामूलक सिद्धान्तकारों ने कहा कि पारम्परिक महिलामूलक विश्लेषण उत्तरी अमेरिका और पश्चिमी यूरोप की श्वेत मध्यम वर्ग की महिलाओं से भरा पड़ा है। इसमें निम्न वर्ग और काली महिलाओं का नाम मात्र का कहीं-कहीं जिक्र देखने को मिलता है। महिलावाद की तृतीय लहर ने सार्वभौमिक परिप्रेक्ष्य की अवहेलना करते हुए स्थानीय महिलाओं की समस्याओं को उजागर किया। इस संबंध में कुछ प्रकाशन उल्लेखनीय हैंः **एन. चोडरो** की 'फेमिनिज़्म एण्ड साइकोएनेलेटिक थिअॅरि' (1989), **बी. हूक्स** की 'फेमिनिस्ट थिअॅरि' (1984), और **सी. वेडॉन** की 'फेमिनिस्ट प्रेक्टिस एण्ड पोस्ट-स्ट्रक्चरलिस्ट थिअॅरि' (1987)। कुछ उत्तर-आधुनिक महिलावादी मानते हैं कि महिला उत्पीड़न का पारम्परिक स्वरूप आज भी आधुनिक समाज में विद्यमान है।

महिलामूलक सामाजिक सिद्धान्त ने यौण-भेद (सेक्स) और लिंग-भेद (जेन्डर), पितृसत्तात्मक शक्ति के विश्लेषण और सामाजिक वर्ग की अवधारणाओं के रूप में समाजशास्त्र पर एक सामान्य प्रभाव डाला है। इस सिद्धान्त ने पिछले कुछ वर्षों में पद्धतिशास्त्र को भी प्रभावित किया है जिसके फलस्वरूप सामाजिक शोध में महिलामूलक पद्धतियों (**एस. रेनहर्ज**, 1992) का विकास हुआ। महिलामूलक पद्धतियों में गुणात्मक, प्रतिवर्ती (रिफलेक्सिव), तथा अन्तर्क्रियाई विधियों को विशेष महत्व दिया गया है। यह सही है कि महिलामूलक सिद्धान्त ने समाजशास्त्र को प्रभावित किया है, फिर भी यह सिद्धान्त मुख्यधारा समाजशास्त्र में विशेष स्थान अभी तक नहीं बना पाया है।

feminity **स्त्रीत्व**

अनेकों समाजों में स्त्रियों और पुरुषों को भिन्न तथा विशिष्ट विशेषताओं से आभूषित किया है। भारतीय समाज में नारी को ममता, करुणा, संवेदनशीलता, स्नेह, लज्जा, श्रद्धा, विनम्रता आदि गुणों की प्रतिमूर्ति बताया है। इन गुणों के संबंध में भारी विवाद है कि क्या ये गुण स्त्री-लिंग की वास्तविक विशेषताएं हैं, क्या इनका निर्धारण जैवकीय या सामाजिक रूप में होता है, तथा ये गुण किस प्रकार समाज में पुरुष सत्ता और प्रभुत्व को बनाये रखने में सहायक होते हैं।

fertility **प्रजननता**

किसी जनसंख्या में एक विशिष्ट कालावधि में बच्चों का जन्म किस आवृति से होता है, यह प्रजननता का द्योतक है।

feudalism **सामन्तवाद**

सामान्यतः अंग्रेजी के 'फ्यूडलिज्म' शब्द का प्रयोग एक ऐसी कुलीनतंत्रीय, सैनिक तथा धर्म प्रधान राजनीतिक, आर्थिक और सामाजिक व्यवस्था के लिए किया जाता है जिसका मध्ययुगीन यूरोप में प्रभुत्व रहा है। किन्तु इससे मिलती-जुलती व्यवस्था के साक्ष्य जापान में भी पाए गए हैं। इस व्यवस्था के अन्तर्गत भूमि का विभाजन छोटी अथवा बड़ी जागीरों के रूप में किया जाता है जो बड़े सामन्तों द्वारा छोटे-छोटे जागीरदारों को इस शर्त पर दी जाती है कि वे सामन्तों के प्रति निष्ठा रखेंगे और आवश्यकता के समय उन्हें सैनिक सहायता प्रदान करेंगे। भूमि पर खेती का काम कृषि-दासों द्वारा किया जाता है। सम्पूर्ण पैदावार के मालिक जमींदार होते हैं जिन्हें सामन्तों द्वारा पट्टे पर जमीन मिली होती है। कृषक अथवा कृषि-दास को पैदावार का इतना-सा हिस्सा दिया जाता है ताकि उसका गुजारा मात्र चल सके। जमींदार जमीन के पट्टे के बदले में सामन्तों को पैदावार का एक भाग मालगुजारी के रूप में देता है। बड़े-बड़े सामन्त सीधे राजाओं से जुड़े होते हैं। भूस्वामित्व तथा जागीरदारी सामंती व्यवस्था की सार्वभौमिक विशेषताएं रही हैं, फिर भी इनके रूप एवं प्रतिमानों में सर्वत्र भिन्नता देखी गई है। सामन्तशाही का रूप कुछ भी रहा हो, यह पारस्परिक संबंधों की एक ऐसी व्यवस्था है जिसमें नीचे से लेकर ऊपर तक (बिचौलियों की सेवाओं के द्वारा) सभी व्यक्ति—कृषक, जमींदार, जागीरदार, सामन्त और राजा एक दूसरे से निश्चित अधिकार एवं दायित्वों से बंधे होते हैं।

उन्नीसवीं शताब्दी के बाद इस अवधारणा के प्रयोग में काफी मतभेद पैदा हो गया। कुछ लोगों ने इसे एक राजनीतिक व्यवस्था के रूप में, कुछेक ने आर्थिक व्यवस्था अथवा एक वैधानिक व्यवस्था के रूप में परिभाषित किया है। **मैक्स वेबर** ने इसे एक राजनीतिक व्यवस्था के रूप में परिभाषित करते हुए लिखा है कि यह सरकार का एक रूप है जिसका गठन युद्ध एवं शासन-सेवा के प्रति समर्पित शासक वर्ग द्वारा बना होता है। इस शासक-वर्ग को इसके बदले भूमि, किराया तथा असैनिक जनसंख्या की श्रम-सेवाएं प्राप्त होती हैं। मार्क्सवादियों ने सामन्तवाद को एक आर्थिक व्यवस्था मानते हुए इसकी व्याख्या उत्पादन की जागीरदारी व्यवस्था के रूप में की है। मार्क्सवाद इसे वर्ग-संघर्ष का कारण मानते हैं। कई लेखकों ने सामन्तवाद को एक कानूनी आदर्शात्मक व्यवस्था के रूप में देखा है। **एफ. गेनहॉफ** के अनुसार यह संस्थाओं का एक ढांचा है जो सेवा तथा आज्ञाकारिता के दायित्वों द्वारा निर्मित होता है तथा इसे नियंत्रित भी करता है। मूलतः यह सामाजिक संबंधों का केन्द्र बिन्दु है जिसकी रचना कृषि तथा भूस्वामित्व के आधार पर होती है।

field experiment **क्षेत्र प्रयोग**

ऐसे प्रयोग जो प्रयोगशालाई प्रयोगों से भिन्न 'नैसर्गिक' (नैचुरल) परिवेश में सम्पन्न किये जाते हैं, क्षेत्र-प्रयोग कहलाते हैं। इसमें शोधकर्त्ता द्वारा कृत्रिम परिवेश की रचना नहीं की जाती। क्षेत्र-प्रयोग अपेक्षतः दुर्लभ हैं क्योंकि ज्ञात परिवेश जहां हस्तक्षेप और नैतिकता दोनों संभव हो, ऐसा बड़ा दुष्कर होता है।

field theory **क्षेत्र सिद्धान्त**

एक मनोवैज्ञानिक सिद्धान्त जिसके अनुसार माना जाता है कि व्यक्ति का व्यवहार विशिष्ट मूर्त परिस्थितियों की सम्पूर्णता द्वारा निर्धारित होता है, न कि व्यक्ति के अमूर्त लक्षणों द्वारा। सामाजिक विज्ञानों में इस सिद्धान्त को **कुर्ट लेविन** की देन माना जाता है। क्षेत्र-सिद्धान्त व्यक्ति के सामाजिक व्यवहार की व्याख्या के लिए सम्पूर्ण सामाजिक परिस्थितियों की छोटी-से-छोटी बात की आपसी अन्तर्क्रिया पर बल देता है। इस दृष्टि से यह अन्तर अनुशासन पद्धति (इन्टर डिसिप्लिनरी मेथड) का अनुगामी सिद्धान्त है। लेविन के अनुसार, प्रत्येक व्यक्ति अनेक शक्तियों द्वारा घिरा होता है। जिन शक्तियों के क्षेत्र में व्यक्ति अन्तर्क्रिया करता है, लेविन ने इसे 'जीवन-आकाश' कहा है। इस जीवन-आकाश द्वारा ही व्यक्ति के व्यवहार का निर्धारण होता है। लेविन ने बताया कि व्यवहार वर्तमान पर आश्रित रहता है, अतीत अथवा भविष्य पर नहीं। भविष्य की घटनाओं की भांति, अतीत की घटनाएं इस समय उपस्थित नहीं हैं, अतः इस अर्थ में वे वर्तमान को प्रभावित करने में सक्षम नहीं होती।

field work **क्षेत्र कार्य**

सामाजिक अथवा भौगोलिक आधार पर बटे किसी जनसंख्या क्षेत्र से प्राथमिक तथ्यों के संकलन की प्रक्रिया क्षेत्र-कार्य कहलाती है। यह प्रक्रिया सामाजिक सर्वेक्षण के नाम से भी जानी जाती है।

folk culture **लोक संस्कृति**

लोक संस्कृति की अवधारणा का सर्वप्रथम प्रयोग **प्रो. रेडफील्ड** ने युकातन लोगों के अध्ययन में किया जिसमें उन्होंने लोक संस्कृति को नगरीय जीवन के प्रतिकूल एक विशिष्ट संस्कृति के रूप में प्रदर्शित किया है। 'लोक साहित्य के प्रामाणिक कोष' के अनुसार, 'लोक' शब्द में गांव, कस्बे, नगर अथवा किसी क्षेत्र विशेष के सभी ऐसे व्यक्तियों को सम्मिलित किया जाता है जिनमें सामान्य सांस्कृतिक विरासत की चेतना होती है तथा जिनमें कुछ स्थायी लक्षण होते हैं; जिनका व्यावहारिक ज्ञान लिखित धर्मग्रंथों पर आधारित न होकर मौखिक परम्परा पर आधारित होता है। ऐसे व्यक्तियों की जीवन-शैली तथाकथित सभ्य व्यक्तियों की अपेक्षा अत्यधिक पारम्परिक, सरल, स्वाभाविक, कम व्यवस्थित तथा कम विशेषीकृत होती है। **जार्ज एम. फोस्टर** के शब्दों में, "लोक संस्कृति को एक ऐसी सामान्य जीवन-शैली के रूप में देखा जा सकता है जो किसी क्षेत्र के अनेकों गांव, कस्बों तथा नगरों के कुछ अथवा सभी व्यक्तियों का प्रतिनिधित्व करती है।"

folk society **लोक समाज**

एक ऐसे समाज का आदर्श प्ररूप (आइडियल टाइप) जिसकी सभी ऐतिहासिक कालों में 'आदिवासी' कृषक समाजों की छवि विद्यमान रही है तथा जिनके बारे में यह माना जाता रहा है कि ऐसे समाजों में 'आधुनिक' नगरीय-औद्योगिक समाजों की आर्थिक या

सामाजिक-सांस्कृतिक विशेषताएं नहीं पाई जाती हैं। ऐसे समाज स्वतः विकसित होते हैं तथा इनकी प्रकृति मौलिक, प्रारंभिक एवं निश्चितता लिये होती है। **प्रो. रेडफील्ड** ने लोक समाज को परिभाषित करते हुए लिखा है, "एक ऐसा समाज जो अपेक्षाकृत छोटा, पृथक्कृत, अप्रबुद्ध, समरूप तथा समूह-एकता के प्रगाढ़ भाव से ओतप्रोत होता है, लोक-समाज कहलाता है। इसकी जीवन-शैली एक सुगठित व्यवस्था, जिसे हम संस्कृति कहते हैं, द्वारा बंधी होती है। ऐसे समाज में व्यवहार का रूप पारम्परिक, स्वतः स्फूर्त, अतार्किक तथा व्यक्तिगत होता है। बौद्धिक लक्ष्यों के लिए ऐसे समाज में प्रयोग-परीक्षण तथा चिन्तन की प्रवृत्ति का अभाव होता है। नातेदारी, इससे व्युत्पन्न संबंध एवं संस्थाएं अनुभव का विशिष्ट माध्यम होती हैं तथा कार्यकलापों के लिए पारिवारिक समूह एक इकाई का काम करता है। धर्मनिरपेक्षता से अधिक धार्मिकता को प्रधानता दी जाती है; बाजार की अर्थव्यवस्था की अपेक्षा ऐसे समाजों में प्रस्थिति पर आधारित अर्थव्यवस्था होती है।" **जार्ज एम. फोस्टर** के शब्दों में, 'लोक समाज से तात्पर्य व्यक्तियों के ऐसे संगठित समूह से है जिसकी एक लोक संस्कृति हो।'

folk sociology = sociology, folk

folk-urban continuum **लोक-नगरीय नैरन्तर्य**

एक अवधारणा जो गांवों से नगर की ओर संक्रमण की प्रक्रिया का संकेत देती है। यह अवधारणा पूर्णतः ग्रामीण-नगरीय भेद की अवधारणा से प्रतिकूल है। **राबर्ट रेडफील्ड** ने 'लोक' तथा 'नगरीय' प्रत्ययों का प्रयोग एक-दूसरे के विपरीत दो अलग धारणाओं के रूप में प्रयोग करते हुए 'लोक-नगरीय नैरन्तर्य' की अवधारणा का प्रतिपादन किया है। इस अवधारणा के अनुसार लोक एवं नगर को ऐसे दो छोर के समाजों या ध्रुवी समाजों के रूप में नहीं माना जाता जिनका आपस में कोई संबंध न हो या जिनमें एक समाज की विशेषताएं दूसरे समाज में पूर्णतः विलीन हो जाती हों। इस अवधारणा के पक्षधर विद्वान् मानते हैं कि ग्राम तथा नगर का भेद बहुत-कुछ सीमा तक सापेक्षिक है। दोनों की विशेषताएं किसी न किसी रूप में न्यूनाधिक मात्रा में एक दूसरे में पाई जाती हैं। अतः ग्रामवासियों तथा नगरवासियों के बीच सामाजिक संरचना, मूल्य-व्यवस्था, धर्म तथा मनोवृति आदि की दृष्टि से निरन्तरता विद्यमान रहती है। दोनों समूह परस्पर रूप में पूर्णतः अलग-थलग न होकर एक दूसरे से आबद्ध रहते हैं।

folkways **जनरीतियां**

जनरीतियां किसी समाज के समाजोनुमोदित एवं सामान्यतः स्वीकृत व्यवहार की विधियां हैं। ये ऐसे आदर्श नियमाचार (नार्म्स) हैं जो व्यक्ति को यह बताने की अपेक्षा कि उसके लिये क्या आवश्यक है, यह बताते हैं कि उसे क्या करना चाहिये। समाजशास्त्रीय साहित्य में 'फोकवेज़' शब्द के प्रवर्तक विद्वान् **डब्ल्यू. जी. समनर** रहे हैं जिन्होंने इसी नाम से सन् 1906 में एक पुस्तक लिखी। उद्‌विकासीय विचारधारा से प्रभावित प्रो. समनर ने सामाजिक प्रतिमानों का वर्गीकरण करते हुए जनरीतियों तथा रूढ़ियों (मॉरिज) में भेद किया

है। जनरीतियां, रुढ़ियों की अपेक्षा कम बाध्यकारी होती हैं। इनके साथ हल्की अनुशास्तियां जुड़ी होती हैं। इनके तोड़ने पर व्यक्ति का समाज से बहिष्कार नहीं किया जाता और न ही उसे कठोर दण्ड दिया जाता है। ऐसे व्यक्ति के प्रति हास्यात्मक अथवा व्यंग्यात्मक भाव प्रकट किया जाता है। ऐसा विश्वास किया जाता है कि जनरीतियों का निर्माण व्यवहारों की आवृत्ति-पुनरावृत्ति से होता है। व्यक्ति के संदर्भ में ये आदतें कहलाती हैं और जब ये व्यक्तिगत आदतें किसी समूह विशेष द्वारा अपना ली जाती हैं, तब ये प्रथा का रूप ग्रहण कर लेती हैं। ये अचेतन रूप में व्यक्तियों द्वारा यह मानते हुए अपनाई जाती हैं कि ये सही एवं वास्तविक हैं।

पत्र लिखते समय या भाषण देते समय आदर सूचक शब्दों का प्रयोग, किसी उत्सव में भाग लेते हुए समयोचित वेशभूषा धारण करना, भोजन संबंधी शिष्टाचार, सड़क के बांई ओर चलना, आदि जनरीतियों के ही विभिन्न उदाहरण हैं।

formalism/formal sociology **स्वरूपवाद/स्वरूपवादी समाजशास्त्र**

सामान्य अर्थों में, स्वरुपवाद बौद्धिक छानबीन की एक विधा है जिसमें किसी वस्तु अथवा घटना की अन्तर्वस्तु अथवा वास्तविक प्रकृति को जानने की अपेक्षा उसके स्वरूप के अध्ययन पर बल दिया जाता है। समाजशास्त्रीय परिप्रेक्ष्य में (इसमें) सामाजिक संबंधों के स्वरूप (आकार - प्रकार) तथा व्यक्तिगत मामलों के तुलनात्मक अध्ययन एवं विश्लेषण पर बल दिया गया है। समाजशास्त्र में स्वरूपवाद के उद्भव के साथ जर्मनी के **जॉर्ज सिमेल** का नाम जुड़ा हुआ है। उन्होंने सामाजिक संबंधों जैसे सहयोग, प्रतिस्पर्धा, संघर्ष, समायोजन, साहब-मातहत संबंध आदि के स्वरूपों का गहन अध्ययन किया। सिमेल ने स्वरूपों के अध्ययन द्वारा 'सामाजिक जीवन की रेखागणित' बनाने का प्रयास किया। **लिओपॉल्ड वॉनवीज़** ने बाद में इस उपागम का प्रचार-प्रसार अमेरिका में किया जहां उन्होंने **हॉवर्ड बेकर** को प्रभावित कर इसे अमरीकी समाजशास्त्र में एक नवीन विचारधारा के रूप में जोड़ दिया। इसी समाजशास्त्रीय उपागम को स्वरूपवादी सम्प्रदाय के नाम से जाना जाता है। सिमेल के एक विद्यार्थी **रॉबर्ट पार्क** ने इस उपागम को शिकागो विश्वविद्यालय में प्रचारित एवं पल्लवित किया।

frame of reference **संदर्भ-परिधि**

विचार-विमर्श का एक विशिष्ट क्षेत्र, अर्थात् तथ्यों और स्वतः सिद्ध सिद्धान्तों का एक सम्बद्ध ढांचा, जिसकी परिधि में किसी समूह के सदस्य सोच-विचार करते हैं, घटना अथवा स्थितियों को परिभाषित करते हैं, संदर्भ-परिधि कहलाती है। इसके अन्तर्गत व्यक्ति द्वारा इस प्रकार की स्थितियों के संबंध में बनाई गई व्यक्तिगत तथा सामूहिक भूमिकाओं की धारणा के साथ-साथ उनके द्वारा बनाए ऐसे विचारों तथा मनोवृत्तियों की अभिव्यक्ति भी सम्मिलित होती है।

किसी वस्तु अथवा घटना के संज्ञान में संदर्भ-परिधि की महत्वपूर्ण भूमिका होती है।

संदर्भ-परिधि के अन्तर्गत संदर्भ-बिन्दु होते हैं जो 'लंगर' कहलाते हैं। संज्ञान में इन बिन्दुओं का होना आवश्यक है। ये बिन्दु 'संदर्भ-मापक्रम' का कार्य करते हैं। संदर्भ-बिन्दु पर आश्रित मनोवैज्ञानिक लंगरों द्वारा संज्ञान निर्धारित होता है। सामाजिक परिवेश में संदर्भ-बिन्दुओं द्वारा व्यक्ति का संज्ञान निर्मित एवं परिवर्तित होता रहता है।

frankfurt school **फ्रैंकफुर्त सम्प्रदाय**

पश्चिमी जर्मनी के फ्रैंकफुर्त विश्वविद्यालय के अन्तर्गत सन् 1923 में एक 'सामाजिक अनुसंधान संस्थान' की स्थापना की गई थी। इस संस्थान ने सामाजिक जीवन के क्षेत्र में शोध-कार्य के जिस वैचारिक प्रतिरूप और रूपाकंन (डिजाइन) का प्रतिपादन किया, वही बाद में 'फ्रैंकफुर्त सम्प्रदाय' के नाम से ख्यात हुआ। यह सम्प्रदाय प्रमुख रूप से मार्क्सवादी चिन्तन से प्रभावित था जो मार्क्सवादी विचारधारा के आधार पर तत्कालीन विश्व के बदलते हुए परिवेश की व्याख्या में संलग्न था। जर्मनी में हिटलर के उत्कर्ष के बाद इस संस्थान की गतिविधियों को प्रतिबंधित कर दिया गया, अतः सन् 1933 में इस संस्थान को कोलम्बिया विश्वविद्यालय (अमेरिका) में स्थानान्तरित होना पड़ा। किन्तु द्वितीय विश्व युद्ध में हिटलर के पतन के बाद सन् 1949 में इसे पुनः फ्रैंकफुर्त में स्थापित किया गया। इस सम्प्रदाय के अध्ययन के प्रमुख विषय ज्ञानमीमांसा, मार्क्सवाद और संस्कृति रहे हैं, किन्तु इस सम्प्रदाय के विद्वानों ने अमेरिका में प्रजातिवाद और पूर्वाग्रह जैसे विषयों पर भी महत्वपूर्ण आनुभविक शोध किये हैं। इस सम्प्रदाय के अग्रणी व्यक्तियों में **टी. डब्ल्यू. एडोर्नो**, **डब्ल्यू. बैन्जामिन**, **ई. फ्रॉम**, **एम. होरखीमर**, और **एच. मारकूस** का नाम विशेष उल्लेखनीय है।

फ्रैंकफुर्त सम्प्रदाय का प्रमुख योगदान आलोचनात्मक सिद्धान्त (क्रिटिकल थिअॅरि) के क्षेत्र में है जिसमें मार्क्सवाद को एक नया रूप दिया गया जो 'नव मार्क्सवाद' के नाम से जाना जाता है। नव मार्क्सवादी मार्क्स के ऐतिहासिक विश्लेषण के तो पक्षधर हैं, किन्तु वे मार्क्स के इतिहास के सिद्धान्त, आर्थिक मूल्य और उत्पादन प्रक्रिया की आलोचना करते हैं। वे इन्हें मार्क्सवाद के प्रमुख घटक नहीं मानते। नव मार्क्सवादियों के अनुसार मार्क्सवाद की सार्थकता 'चेतना के आलोचनात्मक विश्लेषण' में निहित है और इसके लिये वे 'मिथ्या चेतना' (फाल्स कॉन्शसनेस) और 'अलगावग्रस्त चेतना' (ऐलिनेटेड कॉन्शसनेस) की पुनर्व्याख्या की बात करते हैं। आलोचनात्मक सिद्धान्त के समर्थक विद्वान यह स्वीकार करते हैं कि सामाजिक विश्लेषण का उद्देश्य चेतना की व्याख्या करना और यह स्पष्ट करना है कि किन-किन उत्पादन-संबंधों के द्वारा किस प्रकार की सामाजिक व्यवस्थाएं जन्म लेती हैं और उनकी नैतिक प्रकृति क्या है?

संक्षेप में, इस सम्प्रदाय के प्रमुख अध्ययन-क्षेत्रों को अग्राकिंत रूप में प्रदर्शित किया जा सकता है: (1) रूढ़िवादी मार्क्सवादी में अर्थतंत्रवाद की आलोचना का विकास; (2) समाज के मार्क्सवादी सिद्धान्त में फ्रायड के मनोविश्लेषण का प्रयोग; (3) पूंजीवादी समाज के मूलभूत सिद्धान्त के रूप में साधक तार्किकता पर प्रहार; (4) एक उपयुक्त ज्ञानमीमांसा का विकास और प्रगत् पूंजीवाद की आलोचना। फ्रैंकफुर्त सम्प्रदाय को विशिष्ट रूप में 'नव-मार्क्सवादी' और 'संशोधनवादी' इसलिये माना जाता है क्यों कि: (1) आर्थिक

निर्धारणवाद की आलोचनाओं द्वारा इसने पारम्परिक मार्क्सवाद में संशोधन लाने का प्रयास किया; (2) इसने मार्क्सवादी सिद्धान्त में जो कमियां थी, उन्हें मनोविश्लेषण और समाजशास्त्र से उदारतापूर्वक उधार लेकर भरने का यत्न किया; (3) कामगार वर्ग के आंदोलन द्वारा पूंजीवाद में क्रांतिकारी परिवर्तन की संभावनाओं के प्रति यह सम्प्रदाय निराशावादी रहा है; (4) इस सम्प्रदाय ने अर्थशास्त्र की अपेक्षा संस्कृति को अधिक महत्व देकर संगीत, साहित्य और सौन्दर्यपरकता के क्षेत्र में अनेक अध्ययन किये हैं।

fraternal polyandry = polyandry, fraternal

function **प्रकार्य**

प्रकार्य की अवधारणा का प्रयोग गणित, जीवविज्ञान तथा सामाजिक विज्ञानों में किसी व्यवस्था के विभिन्न भागों के बीच पाई जाने वाली अन्तर्निर्भरता की विशेषताओं को इंगित करने के लिए किया जाता है। यह अवधारणा सामाजिक विज्ञानों में मूलतः जीवविज्ञान तथा भौतिक विज्ञान से ली गई है। इसका प्रयोग जहाँ एक ओर सामाजिक उत्सव या त्यौहार के अति सामान्य अर्थ में किया जाता है, वहां इसका प्रयोग निपट गणित-शास्त्रीय अर्थ ('अ' का प्रकार्य 'ब' है) में भी किया गया है। इस शब्द का प्रयोग कर्त्तव्य, व्यवसाय, क्रियाकलाप और गतिविधि के अर्थ में भी किया गया है। **प्रो. आर. के. मर्टन** ने प्रकार्य के कम से कम पाँच भिन्न अर्थों की चर्चा की है। संक्षेप में, किसी भी व्यवस्था की आवश्यकताओं की पूर्ति हेतु जो भी गतिविधियां की जाती हैं, उन्हें प्रकार्य कहा जाता है।

समाजशास्त्रीय तथा अन्य समाज वैज्ञानिक गवेषणाओं में 'सामाजिक प्रकार्य' की अवधारणा का व्यवस्थित रूप में सर्वप्रथम प्रयोग हम प्रसिद्ध फ्रेंच समाजशास्त्री **दुर्खाइम** की कृति 'समाजशास्त्रीय पद्धति के नियम' (1895) में देखते हैं। यद्यपि 'प्रकार्य' शब्द का प्रयोग इसके पूर्व **हरबर्ट स्पेन्सर** की कृतियों में भी हुआ है। दुर्खाइम से प्रभावित होकर मानव विज्ञान में इस अवधारणा का प्रयोग (बाद में) **रेडक्लिफ ब्राऊन** तथा **मालिनोस्की** ने आदिवासियों के अध्ययनों में किया। **दुर्खाइम** से लेकर आज तक इस अवधारणा के प्रयोग में काफी संशोधन, परिवर्तन एवं परिवर्द्धन हुआ है, किन्तु इसकी मूलभावना में विशेष फेद-बदल नहीं हुआ।

प्रारंभिक विचारकों ने प्रकार्य को सामान्यतः सकारात्मक अर्थ में ही परिभाषित किया है। उनके विचारानुसार किसी भाग द्वारा किसी संरचना अथवा उसके निर्मायक भागों के अनुकूलन अथवा समायोजन हेतु दिया गया योगदान उस भाग का प्रकार्य है। वर्तमान में प्रकार्य को अधिक स्पष्ट एवं तटस्थ अर्थ में परिभाषित किया जाता है। आजकल किसी क्रिया के परिणामों को प्रकार्य की संज्ञा दी जाती है, चाहे वे वांछित अथवा मान्य हों अथवा न हों।

समाजशास्त्र में प्रकार्य की अवधारणा का प्रयोग दो प्रमुख अर्थों में किया गया है—(1) वस्तुपरक परिणाम के अर्थ में, (2) परिवर्त्यों (वेरिएबल्स) के बीच अन्तर्सबंधित संगति के अर्थ में। जब हम यह कहते हैं कि 'धर्म का सामाजिक प्रकार्य समूह की एकता को बनाये

रखना है', यह प्रकार्य के प्रथम अर्थ को प्रकट करता है। इस दृष्टि से, प्रकार्य का अर्थ किसी भी सामाजिक घटना के उन प्रेक्षित वस्तुपरक परिणामों से है जो किसी व्यवस्था अथवा उसके निर्मायक भागों के अनुकूलन या समायोजन के लिए आवश्यक माने जाते हैं। दूसरे अर्थ में, प्रकार्य का प्रयोग कभी-कभी सामाजिक विज्ञानों में गणितीय अर्थ में किया जाता है, जैसे 'अ' घटना (जैसे गरीबी) का प्रकार्य 'ब' घटना (अपराध) है; अतः 'अ' के परिवर्तन के अनुपात में 'ब' में भी परिवर्तन होता है। इन दोनों अर्थों में भिन्नता होते हुए भी ये एक दूसरे से संबंधित हैं।

सभी क्रियाएं किसी सामाजिक व्यवस्था के अतिजीवन में योगदान नहीं करती। कुछ क्रियाएं ऐसी भी हो सकती हैं जो व्यवस्था के स्थायित्व में व्यवधान उत्पन्न करती हों। अतः विभिन्न क्रियाओं के बीच अन्तर किया जाना चाहिए। **मेरियन जे. लेवी** ने इन दोनों प्रकार की क्रियाओं के लिए दो भिन्न शब्दों—'प्रकार्य' (यूफंक्शन) तथा 'दुष्प्रकार्य' (डिस्फंक्शन) के प्रयोग का सुझाव दिया है। लेवी ने उन सकारात्मक या अनुकूल परिणामों के लिए 'यूफंक्शन' शब्द का प्रयोग किया है जो सामाजिक व्यवस्था बनाये रखने तथा उसके अतिजीवन में योगदान करते हैं तथा ऐसे नकारात्मक अथवा प्रतिकूल परिणामों के लिए 'डिस्फंक्शन' शब्द का प्रयोग किया है जो व्यवस्था में विघटन, अव्यवस्था या गड़बड़ी उत्पन्न करते हैं या उसके अनुकूलन या समायोजन में व्यवधान उत्पन्न करते हैं। इसके अतिरिक्त, 'अकार्यों' (नॉन फंक्शनल) की भी संभावना है; अर्थात् किसी क्रिया के न कोई प्रकार्य हों और न ही दुष्प्रकार्य, अपितु वह व्यवस्था के लिए मात्र निरर्थक हो।

प्रो. आर. के मर्टन, जिन्होंने बाद में समाजशास्त्र के इस क्षेत्र में महत्वपूर्ण योगदान किया है, प्रकार्य की धारणा को अधिक स्पष्ट एवं व्यक्तिपरक भावनाओं से अलग करते हुए लिखा है कि "प्रकार्य वे वस्तुपरक परिणाम हैं जो किसी व्यवस्था के अनुकूलन एवं समायोजन में वृद्धि करते हैं।" इसके विपरीत, "दुष्प्रकार्य वे वस्तुनिष्ठ परिणाम हैं जिनसे व्यवस्था के अनुकूलन या समायोजन में कमी आती है।" किसी विशिष्ट स्थिति में, एक तत्व या घटना एक व्यक्ति के लिए प्रकार्यात्मक हो सकती है तो दूसरे के लिए दुष्प्रकार्यात्मक। उदाहरणार्थ, एक सांस्कृतिक तत्व के सकारात्मक एवं नकारात्मक दोनों परिणाम हो सकते हैं। धर्म, जहाँ विश्वास करने वालों के लिए मुक्ति का प्रतीक है, वहाँ मार्क्सवादियों की दृष्टि में वह व्यक्तियों के लिए अफीम या नशा है। अतः यह अन्तर मात्र सापेक्षिक है।

function, latent **अव्यक्त/अप्रकट प्रकार्य**

किसी घटना, क्रिया, तत्व अथवा वस्तु के उन परिणामों को अव्यक्त या अप्रकट प्रकार्य कहा जाता है जो अप्रत्याशित, अनपेक्षित, अकल्पित तथा अमान्य होते हैं।किसी क्रिया के अप्रकट प्रकार्य किसी समूह के लिए वाँछनीय होते हैं, जबकि उस क्रिया के प्रवर्त्तक व्यक्तियों द्वारा उस क्रिया की वांछना नहीं की जाती है। अतः एक ही क्रिया एक के लिए अप्रकट प्रकार्यों वाली हो सकती है, तो दूसरों के लिए प्रकट प्रकार्य का कार्य कर सकती है।

प्रो. मर्टन ने प्रकट तथा अप्रकट प्रकार्य के संबंध में होपी लोगों के एक धार्मिक संस्कार का एक उदाहरण दिया है। होपी लोग सूखे के समय इकट्ठे होकर एक धार्मिक नृत्य करते

हैं। इस नृत्य का प्रकट उद्देश्य (प्रकार्य) वर्षा लाना है। इस नृत्य से वर्षा होती है या नहीं, यह दूसरी बात है। किन्तु उनकी यह क्रिया उनमें सामाजिक एकता की भावना को अवश्य जागृत करती है। यही नहीं, यह अनुष्ठान लोगों को रोजमर्रा के व्यस्त जीवन से छुटकारा देकर उन्हें विश्राम तथा आमोद-प्रमोद भी प्रदान करता है। यही उस नृत्य का अप्रकट प्रकार्य है।

function, manifest **प्रकट/व्यक्त प्रकार्य**

किसी घटना, तत्व या इकाई के वे वस्तुपरक परिणाम प्रकट या व्यक्त प्रकार्य हैं जो किसी व्यवस्था के सहयोगियों द्वारा अपेक्षित, मान्य एवं वांछित हैं।

functional **प्रकार्यात्मक**

किसी सामाजिक-सांस्कृतिक व्यवस्था को बनाये रखने में उसके निर्मायक भागों द्वारा किये जाने वाले योगदानों की योग्यता को प्रकार्यात्मक कहते हैं।

functional alternative **प्रकार्यात्मक विकल्प**

प्रारंभिक प्रकार्यवादी इस मत का पोषण करते रहे हैं कि व्यवस्था का प्रत्येक तत्व या इकाई उसके अनुरक्षण एवं अतिजीवन के लिए अपरिहार्य हैं। इस मत का खंडन करते हुए **प्रो. आर. के. मर्टन** ने 'प्रकार्यात्मक विकल्प', 'प्रकार्यात्मक समतुल्य' तथा 'प्रकार्यात्मक अनुकल्प' की अवधारणाओं को प्रस्तुत किया है। प्रो. मर्टन के अनुसार एक सामाजिक अथवा सांस्कृतिक तत्व के अनेक प्रकार्य हो सकते हैं तथा उस सांस्कृतिक तत्व के ऐसे वैकल्पिक तत्व भी हो सकते हैं जिसमें उसी प्रकार्य को सम्पादित करने की क्षमता हो। मर्टन ने इसीलिए अपरिहार्य सामाजिक-सांस्कृतिक प्रकार्य की अवधारणा के प्रतिरोध में उपरोक्त इंगित अवधारणाओं का प्रतिपादन किया है। उदाहरणार्थ, यदि धर्म का प्रकार्य सामाजिक एकीकरण उत्पन्न करना है, तो यह प्रकार्य तो किसी भी शक्तिशाली केन्द्रीय सरकार द्वारा सम्पन्न किया जा सकता है। संक्षेप में, जिस प्रकार एक इकाई या तत्व के कई तरह के प्रकार्य होते हैं, उसी तरह एक ही प्रकार के प्रकार्यों को कई वैकल्पिक तत्व या इकाईयों द्वारा पूरा किया जा सकता है।

functional analysis/explanation **प्रकार्यात्मक विश्लेषण/व्याख्या**

प्रकार्यात्मक विश्लेषण या व्याख्या से तात्पर्य किसी भी घटना के अस्तित्व में आने अर्थात् उस घटना के घटने के कारणों को खोजना या किसी क्रिया के परिणामों को मालुम करना, अर्थात् किसी स्थाई सामाजिक व्यवस्था को बनाये रखने में उस क्रिया के योगदान को जानना है। उदाहरणार्थ, जब हम अपराध की समाज में उपस्थिति की प्रकार्यात्मक व्याख्या करते हैं, तब हम यह जानने का प्रयास करते हैं कि अपराध किस प्रकार सामाजिक संगठन को बनाये रखने (दंड के माध्यम से) में मदद करता है; दूसरे शब्दों में अपराध किस प्रकार समाजोनुमोदित व्यवहार की सीमाओं को सुदृढ़ बनाता है ताकि अपराध को सामाजिक

जीवन का एक सामान्य लक्षण माना जा सके। इसी प्रकार, धार्मिक संस्थाएं भी सामाजिक एकजुटता को उत्पन्न करने और बनाये रखने में सहायता करती हैं। इसके विपरीत, ऐतिहासिक व्याख्याएं किसी घटना या क्रिया के विकास की कालक्रमानुसार विवरण देती हैं।

functional interdependence **प्रकार्यात्मक अन्तर्निर्भरता**

व्यक्तिगत कार्यों को सम्पादित करने में सहायता देने के उद्देश्य से सामाजिक इकाईयों की एक-दूसरे पर निर्भर रहने की प्रवृत्ति को प्रकार्यात्मक अन्तर्निर्भरता की संज्ञा दी गई है।

functional prerequisites/imperatives **प्रकार्यात्मक पूर्वावश्यकताएं**

प्रकार्यात्मक पूर्वावश्यकताओं से तात्पर्य ऐसी दशाओं से है जिनका किसी व्यवस्था के जन्म होने तथा बनाये रखने के लिये विद्यमान होना आवश्यक है। इस परिप्रेक्ष्य के विचारकों ने सम्प्रेषण, वैचारिक सहभागिता, लक्ष्य निर्धारण, व्यवहार नियम से लेकर भौतिक पर्यावरण के साथ अनुकूलन तथा उसके प्रभावी उपयोग को किसी भी व्यवस्था की पूर्वावश्यकताओं में सम्मिलित किया है।

functional requisites **प्रकार्यात्मक आवश्यकताएं**

प्रकार्यात्मक आवश्यकताओं से तात्पर्य ऐसी दशाओं से है जो किसी संरचना को बनाये रखने के लिए आवश्यक होती हैं। यदि यह संरचना, सामाजिक प्रणाली है तो इसे सुचारु रूप से चलाये रखने के लिए इसके निर्मायक भागों अर्थात् कर्त्ताओं द्वारा अपनी-अपनी भूमिकाओं को भली-भांति सम्पन्न किया जाना चाहिए। **पार्सन्स** ने सामाजिक प्रणाली की चार प्रकार्यात्मक आवश्यकताएं बताई हैं—अनुकूलन, प्रतिमान अनुरक्षण, एकीकरण तथा तनाव प्रबंधन।

functionalism **प्रकार्यवाद**

सावयविक सादृश्यता पर आधारित एक सिद्धांत जिसके अनुसार यह माना जाता है कि समाज एक ऐसी संगठित एवं आत्म-अनुरक्षित व्यवस्था है जिसमें विरोधी परिवेश की स्थिति में भी संतुलन बना रहता है। समाज के अतिजीवन के लिए यह आवश्यक है कि व्यवस्था की आवश्यकताओं की पूर्ति हेतु इसकी विभिन्न सामाजिक प्रक्रियाओं का आपस में सहज रूप में ताल-मेल हो। प्रकार्यवाद का प्रथम एवं महत्वपूर्ण प्रश्न यही है कि समाज इन आवश्यकताओं की पूर्ति कैसे करता है? ऐसा देखा जाता है कि प्रत्येक प्रक्रिया, संस्था अथवा प्रथा कोई न कोई प्रकार्य अदा करती है जो समाज की जरूरतों को पूरा करती है और इस प्रकार वे समाज की संरचना एवं इसके संतुलन को बनाये रखने में सहायता प्रदान करती हैं। सामाजिक प्रक्रियाओं, संस्थाओं आदि को निरन्तर प्रवाहशील सामाजिक समष्टि के प्रति किये गये योगदान के रूप में देखा जाता है। अतः सामाजिक प्रथाओं को किसी समाज के प्रति किये गये योगदान के रूप में देखा जाना चाहिए। प्रथाओं का उद्गम कुछ भी रहा हो, वे तब तक जीवित रहती हैं जब तक वे समाज में कुछ न कुछ महत्वपूर्ण भूमिका

भदा करती रहेंगी।

समाजशास्त्र में 'प्रकार्य' की अवधारणा का प्रयोग उन्नीसवीं शताब्दी में **आगस्त कोम्त** तथा **हरबर्ट स्पेन्सर** द्वारा किया गया जिन्होंने मानव समाज तथा जैवकीय सावयव की कार्य प्रणाली में काफी सादृश्यता देखी। किन्तु इसे व्यवस्थित एवं एक वैज्ञानिक अवधारणा के रूप में प्रयोग किए जाने का श्रेय सर्वश्री **एमिल दुर्खाइम** को जाता है। दुर्खाइम ने सावयविक सादृश्यता का सहारा लेते हुए इस अवधारणा का प्रयोग स्पेन्सर से भिन्न रूप में किया। स्पेन्सर की भांति दुर्खाइम ने प्रकार्य संबंधी अपने विचारों को पूर्णतः सावयविक सादृश्यता की धारणा पर आधारित नहीं किया और न ही उन्होंने प्रकार्य की धारणा को 'लक्ष्य' अथवा 'प्रयोजन' के अर्थ में प्रयोग किया। दुर्खाइम के अनुसार सामाजिक घटनाओं का अस्तित्व उन फलप्रद परिणामों पर निर्भर नहीं करता जिन्हें वे पैदा करती हैं।

दुर्खाइम के प्रकार्यवादी विचारों को अन्तर्राष्ट्रीय समाजशास्त्रीय जगत में फैलाने का श्रेय वास्तव में दो प्रसिद्ध ब्रिटिश मानव वैज्ञानिकों—**ब्रानिस्ला मालिनॉस्की** और **अल्फ्रेड रेडक्लिफ ब्राउन** को जाता है। इन मानव वैज्ञानिकों ने इस बात पर बल दिया कि सामाजिक-सांस्कृतिक तत्वों का अध्ययन सम्पूर्ण समाज एवं संस्कृति के संदर्भ में किया जाना चाहिए। उनके अनुसार, प्रत्येक सामाजिक-सांस्कृतिक तत्व के सम्पूर्ण सामाजिक व्यवस्था के लिए कुछ प्रकार्य होते हैं। साथ ही, ये तत्व प्रकार्यात्मक आवश्यकता के आधार पर एक दूसरे से जुड़े होते हैं तथा अपने जीवन के लिए सम्पूर्ण व्यवस्था पर आश्रित होते हैं। ब्रिटिश मानव वैज्ञानिकों के अध्ययन का यही दृष्टिकोण बाद में 'प्रकार्यवाद' के नाम से प्रख्यात हुआ।

प्रकार्यवाद समाज को अन्तर्संबंधित भागों की एक ऐसी स्वचालित व्यवस्था के रूप में देखने का सरल दृष्टिकोण है जिसके निर्मायक भागों के सामाजिक संबंधों में संरचना तथा एक वस्तुनिष्ठ नियमितता होती है। यह एक समाजशास्त्रीय परिप्रेक्ष्य है जो किसी सामाजिक तत्व या सांस्कृतिक प्रतिमान की व्याख्या दूसरे सामाजिक-सांस्कृतिक तत्वों तथा सम्पूर्ण व्यवस्था के लिए उसके परिणामों के संदर्भ में खोजता है। अतः यह परिप्रेक्ष्य इस बात पर बल देता है कि किसी भी सामाजिक घटना को पूर्णतः अलग-थलग न मानकर उसे व्यवस्था के एक अंग के रूप में देखा-परखा जाना चाहिए। साथ-ही-साथ व्यवस्था के निर्मायक भाग व्यवस्था को बनाये रखने में जो अपना योगदान करते हैं, उनका अध्ययन भी किया जाये।

आजकल यह उपागम **'संरचनात्मक प्रकार्यवाद'** के नाम से जाना जाता है। समाजशास्त्र में इस उपागम को प्रश्रय देने वालों में सर्वश्री **मर्टन एवं पार्सन्स** आदि विद्वानों ने विशेष भूमिका अदा की है। इस सिद्धान्त को सर्वाधिक प्रसिद्धि **डेविस एवं मूर** के स्तरीकरण के प्रकार्यात्मक विश्लेषण से मिली। डेविस ने 1959 में आयोजित अमरीकी समाजशास्त्रीय परिषद् में भी प्रकार्यवाद का बड़े जोशखरोस से बचाव किया। बाद में, **हर्बर्ट जे. गेन्स** के लेख 'द फन्कशन्स ऑफ पॉवर्टी' जो अमरिकन जर्नल ऑफ सोसिआलॉजी में 1972 में छपा, ने विचारोत्तेजक बहस की शुरुआत की। समीक्षों ने इस लेख को विचारात्मक दृष्टि से तटस्थ प्रकार्यवादी विश्लेषण का एक सुन्दर उदाहरण बताया। इस उपागम की प्रमुख अवधारणाएं

निम्नलिखित हैं जिस पर यह उपागम टिका हुआ है—

(i) प्रकार्य, अकार्य एवं दुष्प्रकार्य; (ii) प्रकट एवं प्रच्छन्न प्रकार्य; (iii) बहुप्रकार्य; (iv) प्रकार्यात्मक विकल्प, प्रकार्यात्मक समतुल्य तथा प्रकार्यात्मक अनुकल्प; (v) प्रकार्यात्मक पूर्वावश्यकताएं तथा व्यवस्था की आवश्यकताएं; (vi) समायोजन एवं एकीकरण।

सन् 1960 में प्रकार्यवाद पर कई ढंग से तीव्रता से प्रहार किये गये। आलोचना के मुख्य बिन्दुओं के रूप में कहा गया कि यह सिद्धान्त समाजों में होने वाले सामाजिक परिवर्तन, संरचनात्मक विरोधाभासों और संघर्षों को महत्व नहीं देता है। यही नहीं, इसकी जैवकीय उपमा ने इसे रूढ़िवादी बना दिया है। इन आलोचनाओं के आधार पर प्रकार्यवादी सिद्धान्त को 'मतैक्यवादी (कन्सेन्सस) सिद्धान्त' कहने के फैशन का प्रचलन हो गया। वास्तव में, आलोचना के उपर्युक्त सभी बिन्दू तथा अन्य पूर्णतः सही नहीं हैं।

सन् 1970 और 1980 के दशकों में घटनाओं की व्याख्या और समझ की एक विचारधारा के रूप में प्रकार्यवाद का लोप हो गया। किन्तु पिछले कुछ वर्षों में इसे पुनर्जीवित करने के अच्छे प्रयास हुए हैं। अमेरिका में **जैफरी एल्कजेंडर**, जर्मनी में **निकलास लुहमन** तथा ब्रिटेन में मार्क्सवाद को संशोधित रूप में प्रस्तुत करने वाले **जी.ए.कोहेन** की प्रेरणाओं से '**नव प्रकार्यवाद**' का जन्म हुआ है। एल्कजेंडर ने स्पष्ट रूप में कहा है कि सामाजिक घटनाओं की व्याख्या का यह एक उपागम है जिसमें सामाजिक जीवन के उपेक्षित पक्षों पर ध्यान आकर्षित किया जाता है।

functionalization, de **विप्रकार्यीकरण**

एक ऐसी स्थिति जिसमें किसी संस्था अथवा समूह के कार्य दूसरी संस्थाओं अथवा समूहों द्वारा ले लिये जाते हैं। इस अवधारणा का सर्वप्रथम प्रयोग **विलियम ऑगबर्न** ने अन्य संस्थाओं द्वारा परिवार के प्रकार्यों के हस्तान्तरण के लिये किया था।

fundamentalism, religious **धार्मिक संकीर्णतावाद**

एक आंदोलन या आस्था जो पौराणिक धर्म ग्रंथों या प्रकट धर्म के मौलिक तत्वों की ओर लौटने का आग्रह करता है, धार्मिक संकीर्णतावाद कहलाता है। बहुधा इसकी धर्म में आधुनिकतावाद और उदारतावाद से तुलना की जाती है। मूलतः इस अवधारणा की प्रकृति धर्मशास्त्रीय है, फिर भी इसका प्रयोग समाज सुधार की योजनाओं को क्रियान्वित करने या राजनीतिक सत्ता को हथियाने के एक हथियार के रूप में किया जाता है।

G

game theory **खेल-सिद्धांत**

एक ऐसा सिद्धांत जिसमें संघर्ष अथवा सहयोग की स्थितियों में लिए गए तार्किक व्यूह-रचना संबंधी निर्णयों का वर्णन-विश्लेषण किया जाता है। इन स्थितियों में प्रत्येक सहभागी या खिलाड़ी अपने संभावित लाभों में वृद्धि और नुकसानों में कमी लाने का यत्न करता है। इस संदर्भ में, एक खेल ऐसी कोई भी सामाजिक स्थिति है जिसमें कम से कम ऐसे दो खिलाड़ियों के बीच अन्तर्क्रिया होती है जो कम से कम थोड़े समय के लिये एक दूसरे से प्रतिस्पर्धा करते हैं। ये स्थितियां कई प्रकार की हो सकती है, जैसे विवाह, युद्ध, राजनीतिक दलों में प्रतिद्वन्द्विता, श्रम-बाज़ार आदि।

यह सिद्धांत मूलतः गणितशास्त्र के विषय का एक अंग है जिसमें व्यूह-रचना तथा उनके इस व्यवहार से उत्पन्न संतुलन या साम्यों का निर्धारण किया जाता है। इस प्रकार के खेलों में प्रत्येक खिलाड़ी ऐसे मौकों की तलाश में रहता है जब वह अधिकाधिक लाभ प्राप्त कर सके। किन्तु ये लाभ मात्र (स्वयं) उसकी क्रियाओं या पूर्णतः प्राकृतिक या परिवेश संबंधी दशाओं पर निर्भर नहीं करते, अपितु उन दूसरे खिलाड़ियों पर भी निर्भर करते हैं जिनके हित कभी-कभी उसके विरोधी और कभी उसके समानान्तर होते हैं। अतः व्यूह-रचना संबंधी खेलों में खिलाड़ियों में हितों की टकराहट के साथ संभावित सहयोग भी छुपा होता है। प्रत्येक खिलाड़ी की चालों के संबंध में एक अनिश्चितता बनी होती है, क्योंकि दूसरों की चालों को निश्चितता से जानना कठिन होता है। ऐसी स्थितियां, जो बहुधा अत्यन्त पेचीदा होती हैं, न केवल खेलों में अपितु व्यापार, राजनीति, युद्ध तथा अन्य सामाजिक क्रियाकलापों में भी देखी जा सकती हैं। परिणामतः इस सिद्धांत का प्रयोग खेलों के साथ-साथ ऐसी सामाजिक घटनाओं के विवेचन में भी किया जा सकता है जिनसे कुछ खेल काफी मिलते-जुलते हैं। जब खेल की रोजमर्रा की धारण को सामाजिक अन्तर्क्रिया के एक मॉडल के रूप में प्रयोग किया जाता है, तब अन्तर्क्रिया को एक विभाजनीय घटना क्रम के रूप में देखा जाता है जिसमें खिलाड़ियों का एक निश्चित समूह सीमित संभावनाओं में से नियमानुसार आगे बढ़ने की कोशिश करता है। जब सामाजिक मूल्य का पुनर्विभाजन खेल में चली गई एक के बाद दूसरी चालों के अनुसार होता है तब ऐसी क्रियाओं का एक पूर्व निर्धारित सुस्पष्ट लक्ष्य होता है। इन खेलों (अन्तर्क्रियाओं) में तार्किकता तब तक बनी रहती है जब तक चालें नियमानुसार चली जाती हैं।

खेल-सिद्धांत का मूलतः विकास सन् 1920 के आसपास **एमिल बोरेल** द्वारा किया गया। प्रारम्भ में इसे मात्र एक बौद्धिक अभ्यास माना गया। बाद में, गणितशास्त्री **जॉन वॉन न्यूमेन** ने इसका प्रयोग 'आर्थिक मानव' या 'तार्किक कर्त्ता' के व्यवहार के विश्लेषण में किया। किन्तु इस सिद्धांत को प्रसिद्धि सन् 1944 में ही मिल पाई जब न्यूमेन ने एक अर्थशास्त्री **ऑस्कर मोरगेन्सटर्न** के साथ मिलकर 'खेल-सिद्धांत और आर्थिक व्यवहार' नामक ग्रंथ की रचना की। आजकल इस सिद्धांत का प्रयोग मेलजोल संबंधी व्यवहार, न्यायिक व्यवहार, अन्तर्राष्ट्रीय राजनीति की संघर्षात्मक स्थितियों के क्षेत्र में खूब किया जाता है।

gang **गिरोह**

प्राथमिक समूह की विशेषताओं से युक्त एक समूह जो आमने-सामने के प्रत्यक्ष संबंधों के आधार पर स्वतः विकसित होता है। यह अन्य प्रकार के प्राथमिक समूहों से इस बात में भिन्न होता है कि इसकी प्रकृति संघर्षमय होती है। सामाजिक परिवेश में जब कभी विरोध अथवा संघर्ष की स्थिति उत्पन्न होती है, तब इस प्रकार के समूह के सदस्य ऐसी स्थिति का सामना करने के लिए एकजुट हो जाते हैं। इन समूहों का विकास खेल-समूहों के रूप में होता है, किन्तु ये खेल-समूह से भिन्न होते हैं। इनमें एकजुटता संघर्ष के कारण उत्पन्न होती है। ये समूह भीड़ की भांति कभी भी क्रियाशील हो सकते हैं किन्तु फिर भी ये भीड़ से कई बातों में भिन्न होते हैं।

किसी भी आयु-समूह के व्यक्तियों द्वारा गिरोह की रचना हो सकती है। सामान्यतः इनका निर्माण किशोरावस्था से लेकर प्रौढ़ावस्था के बीच के लोगों द्वारा होता है। गिरोह एक संक्रमणशील समूह होता है जिसकी रचना जीवन के ऐसे समयाकाल में होती है, जब अन्य प्रकार के समूहों का प्रभाव घटता जाता है तथा दूसरे प्रकार के स्थाई समूहों की रचना की शुरुआत नहीं हुई होती है। इसीलिए गिरोह बनाने की प्रवति अधिकांशतः किशोरावस्था का एक मुख्य लक्षण है। जैसे-जैसे किशोर-गिरोह के सदस्यों की आयु में बढ़ोत्तरी होती जाती है, गिरोह टूटते जाते हैं। टूटने की इस प्रक्रिया को गिरोह के सदस्यों द्वारा विवाह किए जाने से प्रश्रय मिलता है। अधिकांश गिरोह अविवाहित युवा पुरुषों द्वारा बने होते हैं, किन्तु इनमें लड़कियां भी सम्मिलित हो सकती हैं। पूर्णतः लड़कियों द्वारा बने समूह यदाकदा ही देखने को मिलते हैं। गिरोह की शुरुआत एक अस्थाई, ढीले-ढाले तथा अव्यवस्थित समूह से होती है। धीरे-धीरे ऐसे समूह में एकता की मात्रा बढ़ती जाती है और इसमें तीव्र सुदृढ़ता तथा नेतृत्व पनपने लगता है। बाद में यह कोई सामाजिक क्लब, अखाड़े आदि का रूप ग्रहण कर लेता है जहां से बाद में इसमें टूटन की प्रक्रिया प्रारंभ हो जाती है।

gang theory **गिरोह सिद्धान्त**

समाजशास्त्र, विशेषतः अपराधशास्त्र में गिरोह-प्रवृति और अपराध में गिरोह की भूमिका को लेकर जो सैद्धान्तीकरण हुआ है, उसमें **फ्रेड्रिक थ्रेसर** (द गेंग, 1927) का नाम विशेष

उल्लेखनीय है। थ्रेसर ने गिरोह संबंधी पुरानी धारणाओं को चुनौती देते हुए लिखा है कि गिरोह सड़कों पर घूमने वाले और कानूनों का उल्लघंनकारी व्यक्तियों से निर्मित ढीले-ढाले समूह नहीं होते, अपितु ऐसे समूह कामकाजी वर्ग के युवाओं द्वारा संरचित होते हैं जो निष्ठा, स्थानीयता और संस्तरण के भाव से बंधे होते हैं। गिरोह की रचना सामाजिक गतिकी (डायनैमिक्स) को परिलक्षित करती है। थ्रेसर ने लिखा है कि स्वयं गिरोह अपराध का कारण नहीं होता, अपितु गिरोह का परिवेश का दबाव व्यक्ति को अपराध के लिये प्रेरित करता है। थ्रेसर के इन विचारों पर समाजशास्त्र के शिकागो सम्प्रदाय की छाप देखी जा सकती है। गिरोह प्रवृति से संबंधित कुछ अन्य अध्ययन, जैसे **विलियम फूटे व्हिटे** का 'स्ट्रीट कॉर्नर सोसाइटी' (1955) और **अल्बर्ट कोहेन** का 'डेलिन्क्वेंट बायज़' (1955) भी पठनीय है।

gang, criminal **अपराधी गिरोह**

अपराधियों का एक समूह जो अपराध करने अथवा इसी प्रकार के अन्य संबंधित मामलों में एक सहकारी इकाई के रूप में संगठित होकर कार्य करता है अपराधी गिरोह कहलाता है।

gemeinschaft **गेमिनशैफ्ट**

जर्मन भाषा का एक शब्द जिसका प्रयोग समाजशास्त्र में 'समुदाय' के अर्थ में किया गया है। इस अवधारणा की रचना सन् 1887 में **एफ. टॉनिज** ने अपनी रचना 'गेमिनशेफ्ट एण्ड गोसिलशैफ्ट' में की। टॉनिज ने घनिष्टता, स्थायित्व तथा समाज में एक-दूसरे की प्रस्थिति के स्पष्ट बोध पर आधारित सामाजिक संबंधों के ताने-बाने द्वारा बने समूह के लिए इस अवधारणा का प्रयोग किया। इन विशेषताओं से युक्त समूह के सदस्य जीवन में आने वाले दु:खों एवं सुखों को हंस-मिलकर बांट लेते हैं। गेमिनशैफ्ट की विशेषताओं वाला समूह अपेक्षाकृत समजातीय (होमोजीनिअस) होता है। इस प्रकार के समूह की अन्य विशेषताएं स्थानीयता, नातेदारी, भावनात्मक एकता, निरन्तरता, प्रामाणिकता और भावप्रवणता है।

gender **लिंग-भेद**

विभिन्न लिगिंयों के बीच संबंधों के सामाजिक पक्ष के संदर्भ में 'जेन्डर' एक ऐसी अवधारणा है जो जैवकीय यौन-भेद (सेक्स) से अलग की जाती है। पिछले कुछ वर्षों में, सामाजिक विज्ञानों में लिंग के सामाजिक पक्ष को उसके जैवकीय पक्ष से अलग कर 'जेन्डर' के रूप में उसे समझने और अध्ययन करने की एक नई शुरूआत हुई है। (हम यहां 'जेन्डर' के लिये हिन्दी में लिंग-भेद और 'सेक्स' के लिये 'यौन-भेद' शब्दों का प्रयोग करेगें) **अन्न ओकले** (सेक्स, जेन्ड़र एण्ड सोसाइटी, 1972) जिन्हें समाजशास्त्र में 'सेक्स' शब्द को महत्व प्रदान करने का श्रेय प्राप्त है, के अनुसार, 'सेक्स' का तात्पर्य पुरुषों एवं स्त्रियों का जैवकीय विभाजन से है तथा 'जेन्डर' का अर्थ स्त्रीत्व एवं पुरुषत्व के रूप में समानान्तर और सामाजिक रूप में असमान विभाजन से है। अतः जेन्डर की अवधारणा स्त्रियों और पुरुषों

के बीच सामाजिक रूप में निर्मित भिन्नता के पहलुओं पर ध्यान आकर्षित करती है। किन्तु आजकल 'जेन्डर' का प्रयोग व्यक्तिगत पहिचान और व्यक्तित्व को इंगित करने के लिये ही नहीं किया जाता, अपितु प्रतीकात्मक स्तर पर इसका प्रयोग सांस्कृतिक आदर्शों तथा पुरुषत्व एवं स्त्रीत्व संबंधी रूढ़िबद्ध धारणाओं तथा संरचनात्मक अर्थों में, संस्थाओं और संगठनों में लैंगिक श्रम-विभाजन के रूप में भी किया जाता है।

सन् 1970 के आसपास लिंग-भेद (जेन्डर) के अध्ययन में समाजशास्त्रीय और मनोवैज्ञानिक रूझान पैदा हुआ। अभी तक लिंग-भेद को मात्र स्त्री एवं पुरुष में जैवकीय भिन्नता के रूप में ही देखा जाता था तथा पुरुषत्व और स्त्रीत्व के बारे में महत्वपूर्ण सांस्कृतिक विचार रूढ़िबद्धता से ग्रस्त थे जिनकी यथार्थता से बहुत दूरी थी। बाद में जो अध्ययन हुए उनके द्वारा यह प्रदर्शित करने का प्रयास किया गया कि लिंग-भेद तथा स्त्रियों एवं पुरुषों की भूमिका संबंधी विचारों में भिन्न संस्कृति के कारण भारी अन्तर है। संरचनात्मक स्तर पर घरेलू श्रम-विभाजन संबंधी अध्ययनों ने भी स्त्री और पुरुष के बीच काम के वितरण में बड़ी असमानता प्रदर्शित की है।

विभिन्न समाजों में लैंगिक संबंधों के भिन्न रूप-स्वरूप हैं—ऐतिहासिक काल, प्रजातिक और जातीय समूहों, सामाजिक वर्ग और पीढ़ियों में। फिर भी, पुरुषों और स्त्रियों के बीच अन्तर के मामले में सभी समाजों में समानता है, यद्यपि यह अंतर की प्रकृति में काफी सामाजिक भिन्नताएं हैं। लिंग-भेद से संबंधित एक सर्वाधिक समान विशेषता हमें लिंग-असमानता में देखने को मिलती है और यह विशेषता लगभग एक सार्वभौमिक विशेषता है। सामाजिक जीवन के कई क्षेत्रों में लिंग-भेद की रचना और आभिव्यक्ति की जाती है। यह संस्कृति, विचारधारा और तार्किक धारणाओं तक ही सीमित नहीं है। घर में लैंगिक श्रम-विभाजन से लेकर श्रम-बाजार तक, राज्य की व्यवस्था में, काम (मैथुन) भावना में, हिंसा की रचना में और सामाजिक संगठन के कई पक्षों में लैंगिक संबंधों की रचना होती है।

लिंग-भेद, विशेषतः नारीवाद के संबंध में अभी हाल कई सिद्धान्त अभर कर आये हैं जिनमें प्रमुख तीन हैं: आमूल परिवर्तनवादी (रेडिकल) नारीवाद, समाजवादी (मार्क्सवादी) नारीवाद और उदारवादी नारीवाद (देखिये– फेमिनिज्म)। इनके अतरिक्त, कुछ अन्य सिद्धान्त ये हैं, जैसे रूढ़िवाद (सामाजिक जीववादी), काली (अश्वेत) महिलाओं के विचार, उत्तर आधुनिकतावाद, द्वि-व्यवस्था सिद्धान्त, आर्थिक महिलावाद, और भौतिकवादी महिलावाद।

genealogical method **वंशावली विधि**

मानवशास्त्रीय क्षेत्र-कार्य की एक विधि जिसमें वंशावलियों का संकलन कर उन्हें वंशवृक्ष के रूप में व्यवस्थित किया जाता है। इस विधि का प्रयोग नातेदारी व्यवस्था, वैवाहिक प्रणाली, सामाजिक संगठन के रूप, वंशानुक्रम एवं उत्तराधिकार की गणना के तरीकों को जानने के लिए किया जाता है।

generalization **सामान्यीकरण**

सामान्य प्रवृत्ति को प्रकट करने वाले कथन सामान्यीकरण कहलाते हैं। ये कथन घटनाओं के मध्य एक सार्वभौमिक संबंध की उपस्थिति का संकेत देते हैं। तथ्यों में नियमितता स्थापित करने के उद्देश्य से सामान्यीकरणों की रचना की जाती है।

generalized other = other

genetic change **उत्पत्तिमूलक परिवर्तन**

इस अवधारणा का प्रयोग मुख्यतः उद्विकासीय समाजशास्त्रियों तथा मानवशास्त्रियों द्वारा उद्भव अथवा उत्पत्ति के माध्यम से सामाजिक व्यवस्थाओं के भिन्न रूपों की व्याख्या करने में किया गया है। तकनीकी वस्तुओं तथा प्रक्रियाओं का विकास कैसे हुआ, यह समस्या पुरातत्वशास्त्रियों तथा आदिवासीय संस्कृति के अध्ययनकर्ताओं की प्रारंभ से ही रही है। इसी प्रकार सामाजिक संस्थाओं के विकास क्रम को जानने में मानवशास्त्रियों एवं समाजशास्त्रियों ने काफी रुचि प्रदर्शित की है। इन सभी प्रयासों एवं जिज्ञासाओं के पीछे मूल प्रेरणा यही रही है कि किसी प्रकार सामाजिक उद्विकासीय परिवर्तन के क्रमिक विकास के चरणों को जानकर मानव तथा उसके विकास के सम्पूर्ण इतिहास की रचना की जा सके।

genetics **आनुवांशिकी**

उत्पत्तियों का वैज्ञानिक अध्ययन आनुवांशिकी कहलाता है। पैतृकता द्वारा सावयवों की विशेषताओं का कैसे संचरण होता है, इसका अध्ययन जीवशास्त्र में आनुवंशिकी के अन्तर्गत किया जाता है।

genetrix **जननी**

बालक को वास्तविक रूप में जन्म देने वाली स्त्री अर्थात् जैवकीय मां, जननी कहलाती है। कई समाजों में माता (मेटर) तथा जननी में भेद किया जाता है।

genitor **जनक**

बालक का जैवकीय पिता जनक कहलाता है। कई समाजों जैसे अफ्रीका तथा आस्ट्रेलिया में जनक एवं पिता में अन्तर किया जाता है। दत्तकता की प्रथा के कारण जन्म देने वाले पिता (जनक) और सामाजिक पिता (दत्तक पिता) में अन्तर होता है।

geographic environment **भौगोलिक पर्यावरण**

वे प्राकृतिक घटनाएं जो भौतिक तथा सामाजिक जीवन के उद्भव एवं विकास को प्रभावित करती हैं, भौगोलिक पर्यावरण का निर्माण करती है। इन घटनाओं में जलवायु तापक्रम, ऋतुएं, धूप, वर्षा, बाढ़, सूखा, मिट्टी, खनिज पदार्थ, ऊंचाई, अक्षांश, देशान्तर आदि आते हैं। एक लम्बे काल से यह वाद-विवाद का विषय रहा है कि मानव जीवन को

पर्यावरण तथा आनुवंशिकता में से कौन अधिक प्रभावित करता है, तभी से मानव जीवन पर भौगोलिक पर्यावरण के प्रभाव को आंकने का प्रयास किया जाता रहा है। भूगोलवादियों ने मानवीय व्यवहार के निर्धारण में भौगोलिक पर्यावरण को एक मात्र महत्वपूर्ण कारक मानकर भौगोलिक निर्धारणवाद को जन्म दिया है।

gerontocracy **वृद्धतंत्र**

समाज के वृद्ध व्यक्तियों द्वारा शासन किए जाने की प्रणाली वृद्धतंत्र कहलाती है। ऐसा माना जाता है कि शासन का विकास वृद्धतंत्र से ही हुआ है। वृद्धतंत्र शासन के उद्‌विकासीय क्रम का प्रारंभिक चरण रहा होगा जब समाज के वयोवृद्ध व्यक्तियों के हाथ में समाज की बागडोर थी। अनुभवी, ज्ञान के अपार भंडार, जादुई शक्ति के जानकार के रूप में वृद्धों को जो सम्मान प्राप्त था, उसी के कारण वे दूसरों पर शासन करते हैं। किसी सीमा तक वृद्धों द्वारा शासन की प्रवृत्ति आज भी जीवित है।

gesellschaft **गैसिलशैफ्ट**

जर्मन भाषा का एक शब्द जिसका प्रयोग समाजशास्त्र में सामान्यतः गेमिनशैफ्ट के ठीक विपरीत 'समिति' के अर्थ में किया जाता है। प्रसिद्धि जर्मन समाजशास्त्री **एफ. टॉनिज** ने इस शब्द का प्रयोग ऐसे सामाजिक संबंधों का बोध देने वाले सामाजिक समूह के लिए किया जिसकी प्रकृति अवैयक्तिक, अनुबंधात्मक तथा स्वार्थमय होती है। इस प्रकार के संबंधों की अन्य विशेषताएं उनकी आंशिकता, उपयोगवादिता तथा विशिष्टता है। टॉनिज ने गैमिनशेफ्ट तथा गेसिलशेफ्ट (समुदाय और समिति) के आधार पर निर्मित समूहों में जो भेद किया है, वह उन्नीसवीं शताब्दी के कई अन्य विचारकों की कृतियों में भी देखने को मिलता है। आजकल गैसिलशेफ्टियन संबंध नगरीय एवं औद्योगिक संस्कृति के विकास तथा पारस्परिक सामुदायिक जीवन के ह्रास के कारण दिन-प्रतिदिन बढ़ते जा रहे हैं।

gestalt **गेस्टाल्ट**

'गेस्टाल्ट' जर्मन भाषा का एक शब्द है जिसका अर्थ है आकार, आकृति या ढांचा। इसका संबंध पूर्ण समष्टि से है। एक अविभाजित किन्तु संधियुक्त समष्टि, जिसकी रचना परस्पर निर्भर भागों द्वारा हुई है, मनोविज्ञान के गेस्टाल्ट सम्प्रदायवादी इस स्थिति को 'गेस्टाल्ट' की संज्ञा देते हैं। गेस्टाल्टवादियों के अनुसार समष्टि की रचना को भागों के जोड़ की अपेक्षा उनके एकीकरण में देखा जाना चाहिए। उनके अनुसार, प्रत्येक भाग सम्पूर्ण का एक अंश (इकाई) होता है, अतः प्रत्येक भाग की प्रकृति सम्पूर्ण में उसकी सदस्यता पर निर्भर करती है। संगठित समष्टि के रूप में गेस्टाल्ट का अर्थ उस ढांचे से है जो स्वयं में सम्पूर्ण है और जिसमें ऐसे गुण निहित हैं कि उनका बोध उस आकृति के अलग-अलग अंगों या भागों के गुणों को जान लेने से नहीं हो सकता। सेव (एपल) का अनुभव एक गेस्टाल्ट है। अतः सेव का अनुभव उसके रंग, अवयव, गोलाई आदि के योग से विशिष्ट होता है। वस्तु

जगत को समझने के लिये हम पहले गेस्टाल्ट के रूप में एक समग्र आकार की रचना कर लेते हैं और उस समग्र के आकार में हम चीजें फिट कर देखते हैं। उदाहरणार्थ जब हम बादलों को देखते हैं तो हमारे मन में बहुत गेस्टाल्ट काम करते हैं। कई शक्लें हम बना लेते हैं, ऊंट, घोड़ा, हाथी आदि।

gestalt psychology **गेस्टाल्ट मनोविज्ञान**

सामाजिक विज्ञानों के क्षेत्र में घटनाओं के अध्ययन का एक परिप्रेक्ष्य गेस्टाल्ट मनोविज्ञान के नाम से जाना जाता है जिसका विशिष्ट उद्देश्य सामूहिक घटना में सुसम्बद्ध, प्रकार्यात्मक एवं अर्थपूर्ण समष्टि की खोज करना है। अध्ययन का यह दृष्टिकोण, समष्टि के साथ-साथ समष्टि को निर्मित करने वाले भागों के व्यवहार तथा भागों के परस्पर तथा सम्पूर्ण के साथ संबंधों का भी अध्ययन करता है।

दार्शनिक रूप में गेस्टाल्ट का प्रयोग सर्वप्रथम सन् 1912 में जर्मनी के कुछ मनोविदों ने किया। गेस्टाल्ट मनोविज्ञान का उदय **वुंट** के इस मत के विरोध में हुआ कि अनुभव विभिन्न संवेदनों के अवयवों से मिलकर बनने वाली एक आकृति है और मनोविज्ञान का उद्देश्य अनुभव के इन अवयवों का विश्लेषण और इन अवयवों से मिलकर बनने वाली आकृति के संयोग के नियमों का अध्ययन करना है। गेस्टाल्टवादियों ने वुंट के इस संरचनावादी दृष्टिकोण को "ईंट और रेत" का मनोविज्ञान कहा है जो ईंटों पर अधिक जोर देता है। गेस्टाल्टवाद में प्रत्येक अनुभव को एक गेस्टाल्ट माना जाता है जिसके रूप को उसके अवयवों के विश्लेषण द्वारा नहीं समझा जा सकता। गेस्टाल्टवाद के अनुसार गति, आकृति और अन्य विशेषताओं वाले अनुभव की व्याख्या उद्दीपन प्रक्रिया या साहचर्य के नियमों से नहीं जानी जा सकती। उनका अनुभव एक समष्टि के द्वारा पूर्ण होता है। गेस्टाल्टवादी यह मानते हैं कि मानव मस्तिष्क की कार्य-प्रणाली को संवेदनाओं द्वारा नहीं समझा जा सकता, अपितु हम मानसिक आकृति को संगठित समष्टियों (गेस्टाल्टों) द्वारा ही समझ सकते हैं।

एक समाज वैज्ञानिक आन्दोलन के रूप में गेस्टाल्ट परिप्रेक्ष्य को मनोविज्ञान के क्षेत्र में सन् 1895 के आसपास सर्वप्रथम **क्रिश्चियन वॉन एहरेनफेल्स** ने जर्मनी में प्रतिष्ठित किया। इस परिप्रेक्ष्य को अग्रसर करने के बाद में **मैक्स वेरदाइमेर, वोल्फगेंग कोहलर, कीलर, कुर्ट काफ्का तथा कुर्ट लेविन** आदि ने मुख्य भूमिका अदा की है। गेस्टाल्टवादियों का मत है कि किसी भी घटना को समझने के लिए प्रकृति के उन अंगों का पता लगाया जाना चाहिए जो एक अखंड और क्रियाशील समष्टि के अंग हों और साथ ही समष्टि के अन्तर्गत उन अंगों की स्थिति तथा उनकी सापेक्ष स्वतंत्रता का पता लगाकर यह मालूम किया जाना चाहिए कि वृहत्तर समष्टियों के साथ उप समष्टियों का क्या तालमेल है।

ghetto **घेटो**

ऐसे साधनहीन समूह जिनका कुछ विशिष्ट क्षेत्रों में जमावड़ा हो जाता है जहां से निकलना उनके लिये प्रायः दुष्कर होता है और वे दूसरे क्षेत्रों में बसने में समर्थ नहीं होते,

ऐसे क्षेत्रों को 'घेटो' का नाम दिया गया है। उत्तरी अमेरिका के काले लोगों, यूरोप और मध्यपूर्व तथा अफ्रीका के यहूदियों की बस्तियाँ इस प्रकार के घेटो के कुछ प्रथम ज्ञात उदाहरण हैं। सामान्यतः घेटो नगरीय क्षेत्र के आंतरिक भाग होते हैं। इस संबंध में **लुई विर्थ** के 'द घेटो' (1928) नामक सुप्रसिद्ध अध्ययन में इन क्षेत्र के निवासियों की समस्याओं का समाज मनोवैज्ञानिक और पारिस्थिकीय दृष्टि से वैज्ञानिक चित्रण किया गया है।

globalization **वैश्वीकरण/ भूमंडलीकरण**

सामाजिक-आर्थिक संबंधों का सम्पूर्ण विश्व तक विस्तार वैश्वीकरण है। वर्तमान समय में, मानव जीवन के अनेक पक्ष, जिन समाजों में हम रह रहे हैं, उनसे हज़ारों मील दूर स्थित संगठनों और सामाजिक ताने-बाने से प्रभावित होने लगे हैं। इस प्रकार, विश्व एक एकिक समाज व्यवस्था का रूप धारण करता जा रहा है। इस संबंध में सर्वाधिक महत्वपूर्ण बात यह है कि विश्ववाद के द्वारा एक ऐसी नवीन चेतना का उदय हो रहा है कि सम्पूर्ण विश्व के राष्ट्र-राज्य अब कई मामलों में एक जगह मिलजुल कर बैठ मानव जीवन को अधिकाधिक खुशहाल एवं बेहतर बनाने के लिये एक साथ निर्णय करने लगे हैं।

एक सिद्धान्त के रूप में, वैश्वीकरण एक भूमंडली सांस्कृतिक व्यवस्था के उद्‌भव की विवेचना है। वैश्वीकरण के अनुसार भूमंडली संस्कृति अनेक विभिन्न सामाजिक एवं सांस्कृतिक विधाओं का परिणाम है। एक उपग्रही सूचना व्यवस्था की स्थापना, उपभोग और उपभोक्तावादी एक समान वैश्विक स्वरूपों का उद्‌भव, एक विश्ववादी सामान्य जीवन-शैली की स्वीकारोक्ति, ओलम्पिक खेलों, विश्व क्रिकेट और फुटबाल या अन्तर्राष्ट्रीय टेनिस जैसी विश्व स्तरीय प्रतियोगिताओं के आयोजनों की शुरूआत, सम्पूर्ण विश्व संबंधी पारिस्थतिकीय एवं पर्यावरण संबंधी संकटों एवं खतरों के बारे में चेतना, एडस् एवं अन्य बीमारियों और स्वास्थ्य संबंधी समस्याओं के बारे में सम्पूर्ण विश्व के देशों द्वारा एक साथ मिलजुल कर रोकथाम के प्रयास, विश्व व्यापार संगठन, राष्ट्र संघ और संयुक्त राष्ट्र संघ जैसी संस्थाओं की स्थापना द्वारा वैश्विक राजनीति एवं आर्थिक व्यवस्थाओं का उद्‌भव, मानवाधिकारों का सभी देशों तक प्रचार-प्रसार, और विश्व के धर्मों में आदान-प्रदान का शुभारंभ जैसी अनेक घटनाएं भूमंडलीकरण की ओर बढ़ते हुए हमारे चरणों को इंगित करती है।

इस संबंध में सर्वाधिक महत्वपूर्ण तथ्य यह है कि भूमंडलीकरण की अवधारणा विश्व के बारे में एक एकल समष्टि के रूप में एक नवीन चेतना के उद्‌भव को इंगित करती है। अतः भूमंडलीकरण को विश्व की एक मूर्त संरचना की सम्पूर्णता के रूप में परिभाषित किया जाता है। आज विश्व स्तर पर इस चेतना का उदय और विस्तार होता जा रहा है कि 'विश्व' एक गतिशील संरचित परिवेश है।

वैश्वीकरण की अवधारणा अन्तर्राष्ट्रीय संबंधों के समाजशास्त्र और विश्व व्यवस्था सिद्धान्त दोनों से भिन्न है। विश्व व्यवस्था सिद्धान्त भूमंडली आर्थिक परस्पर निर्भरता के विकास का विवेचना करता है और इसके द्वारा यह प्रतिपादित किया जाता है कि सांस्कृतिक भूमंडलीकरण तो आर्थिक भूमण्डलीकरण का परिणाम मात्र है। वैश्वीकरण को पूर्ववर्ती इस

धारणा के साथ भी मिलाने की भूल नहीं की जानी चाहिये कि यह राष्ट्र-राज्यों का औद्योगिक समाज के एक सम्मिलित एवं समन्वित स्वरूप में अपने व्यक्तिगत अस्तित्वों का विलोपन है। समकालीन भूमंडलीकरण सिद्धान्त के अनुसार यह माना जाता है कि वैश्वीकरण दो पूर्णतः विरोधी प्रक्रियाओं अर्थात् समरूपीकरण और वैभिन्न्यीकरण द्वारा निर्मित होता है। इन प्रक्रियाओं के दौरान, स्थानीयवाद और भूमंडलवाद दोनों में निरंतर अन्तर्क्रिया होती रहती है तथा भूमंडलीकरण की प्रक्रियाओं के प्रति विरोध हेतु शक्तिशाली आंदोलन होते हैं।

भूमंडलीकरण के समर्थक विद्वान पारंपरिक समाजशास्त्र की आलोचना करते हैं। उनका कहना है कि पारंपरिक समाजशास्त्र अभी तक विश्व को समाजों की एक व्यवस्था मानने की अपेक्षा राष्ट्र-राज्य की पुरातन अवधारणा से चिपका हुआ है। किन्तु, भूमंडलीकरण का सिद्धान्त भी पूर्णतः निरापद सिद्धान्त नहीं है। इसकी भी अपनी कमजोरियां हैं। उदाहरणार्थ, कुछ लोगों ने यह प्रश्न रखा की साम्राज्यवाद के आधुनिक स्वरूप और भूमंडलीकरण में आखिर अन्तर क्या है? भारत और अन्य विकासशील देशों में नई वैश्विक संचार व्यवस्थाओं, विशेषतः टी.वी. द्वारा फैलाई जा रही एक विशिष्ट प्रकार की अत्याधुनिक संस्कृति के प्रति विरोध के स्वर मुखर होने लगे हैं। इसके अतिरिक्त, आर्थिक एवं सांस्कृतिक भूमंडलीकरण और वैश्वीकरण एवं आधुनिकीकरण के बीच संबंधों को लेकर भी कुछ भ्रांतियां पनपी हैं।

government **सरकार**

कानून नामक संस्थात्मक क्रिया को सम्पादित करने वाली समिति को सरकार की संज्ञा दी जाती है। इस समिति की रचना पूरे समाज या इसके किन्हीं प्रतिनिधियों द्वारा होती है जिसका कार्य कानून बनाना, कानून लागू करना तथा न्याय की व्यवस्था करना है।

grand theory **महत् सिद्धान्त**

समाजशास्त्र में कई प्रकार के सिद्धान्तों का प्रचलन है। महत् सिद्धान्त के पद की रचना **सी. डब्ल्यू मिल्स** (द सोसिऑलाजिकल इमेजिनेशन, 1959) ने पार्सन्स के प्रणाली (सिस्टम) सिद्धान्त पर प्रहार करने के दौरान की। समाजशास्त्रीय सैद्धान्तीकरण का यह रूप अत्यन्त अमूर्त है जिसमें सामाजिक विश्व के बोध की अपेक्षा अवधारणाओं के औपचारिक गठन और क्रम-विन्यास को अधिक महत्व दिया जाता है। (देखिये – सोसिऑलाजिकल थिऑरि)

gregariousness **यूथचारिता**

अपने ही प्रकार के दूसरे व्यक्तियों के साथ-साथ अंतर्क्रिया करने तथा मेल-मिलाप बढ़ाने की सामाजिक प्रवृति यूथचारिता कहलाती है।

great tradition = tradition, great

grounded theory **बुनियादी सिद्धान्त**

बुनियादी सिद्धान्त के विचार का प्रतिपादन **बर्ने ग्लेसर और अन्सेम स्ट्रास** ने सन् 1967

(द डिस्कवरी ऑफ ग्राउन्डेड थिअॅरि) में किया जिसमें सिद्धान्त का निर्माण विश्व का निकटता से अवलोकन के आधार पर किया जाता है। औपचारिक या अमूर्त सिद्धान्तों के विपरीत, जिनका विकास प्राक्ल्पनाओं के परीक्षण-पुनर्परीक्षण के आधार पर होता है, बुनियादी सिद्धान्त आगमनात्मक सिद्धान्त-निर्माण की प्रक्रिया का प्रयोग करता है, अर्थात् इसमें अध्ययन की विषय-वस्तु के प्रत्यक्ष अवलोकन के आधार पर सैद्धान्तिक विचारों का विकास किया जाता है। सैद्धान्तीकरण, का यह रूप 'सांकेतिक अन्तर्क्रियावाद' से निकट से जुड़ा हुआ है। इस सिद्धान्त का विकास महत् सिद्धान्त और चरम अनुभववाद के विरोध की एक प्रतिक्रिया स्वरूप हुआ। इसका विकास अत्यंत अमूर्त समाजशास्त्र से बचने का एक प्रयास भी कहा जा सकता है।

group **समूह**

दो या दो से अधिक व्यक्ति जिनके बीच मनोवैज्ञानिक अंतर्क्रिया का एक संस्थापित प्रतिमान विद्यमान होता है तथा जिसे अपने सदस्यों द्वारा और सामान्यतः दूसरों द्वारा भी अपने विशिष्ट सामूहिक व्यवहार के कारण एक सत्ता के रूप में मान्यता प्राप्त होती है, समूह कहलाता है।

group, consanguine **रक्तमूलक समूह**

एक सामाजिक समूह जिसकी रचना वास्तविक अथवा काल्पनिक रक्त संबंधों के आधार पर होती है, रक्तमूलक समूह कहलाता है। काल्पनिक रक्त संबंधों के आधार पर बने हुए समूह में कभी-कभी वास्तविक रक्त संबंधियों को छोड़ दिया जाता है और ऐसे व्यक्तियों को समूह में सम्मिलित कर दिया जाता है जो वास्तविक रक्त सम्बन्धी नहीं होते।

group, descent **वंशक्रम समूह**

पूर्वजों एवं वंशजों से निर्मित समूह को वंशक्रम समूह कहते हैं।

group, dyadic **युग्मिक समूह**

मिलनसार मानव प्राणियों का एक जोड़ा या युग्म जिसकी प्रकृति सामान्यतः साहचर्यात्मक नहीं होती, युग्मिक समूह कहलाता है।

group, in **अन्तःसमूह**

एक ऐसा मनोवैज्ञानिक समूह जिसके सदस्य आपस में आत्मीयता तथा अपनेपन की भावना का अनुभव करते हैं, अन्तःसमूह के नाम से जाना जाता है। अन्तःसमूह के सदस्य एक-दूसरे के प्रति सहानुभूति, घनिष्ट लगाव तथा साथ-साथ काम करने की भावनाओं से ओतप्रोत होते हैं। इसे 'हम-समूह' या 'मेरा-समूह' भी कहते हैं। अन्तःसमूह की अवधारणा का प्रयोग सर्वप्रथम **डब्ल्यू. जी. समनर** ने सन् 1907 में अपनी पुस्तक 'फोकवेज़' में किया था।

group, out **बाह्य समूह**

वे सभी व्यक्ति जो अन्तःसमूह से बाहर के माने जाते हैं, अर्थात् जो अन्तःसमूह के सदस्य नहीं होते, बाह्य समूह का निर्माण करते हैं। ऐसे समूह की सदस्यता अन्तःसमूह के प्रतिकूल अथवा परकीय होती है। इस प्रकार के समूहों के लिए 'वे समूह' या 'इतर समूह' शब्द का भी प्रयोग किया जाता है। बाह्य समूह के सदस्यों के प्रति विरोधी भावना, भय, संदेह, घृणा आदि के भाव होते हैं।

group, primary **प्राथमिक समूह**

इस अवधारणा का सर्वप्रथम प्रयोग **चार्ल्स कूले** ने सन् 1909 में किया। कूले ने लिखा है कि "प्राथमिक समूहों से मेरा तात्पर्य ऐसे समूहों से है जिनमें घनिष्ट आमने-सामने के सम्बन्ध तथा सहयोग पाया जाता है। ऐसे समूह अनेक अर्थों में प्राथमिक हैं, किन्तु मुख्यतः इस अर्थ में कि वे व्यक्ति के सामाजिक स्वभाव एवं आदर्शों के निर्माण में मूलभूत भूमिका अदा करते हैं।" कूले ने इन विशेषताओं से युक्त सर्वाधिक महत्वपूर्ण तीन प्राथमिक समूह बताये हैं, यथा परिवार, बालकों का क्रीड़ा समूह तथा पड़ौस। प्राथमिक समूह अपेक्षाकृत स्थाई एवं आकार की दृष्टि से लघु होते हैं। मानसिक विशेषताओं के रूप में ऐसे समूह घनिष्टता, अपनत्व तथा व्यक्तिगतता की भावना से ओतप्रोत होते हैं।

group, reference = reference group

group, secondary **द्वितीयक समूह**

घनिष्टता से विहीन अनुभवों को प्रदर्शित करने वाले समूह द्वितीयक समूह कहलाते हैं। सम्पर्क की आकस्मिकता ऐसे समूह के अनुभवों का सार है। मानव जीवन में क्रम की दृष्टि से द्वितीयक समूह का स्थान 'दूसरा' है। द्वितीयक समूह प्राथमिक समूहों की अपेक्षा बड़े, अधिक औपचारिक, विशेषीकृत, अस्थाई तथा सम्पर्क की दृष्टि से अप्रत्यक्षता लिए होते हैं। श्रमिक संगठन द्वितीयक समूह का ही एक उदाहरण हैं।

group, social = social group

group, status = status group

group behaviour **समूह-व्यवहार**

समूह-व्यवहार व्यक्तिगत व्यवहार से भिन्न होता है जैसा कि हम किसी भी खेल में खिलाड़ियों के व्यवहार से देख सकते हैं। उदाहरणार्थ, हॉकी-दल का व्यवहार पूर्णतः उस दल के सदस्यों के व्यक्तिगत व्यवहार से भिन्न होता है। एक समूह के सदस्य के रूप में व्यक्ति मनमाना व्यवहार करने के लिए स्वतन्त्र नहीं होता। उसे समूह के दूसरे व्यक्तियों के साथ तालमेल बिठाना होता है। समूह-व्यवहार के लिए समूह के सदस्यों को अपने व्यवहार में पारस्परिक रूप में सामंजस्य तथा अनुकूलन करना पड़ता है ताकि समूह एक कार्यशील

एकत्व अथवा इकाई के रूप में कार्य कर सके। वास्तव में, समूह-व्यवहार की दृष्टि से समूह एक मानवीय मशीन के रूप में कार्य करता है।

group dynamics **समूह गतिकी**

समूह-गतिकी किसी समूह के एक भाग में उत्पन्न परिवर्तनों के फलस्वरूप सम्पूर्ण समूह में होने वाले समायोजी परिवर्तनों के तरीकों का अध्ययन है। सामान्यतः इस अवधारणा का प्रयोग लघु समूहों में होने वाले परिवर्तनों के अध्ययन के सन्दर्भ में ही किया जाता है। द्वितीय विश्वयुद्ध के समय लघु-समूहों के अध्ययनों में तीव्र गति से प्रगति हुई, यद्यपि इस प्रकार के अध्ययनों का समारंभ **कूले और जार्ज सिमेल** द्वारा किया जा चुका था। समूह-गतिकी के अन्तर्गत मुख्यतः दो प्रकार के अध्ययन किए जाते हैं, प्रथम, समूह की संरचना एवं क्रियाशीलता का अध्ययन व द्वितीय, एक समूह और दूसरे समूह के पारस्परिक सम्बन्धों में होने वाले परिवर्तनों का अध्ययन। लघु-समूहों के एकीकरण, सम्प्रेषण, समूह का व्यक्ति के संज्ञान पर प्रभाव, समूह नैतिकता तथा नेतृत्व की समस्याओं के साथ-साथ विभिन्न समूहों के बीच समायोजन, तनाव, संघर्ष तथा एकता के बदलते प्रतिमान जैसे विषय समूह-गतिकी के अध्ययन का मुख्य क्षेत्र रहे हैं।

group marriage **समूह विवाह**

विवाह का एक रूप जिसमें पुरुषों का एक समूह स्त्रियों के एक समूह के साथ विवाह करता है। इस प्रकार के विवाह में समूह के सभी पुरुष समूह की सभी स्त्रियों के समान रूप में पति माने जाते हैं। पुरुषों का समूह सगे अथवा चचेरे भाइयों या अन्य व्यक्तियों का भी हो सकता है। इसी प्रकार स्त्रियों का समूह सगी अथवा चचेरी बहिनों या अन्य स्त्रियों से मिलकर बना हो सकता है। उद्विकासवादियों ने इस प्रकार के विवाह की कल्पना उद्विकास के प्रारंभिक स्तर पर की है, किन्तु ज्ञात समाजों में ऐसे विवाहों के कोई साक्ष्य नहीं पाए गए हैं।

group identification **समूह-तादात्मीकरण**

एक प्रकार की सामूहिक प्रवृति अथवा परस्पर संबंधित होने की अनुभूति को समूह-तादात्मीकरण करते हैं। समूह तादात्मीकरण की स्थिति में व्यक्ति का 'स्व' दूसरों के साथ एकरूप हो घुलमिल जाता है। समूह के आदर्शों को 'स्व' के गुणों के रूप में आन्तरीकृत कर लिया जाता है तथा समूह के आदर्श व्यक्ति के आदर्श बन जाते हैं। व्यक्ति इन्हें बाहरी दबाव के रूप में अनुभव नहीं करता।

group mind **समूह-मस्तिष्क**

समूह के सदस्यों की अन्तर्क्रिया के फलस्वरुप वैयक्तिक मस्तिष्क के सम्मिलन से जिस उच्चतर मस्तिष्क का जन्म होता है, उसे समूह-मस्तिष्क कहते हैं। यह वैयक्तिक मस्तिष्कों का योग मात्र नहीं है, अपितु इसका अस्तित्व वैयक्तिक मस्तिष्क से पृथक एवं स्वतंत्र होता

है। यही नहीं, यह क्षमता तथा शक्ति दोनों की दृष्टि से वैयक्तिक मस्तिष्कों से श्रेष्ठ होता है। इस अवधारणा की रचना सर्वप्रथम **ली बों** ने सन् 1892 में अपनी पुस्तक 'द क्राउड' में की। सन् 1920 में **मैक्डूगल** ने इस अवधारणा को संशोधित कर नए ढंग से प्रस्तुत किया। आधुनिक समाज मनोवैज्ञानिक समूह-मस्तिष्क की धारणा को स्वीकार नहीं करते। उनका कहना है कि समूह-व्यवहार अवश्यमेव उसके सदस्यों के पृथक-पृथक व्यवहार से भिन्न होता है, किन्तु इसकी व्याख्या के लिए वे समूह मस्तिष्क की अवधारणा को यथावत नहीं स्वीकारते। **दुर्खाइम** की 'सामूहिक चेतना' की धारणा समूह मस्तिष्क की अवधारणा से काफी अंशों में मिलती है।

H

hawthrone studies **हॉथ्रोन अध्ययन**

कर्मचारियों की उत्पादकता तथा कार्य कुशलता पर सामाजिक कारकों के महत्व को प्रकाश में लाने वाला सामाजिक विज्ञानों के क्षेत्र में 'हॉथ्रोन अध्ययन' सम्भवतः सर्वप्रथम प्रयोग कहा जा सकता है। ऐसा माना जाता है कि इसी प्रयोग ने आधुनिक औद्योगिक समाजशास्त्र की आधार शिला रखी। यह प्रयोग सन् 1924 में अमेरिका के शिकागो नगर के बाहरी क्षेत्र, जो सिसरो नामक स्थान से जाना जाता है, पर वेस्टर्न इलेक्ट्रिक कम्पनी के हॉथ्रोर्न कारखाने में प्रारंभ किया गया था जो लगभग पांच वर्ष तक चला। इस प्रयोग के प्रमुख शोधकर्ता **एल्टन मेयो** थे, जिनके अन्य सहयोगी **रुथलिसबर्गर** तथा **वार्नर** रहे हैं। इस प्रयोग के निष्कर्षों ने औद्योगिक व्यवहार पर सामाजिक प्रभाव सम्बन्धी सिद्धान्तों को ही जन्म नहीं दिया, अपितु आधुनिक कार्मिक प्रबन्ध को भी एक नई दिशा प्रदान की। हॉथ्रोन अध्ययनों के आधार पर लिखित मेयो की बहुप्रसिद्ध पुस्तक 'द ह्यूमन प्राब्लम ऑफ एन इंडस्ट्रियल सिवॅलाइजेशन' (1933) तथा **रुथलिसबर्गर एवं डिक्सन** की 'मैनेजमेन्ट एण्ड वर्कर' (1939) ने औद्योगिक समाजशास्त्र तथा संगठन के क्षेत्र में क्रांतिकारी परिवर्तन लाने में महत्वपूर्ण भूमिका अदा की है।

hedonism **सुखवाद**

एक सिद्धान्त जिसके अनुसार यह माना जाता है कि व्यक्ति का व्यवहार सुख-दुख की भावनाओं से प्रेरित और निर्धारित होता है। व्यक्ति प्रत्यक्ष-अप्रत्यक्ष ऐसे कार्य करने का यत्न करता है जिससे उसे अधिकाधिक सुख प्राप्ति की संभावना रहती है। वह ऐसे कार्यों से बचता है जिससे दुख मिलने की संभावना रहती है। फलतः सुख को प्राप्त करना अथवा उसमें बढ़ोत्तरी करना ही जब व्यक्ति का उद्देश्य बन जाता है, तब यह सुखवाद कहलाता है। इस सिद्धान्त के अनुसार यह भी माना जाता है कि सुख प्राप्ति की अभिलाषा ही उसे अपराध जैसे असामाजिक कार्य करने की भी प्रेरणा देती है।

hegemony **आधिपत्य**

इस अवधारणा का प्रयोग **ए. ग्रमशी** द्वारा यह स्पष्ट करने के लिये किया गया कि राजनीतिक और वैचारिक साधनों के सम्मिश्रण से किस प्रकार एक वर्ग द्वारा दूसरे वर्ग पर

प्रभुत्व स्थापित किया जाता है। यह सही है कि प्रभुत्व स्थापना के लिये राजनैतिक बल (अवपीड़न या दमन के रूप में) हमेशा महत्वपूर्ण होता है, किन्तु अधीनस्थ वर्ग की सहमति प्राप्त करने के लिये विचारधारा की भूमिका इससे भी अधिक महत्वपूर्ण होती है। अवपीड़न और सहमति के बीच संतुलन अलग-अलग समाजों में भिन्न होता है। पूंजीवादी समाजों में सहमति अधिक मूल्यवान होती है। ग्रमशी के अनुसार राज्य दमन का मुख्य हथिआर है, किन्तु वैचारिक प्रभुत्व द्वारा सहमति समाज की नागरिक संस्थाओं जैसे परिवार, धार्मिक संगठन और मजदूर संगठनों द्वारा ही प्राप्त की जाती है। अतः कोई नागरिक समाज जितना अधिक लब्ध-प्रतिष्ठ होगा, उतना ही अधिक वह वैचारिक साधनों द्वारा आधिपत्य स्थापित करने में सफल होगा।

herd **यूथ/झुंड**

यूथ अथवा झुंड एक प्रकार की भीड़ है जिसका एक नेता होता है, किन्तु इस प्रकार की भीड़ में तीव्र भावात्मक प्रेरणा का प्रायः अभाव होता है। झुंड का नेता इस प्रकार की भीड़ के सदस्यों को बिना नानुच किए आदेशों के पालन के लिए प्रोत्साहित करता है। एक पथ प्रदर्शक (गाइड) युक्त सैलानियों का समूह झुंड का एक अच्छा उदाहरण है।

heredity **आनुवंशिकता/पैतृकता**

माता-पिता द्वारा अपनी संतान में कतिपय गुणों के हस्तान्तरण या संचरण करने को आनुवंशिकता या पैतृकता कहते है। पैतृकता के गुणों का संचरण 'जीन्स' के द्वारा होता है। इस सिद्धान्त की खोज **जी. जे. मेण्डल** ने सन् 1865 पर मटर के दानों पर प्रयोग द्वारा की थी। मेण्डल के प्रयोगों ने 'आनुवंशिकी', जिसे 'आनुवंशिकता का विज्ञान' भी कहा जाता है, की आधार शिला रखी। "जिनेटिक्स" (आनुवंशिकी) पद की रचना सन 1905 में **डब्ल्यू. बेटसन** ने की थी। आनुवंशिक गुणों के संचरण के नियमों को प्राकृतिक विश्व में सर्वप्रथम **फ्रांसिस गाल्टन** ने अपनाया जिसने सुप्रजनन (युजेनिक) के विचार को विकसित किया। गाल्टन ने सन् 1869 में 'हेरीडिटरी जीनियस' नाम से एक पुस्तक लिखी जिसमें उसने यह प्रतिपादित किया कि यद्यपि प्रतिभा की सत्ता के लिये संयोग को भी कुछ स्थान है, तथापि इस तथ्य से इन्कार नहीं किया जा सकता कि बच्चों के बुद्धिमान होने की संभावना उसी दशा में अधिक है, जब कि माता-पिता भी बुद्धिमान हों। मनुष्यों में शरीर, मन व बुद्धि में जो भिन्नता पाई जाती है, उसका कारण आनुवंशिकी ही है। गाल्टन के बाद **कार्ल पियर्सन** ने इस विचारधारा को और आगे बढाया।

आनुवंशिकी के मेन्डेलियन सिद्धान्त को अपरिष्कृत किन्तु अत्यन्त सरल शब्दों में इस प्रकार व्यक्त कर सकते हैं कि 'समान, समान को जन्म देता है।' यह सही है कि यह सिद्धान्त जीवविज्ञान के क्षेत्र में काफी लाभदायक और महत्वपूर्ण सिद्ध हुआ है, किन्तु इसका मानवशास्त्र और समाजशास्त्र में प्रयोग पर काफी वाद-विवाद छिड़ा हुआ है। उन्नीसवीं शताब्दी के समाजशास्त्र में इसका प्रयोग हुआ है और आनुवंशिक गुणों के संक्रमण के आधार पर तत्कालीन अपराधशास्त्र के क्षेत्र में यह कहा गया कि 'अपराधी, अपराधी को जन्म

देता है।' सामाजिक डारविनवाद के आधार पर यह कहा गया कि निम्न आनुवंशिक गुणों वाले व्यक्तियों को प्रजनन से रोका या हतोत्साहित किया जाना चाहिये क्यों कि इसके समाज के लिये विनाशकारी परिणाम हो सकते हैं। समाजशास्त्रियों ने इन विचारों की न केवल कटु आलोचना की है, अपितु इन्हें अग्रांकित आधार पर चुनौतियां भी दी हैं कि: (1) मानवीय जनसंख्या पर मेण्डल के नियम की सत्यता को सिद्ध करना अत्यंत कठिन है; (2) सामाजिक समूहों में जैवकीय संक्रमण की अपेक्षा संस्कृति अधिक महत्वपूर्ण है; (3) संचरण की मूल इकाई जीन नहीं, प्रतीक (सिम्बल) है; (4) सुप्रजनन (यूजेनिक) का विचार नैतिक दृष्टि से आपत्तिजनक है।

अतः यह स्वीकार करना कदापि संभव नहीं है कि आनुवंशिकी पूर्णतः मनुष्यों के शरीर, मन और बुद्धि को निर्धारित करती है, जैसा कि आनुवंशिकतावादी मानते हैं।

heuristic method **स्वानुभविक विधि**

ग्रीक भाषा में 'हयुरिस्को' का अर्थ है खोज करना। जब वैज्ञानिक ज्ञान व्यक्ति अपनी ज्ञानेन्द्रियों के द्वारा अवलोकन, निरीक्षण और प्रयोग द्वारा स्वयं प्राप्त करने का प्रयत्न करता है, तब यह विधि 'स्वानुभविक विधि' कहलाती है। इस विधि का सर्वप्रथम प्रयोग **प्रो. आर्मस्ट्रोंग** द्वारा ब्रिटेन में द्वितीय विश्व युद्ध के बाद किया गया। इस विधि में अध्यापक विद्यार्थियों को किसी विषय से संबंधित कुछ जानकारी देकर छोड़ देता है, ताकि विद्यार्थी स्वयं निरीक्षण-परीक्षण-प्रयोग और तर्क-वितर्क कर के अध्ययन को आगे बढ़ावें और निष्कर्ष निकालने का प्रयास करें। इस विधि में अध्यापक की भूमिका अधिकांशतः एक मार्गदर्शक की होती है।

hinduism **हिन्दू धर्म**

अनेकों शताब्दी पूर्व (लगभग पाँच हज़ार वर्ष पूर्व) भारतीय महाद्वीप में जो आस्थाओं, विश्वासों और कर्मकांडों का पुंज विकसित हुआ, उसे ही सामान्यतः हिन्दू धर्म के नाम से पुकारा जाता है। इन आस्थाओं और कर्मकांडों में काफी मत वैभिन्न्यता रही है, किन्तु इनमें आपस में पारिवारिक साम्यता भी अवश्य निहित है। सिख, जैन और बौद्ध इसी में से निकली तीन परम्पराओं ने कालान्तर में विश्व के तीन प्रमुख धर्मों का रूप ले लिया। हिन्दू धर्म में विश्वास करने वालों की अधिकांश जनसंख्या 67.25 करोड़ (1991) भारत में निवास करती है। भारत के अतिरिक्त, अफ्रीका, यूरोप के कई देशों, अमेरिका, इन्डोनेशिया, मलेशिया, थाइलैण्ड, कम्पूचिया, लाओस, वियतनाम, श्रीलंका, नेपाल, पाकिस्तान, बंगलादेश, मारीशस और फिजी में भी हिन्दुओं की बड़ी संख्या निवास करती है। विश्व की कुल जनसंख्या में हिन्दुओं का 12 प्रतिशत (1987) है।

'धर्म' का बहुधा आंग्ल भाषा में 'रिलिजन' के रूप में अनुवाद किया जाता है, किन्तु यह उपयुक्त नहीं है। 'धर्म' एक मौलिक अवधारणा है। अंग्रेजी में इसका समानार्थी कोई शब्द नहीं है। इसमें नैतिकता और कर्त्तव्य का भाव निहित है। 'धर्म' शब्द एक व्यक्ति को अपनी जाति, लिंग और आयु के अनुरूप कर्त्तव्यों के निर्वाह का संकेत देता है।

हिन्दू धर्म एकेश्वरवादी नहीं है। कई देवी-देवताओं और मत-मतांतर में विश्वास इस धर्म की विशेषता है। किन्तु यह माना जाता है कि ये अनेक देवी-देवता एक दिव्य शक्ति की एक अभिव्यक्ति हैं। अलग-अलग देवी-देवताओं से जुड़े मत-मतान्तर एक परम ब्रह्म की खोज के भिन्न रास्ते हैं। अतः हिन्दू धर्म की अनेकान्तवादी प्रकृति अन्ततः एकान्तवाद को ही प्रश्रय देती है। इस धर्म में कोई एक धर्म गुरू या एक पवित्र ग्रंथ नहीं है। इस धर्म की विषमता और विविधतायुक्त प्रकृति को हम हिन्दू धार्मिक ग्रंथों वेदों (ईसा युग के लगभग दो हजार वर्ष पूर्व लिखित ग्रंथ), उपनिषदों, स्मृतियों, पुराणों, गीता, महाभारत, रामायण तथा विभिन्न देवी-देवताओं संबंधी श्लोकों, दार्शनिक ग्रंथों, आख्यानों एवं कथाओं में अभिव्यक्त हुआ देख सकते हैं। यह कोई आश्चर्य नहीं है कि सांख्य द्वैतवाद (जिसमें किसी देवता के नाम का उल्लेख नहीं होता) शंकराचार्य के अद्वैतवाद तथा रामानुजाचार्य के भक्तिवाद सहित कम से कम बारह सम्प्रदायों को सनातन धर्म में सम्मिलित किया गया है। इनके अतिरिक्त, अनेकानेक मतों पर आधारित धार्मिक और सुधारवादी आंदोलन भी हिन्दू धर्म के अपरिहार्य अंग रहे हैं।

हिन्दू धर्म के प्रमुख लक्षणों को यद्यपि कुछ सीमाओं में बांधना अत्यंत कठिन है, तथापि इस धर्म के महत्वपूर्ण तत्वों को निम्नलिखित रूप में प्रस्तुत किया जा सकता है:

(1) आत्मा, परमात्मा और ब्रह्म में विश्वास (2) इष्ट देवता तथा त्रिमूर्ति (ब्रह्मा, विष्णु और महेश) की अवधारणा (3) कर्म, पुनर्जन्म, पाप, पुण्य, मोक्ष में विश्वास (4) मूर्तिपूजा (5) जीवन का सम्मान (अहिंसा) (6) भोजन, व्यवहार और विवाह संबंधी शुद्धता-अशुद्धता की धारणा (7) संस्तरण-व्यवस्था (वर्ण/जाति के आधार पर समाज का विभाजन) (8) गुण की धारणा– सतोगुण, रजोगुण और तमोगुण (9) जीवन के लक्ष्य (पुरुषार्थ)– धर्म, अर्थ, काम और मोक्ष (10) जीवन-पथ के संस्कार (11) मोक्ष प्राप्ति के मार्ग– कर्म मार्ग, ज्ञान मार्ग और भक्ति मार्ग (11) आत्मा की अजरता-अमरता, आदि।

एक हिन्दू अपने वर्तमान जीवन को अनेक अनुक्रमिक जीवनों में से मात्र एक जीवन मानता है। ये अनेक जीवन कई भिन्न स्वरूपों (योनियों) को ग्रहण करते हैं जो सभी मानवीय नहीं हैं और न ही ये समस्त जीवन इस पृथ्वी से संबंधित हैं। हिन्दू जीवन-दृष्टि के अनुसार व्यक्ति का जीवन कर्म-पुनर्जन्म की अवधारणा से जुड़ा हुआ है। धर्मग्रंथों में तीन प्रकार के कर्मों का उल्लेख किया गया है, यथा संचित कर्म, प्रारब्ध कर्म और क्रियमान कर्म। कर्म का सिद्धान्त नैतिक कारणात्मकता को महत्व देता है, अर्थात् व्यक्ति जहां कहीं और जो कुछ भी वह आज है, वह अपने कर्मों के कारण है। कर्म के द्वारा ही व्यक्ति के सुख और दुख (अच्छे और बुरे भाग्य) की व्याख्या की जाती है। ये कर्म ही (पूर्व जन्म सहित) उसके वर्तमान और भविष्यगत जीवन का निर्धारण करते हैं। यह कार्य-कारण का सृष्टि का नियम है जो अनेकों जीवनों से चला जा रहा है। कर्म के साथ ही मोक्ष की अवधारणा जुड़ी हुई है जो मानव प्राणी को जन्म और मृत्यु के चक्र से छुटकारा अर्थात् मुक्ति को इंगित करती है। मुक्ति की प्राप्ति व्यक्ति को अज्ञान और माया (भ्रम) से ऊपर अर्थात् अनुभवातीतता की स्थिति में पहुंचने पर ही होती है।

हिन्दुत्व के अध्ययन में समाजशास्त्रीय रूचि की उत्पत्ति मुख्यतः अत्यान्तिक प्रदत्त स्तरीकरण के रूप में जाति व्यवस्था और पश्चिमी प्रकार के बुद्धिवादी पूंजीवाद के विकास में हिन्दू धार्मिक विश्वासों के संभावित योगदान को लेकर हुई है। पूंजीवाद और धार्मिक आस्था के बीच क्या संबंध है, इसकी गवेषणा की शुरूआत **मैक्स वेबर** द्वारा की गई। इस संबंध में, मैक्स वेबर ने हिन्दू धर्म (रिलीजन इन इंडिया, 1958) का अध्ययन किया। मैक्स वेबर द्वारा प्रारंभ की गई बहस अभी चल रही है (**जी. आर. मदान**, वेस्टर्न सोसिऑलाजिस्ट ऑन इन्डियन सोसाइटी, 1979) जाति के विभिन्न पक्षों को लेकर कई देशी-विदेशी समाज वैज्ञानिकों ने अध्ययन किये हैं, उनमें **लुई ड्यूमां** का **होमो हायरकस** (1970) अध्ययन उल्लेखनीय है।

historical materialism = materialism, historical

historical method **ऐतिहासिक विधि**

शोध की एक विधि जिसमें ऐतिहासिक दस्तावेजों तथा अन्य लिखित अथवा पुरातत्वी स्त्रोतों का प्रयोग शोध की कच्ची सामग्री के रूप में किया जाता है। इस सामग्री का सैद्धान्तिक तथा तुलनात्मक आधार पर विश्लेषण कर के सामान्यीकरण निकाले जाते हैं। सामाजिक विज्ञानों में, इस विधि के प्रयोग का मुख्य प्रयोजन सामाजिक संस्थाओं, समाजों और सभ्यताओं की उत्पत्ति, विकास और रूपान्तरण की समस्याओं का काल-क्रमानुसार अध्ययन करना है। यह विधि एक ओर विकास के जैविक सिद्धान्त से, तो दूसरी ओर इतिहास के दर्शन से प्रभावित है। प्रारंभिक समाज वैज्ञानिकों, जैसे **हेनरी मेन, मॉर्गन, टाइलर, मैक्लेनन, लेवी ब्रुहल, वेस्टरमार्क**, तथा **ओपनहीमर** जैसे विद्वानों के अध्ययनों में इसी विधि का प्रयोग हुआ है। इस विधि के दूसरे रूप के दर्शन हमें **मार्क्स** एवं **बेबर** की कृतियों में होते हैं। आधुनिक काल में इस विधि का प्रयोग **रेमंड ऐरों** तथा **कार्ट राइट मिल्स** ने खूब किया है।

historical sociology **ऐतिहासिक समाजशास्त्र**

समाजशास्त्र का एक विशिष्ट रूप जिसमें भूतकालीन (लगभग पचास वर्ष और इससे भी अधिक पुरानी) शोध सामग्री, जिसे सामान्यतः 'इतिहास' की संज्ञा दी जाती है, का प्रयोग सामान्यीकरण और भविष्योक्तियों के लिए किया जाता है। किन्तु जब इन्हीं तथ्यों का प्रयोग किसी घटना की अनन्यता या विशिष्टता को प्रकट करने के उद्देश्य से किया जाता है, तब यह घटना का समाजशास्त्रीय विश्लेषण किए जाने की अपेक्षा ऐतिहासिक विवेचन बन जाता है। समाजशास्त्रीय भविष्योक्तियां अनुदर्शी या अग्रदर्शी, काल्पनिक अथवा वास्तविक हो सकती हैं, किन्तु इसके लिए 'अगर' और 'तब' के आधार पर निर्मित शोध-प्राक्कल्पना का प्रयोग किया जाना आवश्यक है। ध्यान रहे, समाजशास्त्र के इतिहास को ऐतिहासिक-समाजशास्त्र समझने की भूल नहीं की जानी चाहिए।

ऐतिहासिक समाजशास्त्र, इतिहास और समाजशास्त्र दोनों के मिश्रण के आधार पर बनी

ज्ञान की एक शाखा है। यह नितांत सही है कि दोनों ज्ञान की शाखाएं एक दूसरे से भिन्न हैं, फिर भी कई मामलों में दोनों एक दूसरे से सहयोग करती हैं। जहां समाजशास्त्रियों की रुचि सामान्य सिद्धान्तों की रचना में होती है तथा वे इसके लिये सर्वेक्षण विधि जैसी परिमाणात्मक पद्धति का प्रयोग करते हैं; वहां इतिहासकार की रुचि समय एवं स्थानबद्ध सीमित घटनाओं एवं मसलों में होती है और वे इसके लिये ऐतिहासिक दस्तावेज़ों का सहारा लेते हैं। समाजशास्त्रीय गवेषणाओं का मुख्य लक्ष्य यह जानना होता है कि सामाजिक व्यवस्थाएं कैसे कार्य करती हैं। किन्तु इस प्रश्न को इस प्रश्न से अलग नहीं किया जा सकता कि सामाजिक व्यवस्थाओं में परिवर्तन कैसे होता है और इस प्रश्न के उत्तर को खोजने के लिये एक समाजशास्त्री को इतिहास के भंडार में प्रवेश करना जरूरी हो जाता है। आधुनिक समाजशास्त्रियों के अग्रणियों, जैसे **मार्क्स**, **वेबर** और **दुर्खाइम** ने भी सामाजिक जीवन को समझने के लिये जहां-तहां इतिहास का सहारा लिया है। आजकल ऐतिहासिक समाजशास्त्र के प्रमुख विषय पूंजीवाद, राष्ट्र-राज्य, धर्म, सामूहिक व्यवहार और सामाजिक आंदोलन आदि है।

यह सही है कि इतिहास और समाजशास्त्र में अध्ययन पद्धतियों को लेकर एक लम्बे अर्से से विवाद है, तथापि पिछले कुछ वर्षों में ऐतिहासिक समाजशास्त्र के क्षेत्र में काफी लेखन हुआ है। **बैरिंगटन मूर** की 'द सोश्यल ऑरिजिन्स ऑफ डिक्टेटरशीप एण्ड डेमोक्रेसी', (1966), **इमेन्युल वेलेरस्टेन** की 'द मॉडर्न वर्ड सिस्टम', (1974), **माइकेल मन्न** की 'द सोरसेज़ ऑफ सोश्यल पॉवर', (1986) और **थेडा स्कोपॉल** की 'स्टेट्स एण्ड सोश्यल रिवोल्यूशन' (1979) आदि पुस्तकें इस संदर्भ में विशेष उल्लेखनीय हैं।

historicism ऐतिहासिकतावाद

ऐतिहासिकतावाद के दो अर्थ हैं। प्रथम अर्थ में, ऐतिहासिकतावाद का तात्पर्य यह माना जाता है कि इतिहास की व्याख्या उन निश्चित नियमों एवं सिद्धान्तों के संदर्भ में की जा सकती है जो सामाजिक परिवर्तन की व्याख्या करते हैं। द्वितीय अर्थ में, ऐतिहासिकतावाद एक ऐसा परिप्रेक्ष्य है जो यह मानता है कि सामाजिक जीवन के किसी भी पक्ष को उसके ऐतिहासिक काल के संदर्भ में समझा जा सकता है। इस अर्थ में, इतिहास घटनाओं का वर्णन मात्र नहीं है, अपितु इसके द्वारा घटनाओं की व्याख्या भी की जा सकती है। 'हिस्टोरिसिज्म' शब्द इतिहास के इसी अर्थ को उजागर करते हुए इतिहास को एक व्याख्यात्मक सिद्धान्त के रूप में प्रतिष्ठित करता है। ऐतिहासिकतावादियों की मान्यता है कि ऐतिहासिक युग एक-दूसरे से सर्वथा भिन्न होते हैं, अतः ऐतिहासिक घटनाओं का अध्ययन तथा मूल्यांकन 'अपने ही सन्दर्भों' में किया जाना चाहिए, न कि आधुनिक सन्दर्भों में। प्रत्येक ऐतिहासिक युग अपने आप में अद्वितीय है और नई ऐतिहासिक परिस्थितियां नवीन सामाजिक-सांस्कृतिक व्यवस्था को जन्म देती है। इसलिये सामाजिक-सांस्कृतिक घटनाओं के विश्लेषण के लिए ऐतिहासिक सन्दर्भ को प्रमुखता दी जानी चाहिए।

इस प्रकार के विचारों का प्रतिपादन हमें **अर्नेस्ट ट्रोलेच**, **विलियम डिल्थे**, **फ्रेडरिक मैनक** तथा **कार्ल मानहीम** जैसे विचारकों की कृतियों में देखने को मिलता है। यह सिद्धान्त

अट्ठारहवीं शताब्दी के उन विचारकों के मतों का खंडन करता है जो यह मानते थे कि मानव प्रकृति और सामाजिक संस्थाएं अपेक्षाकृत अपरिवर्तनशील हैं। उदाहरणार्थ, कानून के 'ऐतिहासिक सम्प्रदाय' ने कानून की अपरिवर्तनशीलता सम्बन्धी विचार पर कड़ा प्रहार किया। ऐतिहासिकतावादियों का कहना है कि समाज और संस्कृति जैसी घटनाओं का अध्ययन उनकी परिवर्तनशील तथा विकासमूलक प्रकृति द्वारा ही संभव है। अपनी इन मान्यताओं के कारण यह सिद्धान्त उद्‌विकासवाद और प्रगतिवाद दोनों से भिन्न है। उद्‌विकासवाद समाज और संस्कृति का एक सिद्धान्त होने की अपेक्षा प्रकृति का एक नियम है। इसमें उद्‌विकास के प्राकृतिक नियम के सन्दर्भ में सोच-विचार किया जाता है। इसके विपरीत, ऐतिहासिकतावाद मानवीय वास्तविकता और मानवीय प्रयासों पर बल देता है। इतिहास, नियमिताओं को प्रकट करते हुए भी मानव की अपनी स्वयं की रचना है जो मानव की मौलिक संभावनाओं का उद्‌घाटन करती है। इसी प्रकार, प्रगतिवाद यह विचार प्रणीत करता है कि मानव अपनी बुद्धि द्वारा अनेक समस्याओं का समाधान पाने में सफल रहा है तथा वह प्रकृति ही नहीं, अपितु मानवीय सम्बन्धों पर भी अधिकाधिक कुशल नियंत्रण प्राप्त करता जा रहा है। प्रगतिवाद की भांति ऐतिहासिकतावाद, मानव को मुख्यतः एक तर्कशील प्राणी नहीं मानता अपितु सभी प्रकार की संरचनाओं से सम्पन्न प्राणी मानता है।

अट्ठारहवीं शताब्दी के उत्तरार्ध में प्रारंभ होने वाला ऐतिहासिकतावाद उन्नीसवीं शताब्दी के प्रथम भाग तक पुरातन के गुणगान करने में तथा द्वितीय भाग में उद्‌विकासीय विचारधारा की प्रधानता द्वारा काफी फला-फूला। दोनों विश्व युद्धों के काल में यह अपने शिखर पर पहुंच गया, किन्तु लगभग इसी काल में इस पर कड़े प्रहार होने प्रारंभ हो गए थे। **विलफ्रेड पेरेटो** (1916-23) ने अपनी पुस्तक, जिसका अनुवाद अंग्रेजी में 'द माइन्ड एण्ड सोसाइटी' के नाम से हुआ, में ऐतिहासिकतावाद की कटु आलोचना करते हुए कहा कि मानवीय समाज और संस्कृति की मूल प्रकृति में अनादिकाल तक कोई विशेष परिवर्तन नहीं हुआ। मानवीय व्यवहार सर्वदा और सभी स्थानों पर प्रबल चालकों (ड्राइव्ज) द्वारा निर्धारित होता है जो कि एक प्राणी के रूप में मानव की एक विशेषता है। **कार्ल पॉपर** ने भी इस सिद्धान्त की इसी प्रकार की कमियों को 'ऐतिहासिकतावाद की दरिद्रता' नामक अपनी पुस्तक में उजागर किया है। पॉपर के अनुसार, ऐतिहासिकतात्राद सामाजिक विज्ञानों का एक उपागम है जिसके अनुसार यह माना जाता है कि ऐतिहासिक भविष्यवाणी करना इसका प्रमुख उद्देश्य है और यह उद्देश्य इतिहास के विकास में निहित 'प्रवृत्तियों', 'लयों', 'प्रतिमानों' और 'नियमों' की खोज द्वारा प्राप्त किया जा सकता है। अतः इतिहास, सामाजिक विकास और प्रगति के नियमों में विश्वास ही ऐतिहासिकतावाद है। ऐसा बहुधा कहा जाता है कि फासीवाद और साम्यवाद जैसी विचारधाराएं ऐतिहासिकतावादी नींव पर ही निर्मित है।

holism — समष्टिवाद

एक दृष्टिकोण जिसके अनुसार माना जाता है कि किसी भी घटना का अध्ययन उसकी सम्पूर्णता में किया जाना चाहिए। पूर्ण के ज्ञान द्वारा ही किसी तत्व अथवा घटना के सार को

जाना जा सकता है। अध्ययन के इस दृष्टिकोण का प्रयोग प्राकृतिक विज्ञानों, विशेषतः जीवविज्ञान तथा सामाजिक विज्ञानों में किया गया है। जीवविज्ञान का सावयववादी सिद्धान्त इस बात पर बल देता है कि जीव को उसके अंगों का जोड़ न मानकर उसकी सम्पूर्णता में अध्ययन किया जाना चाहिए। सामाजिक विज्ञानों में समाज के अध्ययन में इस परिप्रेक्ष्य का प्रयोग किया गया है। मानव समाजों का अध्ययन करते समय उन्हें एक ऐसी व्यवस्था माना गया है कि जिसकी रचना विभिन्न भागों द्वारा होती है। अतः समाजों के अध्ययन में व्यवस्था के भागों, उनके आपसी सम्बन्धों तथा सम्पूर्ण व्यवस्था के साथ उनके संबंध का ध्यान रखा जाता है। मानव समाज के अध्ययन का यह परिप्रेक्ष्य ही संरचनात्मक उपागम के नाम से जाना जाता है। इस उपागम का प्रयोग प्रारंभ में **रेडक्लिफ ब्राउन** और बाद में **लेवी स्ट्रास** ने अपने अध्ययनों में किया।

समष्टिवाद का आधार यह समाजशास्त्रीय विचारणा है कि सामाजिक व्यवस्था व्यक्तियों का योग मात्र नहीं है, अपितु इससे कुछ अधिक है। इसका अस्तित्व व्यवस्था के सहभागी व्यक्तियों पर निर्भर रहते हुए भी उनसे परे है। समष्टिवाद और व्यष्टिवाद का विवाद अनन्त काल से चला आ रहा है और आज भी यह विद्यमान है। उन्नीसवीं शताब्दी में **दुर्खाइम** ने सर्वप्रथम सामाजिक विज्ञानों में व्यष्टिवादी विचारधारा का पुरजोर खंडन किया।

human ecology = ecology, human

human relation approach **मानवीय संबंध उपागम**

औद्योगिक संबंधों के संदर्भ में एक ऐसा दृष्टिकोण जिसके अनुसार कर्मचारी (श्रमिक) को रॉबोट न मानकर एक सामाजिक एवं बुद्धिमान मानव माना जाता है। यह विचार श्रमिक के उत्पादन और उसकी संतुष्टि से जुड़ा हुआ है। इस उपागम के प्रवर्तन का श्रेय ब्रिटिश मनोवैज्ञानिक **सी. एस. मेयर्स** को जाता है। प्रथम विश्व युद्ध के दौरान श्रमिकों की अनुपस्थिति तथा दुर्घटनाओं आदि को लेकर कुछ आपात्कालीन अध्ययन किये गये। श्रमिकों के व्यवहार के संबंध में एक लम्बे अर्से से यह माना जाता था कि उनका व्यवहार काम करने के स्थान के भौतिक परिवेश (तापक्रम, रोशनी, शोरगुल, आदि) या औद्योगिक कार्यविधियों द्वारा उत्पन्न थकान तथा मानसिक तनाव की प्रतिक्रिया है। यदि काम करने के परिवेश तथा घंटों में कोई तालमेल बिठा दिया जाये, तो इससे उत्पादन के साथ-साथ श्रमिक की संतुष्टि में सुधार तथा वृद्धि होगी। ब्रिटिश मनोवैज्ञानिक मेयर्स तथा औद्योगिक स्वास्थ्य शोध बोर्ड ने मिलकर 'औद्योगिक थकान' की उपर्युक्त प्रचलित धारणा के स्थान पर 'वैज्ञानिक प्रबंध' की धारणा को प्रस्थापित किया। वैज्ञानिक प्रबन्ध आंदोलन ने भौतिक थकान की समस्याओं के स्थान पर कार्य में नीरसता तथा उबाऊपन को आधार बनाते हुए वैयक्तिक मनोविज्ञान को एक मध्यवर्ती परिवर्त्य (वेरिएबल) बनाया। सन् 1930 के आसपास की गई शोध के आधार पर एक नवीन तथ्य उभरकर आया कि श्रमिकों के काम करने की स्थिति के प्रति की गई प्रतिक्रिया के कुछ जैवकीय-मनोवैज्ञानिक पक्ष स्वयं

सामाजिक कारकों द्वारा प्रभावित होते हैं। इसी आधार पर **एल्टन मेयो** द्वारा हॉथ्रोन प्रयोग की अमेरिका में शुरुआत की गई जिसके आधार पर आधुनिक औद्योगिक समाजशास्त्र का सूत्रपात हुआ। 1960 के दशक में 'वैज्ञानिक प्रबंध' की अवधारणा का प्रभाव कम हो गया क्यों कि इसमें मजदूर और प्रबंधकों के बीच वर्ग-संघर्ष की महत्ता पर कोई ध्यान नहीं दिया गया था।

इस उपागम की आलोचना भी हुई यथा (1) इस उपागम ने संगठन की व्यापक सामाजिक प्रणाली की अवहेलना की है, यहां तक कि श्रमिकों और प्रबंधकों के बीच होने वाले संघर्ष पर भी कोई ध्यान नहीं दिया है; (2) इसने उत्पादन पर श्रमिक संगठनों के प्रभावों तथा व्यापक आर्थिक परिवेश की भी अनदेखी की है; (3) यह उपागम कर्मचारियों की 'सामाजिक' जरूरतों को बहुत बढ़ा-चढ़ा कर प्रस्तुत करता है।

humanism **मानववाद**

मानव की गरिमा की पुनर्स्थापना, मानवीय प्रतिष्ठा एवं मानवीय हित के सर्वतोमुखी विकास तथा सामाजिक जीवन हेतु अनुकूल परिस्थितियों के निर्माण की धारणा के आधार पर विकसित विचारधारा को मानववाद का नाम दिया गया है। इस विचारधारा का जन्म मूलतः शोषण एवं सामाजिक बुराई के विरोध स्वरूप हुआ। चौदहवीं से सौलहवीं शताब्दी के बीच सामंतवाद और मध्ययुगीन धर्म के विरोध में आधुनिक मानववाद का जन्म एक विशिष्ट वैचारिक आंदोलन के रूप में प्रारंभ हुआ। इसके प्रमुख संस्थापक **दाँते, पैट्रार्क, ब्रूनो, मातेन, कापर्निकस, बेकन** आदि विद्वान रहे हैं। मानववादी दृष्टिकोण मानव को मानव के नाते समुचित महत्व देने पर बल देता है। 'सभी मानव समान हैं,' इस विचारधारा का मूलमंत्र है। अतः किसी भी व्यक्ति की किन्हीं कारणों से स्थिति में गिरावट आती है, तो यह सम्पूर्ण मानव समाज का दायित्व है कि वह उस व्यक्ति की दशा सुधारने में उसकी मदद करे। यह विचारधारा व्यक्ति स्वातंत्र्य का समर्थन और धार्मिक बंधनों का विरोध करती है।

मानववादी दर्शन के कई भिन्न रूप-स्वरूप रहे हैं, किन्तु इन सभी दर्शनों का मूल तत्व इस धारणा में निहित है कि "मानव सभी चीजों का नियंता है", या "मानव का अध्ययन ही मानव जाति का उपयुक्त अध्ययन है", अतः मानव के हितों और उसकी गरिमा की हर कीमत पर रक्षा की जानी चाहिये। समस्त विश्व के मानववादी संगठन (उदाहरणार्थ, 'द ह्युमनिष्ट' नामक पत्रिका) इस बात पर बल देते हैं कि विश्व की प्रकृति ही कुछ ऐसी है कि परिवेश संबंधी कुछ कारकों को छोड़कर मानव के उद्देश्य और व्यवहार ही मानवीय कार्य में प्रमुख निर्धारक भूमिका अदा करते हैं। इन्हीं धारणाओं के आधार पर, इस विचारणा में बहुधा धर्म का तिरस्कार किया जाता है क्यों कि धर्म में मानव की अपेक्षा ईश्वर को अधिक महत्व दिया जाता है। इस दर्शन की जड़ों को प्राचीन ग्रीक सभ्यता में खोजा जा सकता है, किन्तु इसके बीज पुनर्जागरण के फलस्वरूप अन्यत्र भी देखने को मिले हैं।

समकालीन सामाजिक विज्ञानों में, मानववाद कई रूप में उभरा है। उदाहरणार्थ, मार्क्सवादी मानववाद का जन्म मार्क्स के प्रारंभिक लेखनों से हुआ, विशेषतः मार्क्स की

अलगाव की विचारधारा से। 'मानवतावादी मनोविज्ञान', जिसे कभी-कभी 'तृतीय शक्ति' भी कहा जाता है, व्यवहारवाद और मनोविश्लेषण दोनों का विरोध प्रकट करता है और स्व और उसकी अन्तः शक्ति पर बल देता है, जैसा कि हमें **गोर्डन आल्पोर्ट, विलियम जेम्स** और **ए.एच. मेसलो** की कृतियों में देखने को मिलता है। इसी प्रकार मानवतावादी समाजशास्त्र भी है जिसके साथ **सी.डब्ल्यू. मिल्स** और **अल्फ्रेड मैकक्लंग ली** का नाम जुड़ा हुआ है।

सन् 1970 के बाद संरचनावादियों और असंरचनावादियों के द्वारा मानववाद की कटु आलोचना की गई। उदाहरणार्थ, **माइकेल फोकाल्ट** के लेखनों ने ज्ञान के विकास का शिल्पशास्त्र प्रस्तुत किया जो मानवीय विषय पर केन्द्रित था। इसी प्रकार **जैक दरिदा** और **रोनाल्ड बार्थेस** ने 'लेखक के अवासन' की घोषणा कर डाली और **लुई आल्थ्यूज़र** ने कहा कि मानव प्राणी में विश्वास एक घोर ज्ञानमीमांसीय, अनर्थकारी और 'बुर्जुआ विचारधारा का एक मिथक' है। मानववाद की इन आलोचनाओं के उपरान्त भी पश्चिमी वैचारिक जगत में मानवता का व्यापक प्रभाव देखा जा सकता है।

humanistic sociology **मानवतावादी/मानववादी समाजशास्त्र**

यंत्रीकृत, अत्यधिक तकनीकी, अमूर्त और व्यवसायोन्मुख विरोधी एक ऐसा उपागम जो मानवीयता की सेवा हेतु सामाजिक विश्लेषण करने के स्थान पर आलोचनाओं, रहस्योद्घाटनों, विवरणों और स्पष्टीकरणों को प्रश्रय देता है, मानवतावादी समाजशास्त्र के नाम से जाना जाता है। इस प्रकार के समाजशास्त्र का प्रमुख विषय "समाजशास्त्र किसके लिये" रहा है। इस समाजशास्त्र के प्रमुख प्रणेताओं में **सी.डब्ल्यू. मिल्स** का नाम विशेष उल्लेखनीय है। सन् 1970 के बाद मानवतावादी समाजशास्त्र की एक समिति का गठन हुआ जिसका मुख्यालय अमेरिका में रखा गया। इसकी एक पत्रिका 'मानवीयता और समाज' के नाम से प्रकाशित की गई।

विगत कई वर्षों से विज्ञानवादी विचारधारा का समाजशास्त्र में प्रभुत्व रहा है। प्रायः सभी समाजशास्त्रियों ने विगत दशकों में विज्ञान को समाजशास्त्रीय विश्लेषण के लिए महत्वपूर्ण माना है। विज्ञानवाद भौतिकीय प्रारूप पर आधारित है जिसमें यह माना जाता है कि सामाजिक घटना को भौतिकशास्त्र के सैद्धान्तिक परिप्रेक्ष्य में ही देखा-समझा जा सकता है। पिछले कुछ वर्षों में नव विकसित मानववादी समाजशास्त्र के उपागम ने विज्ञान और उसकी पद्धति को कई कारणों से अस्वीकार किया है। विज्ञान ने जिस तरह समाज और उसके जीवन को विकृत किया है, इसके फलस्वरूप बुद्धिजीवियों के एक वर्ग ने विज्ञान का व्यापक विरोध किया है। **मार्कोविक** ने लिखा है, 'विज्ञान ने व्यक्तियों के पारस्परिक संबंधों को न केवल विकृत किया अपितु विज्ञान ने ही उपयोग के प्रति रुग्ण दृष्टिकोण को उत्पन्न कर नवीनतम वस्तुओं के उपभोग तथा उन्हें संचित करने की प्रवृति को जन्म दिया है। विज्ञान ही आज मानव के सामूहिक आत्महत्या की संभावना को संबल प्रदान कर रहा है।' नये वामपक्ष, हिप्पीवाद, स्त्रियों के समानता आंदोलन जैसी सामाजिक घटनाओं के मूल में विज्ञान के दुष्कार्यात्मक प्रभाव के बीजों को प्रत्यक्ष-अप्रत्यक्ष रूप में देखा जा सकता है।

मानववादी समाजशास्त्र और इसकी एक प्रमुख शाखा "रेडिकल सोसिऑलॉजी" का उदय इन परिस्थितियों का ही प्रतिफल कहा जा सकता है।

मानववादी समाजशास्त्र समाजशास्त्रीय ज्ञान को जन साधारण के हित में उपयोग का हामी है। ज्ञान की यह शाखा व्यापक मानव हितों को अध्ययन का केन्द्र बिन्दु बना कर मानवीय समस्याओं के समाधान का प्रयास करती है। समाजशास्त्र में उद्भूत इस नवीन परिप्रेक्ष्य ने **प्रो. लिंड** के इस बहुचर्चित प्रश्न 'ज्ञान किसलिए?' को बदल कर 'ज्ञान किसके लिए?' कर दिया। इस विचार के अनुसार यह मांग की गई है कि समाज वैज्ञानिक अध्ययन एवं अनुसंधान का लाभ किसी वर्ग-विशेष तक सीमित नहीं रहना चाहिए, अपितु उसका प्रयोग मानव-मात्र के कल्याण, विशेषतः समाज के गरीब, दीन-हीन तथा शोषित वर्ग के लाभ के लिए होना चाहिए। अतः मानववादी समाजशास्त्र इस प्रकार की गवेषणाओं को प्रोत्साहित करता है जो यह बता सके कि सामाजिक जीवन में किस प्रकार के परिवर्तन किये जायें ताकि मानव की गरिमा, स्वाधीनता, सृजनात्मकता तथा सर्वोपरि मानव जीवन की रक्षा हो सके। ज्ञान की खोज के लिए मानववादी समाजशास्त्र में ऐतिहासिक अन्तर्ज्ञान, बौद्धिक शिल्प तथा अन्तः प्रज्ञा की पद्धति को अधिक महत्व दिया जाता है। ये समाजशास्त्री कहने और करने में भेद करने की नैतिकता में विश्वास नहीं करते।

केन प्लेमर ने मानवीय समाजशास्त्र के चार मानदंडों की चर्चा की है; (1) मानवीय समाजशास्त्र मानवीय व्यक्तिपरकता और रचनात्मकता को पर्याप्त महत्व देता है और यह प्रदर्शित करता है कि व्यक्ति किस प्रकार सामाजिक अवरोधों का सामना करते हैं और सक्रिय रूप में सामाजिक विश्वों का निर्माण करते हैं; (2) यह मूर्त मानवीय अनुभवों, जैसे वार्तालाप, भावनाओं, क्रियाओं को सामाजिक, विशेषतः आर्थिक संगठनों के माध्यम से अध्ययन करते हैं; (3) यह इन अनुभवों के साथ स्वाभाविक घनिष्ठ संबंधों को प्रकट करता है; (4) अन्त में, यह समाजशास्त्रियों में परम नैतिक और राजनीतिक दायित्वों के प्रति आत्म जागरूकता उत्पन्न करता है ताकि वे एक ऐसी सामाजिक संरचना के निर्माण में सहायक हो जिसमें न्यूनतम शोषण, दमन और अन्याय हो। इस संबंध में **रॉबर्ट निस्बेट** ने भारी काम किया है।

hypergamy — अनुलोम विवाह

एक सामाजिक प्रथा जिसके अनुसार एक व्यक्ति को अपनी पुत्री का विवाह अपने से उच्च कुल या जाति में करने के लिए बाध्य किया जाता है, अनुलोम विवाह कहलाती है। इसमें पति अपनी पत्नी से उच्च कुल या समूह का होता है। इस प्रथा के अनुसार उच्च सामाजिक प्रस्थिति वाले लोग अपनी पुत्री का विवाह निम्न प्रस्थिति वाले परिवार में करना पसंद नहीं करते, किन्तु वे ऐसे परिवारों से कन्या अवश्य गृहण कर सकते हैं। भारतीय संदर्भ में, हिंदू जाति-प्रथा के अनुसार पुरुष के लिए अपने से निम्न जाति अथवा कुल की स्त्री से विवाह करना ही शास्त्र सम्मत माना गया। इस नियम के अनुसार एक ब्राह्मण अपनी जाति की कन्या के अतिरिक्त क्षत्रिय, वैश्य या शूद्र कन्या से भी विवाह कर सकता है।

hypogamy **प्रतिलोम विवाह**

विवाह का एक नियम जिसके अनुसार लड़की का विवाह अपने से नीचे कुल में किया जाता है, अर्थात् जब पत्नी अपने पति से ऊंचे कुल की होती है, तब इस प्रकार का विवाह प्रतिलोम विवाह कहा जाता है। इस प्रकार का विवाह समाजोनुमोदित नहीं है। हिन्दू जाति प्रथा के अन्तर्गत किसी शूद्र पुरुष द्वारा ब्राह्मण, क्षत्रिय या वैश्य कन्या से किया गया विवाह इसी श्रेणी में आता है। यह विवाह अनुलोम विवाह का ठीक विपरीत स्वरूप है।

hypothesis **प्राक्कल्पना/उपकल्पना**

अत्यन्त सामान्य अर्थ में घटनाओं के संबंध में निर्मित एक अनुमान अथवा प्रस्थापना को प्राक्कल्पना, परिकल्पना या उपकल्पना कहते हैं। शोध के विशिष्ट अर्थ में, दो या दो से अधिक परिवर्त्यों (वेरिएबल्स) के अन्तर्संबंधों को व्यक्त करने वाला एक ऐसा अस्थाई कथन या सामान्यीकरण प्राक्कल्पना कहलाता है जिसे साक्ष्यों के आधार पर सिद्ध अथवा असिद्ध किया जाना बाकी है। एक प्राक्कल्पना परिवर्त्यों के बीच पाये जाने वाले संबंध के प्रति एक भविष्योक्ति है।

hypothesis, alternative **वैकल्पिक प्राक्कल्पना**

शून्य (नल) प्राक्कल्पना की अस्वीकृति के बाद जिस प्राक्कल्पना को स्वीकार किया जाता है, वह वैकल्पिक प्राक्कल्पना कहलाती है।

hypothesis, bivariate **द्वि-परिवर्ती प्राक्कल्पना**

दो परिवर्त्यों (वेरिएबल्स) के बीच संबंध प्रकट करने वाली प्राक्कल्पना द्वि-परिवर्ती प्राक्कल्पना कहलाती है।

hypothesis, multivariate **बहुपरिवर्ती प्राक्कल्पना**

दो या दो से अधिक परिवर्त्यों (वेरिएबल्स) के बीच संबंधों को प्रदर्शित करने वाली प्रस्थापना को बहुपरिवर्ती प्राक्कल्पना कहते हैं।

hypothesis, null **शून्य प्राक्कल्पना**

'नल' अर्थात् शून्य, एक ऐसी प्राक्कल्पना जिसके द्वारा दो परिवर्त्यों (वेरिएबल्स) के बीच शून्य संबंधों को प्रकट किया जाता है। शून्य संबंधों से तात्पर्य किसी प्रकार के संबंध न होने से है या दो परिवर्त्यों के बीच किसी प्रकार का अन्तर न होना है, जैसे स्त्रियों एवं पुरुषों की औसत बुद्धि में कोई सार्थक अन्तर नहीं होता या यह कि शिक्षा का गतिशीलता पर कोई प्रभाव नहीं होता।

इस प्राक्कल्पना को नकारात्मक प्राक्कल्पना भी कहते हैं, क्योंकि इसके द्वारा दो परिवर्त्यों के बीच किसी भी प्रकार के सार्थक संबंध को नकारा (अस्वीकारा) जाता है। यह एक सरल एवं निर्देश रहित प्राक्कल्पना होती है।

I

'i' and 'me' **'मैं' और 'मुझे'**

व्यक्तित्व का विकास कैसे होता है, इस **संबंध में जॉर्ज हरबर्ट मीड** ने 'मैं' और 'मुझे' की दो जुड़वां अवधारणाओं का विकास किया है। मीड ने 'मैं' की धारणा का प्रयोग व्यक्तिगत अथवा सम्पूर्ण स्व के उस भाग अथवा पक्ष को इंगित करने के लिए किया है जिसकी रचना स्वतः स्फूर्त चालकों तथा इच्छाओं द्वारा होती है। एक व्यक्ति स्व के इस पक्ष अर्थात् 'मैं' का अनुभव स्व के अन्य पक्ष 'मुझे' की प्रतिक्रिया के फलस्वरुप अनुभव करता है। व्यक्तित्व के 'मैं' पक्ष को प्रत्यक्ष रूप में जानना अथवा अनुभव करना एक व्यक्ति के लिए कठिन होता है। इसकी अनुभूति व्यक्ति को तभी होती है जब वह किसी सामाजिक घटना के प्रति अपनी कोई व्यक्तिगत तथा अत्यन्त विशिष्ट प्रतिक्रिया करता है। 'मैं' व्यक्तित्व-रचना के व्यक्तिपरक तथा रचनात्मक पक्ष का प्रतिनिधित्व करता है। यह सामाजीकरण की उपज है और इसका विकास समुदाय के दृष्टिकोण की प्रतिक्रिया स्वरूप होता है।

दूसरे व्यक्ति उसे किस प्रकार से चाहते हैं, यह भाव 'मुझे' को प्रतिबिम्बित करता है। दूसरे शब्दों में, मेरे द्वारा किये गये व्यवहार पर दूसरों की प्रतिक्रिया 'मुझे' को व्यक्त करती है। 'मुझे' स्व के सामाजिक पक्ष, अर्थात् वस्तुपरक दृष्टिकोण का प्रतिनिधित्व करता है। इसका विकास आन्तरीकृत सामाजिक दृष्टिकोणों द्वारा होता है जो एक व्यक्ति किसी सामाजिक स्थिति में अपनाता है।

इन दोनों प्रक्रियाओं द्वारा स्व अथवा व्यक्तित्व का विकास होता है। प्रारंभ में ये दोनों प्रक्रियाएं एक दूसरे से भिन्न होती हैं, किन्तु परिवार, समुदाय एवं समाज के सम्पर्क द्वारा इनमें समानता उत्पन्न होकर ये एक सिक्के के दो पहलुओं की भांति दो पक्षों का रूप धारण कर लेती हैं।

id **इदम्**

व्यक्तित्व विभाजन की अपनी योजना में प्रसिद्ध मनोविश्लेषक **एस. फ्रायड** ने अचेतन मन में बसने वाले व्यक्तित्व के उस भाग को 'इदम्' की संज्ञा दी है जो अव्यवस्थित, जन्मजात, मूलप्रवृत्यात्मक आवेगों की तत्काल तुष्टि के गुणों से युक्त होता है। इदम् का

निर्माण दमित, पाशविक एवं असामाजिक इच्छाओं एवं आवेगों द्वारा होता है। व्यक्तित्व के इस भाग को तर्कहीन तथा अनैतिक माना जाता है। यह कामुक तथा आक्रामक दोनों असीमित शक्तियों का अपार भंडार है। फ्रायड के शब्दों में, 'यह उबलती हुई उद्दीप्त भावनाओं का कड़ाह है।' व्यक्तित्व का यह अचेतन भाग नियंत्रणकारी नियमों के अनुसार विसर्जन तथा तत्काल तुष्टि द्वारा चेतन व्यवहार को प्रभावित करता है। अनेक विरोधी इच्छाएं यहीं स्वच्छंद रूप से विकसित एवं क्रियाशील होती हैं। व्यक्तित्व की समस्त मूल प्रवृत्तियों को इसी भाग से शक्ति मिलती है।

इदम् का जितना घनिष्ट संबंध शरीर से होता है, उतना बाह्य जगत से नहीं। बाह्य जगत से सम्पर्क न रहने के कारण इदम् का व्यक्ति के अनुभवों पर कोई प्रभाव नहीं पड़ता। इदम् द्वारा इसका नियंत्रण और नियमन अवश्य होता है। इदम् के कार्य-संचालन का केवल एक आधार है, वह है—सुख-सिद्धान्त के अनुसार आवश्यकताओं की तुष्टि। फ्रायड के अनुसार प्रारंभ में मानव इदम् का समुच्चय मात्र होता है, किन्तु बाद में शनैः-शनैः सभ्यता-संस्कृति के फलस्वरुप उसमें अहम् का संचार होता है। फ्रायड ने इसे ही 'वास्तविक मानसिक सत्य कहा है।'

ideal **आदर्श**

काल्पनिक अथवा अस्तित्वहीन संस्कृति सम्मत एक ऐसी स्थिति, विशेषता अथवा व्यवहार के रूप को आदर्श की संज्ञा दी जाती है, जो किसी व्यक्ति अथवा समूह की क्रियाओं के लिए लक्ष्य अथवा उद्देश्य का कार्य करता है।

idealism **आदर्शवाद**

दार्शनिक विचारधारा का एक दृष्टिकोण जिसके अनुसार ब्रह्माण्ड की व्याख्या पदार्थ अथवा भौतिक वस्तुओं की अपेक्षा विचारों के आधार पर की जाती है। आदर्शवाद के अनुसार यह माना जाता है कि यथार्थता मुख्यतः इस बात में निहित है कि व्यक्ति उसके बारे में सोच-विचार करते हैं और यह सब कुछ मानवीय विचारों और सिद्धान्तों पर निर्भर करता है। व्यक्ति साफ स्लेट की भांति नहीं होते जिस पर बाह्य यथार्थता अपनी इबारत स्वयं लिख देती हो, अपितु ये तो व्यक्तियों के विचार तथा संस्कृति के अन्य तत्व हैं जो यथार्थ की रचना करते हैं।

यह 'भौतिकवाद' का विरोधी विचार है जिसमें यह माना जाता है कि बाह्य संसार मानव मस्तिष्क की उपज है। आदर्शवाद के सर्वाधिक प्रभावशाली रूप को हम **हीगल** के दर्शन में देख सकते हैं। एक अन्य रूप में, आदर्शवाद सामाजिक संस्थाओं तथा प्रथाओं के मूल्यांकन का एक सिद्धान्त है जिसके अनुसार किसी परिपूर्ण स्थिति के आदर्श स्वरूप के साथ इनकी अनुरूपता की मात्रा की तुलना की जाती है।

समाजशास्त्र में, व्यक्तिकात्मक आदर्शवाद का कतिपय प्रयोग सामाजिक अन्तर्क्रियावाद की स्थिति को स्पष्ट करने के लिये किया गया है जिसमें यह माना जाता है कि सामाजिक

कर्त्ताओं की रोजमर्रा की अन्तर्क्रियाओं और व्यक्तिपरकता से स्वतंत्र बाह्य सामाजिक यथार्थ का कोई अस्तित्व नहीं हो सकता है।

ideal type **आदर्श-प्ररूप**

किसी घटना, वस्तु अथवा वर्ग-विशेष की समस्त आवश्यक विशेषताओं का सम्पूर्ण अथवा लगभग सम्पूर्ण रूप में चित्रण करने की विधि आदर्श-प्ररूप के नाम से जानी जाती है। ये सभी विशेषताएं यथार्थ रूप में किसी एक वास्तविक घटक या इकाई में मिलना कठिन है। आदर्श-प्ररूप की अवधारणा के पीछे मूल मंतव्य यही है कि सामाजिक घटनाओं का विश्लेषण, उनकी परिवर्तनशील एवं जटिल प्रकृति के कारण, उनकी विशेषताओं के अत्यान्तिक रूपों के संदर्भ में ही किया जा सकता है, जिन्हें यथार्थ में पाया जाना कठिन है। **पेरेटो** ने बताया है कि भौतिक विज्ञानों की सभी अवधारणाएं आद्रर्शीकरण (आइडिअलाइजेशन) की उपज हैं, अतः सामाजिक विज्ञानों को भी इसी पथ का अनुसरण करना चाहिए। कई प्रौढ़ सामाजिक विज्ञानों ने इस दिशा में प्रगति भी की है। अर्थशास्त्र की कुछ अवधारणाएं, जैसे 'पूर्ण प्रतिस्पर्धा' या 'स्थिर सन्तुलन' आदि आदर्श-प्ररूप के अच्छे उदाहरण हैं।

समाजशास्त्र में सर्वप्रथम **मैक्स वेबर** ने आदर्श-प्ररूप की अवधारणा का प्रयोग किया, यद्यपि उनका प्रयोग विज्ञान के समसामयिक दर्शन के मानदण्डों के अनुरूप नहीं पाया गया। वेबर ने आदर्श-प्ररूप की अवधारणा का प्रयोग दो परस्पर विरोधी अर्थों में किया है। सर्वप्रथम उन्होंने अपनी पुस्तक 'द प्रोटेस्टेन्ट इथिक एण्ड द स्प्रिट ऑफ केपिटलिज्म' के प्रथम अध्याय में 'प्रोटेस्टेन्ट इथिक' के आदर्श-प्ररूप की रचना की है। बाद में उन्होंने अपनी पुस्तक 'द मेथडॉलॉजी ऑफ द सोश्यल साइन्सेज' में तार्किक व्यवहार और शुद्ध बाजार के आदर्श-प्ररूप प्रस्तुत किए हैं।

आदर्श-प्ररूप विशेषताओं का एक पुंज या समूह है जिसकी रचना अध्ययन किए जाने वाले वर्ग, वस्तु अथवा घटना के नमूनों में बहुधा देखी जाने वाली विशेषताओं द्वारा होती है। इन विशेषताओं का किसी एक घटक में उपस्थित होना आवश्यक नहीं है, किन्तु इन सभी विशेषताओं का सभी घटकों में प्रचुर मात्रा में विद्यमान होना आवश्यक है तथा इनमें से कोई भी विशेषता अन्य इंगित विशेषताओं के साथ असंगति प्रकट नहीं करती हो। ऐसा माना जाता है कि वर्ग की कोई भी विशुद्ध इकाई सभी विशेषताओं को प्रकट करेगी। अतः आदर्श-प्ररूप का प्रयोग घटना के वर्ग की इकाइयों को मालूम करने तथा विशिष्टता की मात्रा की माप करने के लिए भी किया जा सकता है। एक पद्धतिशास्त्रीय उपकरण के रूप में इसका प्रयोग दो या अधिक सामाजिक घटनाओं का तुलनात्मक विश्लेषण के लिये किया जाता है। **वेबर** ने कर्मचारीतंत्र (नौकरशाही) संगठन तथा **रेडफील्ड** ने लोक समाज (फोक सोसाइटी) के अध्ययन में इसका प्रयोग किया है।

ध्यान रहे, यहाँ 'आदर्श' शब्द का प्रयोग 'अच्छे' अथवा 'बुरे' या वांछनीयता के अर्थ में नहीं किया जाता है। यहाँ पूर्णतः यह मानकीय अर्थों से रहित एक अवधारणा है। यह

एक मानसिक रचना है जिसका निर्माण प्रत्येक इकाई के सामान्य लक्षणों के आधार पर निर्मित सामान्यीकरणों की अपेक्षा आदर्शात्मक तार्किकीकरण की प्रक्रिया द्वारा किया जाता है। यह पारम्परिक तर्क, सांख्यकीय औसत तथा सार-तत्व की धारणाओं से भी भिन्न है।

identification **तादात्मीकरण**

एक प्रक्रिया जिसके द्वारा एक व्यक्ति अपने आप को परिभाषित करता है; अर्थात् अपने 'स्व' की पहचान को 'अ-स्व' से अलग करता है। सामान्य अर्थों में, दूसरों के व्यवहार एवं विचारों को ग्रहण कर उन्हें अपना व्यवहार तथा विचार बना लेने की प्रक्रिया तादात्मीकरण कहलाती है। मनोविश्लेषण की एक अवधारणा के रूप में यह एक सुरक्षा युक्ति है जिसमें एक व्यक्ति दूसरों का अनुकरण इसलिए करता है, ताकि वह अत्यधिक प्रेरकों पर नियंत्रण स्थापित कर सके।

identification, differential = differential identification

ideology **विचारधारा**

विश्व, समाज तथा मानव के प्रति देखने का दृष्टिकोण, उद्वेग तथा विचारों की एक सम्पूर्ण व्यवस्था जिसकी प्रामाणिकता का परीक्षण प्रत्यक्षात्मक विज्ञानों के दायरे से परे होता है, विचारधारा कहलाती है। संकुचित अर्थों में, किसी समूह जैसे राष्ट्र, वर्ग, जाति, व्यवसाय या पेशा, धार्मिक पंथ, राजनीतिक दल आदि के मूल्यों, विश्वासों तथा मान्यताओं के समुच्चय को विचारधारा कहते हैं। विचारधाराएं विभिन्न समूह की भौगोलिक परिस्थितियों, सांस्कृतिक परिवेश तथा परिपाटियों से निर्धारित एवं नियंत्रित होती है।

मार्क्स एवं एंजिल ने इस अवधारणा का प्रयोग थोड़ा भिन्न रूप में किया है। मार्क्सवादी परिप्रेक्ष्य के अनुसार विचारधारा शब्द का प्रयोग विचारों के एक ऐसे रूप के लिए किया जाता है जो शासक वर्ग के निहित स्वार्थों अथवा मातहत वर्गों के आकांक्षित उद्देश्यों के रंग में रंगा होता है। मार्क्स ने जहाँ विचारधारा को 'वर्ग-स्थिति' का प्रकार्य माना है, वहां वेबर ने इसे 'प्रस्थिति विशेष' तथा अन्य सांस्कृतिक कारकों की उपज कहा है।

कार्ल मानहीम ने अपनी पुस्तक 'आइडियोलॉजी एण्ड यूटोपिआ' (1936) में इस शब्द को अधिक विशिष्ट अर्थ में प्रयोग करते हुए लिखा है कि विचारधारा वर्तमान सामाजिक व्यवस्था को बनाये रखने अथवा भूतकाल को पुनर्स्थापित करने की इच्छा द्वारा विकृत हमारे समस्त विचार हैं। यह निहित स्वार्थ अथवा प्रतिक्रिया के कार्यक्रम की अभिव्यक्ति है।

imitation **अनुकरण**

कोई चेतन अथवा अचेतन व्यवहार जो किसी व्यक्ति के व्यवहार अथवा लक्षणों को देख कर ठीक वैसा ही किया जाता है, अनुकरण है। अनुकरण मूल प्रवृत्ति नहीं है, जैसा **प्राचीन** मनोवैज्ञानिक मानते थे। सीखने के महत्व को स्वीकार करने वाले आधुनिक **मनोवैज्ञानिक** अनुकरण को जन्मजात भी नहीं मानते। वे इसे सीखने की एक प्रक्रिया मानते

हैं। सीखने के अन्य स्वरूपों की भांति अनुकरणात्मक क्रियाएं भी सीखी जाती हैं।

immigration **अप्रवास/आव्रजन**

दो देशों के बीच होने वाला जनसंख्या संक्रमण अप्रवास कहलाता है। इसमें राजनीतिक सीमाओं का पार किया जाना आवश्यक है। सच्चा अप्रवास, अप्रवासी की स्वैच्छिकता के आधार पर होता है।

inbreeding **अन्तःप्रजनन**

एक प्रक्रिया जिसके द्वारा एक समूह अथवा संस्था नवीन जैवकीय एवं मनोवैज्ञानिक तत्वों अथवा नवीन व्यक्तियों के अभाव के कारण गतिहीन अथवा पतनोन्मुख बन जाती है। जैवकीय क्षेत्र में एक ही जाति अथवा समूह के अन्तर्गत विवाह करने से यह प्रक्रिया उत्पन्न होती है।

incest **निकटाभिगमन**

अति निकट रूप में रक्त संबंधों द्वारा जुड़े विषम लिंगियों के बीच स्थापित लैंगिक संबंध जिनमें विवाह वर्जित होता है, निकटाभिगमन या अगम्यागमन कहलाता है। पिता-पुत्री, माता-पुत्र अथवा सहोदर भाई-बहिन के बीच लैंगिक संबंध निकटाभिगमन की श्रेणी में ही आता है। रक्त संबंधों के दायरे का निर्धारण स्थान विशेष के कानून अथवा सामाजिक प्रथाओं द्वारा होता है।

incest taboo **निकटाभिगमन निषेध**

सभी समाजों में ऐसे कुछ नियम हैं जो व्यक्तियों की विशिष्ट श्रेणियों के बीच विवाह और/या लैंगिक संबंधों की स्वीकृति नहीं देते। सामान्यतः व्यक्तियों की ये श्रेणियां रक्त संबंधों की निकटता पर आधारित हैं, जैसे पिता-पुत्री, माता-पुत्री अथवा सहोदर-भाई-बहिन, आदि। इस प्रकार के निकटतम संबंधियों के बीच वर्जित किये गये लैंगिक संबंधों को ही निकटाभिगमन निषेध कहा जाता है। निकटाभिगमन निषेध का दायरा हमेशा रक्त संबंधों द्वारा ही निर्धारित हो, ऐसी बात नहीं है। ऐसे भी कुछ समाज हैं जहां लैंगिक संबंध ऐसे कुछ व्यक्तियों के बीच भी स्थापित नहीं किये जा सकते जो रक्त संबंधों द्वारा जुड़े नहीं होते।

कतिपय समाजों (प्राचीन मिश्र का राजघराना और पेरु प्रदेश के इन्का निवासियों में) को छोड़ कर इस प्रकार के यौन संबंधों को सर्वत्र घृणास्पद माना गया है। इन निषेधों के पीछे क्या कारण रहे हैं, इसकी व्याख्या जैवकीय, मनोवैज्ञानिक तथा समाजशास्त्रीय ढंग से विभिन्न विद्वानों जैसे टायलर, वेस्टरमार्क, फ्रायड, दुर्खाइम, ब्रेन्डा, सेलिग्मन, ब्रिफ्फाल्ट, लेवी स्ट्रास आदि द्वारा कई रूपों में की गई है।

independent variable = variable, independent

individualism **व्यक्तिवाद**

एक परिप्रेक्ष्य, सिद्धान्त अथवा एक विचारधारा जो साधन अथवा साध्य या स्वार्थपरता अथवा परार्थ के रूप में अकेले व्यक्ति की महत्ता अथवा श्रेष्ठता पर बल देती है। एक विचारधारा के रूप में यह सुखवाद, उपयोगितावाद, स्वहितवाद, स्वतंत्र अनुबंध, स्वतंत्र उद्योग, स्वतंत्र प्रतिस्पर्धा, स्वतंत्र प्रेरणा, अहस्तक्षेप आदि के सिद्धान्तों से जुड़ा हुआ है। राजनीतिक सिद्धान्त के रूप में, व्यक्तिवाद, व्यक्ति की स्वतंत्रता, गरिमा तथा हितों का हामी एक ऐसा दृष्टिकोण है जो इन्हीं के आधार पर न्याय, राजनीतिक दायित्वों तथा जनहितों की तुष्टि की विवेचना करता है। व्यक्तिवाद की बहुधा समूहवाद से तुलना की जाती है जिसमें व्यक्तिगत हितों की अपेक्षा सामूहिक हितों को सर्वोपरि समझा जाता है। व्यक्तिवादी राजनीतिक सिद्धान्त उन दशाओं को नकारते हैं तो सामूहिक परिस्थितियों (जैसे वर्ग, राष्ट्र, प्रजाति, जाति, आदि) की उपज है। व्यक्ति के जीवन में राज्य का सकारात्मक हस्तक्षेप, चाहे वह स्वयं के लाभ के लिए क्यों न हो, वांछनीय नहीं है। व्यक्तिवादी विचारक राज्य द्वारा आर्थिक व्यवस्था को अपने हाथ में लेने या नागरिकों की आर्थिक गतिविधियों पर प्रतिबंध लगाने के औचित्य को नहीं स्वीकारते। पारंपरिक अर्थशास्त्र में व्यक्तिवादी दृष्टिकोण को इस उक्ति द्वारा प्रकट किया गया है, 'प्रत्येक का स्वहित सभी के अधिकतम हितों का रक्षक है।' व्यक्तिवादी विचारधारा के पोषक प्रमुख विद्वान् **रिकार्डो, माल्थस, टाक्वली, बैंथम, लॉक, फरग्यूसन, मिल, स्पेंसर, समनर** आदि रहे हैं। दार्शनिक आदर्शवाद, समाजशास्त्रीय यथार्थवाद और समाज के समूहवादी सिद्धान्तों और राज्य की उत्पत्ति ही व्यक्तिवाद के विरोध स्वरूप हुई है और यह विवाद आज भी जारी है।

व्यक्तिवाद की धारणा काफी पुरानी है। आधुनिक अर्थों में इस शब्द का सर्वप्रथम प्रयोग हमें सन् 1840 में **टाक्वली** की पुस्तक 'डेमोक्रेसी इन अमेरिका' के अंग्रेजी अनुवाद में देखने को मिलता है। पश्चिम में प्रोटेस्टेन्ट सुधारवादी आन्दोलन के पूर्व तक इस विचारधारा का प्रतिकार किया जाता रहा है। प्रसिद्ध समाजशास्त्री **दुर्खाइम** ने विभिन्न समाजों की विशेषताओं के अपने चित्रण में एक इस प्रकार के समाज की संकल्पना प्रस्तुत की जिसमें श्रम विभाजन का अत्यधिक लघु स्तर पर विकास होने के कारण बहुत कम सामाजिक भूमिकाएं होती हैं। ऐसे समाजों में व्यक्ति समान मनोभावनाओं के कारण एक दूसरे से बंधे होते हैं। व्यक्तियों द्वारा इन समाजों में व्यक्तिवाद के अप्रचलित रूपों के प्रदर्शन को न केवल एक अपराध, अपितु इसे अनैतिक तथा अधार्मिक व्यवहार भी माना जाता है। इसमें संदेह नहीं है कि उच्च धर्मों में प्रत्येक व्यक्ति को महत्व दिया गया है, तथापि व्यक्तिवाद के अतिवादी रूपों को इनमें भी सामान्यतः हेय दृष्टि से देखा गया है। दुर्खाइम के अनुसार श्रम-विभाजन का विकास व्यक्तिवादी समाजों का विस्तार करेगा। यह विकास, दर्शन तथा कानून में व्यक्तिगत अधिकार के सिद्धान्त के विकास से मिलता-जुलता है।

व्यक्तिवाद का प्रयोग एक अन्य अर्थ में भी किया गया है। इस दूसरे अर्थ में, सामाजिक व्यवस्थाएं मुख्यतः व्यक्तियों से बनती हैं और उन्हें व्यक्तियों की विशेषताओं, हितों तथा इच्छा-अनिच्छा के आधार पर समझा जा सकता है। व्यक्तिवाद का यह अर्थ इस

प्रमुख समाजशास्त्रीय आधार को ही चुनौती देता है कि सामाजिक प्रणालियां उनके निर्मायक भागों के जोड़ से कुछ अधिक हैं तथा उन व्यक्तियों के बिना भी सामाजिक प्रणालियों का स्वतंत्र अस्तित्व है जिनके द्वारा वे बनती हैं।

individualization **वैयक्तिकरण**

एक प्रक्रिया जिसके द्वारा एक मानव प्राणी ऐसी विशेषताएं ग्रहण करता है जो उसे दूसरों से भिन्न करती है, वैयक्तिकरण कहलाती है।

inductive method **आगमन विधि**

तर्कशास्त्र की एक पद्धति जिसमें अवलोकन-प्रेक्षण के आधार पर परिणाम निकाले जाते हैं, आगमन विधि कहलाती है। इस विधि में खोज की प्रक्रिया विशिष्ट से सामान्य की ओर चलती है। राम, श्याम, मोहन सभी मरे हैं, अतः मानव मरणधर्मा है। यह आगमन विधि का एक उदाहरण है। न्यूटन ने पेड़ से गिरते हुए सेव को देख कर ही तो गुरुत्वाकर्षण शक्ति के नियम की रचना की थी।

industrial conflict **औद्योगिक संघर्ष**

किसी भी उद्योग (कारखाने) में एक ओर श्रमिकों और प्रबंधकों के बीच तो दूसरी ओर कार्मिकों के साथ संबंध बहुधा संघर्षयुक्त होते हैं। औद्योगिक संघर्ष का पद संघर्ष के स्वरूपों और संघर्ष के स्त्रोतों (कारणों) दोनों बातों को इंगित करता है। औद्योगिक समाजशास्त्रियों में संघर्ष के विभिन्न स्वरूपों के बारे में काफी सहमति है। ये स्वरूप अनुपस्थितता, तोड़-फोड़, उत्पादन में कमी और असहयोग आदि होते हैं। ये सभी व्यक्तिगत या सामूहिक आधार पर हो सकते है और हड़ताल और सामूहिक सौदेबाजी इनकी सामूहिक अभिव्यक्ति है।

संघर्ष के स्त्रोतों के बारे में अलग-अलग विचार हैं। मानवीय संबंध उपागम के अनुसार संघर्ष तब उत्पन्न होते हैं जब उद्योग कामगारों को कार्य के समय एक सामाजिक सहयोगी समुदाय के रूप में समन्वित करने में असफल रहता है। वे यह भी मानते हैं कि प्रबंधकों और कामगारों के बीच संघर्ष अपरिहार्य नहीं है। इसके विपरीत, दूसरे उपागम संघर्ष को अपरिहार्य मानते हैं। **आर. डेहरनडॉर्फ** (1959) ने कहा है कि सत्ताहीन और सत्तावानों के बीच हमेशा संघर्ष होता है। वेबरवादी समाजशास्त्री संघर्ष का कारण नियोजन (नौकरी) में आर्थिक हितों में टकराव को मानते हैं। उनके अनुसार इस टकराव का कारण वेतन और कार्यों के बारे में प्रबंधकों और कामगारों के भिन्न स्वार्थ होते हैं। मार्क्सवादी भी संघर्ष के लिये आर्थिक कारण बताते है। वे कहते हैं कि पूंजीवाद में नियोजन की प्रकृति ही शोषण की है जो प्रबंधकों और कामगारों को दो विरोधी खेमों में बाँट देती है। पिछले कुछ वर्षों से आर्थिक कारणों को प्राथमिकता दी गई है।

industrial democracy **औद्योगिक जनतन्त्र**

औद्योगिक जनतंत्र की अवधारणा का प्रयोग कई अर्थों में किया गया है। सामान्य अर्थ

में, किसी भी औद्योगिक या व्यावसायिक प्रतिष्ठान को चलाने के लिये मजदूरों और कर्मचारियों को प्रबंध एवं प्रशासन में दी जाने वाली आंशिक या पूर्ण सहभागिता की व्यवस्था को औद्योगिक जनतंत्र कहते हैं। इस व्यवस्था में मजदूर संघों के प्रतिनिधियों को विभिन्न स्तरों पर प्रबंध समितियों में सम्मिलित किया जाता है। एक अन्य अर्थ में, जब किसी उद्योग में मालिक एवं मजदूरों के संबंधों का निर्माण 'सामूहिक सौदेबाजी' द्वारा होता है तथा वेतन एवं घंटों के न्यूनतम स्तरों के साथ-साथ संगठित होने के लिए मजदूरों की स्वतन्त्रता हेतु सरकार द्वारा संरक्षण की व्यवस्था होती है, तब यह स्थिति औद्योगिक जनतंत्र की परिचायक है। औद्योगिक जनतंत्र आधुनिक पूंजीवादी व्यवस्था की देन है जिसमें मजदूरों का मनमाने रूप में शोषण होता है। इस शोषण से रक्षा के लिए ही औद्योगिक जनतंत्र का विकास हुआ। औद्योगिक जनतंत्र न केवल पूंजीवादी समाजों के निरकुंशतावादी और नौकरशाही संगठनों को चुनौती देता है, अपितु समाजवादी शासन प्रणाली के नियोजित आर्थिक तंत्र की केन्द्रीकरण की प्रवृतियों पर भी अंकुश लगाता है।

औद्योगिक जनतंत्र को प्रोत्साहित करने के कई तरीके हैं; जैसे (1) श्रमिक संगठनवाद और सामूहिक सौदेबाजी; (2) कार्य संबंधी परिषदें और प्रबंधन और कामगारों के बीच आपसी परामर्श और विचार-विनिमय; (3) औद्योगिक प्रतिष्ठानों के संचालक मंडलों में कर्मचारियों के प्रतिनिधियों की सीटों का प्रावधान तथा संचालन की निर्णय-प्रक्रिया में सहभागिता (4) कामगारों द्वारा उद्योग का नियंत्रण।

industrial psychology **औद्योगिक मनोविज्ञान**

व्यावहारिक मनोविज्ञान की एक शाखा जिसका मुख्य उद्देश्य मनोवैज्ञानिक तकनीकों तथा शोध निष्कर्षों का प्रयोग औद्योगिक सभ्यता द्वारा जनित समस्याओं के समाधान में होता है। इसका प्रथम प्रयोग बुद्धि परीक्षणों तथा योग्यता मापकों के विकास द्वारा कर्मचारियों के चुनाव में किया गया। बाद में, इसका प्रयोग विभिन्न परिस्थितियों में मानवीय व्यवहार के जटिल पक्षों के अध्ययनों में किया गया। ऐसा माना जाता है कि औद्योगिक मनोविज्ञान की उत्पत्ति सन् 1913 में मुन्स्टरबर्ग की पुस्तक 'साइकॉलोजी एण्ड इण्डस्ट्री' के प्रकाशन के साथ हुई। द्वितीय महायुद्ध तक उद्योग के क्षेत्र में मनोविज्ञान के सिद्धान्तों का प्रचुर मात्रा में प्रयोग होने लगा था। औद्योगिक मनोविज्ञान के प्रमुख विषय हैं: व्यावसायिक निर्देशन; व्यावसायिक चुनाव; कार्य-विश्लेषण; थकान का अध्ययन, योग्यता, दक्षता तथा रुचियों का पता लगाना आदि।

industrial relations **औद्योगिक संबंध**

यह पद नियोजन संबंध तथा इससे संबंधित संस्थाओं के लिये प्रयोग किया जाता है। इसके अन्तर्गत कामगारों, कार्य-समूहों, कर्मचारी संगठनों और प्रबंधकों, प्रतिष्ठानों एवं मालिकों के संगठनों के बीच संबंध सम्मिलित किये जाते हैं। औद्योगिक संबंधों का अध्ययन कई विज्ञानों यथा औद्योगिक समाजशास्त्र, श्रम अर्थशास्त्र, श्रमिक संगठनों का

इतिहास तथा कुछ सीमा तक मनोविज्ञान और राजनीतिशास्त्र के द्वारा किया जाता है। अतः यह विषय अन्तरविज्ञानीय अध्ययन का क्षेत्र है।

industrial revolution **औद्योगिक क्रांति**

आधुनिक उद्योगवाद के फलस्वरुप उत्पन्न हुए परिवर्तनों की जटिल श्रृंखला को सामान्यतः औद्योगिक क्रांति की संज्ञा दी जाती है। विशिष्टतः इस शब्द का प्रयोग इंग्लैण्ड में अट्ठारहवीं शताब्दी के अंतिम चरण तथा उन्नीसवीं शताब्दी की प्रारंभिक अवस्था में हुए परिवर्तन की अवधि के लिए किया जाता था जब तकनीकी आविष्कारों ने पूर्णतः उत्पादन-प्रक्रिया को बदल दिया तथा उद्योगों को घर की चार दीवारी तथा उत्पादन की लघु प्रणाली से निकालकर वृहत् कारखानों में परिणित कर दिया था। इस अवधि में ब्रिटेन में आर्थिक, प्रौद्योगिक, सामाजिक तथा संगठनात्मक अनेक परिवर्तन हुए जिन्होंने मुख्यतः खेतीहर तथा लघु स्तरीय आधार पर उत्पादन करने वाले समाज को विश्व के प्रथम कारखानों पर आधारित मशीनीकृत उत्पादनकर्ता समाज में बदल दिया। कोयला, लोहा और बाद में स्टील की खोज तथा उनके वृहत आधार पर प्रयोग की प्रविधि के विकास ने औद्योगिक क्रांति को प्रश्रय दिया। ऊर्जा-शक्ति के रूप में जल-शक्ति तथा भाप और भाप के इंजिन के आविष्कार ने वृहत कारखाना प्रणाली की स्थापना में मुख्य भूमिका अदा की है। उद्योगवाद के प्रारंभिक स्तरों के साथ जुड़े हुए अनेकों आर्थिक एवं सामाजिक परिवर्तन जैसे उत्पादन में निरन्तर बढ़ता हुआ यंत्रीकरण, श्रम विभाजन, विशेषीकरण, नवीन यातायात प्रणाली, रेल-सड़क व्यवस्था तथा वाणिज्य एवं व्यापार के नवीन ढंग आदि औद्योगिक क्रांति के प्रमुख लक्षण बताये जा सकते हैं। इस क्रांति ने वृहत नगरीय समाज, दीर्घाकार जनसंख्यावृद्धि तथा जनसंख्या का केन्द्रीयकरण, पूंजीवादी व्यवस्था तथा इससे व्युत्पन्न धनिक, मध्यम तथा मजदूर वर्ग की रचना की है। बाद की शताब्दियों में अन्य देशों में भी औद्योगिक क्रांति का सिलसिला प्रारंभ हुआ, किन्तु इसका स्वरूप विभिन्न देशों में अलग-अलग रहा।

आजकल एक 'द्वितीय औद्योगिक क्रांति' की भी बात की जा रही है जिसकी शुरुआत सन् 1880 तथा 1910 के बीच, विशेषतः जर्मनी तथा अमेरिका में हुई। इस क्रांति की प्रमुख विशेषताएं उद्योग में अधिकाधिक स्वचालित तथा अत्याधुनिक मशीनों का प्रयोग, ऊर्जा के रूप में बिजली तथा अणु शक्ति का प्रयोग, ज्वाइंट स्टाक कम्पनियों की स्थापना, व्यापार एवं वाणिज्य में परिष्कृत बाजार प्रणाली का प्रयोग आदि हैं।

industrial society **औद्योगिक समाज**

अति सरल अर्थ में, औद्योगिक समाज से तात्पर्य एक ऐसी सामाजिक व्यवस्था से है जिसमें उत्पादन की विधि के रूप में शक्ति संचालित मशीनों का प्रयोग किया जाता है और जिसमें उद्योगवाद की सभी विशेषताएं पाई जाती हैं। इस शब्द की रचना **सेंट साइमन** द्वारा एक ऐसे समाज को इंगित करने के लिए की गई जिसमें उत्पादन के विशिष्ट रूप में वृहत

उद्योगों का प्रयोग होता हो। इस प्रकार के समाज की प्रमुख विशेषताएं यंत्रीकरण, श्रम-विभाजन, विशेषीकरण तथा इनके साथ जुड़े हुए कुछ अन्य परिवर्तन हैं जिनमें प्रमुखतः संचार के साधनों तथा परिवहन के उन्नत रूपों का प्रयोग, बढ़ता हुआ शहरीकरण, वृहत बाजार प्रणाली, प्रव्रजन, उपभोग की आदतों में परिवर्द्धन आदि विशेष उल्लेखनीय हैं। उद्योगवाद ने एक इस प्रकार के सामाजिक जीवन को विकसित किया है जिसमें अजानपन, निर्वैयक्तिकता, प्राथमिक संबंधों तथा प्राथमिक नियंत्रण प्रणाली का ह्रास, द्वितीयक समूहों की दिन-प्रतिदिन बढ़ती हुई भूमिका आधुनिक औद्योगिक समाज का पर्याय बनते जा रहे हैं।

industrial society, post / industrialism, post **उत्तर औद्योगिक समाज/ उत्तर उद्योगवाद**

उत्तर औद्योगिक समाज या उत्तर उद्योगवाद एक ऐसा विचार है जिसका प्रतिपादन उन व्यक्तियों द्वारा किया गया है जो यह मानते हैं कि सामाजिक परिवर्तन की प्रक्रिया हमें औद्योगिक समाज के परे एक ऐसे समाज की ओर ले जा रही है जो भौतिक वस्तुओं के उत्पादन की अपेक्षा सूचनाओं के उत्पादन पर आधारित है। आज जो परिवर्तन हो रहा है वह एक नये समाज की ओर संक्रमण का संकेत देता है। यह नया समाज अब उद्योगवाद पर आधारित नहीं है। अब हम एक ऐसे समाज की ओर बढ़ रहे हैं जो पूर्णतः वर्तमान औद्योगिक काल के परे है। इस नई व्यवस्था के लिये कई शब्दों यथा सूचना समाज, सेवा समाज या ज्ञान समाज का प्रयोग किया गया है। कुछेक समाजशास्त्रियों का मत है कि चूंकि हम औद्योगिक विकास के पुराने रूपों से परे बढ़ रहे हैं, अतः इसके लिये 'उत्तरकालीन' (पोस्ट) सर्वाधिक उपयुक्त शब्द है। इसी आधार पर उत्तर औद्योगिक समाज, उत्तर आधुनिक समाज और उत्तर अभावग्रस्त (स्केअर्सिटि) समाज जैसे संबोधों का प्रयोग हुआ है। ऐसा कहा जाता है कि अमेरिका में **डेनियल बैल** (द कमिंग ऑफ पोस्ट इन्डस्ट्रियल सोसाइटी, 1973) और फ्रांस के **अलेन तोरेन** (1974) ने लगभग एक ही समय पर "उत्तर औद्योगिक समाज" के संबोध का प्रयोग किया। बैल के अनुसार, उत्तर औद्योगिक समाज से तात्पर्य एक ऐसे समाज से है जहां केन्द्रीय महत्व के रूप में सम्पत्ति/धन-सम्पदा का स्थान ज्ञान लेता जा रहा है और यही सत्ता/शक्ति और सामाजिक गतिशीलता का मुख्य स्त्रोत बनता जा रहा है। ऐसे समाजों में वस्तुओं के निर्माण करने वाले उद्योगों की अपेक्षा सेवा प्रदान करने वाले उद्योग मुख्य भूमिका अदा करते हैं। हमारी जीवन शैली जो कि अभी भौतिक वस्तुओं के निर्माण और शक्ति संचालित मशीनों और कारखानों पर आधारित है, वह तीव्रता से एक ऐसी नई व्यवस्था से बदली जा रही है जिसमें उत्पादन व्यवस्था का मुख्य आधार सूचना और ज्ञान बनता जा रहा है। इस नई व्यवस्था में श्रमिक वर्गों (मिलों, कारखानों में काम करने वाले) का स्थान सफेदपोश कार्मिक वर्ग (लिपिक, तकनीकी विशेषज्ञ, कम्प्यूटर जानकार और अन्य पेशेवर व्यक्ति) लेते जा रहे हैं। ऐसे समाजों में उद्योगपतियों और उद्यमियों के स्थान पर भी नये सामाजिक समूहों का उद्‌भव हो रहा है। डेनियल बैल ने अपनी पुस्तक में इस

नये समाज का बड़ा ही सजीव, स्पष्ट और घनीभूत चित्रण किया है।

industrial sociology **औद्योगिक समाजशास्त्र**

औद्योगिक समाजशास्त्र सामान्य समाजशास्त्र के क्षेत्र में विकसित ज्ञान की एक विशिष्ट शाखा है जिसमें औद्योगिक जीवन से संबंधित कुछ विशिष्ट पक्षों का अध्ययन किया जाता है। औद्योगिक जीवन से संबंधित पक्षों के अन्तर्गत अग्रांकित प्रमुख घटनाओं का समावेश किया जाता है; यथा (1) कारखाने का आन्तरिक कार्य संगठन, (2) औद्योगिक संस्थाएं तथा संगठन जैसे मजदूर संघ, (3) कारखाने के भीतरी समूहों के बीच औद्योगिक संबंध जैसे मालिकों, व्यवस्थापकों, निरीक्षकों तथा सफेदपोश कर्मचारियों तथा श्रमिकों के बीच संबंध, (4) संरचना, प्रकार्यों तथा व्यवस्था के परिवर्तन को प्रभावित करने वाले तकनीकी, आर्थिक, राजनीतिक, मनोवैज्ञानिक एवं सामाजिक कारकों का प्रभाव (5) वृहत समाज की संस्थाओं के साथ औद्योगिक घटनाओं का संबंध आदि हैं।

industrialism **उद्योगवाद**

व्यावहारिक विज्ञान के प्रयोग द्वारा उन्नत तकनीकी विकास की अवस्था उद्योगवाद की परिचायक है। यह स्थिति एक ऐसी प्रक्रिया का संकेत देती है जिसमें उद्योग की स्थापना के साथ-साथ उसे बनाये रखा जाता है तथा इस प्रकार के उत्पादन के ढंग के अनुरूप जीवन को ढाला जाता है। उद्योगवाद की धारणा केवल उद्योगों में मशीनों के प्रयोग तक सीमित नहीं है, अपितु यह खेती के क्षेत्र में उन्नत बीजों की किस्मों, रासायनिक खाद आदि के उत्पादन में यंत्रीकरण के विस्तार को भी अपने में समेटता है। उद्योगवाद की अवधारणा का प्रयोग कभी-कभी किसी समाज के औद्योगीकृत होते रहने की प्रक्रिया के लिए भी किया जाता है। उद्योगवाद की प्रमुख विशेषताएं शक्ति संचालित मशीनों के प्रयोग द्वारा वृहत आधार पर उत्पादन, श्रम-विभाजन, विशेषीकरण, विशाल बाजार व्यवस्था, आधुनिक परिवहन एवं संचार व्यवस्था आदि हैं। उद्योगवाद मात्र आर्थिक परिवर्तनों की द्योतक एक अवधारणा नहीं है, अपितु आर्थिक परिवर्तनों के साथ जुड़े हुए जटिल सामाजिक परिवर्तन (सामाजिक संबंधों, सामाजिक समूहों और सामाजिक प्रक्रियाओं में परिवर्तन) भी इसमें निहित हैं। ध्यान रहे, उद्योगवाद और पूंजीवाद दोनों एक ही घटना नहीं हैं। पूंजीवाद का इतिहास उद्योगवाद से पुराना है और उद्योगवाद के बिना भी पूंजीवाद हो सकता है। यह सही है कि उद्योगवाद को लाने में पूंजीवाद एक प्रथम और मुख्य कारक रहा है, किन्तु इसे एक मात्र कारक मानना गलत होगा।

industrialization **औद्योगीकरण**

एक प्रक्रिया जिसमें वस्तुओं का उत्पादन हस्त-उपकरणों के स्थान पर निर्जीव शक्ति द्वारा संचालित मशीनों के आधार पर किया जाता है। शक्ति संचालित मशीनों का प्रयोग न केवल कारखानों, अपितु यातायात, संचार, परिवहन तथा खेती आदि में किया जाता है।

औद्योगीकरण को, अति संक्षेप में, उद्योगवाद की स्थापना की प्रक्रिया के रूप में भी परिभाषित किया जा सकता है। उद्योगवाद और औद्योगीकरण दोनों ही उत्पादन की ऐसी विधियों के संक्रमण का संकेत देती है जो पारम्परिक व्यवस्थाओं की तुलना में आधुनिक समाजों में अपार धन-सम्पदा को अर्जित करने की क्षमता के लिये उत्तरदायी हैं।

पूर्व औद्योगिक संगठन की तुलना में औद्योगीकरण ने वृहत आधार पर श्रम विभाजन, विशेषीकरण, पूंजी के मालिकों, प्रबधंकों और कामगारों के बीच नवीन उत्पादन संबंध, नगरीकरण तथा उद्योग और जनसंख्या के भौगोलिक केन्द्रीकरण तथा व्यावसायिक संरचना में परिवर्तन किये हैं। उन्नीसवीं शताब्दी के संस्थापक समाजशास्त्रियों से लेकर आज तक औद्योगिक समाज और औद्योगीकरण की प्रकृति और इसके परिणामों को अध्ययन हमेशा समाजशास्त्र का एक केन्द्रीय विषय रहा है।

industrialization, de **विऔद्योगीकरण**

समृद्ध पश्चिमी राष्ट्रों के प्राथमिक एवं द्वितीयक औद्योगिक क्षेत्रों में राष्ट्रीय उत्पादन या इनमें कार्यरत श्रमिकों का घटता हुआ अनुपात विऔद्योगीकरण का द्योतक है। विऔद्योगिकरण की मात्रा और कारणों के बारे में विवाद है। लगभग सभी प्रमुख पश्चिमी अर्थतंत्रों में इस प्रकार की प्रवृति देखी गई है, किन्तु कुछ राष्ट्रों, जैसे ब्रिटेन में घटते हुए पूंजी निवेश तथा विनिर्माण (मैन्युफैक्चरिंग) की मात्रा में अत्यधिक ह्रास विऔद्योगीकरण की घटना की पुष्टि करते हैं।

industry **उद्योग**

मशीन तथा ईंधन शक्ति पर आधारित उत्पादन के विशिष्ट रूप को उद्योग कहते हैं। संक्षेप में, मशीनीकृत उत्पादन प्रणाली उद्योग के नाम से जानी जाती है।

inequality = social inequality

influence **प्रभाव**

किसी व्यक्ति या समूह की अपनी इच्छानुसार दूसरे व्यक्तियों या समूहों को परिवर्तित करने की क्षमता को प्रभाव कहते हैं। कुछेक समाज वैज्ञानिकों ने प्रभाव को शक्ति का एक रूप माना है, जबकि कुछ शक्ति को प्रभाव का रूप मानते हैं। प्रभाव अनुनयात्मक होता है। इसमें शक्ति की भांति दमन, हिंसा तथा बल प्रयोग का भाव निहित नहीं होता। व्यक्ति प्रभाव के सम्मुख स्वेच्छापूर्वक नत मस्तक हो जाते हैं, जबकि शक्ति व्यक्ति को झुकाने के लिए विवश करती है।

information theory **सूचना-सिद्धांत**

विज्ञान की एक शाखा जो एक औपचारिक गणितीय अवधारणा के रूप में सूचनाओं के संचरण की व्याख्या करती है। मूलतः इसका विकास संभाव्य सिद्धांत तथा विद्युत संचार

व्यवस्था से हुआ है। आधुनिक सूचना सिद्धांत प्रमुखतः **आर. बी. एल. हार्टले** की शोधों पर आधारित है। सामाजिक विज्ञानों में इसे प्रस्थापित करने का श्रेय **सी. ई शानॉन** तथा **एम. वीनर** को जाता है।

in group = group, in

inheritance **उत्तराधिकार**

व्यक्तियों तथा वस्तुओं संबंधी वैधानिक तथा प्रथागत अधिकारों के संचरण को उत्तराधिकार कहते हैं। कुछ समाज वैज्ञानिकों के मतानुसार उत्तराधिकार से तात्पर्य केवल सम्पति के हस्तान्तरण से ही नहीं है, अपितु इसमें पद, प्रतिष्ठा एवं सामाजिक परिस्थिति भी सम्मिलित होती है। जब प्रस्थिति का संचरण होता है तब वस्तुएं तो स्वतः उस प्रस्थिति के धारक को मिल जाती हैं। अतः जब हम प्रस्थिति के संचरण की बात करते हैं तब उसमें न केवल सम्पत्ति अपितु मुखिया की प्रस्थिति आदि का उत्तराधिकार भी सम्मिलित होता है। वास्तव में, उत्तराधिकार एक व्यापक अवधारणा है जिसमें सम्पत्ति तथा पद दोनों के संचरण की प्रक्रिया सम्मिलित है। इन दोनों के अलग-अलग संचरण की प्रक्रिया के लिए दायाधिकार तथा पदाधिकार की अवधारणाओं का प्रयोग अधिक उपयुक्त होगा। आदिम जातियों में उत्तराधिकार संबंधी तथ्यों की खोज करते समय **प्रो. डब्ल्यू. एच. आर. रीवर्स** ने बहुत पहले ही वंशानुक्रम, दायाधिकार तथा पदाधिकार की प्रक्रियाओं में स्पष्ट भेद प्रदर्शित किया है। उन्होंने 'दाय' अर्थात् सम्पत्ति के हस्तान्तरण के लिये दायाधिकार (इनहेरिटेन्स) तथा 'पद' अथवा 'प्रतिष्ठा' के संचरण के लिए पदाधिकार (सक्सेशन) के पदों के प्रयोग का सुझाव दिया है। दायाधिकार के लिए आंग्ल भाषा में कोई अलग शब्द न होने के कारण 'इनहेरिटेंस' शब्द का प्रयोग कर लिया जाता है, जब कि यह पद सम्पत्ति और पद दोनों के उत्तराधिकार को अभिव्यक्त करता है। उत्तराधिकार के प्रमुख चार नियम हैं—पितृरेखीय, मातृरेखीय, उभयवाही और समस्त्रोतीय उत्तराधिकार।

inheritance, bilateral **उभयवाही उत्तराधिकार**

उभयवाही शब्द का प्रयोग पुरुष तथा स्त्री दोनों के द्वारा वंशक्रम या सम्पत्ति-संचरण की व्यवस्था के लिए किया जाता है। जब एक व्यक्ति को पितृपक्ष और मातृपक्ष दोनों से अलग-अलग प्रकार से सम्पत्ति का हस्तान्तरण होता है, तब यह व्यवस्था उभयवाही उत्तराधिकार कहलाती है।

inheritance, collateral **समस्त्रोतीय या सपिन्ड उत्तराधिकार**

जब पद एवं सम्पत्ति का हस्तान्तरण पुत्रों की अपेक्षा भाइयों को होता है, तब यह व्यवस्था समस्त्रोतीय या सपिन्ड उत्तराधिकार कहलाती है। संसार की कुछ आदिवासी जातियों जैसे किकुयू एवं काफिर में यह प्रथा देखने को मिली है।

inheritance, matrilineal **मातृरेखीय उत्तराधिकार**

जब सम्पत्ति एवं पद का हस्तान्तरण संतानों को मातृ-पक्ष के आधार पर होता है, तब इसे मातृरेखीय उत्तराधिकार कहते हैं। यह व्यवस्था मातृवंशीय समाजों की मुख्य विशेषता है जिनमें सम्पत्ति के हस्तान्तरण के दो प्रमुख रूप देखने में आये हैं, यथा माँ से पुत्री को और मामा से भानजे को। जहाँ परिवार की सम्पत्ति स्त्रियों की समझी जाती है तथा उन्हें मालिकाना अधिकार प्राप्त होता है, वहां सम्पत्ति का हस्तान्तरण मां से पुत्री को होता देखा गया है। भारत की खासी जनजाति इसका सर्वोत्तम उदाहरण है। कई मातृवंशीय समाजों में उत्तराधिकार की यह प्रक्रिया मामा से भानजे की ओर चलती है। इस संबंध में **पिडिंगटन** ने लिखा है, 'मातृरेखीय पदाधिकार का अर्थ, वास्तव में, पद एवं पदवी का संचरण स्त्रियों के माध्यम से पुरुष से पुरुष को होना है।'

inheritance, patrilineal **पितृरेखीय उत्तराधिकार**

जब पद एवं साम्पत्तिक अधिकारों के संचरण की प्रक्रिया पुरुष रेखा का अनुसरण करते हुए पिता से पुत्र के रुप में चलती है, तब यह व्यवस्था पितृरेखीय उत्तराधिकार कहलाती है।

inheritance, primogeniture = primogeniture

inheritance, ultimogeniture = ultimogeniture

inheritance, unigeniture = unigeniture

inner directed society **अन्तः निर्देशित समाज**

प्रो. डेविड रीज़मेन तथा उनके साथियों द्वारा विकसित समाज के एक रूप संबंधी अवधारणा। एक ऐसा समाज जो अपने विशिष्ट सदस्यों में समाजोनुमोदित जीवन जीने संबंधी सामाजिक चरित्र को प्रश्रय देता है। यह सामाजिक चरित्र जीवन के प्रारंभिक वर्षों में लक्ष्यों के आन्तरीकरण का परिणाम होता है।

innovation **नवोन्मेष/नवाचार**

किसी समाज की प्रचलित परम्पराओं, कार्य-विधियों, प्रक्रियाओं, प्रविधियों अथवा व्यवस्थाओं में नवीनीकरण की प्रक्रिया नवोन्मेष या नवाचार कहलाती है। **प्रो. मर्टन** ने अपनी व्यक्तिगत अनुकूलन की योजना के तहत नवोन्मेष या नवीनीकरण की अवधारणा का प्रयोग उस स्थिति के लिए किया है, जिसमें एक व्यक्ति सांस्कृतिक लक्ष्यों को तो स्वीकारता है किन्तु इन्हें प्राप्त करने वाले संस्थागत साधनों को वह अस्वीकार कर देता है। इस स्थिति में व्यक्ति समाजोनुमोदित लक्ष्यों की प्राप्ति के लिये येन-केन-प्रकारेण प्रयास करता है, चाहे उसमें आदर्श नियमाचारों का हनन ही क्यों न होता हो। सफेदपोश अपराध इस स्थिति का एक उदाहरण है।

instinct **मूलप्रवृत्ति**

प्राणियों के एक ऐसे विशिष्टतायुक्त व्यवहार के प्रतिमान को मूलप्रवृति कहते हैं जो सीखे हुए व्यवहार की अपेक्षा जन्मजात और पूर्व निश्चित होता है, अर्थात् ऐसा व्यवहार प्रशिक्षण नहीं, प्रकृति की उत्पत्ति होता है। यह व्यवहार अत्यंत जटिल एवं अपरिवर्तनीय व्यवहार क्रम लिये होता है। मूलप्रवृत्ति आत्मरक्षा या जाति रक्षा के जैविक लक्ष्य द्वारा प्रेरित जटिल कार्य करने की जन्मजात अंतर्निहित क्षमता है जिसमें संभवतः रागात्मक अनुभव तो होता है किन्तु लक्ष्य का कोई स्पष्ट विचार नहीं होता। पक्षियों द्वारा घोंसला बनाने की प्रवृत्ति आत्मरक्षा के जैविक लक्ष्य का ही एक उदाहरण है। घोंसला बनाने में शायद उन्हें प्रसन्नता का रागात्मक अनुभव होता हो, किन्तु उनमें घोंसला बनाने के अंतिम लक्ष्य का स्पष्ट ज्ञान नहीं होता।

मूलप्रवृतिमूलक व्यवहार की यह विशेषता है कि वह जटिल होते हुए भी जन्मजात होता है और उसे सीखना नहीं पड़ता। मूलप्रवृतिमूलक व्यवहार का रूप एक ही जाति के प्राणियों, विशेष रूप में निम्न प्राणियों में लगभग एक-सा और अपरिवर्तनीय होता है। बिल्ली और कुत्तों के व्यवहार में अंतर अवश्य होता है, किन्तु बिल्ली-बिल्ली और कुत्तों-कुत्तों के व्यवहार में कोई अंतर नहीं होता है। यह बात मानव व्यवहार में परिलक्षित नहीं होती। मनुष्य-मनुष्य के व्यवहार में बड़ा अन्तर होता है, क्योंकि प्रत्येक मानव का परिवेश अत्यन्त जटिल एवं परिवर्तनशील होता है जो हमें निम्न प्राणियों में देखने को नहीं मिलता। निम्न प्राणियों का परिवेश अत्यन्त सरल एवं अपेक्षाकृत कम परिवर्तनशील होता है। पारिस्थितिशास्त्र के विकास ने पशु व्यवहार के अध्ययन को भी एक नया आयाम प्रस्तुत कर यह प्रस्थापित किया है कि पर्यावरण ही व्यवहार को प्रभावित करता है। कई शोध-अध्ययनों द्वारा यह सिद्ध किया गया है कि अनेक दशाएं, जिनमें पशु सीखते हैं, उनके व्यवहार को प्रभावित कर उनमें परिवर्तन उत्पन्न कर देती है।

मैक्डूगल आदि मनोवैज्ञानियों ने व्यवहार के प्रेरक रूप में मूलप्रवृत्तियों को मानकर प्राणी के समस्त व्यवहार की व्याख्या उन्हीं के आधार पर करने का यत्न किया है। यही कारण है कि इस शताब्दी के प्रारंभिक वर्षों में मानवीय विज्ञानों में मूलप्रवृत्ति के विभिन्न रूपों की खोज की जाने लगी। मूलप्रवृत्ति सिद्धान्त के सृजनकर्ता विद्वान मैक्डूगल ने लगभग चौदह मूलप्रवृत्तियों की सूची दी है, यथा भोजन संग्रहण, मैथुन, भागना, लड़ना, उत्सुकता, रचना, संग्रह, विकर्षण, समर्पण, वात्सल्य, सामाजिकता, आत्मप्रकाशन, विनीतता तथा हंसना। अन्य मनोवैज्ञानिकों ने इनकी अलग-अलग संख्या बताई है। **फ्रायड** ने जीवन (इरोज़) तथा मरण (थानटोज़) नामक दो मूल प्रवृत्तियों की चर्चा की है।

मूलप्रवृत्तियों को लेकर मनोवैज्ञानिकों में भारी मतभेद रहा है। यह तो सभी स्वीकारते हैं कि मूलप्रवृत्तियां जन्मजात होती हैं और उन्हें सीखा नहीं जाता, किन्तु मूलप्रवृत्तियों की संख्या तथा उनकी प्रकृति के संबंध में एकमत्यता का अभाव है। आजकल बहुमत यह है कि मूलप्रवृत्तियां यद्यपि निम्न प्राणियों में भी पाई जाती हैं, तथापि मानवों में इनका स्वरूप स्पष्ट नहीं है। कुछ विद्वान तो मूलप्रवृत्ति की सत्ता को बिल्कुल ही स्वीकार नहीं करते।

institution **संस्था**

संस्था शब्द का प्रयोग कई रूप में किया गया है, यथा संगठन के रूप में, व्यवहार प्रतिमानों के रूप में तथा कार्यविधि एवं नियमाचारों की व्यवस्था के रूप में। अति सामान्य अर्थ में, संस्था शब्द का प्रयोग सार्वजनिक अथवा अर्ध सार्वजनिक प्रकृति के किसी संगठन के लिये किया जाता है जिसका एक संचालक मंडल, भवन अथवा किसी प्रकार की भौतिक व्यवस्था होती है जिसकी रचना किन्हीं समाजोनुमोदित तथा प्राधिकृत लक्ष्यों की प्राप्ति हेतु होती है। इस परिभाषा के अनुसार, कॉलेज, विश्वविद्यालय, चिकित्सालय, अनाथालय, दानगृह इसी श्रेणी में आते हैं।

कुछ समाज वैज्ञानिकों की दृष्टि में, संस्था अपेक्षाकृत स्थाई, जटिल, समन्वित एवं संगठित व्यवहार प्रतिमान हैं जिनके द्वारा सामाजिक नियंत्रण की स्थापना, मूलभूत सामाजिक आवश्यकताओं और इच्छाओं की तुष्टि तथा लक्ष्यों की पूर्ति की जाती है।

आधुनिक समाज वैज्ञानिकों ने वास्तविक व्यवहार प्रतिमानों की अपेक्षा आदर्श नियमों, मूल्यों एवं विधानों के समुच्च्य को संस्था कहा है। इन समाज वैज्ञानिकों के मतानुसार संस्थाएं, व्यक्तियों एवं समूहों के बीच संबंधों को नियंत्रित करने वाले नियमाचारों तथा कार्यविधियों के स्थाई एवं स्वीकृत प्रतिमान हैं। इस अर्थ में, एक संस्था एक प्रकार की महा प्रथा (सूपर कस्टम) है जिसमें अनेक जनरीतियां, रूढ़ियां और व्यवहार के प्रतिमान होते हैं जो प्रमुख सामाजिक हितों की रक्षा करते हैं। परिवार, धर्म, राज्य, कानून आदि इसके कुछ उदाहरण हैं। अतः एक संस्था किसी भी समाज के सभी संरचनात्मक तत्वों का एक योग है जिसके द्वारा प्रमुख उद्देश्यों और क्रियाओं को संगठित किया जाता है और सामाजिक आवश्यकताओं (जैसे व्यवस्था, विश्वास और प्रजनन से संबंधित) की पूर्ति की जाती है।

institution, social = social institution

institutionalization **संस्थानिकरण**

विभिन्न सामाजिक तथा संगठनात्मक परिवेश से संबंधित व्यवहार के नियमों के क्रमिक विकास तथा स्पष्टीकरण की प्रक्रिया को संस्थानिकरण कहते हैं। एक अन्य अर्थ में, संस्थानिकरण शब्द का प्रयोग एक लम्बे समय तक कुछ संस्थाओं जैसे जेल, मानसिक चिकित्सालय आदि में रहने के कारण व्यक्तियों पर पड़ने वाले प्रतिकूल मनोवैज्ञानिक प्रभावों को दर्शाने के लिये किया जाता है। बहुधा ऐसी संस्थाओं में एक लम्बे काल तक रहने के कारण व्यक्तियों में आलसीपन, निष्क्रियता, पराश्रितता जैसे दुर्गुण पैदा हो जाते हैं। इन प्रभावों को ही कभी-कभी संस्थानिकरण कहा जाता है।

integration **एकीकरण/समाकलन**

एकीकरण या एकता को सामान्यतः समरूपता समझ लिया जाता है, किन्तु एकीकरण समरूपता नहीं है, अपितु यह संगठन का परिचायक है। एकीकरण एक ऐसी प्रक्रिया है

जिसमें किसी रचना के निर्मायक भागों में विभिन्नता होते हुए भी उनके आपसी संबंधों में संगठन होता है। इसमें पृथक तत्व एक सुसम्बद्ध समष्टि में इस प्रकार बंधे होते हैं कि उद्भूत सम्पूर्णता भागों की जोड़ से कुछ भिन्न प्रकट होती है। एक सामाजिक प्रक्रिया के रूप में भिन्न तथा संघर्षरत इकाईयों को संगठित एवं समन्वित करना एकीकरण कहलाता है। ये इकाईयां व्यक्ति, समूह तथा वृहत सामाजिक संगठन हो सकती हैं।

integration, social = social integration

intelligence quotient **बुद्धिलब्धि/बुद्धिफल**

किसी व्यक्ति की वर्ष-क्रम आयु तथा उसकी मानसिक आयु से प्राप्त संख्यात्मक औसत को दशमलव से मुक्त रखने के लिए 100 से गुणा करने पर जो निष्कर्ष प्राप्त होते हैं, वे बुद्धिलब्धि कहलाते हैं। बुद्धिफल का प्रयोग व्यक्ति की बौद्धिक क्षमता को ज्ञात करने के लिए किया जाता है। इसके लिए बुद्धि-परीक्षण किये जाते हैं।

interaction **अन्तर्क्रिया/परस्पर क्रिया**

कोई प्रक्रिया जिसमें एक कर्त्ता की क्रिया से दूसरे कर्त्ता की क्रिया में अथवा उसमें परिवर्तन उत्पन्न होता है, अन्तर्क्रिया या परस्पर क्रिया कहलाती है।

interaction, social = social interaction

interactionism **अन्तर्क्रियावाद**

एक समाजशास्त्रीय उपागम जिसका प्रयोग समाज मनोविज्ञान में व्यक्तियों अथवा समूहों की एक दूसरे के प्रति की गई क्रिया एवं प्रतिक्रिया के अध्ययन में किया जाता है। यह उपागम मानव व्यवहार की व्याख्या में उद्दीपन-प्रत्युत्तर सिद्धान्त की अपेक्षा सामाजिक नियमाचारों और सामाजिक भूमिकाओं को अधिक महत्व देता है।

interdisciplinary, research **अन्तर्विज्ञानीय शोध**

सामाजिक घटनाएं विविध पक्षीय एवं बहु कारकीय होती हैं जिनका अध्ययन एक विज्ञान की सीमा के परे है। सामाजिक घटनाओं की इस जटिलता के कारण विभिन्न विज्ञानों के विद्वान मिलकर एक दल के रूप में जब शोध कार्य करते हैं तब इस प्रकार की गवेषणा अन्तर्विज्ञानीय शोध कहलाती है। दल के रूप में विभिन्न विज्ञान के शोधकर्ताओं के कार्य अपने-अपने क्षेत्र की विशेषताओं के अनुसार बंटे होते हैं, किन्तु वे सहयोग एवं समन्वयपरकता की आधारभूत आवश्यकताओं द्वारा आपस में जुड़े भी होते हैं। भारत में **डा. श्यामाचरण दूबे** का 'भारतीय गांव' नामक अध्ययन इस विधि का सर्वोत्तम उदाहरण है।

internalization **आंतरीकरण**

सामाजीकरण की एक प्रमुख प्रक्रिया जिसमें समाज के मूल्यों, मानकों, मान्यताओं,

मनोवृत्तियों और विश्वासों को एक व्यक्ति आत्मसात अथवा अंगीभूत करता है, अपना बनाता है, आंतरीकरण कहलाती है। आन्तरीकरण सामाजिक व्यवस्था को बनाये रखने की एक महत्वपूर्ण प्रक्रिया है। इसके द्वारा व्यक्ति संस्कृति के विभिन्न पक्षों को अपने जीवन का अंग बनाता है। अपने देश के प्रति देशभक्ति की भावना, अपने कार्य के प्रति निष्ठा, ईश्वर में विश्वास आदि बातें एक बालक में आन्तरीकरण द्वारा ही उत्पन्न होती हैं।

intervening variable = variable, intervening

interview method **साक्षात्कार-विधि**

एक व्यक्ति अथवा समूह के साथ विशिष्ट प्रयोजन से आयोजित औपचारिक वार्तालाप की प्रक्रिया साक्षात्कार-विधि कहलाती है। सामाजिक शोध की एक विधि के रूप में साक्षात्कार का मुख्य उद्देश्य शोध संबंधी सूचनाएं एकत्रित करना है। इस विधि में प्रश्नोत्तर द्वारा उत्तरदाता से प्राप्त सूचनाओं को वर्गीकरण-विश्लेषण हेतु लिखा जाता है। यह सामान्य वार्तालाप से भिन्न है क्योंकि इसमें एक विशिष्ट उद्देश्य हेतु निश्चित तकनीकों के प्रयोग द्वारा इसे नियोजित किया जाता है।

interview, depth = interview, unstructured

interview, diagonistic **निदानात्मक साक्षात्कार**

जब साक्षात्कार का मुख्य उद्देश्य किसी घटना अथवा समस्या के कारणों को जानना होता है, तब इसे निदानात्मक साक्षात्कार कहते हैं। इस विधि में सूचनादाता को अधिकाधिक अपनी बात कहने का मौका दिया जाता है, ताकि वह अपने नैराश्य अथवा विरोध को प्रकट कर सके।

interview, focussed **केन्द्रित साक्षात्कार**

संरचित एवं असंरचित साक्षात्कार का एक समन्वित रूप जिसमें सूचनादाता के ध्यान को उसके जीवन में घटित किसी विशिष्ट घटना अथवा उसके कुछ पक्षों पर केन्द्रित कर साक्षात्कार लिया जाता है, केन्द्रित साक्षात्कार कहलाता है। इस विधि का सर्वप्रथम प्रयोग **आर. के. मर्टन** तथा उनके कुछ साथियों ने सन् 1946 में जन संचार के साधनों के समाज-मनोवैज्ञानिक प्रभावों को जानने के लिए किया था।

interview, group **समूह साक्षात्कार**

साक्षात्कार का एक ऐसा रूप जिसमें सूचनादाताओं का एक समूह साक्षात्कारकर्ता के प्रश्नों का उत्तर देता है, समूह साक्षात्कार के नाम से जाना जाता है। इस विधि में प्रश्न किसी व्यक्ति विशेष से संबंधित नहीं होते, अतः समूह का कोई भी सदस्य साक्षात्कारकर्ता के प्रश्नों का उत्तर दे सकता है।

interview, individual **व्यक्तिगत साक्षात्कार**

जब साक्षात्कार की स्थिति में एक साक्षात्कारकर्त्ता और एक ही सूचनादाता होता है, तब इसे व्यक्तिगत साक्षात्कार कहते हैं।

interview, structured **संरचित साक्षात्कार**

शोध-सूचनाएं एकत्रित करने की एक मौखिक विधि जिसमें पूर्व निर्मित एवं लिखित प्रश्नों (साक्षात्कार अनुसूची) के माध्यम से सूचनादाता से पूर्व निश्चित स्थान एवं समय पर वार्तालाप किया जाता है। इस विधि में साक्षात्कारकर्त्ता को साक्षात्कार के दौरान प्रश्नों की भाषा अथवा क्रम में हेर-फेर करने की स्वच्छंदता नहीं होती। सभी सूचनादाताओं से एक ही भाषा एवं क्रम में प्रश्न पूछे जाने के पीछे मूल उद्देश्य साक्षात्कार-प्रक्रिया में पर्याप्त समरूपता बनाये रखना है। इस प्रकार के साक्षात्कार के लिए औपचारिक साक्षात्कार (फार्मल इन्टरव्यू), मानकीकृत साक्षात्कार (स्टैन्डर्डाइज इन्टरव्यू), नियोजित साक्षात्कार (प्लांड इन्टरव्यू) और निर्देशित साक्षात्कार (डिरेक्टिव इन्टरव्यू) शब्दावली का भी प्रयोग किया गया है।

interview, treatment **उपचारात्मक साक्षात्कार**

जब साक्षात्कार किसी समस्या के समाधान के उद्देश्य से प्रेरित होता है, तब इसे उपचारात्मक साक्षात्कार कहते हैं।

interview, unstructured **असंरचित साक्षात्कार**

साक्षात्कार विधि के इस रूप को असंरचित इसलिए कहा जाता है क्योंकि इसमें साक्षात्कार की प्रक्रिया, प्रश्नों की भाषा अथवा क्रम, आदि की पूर्व संरचना नहीं की जाती है। मनोचिकित्सा तथा मनोविश्लेषण के क्षेत्र में सूचनादाता की दबी हुई भावनाओं, आकांक्षाओं एवं मनोवृतियों को जानने के लिए इसी विधि से मिलती-जुलती 'गहन साक्षात्कार विधि' (डैप्त इन्टरव्यू) का प्रयोग किया जाता है।

interview guide **साक्षात्कार निर्देशिका**

साक्षात्कार निर्देशिका ऐसे शोध-प्रसंगों (पाइन्टस्) अथवा विषयों की एक सूची होती है जिनके आधार पर साक्षात्कार किया जाता है। यह लिखित प्रश्नावली से भिन्न होती है जिसमें पूर्व निश्चित प्रश्न क्रमानुसार लिखे होते हैं। निर्देशिका का मुख्य कार्य साक्षात्कारकर्ता को उन प्रसंगों एवं विषयों को याद दिलाना है जिनके संबंध में उसे सूचनाएं एकत्रित करनी हैं। इसका प्रयोग असंरचित प्रकार के साक्षात्कारों जैसे गहन साक्षात्कार या केन्द्रित साक्षात्कार में किया जाता है। इसके अतिरिक्त, जब इसका प्रयोग संरचित साक्षात्कार में किया जाता है, तब इसकी भूमिका साक्षात्कार अनुसूची के एक सहायक उपकरण की होती है। ऐसी निर्देशिका में साक्षात्कार संबंधी निर्देशों के साथ-साथ साक्षात्कार-अनुसूची में प्रयोग किये गये प्रश्नों का स्पष्टीकरण भी लिखा होता है।

interview schedule **साक्षात्कार-अनुसूची**

क्रमबद्ध प्रश्नों की एक तालिका जिसका प्रयोग प्रत्यक्ष साक्षात्कार की स्थिति में शोध-सूचनाएं एकत्रित करने के लिए किया जाता है, साक्षात्कार अनुसूची कहलाती है। अनुसूची, साक्षात्कार निर्देशिका तथा प्रश्नावली दोनों से भिन्न होती है। जहाँ प्रश्नावली के प्रश्नों के उत्तर स्वयं सूचनादाता द्वारा अंकित किये जाते हैं, वहां अनुसूची के उत्तर सूचनादाता से पूछ कर साक्षात्कारकर्ता द्वारा भरे जाते हैं। अनुसूची प्रश्नों की एक सूची होती है, जबकि निर्देशिका शोध-प्रसंगों तथा निर्देशों की एक बिन्दु-सूची होती है। दोनों की रचना में फर्क होता है।

introspection **आत्मनिरीक्षण**

प्रेक्षण का एक रूप जिसमें एक व्यक्ति अपने स्वयं के व्यक्तिपरक अनुभवों पर सोच-विचार करता है। यह विविध व्यक्तियों द्वारा सामाजिक यथार्थ के मूल्यांकन का मुख्य स्त्रोत है। बहुधा इसका प्रयोग सामाजिक शोध में सूचनाओं के एक स्त्रोत में भी किया जाता है।

introvert **अन्तर्मुखी**

आत्म-केन्द्रित व्यक्ति अथवा समूह जो अपनी भावनाओं तथा सीमाओं के दायरे से बंधा होता है। ऐसा व्यक्ति अथवा समूह अपेक्षाकृत अपने सामाजिक संबंधों तथा दायित्वों के प्रति उदासीन होता है। व्यक्तित्व का यह रूप बहिर्मुखी व्यक्तित्व से सर्वथा विपरीत है। अन्तर्मुखी व्यक्तित्व के धनी व्यक्ति अधिक बोलने की अपेक्षा अधिक सुनना पसंद करते हैं।

intrusion marriage **हठ-विवाह**

जब एक विवाहेच्छुक लड़की अपने पसंद के लड़के को जो उससे विवाह करने का इरादा नहीं रखता, हठात् बाध्य कर विवाह करने में सफल हो जाती है, तो इस विवाह को हठ-विवाह कहते हैं। इस प्रकार का विवाह भारत की बिरहोर तथा हो जनजातियों में प्रचलित है। हो लोग इस विवाह को 'अनादर विवाह' कहते हैं।

intuition **अन्तःप्रज्ञा**

किसी विचार अथवा समस्या के तत्काल बोध की प्रक्रिया जिसमें समस्या-संबंधी निर्णय विचार, तर्क या अनुभवरहित होते हैं, अन्तःप्रज्ञा कहलाती है।

invisible religion **अदृश्य धर्म**

पी. एल. बर्गर और टी. लुकमान (1963) ने पारम्परिक धर्म के समाजशास्त्र द्वारा ईसाई धर्म के प्रति अपनाये गये संकुचित दृष्टिकोण की आलोचना की है। उन्होंने कहा कि धर्म का समाजशास्त्र और ज्ञान का समाजशास्त्र दोनों ही समान रूप से उन प्रक्रियाओं की व्याख्या करते हैं जिनके द्वारा रोजमर्रा का जगत अर्थपूर्ण बनता है। उन्होंने अपनी पुस्तक 'द सोश्यल

कन्सट्रक्शन ऑफ रिअलिटी' (1967) में बताया कि सामाजिक यथार्थ की रचना और उसे बनाये रखने में धर्म की आधारभूत भूमिका है। लुकमान (1967) ने कहा कि आधुनिक, नगरीय और उपभोक्ता समाज में व्यक्तिवादिता में अनुभवातीतता और पवित्रता जैसे लक्षण जो कि अदृश्य धर्म के तत्व हैं, स्पष्ट रूप में देखे जा सकते हैं। आधुनिक व्यक्तिवादिता के ये विषय आत्माभिव्यक्ति और आत्म-पूर्णता के माध्यम से व्यक्तिगत स्वायत्तता के लक्ष्य हुआ करते थे। लुकमान ने व्यक्तिगत अनुभव और अभिव्यक्ति पर बल देते हुए इन्हें सामाजिक गतिशीलता, उपलब्धि अभिप्रेरणा, कामुकता और आधुनिक परिवार के निजी जीवन के साथ जोड़ दिया। परिणामतः धर्म संबंधी उसके सिद्धान्त ने लौकिकीकरण (सेक्यूलराइज़ेशन) के पारम्परिक दृष्टिकोण के समक्ष एक चुनौती उपस्थित कर दी है।

islam **इस्लाम/मुस्लिम धर्म**

विश्व के तीन बड़े एकेश्वरवादी धर्मों (ईसाई, यहूदी और इस्लाम) में से एक मुस्लिम धर्म है। इस धर्म का जन्म सातवीं शताब्दी में पैगम्बर मौहम्मद द्वारा अरब में हुआ जिन्होंने सर्व प्रथम मक्का और मदीना नामक दो व्यापारिक नगरों में धर्म प्रचार किया और बाद में बहुदेववादी कबीलों और जनजातियों को इस धर्म में दीक्षित किया। एक शताब्दी में ही यह धर्म धर्मयुद्ध द्वारा परसिया (प्रशा), मध्य-पूर्व के देशों, उत्तरी अफ्रीका और स्पेन तक फैल गया। वर्तमान में यह धर्म लगभग 45 देशों में एक अरब से अधिक लोगों द्वारा माना जाता है। इस धर्म के मक्का और मदीना अत्यधिक पवित्र नगर माने जाते हैं।

इस्लाम का अर्थ है 'आत्म समपर्ण' है, अर्थात् यह धर्म पूर्णतः ईश्वर (अल्लाह) के समक्ष समपर्ण-भाव पर आधारित है। इसकी पवित्र पुस्तकों में कुरान (जिसे अल्लाह के शब्द माना जाता है) और हदीश (जिसे पैगम्बर के आख्यान माना जाता है) दो प्रमुख पुस्तकें हैं। इस्लाम के अनुसार ईश्वर पूर्णतः अद्वितीय, सर्वशक्तिमान, सर्वज्ञ और दयालु है। इस्लाम के सभी अनुयायी एक समान आस्था द्वारा बंधे हुए हैं और वे अपने आपको एक समुदाय का सदस्य मानते हैं। मुस्लिम धर्म के पाँच प्रमुख सिद्धान्त हैं—(1) अल्लाह में आस्था (2) पैगम्बर मौहम्मद में विश्वास (3) कुरान में आस्था (4) देवदूत में आस्था (5) कयामत के दिन में विश्वास। इसी प्रकार इस्लाम धर्म के सभी अनुयायियों को इस धर्म के पाँच कर्त्तव्यों (नियमों) का पालन करना आवश्यक है, ये इस धर्म के पांच स्तम्भ मानते जाते हैं—(1) दिन में पाँच बार प्रार्थना करना अर्थात् नमाज पढ़ना (2) निर्धनों को जकात देना (3) रमजान के अवसर पर उपवास रखना (4) जीवन में कम से कम एक बार मक्का की तीर्थयात्रा (हज) करना (5) ज़िहाद, अर्थात्, धर्मयुद्ध को भी मुस्लिम धर्म के अनुयायियों का एक कर्त्तव्य बताया गया है, किन्तु इसे उपरोक्त पाँच कर्त्तव्यों के बराबर महत्व नहीं दिया गया है। इसे आध्यात्मिक उन्नति के एक साधन के रूप में देखा गया है।

इस्लाम के दो प्रमुख सम्प्रदाय हैं, यथा सुन्नी और शिया। मुसलमानों की 90 प्रतिशत जनसंख्या सुन्नी सम्प्रदाय के मानने वालों की है। शिया लोग ईरान में अधिसंख्य हैं। ईराक, सीरिया और लेबनान में भी ये प्रमुख अल्पसंख्यक रूप में पाये जाते हैं। अधिकांश मुस्लिम जनसंख्या का केन्द्रीकरण एशिया और अफ्रीका में है।

मुस्लिम धर्म, ईसाई धर्म से कई बातों में भिन्न है। इसमें ईसाई धर्म की भांति पादरियों की संस्तरण व्यवस्था, भोजन संबंधी निषेधों की व्यवस्था तथा महिलाओं की प्रस्थिति और पोशाक आदि के बारे में विशेष ध्यान नहीं दिया गया है। सातवीं शताब्दी से ही यह धर्म सुन्नी और शिया दो सम्प्रदायों में बंटा हुआ है। वर्तमान में, इस धर्म में दो प्रमुख वैचारिक धाराएं कार्यरत हैं। एक धारा पश्चिमी आर्थिक और राजनीतिक मूल्यों के साथ तालमेल बिठाने का प्रयास कर रही है तो दूसरी धारा सातवीं शताब्दी के पौराणिक मुस्लिम धर्म के मॉडल (पुनरूत्थानवादी) को अंगीकार करने पर जोर देती है। ईरान का इस्लामिक आंदोलन (1979) इस द्वितीय धारा का समर्थक है।

हिन्दू महत् परम्परा से भिन्न, इस्लाम की महत् परम्परा एक ऐसी विश्वदृष्टि पर आधारित है जिसकी मूल प्रकृति अ-संस्तरणात्मक है। यह विशुद्ध रूप से एकदेववादी और मसीहामूलक-ऐतिहासिक धर्म है। इस्लाम समष्टिवादी (होलिस्टिक) और समाज केन्द्रित वैचारिक परम्परा है। यह मुस्लिम उम्मा की एकता अर्थात् निष्ठावानों की सामूहिकता पर आधारित है। सिद्धान्ततः यह धर्म समतावादी और समानता का पोषक है। प्रारंभ में इसका प्रभाव कबीलों तक सीमित था, किन्तु बाद में इसका प्रभाव दूर-दूर तक फैलता गया।

मैक्स वेबर सर्व प्रथम व्यक्ति थे जिन्होंने धर्म के समाजशास्त्रीय अध्ययन की शुरूआत की। वेबर ने मुस्लिम धर्म में, ईसाई धर्म से दो प्रमुख अन्तर बताये: (1) विद्यमान सांसारिक तपस्विता के नैतिक आचारों का अभाव और (2) पुश्तैनी या वृति-भोगी संबंधों का प्रभुत्व जिसके द्वारा राज्य निजी सम्पत्ति के विकास पर रोक लगाता है। ये दोनों ही विशेषताएं पूंजीवाद के विकास में बाधक हैं। मैक्स वेबर की मुस्लिम धर्म की इस व्याख्या को **मैक्सिन रोडिन्सन** ने अपने कई अध्ययनों में चुनौती दी हैं। उन्होंने मुस्लिम धर्म को संयमी बताया और कहा कि पूंजीवाद को बढ़ावा देने में इसकी असफलता का कारण अन्तर्राष्ट्रीय दबावों सहित अन्य कई कारणों को बताया। मुस्लिम धर्म पर किये गये बाद के अध्ययनों ने कुरान तथा अन्य धर्मग्रंथों पर आधारित इस्लाम के समाजशास्त्रीय अध्ययन की अलग रूप में पहचान करने वालों और मुस्लिम सामाजिक और राजनीतिक प्रथाओं की विविधताओं और प्रासंगिकताओं पर जोर देने वालों के बीच विवाद को अपना मुख्य केन्द्र बनाया। इसके अतिरिक्त, सन् 1970 और 1980 के बीच उत्पन्न हुए इस्लामिक राजनीतिक आंदोलनों का भी अध्ययन किया गया। कुछेक लेखकों ने इसे विदेशी प्रभुत्व के विरोध में इस्लाम की आड़ में जनप्रिय आंदोलन कहा; जबकि दूसरों ने इसे कुछ सामाजिक समूहों (मुल्ला-मौलवियों, व्यापारियों और बुद्धिजनों) द्वारा ऐसे मुस्लिम प्रतीकों का पुनः प्रयोग बताया जिन्हें लौकिकीकरण (सेक्यूलराइजेशन) और आधुनिकीकरण की प्रक्रियाओं द्वारा चुनौती दी जा रही थी।

isolation — पृथकता

अन्तर्क्रिया, सम्प्रेषण, सहयोग तथा सामाजिक एवं भावनात्मक लगाव की दृष्टि से व्यक्तियों अथवा समूहों का एक दूसरे से पृथक्करण, अलगाव या वियोज्यता की द्योतक स्थिति को पृथकता कहा जाता है।

J

joint conjugal roles = roles, joint conjugal

joint family = family, joint

joking relationship **परिहास संबंध**

कुछ विशिष्ट संबंधियों के बीच विशेषाधिकार, मेलजोल, घनिष्टता एवं उन्मुक्तता द्योतक संबंध परिहास संबंध कहलाते हैं। ये संबंध एक व्यक्ति को दूसरे व्यक्ति के साथ, सामाजिक परिपाटीनुसार सीमाबद्ध छेड़छाड़, हंसी-मजाक गाली-गलौज करने की स्वीकृति देते हैं। जब दोनों व्यक्ति एक-दूसरे के साथ हंसी-मजाक या छेड़छाड़ कर सकते हैं, तब ये प्रतिसम परिहास संबंध कहलाते हैं, किन्तु जब केवल एक व्यक्ति छेड़छाड़ करता है तथा दूसरा इसे निष्क्रिय भाव से स्वीकारता जाता है, तो इसे अप्रतिसम परिहास संबंध कहते हैं। हिन्दुओं में जीजा-साली, देवर-भाभी, ननद-भौजाई के संबंध परिहास संबंधों के कुछ उदाहरण हैं।

juvenile delinquency = delinquency, juvenile

K

kin **नातेदार/स्वजन**

रक्त अथवा विवाह बंधनों द्वारा आबद्ध व्यक्तियों को नातेदार या स्वजन कहते हैं। अधिकतर नातेदार परिवार से अलग रक्तमूलक होते हैं। रक्त संबंधों की मान्यता बहुधा सांस्कृतिक प्रतिमानों द्वारा निर्धारित होती है। यही कारण है कि संबंध-श्रेणियों में कुछ व्यक्ति स्वजन या नातेदार माने जाते हैं, जबकि कुछ अन्य संबंधियों को सिद्धान्तः स्वीकार नहीं किया जाता।

kin, collateral **भिन्नशाखाई स्वजन/नातेदारी**

जो स्वजन मुख्य समूह से प्रशाखा के रूप में अलग हो जाते हैं, जैसे चाचा और चचेरे भाई-भतीजे आदि, भिन्नशाखाई स्वजन कहलाते हैं। सरल भाषा में, व्यक्ति के समरेखीय स्वजनों के वंशजों को भिन्न शाखाई स्वजन कहते हैं।

kin, lineal **समरेखीय स्वजन/नातेदारी**

जो स्वजन वंशानुक्रम में प्रत्यक्षतः एक दूसरे से संबंधित होते हैं, उन्हें समरेखीय या एक शाखाई स्वजन कहते हैं। समरेखीय स्वजन एक व्यक्ति के प्रत्यक्ष पूर्वज तथा प्रत्यक्ष वंशज होते हैं, जैसे व्यक्ति के माता-पिता, दादा-दादी परदादा-परदादी तथा उसकी सन्तानें व पोते-पोतियां, आदि।

kin, primary **प्राथमिक स्वजन (नातेदारी)**

एक व्यक्ति से प्रत्यक्षतः नातेदारी के आधार पर जुड़े व्यक्ति प्राथमिक स्वजन श्रेणी में गिने जाते हैं। पिता-पुत्र, पिता-पुत्री, माता-पुत्र, माता-पुत्री, भाई-भाई, भाई-बहिन, बहिन-बहिन तथा पति-पत्नी प्राथमिक स्वजनों की श्रेणी में आते हैं। इनमें पति-पत्नी को छोड़ कर, जो कि वैवाहिक संबंधी होते हैं, सभी रक्त संबंधी हैं।

kin, secondary **द्वितीयक स्वजन (नातेदारी)**

प्राथमिक स्वजनों के प्राथमिक संबंधी द्वितीयक स्वजनों की श्रेणी में आते हैं, जैसे व्यक्ति का साला, दादा, मामा, नाना, आदि। प्रसिद्ध मानवशास्त्री **जी. पी. मर्डक** ने इसमें 33

प्रकार के संबंधियों का उल्लेख किया है।

kin, teritiary **तृतीयक स्वजन**

द्वितीयक संबंधियों के प्राथमिक संबंधियों की गणना तृतीयक स्वजनों में की जाती है, जैसे साले की पत्नी या पुत्र। **मर्डक** के अनुसार एक व्यक्ति के 151 प्रकार के तृतीयक स्वजन होते हैं।

kindered **सहवंशीय स्वजन**

द्विपक्षीय या द्विधाराई वंशक्रम के संबंधी सामूहिक रूप से सहवंशीय स्वजन कहलाते हैं। ये वंशज माता अथवा पिता दोनों की ओर से हो सकते हैं। इसमें पिता के भाई, बहिन व उनकी संतानों के साथ-साथ माता के भाई-बहिन व उनकी संतानें सहवंशी माने जाते हैं।

kinship **नातेदारी/स्वजनता**

सामाजिक रूप से मान्यता प्राप्त ऐसे संबंधों को नातेदारी या स्वजनता कहा जाता है जो रक्त, विवाह अथवा दत्तकता पर आधारित होते हैं। कुछ समाजों में काल्पनिक नातेदारी भी पाई गई है। काल्पनिक नातेदारी के अलग-अलग समाजों में भिन्न स्वरूप हैं।

kinship, affinal **विवाहमूलक नातेदारी**

पति-पत्नी के मध्य आपसी तथा एक दूसरे के पक्ष के साथ बनने वाले संबंधों को विवाहमूलक नातेदारी कहते हैं। एक पुरुष का साला उसका विवाहमूलक नातेदार है। इसी प्रकार एक स्त्री के पति का भाई या बहिन उस स्त्री के लिए विवाहमूलक नातेदार है।

kinship, consanguineous **रक्तमूलक नातेदारी**

माता-पिता एवं संतानों के मध्य तथा सहोदरों के मध्य पाये जाने वाले संबंधों को रक्तमूलक नातेदारी कहते हैं।

kinship system **नातेदारी व्यवस्था**

किसी समाज में प्रस्थिति एवं भूमिकाओं की एक प्रथानुगत व्यवस्था जो निकटस्थ स्वजनों के व्यवहार को संचालित एवं नियंत्रित करती है, नातेदारी व्यवस्था कहलाती है। इस व्यवस्था में व्यक्ति एक दूसरे से या तो विवाह के आधार पर या एक सामान्य पूर्वज की संतान होने के नाते सम्बद्ध होते हैं। यह व्यवस्था सम्बद्ध व्यक्तियों के अधिकारों एवं कर्त्तव्यों को निर्धारित करती है।

kinship system, bilateral **द्विपक्षी नातेदारी व्यवस्था**

नातेदारी व्यवस्था का एक रूप जिसमें एक व्यक्ति माता एवं पिता दोनों के संबंधियों से समान रूप से जुड़ा होता है। इस व्यवस्था के दर्शन हमें अमेरिका में होते हैं जहां नातेदारी व्यवस्था मातृवंशीय और पितृवंशीय दोनों ही नहीं है।

kinship terms **नातेदारी शब्दावली**

नातेदारी शब्दावली ऐसी संज्ञाएं होती हैं जिनका प्रयोग विभिन्न प्रकार के नाते-रिश्तेदारों के संबंधों का उल्लेख करने के लिए किया जाता है।

kinship terms, classificatory **वर्गात्मक नातेदारी शब्दावली**

जब अनेक संबंधियों को एक ही वर्ग अथवा श्रेणी में वर्गीकृत कर उन्हें एक ही संज्ञा से संबोधित किया जाता है, तो इसे वर्गात्मक नातेदारी शब्दावली कहते हैं। आंग्ल भाषा के 'अंकल', 'आन्ट', 'नीज़' आदि शब्द वर्गात्मक नातेदारी के बोधक हैं। इसी प्रकार सेमी नागाओं में 'अजा' संज्ञा का प्रयोग मां और मां की बहिन तथा पिता के भाई की पत्नी तीनों के लिए किया जाता है और 'अपु' शब्द पिता, पिता के भाई और मां की बहिन के पति के लिये किया जाता है। इस प्रकार के प्रयोग के कई कारण हैं।

एल. एच. मोर्गन प्रथम मानवशास्त्री थे जिन्होंने विश्व के कई समाजों की नातेदारी शब्दावली का सुव्यवस्थित एवं गहन अध्ययन किया और बाद में इन्हें दो मोटे वर्गों, यथा व्यक्तिकात्मक और वर्गात्मक नातेदारी शब्दावली में विभाजित किया।

kinship terms, descriptive **व्यक्तिकात्मक नातेदारी शब्दावली**

जब प्रत्येक संबंधी के लिए एक विशिष्ट संज्ञा का प्रयोग होता है, तब इस व्यवस्था को व्यक्तिकात्मक नातेदारी शब्दावली कहते हैं। व्यक्तिकात्मक व्यवस्था यथार्थ संबंध सूचक होती है और केवल उन व्यक्तियों के लिए ही प्रयुक्त की जाती है जिनके संदर्भ या जिनको संबोधन करते हुए बात की जाती है। मां (मदर) और पिता (फादर) शब्द व्यक्तिकात्मक नातेदारी सूचक हैं।

kinship terms of address **संबोधन नातेदारी शब्दावली**

एक व्यक्ति द्वारा अपने किसी संबंधी को पुकारने या संबोधन करने के लिए जिस संज्ञा का प्रयोग किया जाता है, वह संबोधन शब्दावली कहलाती है। मम्मी, पापा, डेडी, बाबा इसी शब्दावली के उदाहरण हैं।

kinship terms of reference **संदर्भ नातेदारी शब्दावली**

किसी संबंधी के विषय में व्यक्ति से बात करते हुए या उस संबंधी के साथ अपना संबंध जताने के लिए जिस संज्ञा का प्रयोग किया जाता है, वह संदर्भ शब्दावली कहलाती है, जैसे चाचा, भतीजा, भतीजी, आदि।

kula system **कूला-प्रथा**

बी. मालिनोस्की द्वारा वर्णित मलेनेशिया के ट्रोब्रिएंड द्वीपवासियों की उपहार-विनिमय की एक ऐसी प्रथा 'कूला' के नाम से जानी जाती है जिसके अनुसार दो प्रकार की सांस्कृतिक

वस्तुएं यथा लाल शंख का कंठहार तथा सफेद शंख के कड़े, एक समुदाय से दूसरे समुदाय को निरंतर दिये एवं लिये जाते हैं। यह लेन-देन एक घेरे का रूप धारण कर लेता है। कंठहार सदैव घड़ी के कांटे के क्रम में तथा कड़े विपरीत क्रम में चलते हैं। ये वस्तुएं उपहार में दी जाती हैं। जो व्यक्ति इन्हें उपहार में प्राप्त करता है, वह इन्हें अपने पास अधिक समय तक नहीं रख सकता। उसे इन्हें पुनः किसी दूसरे साथी को उपहार में दे देनी पड़ती है।

कूला की यह प्रथा व्यापारिक साझेदारी तथा सांकेतिक विनिमय की धारणा को प्रकट करती है, अर्थात् कौन व्यक्ति किसके साथ व्यापारिक संबंध स्थापित कर सकता है। मालिनोस्की ने कूला-प्रथा द्वारा आर्थिक विनिमय तथा सामाजिक विनिमय के अन्तर को स्पष्ट करते हुए यह बताने का यत्न किया है कि प्रत्येक प्रकार के विनिमय के पीछे हमेशा आर्थिक उद्देश्य नहीं होता। कुछ विनिमय शुद्ध रूप में सांस्कारिक महत्व के होते हैं।

L

labelling theory **चिन्हीकरण सिद्धान्त**

सन् 1950 और 1960 के बीच विचलन के समाजशास्त्र के क्षेत्र में चिन्हीकरण (लेबलिंग) सिद्धान्त द्वारा एक क्रांतिकारी उबाल उत्पन्न हुआ। यह सिद्धान्त अपराध और अपचार संबंधी पूर्व प्रस्थापित सिद्धान्तों से कई अर्थों में भिन्न था। अधिकांश प्रस्थापित सिद्धान्त इस तथ्य की व्याख्या करते हैं कि एक व्यक्ति अपराधी कैसे बनता है, या वह अपराध क्यों करता है; जबकि इस नवीन सिद्धान्त द्वारा यह बताया गया कि समाज किस प्रकार एक व्यक्ति पर अनाचारी या अपचारी का ठप्पा लगा कर उसे अपराधी या विचलनकारी घोषित करता है। कोई व्यक्ति अपराधी अथवा विपथगामी है अथवा नहीं, यह बहुत कुछ उस व्यक्ति के प्रति समाज की प्रतिक्रिया पर निर्भर करता है। जब समाज किसी व्यक्ति पर अपराधी का ठप्पा (लेबल) लगा देता है, तब कलंक का ठप्पा लगे ऐसे व्यक्ति के प्रति प्रतिक्रियाएं एक सामान्य व्यक्ति से भिन्न हो जाती हैं। एक व्यक्ति शराबी या चोर न होते हुए भी समाज द्वारा उस पर 'शराबी' या 'चोर' का ठप्पा जड़ दिया जाता है और इस प्रकार इन्हें अपराधी या विचलनकारी की श्रेणी में डाल दिया जाता है।

अमेरिका और ब्रिटेन दोनों देशों के पारम्परिक रूढ़िवादी अपराधशास्त्र द्वारा अपराध को एक ऐसी क्रिया या व्यवहार माना गया है जो अपराधी प्रकृति वाले कुछ ऐसे व्यक्तियों द्वारा की जाती है जिनमें कुछ शारीरिक या मनोवैज्ञानिक विशेषताएं होती हैं और या जिनकी सामाजिक-सांस्कृतिक पृष्ठभूमि ही ऐसी होती है। संक्षेप में, अपराध की व्याख्या व्यक्तिगत मनोविज्ञान या पैतृक उत्तराधिकार की निष्पति मानी गई। इस प्रत्यक्षवादी परम्परा की काफी आलोचना हुई और कहा गया कि इस प्रकार की व्याख्याएं अभिनतिपूर्ण (बाअस्ड) और निर्धारणवादी हैं। रूढ़िवादी अपराधशास्त्र अपराध संबंधी व्यवहारवादी या अभिप्रेरणात्मक प्रश्नों का उत्तर देता है, जैसे व्यक्ति अपराध क्यों करते हैं? अपराध करने वाले किस प्रकार के व्यक्ति हैं? इन्हें अपराध से कैसे रोका जा सकता है? आदि।

चिन्हीकरण सिद्धान्त ने विचलन/विपथगमन की व्याख्या को नया आयाम दिया और ऐसे प्रश्नों के उत्तर देने के प्रयास किये जिनकी पूर्व में अवहेलना या अनदेखी की जाती रही थी। इनमें से कुछ प्रश्न इस प्रकार हैं:

ऐसा नियम जिसके उल्लघंन से विचलन पैदा होता है, उसकी उपस्थिति के क्या कारण हैं? वे कौन सी प्रक्रियाएं हैं जिनके द्वारा एक व्यक्ति की अपराधी के रूप में पहिचान की

जाती है और उस पर वह नियम लागू किया जाता है और इस नियम को लागू करने के समाज और व्यक्ति दोनों के लिये क्या परिणाम हैं?

चिन्हीकरण सिद्धान्त के बीज हम **एडविन लेमर्ट** (सोश्यल पेथालॉजी, 1951) द्वारा दिये गये प्राथमिक और द्वितीयक अपचार के बीच किये गये भेद में देख सकते हैं। किन्तु इस सिद्धान्त के प्रमुख प्रतिपादक **हावर्ड एस. बेकर** (आउट साईडर्स, 1963) रहे हैं। हावर्ड के अनुसार, अपचार समाज की निष्पति या उपज इस अर्थ में है कि सामाजिक समूह अपचार के नियम बनाकर अपराध उत्पन्न करते हैं क्यों कि इन नियमों के उल्लघंन को ही अपचार या अपराध कहते हैं और कुछ व्यक्तियों पर ये नियम लागू किये जाते हैं और उन पर 'बाहरी' व्यक्ति का ठप्पा जड़ दिया जाता है। इस दृष्टि से, अपचार/अपराध व्यक्ति द्वारा किये गये व्यवहार का कोई गुण नहीं है, अपितु नियमों के लागू किये जाने का परिणाम है। अतः अपचारी व्यवहार ऐसा व्यवहार है जिस पर समाज अपचार का ठप्पा लगाता है।

कुछ अन्य समाज वैज्ञानिकों जैसे **एस कोहेन** ने लिखा है कि अपचारी के ठप्पे के कारण विपथगमन/अपराध में वृद्धि होती है। सामाजिक नियंत्रण के वे सभी प्रयास जो व्यक्तियों पर ठगी, बलात्कारी, डकैत जैसे अमानवीय व्यवहार का ठप्पा लगाकर उन्हें कलंकित करते हैं, इनके द्वारा अपचार/अपराध को समाप्त करने के स्थान पर अधिक अपराध करने को प्रोत्साहन मिलता है क्योंकि इससे वे कुंठाग्रस्त हो जाते हैं और सामाजिक प्रतिक्रियाओं के फलस्वरूप उत्पन्न समस्याओं के साथ समायोजन करने या सुरक्षा के साधन के रूप में अपचारी पहिचान बनाये रखने के लिये बाध्य होते हैं और इस प्रकार अपराधों में प्रवर्धन (बढ़ोतरी) होता है।

चिन्हीकरण सिद्धान्त का मूल विचार यह है कि विचलन के प्रति सामाजिक प्रतिक्रिया का स्वरूप इस बात को काफी प्रभावित करता है कि व्यक्तियों के प्रति क्या राय है और वे स्वयं अपने प्रति तथा उपलब्ध संसाधनों एवं अवसरों के प्रति क्या राय रखते हैं। वास्तव में, जिस सीमा तक समाज विचलन को रोकने के लिये व्यक्तियों को अलग-थलग करते हैं, उन पर विपथगामी या अपराधी का ठप्पा लगाते हैं, उसी सीमा तक वे अपराध को प्रोत्साहित करते हैं। उदाहरणार्थ, यदि कोई व्यक्ति चोरी करता है और समाज उस पर 'चोर' का ठप्पा लगा कर अन्य चोरों के साथ कारावास की सजा दे देता है, और उसके जेल से रिहा होने पर उसे घ्रणा की दृष्टि से देखा जाता है, उसके साथ ठीक प्रकार से व्यवहार नहीं किया जाता, उसे कोई काम उपलब्ध नहीं कराया जाता क्यों कि वह विश्वसनीय नहीं है, ऐसा व्यक्ति आखिर में अपनी आवश्यकतावश पुनः चोरी के लिये बाध्य किया जाता है। अतः यह समाज ही है जो अपनी प्रतिक्रिया द्वारा व्यक्ति को अधिक अपराध के लिये प्रेरित करता है।

लेमर्ट ने इसी आधार पर प्राथमिक विचलन और द्वितीयक विचलन में भेद किया है। प्राथमिक विचलन से तात्पर्य नियमों के ऐसे उल्लधंन से है जो आरोपन प्रक्रिया के बिना प्रभाव से किये जाते हैं, जैसे कार के मालिक बनने की इच्छा या मजाक में या जिज्ञासावश कार को चुरा लेना। द्वितीयक विचलन से तात्पर्य बाद में पुनः किये गये विचलनों से है जो अपराधी के ठप्पे लग जाने की प्रक्रिया तथा उसके परिणामस्वरूप किये जाते हैं।

मानसिक रोगियों के संबंध में लेबलिंग सिद्धान्त कई मामलों में बहुत उपयुक्त सिद्ध हुआ है। हम कई बार कुछ व्यक्तियों पर सनकी/मूर्ख/पागल का ठप्पा लगा कर उनके साथ एक 'सामान्य व्यक्ति' का सा व्यवहार नहीं करते। लेबलिंग सिद्धान्त के अनुसार यह माना जाता है कि ऐसे व्यक्ति कुछ समयावधि में समाज की अप्रत्याशित प्रतिक्रिया स्वरूप मानसिक संतुलन खो देते हैं और वे, वास्तव में ही सनकी या पागल बन जाते हैं। इस प्रकार, पागलपन ऐसे व्यक्तियों पर समाज द्वारा थोपा हुआ ठप्पा है न कि व्यक्ति की आन्तरिक विकृत मनोदशा की उत्पत्ति।

यह सही है कि इस सिद्धान्त का प्रयोग आजकल विचलनकारी व्यवहार के अतिरिक्त अन्य कई प्रकार के व्यवहारों की व्याख्याओं में किया जा रहा है, किन्तु इसकी कई दृष्टि से आलोचना भी हुई है। रेडिकल समाजशास्त्रियों जैसे **आई. टेलर, पी. वाटसन** तथा **जे. यंग** (1973) ने इसकी आलोचना करते हुए कहा कि अपराध की खोज करने में यह सिद्धान्त आर्थिक प्रभाव और सत्ता के महत्वपूर्ण प्रभाव की अनदेखी करता है। यही नहीं, इसके बारे में यह भी कहा गया कि यह सिद्धान्त विपथगामी और अपराधी पर अधिक केन्द्रित है और पीड़ित व्यक्ति की उपेक्षा करता है।

lag, cultural = cultural lag

laissez faire policy **अहस्तक्षेप नीति**

एक सिद्धान्त, नीति अथवा आदर्श जो व्यक्ति को अधिकतम स्वतंत्रता देने का पक्षधर है ताकि वह अपनी इच्छाओं एवं रुचियों, विशेषतः आर्थिक जगत संबंधी, को पूरा कर सके। यह सिद्धान्त इस बात पर बल देता है कि सरकार को आर्थिक क्षेत्र में न्यूनतम हस्तक्षेप तथा नियंत्रण का प्रयोग करना चाहिये। इस सिद्धान्त का तार्किक आधार यह रहा है, कि प्रत्येक व्यक्ति सर्वाधिक अच्छा कार्य वहां करता है जहां उसे सर्वोच्च पुरस्कार प्राप्त होता है। समाज व्यक्ति को सर्वोच्च पुरस्कार उसकी सर्वोत्कृष्ट कृति के लिए देता है। अतः यदि व्यक्ति को अधिकतम स्वतंत्रता यह खोजने में दी जाये कि वह किस प्रकार अपने लिए सर्वोच्च पुरस्कार हासिल कर सके, तो वह अपनी तथा समाज दोनों की महती सेवा कर सकता है।'

'लैसे फेअर' शब्द का सर्वप्रथम प्रयोग फ्रांस में अट्ठारहवीं शताब्दी में किया गया था। बहुत बाद में यह इंग्लैण्ड में पहुंचा जहाँ **एडम स्मिथ** ने इसे अपनी कृतियों में स्थान दिया। उन्नीसवीं शताब्दी में इसे एक अनुदारपरक सिद्धान्त के रूप में परिणित हो जाने के कारण संसार के कई भागों में व्यापारिक तथा औद्योगिक प्रतिष्ठानों से काफी प्रश्रय मिला। ये प्रतिष्ठान अपनी क्रियाओं पर सरकारी नियंत्रण के विरुद्ध थे। स्मिथ के अतिरिक्त इस सिद्धान्त को **जॉन लॉक, डेविड रिकार्डो, जे.एस. मिल** आदि विद्वानों से भी भरपूर समर्थन मिला। ये सभी विद्वान समुदाय की आर्थिक समृद्धि के लिए यह आवश्यक मानते हैं कि आर्थिक गतिविधियों को मुक्त स्पर्धा और बाजार के सहारे छोड़ दिया जाए। अर्थशास्त्र की शास्त्रीय धारा (क्लासिकल स्कूल) का यह सिद्धान्त केन्द्रीय महत्व का रहा है।

latent function = function, latent

law **नियम/कानून**

प्राकृतिक नियमों के संदर्भ में, विश्वसनीय क्रम एवं व्यवस्था के संबंध में, अनुमानतः कारणात्मक प्रकृति का कोई कथन नियम कहलाता है। इस दृष्टि से, प्रकृति के सभी वास्तविक नियम प्रकृति में घटनाओं के घटित होने के तरीके के सम्बन्ध में किये गये प्रेक्षण के आधार पर निर्मित कथन होते हैं।

राजनीतिक परिप्रेक्ष्य में, एक समाज के उन सिद्धान्तों को कानून कहा जाता है जो किसी भू-क्षेत्र में राजनीतिक एवं सामाजिक संगठन बनाये रखने के लिए बल प्रयोग की अनुमति देते हैं। समाजशास्त्रीय दृष्टि से, कानून मानवीय व्यवहार को नियंत्रित करने की मान्यता प्राप्त नियमाचारों की एक व्यवस्था है जिनका निर्माण सामाजिक नियंत्रण के उद्देश्य से सुविचारित रूप में की जाती है। कानून की व्याख्या तथा उनके लागू किए जाने का कार्य प्रथा की अपेक्षा राजनीतिक सत्ता पर निर्भर करता है।

law, customary = customary law

law, repressive **दमनकारी कानून**

ए. दुर्खाइम ने दो प्रकार की समाज-व्यवस्थाओं यथा यांत्रिक तथा सावयविक के आधार पर दो प्रकार के कानूनों की चर्चा की है। दमनकारी एवं प्रतिकारी कानून। दमनकारी कानूनों का उद्देश्य सामूहिक चेतना अथवा इच्छा के विरुद्ध समझे जाने वाले कार्यों को रोकना है। ये कानून अपराधी द्वारा की गई क्षति की पूर्ति के लिये नहीं होते, अपितु इनका निर्माण तो समाज में नैतिक संतुलन बनाए रखने तथा अपराधी को पुनः अपराध करने से रोकने और भयभीत करने के लिये होते हैं। इस प्रकार के कानून हमें यांत्रिक एकता पर आधारित समाजों में देखने को मिलते हैं।

law, restitutive **प्रतिकारी कानून**

ये कानून आधुनिक समाज की विशेषता हैं। इस प्रकार के कानून का मुख्य उद्देश्य अपराधी द्वारा की गई क्षति की पूर्ति करना है। आधुनिक समाजों में अपराध को समस्त समाज के विरुद्ध कार्य या सामूहिक इच्छा का उल्लंघन न मान कर व्यक्ति के विरुद्ध कार्य माना जाता है। अतः अपराधी से क्षति-पूर्ति की आशा की जाती है ताकि सामूहिक इच्छा की पुनर्स्थापना हो सके।

leader **नेता**

स्थूल अर्थ में, वह व्यक्ति जो सम्मान, सत्ता अथवा प्रस्थिति द्वारा दूसरे व्यक्तियों की क्रियाओं का नियंत्रण, निर्देशन तथा संगठन करके सामाजिक व्यवहार को प्रेरित करता है, नेता अथवा अगुआ कहलाता है। सीमित अर्थों में, वह व्यक्ति जो अपनी अनुनय-विनय की विशेषताओं तथा अपने अनुसरणकर्ताओं की स्वैच्छिक स्वीकृति के आधार पर अगुआ का

कार्य करता है, नेता कहलाता है। कोई भी व्यक्ति तब नेता कहलाता है जब उसमें दूसरों के व्यवहार को प्रभावित करने की क्षमता, कुशलता एवं निपुणता होती है।

leadership **नेतृत्व**

'नेता' शब्द कुछ विशिष्ट विशेषताओं से सम्पन्न व्यक्ति विशेष को इंगित करता है, जब कि 'नेतृत्व' की अवधारणा व्यवहार प्रतिमान अथवा स्थिति-प्रक्रिया का संकेत देती है। व्यवहार-प्रतिमान की दृष्टि से, नेतृत्व ऐसा व्यवहार है जिसमें नेता का व्यवहार उसके अनुयायियों के व्यवहार द्वारा प्रभावित होने की अपेक्षा नेता का व्यवहार उसके अनुयायियों के व्यवहार को अधिक प्रभावित करता है। यह एक ऐसी स्थिति-प्रक्रिया है जिसमें एक व्यक्ति समस्याओं के समाधान करने की अपनी वास्तविक अथवा अनुमानित योग्यता के कारण समूह के दूसरे व्यक्तियों के व्यवहार को प्रभावित करता है तथा दूसरों द्वारा अनुसरण किया जाता है।

leadership, autocratic/authoritarian **निरंकुश नेतृत्व**

अनुसरणकर्ताओं की इच्छा-अनिच्छा की अवहेलना करते हुए स्वेच्छा के आधार पर मनमाने रूप में अपने अनुयायियों के व्यवहार को बलपूर्वक प्रभावित करना निरंकुश नेतृत्व कहलाता है। इस प्रकार की व्यवस्था में, समूह के व्यवहार संबंधी लक्ष्यों एवं नियमों का निर्धारण स्वयं नेता करता है। उसे समूह के अन्य सदस्यों की राय अथवा जनमत जानने की जरूरत नहीं पड़ती। वह निर्बाध सत्ता का स्वामी होता है। हिटलर, स्टालिन और मुसोलिनी को निरंकुश नेतृत्व के उदाहरण बताये जा सकते हैं।

leadership, charismatic **करिश्माई नेतृत्व**

विलक्षणता, चमत्कार, करामात आदि विशेषताओं से सम्पन्न व्यक्ति द्वारा दूसरे व्यक्तियों के व्यवहारों को प्रभावित करने, नियंत्रित करने अथवा निर्देशित करने की क्षमता करिश्माई नेतृत्व कहलाती है। जादूगर, ऋषि-मुनि, संन्यासी, पीर या योद्धा आदि इसी प्रकार के नेता होते हैं। ऐसे व्यक्तियों के नेतृत्व को व्यक्ति उनमें पाये जाने वाले कुछ अद्वितीय, असाधारण अथवा विलक्षण गुणों के कारण स्वीकारते हैं। महात्मा गांधी इसी प्रकार के नेतृत्व का एक सर्वोत्तम उदाहरण है।

leadership, democratic **प्रजातंत्रात्मक नेतृत्व**

पारस्परिक स्नेह, सहयोग एवं सहकारिता के आधार पर अपने अनुयायियों से विचार-विमर्श कर साथ-साथ आगे बढ़ने का भाव प्रजातंत्रात्मक नेतृत्व को परिलक्षित करता है। प्रजातंत्रात्मक नेता अपने अनुयायियों के विचारों, भावनाओं, सुख-सुविधाओं का सम्मान करते हुए समूह की इच्छाओं का अनुसरण करता है। वह अपनी इच्छाओं को अपने अनुसरणकर्ताओं पर नहीं थोपता। एकजुट होकर समूह द्वारा लिए गए निर्णयों का वह स्वयं तथा समूह के अन्य सदस्य पालन करते हैं। एक जनतंत्री नेता समूह के अन्य सदस्यों के

अधिकारों को स्वीकार करता है तथा उन्हें महत्व देता है।

learning **सीखना**

बाह्य परिवेश के प्रभाववश गत अभ्यास या अनुभव के आधार पर प्राणी की मूल क्रियाओं, अनुभूतियों एवं व्यवहार में जो भी संशोधन, परिवर्द्धन अथवा परिवर्तन होते हैं, उसे सीखना कहते हैं। सीखने के लिए नवीन अनुभूतियों के कारण व्यक्ति के व्यवहार, बोध, मनोवृति अथवा आत्म-धारणा में संशोधन एवं पुनर्गठन आवश्यक है। ध्यान रहे व्यवहार के प्रत्येक परिवर्तन को सीखना नहीं कहा जा सकता। जैविक परिपक्वता के कारण होने वाले परिवर्तन सीखने की श्रेणी में नहीं आते। परिपक्वता जन्य परिवर्तनों की भांति अर्जित परिवर्तन स्वतः नहीं होते। अर्जित परिवर्तन के लिए अभ्यास की जरूरत पड़ती है।

मानव और पशुओं के सीखने में अन्तर है। सीखने की प्रक्रिया में मानव पशुओं की अपेक्षा अधिक कुशल होता है। इसका प्रमुख कारण मानव की कुछ शारीरिक-मानसिक विशिष्टताएं हैं।

leisure **अवकाश**

जीवन के व्यावहारिक कार्यों तथा दैनिक-दायित्वों को निभाने के बाद बचे हुए समय को अवकाश कहते हैं। अवकाश की अवधि में साधारणतः मस्तिष्क व्यावहारिक आवश्यकताओं से मुक्त होता है। अवकाश व्यक्ति को प्रतिदिन के सामाजिक दायित्वों से मुक्त कर ऐसी मनचाही क्रियाओं हेतु अवसर देता है जो उसे प्रबल आन्तरिकृत मूल्यों एवं भावनाओं की तुष्टि द्वारा विषयान्तर तथा आनन्द प्रदान कर सके। अवकाश के समय का प्रयोग आराम करने, आमोद-प्रमोद, उपचार, स्वास्थ्य-वर्धन जैसी क्रियाओं में किया जाता है।

leisure class **विलासी-वर्ग**

समाज का वह वर्ग जो भरण-पोषण की क्रियाओं में अपने आपको प्रत्यक्षतः बिना संलग्न किए हुए सामाजिक परिपाटीनुसार जीवन का एक ऐसा स्तर बनाये रखता है जो सामान्यतः औसत जीवन स्तर से उच्च माना जाता है। इस सुविधा सम्पन्न प्रस्थिति का आधार उसकी पैतृक प्रस्थिति, भूमि अथवा अन्य सम्पत्ति से बिना कमाई हुई आय या कुछ विशिष्ट सुविधाएं हो सकती हैं।

'विलासी वर्ग' के पद की रचना **टी. वेबलेन** ने अपनी पुस्तक 'द थिअॅरि ऑफ लेज़र क्लास', 1899) में की है। वेबलेन ने बताया कि इस वर्ग का उदय दर्शकीय उपभोगी, पराश्रयी और परजीवी के रूप में अमेरिका में हुआ जिसके दर्शन हम आलसी और निष्क्रिय व्यापारिक अभिजनों के रूप में कर सकते हैं। ऐसे वर्ग में काम करने की प्रवृति प्रायः न के बराबर होती है। (देखिये – 'कन्सप्क्यिुअॅस कॅन्सम्पशन')

levirate **लेवाइरेट/पतिभ्राता विवाह**

एक प्रथा जिसके अनुसार एक विधवा अपने पति के किसी भी एक भाई के साथ

विवाह करती है। विभिन्न समाजों में इस प्रथा के भिन्न रूप तथा इसके साथ जुड़े हुए दायित्वों में भिन्नता हो सकती है। यदि विधवा पति के बड़े भाई से विवाह करती है तो यह 'ज्येष्ठ विवाह' कहलाता है। इसके विपरीत, पति के छोटे भाई से किया गया विवाह 'देवर विवाह' या 'भाभी विवाह' कहलाता है।

liberalism **उदारवाद**

एक विचारधारा जो व्यक्ति की स्वतंत्रता तथा कल्याण के महत्व में विश्वास करती है तथा जो इस बात पर बल देती है कि सामाजिक प्रगति और जीवन में गुणात्मक सुधार, सामाजिक संगठन में परिवर्तन तथा नवाचारों द्वारा ही संभव है। उदारवाद का विकास अठारहवीं और उन्नीसवीं शताब्दी में जीवन के विभिन्न पक्षों—राजनीतिक, आर्थिक और धार्मिक—में व्यक्तिगत स्वतंत्रता हेतु आंदोलन के फलस्वरूप हुआ। इस विचारधारा ने प्रजातंत्र के विकास, सार्वभौमिक मताधिकार, अभिव्यक्ति की स्वतंत्रता, दास प्रथा की समाप्ति तथा नागरिक अधिकारों में वृद्धि का समर्थन किया। यह विचारधारा सरकार अथवा समृद्ध वर्ग द्वारा व्यक्तियों पर प्रभुत्व का प्रतिकार करती है।

ऐसा माना जाता है कि उदारवाद का जन्म एक 'प्रमुख विचारधारा' के रूप में प्रबोधकालीन चिन्तन के प्रभाव स्वरूप पश्चिमी प्रजातंत्रों में हुआ। बाद में इसका विकास कई भिन्न स्वरूपों और संकर स्वरूपों में हुआ। किन्तु इस विचारधारा के बारे में एक तथ्य निराधार सत्य है कि उदारवाद सभी प्रकार के राजनीतिक निरकुंशवाद (एकतंत्रवाद, सामन्तवाद, सैनिकवाद, नौकरशाही और राजतंत्रवाद) के विरूद्ध है। अपने इस विरोधी स्वरूप में यह व्यक्तियों और समूहों को सभी प्रकार की निरकुंशतावादी मांगों का प्रतिरोध करने की प्रेरणा देता है। अपने चरम व्यावहारिक रूप में, इस विचारधारा ने मानव के कार्यकलापों को निजी और सार्वजनिक जगत के दो क्षेत्रों में बांट कर दोनों के दायित्वों को परिभाषित किया। इनमें एक ओर निजी सम्पत्ति का अधिकार और दूसरी ओर धर्म-पालन, अभिव्यक्ति और मेल-मिलाप की स्वतंत्रता प्रमुख हैं।

libido **लिबिडो**

एस. फ्रायड तथा अन्य मनोविश्लेषकों ने केन्द्रीय रागात्मक शक्ति को 'लिबिडो' का नाम दिया है। यह धारणा काफी विवादास्पद है। कुछ इसे काम शक्ति या निरी कामवृत्ति समझते हैं, कुछ जीने की इच्छा शक्ति और कुछेक सुखेप्सा शक्ति कहते हैं। लिबिडो ऐसी शक्ति है जिसमें प्रभाव और राग दोनों होते हैं जो किसी भी जन्मजात या अर्जित प्रेरक से संपर्क द्वारा उसे अधिक सशक्त बना देती है। फ्रायड ने इसी के आधार पर मां-बेटे और पिता-पुत्री के बीच यौन-आकर्षण की व्याख्या की है।

lineage **कुल**

एक ऐसे रक्तमूलक एकपक्षीय वंश समूह को कुल कहते हैं जिसके सदस्य किसी ज्ञात पूर्वज या पूर्वजा से अपने पीढ़ीगत संबंधों की खोज करते हैं। यह पूर्वज या पूर्वजा मिथकीय

अथवा धर्मशास्त्रीय व्यक्ति न होकर पांच या छः पीढ़ी पहले रहा कोई वास्तविक व्यक्ति होता है। कुल की सदस्यता पूर्णतः रक्त संबंधों पर आधारित होती है।

little community **लघु समुदाय**

एक ऐसा समुदाय जो आकार की दृष्टि से छोटा किन्तु सामाजिक जीवन की दृष्टि से विशिष्टता, समरूपता एवं आत्मनिर्भरता जैसी विशेषताओं से युक्त होता है, लघु समुदाय कहलाता है। इस अवधारणा की रचना सर्वप्रथम **रॉबर्ट रेडफील्ड** ने कृषक समुदायों के अपने अध्ययनों में की है।

little tradition = tradition, little

lobolo **लॉबोलो**

आस्ट्रेलिया की कुछ आदिवासी जातियों (जैस-बांटू) में वधू-मूल्य की विशिष्ट प्रथा 'लॉबोलो' कहलाती है। इस प्रथा के अनुसार वर पक्ष की ओर से वधू पक्ष को उपहार-विनिमय के रूप में पशु, वस्तु, कम्बल आदि भेंट दिये जाते हैं। सामान्य रूप में, एक स्त्री की 'लॉबोलो' उसके भाई के लिए पत्नी प्राप्त करने हेतु काम में आती है। अतः एक ओर जहां एक स्त्री के विवाह के अवसर पर उसके पति से 'लॉबोलो' मिलती है, वहां दूसरी ओर उसे अपने भाई के लिए पत्नी प्राप्त करने के लिए 'लॉबोलो' देनी पड़ती है। इस प्रकार विनिमय का यह क्रम निरन्तर चलता रहता है।

lombrosian theory **लाम्ब्रासोवादी सिद्धान्त**

अपराधशास्त्र का एक सिद्धान्त, जिसका प्रतिपादन **सी. लाब्रोसो** (1876) ने उन्नीसवीं शताब्दी के उत्तरार्द्ध में किया, के अनुसार यह माना जाता है कि अपराधी व्यवहार सामाजिक-मनोवैज्ञानिक अथवा पर्यावरण जन्य कारकों की अपेक्षा जैवकीय विशेषताओं की उपज है। लाम्ब्रोसो का विश्वास था कि अपराधी शारीरिक रूप से हीन तथा पाशविक वृत्तियों वाले व्यक्ति होते हैं। अतः अपराधियों को उनकी शारीरिक माप, जैसे सिर की लम्बाई-चौड़ाई, सीने का घेरा, नासिका सूचकांक आदि के आधार पर मालूम किया जा सकता है। अपराधी व्यवहार के आधुनिक गवेषणाओं में इस सिद्धान्त को कोई महत्व नहीं दिया जाता। आजकल अपराधी व्यवहार को अन्य सामान्य व्यवहार प्रतिमानों की भांति एक सीखा हुआ व्यवहार माना जाता है।

looking glass self **आत्मदर्पण**

दूसरे व्यक्तियों द्वारा व्यक्त प्रतिक्रिया के आधार पर जिस 'स्व' का निर्माण होता है, इस प्रतिक्रिया को **सी. एच. कूले** ने 'आत्मदर्पण' कहा है। इस प्रक्रिया में दूसरे व्यक्ति अर्थात् समाज, दर्पण का कार्य करता है जिसमें व्यक्ति अपनी छवि देखता है। यह छवि दूसरे व्यक्तियों की उस व्यक्ति के प्रति व्यक्त प्रतिक्रिया होती है। दूसरे व्यक्ति उसके विषय में क्या सोचते हैं या क्या कहते हैं, इसी के आधार पर वह अपने विषय में जो धारणा बनाता

है, वह 'स्व' की रचना है। इसे '**सामाजिक स्व**' भी कहते हैं।

इसके तीन प्रमुख तत्व हैं: (1) हमारी कल्पना या धारणा कि हम दूसरों के समक्ष अपने आपको किस प्रकार प्रस्तुत करते हैं; (2) दूसरों के समक्ष अपने आपको प्रस्तुत किये जाने के प्रति उनके मूल्यांकन की कल्पना या धारणा; (3) उस मूल्यांकन के प्रति आत्मभाव, जैसे कि दूसरे व्यक्ति उसे गर्व अथवा निन्दा के रूप में देखते हैं।

lumpen proletariat **अल्पकालिक सर्वहारा**

कार्ल मार्क्स ने बहुत ही भावप्रवण और सजीव रूप में इस पद को परिभाषित करते हुए लिखा है कि अल्पकालिक सर्वहारा 'सभी वर्गों का नकारा, अवशिष्ट और निकम्मा वर्ग है।' इसमें चालबाज, धोखेबाज, नकबजन, ठग, वेश्याओं के दलाल, कबाड़ी, हड्डियों के व्यापारी, उठाईगिरे, भिखारी और समाज के अन्य संचरणशील व्यक्ति आते हैं। आधुनिक समाजशास्त्र में इन लोगों को सीमांतक सामाजिक कोटियों (मार्जिनल सोश्यल केटेगरी) में रखा गया है और इन्हें समाज द्वारा पीड़ितों के रूप में देखा जाता है।

M

macro functionlism **स्थूल प्रकार्यवाद**

एक समाजशास्त्रीय सैद्धान्तिक/उपागम जो वृहत स्तरीय सामाजिक व्यवस्थाओं के प्रकार्यात्मक विश्लेषण पर बल देता है। यह उपागम इस पूर्व मान्यता पर आधारित है कि समाजों में प्रकार्यात्मक एकता विद्यमान है, अतः विश्लेषण का समारंभ किसी एक सम्पूर्ण समाज अथवा एक सभ्यता से किया जा सकता है। तत्पश्चात् समाज के अंगों, भागों अर्थात् समूहों अथवा संस्थाओं का अध्ययन किया जाना चाहिए। इस अवधारणा का प्रयोग **डॉन मार्टिन्डेल** ने किया जिन्होंने इस वर्ग में **विलफ्रेड पेरेटो, फ्लोरन नेनकी, टालकट पार्सन्स** तथा **राबर्ट मर्टन** आदि समाज वैज्ञानिकों को सम्मिलित किया है। सामाजिक मानवशास्त्र में **ए.आर.ब्राऊन** तर्था **मेरियन जे. लेवी** भी इसी परिप्रेक्ष्य के समर्थक विद्वान हैं। स्थूल प्रकार्यवाद की जड़ें समाजशास्त्रीय सावयववाद में गड़ी हुई हैं। इसमें सम्पूर्ण समाज को एक अधिसावयव मानकर अध्ययन किया जाता है।

macro sociology **वृहत/स्थूल समाजशास्त्र**

अध्ययन-अनुसंधान की दृष्टि से कुछ समाज वैज्ञानिकों ने समाजशास्त्र को वृहत एवं सूक्ष्म समाजशास्त्र के दो रूपों में विभाजित किया है। वृहत समाजशास्त्र में सामाजिक व्यवस्थाओं तथा इन व्यवस्थाओं के आन्तरिक एवं इनके परस्पर निर्भर संबंधों का अध्ययन किया जाता है। मोटे रूप में, स्थूल समाजशास्त्र अपना ध्यान भूमंडलीय एवं ऐतिहासिक प्रक्रियाओं पर केन्द्रित करता है। यह उपागम व्यक्तियों की क्रियाओं अथवा लघु समूहों के अध्ययन के विपरीत बड़े सामाजिक संगठनों, जैसे समुदाय, समाज, सैनिक संगठन, नगर आदि के विश्लेषण पर बल देता है। इसमें ऐसे सामान्य नियमों की खोज करने का प्रयास किया जाता है जो संपूर्ण मानव समाज पर लागू होते हों। मेक्रो सिद्धान्तवेत्ताओं का अध्ययन, भूभाग, समय और संख्या तीनों दृष्टि से विस्तृत होता है। सामान्यतः मेक्रो समाजवैज्ञानिक ऐतिहासिक और/या आनुभविक विधि का प्रयोग कर निगमनात्मक सिद्धान्तों की रचना करते हैं। मार्क्सवाद, प्रकार्यवाद और प्रणाली सिद्धान्त मेक्रो समाजशास्त्र के ही कुछ उदाहरण हैं। **कोम्त, स्पेन्सर, मार्क्स, वेबर, दुर्खाइम, पेरेटो** और **पारसन्स** आदि विद्वान इसी परम्परा के प्रणेता रहे हैं।

यहां यह बताना अनुपयुक्त नहीं होगा कि मेक्रो और माइक्रो समाजशास्त्र का अन्तर

वास्तविक की अपेक्षा सैद्धान्तिक अधिक है। दोनों में स्पष्ट अन्तर करना और विभाजन की सुस्पष्ट रेखा खींचना कठिन है क्यों कि अधिकांश समाजशास्त्रीय शोध को एक अथवा दूसरे क्षेत्र में स्पष्ट रूप में नहीं रखा जा सकता। वास्तव में, यह सामाजिक प्रणाली और सामाजिक कर्त्ता (एक्टर) के बीच संबंधों के बारे में निरंतर चले आ रहे विवाद का ही एक हिस्सा है। मैक्स वेबर को सामान्यतः सामाजिक क्रिया के समाजशास्त्री के रूप में देखा जाता है, किन्तु इनकी कृतियों में वृहत ऐतिहासिक प्रक्रियाओं और तुलनात्मक प्रणालियों के अध्ययन (प्रशासनतंत्र, पूंजीवाद और प्रोटेस्टेंट आचार संहिता का संबंध) इन्हें मेक्रो समाजशास्त्री की कोटि में रखे जाने के लिये विवश करता है।

अभी हाल **अलन दवे** के एक प्रतिष्ठित लेख 'द टू सोसिआलॉजिस' (ब्रिटिश जर्नल ऑफ सोसिआलॉजी, 1970) ने मेक्रो-माइक्रो समाजशास्त्र की समस्या पर प्रकाश डालते हुए लिखा है कि, समाजशास्त्र दो प्रकार के हैं, एक सामाजिक प्रणाली (सिस्टम) का समाजशास्त्र और दूसरा, सामाजिक क्रिया का समाजशास्त्र। ये दोनों दो पूर्णतः विरोधी मूल समस्याओं के अध्ययन पर बल देते हैं। ये समस्याएं हैं, व्यवस्था और नियंत्रण की। इन दोनों में प्रत्येक स्तर पर विरोध है। मानव प्रकृति, समाज और व्यक्ति और समाज के संबंधों के बारे में दोनों का नज़रिया एक दूसरे से पूर्णतः विरोधी है। (देखिये–माइक्रो सोसिआलॉजी)

magic — जादू

प्राकृतिक, अलौकिक अथवा आधिदैविक शक्तियों को बलपूर्वक मनवाने की तकनीक, विश्वास एवं क्रियाविधान जो कुछ विशिष्ट सांस्कारिक कृत्यों के सम्पादन द्वारा इच्छित परिणामों को उत्पन्न करने का आश्वासन देते हैं, जादू कहलाते हैं। जादू धर्म से भिन्न है। धर्म अनुनय-विनय, श्रद्धा तथा आराधना एवं प्रार्थना पर आधारित है, जबकि जादू में दबाव एवं बाध्यता का समावेश होता है। धर्म की भांति जादू में अलौकिक शक्ति के प्रति समर्पण या नत मस्तक होने का भाव निहित नहीं होता। जादू एवं विज्ञान में भी अन्तर है। ऐसा माना जाता है कि विज्ञान का विकास जादू से हुआ है, किन्तु जादू की भांति विज्ञान में कार्य-कारण सम्बन्धी विश्वास काल्पनिक तथ्यों पर आधारित नहीं होते हैं। जादू में विस्मय, प्रत्याशा एवं अनिश्चितता होती है। विज्ञान अवलोकन, परीक्षण एवं सत्यापन पर टिका हुआ है, जब कि जादू में पुनर्परीक्षा, आलोचना-प्रत्यालोचना तथा निरसन की प्रक्रिया की कोई गुंजाइश नहीं होती।

जादुई विश्वासों की व्याख्या के प्रथम प्रयास 19वीं शताब्दी के विज्ञानवाद और सरल मनोवैज्ञानिक सिद्धान्तों के आधार पर हुए हैं। इस संबंध में **लेवी ब्रुहल** की पुस्तक 'द प्रिमिटिव मेंटलिटी', (1922) विशेष उल्लेखनीय है। **फ्रेजर** की 'गोल्डन बॉव' (1900) में जादू से धर्म और धर्म से विज्ञान की उद्‌विकासात्मक व्याख्या की गई है। इसी कड़ी में, **मालिनोस्की** की 'मेजिक, साइन्स एण्ड रिलिज़न' (1948) पुस्तक में जादू की मनोवैज्ञानिक व्याख्या के आधार पर बताया गया कि जब किसी विषय के बारे में तकनीकी ज्ञान अपर्याप्त और अपूर्ण होता है, तब जादू व्यक्तियों की जरूरतों को पूरी कर उन्हें भावनात्मक तुष्टि प्रदान करता है। बाद के मानवशास्त्रीय लेखकों ने जादू को एक सांकेतिक तर्क और अर्थ में देखा।

इवान्स प्रिचार्ड का बहु प्रसिद्ध ग्रन्थ 'विचक्राफ्ट, ओरेकल एण्ड मेजिक एमोंग द अजेन्डा', (1937) इसका एक उदाहरण है। किसी समुदाय (अजेन्डा जनजाति) के जादू, टोनागिरी और भूत-प्रेत संबंधी विश्वासों और तंत्रमंत्र के बारे में संभवतः यह पहिला व्यवस्थित अध्ययन है।

magic, black **काला जादू**

ऐसी जादूई क्रियाएं जिनका उद्देश्य किसी को हानि पहुंचाना होता है, काला जादू कहलाती है। तूफान लाने, सम्पत्ति नष्ट करने, बीमार करने, मृत्यु का आव्हान करने वाली जादूई क्रियाएं काला जादू ही हैं।

magic, contagious **संक्रामक जादू**

सहानुभूतिक जादू का एक रूप, जो 'सम्पर्क के नियम' पर आधारित है, के अनुसार यह माना जाता है कि जो वस्तु किसी समय सम्पर्क में रही है, वह सदैव सम्पर्क में रह कर क्रिया-प्रतिक्रिया करती रहेगी। अतः संपर्क में आई हुई किसी वस्तु पर यदि कोई जादूई क्रिया की जाती है, तो उसका प्रभाव उस व्यक्ति पर अवश्य पड़ेगा जिसके सम्पर्क में वह वस्तु थी। उदाहरणार्थ किसी व्यक्ति को हानि पहुंचाने के उद्देश्य से उसके कटे हुए बालों के माध्यम से जादूई क्रियाएं सम्पादित की जा सकती हैं।

magic, imitative **अनुकरणात्मक जादू**

सहानुभूतिक जादू का एक अन्य रूप जो इस मान्यता पर आधारित है कि इच्छित परिणाम को लेकर सांकेतिक रूप में की गई जादूई क्रिया समान प्रकार का प्रभाव पैदा कर सकती हैं। यह 'समानता के नियम' पर आधारित होता है जिसके अनुसार यह माना जाता है कि समान क्रिया समान प्रभाव को जन्म देती है। उदाहरणार्थ, कुछ जनजातियों में यह विश्वास प्रचलित है कि बादलों की गर्जन एवं गड़गड़ाहट जैसी आवाज से वर्षा की जा सकती है। इसी प्रकार, किसी व्यक्ति को नष्ट करने के लिए उसके पुतले, चित्र अथवा मूर्ति को नष्ट करने की जादूई क्रिया का प्रचलन कई समाजों में पाया गया है। इसे 'होमियोपैथिक जादू' भी कहते हैं।

magic, white **सफेद जादू**

ऐसी जादूई क्रियाएं जो नुकसान पहुंचाने की अपेक्षा किसी को लाभ पहुंचाने के लिए की जाती हैं, सफेद जादू कहलाती हैं। रोग-उपचार, दुर्भाग्य से बचाव, यात्रा में सुरक्षा आदि के लिए की गई जादूई क्रियाएं इसी श्रेणी में आती हैं।

maladaptation **अपनुकूलन**

जीवशास्त्र की दृष्टि से सावयव का अपने पर्यावरण के साथ असामांजस्य की स्थिति अपनुकूलन कहलाती है। यह असामंजस्य ऐसे तत्वों, लक्षणों, विशेषताओं अथवा संरचनाओं

की उपस्थिति के कारण उत्पन्न होता है जो विद्यमान जीवन की दशाओं के लिए हानिकर होते हैं। असामंजस्य का एक कारण बदलते परिवेश के अनुरूप परिवर्तन तथा प्राकृतिक प्रवरण द्वारा सावयव की संरचनात्मक लक्षणों को विकसित करने की असफलता हो सकती है। सामाजिक विज्ञानों में इस अवधारणा का प्रयोग बहुधा कुसंमजन, कुसमायोजन, कुसात्मीकरण आदि के अर्थों में किया जाता है।

maladjustment **कुसमायोजन**

मनोवैज्ञानिक, सामाजिक तथा सांस्कृतिक प्रतिमानों के अनुरूप अपने आप को ढालने की व्यक्ति अथवा समूह की अयोग्यता अथवा अनिच्छा की दशा अथवा प्रक्रिया कुसमायोजन कहलाती है। कुसमायोजन अनिवार्यतः एक निरपेक्ष स्थिति नहीं होती, अपितु यह एक ऐसी दशा है जिसमें समस्याओं का समाधान इस ढ़ंग से किया जाता है, ताकि वह अपने आन्तरिक एवं बाह्य संघर्ष-तनाओं का, मूल्यों के प्रचलित मापदण्ड के अनुसार, निराकरण कर सके।

malthusion theory **माल्थस का सिद्धान्त**

अठारहवीं शताब्दी के उत्तरार्द्ध में **थामस आर. माल्थस** द्वारा प्रतिपादित जनसंख्या वृद्धि की एक वैज्ञानिक व्याख्या कि निर्वाह के साधनों (भोजन आदि) की अपेक्षा जनसंख्या में तीव्र गति से वृद्धि होती है, माल्थस के सिद्धान्त के नाम से जानी जाती है। माल्थस की सम्पूर्ण विचारधारा का आधार यह रहा है कि मानव के लिए भोजन आवश्यक है तथा विषम लिंगियों के बीच रागात्मक संबंध (सहवास) भी एक चिरस्थाई घटना है। यदि इन दोनों बातों को स्वीकार कर लिया जाता है तो मानव समाज की पूर्णता की संभावना का खंडन किया जा सकता है। माल्थस के अनुसार जनसंख्या में वृद्धि ज्यामितीय अनुपात में होती है, जबकि भोजन आपूर्ति गणितीय अनुपात में। अतः निरन्तर बढ़ती हुई जनसंख्या की बराबर भोजन आपूर्ति न होने के कारण कई सामाजिक समस्याएं उत्पन्न हो जाती हैं।

जनसंख्या वृद्धि को रोकने के दो तरीके हैं, यथा मृत्युदर बढ़ा कर या जन्म-दर घटाकर। मृत्यु-दर बढ़ाने संबंधी कारक सकारात्मक उपाय कहलाते हैं, तथा जन्म-दर संबंधी कारक निरोधात्मक उपाय। माल्थस मानते हैं कि इन दोनों ही उपायों से दुखों में वृद्धि होती है, किन्तु निरोधात्मक उपायों की अपेक्षा सकारात्मक उपायों से समस्याओं में अधिक वृद्धि होती है। माल्थस ने जन्म-दर को घटाने वाले गर्भ-निरोध संबंधी साधनों की संदिग्ध सफलता के कारण प्राकृतिक उपायों जैसे अकाल एवं बीमारी को जनसंख्या वृद्धि रोकने का महत्वपूर्ण आधार स्वीकार किया है। पिछले कुछ वर्षों में माल्थस के इस सिद्धांत को घोर निराशावादी तथा पुराना करार कर दिया गया तथा यह स्वीकर किया गया कि जन्म-निरोध द्वारा जनसंख्या की असीम वृद्धि को रोका जा सकता है, साथ ही खेती में वैज्ञानिक एवं तकनीकी साधनों के प्रयोग द्वारा भोजन आपूर्ति में भी वृद्धि कर मानव के कष्टों का निवारण संभव है। जन्म-निरोध के आधुनातम साधनों के प्रयोग के बावजूद संसार की जनसंख्या में अप्रत्याशित वृद्धि ने माल्थस के सिद्धांत में पुनः रुचि पैदा कर 'नव-माल्थसवाद' को जन्म दिया है।

management **प्रबधंन**

सामान्यतः प्रबधंन को दो रूप में देखा जाता है। इसे किसी औद्योगिक अथवा अन्य औपचारिक संगठनों में उत्पादन की क्रियाओं के निरीक्षण, नियंत्रण और समन्वयन की प्रक्रियाओं के रूप में या इन सभी कार्यों को निष्पादित करने वाले व्यक्तियों के रूप में देखा जाता है। एक प्रक्रिया के रूप में, प्रबधंन को प्रथानुगत रूप में एक रेखा में या संगठन, कर्मचारियों या विशिष्ट प्रबधंन (जो सहायक भूमिकाएं जैसे कार्मिक, कानूनी मुद्दे या शोध और विकास की भूमिकाएं अदा करते हैं) के मुख्य उद्देश्यों के सामान्य प्रबधंन में विभाजित किया जाता है। औद्योगिक समाज में व्यक्तियों के प्रबधंकीय वर्ग का विकास संयुक्त पूंजी कम्पनियों, उपक्रमों के आकार में वृद्धि और सार्वजनिक कर्मचारीतंत्र के विस्तार के कारण हुआ है।

इस पद का प्रयोग बड़ा ढीला-ढाला किया गया है। इसमें एक छोर पर निदेशकों और वरिष्ठ कर्मचारियों, जिनका उपक्रमों में किसी प्रकार का व्यक्तिगत हित होता है जिसके कारण उनकी गणना नियोजकों में होती है, को सम्मिलित किया जाता है, तो दूसरे छोर में ऐसे वेतनभोगी सम्पत्तिहीन कर्मचारियों को सम्मिलित किया जाता है जिन्हें विभिन्न स्तर पर निरीक्षण कार्य का दायित्व मिला होता है।

management of knowledge **ज्ञान का प्रबधंन**

सन् 1970 के 'नवीन' शिक्षा के समाजशास्त्र से संबंधित एक पद (टर्म) जिसका प्रयोग ज्ञान और सत्ता के समाजशास्त्रों को जोड़ने के लिये किया गया है। यह पद एक ऐसी प्रक्रिया का संकेत देता है जिसके द्वारा विद्यालय और शैक्षिक पाठ्यचर्या, प्रामाणिक ज्ञान का नियंत्रण करते हैं। यही नहीं, इसमें वे विधियों भी सम्मिलित की जाती है जिसके द्वारा ज्ञान प्राप्त किया जाता है तथा भ्रमपूर्ण अभिकल्पों और व्याख्याओं पर नियंत्रण लगाया जाता है।

managerial revolution **प्रबधंन क्रांति**

इस पद का प्रयोग वृहत व्यापारिक-औद्योगिक प्रतिष्ठानों के प्रबधंन के क्षेत्र में, मालिकों से पेशेवर प्रबधंकों के रूप में होने वाले परिवर्तन के लिये किया गया है। इस परिवर्तन ने प्रबधंन के मामले में किसी भी उद्यम में पेशेवर प्रबधंक को मालिक के स्थान पर एक प्रमुख व्यक्ति बना दिया है। अब सत्ता और निहित स्वार्थों का प्रमुख स्त्रोत स्वामित्व नहीं अपितु नियंत्रण होगा। इस परिवर्तन द्वारा आधुनिक पूंजीवाद में पारिवारिक पूंजीवाद और निजी सम्पत्ति का महत्व दिन प्रतिदिन घटता जा रहा है।

इस अवधारणा का जन्म **जैम्स बर्नहम** (1941) की इसी नाम से छपी पुस्तक से हुआ है। बर्नहम ने बताया कि न केवल औद्योगिक प्रतिष्ठान अपितु राजकीय उद्यम एवं संस्थाएं तथा अन्य महत्वपूर्ण संस्थान भी पेशेवर प्रबधंकों के नवीन प्रशासकीय वर्ग के प्रभुत्व एवं अधिकार में होंगे।

manifest function = function, manifest

marginal man **सीमान्त व्यक्ति**

दो भिन्न एवं विशिष्ट सांस्कृतिक समूहों में सहभागिक होने के कारण द्विधा, असामंजस्यता तथा मानसिक संघर्ष की स्थिति से ग्रस्त व्यक्ति को सीमान्त व्यक्ति की संज्ञा दी गई है। ऐसा व्यक्ति दोनों में से किसी भी एक समूह के प्रति निष्ठावान एवं समर्पित नहीं होता और न ही वह दोनों में से किसी एक समूह के व्यक्तियों, जिनके साथ वह अपना तादात्म्य स्थापित करता है, द्वारा पूर्णतः स्वीकार किया जाता है। यही नहीं, दोनों समूहों के विरोधी मूल्य एवं नियमाचार हो सकते हैं। व्यक्ति इन दोनों को ही कुछ सीमा तक स्वीकार-अस्वीकार करता है। ऐसे व्यक्ति की दोनों विपरीत सांस्कृतिक समूहों में अनिश्चित एवं अस्पष्ट स्थिति होती है। **एम. शेरीफ** ने व्यक्ति की सीमान्तता की व्याख्या करते हुए लिखा है कि एक सीमान्त व्यक्ति वह है जो अपने समूह के मूल्यों के अनुसार जीवन व्यतीत करते हुए भी पराये समूह के मूल्यों को आन्तरिक रूप में स्वीकार करता है। यही द्वन्द्वात्मक स्थिति उसकी सीमान्तता की द्योतक है। दो विरोधी सन्दर्भ-समूहों के बीच पड़ जाने की स्थिति भी सीमान्तता को प्रकट करती है। इस अवधारणा का सामाजिक विज्ञानों में सर्वप्रथम प्रयोग करने का श्रेय **स्टोनक्विस्ट** (1937) और बाद में **प्रो. रॉबर्ट ई. पार्क** को जाता है। सीमान्त व्यक्ति की मानसिक संघर्ष की स्थिति ने आधुनिक समाजों में विक्षिप्तता तथा व्यक्तिगत समायोजन की अनेक समस्याओं को जन्म दिया है।

marginalization **हासियाकरण**

यह एक ऐसी प्रक्रिया है जिसके द्वारा किसी व्यक्ति या समूह को एक समाज में आर्थिक, धार्मिक या राजनीतिक सत्ता के महत्वपूर्ण पदों और प्रतीकों को हासिल करने से रोका जाता है। यह संभव है कि एक सीमान्त समूह जो संख्या की दृष्टि से वास्तव में बहुसंख्यक होता है (जैसा कि दक्षिणी अफ्रिका में काले लोग) फिर भी उसे ऐसे अल्पसंख्यक समूह से अलग-थलग रखा जाता है जो संख्या की दृष्टि से छोटा होता है, किन्तु जिसके पास आर्थिक और राजनीतिक शक्ति/सत्ता होती है।

मानवशास्त्रियों ने विशेषतः सीमान्त समूहों के अध्ययन में अपनी रुचि प्रदर्शित की है। इन अध्ययनों के पीछे उनका मूल उद्देश्य यह जानना रहा है कि एक समाज सीमांतक समूह के साथ किस प्रकार का बर्ताव करता है। यह जानकारी अन्ततः किसी समाज के मूल चरित्र, उसके आधारभूत सांस्कृतिक मूल्यों को समझने तथा उस समाज को परिभाषित करने में मदद करती है।

सन् 1960 के दशक में हासियाकरण समाजशास्त्रीय शोध का एक प्रमुख विषय बन गया। इसका प्रमुख कारण यह रहा कि कुछ विकसित देश जिनमें तीव्र गति से आर्थिक विकास हुआ, इन देशों के सभी सदस्यों को समान सफलता का पुरस्कार प्राप्त नहीं हुआ। इन देशों में असमानता की खाई उत्तरोत्तर बढ़ती गई। असमानता के विस्तार करने वाली प्रक्रिया को जानने का प्रयास ही इन अध्ययनों का मुख्य विषय रहा है। ये अध्ययन मुख्यतः आश्रितता, मार्क्सवाद और विश्व व्यवस्था सिद्धान्तों से प्रभावित थे जिनका मानना था कि

हासियाकरण द्वारा असमानता का विस्तार विश्व पूंजीवादी व्यवस्था की देन है तथा यह कुछ विशिष्ट देशों तक सीमित नहीं है।

mana/manaism **माना/मानावाद**

जीवसत्तावाद का एक विशिष्ट रूप जिसे मलेनेशिया तथा पोलिनेशिया की आदिम जातियों में 'माना' के नाम से जाना जाता है। इन व्यक्तियों में यह विश्वास है कि माना एक अलौकिक, अवैयक्तिक तथा आधिदैविक शक्ति है जो सभी सजीव एवं निर्जीव पदार्थों में निवास करती है। किसी भी कार्य की सफलता-असफलता, किसी व्यक्ति अथवा वस्तु में असाधारण गुणों का संचार तथा भाग्योदय आदि माना की शक्ति पर निर्भर करता है। **कॉडरिंगटन तथा मैरेट** ने माना की शक्ति से सम्बन्धित विश्वास एवं क्रियाविधान को 'मानावाद' से सम्बोधित किया है।

marriage **विवाह**

विवाह दो या दो से अधिक विषमलिंगियों के बीच समाजोनुमोदित, औपचारिक तथा अपेक्षाकृत स्थाई लैंगिक सम्बन्धों की एक व्यवस्था अथवा नियमाचारों का एक पुंज है जो पारिवारिक जीवन के लिए आवश्यक पारस्परिक दायित्वों एवं अधिकारों द्वारा इन्हें बांधता है। समाज की इस संस्था का रूप भिन्न संस्कृतियों में भिन्न रहा है। जैवकीय दृष्टि से विवाह की संस्था का उद्‌भव मानव की प्रजनन तथा बालकों के लालन-पालन की मूलभूत आवश्यकताओं को लेकर हुआ प्रतीत होता है। वास्तव में, सहवास तथा पितृत्व दोनों का संयोग मानवीय विवाह का मूलाधार रहा है। यही कारण है कि **वेस्टरमार्क** की यह उक्ति कितनी सही प्रतीत होती है कि 'विवाह की जड़ें परिवार में हैं, न कि परिवार की विवाह में।'

एक सामाजिक संस्था के रूप में विवाह और परिवार की प्रकृति, आकार-प्रकार और उद्देश्यों में तीव्र गति से परिवर्तन आ रहा है। विवाह पूर्व और विवाह के अतिरिक्ति सहवास, सहवासहीन विवाह, विवाह रहित सन्तानोत्पादन और लालन-पालन, उच्च तलाक की दरें जैसी बढ़ती हुई घटनाओं ने विवाह की पारम्परिक परिभाषा पर नये सिरे से सोच-विचार की पृष्ठभूमि तैयार कर दी है। आधुनिक परिस्थितियों के कारण विवाह और परिवार का पारम्परिक दृष्टिकोण, अर्थात् विवाह दो विषमलिंगियों को दाम्पत्तिक अधिकार एवं कर्त्तव्यों में आबद्ध कर उन्हें सहवास और सन्तानोत्पादन की स्वीकृति देता है, धुंधलाता जा रहा है। कुछेक व्यक्ति तो विवाह और परिवार के भविष्य के बारे में निराशावादी दृष्टिकोण प्रस्तुत करने लगे हैं। कुछेक यह कहते हुए भी संकोच नहीं करते कि विवाह की आवश्यकता ही क्या है ? इस प्रकार के प्रश्नों और निराशावादी दृष्टिकोण के उपरान्त अभी भी वयस्कों की अधिकांश संख्या विवाह को आवश्यक समझती है। विवाह और परिवार की जड़ें मूलतः इनकी भावनात्मक प्रकृति में गड़ी हुई हैं, अतः ये संस्थाएं जीवित हैं और जीवित रहेंगी।

marriage, alliance **वैवाहिक मैत्रीयता (गठबंधन)**

मानव विज्ञान में, पिछले कुछ वर्षों में 'मैत्रीयता' या 'गठबंधन' की अवधारणा का

प्रयोग एक निश्चित प्रकार के आवृत्तिमूलक वैवाहिक संबंधों के लिए किया जाता है। विवाह द्वारा व्यक्तियों तथा समूहों को जोड़ने-बांधने की बात एक लम्बे अर्से से मानवशास्त्री करते चले आ रहे हैं। **रेडक्लिफ ब्राउन** ने लिखा है कि 'विवाह दो परिवारों अथवा रिश्तेदारों के बीच मैत्रीयता अथवा गठबन्धन है।' **ड्यूमॉ** ने 'वैवाहिक मैत्रीयता' की अवधारणा का प्रयोग मुख्यतः कुछ निर्दिष्ट प्रकार के विवाहों के (विलिंग सहोदरज विवाह) के लिए किया है। उनके अनुसार 'वैवाहिक मैत्रीयता' की अवधारणा वृहत अथवा लघु समूहों के बीच अन्तर्पास्परिक विवाहों की पुनरावृति की सूचक है।

marriage, bilocal = family, bilocal

marriage, cross cousin **विलिंग सहोदरज विवाह**

विषमलिंगीय सहोदरजों की सन्तानों (ममेरे-फूफेरे भाई-बहिनों में) के बीच होने वाला विवाह विलिंग सहोदरज विवाह कहलाता है। कुछ समाजों में इस प्रकार के विवाह अनिवार्य माने जाते हैं तथा कहीं-कहीं इन्हें वरीयता दी जाती है। इस प्रकार के विवाहों के दो रूप प्रचलित हैं। बहिन के लड़के और भाई की लड़की के बीच विवाह को वरीयता दिए जाने वाले विवाह को मातृपक्षीय विलिंग सहोदर विवाह कहा जाता है। इसके विपरीत, जहां भाई के लड़के और बहिन की लड़की के बीच विवाह को वरीयता दी जाती है, तो यह पितृपक्षीय विलिंग सहोदरज विवाह कहलाता है। संसार के अधिकांश आदिवासीय समाजों में विलिंग सहोदरज विवाह पाये गये हैं। दक्षिण भारत की कुछ जातियों में इस प्रकार के विवाह का प्रचलन देखा गया है। वहां मामा की लड़की को विवाह के रूप में वरीयता दी जाती है। विलिंग सहोदरज विवाह अन्तर्वैवाहिक इकाईयों के बीच मैत्रीय संबंधों का सृजन कर समाज को एक निरन्तरता प्रदान करता है।

marriage, dual career **द्वि जीवनवृति विवाह**

ऐसे विवाह जिसमें दोनों वैवाहिक साथी व्यावसायिक वृति में संलग्न होते हैं। ऐसे विवाह अभी बहुत कम हैं। फिर भी, शोध अध्ययनों से यह प्रकट हुआ है कि नौकरी पेशा महिलाएं तथा ऐसी महिलाएं जो कम पुरस्कार वाले कामों में संलग्न होती हैं, दोनों को ही घर और बाहर (कार्य क्षेत्र) के दायित्वों को निभाना पड़ता है।

marriage, endogamous = endogamy

marriage, exogamous = exogamy

marriage, group **समूह विवाह**

जब पुरुषों का एक समूह स्त्रियों के एक समूह के साथ विवाह करता है तथा समस्त पुरुष समस्त स्त्रियों के समान रूप से पति माने जाते हैं, तो इसे समूह विवाह कहते हैं। उद्विकासवादियों की मान्यता के अनुसार विवाह का यह रूप संभवतः परिवार एवं समाज

की प्रारंभिक अवस्था में कभी विद्यमान रहा होगा। इसके साक्ष्य मानव समाज में कहीं नहीं मिलते हैं। **एल.एच. मोरगन** और **फ्रेडरिक एंजिल्स** ने समूह विवाह को परिवार का मूल एवं प्रारंभिक स्वरूप माना है।

marriage, levirate = levirate

marriage, matrilocal = family, matrilocal

marriage, monogamons = monogamy

marriage, morganatic **अनुलोम विवाह**

उच्च प्रस्थिति वाला पुरुष जब किसी निम्न प्रस्थिति वाली स्त्री के साथ विवाह करता है, तब इसे अनुलोम विवाह कहा जाता है। इस प्रकार के विवाह से उत्पन्न सन्तान वैध तो मानी जाती है, किन्तु उन्हें तथा निम्न स्तरीय पत्नी दोनों को पुरुष की सम्पत्ति एवं पद से वंचित रखा जाता है। भारत की जाति प्रथा के संदर्भ में, उच्च वर्ण के व्यक्ति द्वारा निम्न वर्ण की स्त्री से विवाह को अनुलोम विवाह कहते हैं। धर्मशास्त्रकारों ने इस प्रकार के विवाह की अनुमति कामुक व्यक्तियों को दी है।

marriage, parallel cousin **सलिंग सहोदरज विवाह**

एक ही लिंग के सहोदरजों की संतानों (चचेरे-मौसेरे भाई बहिन) के बीच होने वाले विवाह को सलिंग सहोदरज विवाह कहते हैं। इस प्रकार के विवाह का प्रचलन मुख्यतः अरब निवासियों तथा मुसलमानों में पाया गया है।

marriage, patrilocal = family, patrilocal

marriage, polyandrous = polyandry

marriage, polygamous = polygamy

marriage, polygynous = polygyny

marriage, preferential **अधिमान्य विवाह**

विवाह की एक प्रथा या नियम जिसके अनुसार जीवन-साथी के चुनाव के लिए एक समूह विशेष को वरीयता दी जाती है, तब उसे अधिमान्य विवाह कहते हैं। ऐसे विवाहों के दायरे में नियोग विवाह, साली विवाह, सलिंग तथा विलिंग सहोदरज विवाह आते हैं। प्रायः देखा गया है कि इस प्रथा के अन्तर्गत किसी व्यक्ति का वैवाहिक साथी वह व्यक्ति होता है जो पहिले से ही नातेदारी-व्यवस्था द्वारा उससे जुड़ा होता है।

marriage, sororate = sororate

marriage by capture **हरण-विवाह**

आदिवासियों में जीवन-साथी प्राप्ति का एक तरीका जिसमें एक व्यक्ति, बलात् अपहरण करके पत्नी प्राप्त करता है। यह अपहरण कभी-कभी वास्तविक, किन्तु अधिकांशतः प्रथा का अनुसरण करने के लिए लड़की के माता-पिता की पूर्व अनुमति के आधार पर अभिनयात्मक होता है। ऐसा माना जाता है कि उद्विकासीय स्तर पर जीवन-साथी के प्राप्त करने का यह सर्वप्रथम तरीका रहा होगा।

marriage by elopment = elopment

marriage by exchange **विनिमय विवाह**

आदिवासियों में जीवन-साथी प्राप्ति का एक तरीका जिसके अनुसार दो व्यक्ति आपस में बहिनों अथवा पुत्रियों का विनिमय करते हैं ताकि वे अपने लिए अथवा अपने पुत्र अथवा भाई के लिए पत्नी प्राप्त कर सकें।

marriage by intrusion = intrusion

marriage by purchase **क्रय-विवाह**

आदिवासियों में जीवन-साथी प्राप्ति का एक ढंग जिसके अनुसार एक व्यक्ति को पत्नी प्राप्त करने के लिए पत्नी के माता-पिता अथवा रिश्तेदारों को वधू-मूल्य चुकाना पड़ता है। यह वधू-मूल्य नकद-राशि, वस्तुओं अथवा पशुओं, आदि के रूप में हो सकता है। कहीं-कहीं यह वधू-मूल्य वास्तविक तो कहीं प्रथा के अनुसरण हेतु मात्र दिखावे के रूप में होता है। वधू-मूल्य के विपरीत, जब वर को प्राप्त करने के लिए लड़की के माता-पिता अथवा रिश्तेदारों द्वारा वर-मूल्य अदा किया जाता है, तो यह दहेज कहलाता है।

marriage by probation **परिवीक्षा विवाह**

जनजातियों में जीवन-साथी प्राप्त करने का एक ढंग जिसमें विवाह के पूर्व कुछ समय के लिए लड़के-लड़की को एक साथ रहने, यौन-अनुभव प्राप्त करने तथा एक दूसरे को देखने-समझने का अवसर दिया जाता है, परिवीक्षा विवाह कहलाता है।

marriage by service **सेवा-विवाह**

जीवन-साथी प्राप्ति का आदिवासियों का एक ढंग जिसके अनुसार व्यक्ति वधू-मूल्य का भुगतान वधू के माता-पिता की सेवा-कार्य करके करता है, ताकि उसे वधू प्राप्त हो सके।

marriage by trial **परीक्षा विवाह**

कई समाजों में पत्नी प्राप्त करने के पूर्व उसे अपने साहस एवं शौर्य का प्रदर्शन करना होता है। इस प्रकार की प्रदर्शनकारी परीक्षा में सफल होने पर ही व्यक्ति को वधू प्राप्त हो पाती है। भारत में विवाह के इस तरीके का प्रचलन भीलों तथा नागाओं में पाया गया है।

भीलों में इस प्रकार के विवाह को 'गोल गधेड़ों' कहते हैं।

marxism **मार्क्सवाद**

एक उपागम के रूप में, मार्क्सवाद मानवीय प्रगति का एक द्वन्द्वात्मक भौतिकवादी सिद्धान्त है। इसके अनुसार इतिहास को प्राकृतिक शक्तियों पर विजय पाने के मानवीय प्रयासों अर्थात् उत्पादन का प्रतिफल माना जाता है। चूंकि समस्त उत्पादन सामाजिक संगठन के दायरे में सम्पन्न किए जाते हैं, अतः इतिहास सामाजिक व्यवस्था में होने वाले परिवर्तनों की एक क्रमिक श्रृंखला है। मानवीय संबंधों का समस्त विकास उत्पादन-क्रिया अर्थात् उत्पादन की प्रणाली से जुड़ा हुआ है जिसमें आर्थिक व्यवस्था 'आधार' का कार्य करती है तथा अन्य सभी संबंध, संस्थाएं तथा वैचारिक व्यवस्थाएं 'अधिसंरचना' का निर्माण करती हैं। स्वयं मार्क्स के शब्दों में, "जब मनुष्य अपने जीवन के सामाजिक उत्पादन में लगते हैं, तब वे कुछ निश्चित संबंधों को जन्म देते हैं। ये संबंध अनिवार्य हैं और मानव की इच्छा से स्वतन्त्र हैं। उत्पादन के इन संबंधों के सम्पूर्ण योग से ही समाज की आर्थिक संरचना का निर्माण होता है जो वास्तविक नींव है। इसी नींव पर वैधानिक एवं राजनीतिक अधिसंरचना खड़ी होती है। इसके अनुरूप सामाजिक चेतना के स्वरूप बनते हैं.....मनुष्य की चेतना उसके अस्तित्व को निर्धारित नहीं करती, अपितु उसका सामाजिक अस्तित्व ही उसकी चेतना को निर्धारित करता है।"

एक वैचारिक परिप्रेक्ष्य के रूप में, मार्क्सवाद को उग्रवाद और आशावाद का समन्वय तथा विज्ञान का सहयोगी माना जाता है। वर्तमान सामाजिक संस्थाओं तथा परिपाटियों को अमानवीय एवं मूर्खतापूर्ण घोषित कर मार्क्सवाद अपने उग्रवाद को प्रदर्शित करता है। एक 'अच्छे समाज' (जहां मानव की उच्चतम अन्तर्निहित शक्तियों का विकास संभव है) के निर्माण की संभावनाओं को प्रकट कर यह अपने आशावाद को उजागर करता है। विज्ञान के प्रति इसकी प्रतिबद्धता इसलिए नहीं है कि (चूंकि) इसकी समाज के विश्लेषण में रुचि है, अपितु इसका यह विश्वास है कि आधुनिक विश्व में क्रियाशील सामाजिक शक्तियों का वैज्ञानिक विश्लेषण उग्रवाद और आशावाद की इसकी दोनों मूल धारणाओं की पुष्टि करेगा।

सम्पूर्ण मार्क्सवाद का ढांचा वर्ग-संघर्ष के सिद्धान्त पर निर्मित है। वर्ग-संघर्ष अतिरिक्त मूल्य के आर्थिक सिद्धान्त पर; आर्थिक सिद्धांत इतिहास की आर्थिक व्याख्या पर और यह व्याख्या मार्क्स-हीगल के द्वन्द्ववाद पर आधारित है। यही द्वन्द्ववाद भौतिकवादी आध्यात्म पर टिका है।

marxist sociology **मार्क्सवादी समाजशास्त्र**

ऐसा कहा जाता है कि स्वयं मार्क्स ने किसी समाजशास्त्र की रचना नहीं की, किन्तु राजनीतिक अर्थव्यवस्था की एक समीक्षा अवश्य प्रस्तुत की है। संभवतः सर्वप्रथम **निकोलई बुखारिन** ने अपनी पुस्तक 'हिस्टोरिकल मटेरियलिज्म' (1921) में और बाद में **मैक्स एडलर** ने मार्क्स के विचारों में अन्तर्निहित सामान्य समाजशास्त्र की खोज की। **कार्ल मार्क्स** ने तत्कालीन सामाजिक विज्ञानों में समाज की उत्पत्ति, विकास एवं पतन की व्याख्या के लिए

जिन नवीन अवधारणाओं तथा गवेषणा की विधि को विकसित किया, उनका बाद में इतिहास, राजनीतिशास्त्र, अर्थशास्त्र और समाजशास्त्र के लेखनों पर गहरा एवं व्यापक प्रभाव पड़ा है। मार्क्सवादी समाजशास्त्र इसी प्रघटना की एक उपज है। मार्क्स ने अपने सामाजिक विश्लेषण में उत्पादन-प्रणाली, उत्पादन के साधन, आर्थिक संरचना, अधिसंरचना, वर्ग, वर्ग-चेतना, वर्ग-संघर्ष, भौतिकवाद जैसी अनेक अवधारणाओं का प्रयोग कर उन्हें नये अर्थ दिये । ये ही अवधारणाएं बाद में मार्क्सवादी समाजशास्त्र का मूलाधार बन गई। ये अवधारणाएं मार्क्सवादी विचारधारा के नींव के पत्थर हैं जिन पर सम्पूर्ण मार्क्सवादी समाजशास्त्र के खंबे खड़े हैं।

मार्क्सवादी समाजशास्त्र, समाज की यथास्थितिवादी विश्लेषण का विरोधी है। सामंजस्य एवं संतुलन की अपेक्षा संघर्ष की प्रक्रिया इसका दार्शनिक आधार है। यही कारण है कि सामाजिक व्यवस्था की मूलभूत विशेषता के रूप में मार्क्सवादी विचारधारा स्थायित्व की अपेक्षा परिवर्तन को अधिक महत्व देती है। मार्क्सवादी समाजशास्त्रियों की रुचि मुख्यतः सामाजिक घटनाओं की खोज एवं व्याख्या करने, आर्थिक कारकों की भूमिका, वर्गों के आपसी संबंधों और अन्तर-सामूहिक संघर्ष जैसे विषयों में रहती है।

मार्क्सवादी समाजशास्त्र का 'भौतिकतावादी' आयाम आर्थिक निर्धारणवाद को प्रश्रय देता है। इसके अनुसार यह माना जाता है कि किसी भी समाज की आर्थिक संस्थाएं अन्य सामाजिक संस्थाओं तथा संस्कृति की अन्तर्वस्तु का निर्धारण करती हैं। इतिहास की भौतिकवादी व्याख्या बहुधा आदर्शवादी दर्शन का विरोध करती है। भौतिकवादी दर्शन के अनुसार, विचार अथवा मानसिक स्थितियां इतिहास के प्रमुख तत्व हैं। मार्क्सवाद के 'द्वन्द्वात्मक' आयाम द्वारा यह माना जाता है कि सामाजिक परिवर्तन क्रांतिकारी तथा दो आयामों के द्वन्द्व के फलस्वरुप उत्पन्न होता है। (देखिए – उत्पादन-प्रणाली, अधिसंरचना, वर्ग-संघर्ष, द्वन्द्वात्मक भौतिकवाद, विवेचनात्मक समाजशास्त्र)

masculinity **पुरुषत्व**

कई समाजों ने स्त्रियों और पुरुषों की अलग-अलग तथा विशिष्ट विशेषताएं बताई हैं। आधुनिक पश्चिमी समाजों में आक्रामकता, स्वतन्त्रता और सक्रियता जैसे गुणों को पुरुषत्व की निशानी माना जाता है। इन गुणों के बारे में भारी विवाद है कि क्या ये वास्तव में लिंग-भेद (जेन्डर) के वास्तविक गुण हैं, क्या इन गुणों का निर्धारण जैवकीय या सामाजिक रूप में होता है और ये गुण किस प्रकार पुरुष सत्ता को बनाये रखते हैं।

masochism **स्वपीड़न रति**

शारीरिक एवं मानसिक रूप से स्वयं को यातना देकर कामतुष्टि का अनुभव करने की क्रिया को स्वपीड़न रति कहा जाता है। इस अवधारणा के विकास का श्रेय सुप्रसिद्ध मनोविश्लेषक **एस. फ्रायड** को जाता है जिन्होंने आस्ट्रिया के उपन्यासकार **लूथर बान सैकर मैसाक** (1835-95) की कहानियों में वर्णित घटनाओं के आधार पर इसे विकसित किया।

कवि की विरह-भरी रचनाएं और कलाकार के चित्र इस प्रकृति और स्वभाव के द्योतक माने जाते हैं। यह एक प्रकार की काम-विकृति है।

स्वपीड़न-रति स्त्री-स्वभाव की विशेषता है। उनकी प्रकृति स्वपीड़न प्रकार की होती है। संस्कृतिवादियों ने फ्रायड के इस सिद्धान्त को अस्वीकार करते हुए कहा कि वस्तुतः स्वपीड़न रति में प्रकृति और स्वभाव का प्रश्न नहीं है। यह विशेषता सभ्यता-संस्कृति का परिणाम है। स्त्रियों में संस्कृति के प्रभाव से इस प्रकार के स्वभाव का विकास होता है। **एडलर** के अनुसार शारीरिक दोष वाले व्यक्तियों में स्वपीड़न-रति का स्वभाव विशेषतः मिलता है।

स्वपीड़न वास्तविक और प्रतीकात्मक दोनों प्रकार का होता है। वास्तविक स्वपीड़न में चाबुक आदि का प्रयोग कर स्वयं को कष्ट दिया ज़ाता है और प्रतीकात्मक स्वपीड़न में अपने ही प्रति दया प्रदर्शित करना और उसमें आनन्द विभोर होना है।

mass behaviour **जन-व्यवहार**

वृहत, विजातीय तथा अप्रथानुगत जन समुदाय के व्यक्तियों के सामुदायिक व्यवहार का एक रूप जन-व्यवहार कहलाता है जो अप्रत्यक्ष तथा अवैयक्तिक सम्प्रेषण पर आधारित होता है। जन-व्यवहार के विकास में जन-संचार की महती भूमिका होती है। जन-संचार व्यक्तियों को आपस में बांधे रखता है जिनमें एक दूसरे के बीच कोई व्यक्तिगत संबंध नहीं होते और आपस में समानता भी बहुत कम होती है। आधुनिक राजनीतिक आंदोलनों से लेकर लोकप्रिय वेशभूषा, नृत्य, संगीत में फैशनपरस्ती जन-व्यवहार के कुछ उदाहरण हैं।

mass communication **जन-संचार**

प्रशिक्षित विशेषज्ञों द्वारा एक बड़े भूभाग में फैले हुए एवं विजातीय जन समूह को सूचनाओं का संचारण जन-संचार कहलाता है। यह जन-माध्यमों, जटिल संगठित तथा तकनीकी साधनों जैसे टी.वी., रेडियो, फिल्म, अखबार, किताबें, पत्रिकाओं आदि के द्वारा सम्पन्न किया जाता है।

mass culture **जन-संस्कृति**

पुस्तकें, पत्र-पत्रिकाएं, रेडियो, दूरदर्शन, फिल्म जैसे जन-माध्यमों के देखने, पढ़ने अथवा सुनने के परिणामस्वरूप एक वृहत एवं विजातीय समाज में ऐसे सांस्कृतिक तत्वों का उदय जन-संस्कृति के नाम से जाना जाता है जो समाज को एक सूत्र में बांधने का कार्य करते हैं। जन-संस्कृति आधुनिक औद्योगिक एवं जटिल समाजों की एक प्रमुख विशेषता है।

mass movement **जन-आंदोलन**

किसी समान लक्ष्य अथवा लक्ष्यों को प्राप्त करने के उद्देश्य से किसी समाज के अधिसंख्य व्यक्तियों द्वारा बिना किसी विशेष आयोजन-नियोजन के वृहत आधार पर किये गये स्वतः स्फूर्त व्यवहार को जन-आंदोलन कहते हैं। राजनीतिक अथवा धार्मिक

उथल-पुथल, वृहत आधार पर प्रव्रजन जैसे—जन समर्थित स्वतः स्फूर्त घटनाएं जन-आंदोलनों के ही उदाहरण हैं।

mass observation **समूह अवलोकन**

चार्ल्स मेज़ एवं टॉम हेरिसन द्वारा सन् 1937 में स्थापित एक संगठन को 'मॉस ऑब्जरवेशन' का नाम दिया गया था। ब्रिटेन में मानव-व्यवहार के वैज्ञानिक अध्ययन को विकसित करने के उद्देश्य से इस संगठन की स्थापना हुई। अध्ययन के लिए जिस तकनीक का प्रयोग किया गया उसकी मुख्य विशेषता यह थी कि इसमें प्रचार द्वारा बहुत से प्रेक्षकों का प्रयोग किया गया। प्रेक्षकों को अपने प्रतिदिन की जीवन की डायरी रखने, उसमें धूम्रपान संबंधी आदतों, अन्धविश्वासों तथा पक्षियों को निहारने की प्रवृतियों को नोट करने के निर्देश दिए गए। आदर्शतः इस समूह अवलोकन का उद्देश्य प्रत्येक का प्रत्येक के द्वारा स्वयं अपने सहित अवलोकन करना था। सन् 1939-45 के विश्व युद्ध के समय राजनीतिक तथा धार्मिक मनोवृतियां, प्रचार तथा सामुदायिक व्यवहार, राशन, निष्क्रमण आदि विषयों पर इस तकनीक द्वारा ढेर सारी शोध-सामग्री एकत्रित की गई।

आजकल सामाजिक शोध की एक प्रतिष्ठित तकनीक के रूप में, समूह अवलोकन को किसी घटना का एकाधिक अन्वेषकों द्वारा एक ही समूह पर, किन्तु अलग-अलग रूप में, अध्ययन की एक विधि माना जाता है। समूह अवलोकन का तात्पर्य किसी समूह के अवलोकन से नहीं है। अध्ययन की इस विधि में, प्रेक्षकों का एक समूह किसी घटना का एक साथ प्रेक्षण करता है।

mass society **जन समाज**

इस अवधारणा का प्रयोग साधारणतः आधुनिक पश्चिमी समाजों, विशेषतः अमरीकी समाज की विशेषताओं का उल्लेख करने के लिए किया गया है जहां वृहत आधार पर औद्योगीकरण, नगरीय विकास तथा प्रशासन तंत्र के रूप में नौकरशाही का बोलबाला है। मस्तिष्कहीन (यांत्रिक) सादृश्यता तथा समानतावाद, धर्म का ह्रास, अलगाव का भाव, नैतिक हीनता, कमजोर परिवार एवं सामुदायिक संबंध जन समाज की कुछ महत्वपूर्ण विशेषताएं हैं। ऐसे समाजों में कोई महत्वपूर्ण गंभीर नैतिक मूल्य नहीं होते, यद्यपि जन समाज में वैचारिक कट्टरता के प्रति ललक अवश्य होती है। व्यक्तियों के बीच संबंध अत्यंत कमजोर और द्वितीयक विशेषताओं युक्त होते हैं, नातेदारी संबंध अत्यंत छिछले या ना के बराबर होते हैं। ऐसा समाज राजनीतिक दृष्टि से उदासीन होता है तथा निरंकुशता और नौकरशाही उन पर हावी होती है। संस्कृति के सभी अंग यथा, कला, साहित्य, संगीत, दर्शन और विज्ञान—एक जन संस्कृति का रूप धारण कर लेते हैं, अर्थात् उनके प्रति रूचि निकृष्टतम स्तर पर पहुँच जाती है। जिन लेखकों ने जन समाज की व्याख्या की है, उन्होंने इस संबोध का निकृष्ठता के अर्थ में प्रयोग किया है और बहुधा इस प्रकार के समाज की बुराईयों के लिये पूंजीवाद और औद्योगीकरण को उत्तरदायी ठहराया है।

जन समाज एक विशेष प्रकार के संबंधों का परिचायक समाज है जिसका किसी सम्पूर्ण समाज अथवा उसके किसी एक भाग पर प्रभुत्व होता है। यह एक ऐसा समाज है जिसकी अनेक अथवा अधिसंख्य प्रमुख संस्थाओं की रचना इस प्रकार की गई होती है कि वे व्यक्ति को व्यक्ति के रूप में नहीं वरन् समष्टिगत रूप में देखती हैं। इस प्रकार के समाज में व्यक्तियों के मनोभावों एवं व्यवहार की समानताओं को भिन्नताओं की अपेक्षा अधिक महत्व दिया जाता है।

जन समाज की आधुनिक छवि के निर्माण और स्पष्टीकरण में प्रसिद्ध फ्रांसिसी राजनीति वैज्ञानिक **अलेक्स डी टॉक्केविले** ने महत्वपूर्ण भूमिका अदा की है। प्रजातंत्र के अंतरंग पहलुओं की खोज हेतु टॉक्केविले ने सन् 1930 में अमेरिका की यात्रा की। उसको वहां के लोगों के विचारों और मूल्यों में एकदम समानता को देखकर आश्चर्य हुआ और कहा कि इस प्रकार का समाज कभी भी भीड़ या पशु मस्तिष्क (प्रवृति) का शिकार हो सकता है जिसे उसने 'बहुसंख्यकों की तानाशाही' के नाम से संबोधित किया। टॉक्केविले ने जन समाज का सुन्दर चित्रण निम्न शब्दों में किया, "सभी समान और सदृश्य असंख्य व्यक्तियों की एक ऐसी भीड़ जो छोटे और तुच्छ आनन्द की प्राप्ति में सतत प्रयास रत है जिससे वे अपने जीवन को भरते रहते हैं। इनमें से प्रत्येक एक दूसरे से अलग रहता है और सभी एक दूसरे के भाग्य से अनभिज्ञ होते हैं। उसके समस्त मानव संसार की कल्पना उनकी संतानों और निजी मित्रों तक सीमित होती है। जहां तक अन्य साथी नागरिकों का प्रश्न है, वे उनके नज़दीक अवश्य हैं, किन्तु वह उन्हें जानता नहीं है; वह उन्हें स्पर्श अवश्य करता है, किन्तु वह उनके प्रति संवदेनशील नहीं है।"

उन्नीसवीं शताब्दी के अनेक समाज वैज्ञानिकों के औद्योगिक समाजों की उभरती हुई नवीन संस्कृति संबंधी उद्‌बोधनों में टॉक्केविले के विचारों की गूंज सुनाई देती है। **दुर्खाइम** ने इस नई संस्कृति की 'मानकशून्यता' (एनॉमी) के रूप में, **टॉनीज़** ने इसे 'गेमिनशेफ्ट से गैसलशेफ्ट' की ओर प्रस्थान और वेबर ने इसका 'प्रशासनतंत्र' (ब्यूरोक्रेसी) के रूप में चरित्र चित्रण किया है। आधुनिक समाजशास्त्रियों और समाज विचारकों जैसे **कोर्ण हाउज़र** ने 'द पोलिटिक्स ऑफ मॉस सोसाइटी' (1959), फ्रेंकफुर्त सम्प्रदाय के **मैक्स होरखीमर और थिओडर एडर्नो** ने भी किसी न किसी रूप में अपनी कृतियों में जन समाज की चर्चा की है। अभी हाल, **सेल्वेडोर जिनर** ने अपनी पुस्तक 'मॉस सोसाइटी' (1976) में जन समाज के रूढ़िवादी और परिवर्तनवादी (रेडिकल) सिद्धान्तों का सविस्तार वर्णन-विवेचन किया है। इस सम्बन्ध में सुप्रसिद्ध दार्शनिक **हर्बर्ट मारकूस** की कृति 'वन डाइमेन्शनल मेन' विशेष पठनीय है।

जन समाज के संबंध में सन् 1920-60 के बीच जो सिद्धान्त विकसित हुए हैं, उनकी अग्रांकित तीन प्रमुख धाराओं में चर्चा की जा सकती है: (1) ब्रिटेन में **टी. एस. इलियट** और **एफ. आर. लेविस** जैसे साहित्यिक आलोचकों तथा अन्य लेखकों ने साहित्य और संस्कृति के क्षेत्र में उत्कृष्ठता के ह्रास तथा सुसंस्कृत जन समुदाय के लोप हो जाने की चर्चा की है। ऐसे व्यक्तियों की पूंजीवादी समाज के प्रति आवश्यक रूप से रूढ़िवादी प्रतिक्रिया रही है

जिसे बाद में **कार्ल मानहीम** जैसे अनेक समाजशास्त्रियों ने अपने लेखनों में प्रकट की है; (2) फ्रेंकफुर्त्त सम्प्रदाय के समाजशास्त्रियों ने जर्मनी से पलायन और अमेरिका में आने के बाद जन समाज के सांस्कृतिक पक्षों की अपेक्षा राजनीतिक पक्ष का ही अधिक विश्लेषण किया है। उनके अनुसार पूंजीवाद ने जन समाज को जन्म देकर शासक अभिजनों द्वारा जन समुदाय का राजनीतिक रूप में प्रयोग किये जाने की दशाएं उत्पन्न कर दीं; (3) कुछ अमरीकी समाजशास्त्रियों जैसे **एडवर्ड शील्स** ने जन समाज के सकारात्मक पक्ष पर प्रकाश डालते हुए लिखा है कि जन समाज ने बड़े भारी पैमाने पर जन समुदाय को राजनीतिक सहभागिता (वोट की राजनीति) की ओर आकर्षित कर न केवल अभिजन राजनीति को अधिक कठिन बना दिया, अपितु शोषकों से शोषितों की ओर राजनीति की दिशा को (जैसा भारत में इसके लक्षण प्रकट हो रहे हैं) मोड़ने का काम किया है।

आजकल समाजशास्त्र में जन समाज की अवधारणा विशेष प्रभावशाली नहीं रही है। इसके प्रमुख कारण ये हैं; (1) समकालीन समाजों को आजकल अ-वैभिन्यिकृत (बंटे हुए) जनसमुदाय के रूप में नहीं देखा जाता, अपितु उन्हें अनेक प्रतियोगी समूहों से निर्मित समाज के रूप में देखा जाता है; (2) अधीनस्थ वर्ग अब किसी अभिजन के द्वारा प्रयोग नहीं किया जाता क्योंकि अधीनस्थ वर्ग अब अपनी असहमति जताने में पूर्णतः सक्षम है; (3) परिवार और सामुदायिक संबंध अभी पूर्णतः नहीं टूटे हैं।

master status **प्रमुख प्रस्थिति**

प्रत्येक व्यक्ति के कई प्रस्थिति-पद होते हैं, इनमें से कुछ प्रदत्त (जैसे लिंग या जाति), और कुछ अर्जित (जैसे शैक्षिणक स्तर या व्यवसाय) होते हैं। एक व्यक्ति की प्रमुख प्रस्थिति से तात्पर्य ऐसी पद-प्रस्थिति से है जो अधिकांश या सभी सामाजिक स्थितियों में अन्य सभी प्रस्थितियों से सर्वोपरि, महत्वपूर्ण और प्रभुत्वशाली होती है। इस पद (टर्म) की रचना सन् 1940 में **एवरेट्ट ह्यूज़ेज** ने प्रजाति के विशेष संदर्भ में की थी। जहां पश्चिमी समाजों में व्यवसाय, लिंग और प्रजाति को प्रमुख प्रस्थितियों के रूप में स्वीकार किया गया है, वहां पारम्परिक भारत में जाति को एक व्यक्ति की प्रमुख प्रस्थिति माना है। प्रमुख प्रस्थिति व्यक्तिगत पहचान सहित जीवन के प्रत्येक पक्ष को प्रभावित करती है। चूंकि प्रस्थिति का निर्धारण व्यक्तिगत वरण के आधार पर न होकर सामाजिक आधार पर होता है, अतः किसी सामाजिक अन्तर्क्रिया विशेष के दौरान व्यक्ति का अपनी प्रमुख प्रस्थिति पर कोई नियंत्रण नहीं होता है।

mater **माता**

सामाजिक दृष्टि से जिस स्त्री को बालक की मां माना जाता है, उसे माता कहते हैं। यह स्त्री वास्तविक रूप में बालक को जन्म देने वाली हो, आवश्यक नहीं है।

material culture = culture, material

materialism **भौतिकवाद**

मोटे रूप में, भौतिकवाद की व्याख्या दो परिप्रेक्ष्यों में की गई है—अत्यंत लोकप्रिय अर्थ में और दार्शनिक परिप्रेक्ष्य में। लोकप्रिय नैतिकता के अर्थों में, उच्च नैतिक तथा आध्यात्मिक मूल्यों की अपेक्षा ऐन्द्रियक तृप्ति, भौतिक सम्पदा और सुख-सुविधाओं को पाने और जुटाने की लालसा को भौतिकवाद कहते हैं। इसमें सामाजिक मूल्यों और आदर्शों का महत्व गौण होता है। भौतिकवाद शब्द का यह प्रयोग सामान्यतः निदंनीय अर्थ में है।

भौतिकवाद का दार्शनिक परिप्रेक्ष्य में प्रयोग इसके पराभौतिक अथवा तात्विक (यथार्थ की मौलिक प्रकृति के संबंध में दर्शनशास्त्रीय दृष्टिकोण) अर्थों को उजागर करता है। इस अर्थ में, भौतिकवाद शब्द का प्रयोग बहुत पुराना है। पुरातन काल में, इसका प्रयोग पदार्थ और आत्मा या मन के बीच उपस्थित विवाद के विवेचन के लिये किया गया। इस संबंध में पश्चिमी विचारकों में **देकार्ता और थॉमस हॉब्स** के नाम विशेष उल्लेखनीय हैं। भारतीय मनीषियों ने भी अति प्राचीन काल से पदार्थ और आत्मा के भेद की गुत्थी को सुलझाने का अथक प्रयास किया है। दर्शनशास्त्रीय परिप्रेक्ष्य के अनुसार यह माना जाता है कि जो कुछ भी विद्यमान है, वह पदार्थ है; या प्रत्येक वस्तु अपने अस्तित्व के लिये न्यूनाधिक रूप में पदार्थ पर निर्भर है। सम्पूर्ण जगत् पदार्थ की ही अभिव्यक्ति है। भौतिकवाद मानव-मस्तिष्क को भी पदार्थ द्वारा निर्मित एक रचना मात्र मानता है।

सामाजिक विज्ञानों में भौतिकवाद के संबोध का एक तीसरे अर्थ में प्रयोग किया गया है जिसके साथ **मार्क्स और एंजिल्स** का नाम जुड़ा हुआ है। इन विचारकों ने आदर्शवाद और यांत्रिकी पर आधारित दोनों संकुचित प्रकार के ऐसे भौतिकवाद को अस्वीकार कर दिया जो मानव के ऐन्द्रियक आधार, चेतना के उद्‌भव और मानवीय सरोकारों के स्पष्टीकरण के लिये अपर्याप्त थे। इस तीसरे अर्थ में, भौतिकवाद को प्राकृतिक पर्यावरण के साथ आवश्यकताओं की पूर्ति करने वाली अन्तर्क्रिया के रूप में देखा जाता है। इसमें मानवीय सामाजिक संरचनाओं, संघर्ष के प्रतिमानों तथा ऐतिहासिक परिवर्तन के लम्बे क्रमों को समझने का प्रयास किया जाता है। मार्क्स ने इसे 'ऐतिहासिक भौतिकवाद' का नाम दिया है। यद्यपि ऐतिहासिक भौतिकवाद और तात्विक भौतिकवाद में स्पष्ट सहसंबंध है, तथापि तार्किक रूप से दोनों एक दूसरे से पूर्णतः स्वतंत्र हैं। ऐतिहासिक भौतिकवाद की समस्त विचारणा 'उत्पादन की विधि' पर केन्द्रित है। यह उत्पादन की विधि ही है जो सांस्कृतिक स्वरूपों, विचार के तौर-तरीकों और राजनीतिक व्यवस्थाओं को निर्धारित करती है।

materialism, dialectical = dialectical materialism

materialism, historical **ऐतिहासिक भौतिकवाद**

इतिहास और सामाजिक परिवर्तन का एक जटिल सिद्धांत, जो कभी-कभी 'आर्थिक निर्धारणवाद' के नाम से भी जाना जाता है, मार्क्सवादी आंदोलन के फलस्वरूप प्रकाश में आया। ऐसा माना जाता है कि मार्क्स पहले विचारक थे जिन्होंने 'ऐतिहासिक भौतिकवाद'

की अवधारणा को समाज विज्ञानों में रखा। यह सिद्धांत इतिहास, संस्कृति और सामाजिक परिवर्तन की सभी आदर्शवादी व्याख्याओं को नकारता है। मानवशास्त्रीय दर्शन पर केन्द्रित यह सिद्धांत इतिहास की व्याख्या मानव द्वारा विश्व और समाज के साथ सामंजस्य बिठाने के लिए किए गये आर्थिक प्रयत्नों और मूलभूत आर्थिक भिन्नताओं के कारण उत्पन्न वर्ग-संघर्षों के रूप में करता है। **मार्क्स एवं एंजिल** ने लिखा है, "मानव अस्तित्व का सर्व प्रथम आधार और परिणामतः सभी इतिहास की एक पूर्वावश्यकता यह है कि मानव जीवित रहे ताकि वह इतिहास की रचना कर सके। किन्तु जीवित रहने के लिए किसी भी वस्तु के पहिले उसे भोजन, पानी, कपड़ा तथा अन्य कई वस्तुओं की जरूरत पड़ती है। अतः सर्वप्रथम ऐतिहासिक कार्य इन आवश्यकताओं की पूर्ति के साधनों का उत्पादन करना है। दूसरे शब्दों में, स्वयं भौतिक जीवन की रचना करना है। वास्तव में, यही एक ऐतिहासिक कार्य है। सभी इतिहास की यही एक बुनियादी शर्त है जो कि हजारों वर्ष पहले की भांति आज भी मानव जीवन को बनाए रखने के लिए आवश्यक है।" संक्षेप में, जब किसी समाज का विश्लेषण उत्पादन के तरीकों, उत्पादन-संबंध और उत्पादन-शक्तियों के परिप्रेक्ष्य में किया जाता है, तब इसे ही इतिहास की भौतिकवादी व्याख्या या ऐतिहासिक भौतिकवाद का नाम दिया जाता है।

ऐतिहासिक भौतिकवाद मुख्यतः इस बात पर बल देता है कि सर्वाधिक आधारभूत ऐतिहासिक प्रक्रियाएं तथा विरोधाभास आर्थिक प्रणाली से संबंधित है जो अन्य सभी प्रकार की सामाजिक घटनाओं—राजनीतिक, धार्मिक, नैतिक सांस्कृतिक आदि को प्रभावित करती हैं। **मार्क्स** ने ऐतिहसिक युगों के परिवर्तन की समस्त व्याख्या भौतिक मूल्यों पर आधारित उत्पादन-प्रणाली के आधार पर की है। इसीलिए मार्क्सवादी सामाजिक परिवर्तन के सिद्धांत पर अतिवादी, एकनिष्ट और निर्धारणवादी होने का आरोप लगाया जाता है।

मार्क्सवादी द्वन्द्वात्मक भौतिकवाद का सिद्धांत कुछ अर्थों में ऐतिहासिक भौतिकवाद से भिन्न है। ऐतिहासिक भौतिकवाद समाज और इतिहास का सिद्धांत हैं, जबकि द्वन्द्वात्मक भौतिकवाद मूलतः पदार्थ के व्यवहार को निर्धारित करने वाली प्रक्रिया—वाद, प्रतिवाद और संवाद से संबंधित है।

maternal deprivation **मातृक वंचना**

स्वाभाविक मानसिक स्वास्थ्य के लिये मां के स्नेह की आवश्यकता होती है। यदि किन्हीं कारणों से बालक को मां की देखरेख और स्नेह से वंचित रहना पड़ता है, तब उसका स्वाभाविक विकास अवरूद्ध हो सकता है। इसी तथ्य को दर्शाने के लिये **जॉन बोल्बी** (1953) ने 'मातृक वंचना' पद का प्रयोग किया है। बालकों के पालन पोषण की जरूरतों संबंधी शोधों द्वारा यह ज्ञात हुआ है कि बालक के विकास में स्नेह, लगाव और प्रेरणा की महत्वपूर्ण भूमिका होती है और ये उन्हें सर्वाधिक मात्रा में मां से प्राप्त होती हैं। इनके अभाव अथवा विकृति का बालक पर बुरा प्रभाव पड़ता है। जिन बालकों को मां के स्नेह से वंचित होना पड़ता है, उनमें मानसिक बिमारी या विचलन उत्पन्न होने की संभावना रहती है।

'मातृक वंचना' सिद्धान्त ने समाज में महिलाओं की स्थिति को महत्वपूर्ण रूप में प्रभावित किया है। यह सिद्धान्त महिलाओं को घर की चार-दिवारी तक अपने कार्य-क्षेत्र को सीमित रखने की सलाह देता है ताकि वे अपने बच्चों की ठीक प्रकार से देख-रेख कर सकें। महिलावादियों ने इस सिद्धान्त पर प्रहार किया है क्यों कि यह सिद्धान्त महिलाओं को श्रम-क्षेत्र से बाहर रहने के लिये बाध्य करता है।

maternal family = family, maternal

mathematical sociology **गणितीय समाजशास्त्र**

गणितीय समाजशास्त्र सामाजिक घटनाओं की व्याख्या के लिये गणित का प्रयोग करता है जिसमें तर्क और सूचना विज्ञान भी सम्मिलित होते हैं। इसके द्वारा सैद्धान्तिक प्रस्थापनाओं और आदर्श आनुभविक सामाजिक प्रक्रियाओं को आकार प्रदान किया जाता है। गणितीय समाजशास्त्र का प्रयोग नातेदारी अध्ययनों और सामाजिक संबंधों के तानेबाने के विश्लेषणों में खूब हुआ है। अमरीकी समाजशास्त्री **लिओ ए. गुडमेन** ने जनांनकी, सामाजिक गतिशीलता और सामाजिक संस्तरण के क्षेत्र में गणितीय समाजशास्त्र की प्रविधियों का प्रयोग कर अपने वर्चस्व को स्थापित किया है।

mating **सहवास**

कामेच्छा के वशीभूत हो कर विषम लिंगियों के बीच जोड़े बनाने की प्रक्रिया सहवास कहलाती है। पशु-पक्षियों में सहवास केवल जैवकीय तृष्णा के लिए होता है, किन्तु मानव जाति में सहवास मात्र लैंगिक समागम के लिए ही नहीं किया जाता। सहवास बिना विवाह के भी संभव है।

matriarchy **मातृसत्तात्मक**

मातृसत्तात्मक शब्द का प्रयोग दो अर्थों में हुआ है। इसका प्रथम अर्थ, सामान्य अर्थ से मिलता जुलता है जो इस प्रकार के सामाजिक संगठन का संकेत देता है जिसमें मां घर की मुखिया होती है और वंश गणना मां की ओर से की जाती है। इसका दूसरा अर्थ अनुमानात्मक है और उद्‌विकासीय सिद्धान्तों पर आधारित है। दूसरा अर्थ एक ऐसे समाज का संकेत देता है जिसमें प्रमुख सत्ता-पदों पर मां आसीन होती है। यह सिद्धान्त उन्नीसवीं शताब्दी में काफी प्रचलित था। **फ्रेड्रिक एंजिल** की पुस्तक 'ऑरिजिन ऑफ फेमिली, प्राइवेट प्रापर्टी एण्ड द स्टेट' (1884) में इसी सिद्धान्त के पक्ष में साक्ष्य प्रस्तुत किये गये हैं। एंजिल ने लिखा है कि "प्रारंभिक आखेटक-संग्रहाक समाजों में सम्पत्ति-अधिकार जैसी कोई चीज नहीं थी, अतः स्त्रियां अपनी प्रजनन शक्ति के कारण समाजों पर शासन करती रही होंगी।" किन्तु बीसवीं शताब्दी में अन्य सभी उद्‌विकासीय सिद्धान्तों की भांति मातृसत्तात्मकता से पितृसत्तात्मकता की ओर संक्रमण के सिद्धान्त को भी नकार दिया गया। (देखिये, मेट्रिऑरकल फेमिली)।

matrilineal descent = descent, matrilineal

matrilocal residence = family, matrilocal

matri-partrilocal residence = family, matri-patrilocal

matripotestal **मातृ अधिकार**

एक ऐसी सामाजिक व्यवस्था जिसमें परिवार के समस्त अधिकार एवं सत्ता मां के रक्त-बंधुओं में केन्द्रित होती है, मातृ अधिकार के नाम से जानी जाती है।

me = i and me

mean (statistical) **माध्य (सांख्यिकीय)**

माध्य वह मूल्य है जो किसी संख्यात्मक पदों की श्रेणी के समस्त पदों के मूल्य के योग में श्रेणी के पदों की संख्या का भाग देने से प्राप्त होता है। यह एक गणितीय माध्य है तथा अधिकांशतः औसत के इसी रूप का प्रयोग किया जाता है। गणितीय माध्य के अन्य रूप — गुणोत्तर माध्य, हरात्मक माध्य तथा द्विघातीय माध्य हैं।

mechanical solidarity = social solidarity, mechanical

median **मध्यका**

मध्यका एक समंक माला का वह चल-मूल्य है जो समूह को बराबर भागों में इस प्रकार बांटता है कि एक भाग के सारे मूल्य दूसरे भाग से कम होते हैं। यह एक स्थितिमूलक माध्य है।

medical sociology = sociology of medicine

megalopolis **महानगर**

दो या दो से अधिक नगरों से बना एक ऐसा शहर जो कभी विस्तृत खेत-खलिहानों द्वारा अलग-अलग छोटे-मोटे नगरों में बंटा हुआ था, किन्तु अब इनके बीच नगरीय तथा अर्द्ध नगरीय बस्तियों के विकास ने इन्हें जोड़ कर महानगर में बदल दिया है। यह नगरों का नगर होता है। घनी जनसंख्या ऐसे नगर की प्रमुख विशेषता है। लंदन और मेक्सिको नगर इसके अनुपम उदाहरण है।

इस पद की मूलतः रचना **ममफोर्ड** ने प्राचीन यूनान में एक ऐसे नगर-राज्य के लिये की थी जो पूर्णतः नियोजित था। किन्तु आजकल इसका प्रयोग भिन्न अर्थों में किया जाता है। आधुनिक समय में इसका प्रयोग वृहत उपनगरीय समूहन के अर्थ में किया जाता है।

mental age **मानसिक आयु**

किसी व्यक्ति (सामान्यतः किसी बालक) के मानसिक विकास या योग्यता के आंकलन

(माप) हेतु मनोवैज्ञानिकों द्वारा प्रयोग किये गये प्राप्तांक को मानसिक आयु कहते हैं।

meritocracy **योग्यतामूलक तंत्र**

एक ऐसी सामाजिक प्रणाली जिसमें प्रस्थिति का निर्धारण आयु, लिंग, जाति या इसी प्रकार के अन्य जन्मजात गुणों की अपेक्षा योग्यता और प्रयासों जैसे अर्जित गुणों पर होता है, योग्यतामूलकतंत्र कहलाती है। इस पद की रचना **माइकेल यंग** ने 'द राइज़ ऑफ मेरिटोक्रेसी' (1958) में की है। उन्होंने इस पद का प्रयोग ऐसी सरकार के लिये किया जो अत्यधिक योग्य एवं उच्च उपलब्धिपरक व्यक्तियों द्वारा चलाई जाती है। योग्यता से उनका तात्पर्य बुद्धि के साथ प्रयास के मेल से है।

messianic movement **मसीहात्मक आंदोलन**

'मसीहात्मक आंदोलन' शब्द की उत्पत्ति 'मसीहा' की धार्मिक अवधारणा से हुई है जो कि हिब्रू भाषा के शब्द 'अनॉइन्ट वन' से बना है जिसका अर्थ होता है, अभिषेक करना। यह एक ऐसी धारणा है कि मसीहा को परमेश्वर के राज्य अर्थात् नये युग की स्थापना के लिये मानव समाज में भेजा जाता है। प्रांरम्भिक ईसाइयों द्वारा जीसस क्राइस्ट को मसीहा के रूप में देखा गया है। इसीलिये ईसाई लोग क्राइस्ट के लिये 'इशू मसीह' शब्द का प्रयोग करते हैं। धर्म के समाजशास्त्र में मसीहात्मक आंदोलन शब्द का प्रयोग सामान्यतः किसी भी ऐसे सामाजिक आंदोलन के लिये किया गया है जो मसीहा के आने की आशा पर आधारित होता है। ऐसा माना जाता है कि मसीहा व्यक्तियों को उनके विद्यमान दुख दर्दों से छुटकारा दिलवायेगा।

तृतीय विश्व समाजों के मसीहात्मक आंदोलन अभाव की स्थिति से जुड़े हुए हैं। मसीहा के आने की आशा संबंधी विश्वास इन समाज के लोगों को एक सुन्दर और बेहतर विश्व की दिलासा देते हैं। मसीहात्मक आंदोलन बहुधा ईसाई और आदिवासीय आस्था व्यवस्था के समन्वय पर आधारित होते हैं जिसमें मुक्ति संबंधी ईसाई विश्वासों को स्थानीय विश्व-दृष्टियों के साथ घुला-मिला दिया गया होता है। समाजशास्त्र में इन मसीहात्मक विश्वासों की तार्किकता-अतार्किकता के बारे में भारी विवाद है। कुछ मानव वैज्ञानिक मसीहात्मक आंदोलनों को दृश्य जगत के प्रति स्थानीय लोगों की दृष्टि से उनकी तार्किक प्रतिक्रिया मानते हैं क्योंकि वे इस जगत को नियंत्रणहीन और अतार्किक कहते हैं। मार्क्सवादी दृष्टिकोण के अनुसार मसीहात्मक आंदोलन आदिवासीय लोगों के अलगाव का प्रभाव है जिनकी सामाजिक वास्तविकता को श्वेत साम्राज्यवादियों और उत्पीड़न द्वारा नष्ट कर दिया गया है।

meta physical pathos **तात्विक पीड़ा**

वृहत सामाजिक संगठनों और आधुनिक विश्व के प्रशासनतंत्रों (ब्यूरोक्रेसी) का जो विश्लेषण हुआ है, उनमें एक प्रकार का निराशावाद का जो भाव उभर कर आया है, इसे ही 'तात्विक पीड़ा' का नाम दिया गया है। तात्विक पीड़ा, नियति और लुप्त होती हुई स्वतंत्रता

के भाव की अभिव्यक्ति है। **मैक्स वेबर** ने इसी विचारना को बड़े ही सुन्दर ढंग से 'लोहे के पिंजरे का प्रशासनतंत्र' और 'विश्व के प्रति मोहभंग' की अपनी सुप्रसिद्ध उक्तियों द्वारा अभिव्यक्त किया है।

metaphysics **तत्ववाद**

यथार्थ अथवा सम्पूर्ण विश्व की प्रकृति या संरचना संबंधी सिद्धान्त को दर्शनशास्त्रीय लेखनों में तत्ववाद कहा गया है। बीसवीं शताब्दी के पश्चिमी दर्शनशास्त्र में इसकी बौद्धिक व्यवहार्यता के संबंध में अनेक प्रश्न खड़े किये गये हैं।

आधुनिक तत्ववाद का विकास पुरातन ग्रीस और यूरोप की सत्रहवीं शताब्दी की वैज्ञानिक क्रांति के संदर्भ में हुआ है। **देकार्ता, लेबनीज़ और स्पिन्जा** जैसे दार्शनिकों के अनुसार विश्व की वास्तविक प्रकृति का ज्ञान तर्क के व्यवस्थित प्रयोग से संभव है। यह ज्ञान हमारे रोजमर्रा के ज्ञान और प्रतिदिन की इसकी समझ से भिन्न होता है। विज्ञान भी बहुत कुछ यही बात कहता है। **एम्युनेल कांत और डेविड ह्यूम** जैसे दार्शनिकों ने तत्ववाद की मिथ्याओं के बारे में अपनी शंकाएं प्रकट की हैं।

meta sociology **अधि समाजशास्त्र**

रॉबर्ट बीयरस्टेड ने वास्तविक सिद्धान्त से भिन्नता दर्शाने के लिए समाजशास्त्रीय सिद्धान्त की उस शाखा को अधि समाजशास्त्र कहा है जिसमें सामान्यीकरणों, प्रस्थापनाओं तथा सिद्धान्तों की अपेक्षा समाजशास्त्र की शोध की विधियों तथा तार्किकता पर अधिक ध्यान दिया जाता है।

methodological pluralism **पद्धतीय बहुलवाद**

एक लम्बे अर्से तक समाजशास्त्र में गवेषणा की एक पद्धति के रूप में प्रत्यक्षवाद (पॉज़िटिविज़्म) छाया रहा है, किन्तु सन् 1970 के दशक में समाजशास्त्रियों ने इस धारणा पर विचार करना शुरू कर दिया कि सामाजिक शोध का मात्र एक तरीका या एक रीति ही नहीं है, अपितु इसके अनेक तरीके, पद्धतियां और रीतियां हैं। इस धारणा ने समाजशास्त्र में प्रचलित दीर्घकालिक प्रत्यक्षवाद के वर्चस्व पर आघात किया। प्रत्यक्षवादी रूढ़िवाद के साथ प्रमुख रूप से **टालकट पार्सन्स** (प्रकार्यवाद के अग्रणी विचारक) और **पॉल लेजार्सफेल्ड** (तथाकथित अमूर्त अनुभववाद के मुख्य प्रस्थापक एवं प्रचारक) का नाम जुड़ा हुआ है। घटनाक्रियावादी (फेनोमिनोलॉजी) और संरचनावादी समाजशास्त्र के साथ-साथ नव मार्क्सवाद और दर्शनशास्त्रीय सापेक्षवाद के उद्भव के फलस्वरूप समाजशास्त्र में नवीन पद्धतीय बहुलवाद का जन्म हुआ। कुछ लोगों ने पद्धतीय बहुलवाद के स्थान पर 'ज्ञानमीमांसीय बहुलवाद' या 'ज्ञानमीमांसीय मानकशून्यता' (एपिस्टेमॉलोजिकल एनॉमी) शब्दों का प्रयोग भी किया है। उन्होंने एक ऐसी स्थिति को मानकशून्यता कहा है जिसमें ज्ञान के विभिन्न सिद्धान्त, प्रतिरूप या पेराडाइम समाजशास्त्र में अपना वर्चस्व कायम करने के लिये प्रतिस्पर्धा करते हैं। **फेयराबेन्ड** (अगेन्सट मेथड, 1975) ने इस संबंध में कहा है

कि प्राकृतिक विज्ञानों में भी कोई एक पद्धति नहीं है और वहां भी शोधकर्त्ता पद्धतियों को बदलते रहते हैं। वास्तव में, सफल विज्ञान का महल एक पद्धति के अनुसरण के आधार पर खड़ा नहीं किया जा सकता। अतः उन्होंने कई वैकल्पिक पद्धतियों के प्रयोग पर बल दिया। उन्होंने इस स्थिति को 'ज्ञानमीमांसीय अराजकता' कहा और एक पद्धति के विपरीत इस 'अराजकता' का पक्ष लिया। वास्तव में, पद्धतीय बहुलवाद के स्थान पर जिन शब्दों का भी प्रयोग किया गया, वे सभी पद्धतीय एकान्तिकता की धारणा को अस्वीकार करती हैं।

methodology **पद्धतिशास्त्र**

पद्धतिशास्त्र की अवधारणा का प्रयोग मुख्यतः दो अर्थों में किया गया है: प्रथम तथ्यों के संकलन-विश्लेषण की उन विधियों एवं तकनीकों के पुंज को पद्धतिशास्त्र के नाम से विभूषित किया जाता है जो किसी विशिष्ट विषय की शाखा में प्रयोग की जाती हैं। पद्धतिशास्त्र का यह सामान्य अर्थ है और इसी अर्थ में इस अवधारणा के सर्वाधिक प्रयोग का चलन है। पी.एच.डी. की उपाधि के लिए लिखे जाने वाले अधिकांश शोध-प्रबंधों में 'पद्धतिशास्त्र' के शीर्षक के अन्तर्गत गवेषणा में प्रयोग की गई विधियों एवं तकनीकों का ही उल्लेख होता है। द्वितीय अर्थ में, पद्धतिशास्त्र का प्रयोग तात्विक सिद्धान्त के लिए किया जाता है। ये दोनों ही प्रयोग भ्रामक हैं। शोध-पद्धतियां तथा तकनीकें तो अन्वेषण के सामान्य तौर-तरीके हैं। एक पद्धतिशास्त्री तो इन विधियों तथा तकनीकों का मूल्यांकन भी करता है कि वे किस सीमा तक ज्ञान प्राप्ति में सक्षम हैं। **अब्राहम कपालन** ने लिखा है कि "मेरी दृष्टि में पद्धतिशास्त्र का तात्पर्य स्वयं पद्धतियों की अपेक्षा पद्धतियों के वर्णन, विश्लेषण तथा उनके मूल्यांकन से है।" इसी प्रकार तात्विक सिद्धान्त के अर्थ में पद्धतिशास्त्र का प्रयोग भी ठीक नहीं है। तात्विक सिद्धान्त के द्वारा सिद्धान्तों की विषय-वस्तु की अपेक्षा सिद्धान्तों की प्रामाणिकता के सामान्य आधारों को मालूम किया जाता है। आजकल वैज्ञानिक अन्वेषण को निर्देशित करने वाले सिद्धांतों के व्यवस्थित एवं तार्किक अध्ययन को पद्धतिशास्त्र कहा जाता है। वैज्ञानिक अन्वेषण की तार्किकता के अर्थ में, पद्धतिशास्त्र का मूल मन्तव्य किसी विषय से संबंधित गवेषणा की प्रचलित विधियों का दार्शनिक मूल्यांकन करना है। अतः एक आदर्शात्मक अनुशासन के रूप में पद्धतिशास्त्र कार्यरत वैज्ञानिक के तथ्यात्मक अध्ययन से पूर्णतः भिन्न है। **पार्सन्स** के अनुसार, 'यह न तो पूर्णतः वैज्ञानिक है और न ही यह पूर्णतः एक दार्शनिक शाखा है।'

सामाजिक विज्ञानों में पद्धतिशास्त्रीय चर्चाओं का मुख्य विषय 'विज्ञान' के रूप में उन्हें प्रस्थापित करना है। इन चर्चाओं के मूल में यह विचार रहा है कि सामाजिक एवं प्राकृतिक विज्ञानों की विषय-वस्तु में मूलभूत अन्तर होते हुए भी सामाजिक विज्ञान किस सीमा तक प्राकृतिक विज्ञानों के समकक्ष पद्धतियों एवं तकनीकों का प्रयोग करते हैं, अथवा कर सकते हैं। किस सीमा तक ये विज्ञान सामाजिक अन्तर्क्रिया के नियमों की खोज करने में सक्षम हैं, जब कि इन विज्ञानों में गवेषणा की प्रायोगिक पद्धति का प्रयोग किया जाना प्रायः संभव नहीं है। क्या सामाजिक विज्ञानों में प्राकृतिक विज्ञानों की भांति ऐसे नियम हैं जो भविष्योक्ति के साथ-साथ घटनाओं का स्पष्टीकरण भी कर सकें? क्या सामाजिक शोध मूल्य-तटस्थ हो

सकती है या क्या उसे मूल्य-तटस्थ होना चाहिये ? वैज्ञानिक अन्वेषण की तार्किकता के अर्थ में जब हम पद्धतिशास्त्र की अवधारणा का प्रयोग करते हैं, तब समाजशास्त्र में पद्धतिशास्त्र के अन्तर्गत विज्ञान के आधारभूत अनुमान, सिद्धान्त-निर्माण की प्रक्रिया, सिद्धान्त एवं शोध के पारस्परिक संबंध तथा आनुभविक अन्वेषण की कार्यप्रणाली का विश्लेषण आदि को सम्मिलित किया जाता है। पद्धतिशास्त्र का संबंध वास्तविक ज्ञान की रचना से नहीं होता, अपितु इसमें उस कार्यप्रणाली का अध्ययन किया जाता है जिसके द्वारा प्रत्ययात्मक, तार्किक ज्ञान तथा शोध-विधियों का निर्माण होता है।

methodology, feminist **महिलावादी पद्धतिशास्त्र**

जब से नारीवादी आंदोलनों की शुरुआत हुई है, तब से कुछेक सक्रियतावादी महिलाओं (एक्टिविस्ट) ने महिलाओं संबंधी अध्ययनों के लिये एक अलग पद्धतिविज्ञान की मांग की है जो पुरुषों के पुरुषवादी वर्चस्व और मनोभावों से मुक्त हो। वे नारीवादी सामाजिक विज्ञान ही नहीं, अपितु पूर्णतः एक अलग-थलग विज्ञान की पक्षधर हैं जिसकी अन्वेषण की पद्धतियां नारी के जीवन एवं कार्यविधा से ओतप्रोत और अचेतन लैंगिक अभिनति से मुक्त हो। इन सक्रियतावादी महिलाओं के विचार में विद्यमान अन्वेषण की पद्धतियां पुरुष परिप्रेक्ष्य और दोहरे मानदंडों से ग्रस्त हैं। ये पद्धतियां पूर्णतः पक्षपातरहित नहीं कही जा सकतीं। इनकी दृष्टि में महिलाओं का अध्ययन वस्तुपरक संरचित साक्षात्कारों और परिमाणात्मक विश्लेषण के स्थान पर अत्यधिक प्रतिवर्ती (रिफलेक्सिव) एवं संक्रियात्मक असंरचित साक्षात्कारों के द्वारा किया जाना चाहिये ताकि सूचनादाता महिलाएं अपने विषय में अधिकाधिक बोल सकें और बता सकें। इस प्रकार के साक्षात्कारों द्वारा महिलाओं के जीवन और उनकी समस्याओं के शूक्ष्मातिशूक्ष्म परतों को खोलने में मदद मिलेगी।

ज्ञानमीमांसा (एपिस्टमोलॉजी) के एक दृष्टिकोण के अनुसार यह माना जाता है कि वस्तुपरकता, सत्य और प्रकृति पर नियंत्रण अर्जित करने का प्रयास एक पुरुषोचित आग्रह है; स्त्रियां ज्ञातकर्त्ता और ज्ञात, स्व और अन्य, मन और देह, व्यक्ति और वस्तु के बीच कम ही भेद करती हैं और वे संदिग्ध एवं बहुल सत्यों के प्रति अधिक सहिष्णु होती हैं। एक अन्य प्रभावी महिलावादी तर्क के अनुसार यह माना जाता है कि एक अधीनस्थ समूह के रूप में महिलाएं सामाजिक वास्तविकता को समझने में पुरुषों की अपेक्षा अधिक बेहतर स्थिति में होती हैं। इस दृष्टिकोण के अनुसार महिलावाद पुरुषवादी विज्ञान की अपेक्षा सामाजिक यथार्थ के अधिक वास्तविक चित्र को प्राप्त करने में सक्षम है।

metronymic = family, matronymic

metropolis **राजधानी/मिट्रापॉलिज़**

एक वृहत मुख्य नगर जो सामान्यतः आसपास की नगरीय बस्तियों तथा कस्बों से घिरा होता है। ये बस्तियां तथा कस्बे आर्थिक, सामाजिक तथा सांस्कृतिक दृष्टि से मिट्रापॉलिज़ पर निर्भर रहते हैं। मेट्रापॉलिटन क्षेत्र का यह एक केन्द्रीय नगर होता है। **बर्गल** के अनुसार

ऐसे नगरों की कुल जनसंख्या दस लाख या इससे अधिक तथा जनसंख्या का घनत्व 150 प्रति वर्ग मील या इससे अधिक होता है।

micro functionlism **सूक्ष्म प्रकार्यवाद**

एक समाजशास्त्रीय सैद्धान्तिक उपागम जो लघु स्तरीय सामाजिक प्रणालियों के प्रकार्यात्मक विश्लेषण पर बल देता है। इस उपागम की उत्पत्ति गेस्टाल्ट मनोविज्ञान द्वारा हुई है। समूह गत्यात्मता का अध्ययन इस उपागम के केन्द्रीय महत्व के विषय रहे हैं। इस उपागम के प्रमुख अनुसरणकर्त्ता विद्वानों में **कुर्ट लेविन** तथा **कार्टराइट व जेन्डर** का नाम विशेष उल्लेखनीय है। हार्वर्ड विश्वविद्यालय के **रॉबर्ट बेल्स** ने लघु समूहों पर काफी प्रायोगिक काम किया है।

micro sociology **सूक्ष्म समाजशास्त्र**

सूक्ष्म समाजशास्त्र के अध्ययन का केन्द्र बिन्दू क्रिया, अन्तर्क्रिया और इनकी अर्थ-संरचना है। सूक्ष्म समाजशास्त्र के अनुसरणकर्त्ता विद्वान समाज की बुनियादी इकाई व्यक्ति और उसकी क्रियाओं को मानते हैं। अतः व्यक्तियों की आमने-सामने की सामाजिक अन्तर्क्रियाओं का अध्ययन ही सूक्ष्म समाजशास्त्रियों का प्रमुख विषय है।

माइक्रो सिद्धान्तवेत्ता लघु समुदायों के अध्ययन द्वारा वृहत् समाजों को समझने का प्रयास करते हैं। सूक्ष्म उपागम के अध्ययनकर्त्ता मनोवैज्ञानिक पद्धति का प्रयोग कर के आगमनात्मक नियमों की रचना करते हैं। **मीड, ब्लूमर, होमन्स, स्कीनर, शूट्ज़, गोफमेन, गारफिंकल** आदि विद्वानों ने इसी परम्परा का अनुसरण करते हुए प्रतीकात्मक अन्तर्क्रियावाद, संरचनात्मक-प्रकार्यवाद, विनिमय सिद्धान्त, इथनोमेथडोलॉजी, फिनोमेनोलॉजी जैसे नये-नये परिप्रेक्ष्यों को जन्म दिया है। (देखिये–मेक्रो सोसिआलॉजी)।

middle class **मध्यम वर्ग**

किसी समाज की आर्थिक तथा सामाजिक स्तरीकरण की व्यवस्था का वह भाग जिसका स्तर न तो अत्यधिक निम्न होता है और न ही अत्यधिक ऊंचा। यह सामाजिक वर्ग कुलीन वर्ग तथा सर्वहारा द्वारा बने सामाजिक माप के दो छोर बिन्दुओं के मध्य में स्थित होता है। इस वर्ग में मुख्यतः सफेदपोश तथा निम्न प्रबंधकीय व्यवसायों में कार्यरत व्यक्तियों को सम्मिलित किया जाता है।

middle range theory **मध्यवर्ती सिद्धान्त**

लघु कार्यवाहक प्राक्कल्पनाओं तथा अमूर्त महत् सिद्धान्तों के बीच की स्थिति को मध्यवर्ती सिद्धान्त का नाम दिया गया है। इस प्रकार के सिद्धान्तों की रचना आनुभाविक शोध के वास्तविक तथ्यों के आधार पर होती है तथा ये सीमित क्षेत्र से संबंधित होते हैं। **ए. एम. रॉस** ने इसे एक सीमित सिद्धान्त के रूप में परिभाषित करते हुए लिखा है कि किसी विचाराधीन विषय-वस्तु से संबंधित परिभाषाओं, अनुमानों तथा सामान्य प्रस्थापनाओं के एक

ऐसे समन्वित समूह को सीमित सिद्धान्त कहा जाता है जिसके द्वारा विशिष्ट तथा परीक्षण योग्य प्राक्कल्पनाओं के एक व्यापक तथा स्थाई समूह का तार्किक आधार पर प्रतिपादन किया जा सकता है।

मध्यवर्ती सिद्धान्त के विचार का प्रतिपादन समाज विज्ञानों में सर्वप्रथम **प्रो. टी. एच. मार्सल** ने सन् 1946 में लन्दन विश्वविद्यालय के अधिष्टाता पद का भार ग्रहण करते समय अपने उद्‌बोधन में किया था। बाद में, इस विचार को अग्रसर करते हुए **प्रो. आर. के. मर्टन** ने कहा कि मध्यवर्ती सिद्धान्त तार्किक रूप से अन्तर्संबंधित ऐसी अवधारणाएं हैं जो व्यापक तथा महती सीमित क्षेत्र से संबंधित होती हैं। इन सिद्धान्तों का कार्य छोटी-छोटी प्राक्कल्पनाओं और वृहत अमूर्त सिद्धान्तों (ग्रान्ड थिअरिज़) के बीच की खाई को पाटना है।

migration **प्रव्रजन/देशान्तरण**

किसी एक भौगोलिक/राष्ट्रीय क्षेत्र से दूसरे भौगोलिक/राष्ट्रीय क्षेत्र में सापेक्षतः स्थाई गमन की प्रक्रिया प्रव्रजन या देशान्तरण के नाम से जानी जाती है। भ्रमण और प्रव्रजन में अन्तर है। भ्रमण पूर्णतः अस्थाई होता है, जब कि प्रव्रजन की स्थिति में स्थायीत्व का तत्व विद्यमान होता है।

इसी से मिलती-जुलती दो अन्य अवधारणाएं यथा उत्प्रवास और आव्रजन हैं। किसी व्यक्ति द्वारा अपने देश को छोड़कर दूसरे देश में जाने की प्रक्रिया 'उत्प्रवास' (एमिग्रेशन) कहलाती है। इसके विपरीत, देश में आने की प्रक्रिया को 'आव्रजन' या 'आप्रवास' (इम्इग्रेशन) कहते हैं। इसके अतिरिक्त प्रव्रजन का एक दूसरा रूप भी है जिसे 'आन्तरिक प्रव्रजन' कहते हैं। इस प्रकार के प्रव्रजन में एक ही देश में एक स्थान से दूसरे स्थान जैसे गांव से शहर की ओर निष्क्रमण अथवा शहर के मध्य क्षेत्र से उपनगरों की ओर गमन की प्रक्रियाएं भी सम्मिलित की जाती हैं।

minority group **अल्पसंख्यक समूह**

किसी समुदाय में सरलता से पहिचाने जाने वाला ऐसा कोई भी प्रजातिक, धार्मिक अथवा नृजातीय समूह जो पूर्वाग्रहों तथा भेदभाव के कारण कुछ अयोग्यताओं, उत्पीड़न और असुविधाओं का शिकार बनता है, अल्पसंख्यक समूह कहलाता है। किसी समूह का अल्पसंख्यक होना अथवा न होना मात्र संख्या या मात्रा पर निर्भर नहीं करता, अपितु शारीरिक अथवा सांस्कृतिक विशेषताओं के कारण उनके साथ सामूहिक रूप में किया गया भेदभाव तथा असमानतापूर्ण व्यवहार उन्हें अल्पसंख्यक समूह का दर्जा प्रदान करता है। यही कारण है कि दक्षिणी अफ्रीका में काले लोग अधिसंख्य होते हुए भी अल्पसंख्यक समूह की श्रेणी में आते हैं।

misdemeanour **साधारण अपराध**

ऐसे अपराध जिनके लिए अपराधियों को साधारण दण्ड जैसे एक वर्ष से कम कारावास, अर्थ दण्ड, परिवीक्षा पर छोड़ना, न्यायालय द्वारा ताड़ना देकर छोड़ देना आदि देने की

व्यवस्था होती है, साधारण अपराध की श्रेणी में आते हैं। इसके विपरीत, जघन्य अपराधों के लिए कठोर दण्ड का विधान होता है।

mob **जनसंकुल**

एक केन्द्रीभूत एवं सक्रिय भीड़ जो किसी हर्ष अथवा क्रोध के भाव से प्रेरित होती है, जमघट या जन संकुल कहलाती है। साधारणतः इस प्रकार की भीड़ का एक नेता, एक ध्वज तथा नारे के रूप में एक प्रतीक भी होता है। जनसंकुल का नेता इस प्रकार की भीड़ के ध्यान को किसी घटना पर केन्द्रित कर भीड़ के सदस्यों को क्रिया करने के लिए प्रोत्साहित करता है।

mobility **गतिशीलता**

सापेक्षिक स्थिति में, भौतिक अथवा सामाजिक, किसी भी प्रकार के संक्रमण या परिवर्तन को गतिशीलता कहते हैं। गांव से नगर की ओर प्रस्थान, एक नगर से दूसरे नगर को प्रस्थान, निवास स्थान संबंधी परिवर्तन, कार्यस्थल संबंधी परिवर्तन, एक सामाजिक वर्ग से दूसरे सामाजिक वर्ग में प्रवेश आदि गतिशीलता के परिचायक उदाहरण हैं।

mobility, horizontal social **क्षैतिज या समस्तरी सामाजिक गतिशीलता**

जब किसी संस्तरित व्यवस्था में संक्रमण के कारण प्रस्थिति एवं भूमिका दोनों में परिवर्तन आ जाता है, तब इसे समस्तरी या क्षैतिज सामाजिक गतिशीलता कहते हैं। इस प्रकार की गतिशीलता के कारण सामाजिक वर्ग की प्रस्थिति में कोई बदलाव नहीं आता है। यह व्यक्ति की सामाजिक प्रस्थिति में होने वाला एक ऐसा परिवर्तन है जिसके कारण सामाजिक वर्ग स्तर अथवा प्रतिष्ठा संस्तरण की दृष्टि से व्यक्ति की सामान्य स्थिति में कोई परिवर्तन उत्पन्न नहीं होता। उदाहरणार्थ, एक अभियन्ता एक कार्य-स्थल से नौकरी छोड़ कर दूसरे कार्य-स्थल पर नौकरी करने लगता है और यदि दोनों कार्य-स्थलों के सामान्य प्रतिष्ठा स्तर समान होते हैं, तो यह परिवर्तन क्षैतिज सामाजिक गतिशीलता का परिचायक है।

mobility, intergenerational **अन्तर-पीढ़ी-गतिशीलता**

एक पीढ़ी से दूसरी पीढ़ी की सामाजिक प्रस्थिति में होने वाला उदग्र परिवर्तन अन्तर-पीढ़ी गतिशीलता का द्योतक है। ऊर्ध्वगामी अथवा अधोगामी गतिशीलता का अध्ययन करते समय सामान्यतः पुत्र की व्यावसायिक प्रस्थिति की तुलना उसके पिता की व्यावसायिक प्रस्थिति से की जाती है।

mobility, intragenerational **अंतरा-पीढ़ी गतिशीलता**

ऐसी गतिशीलता जो एक व्यक्ति को अपने ही व्यावसायिक जीवन में अनुभव होती है, अर्थात् व्यक्ति के वर्तमान व्यवसाय या पद-स्थिति की तुलना उसके गत (पुराने) व्यवसाय या पद-स्थिति से की जाती है, इसे अंतरा-पीढ़ी गतिशीलता कहते हैं।

mobility, social **सामाजिक गतिशीलता**

किसी समाज की सामाजिक स्तरीकरण की व्यवस्था में, सामान्यतः व्यक्तियों और कभी-कभी किसी सम्पूर्ण समूह की भिन्न पद-प्रस्थियों के बीच होने वाले संक्रमण/परिवर्तन को सामाजिक गतिशीलता कहते हैं। अत्यंत साधारण अर्थों में, आय के बढ़ने या घटने के कारण किसी व्यक्ति का एक वर्ग से दूसरे वर्ग में प्रवेश की स्थिति सामाजिक गतिशीलता को इंगित करती है। सामाजिक गतिशीलता सामाजिक आकाश में पद-प्रस्थिति के परिवर्तन का संकेत देती है।

समाजशास्त्र में सामाजिक गतिशीलता के अध्ययन का एक लम्बा इतिहास रहा है। अर्द्ध उन्नीसवीं शताब्दी में **कार्ल मार्क्स** और **जॉन स्टुअर्ट मिल** के प्रमुख योगदानों से लेकर प्रारंभिक बीसवीं शताब्दी में **विल्फ्रेड पेरेटो** (जिन्होंने अभिजन परिभ्रमण के सिद्धान्त का प्रतिपादन किया था) और **पित्रिम सोरोकिन** तक कई समाज वैज्ञानिकों ने इसमें योगदान किया है। सोरोकिन ने अपनी भारी भरकम पुस्तक 'सोश्यल मोबिलिटी' (1927) में लिखा है कि 'प्रत्येक संस्तरित समाज में शीर्ष संचार की धाराएं उसी प्रकार विद्यमान रहती हैं, जिस प्रकार शरीर में रक्त के संचार की धाराएं आवश्यक होती हैं।' सामाजिक संस्तरण के प्रकार्यात्मक सिद्धान्त की आधार शिला रखते हुए उन्होंने कहा कि ये 'सीढ़ियां' या 'एलिवेटर्स', व्यवसायों में प्रतिभा के कुशल आवंटन के लिये आवश्यक हैं। इसे प्राप्त करने में असफलता, अक्षमता और अव्यवस्था को जन्म देती है। बाद में, संस्तरण के प्रकार्यात्मक सिद्धान्त को **डेविस एवं मूर** के लेखनों द्वारा स्थाई आधार प्रदान किया गया।

सन् 1945 के आसपास सामाजिक गतिशीलता संबंधी शोध-अध्ययनों के क्षेत्र में दो प्रमुख विरोधी धाराएं उभर कर आईं। एक धारा, जिसके अनुसार सामाजिक पदक्रम (हाइअराकी) के संदर्भ में गतिशीलता का विवेचन किया गया, के समर्थक विद्वानों ने आय, शैक्षिक योग्यता और सामाजिक-आर्थिक योग्यता के आधार पर व्यक्तियों का कोटि विभाजन किया। दूसरी धारा के अनुसार, गतिशीलता की वर्ग-संरचना के संदर्भ में विवेचना करते हुए विद्यमान श्रम बाज़ारों और उत्पादन इकाइयों द्वारा परिभाषित संबंधों के माध्यम से सामाजिक स्थितियों का जायज़ा लिया गया। सन् 1950 और 1960 के दशकों में पदक्रम परिप्रेक्ष्य (प्रथम धारा) छाया रहा।

इस परिप्रेक्ष्य के आधार पर अमेरिका में तथाकथित गतिशीलता अध्ययनों की प्रस्थिति अर्जन परम्परा का सूत्रपात हुआ। **पीटर ब्लॉ एवं ओटिश डंकन** का 'द अमेरिकन ऑक्यूपेशनल स्ट्रक्चर' (1967) नामक अध्ययन इसी परिप्रेक्ष्य का एक प्रमुख उदाहरण है। बाद में 1970 और 1980 के दशकों में पदक्रम परिप्रेक्ष्य को चुनौती देते हुए वर्ग-विश्लेषणों की यूरोपीय परम्परा ने ढ़ेर सारे अध्ययन किये। **जॉन गोल्डथ्रोप** ने इसी परिप्रेक्ष्य का अनुसरण करते हुए 'ऑक्सफोर्ड मोबिलिटी स्टडी' प्रस्तुत की।

mobility, vertical social **शीर्ष सामाजिक गतिशीलता**

जब प्रस्थिति एवं भूमिका में परिवर्तन के साथ-साथ सामाजिक वर्ग-प्रस्थिति में भी

बदलाव आ जाता है, तब इसे शीर्ष सामाजिक गतिशीलता कहते हैं। यह ऊर्ध्वमुखी अथवा अधोमुखी दोनों में से किसी भी ओर हो सकती है। दूसरे शब्दों में किसी सामाजिक व्यवस्था के विभिन्न सामाजिक वर्गों अथवा प्रस्थिति स्तरों के बीच होने वाला ऊर्ध्वगामी या अधोगामी परिवर्तन शीर्ष सामाजिक गतिशीलता का परिचायक है। इस प्रकार की गतिशीलता किसी वर्ग प्रस्थिति अथवा प्रतिष्ठा के पाने अथवा खोने का संकेत देती है।

mobilitization/mobilization model **गतिशीलकरण/गतिशीलकरण प्रतिरूप**

एक ऐसी प्रक्रिया जिसके द्वारा एक समूह निष्क्रिय व्यक्तियों के एक संकलन से जन जीवन में सक्रिय साझीदार बनता है। समाजशास्त्र में, इस संकल्पना का सामूहिक क्रियाकलाप संबंधी अध्ययनों– आधुनिकीकरण, सामाजिक आंदोलन, क्रांति जैसे क्षेत्रों में अधिकांश प्रयोग किया गया है। गतिशीलकरण की सामान्यतः 'संसाधन संगठन' के रूप में विवेचना की जाती है।

mode (statistical) **भूयिष्ठिक/बहुलक**

औसत का एक प्रकार जिसकी परिभाषा प्राप्तांकों अथवा माप के ऐसे मूल्य के रूप में की जाती है जो किसी समंक माला में सर्वाधिक बार आता है। अति संक्षेप में, श्रेणी में सर्वाधिक आने वाले मूल्य को भूयिष्टिक या बहुलक कहते हैं।

mode of production **उत्पादन-विधि**

मार्क्सवादी विश्लेषण की यह एक केन्द्रीय संकल्पना है। किसी समाज में वस्तुओं और सेवाओं के संगठन के तरीके को उत्पादन-विधि कहते हैं। इसके दो प्रमुख पक्ष हैं, यथा उत्पादन की शक्तियां/साधन (कच्चा माल, भूमि, श्रम, उपकरण, आदि) तथा उत्पादन-संबंध (उत्पादन के साधनों का स्वामित्व और इनके द्वारा निर्मित सामाजिक संबंध)। **कार्ल मार्क्स** ने उत्पादन के संबंध और उत्पादन की शक्तियों के बीच अन्तर्क्रिया के संदर्भ में ही उत्पादन की विधि की व्याख्या की है। मार्क्स के अनुसार, समस्त सामाजिक व्यवस्थाओं का आधार उत्पादन-विधि है और इसी के आधार पर बाद में सभी अन्य सामाजिक, आर्थिक, वैचारिक और सामाजिक संबंधों का निर्धारण होता है। विभिन्न ऐतिहासिक समाजों में भिन्न उत्पादन की प्रणाली के कारण ही भिन्न सामाजिक व्यवस्थाएं रही हैं।

model **प्रतिरूप/परिरूप**

प्रतिरूप या मॉडल किसी घटना की वास्तविकता को भौतिक, शाब्दिक अथवा गणितीय रूप में प्रतीकात्मक अभिव्यक्ति देने की एक विधि है। इसके द्वारा वास्तविकता का अमूर्तिकरण किया जाता है। एक व्यक्ति विश्व को किस प्रकार देखता है, इस आधार पर निर्मित संबंधों के प्रतिमान को अनुकरण, प्रतिलिपि, प्रतिकृति, अथवा सादृश्यता के रूप में प्रदर्शित करने की विधि प्रतिरूप कहलाती है।

समाजशास्त्र में प्रतिरूप अथवा मॉडल शब्द का प्रयोग कई भिन्न अर्थों में किया गया

है, यथा (1) किसी वास्तविक वस्तु की एक प्रतिकृति के रूप में, (2) एक मानदण्ड अथवा किसी आदर्श के रूप में, (3) अन्तर्संबंधित भागों सहित एक व्यवस्था की कार्यप्रणाली के वास्तविक प्रदर्शन के रूप में, (4) सिद्धांतों अथवा प्राक्कल्पनाओं के एक पुंज के रूप में जिनका प्रतिपादन तथ्यों के आपसी संबंधों के स्पष्टीकरण के लिए किया जाता है।

मॉडल या प्रतिरूप शब्द का प्रयोग किसी भी अर्थ में किया जाता हो, सभी अर्थों का मूल मंतव्य यह है कि मॉडल किसी भी जटिल घटना को समझने, बोधगम्य बनाने, व्याख्या करने और अमूर्तीकरण का एक अच्छा साधन है। इसके द्वारा घटना से संबंधित अवधारणाओं, चरों और उनके पारस्परिक संबंधों को उजागर कर उसे एक व्यवस्थित रूपाकार दिया जाता है। समाजशास्त्र में, संरचनात्मक-प्रकार्यवाद मॉडल का एक अच्छा उदाहरण है जिसके अनुसार यह माना गया कि समाज एक सावयव की भांति है और सावयव के विभिन्न भागों की भांति इसके विभिन्न भाग भी आपस में जुड़े हुए हैं जो सम्पूर्ण के कार्य-संचालण में अपना-अपना योगदान करते हैं।

प्रतिरूप-रचना, गणितीय समाजशास्त्र का एक प्रमुख विषय है जिसमें प्रवाह-चित्र (फ्लो डायग्राम) के स्तर से लेकर औपचारिक गणितीय अभिव्यक्ति के रूप में संशोधन-परिमार्जन किया जाता है।

model, analogous **उपमात्मक प्रतिरूप**

एक ऐसा प्रतिरूप जो विचाराधीन घटना की कुछ विशेषताओं तथा किसी सर्वथा भिन्न घटना की समान विशेषताओं के बीच सादृश्यता प्रकट करता हो, उपमात्मक प्रतिरूप कहलाता हैं। सामाजिक विज्ञानों में बहुधा इसी प्रकार के प्रतिरूपों का प्रयोग हुआ है। सावयविक तथा यांत्रिक प्रतिरूप इसके प्रमुख उदाहरण हैं।

model, conceptual **अवधारणात्मक प्रतिरूप**

कई अन्तर्संबंधित अवधारणाओं के आधार पर निर्मित प्रतिरूप को अवधारणात्मक प्रतिरूप कहते हैं। इस प्रकार के प्रतिरूप की अभिव्यक्ति गणितीय रूप में नहीं की जाती और न ही ऐसे प्रतिरूपों की रचना का उद्देश्य परिमाणीकरण होता है। इस प्रकार के प्रतिरूपों की रचना के लिए किसी वास्तविक भौतिक वस्तु को आधार नहीं बनाया जाता। सामाजिक विज्ञानों में प्रयोग किए गए प्रकार्यात्मक प्रतिरूप तथा आदर्श प्रारूप इस प्रकार के प्रतिरूपों के उदाहरण हैं।

model, formal **स्वरूपात्मक प्रतिरूप**

किसी घटना के गणितीय अथवा मौखिक कथनों के रूप में एक आदर्श-प्ररूपीय प्रदर्शन को स्वरूपात्मक प्रतिरूप की संज्ञा दी जाती है। इसमें घटना की कुछ आवश्यक विशेषताओं को ही सम्मिलित किया जाता है, सभी को नहीं। एक स्वरूपात्मक प्रतिरूप कोई सिद्धांत नहीं होता। वास्तविकता की रचना प्रतिरूप की इकाइयों द्वारा नहीं होती और न ही प्रतिरूप किसी घटना की व्याख्या का कोई दावा करता है। वास्तव में, घटना के द्वारा इसकी

संभावित आकृति की रचना होती है। समाजशास्त्र में इस प्रकार की अध्ययन विधा का प्रयोग **मैक्स वेबर** के 'आदर्श प्ररूप' और **सिमेल** के स्वरूपवादी समाजशास्त्र संबंधी धारणाओं में ढूंढा जा सकता है।

model, iconic **प्रतिमात्मक प्रतिरूप**

विचाराधीन घटना की प्रत्यक्ष अनुकृति पर आधारित प्रतिरूप प्रतिमात्मक प्रतिरूप कहलाता है। यद्यपि प्रतिमात्मक प्रतिरूप अनुभवाश्रित घटनाओं का प्रतिनिधित्व करता है, तथापि अन्य प्रतिरूपों की भांति इसकी प्रकृति मुख्यतः अमूर्तीकरण की ही होती है। यह प्रतिनिधित्व की जाने वाली वास्तविक घटना से कुछ बातों में भिन्न होता है। समाजमितीय चित्र प्रतिमात्मक प्रतिरूप का एक उदाहरण है। प्रतिमात्मक प्रतिरूपों की बहुधा उपमात्मक तथा सांकेतिक प्रतिरूपों से तुलना की जाती है।

model, mathematical **गणितीय प्रतिरूप**

समाज वैज्ञानिक गणितीय प्रतिरूप शब्द का प्रयोग सामान्यतः किसी सिद्धांत की आंकिक व्याख्या के अर्थ में करते हैं। सामाजिक विज्ञानों में, व्यक्तियों, क्रियाओं और घटनाओं के पारस्परिक संबंधों को परिमाणात्मक रूप में अभिव्यक्त् करने की विधा को गणितीय प्रतिरूप का नाम दिया गया है। 'रिगरेशन मॉडल' और 'लोगलाइनियर मॉडल' इसी के प्रमुख उदाहरण हैं।

model, symbolic **सांकेतिक प्रतिरूप**

एक ऐसा प्रतिरूप जो अवधारणाओं के एक समूह के तार्किक एवं सैद्धांतिक परस्पर संबंधों पर आधारित होता है, सांकेतिक प्रतिरूप कहलाता है। सामान्यतः सांकेतिक प्रतिरूप की प्रतिमात्मक तथा उपमात्मक प्रतिरूप से तुलना की जाती है।

model personality = personality, basic

modernism **आधुनिकतावाद**

आधुनिकतावाद मानवीय सामाजिक जीवन की संभावनाओं और दिशा का एक विशिष्ट दृष्टिकोण है जिसकी जड़ें तार्किक एवं वैज्ञानिक चिन्तन में गड़ी हुई हैं। इसकी शुरूआत प्रबोधकाल (एनलाइटनमेंट) के साथ हुई है। आधुनिकतावादी परिप्रेक्ष्यानुसार सत्य, सौंदर्य और नैतिकता वस्तुपरक यथार्थताएं हैं जिन्हें तार्किक एवं वैज्ञानिक विधियों से जाना और समझा जा सकता है तथा जिनकी खोज संभव है। सामाजिक जीवन का यह दृष्टिकोण प्रगति को न केवल अपरिहार्य मानता है, अपितु उन साधनों को भी इंगित करता है जिनके द्वारा मानवीय दशाओं पर अधिकाधिक नियंत्रण तथा व्यक्ति के लिये अधिकाधिक स्वतंत्रता प्राप्त की जा सकती है।

यह पद (टर्म) पश्चिमी समाजों में सन् 1880 और 1950 के बीच कला के क्षेत्र में कार्यरत अभियान का संकेत देती है। चित्रकारी में **पिकासो**, कविता में **इलियट**, साहित्य में

जॉयसी, संगीत में **स्ट्राविन्सकी** तथा स्थापत्य में **बहुआ** नामक व्यक्ति इस अभियान में अग्रणी रहे हैं। किन्तु बीसवीं शताब्दी के मध्य में यही अभियान रूढ़िग्रस्त हो गया। कुछेक का कहना है कि अब इस अभियान का स्थान उत्तर आधुनिकतावाद ने ले लिया है।

आधुनिकता, आधुनिकतावाद और आधुनिकीकरण भिन्न अवधारणाएं हैं। आधुनिकता सोच-समझ के एक विशिष्ट दृष्टिकोण (तार्किक-वैज्ञानिक) को परिलक्षित करती है। आधुनिकतावाद समाज की एक विशिष्ट दशा या स्थिति को प्रदर्शित करने वाली एक विचारना है, जब कि इसे गतिशील बनाये रखने वाली प्रक्रिया को आधुनिकीकरण कहते हैं।

modernism, post **उत्तर आधुनिकतावाद**

उत्तर-आधुनिकतावाद का जन्म आधुनिकतावाद की प्रतिक्रिया के फलस्वरूप हुआ है। यह आधुनिकतावादी दृष्टि को नकारता है और सर्वप्रथम एवं सर्वाधिक रूप में इस बात पर बल देता है कि सत्य, सौंदर्य और नैतिकता वस्तुपरक यथार्थताएं नहीं हैं। इनका वस्तुपरक अस्तित्व उनके संबंध में हमारे सोचने, लिखने और बातचीत करने के परे अधिक कुछ नहीं है। सामाजिक जीवन कोई ऐसी वस्तुपरक यथार्थता नहीं है जिसकी खोज संभव है। समाज, समुदाय और परिवार का कोई अचल स्वरूप नहीं है। ये हमारी बातचीत की निरन्तर धाराओं, अमूर्त प्रतिरूपों (मॉडल्स), कथाओं और अन्य प्रतीकों को प्रकट करने वाले स्वरूप मात्र हैं। यह परिप्रेक्ष्य यह मानता है कि विज्ञान के द्वारा सत्य की पहिचान कर के बेहतर विश्व की इच्छित रचना करने का प्रबोधकाल का लक्ष्य मात्र एक छलावा है। उत्तर-आधुनिकतावादी इस दृष्टिकोण ने न केवल समाजशास्त्र अपितु कई अन्य सामाजिक और भौतिक विज्ञानों के अस्तित्व को ही खतरे में डाल दिया है।

उत्तर आधुनिकतावाद का आविर्भाव इसी शताब्दी में लगभग साठ के दशक में यूरोप में हुआ। **जीन फ्रेंकोज़ ल्योटार्ड** ने अपनी पुस्तक 'द पोस्ट मॉडर्न कंडिशन' (1984) में आधुनिकतावाद पर कड़ा प्रहार करते हुए उत्तर आधुनिकतावादी विचारों की अपनी सविस्तार रूपरेखा प्रस्तुत की है। ल्योटार्ड ने समाजशास्त्र में प्रचलित अन्य सिद्धान्तों (ग्रान्ड थियोरिज़) के प्रणेताओं पार्सन्स, मर्टन, होमन्स आदि की कड़ी आलोचना करते हुए कहा है कि इनके सिद्धान्त लम्बे-लम्बे विवरणों से भरे पड़े हैं जिनका सामाजिक जीवन की यथार्थता से प्रत्यक्ष कोई सरोकार नहीं है। इस परिप्रेक्ष्य ने प्रकार्यवाद और मार्क्सवाद दोनों को समान रूप से अपनी आलोचना के तीरों का निशाना बनाया है। उत्तर आधुनिकतावादी लेखकों ने ज्ञान के विभिन्न क्षेत्रों (साहित्य, कला, वास्तुशिल्प, चित्रकला, दर्शनशास्त्र) की सभी पुरातन सीमाओं को तोड़ कर नये सिद्धान्तों, नये पेराडिम, नये माडॅल्स को विकसित करने का यत्न किया है। इन लेखकों ने मार्क्सवाद, नारी-आंदोलन और पारंपरिक सिद्धान्तों की नई व्याख्याएं प्रस्तुत की हैं। उत्तर आधुनिकतावादी विचारकों में विशेष उल्लेखनीय हस्ताक्षर **केलनर** (1980), **ल्योटार्ड** (1984), **बॉड्रिलार्ड** (1984), **हार्वे** (1989), **बोगार्ड** (1990) और **जेमशन** हैं।

इस परिप्रेक्ष्य/सिद्धान्त/विचारधारा का आविर्भाव विकसित एवं पूंजीवादी देशों की जीवन-विधि से जुड़ा हुआ है। इन समाजों में औद्योगिक उत्पादन और उपभोक्ता संस्कृति ने मानवीय मूल्यों और मानकों को तहस नहस कर दिया है। यही नहीं, बढ़ते हुए

विश्वव्यापी औद्योगिकवाद ने इस धरती की जीवन-पोषक व्यवस्था को ही खतरे में डाल दिया है। पिछली कुछ दशाब्दियों में सामाजिक, आर्थिक और राजनीतिक क्षेत्रों में समस्त विश्व में कुछ नवीन प्रवृतियां उभरती हुई देख सकते हैं। अर्थतंत्र का वैश्वीकरण, राष्ट्र-राज्य की अवधारणा का पतन, जनसंख्या की अपार गतिशीलता ने कुछेक चिन्तकों को यह सोचने और कहने के लिये बाध्य किया है कि 'आधुनिकता के परे' क्या? या आधुनिकता समाप्ति की राह पर है और एक नये युग का सूत्रपात हो रहा है जिसे इन चिन्तकों ने 'उत्तर आधुनिक काल' का नाम दिया है। उत्तर आधुनिकता की सर्व प्रथम अभिव्यक्ति हमें आधुनिकता के विरूद्ध सांस्कृतिक विद्रोह में देखने को मिलती है। इस नवीन प्रवृति ने आधुनिकता के कुछ सिद्धान्तों की धज्जियां उड़ा दी हैं और 'यथार्थवादी सिद्धान्त' के स्थान पर 'सुखवादी सिद्धान्त' के महत्व को प्रदर्शित किया है।

modernity **आधुनिकता**

बुद्धिवाद (रैशनॅलिज़्म) और उपयोगितावाद के दर्शन पर आधारित सोचने-समझने के एक ऐसे ढ़ंग को आधुनिकता कहते हैं जिसमें प्रगति की आकांक्षा, विकास की आशा और परिवर्तन के अनुरूप अपने आपको ढालने का भाव निहित होता है। तार्किक अभिवृति, परानुभूति, वैज्ञानिक विश्वदृष्टि, सार्वभौमिक दृष्टिकोण इसके विशेष गुण हैं।

modernization **आधुनिकीकरण**

आधुनिकीकरण राजनीतिक, सांस्कृतिक एवं सामाजिक परिवर्तन तथा आर्थिक विकास की एक ऐसी मिली-जुली पारस्परिक प्रक्रिया है जिसके द्वारा ऐतिहासिक तथा समकालीन अविकसित समाज अपने आपको विकसित करने में संलग्न रहते हैं। जहां कहीं, जब कभी और जिस किसी संदर्भ में इसकी उत्पत्ति हुई, इसकी मूल आत्मा तार्किकता, वैज्ञानिक भावना तथा परिष्कृत तकनीक से जुड़ी रही है। परिवर्तन की एक विशिष्ट प्रक्रिया के रूप में, आधुनिकीकरण एक विशिष्ट वांछित प्रकार की तकनीक तथा उससे संबंधित सामाजिक संरचना, मूल्य-व्यवस्था, प्रेरणाओं तथा आदर्श-नियमाचारों का एक पुंज है, जो पारम्परिकता से भिन्न होता है।

अलग-अलग क्षेत्रों में आधुनिकीकरण का जो अर्थ लगाया है, वह इस प्रकार है; (1) राजनीतिक आधुनिकीकरण राजनीतिक दलों, संसद, वयस्क मताधिकार, गुप्त मतदान जैसी प्रमुख संस्थाओं में विकास की मांग करता है; (2) सांस्कृतिक आधुनिकीकरण से तात्पर्य लौकिकीकरण (सेक्युलाराइज़ेशन) की प्रक्रिया को उत्पन्न करने तथा राष्ट्रीय विचारधारा को बढ़ावा देने से है; (3) आर्थिक आधुनिकीकरण श्रम-विभाजन, प्रबंधन की तकनीकों के प्रयोग, उन्नत प्रौद्योगिकी और व्यापारिक सुविधाओं के विस्तार जैसे क्षेत्रों में आर्थिक परिवर्तनों से संबंधित है; (4) सामाजिक आधुनिकीकरण उत्तरोत्तर साक्षारता में विकास, बढ़ता हुआ नगरीकरण तथा पारम्परिक सत्ता में ह्रास का संकेत देता है। इन सभी परिवर्तनों को बढ़ते हुए सामाजिक और सांस्कृतिक वैभिन्नयीकरण के संदर्भ में देखा गया है।

modernization, reflexive **प्रतिवर्ती आधुनिकीकरण**

प्रतिवर्ती आधुनिकीकरण की अवधारणा के रचनाकार **उलरिच बेक** ने आधुनिक सामाजिक विकास की एक ऐसी अवस्था के लिये इस अवधारणा का प्रयोग किया है जब आधुनिकता के तीव्र विकास के कारण परम्परा और आधुनिकता के बीच सामंजस्य वाला चरण समाप्त हो जाता है। सामान्यतः सामाजिक विकास के प्रारंभिक चरणों में परम्परा और आधुनिकता के बीच तालमेल रहता है और यह सामाजिक विकास के लिये आवश्यक भी है। इस संकल्पना का एक अन्य प्रयोग औद्योगिक समाज में परिवर्तन के संदर्भ में किया गया है जिसमें आधुनिकता में तीव्र गति से आमूलचूल परिवर्तन इस सीमा तक होता है कि यह औद्योगिक समाज की चूलें ही हिला देता है, इसके आधारों और नाक-नक्श को बदल देता है और एक अन्य प्रकार की आधुनिकता के द्वार खोल देता है। यह औद्योगिक समाज के एक पूरे युग के रचनात्मक आत्म-विनाश की संभावना का सूत्रपात करता है। इस प्रक्रिया में विद्यमान औद्योगिक समाज की जड़ों को नष्ट किया जाता है और इसके स्थान पर नवीन आधुनिकता द्वारा औद्योगिक समाज के अन्य रूपों का प्रत्यारोपण किया जाता है।

उलरिच के अनुसार, "अपनी आंतरिक गत्यात्मकता की विशेषता के कारण आधुनिक समाज वर्ग, स्तरीकरण, व्यवसायों, लिंग भूमिकाओं, एकाकी परिवार, कारखानों, व्यापारिक संस्थानों के साथ-साथ नैसर्गिक तकनीकी-आर्थिक प्रगति की पूर्वावश्यकताओं एवं सतत स्वरूपों की अपनी रचनाओं को ही विनष्ट कर देता है। यह नवीन अवस्था, जिसमें स्वयं प्रगति ही आत्म-विनाश में बदल जाती है और एक प्रकार का आधुनिकीकरण अपनी जड़ें स्वयं काट कर दूसरे प्रकार के आधुनिकीकरण में बदल जाता है, को ही प्रतिवर्ती आधुनिकीकरण कहा है।"

modernization theory **आधुनिकीकरण सिद्धान्त**

यह सिद्धान्त इस अनुमान पर आधारित है कि सभी समाज विकास की कुछ निश्चित पूर्वानुमेय अवस्थाओं से गुजरते हैं और धीरे-धीरे अधिक जटिल होते जाते हैं। विकास मुख्यतः प्रौद्योगिकी के आयात और इसके प्रयोग के लिये आवश्यक ज्ञान के साथ-साथ कई राजनीतिक और अन्य सामाजिक परिवर्तनों, जो इन्हीं का परिणाम होते हैं, पर निर्भर करता है। आधुनिकीकरण अधिकाधिक उच्चतर शिक्षा तथा जन संचार के साधनों की प्रचुरता पर बल देता है। ये दोनों ही प्रजातांत्रिक राजनीतिक संस्थाओं के विकास की पहली शर्त है। आधुनिकीकरण द्वारा यातायात और सम्प्रेषण की व्यवस्थाएं अधिकाधिक परिष्कृत एवं सुलभ हो जाती हैं। यह सुलभता जनसंख्या की गतिशीलता (सामाजिक और भौगोलिक दोनों दृष्टि से) एवं नगरीयता की प्रवृति को अधिक तीव्रता प्रदान करती है। बड़े-बड़े विस्तारित (संयुक्त) परिवार छोटे-छोटे नाभिक परिवारों में बदलने लगते हैं। धर्म का प्रभाव जन समुदाय पर घटता जाता है। इसका स्थान धर्मनिरपेक्ष प्रवृति ले लेती है। आधुनिकीकरण द्वारा श्रम-विभाजन जटिलतर होता जाता है। व्यावसायिक, सरकारी तथा सभी संगठनों का स्वरूप कर्मचारी-नौकरशाहीतंत्र में बदल जाता है। मुद्रा व्यवस्था का प्रचलन समस्त बाज़ार

व्यवस्था को प्राथमिक सामाजिक तंत्र में बदल देता है जो सभी अनौपचारिक और पारम्परिक विधियों का स्थान ग्रहण कर लेता है।

आधुनिकीकरण सिद्धान्त के तीन प्रमुख रूप बताये जा सकते हैं, यथा समाजशास्त्रीय, मनोवैज्ञानिक और आर्थिक। समाजशास्त्रीय स्वरूप परिवर्तन की प्रक्रिया में विभिन्न सामाजिक एवं सांस्थिक कारकों की भूमिका पर प्रकाश डालता है। उदाहरणार्थ, **प्रो. जमर्नी** (1965) ने परिवर्तन की प्रक्रिया का उल्लेख बाध्यात्मक क्रिया से ऐच्छिक क्रिया, अवैभिन्यकृत संस्थाओं से वैभिन्यकृत एवं विशेषीकरण युक्त संस्थाओं, परम्परा से परिवर्तन के संदर्भों में किया है। **मैक्स वेबर** ने भी इस संदर्भ में 'पारम्परिक' और 'आधुनिक' की आदर्शात्मक विशेषताओं का उल्लेख किया है। **पार्सन्स** ने अपने 'परिवर्ती प्रतिमान' (पैटर्न वेरिएबल) के सहारे आधुनिकीकरण की प्रक्रिया पर प्रकाश डाला है।

आधुनिकीकरण सिद्धान्त का मनोवैज्ञानिक स्वरूप परिवर्तन की चालक शक्तियों में आन्तरिक एवं मनोवैज्ञानिक प्रेरणाओं पर विशेष बल देता है। **मैकलिलैंड** (1991) ने इसी संदर्भ में अच्छे ढंग से कार्य करने की इच्छा के रूप में 'उपलब्धि की आवश्यकता' को परिवर्तन की प्रमुख चालक शक्ति बताया है।

आधुनिकीकरण के आर्थिक स्वरूप का अच्छा वर्णन-विश्लेषण हमें **रोस्टव** (1960) के आर्थिक विकास की अवस्थाओं के सिद्धान्त में देखने को मिलता है। उन्होंने बताया है कि सभी समाज पांच प्रमुख चरणों से गुजरते हैं, यथा पारम्परिक समाज, परिवर्तन की पूर्वावस्था, परिवर्तन की प्रक्रिया का समारंभ, वयस्कावस्था की ओर कदम और विपुल जन उपभोग की अवस्था।

moiety **गोत्रार्द्ध**

जब कोई आदिवासी समूह किसी कारणवश दो अर्द्धांशों में बंट जाता है, तो प्रत्येक अंश को गोत्रार्द्ध या मोइटी कहते हैं। आदिवासी समूह के दो अर्द्धांशों में बंटने की प्रक्रिया द्वारा उत्पन्न सामाजिक संरचना को 'द्वैध या द्विदल संगठन' कहा जाता है। आस्ट्रेलिया के कई भागों में एक जनजाति दो बहिर्विवाही अर्द्धांश समूहों में बंटी हुई है। कई भागों में ये पितृवंशीय और कई प्रदेशों में ये मातृवंशीय पाए गए हैं। भारत में भी इस प्रकार की सामाजिक संरचना दक्षिण में नीलगिरि पर्वत के आसपास निवास करने वाली टोड़ा जनजाति में देखी जा सकती है। टोड़ा जनजाति 'तेविलिऑल' और 'तारथरॉल' तथा बोंदो जनजाति 'ओंताल' और 'किल्लो' नामक दो अर्द्धांशों में बंटी हुई है।

monogamy **एकविवाह**

विवाह एवं परिवार का एक रूप जिसमें एक जीवन साथी के जीवित रहते हुए दूसरा विवाह नहीं किया जाता। इस प्रकार के विवाह में एक पुरुष एक स्त्री के साथ ही विवाह कर सकता है तथा सिद्धांततः जीवन-साथियों की बहुलता समाजोनुमोदित नहीं होती। एक पति-पत्नी और उनके बच्चे मिलकर एक विवाही परिवार का निर्माण करते हैं।

moral community **नैतिक समुदाय**

दुर्खाइम ने पारम्परिक ग्रामीण समाजों और आधुनिक नगरों के बीच तुलना करते समय 'नैतिक समुदाय' की अवधारणा का प्रयोग किया है। एक ऐसा समुदाय जो सामाजिक एकता (व्यापक और घनिष्ट लगाव) और नैतिक एकता (नैतिकता तथा व्यवहार संबंधी सामान्य विश्वासों को मानना) की भावनाओं से आबद्ध होता है, नैतिक समुदाय कहलाता है।

mores **रूढ़ियां/लोकाचार**

ऐसे सामाजिक प्रतिमान जो किसी समाज अथवा समूह हेतु व्यवहार के नैतिक मानदण्ड प्रस्तुत करते हैं, रूढ़ियां कहलाते हैं। रूढ़ियों का पालन करना जनरीतियों की भांति वैकल्पिक नहीं होता। इनके उल्लंघन करने पर कठोर दण्ड की व्यवस्था होती है। रूढ़ियां तथा जनरीतियां दोनों ही कार्य-व्यवहार करने के सामान्य तरीकों का संकेत देती है, किन्तु जनरीतियों की अपेक्षा रूढ़ियों को अधिक सुनिश्चित एवं उचित माना जाता है। समूह के सदस्य रूढ़ियों के प्रति एक भावात्मक लगाव का अनुभव करते हैं तथा समूह के कल्याण के लिए वे इन्हें बनाये रखना आवश्यक समझते हैं। मानदंडों के अन्य स्वरूपों से भिन्न रूढ़ियों को अपरिवर्तनीय और सामाजिक जीवन में अन्तर्निहित माना जाता है। किसी भी समाज के दर्शन एवं नैतिकता के विचारों से अनुप्राणित होने के कारण इनका समाज पर गहरा प्रभाव होता है। रूढ़ियां सकारात्मक अथवा निषेधात्मक दोनों प्रकार की हो सकती हैं। 'माता-पिता का आदर करो' यह एक सकारात्मक रूढ़ि है। इसके विपरीत, 'चोरी करना पाप है।' यह निषेधात्मक रूढ़ि है। इस अवधारणा का प्रतिपादन **समनर** ने अपने प्रसिद्ध ग्रंथ 'फोकवेज़' में किया है।

motivation **अभिप्रेरणा**

अभिप्रेरणा एक ऐसी भावना अथवा इच्छा है जो किसी व्यक्ति के संकल्प को इस प्रकार समायोजित करती है ताकि वह व्यक्ति कार्य करने को प्रेरित हो। यह एक ऐसी मानसिक दशा है जो क्रिया को प्रारंभ करने तथा व्यक्ति को लक्ष्योन्मुखी बनाये रखने की ओर प्रवृत करती है। संक्षेप में, यह व्यक्ति को इच्छित क्रिया की ओर अग्रसर करने की उत्प्रेरक प्रक्रिया है।

multivariate analysis **बहुपरिवर्तीय विश्लेषण**

तीन अथवा अधिक परिवर्त्यों के पारस्परिक संबंधों का स्पष्टीकरण करने वाली व्याख्या बहुपरिवर्तीय विश्लेषण कहलाती है। इसका प्रयोग सांख्यिकी में तब किया जाता है जब किसी घटना से संबंधित कई परिवर्त्य (वेरिएबल्स) विद्यमान होते हैं।

myth **मिथक**

किसी संस्कृति अथवा उपसंस्कृति के भीतर किसी विलक्षण घटना का वर्णन करने वाले अत्यधिक प्रतीकात्मक विवरण को मिथक या पौराणिक कथा कहा जाता है। प्रत्येक धार्मिक

परम्परा और उनके प्रवर्तकों जैसे महावीर स्वामी, ईशू मसीह के जन्म, जीवन चक्र, मृत्यु के संबंध में कुछ मिथक जुड़े हुए पाये गये हैं।

उन्नीसवीं शताब्दी के मानव वैज्ञानिकों ने मिथकों की उत्पत्ति को खोजने का प्रयास किया है। उन्होंने इन्हें सामाजिक संस्थाओं और प्रथाओं की अवैज्ञानिक व्याख्याओं के रूप में देखा है। प्रसिद्ध मानवशास्त्री **बी. मालिनोस्की** के अनुसार मिथक सामाजिक व्यवस्थाओं को वैधता प्रदान करते हैं। मिथक के बारे में आधुनिक व्याख्याएं **लेवी स्ट्रास** से काफी प्रभावित हुई मालुम होती हैं। स्ट्रास ने इन्हें संरचनात्मक भाषाविज्ञान की दृष्टि से संकेतों की एक व्यवस्था माना है। उन्होंने मिथकों को वैधता प्रदान करने वाली और सामाजिक व्यवस्थाओं की व्याख्या करने वाली संस्थाओं के रूप में स्वीकार किये जाने के प्रति अपनी असहमति प्रकट की है। उनके अनुसार मिथकों का प्रमुख प्रकार्य संज्ञानात्मक है, अर्थात् मस्तिष्क की आधारभूत प्रत्ययात्मक श्रेणियों की व्याख्या करना है।

N

narcissim **नार्सिसवाद/ आत्ममोह**

एस. फ्रायड द्वारा विकसित एक अवधारण। जब एक व्यक्ति कामेच्छा की तुष्टि हेतु अपने से बाहर की वस्तु की अपेक्षा अपने ही शरीर को चाहने लगता है, अपने आपसे ही प्यार करने लगता है तो यह प्रवृति नार्सिसवाद या आत्ममोह कहलाती हे। इसमें कामवृत्ति को व्यक्ति स्वयं पर प्रक्षेपित करता है। आत्ममोह की यह प्रवृति एक यूनानी मिथक से ली गई है। 'नार्सिस' (नरगिस) नामक एक काल्पनिक व्यक्ति स्वयं अपने चेहरे को देखकर अपने ही ऊपर इतना मुग्ध हो गया कि वह अपने आप से ही प्यार करने लगा। मिथक के इस नायक के नाम पर ही फ्रायड ने आत्ममोह की इस घटना को 'नार्सिसवाद' का नाम दिया।

nation **राष्ट्र**

एक राष्ट्र, एक ही राजनैतिक व्यवस्था के अन्तर्गत स्वेच्छा से रहने या रहने का प्रयत्न करने वालों का एक ऐसा सांस्कृतिक समुदाय है जो समान नैतिक भावनाओं के शक्तिशाली सूत्रों द्वारा आबद्ध होता है। भौगोलिक और आर्थिक एकता, एक भाषा तथा समान इतिहास, एक राष्ट्रीयता की पूर्व दशाएं अवश्य हैं, किन्तु राष्ट्र निर्माण के लिये ये पर्याप्त नहीं हैं। राष्ट्र बनता है लोगों की राष्ट्र बनाने की आम नैतिक भावना से।

national character **राष्ट्रीय चरित्र**

व्यक्तित्व की अपेक्षाकृत स्थायी विशेषताएं, सांस्कृतिक लक्षण अथवा सांस्थिक संरचनाएं जो यथेष्ट मात्रा में अपने प्रभाव अथवा वितरण में विशिष्टता लिये होती हैं तथा जिनके आधार पर एक समाज और दूसरे समाज में भिन्नता प्रदर्शत की जा सकती है, राष्ट्रीय चरित्र की द्योतक हैं। इस अवधारणा के द्वारा यह माना गया है कि एक समाज के सभी सदस्यों की व्यक्तित्व संरचना एक विशिष्टता लिए होती है। अतः एक समाज का सांस्कृतिक प्रतिमान एक विशिष्ट प्रकार के व्यक्तित्व को जन्म देता है।

इस अवधारणा का सर्वप्रथम प्रयोग राष्ट्रीय भिन्नताओं का अध्ययन करने के लिए राजनीतिक वैज्ञानिकों, प्रमुख रूप से **टॉक्विल्ली** द्वारा किया गया। बाद में इस अवधारणा को सांस्कृतिक मानव वैज्ञानिकों ने 'मूलभूत व्यक्तित्व संरचना' संबंधी अपनी अवधारणा को

विकसित करने में प्रयोग किया। इस संदर्भ में, **रूथ बेनेडिक्ट** द्वारा किया गया जापानियों के राष्ट्रीय चरित्र का प्रारंभिक अध्ययन विशेष उल्लेखनीय है।

nationalism **राष्ट्रवाद**

एक विचारधारा जिसमें राज्य की सदस्यता की व्याख्या धर्म, भाषा, नस्ल या प्रजाति जैसी कुछ सामान्य विशेषताओं के आधार पर की जाती है। भाषा, धर्म, नस्ल आदि की एकता मनुष्यों में ऐक्य भावना उत्पन्न करती है जो राष्ट्रवाद के नाम से जानी जाती है। ऐसा कहा जाता है कि एक राजनीतिक विचारधारा के रूप में राष्ट्रवाद का अठारहवीं शताब्दी के पूर्व कोई अस्तित्व नहीं था। यूरोप में राष्ट्रवादी आंदोलनों का उदय नेपोलियन काल के बाद में राष्ट्र-राज्यों के विकास के साथ हुआ है।

natural area **प्राकृतिक क्षेत्र**

इस अवधारणा का प्रयोग मुख्यतः मानवीय पारिस्थितिकी के क्षेत्र में किया गया है। मानवीय पारिस्थितिकी के संदर्भ में कुछ विशिष्ट भौतिक एवं सांस्कृतिक विशेषताएं लिये हुए प्रादेशिक क्षेत्र को प्राकृतिक क्षेत्र कहते हैं। इस प्रकार के क्षेत्र नगरीय वृद्धि तथा विकास की स्वाभाविक तथा अनियोजित प्रक्रियाओं के परिणाम होते हैं। प्राकृतिक क्षेत्र सापेक्षिक रूप में सामाजिक एवं सांस्कृतिक समरसता लिये होते हैं।इस अवधारणा का प्रयोग सर्वप्रथम शिकागो सम्प्रदाय के कुछ समाजशास्त्रियों ने नगरीय समाजशास्त्र में सन् 1920 और 1930 के बीच किया है।

natural increase **प्राकृतिक वृद्धि**

जनांकिकी की एक अवधारणा। एक निश्चित समयावधि में किसी जनसंख्या में मृत्यु की अपेक्षा जन्म की अधिकता के कारण होने वाली संख्यात्मक वृद्धि को प्राकृतिक वृद्धि कहते हैं। प्राकृतिक वृद्धि और कुल वृद्धि अथवा वास्तविक वृद्धि में अन्तर है। प्राकृतिक वृद्धि की गणना में प्रव्रजन के कारण हुई कमी अथवा बढ़ोत्तरी को सम्मिलित नहीं किया जाता।

naturalism **प्रकृतिवाद**

प्रकृतिवाद की अवधारणा का प्रयोग एकाधिक अर्थों में किया गया है। पद्धतिविज्ञान के संदर्भ में, प्रकृतिवाद का प्रयोग ऐसी मान्यता के लिये किया गया है, जिसके अनुसार यह माना जाता है कि प्राकृतिक एवं सामाजिक दोनों प्रकार के विज्ञानों की पद्धतियां समान हैं अथवा समान होनी चाहिये। एक नैतिक सिद्धान्त के संदर्भ में प्रकृतिवाद का प्रयोग अच्छे एवं बुरे के ऐसे मूल्यांकनों के लिये किया जाता है जिनकी नीवें प्रसंशित अथवा तिरस्कृत वस्तुओं अथवा घटनाओं संबंधी तथ्यों में विद्यमान होती हैं। समाजशास्त्र एवं मानवशास्त्र में इस अवधारणा का प्रयोग मुख्यतः धर्म की उत्पत्ति के एक सिद्धान्त के रूप में किया गया है। प्रकृतिवाद किसी भी प्रकार की अलौकिक शक्ति को नकारता है। इसके अनुसार, धर्म

प्राकृतिक शक्तियों एवं घटनाओं की एक उपज है। धर्म की इस धारणा के साथ **मैक्समूलर** का नाम जुड़ा है जिन्होंने भारतीय एवं यूरोपीय पुराकथाओं के आधार पर अपने प्रकृतिवादी विचारों की पुष्टि करने का यत्न किया है।

natural selection **प्राकृतिक प्रवरण**

प्राणियों के विकास का एक नियम जो इस तथ्य को उजागर करता है कि प्रकृति सब प्राणियों का भरण-पोषण न करने के कारण उनमें से कुछ का चुनाव करती है, अर्थात् पैदा हुए प्राणियों में से प्रकृति उनका चयन करती है जिनमें प्रबल जीवनी-शक्ति होती है, और शेष सभी निर्बल प्राणी प्राकृतिक प्रवरण के नियमानुसार नष्ट हो जाते हैं।

क्या प्राकृतिक प्रवरण का सिद्धान्त मनुष्यों पर भी लागू होता है? इस संबंध में मतभेद हैं। मनुष्य अपने विवेक द्वारा ऐसी परिस्थितियों का सृजन करने में सक्षम है जिनके कारण निर्बलों के लिये भी जीवन-संघर्ष में सफलता प्राप्त करना संभव हो जाता है। किन्तु इस तथ्य को भी पूर्णतः नजरअन्दाज नहीं किया जा सकता कि शक्तिशाली व्यक्तियों द्वारा निर्बलों को नष्ट करने की बात अनादि काल से मानव-जगत में रही है और आंशिक रूप से आज भी विद्यमान है।

need **आवश्यकता**

एक व्यक्ति द्वारा अनुभूत तनाव अथवा असंतोष की एक स्थिति जो व्यक्ति को किसी ऐसे लक्ष्य की ओर अग्रसर कर कार्य करने की प्रेरणा देती है जिसके संबंध में वह यह जानता है कि यह कार्य उस प्रेरणा की तुष्टि करेगा। भूख-प्यास, सुरक्षा तथा लैंगिक तुष्टि शारीरिक आवश्यकताएं हैं, जब कि आत्म-स्वीकृति एवं सम्मान, स्नेह, स्वच्छंदता आदि सामाजिक-मनोवैज्ञानिक आवश्यकताओं के उदाहरण हैं।

इस अवधारणा का प्रयोग सामाजिक विज्ञानों में काफी हुआ है। आवश्यकता तथा चाहत (वॉन्ट) में बन्तर है। आवश्यकताओं से तात्पर्य कुछ ऐसी वस्तुओं से है जो व्यक्ति, संगठन या किसी भी रचना के अस्तित्व के लिये आवश्यक होती हैं, जब कि चाहत उन वस्तुओं का संकेत देती है जो अभीष्ट या वांछित है। मानव जीवन के लिये कौन सी आवश्यकताएं सर्वाधिक जरूरी हैं, इसकी सूची बनना बड़ा दुष्कर कार्य है। इस संबंध में बनाई गई सूचियों के बारे में भारी मतभेद है।

neolocal residence = family, neolocal

new left **नव वामपंथ**

पुरातन वामपंथियों में सामान्यतः रूस समर्थकों और ट्रोटस्कीवादियों, माओवादियों और अन्य परम्परावादी साम्यवादी वैचारिक धाराओं के मानने वालों को सम्मिलित किया जाता था। शीत युद्ध काल में नव वामपंथी का लेबल उन पर लगाया गया जो पश्चिमी प्रकार के मार्क्सवाद के अनुसरणकर्त्ता या वामपंथी दलों के असंतुष्ट मानवतावादी थे। इस नव वामपंथ

की शुरूआत का श्रेय, विशेषतः अमेरिका और ब्रिटेन में सन् 1950 के बाद, आमूल परिवर्तनवादी (रेडिकल्स) बुद्धिजीवियों और स्व चेतन मार्क्सवादियों को दिया जाता है। वामपंथियों की यह नवीन धारा पूंजीवाद और राज्य आधारित समाजवाद के सोवियत रूसी मॉडल दोनों का समान रूप में विरोध करती है।

new right **नव दक्षिणवाद**

1980 के दशक में ब्रिटेन और अमेरिका में श्रीमती थेचर और श्री रीगन के प्रशासन से प्रोत्साहित एक ऐसे राजनीतिक दर्शन की शुरूआत हुई जिसने तत्कालीन सामाजिक प्रजातंत्रात्मक मूल्यों से अपनी असहमति प्रकट की और राजनीतिक-आर्थिक संगठन की एक नवीन विचारधारा की आधार शिला रखी। स्वतंत्र बाज़ार, व्यक्तिगत स्वतंत्रता, राज्य हस्तक्षेप और समाज कल्याण में कटौती, जनवादी नैतिकता और सत्तावाद जैसी कुछ प्रमुख विशेषताएं हैं जिनके प्रति इस नवीन धारा के समर्थकों ने अपनी प्रतिबद्धता प्रकट की।

new technology **नव प्रौद्योगिकी**

नव प्रौद्योगिकी से तात्पर्य ऐसी तकनीक से है जो एक निश्चित ऐतिहासिक संदर्भ में किसी उत्पादन-प्रक्रिया की पूर्व स्थापित तकनीक से महत्वपूर्ण संशोधन-सुधार (उत्पादन में वृद्धि या खर्चों में कमी वाली तकनीक) का आश्वासन देती है। यहां 'नवीन' का अर्थ प्रौद्योगिकी में होने वाले निरन्तर परिवर्तन के साथ उसकी बदलती हुई परिभाषा से है। आजकल सूक्ष्म विद्युती तकनीक पर आधारित जनसंचार की प्रौद्योगिकी समाजशास्त्रियों के रुचि का केन्द्र बनी हुई है। ऐसा माना जाता है कि इस नवीन प्रौद्योगिकी ने सामाजिक जीवन और कार्य-संगठन में भारी क्रांति उत्पन्न की है।

इस नवीन प्रौद्योगिकी के जो परिणाम परिलक्षित हुए हैं, उनमें प्रमुखतः निपुणता में कमी, सर्वहाराकरण, स्वचालन, दूरसंचारकरण, रोजगार में लचीलापन, तात्कालिक व्यवस्थाएं, दोहरे एवं खंडित श्रम-बाज़ार और एक नवीन अन्तर्राष्ट्रीय श्रम-विभाजन जैसी कुछ प्रवृतियां दृष्टिगोचर हुई हैं। इन सभी प्रवृतियों ने सामाजिक परिवर्तन की विधा को भारी मात्रा में प्रभावित किया है।

nondirective interview = interview, unstructured

nonparticipant observation = observation, nonparticipant

non probability sampling = sampling, non-probability

norm **मानदंड/आदर्श नियमाचार**

दैनिक जीवन की अनेकानेक एवं विशिष्ट स्थितियों में एक व्यक्ति को किस प्रकार का व्यवहार करना चाहिये, इस प्रकार के प्रश्नों के समाजोनुमोदित प्रत्युत्तरों को ही मानदण्ड या आदर्श नियमाचार की संज्ञा दी जाती है। मानदण्ड किसी समाज के ऐसे नियमाचार हैं जो

इस बात की व्याख्या करते हैं कि एक व्यक्ति के लिए एक स्थिति विशेष में क्या वांछनीय अथवा स्वीकृत व्यवहार है और क्या नहीं। दूसरे शब्दों में, मानव व्यवहार को नियमित एवं नियंत्रित करने वाले निर्देशात्मक विधि-विधानों को मानदंड कहा जाता है जो व्यक्तियों को किसी समाज विशेष में किसी कार्य को सम्पादित करने का एक निश्चित मार्ग अनुसरण करने के लिये बाध्य करते हैं। जनरीतियां, प्रथाएं, रूढ़ियां, परिपाटियां, लोकाचार तथा कानून आदि मानदण्डों के ही विभिन्न रूप हैं। प्रत्येक 'नार्म' के साथ पुरष्कार और दण्ड के रूप में अनुज्ञा जुड़ी होती है। अनुज्ञा की कठोरता के आधार पर ही इनमें भेद किया जाता है। आजकल 'नॉर्म' शब्द का प्रयोग एक मूलभूत अवधारणा के रूप में इन सभी के लिये किया जाता है। किसी क्रिया अथवा व्यवहार को 'नॉर्म' या 'नॉरमेटिव' कहने का साधारण अर्थ यही है कि अमुक व्यवहार समुदाय की प्रत्याशाओं के अनुरूप है।

norm, social = social norm

normative order **मानदंडमूलक/आदर्शात्मक व्यवस्था**

किसी विशिष्ट स्थिति को संचालित करने वाली नियमों की व्यवस्था तथा सहभागिक आकांक्षाओं को आदर्शात्मक या मानदंडमूलक व्यवस्था कहा जाता है। इस अवधारणा का प्रयोग अधिकांशतः प्रकार्यवादियों (विशेषतः टालकट पार्सन्स) के लेखनों में हुआ है।

normative theory **आदर्शात्मक (मानकी) सिद्धान्त**

किसी समाज में किसे सही और गलत कहा जाता है, क्या वांछनीय है और क्या अवांछनीय, क्या ठीक है और क्या ठीक नहीं, इनके संबंध में अभिव्यक्त धारणाएं, कथन या परिकल्पनाओं को आदर्शात्मक सिद्धान्त की संज्ञा दी जाती है। समाजशास्त्रियों में इस विषय के बारे में भारी मतभेद है कि क्या समाजशास्त्रियों को आदर्शात्मक कथनों (सिद्धान्तों) का अध्ययन करना चाहिये? क्या ये सिद्धान्त अध्ययन करने योग्य हैं? क्या इन्हें समाजशास्त्र की अध्ययन विषय-वस्तु में सम्मिलित किया जाना चाहिये? ये सभी प्रश्न, इस मूल प्रश्न से उद्‌भूत हैं कि क्या समाजशास्त्रियों का घटना की व्याख्या से घटना के मूल्यांकन की ओर अग्रसर होना अवैध नहीं है?

समाजशास्त्र को एक मूल्य-मुक्त और विषयपरक विज्ञान बनाने की दृष्टि से समाजशास्त्रियों को सभी प्रकार के मूल्य-निर्णयों से बचना चाहिये। सामाजिक विज्ञानों के संबंध में एक सर्वाधिक प्रतिष्ठित यह धारणा रही है कि मूल्यों का तथ्यात्मक आधार पर विवेचन नहीं किया जा सकता, उनकी सत्यता को तथ्यों के आधार पर नहीं देखा-परखा जा सकता है। नैतिक निर्देशों या अनुज्ञाओं की वस्तुपरक ढंग से सत्यता या असत्यता को सिद्ध नहीं किया जा सकता, क्योंकि मूल्य-निर्णयों का निर्धारण व्यक्तिपरक अधिमान्यता के आधार पर होता है जो कि तर्कसम्मत अन्वेषण के घेरे में नहीं आती हैं। इस संबंध में प्रतिष्ठित समाजशास्त्री **मैक्स वेबर** का यह बहुप्रसिद्ध कथन उल्लेखनीय है कि 'यदि टाल्सटॉय का यह प्रश्न उत्पन्न होता है कि यदि विज्ञान यह नहीं कर सकता है, तब इस प्रश्न का उत्तर

कौन देगा कि हमें क्या करना चाहिये, और हमें अपने जीवन को कैसे व्यवस्थित करना चाहिये ?'.... तब व्यक्ति यह कह सकता है कि केवल एक ईश्वर या कोई उद्धारक ही इन प्रश्नों के उत्तर दे सकता है। अतः अधिकांश समाजशास्त्रीय गवेषणाएं व्याख्यात्मक और विवेचनात्मक हैं। ये गवेषणाएं ऐसे मानकी (आदर्शात्मक) प्रश्न नहीं सुझाते-बुझाते हैं कि "सामाजिक व्यवस्था को बनाये रखने के लिये कौन से मूल्य होने चाहिये ?" दूसरे शब्दों में, "समाज को अपने आपको किस प्रकार व्यवस्थित या संगठित करना चाहिये ?"

समाज विज्ञानों को मूल्य-मुक्त या मूल्य-निर्णयात्मक होना चाहिये, इस विवाद पर बहुत कुछ लिखा गया है और निरन्तर लिखा जा रहा है। कुछेक समाजशास्त्रियों ने इन दोनों के बीच की स्थिति को स्वीकारते हुए नीतिशास्त्रीय समस्याओं के समाधान हेतु अ-सापेक्षीय आधारों को खोजने का यत्न किया है। इसके लिये उन्होंने ऐसे नैतिक सिद्धान्तों की खोज करने का प्रयास किया है जो सामाजिक संबंधों और संस्थाओं के नियमन के लिये आवश्यक हैं।

nuclear family = family, nuclear

null hypothesis = hypothesis, null

O

objectivity **वस्तुनिष्ठता/वस्तुपरकता**

वस्तुपरकता घटनाओं के अध्ययन का एक दृष्टिकोण है जिसके अनुसार एक व्यक्ति घटना से संबंधित तथ्यों को पूर्वाग्रह अथवा भावनाओं की अपेक्षा साक्ष्य एवं तर्क के आधार पर निष्पक्ष, तटस्थ तथा किसी भी प्रकार की अभिनति एवं पूर्वधारणाओं से मुक्त होकर देखता-परखता है। वैज्ञानिक शोध की यह एक परम आवश्यकता है कि शोधकर्ता अपने आपको उन स्थितियों से अलग-थलग रखने का यत्न करे जिनमें उसके व्यक्तिशः रूप में घुलमिल जाने की संभावना रहती है। समाजशास्त्रीय पद्धतियों के अध्यापन में उन विधियों एवं तरीकों (जैसे दैव प्रतिचयन का प्रयोग, विभिन्न नियंत्रणों का प्रयोग, वैकल्पिक शब्दों युक्त प्रश्नावलियों को बना कर उनका पूर्व-परीक्षण, आदि) को बताया जाता है कि किस प्रकार गवेषणाओं से संबंधित तथ्यों को संकलित एवं विवेचना करते समय अभिनति (पक्षपात) मुक्त होना चाहिये और वस्तुपरकता को बनाये रखना चाहिये। समाज विज्ञानों, विशेषतः समाजशास्त्र के संबंध में एक लम्बे अर्से से यह एक वाद-विवाद का विषय बना हुआ है कि क्या समाजशास्त्र में पूर्ण वस्तुनिष्ठता संभव तथा वांछनीय है? इन दोनों विवादास्पद विषयों के बारे में भिन्न समाजशास्त्रियों ने पक्ष एवं विपक्ष दोनों में अपने मत व्यक्त किए हैं।

observation method **अवलोकन (प्रेक्षण) विधि**

किसी घटना अथवा वस्तु को व्यवस्थित एवं सूक्ष्म रूप से देखने-परखने तथा आलेखन की विधि अवलोकन या प्रेक्षण कहलाती है। यह घटनाओं को भौतिक रूप में देखने के साथ-साथ मानसिक रूप में उनके प्रत्यक्षीकरण की एक विधि है।

observation, controlled **नियंत्रित अवलोकन**

नियंत्रित अवलोकन से तात्पर्य एक ऐसी विधि से है जिसमें प्रामाणीकरण के उद्देश्य से विचाराधीन घटना अथवा/ और अवलोकनकर्त्ता दोनों पर नियंत्रण स्थापित किया जाता है। घटना पर नियंत्रण के लिए प्राकृतिक विज्ञानों की प्रयोगिक विधि का प्रयोग किया जाता है। सामाजिक विज्ञानों में प्रायोगिक विधि की भांति लगाए गए नियंत्रणों के उपयोग की सीमित संभावनाएं हैं। अतः सामाजिक विज्ञानों में अवलोकनकर्त्ता के अवलोकन की प्रक्रिया अर्थात्

अवलोकन का उद्देश्य, समय, स्थान, अवधि, इकाइयों की संख्या आदि को व्यवस्थित करने का यत्न किया जाता है। इसके लिए अवलोकन अनुसूची तथा यांत्रिक उपकरणों जैसे टेप रिकार्डर, केमरा, स्टॉप घड़ी, आदि का भी प्रयोग किया जाता है।

observation, non/uncontrolled **अनियंत्रित अवलोकन**

अवलोकन का एक प्रकार जिसमें विचाराधीन घटना का, बिना किसी नियंत्रण के प्रयोग किए हुए, उसकी स्वाभाविक स्थिति में (घटना के घटते समय) अध्ययन किया जाता है। इसे 'असंरचित' अथवा 'सरल' अवलोकन भी कहते हैं।

observation, nonparticipant **असहभागिक अवलोकन**

सामाजिक अन्वेषण की एक विधि जिसमें शोधकर्त्ता अध्ययन किए जाने वाले समूह की सक्रिय क्रियाओं में एक सदस्य की भांति भाग न लेकर मात्र एक तटस्थ दर्शक के रूप में समूह के व्यवहार को देखता-परखता है। इसे असहभागिक अवलोकन कहते हैं।

observation, participant **सहभागिक अवलोकन**

अवलोकन विधि का वह रूप जिसमें शोधकर्त्ता अध्ययन किए जाने वाले समूह के एक आंतरिक सदस्य के रूप में समूह की गतिविधियों एवं कार्यकलापों में भाग लेता है। सामाजिक शोध की यह विधि सूक्ष्मदर्शक यंत्र की भांति शोधकर्त्ता को सामाजिक घटना का गहराई, निकटता तथा अति सूक्ष्मता से अध्ययन करने का अवसर प्रदान करती है।

observation, quasi-participant **अर्द्ध सहभागिक अवलोकन**

अवलोकन की एक विधि जिसमें अन्वेषक सहभागिक और असहभागिक दोनों प्रकार के अवलोकन के बीच की स्थिति को अपनाता है, अर्थात् अध्ययन किए जाने वाले समुदाय की कुछ क्रियाओं में वह पूर्ण सहभागिक की भूमिका अदा करता है, तो कहीं पर वह पूर्ण असहभागिक बन जाता है।

oedipus, complex **इडिपस मनोग्रंथि**

प्रत्येक व्यक्ति को आनुवांशिक रूप में कुछ ऐसी प्रवृत्तियां प्राप्त होती हैं, जो मनोग्रंथियों के निर्माण में सहायक होती हैं। इस प्रकार कुछ मनोग्रंथियों का निर्माण बिल्कुल अचेतन रूप से हो जाता है। एक ऐसी ही मनोग्रंथि को **एस. फ्रायड** ने 'इडिपस मनोग्रंथि' का नाम दिया है। फ्रायड की यह अवधारण ग्रीक की 'इडिपस' नामक एक पुरा कथा पर आधारित है। इडिपस नामक व्यक्ति ने अपनी मां के प्रति अतिशय लगाव के कारण अपने पिता की हत्या कर अपनी मां के साथ विवाह कर लिया। इस कथा के आधार पर फ्रायड ने यह सिद्ध करने का प्रयास किया कि लड़कों में अपनी मां के प्रति एक स्वाभाविक आकर्षण होता है और वह उसे प्राप्त करने की इच्छा रखता है। किन्तु जब वह यह देखता है कि उसकी मां पर उसके पिता का प्रभुत्व है, तो वह ऐसा नहीं कर पाता। इससे लड़के

के अंदर अपने पिता के प्रति विद्वेष एवं प्रतिस्पर्धा की भावनाएं पैदा होती हैं। लड़के के मन में अचेतन रूप में अपने माता-पिता के प्रति जो रागात्मक भाव उठते हैं, फ्रायड ने इन्हीं के आधार पर 'इडिपस मनोग्रंथि' की अवधारणा को विकसित किया है। अतः फ्रायड के अनुसार, इडियस मनोग्रंथि एक पुत्र की अपनी मां के प्रति प्रगाढ़ लगाव के साथ-साथ अपनी मां का स्नेह प्राप्त करने के लिए अपने पिता के प्रति एक कड़ी ईर्ष्या एवं प्रतिद्वन्द्विता की भावना है।

office **पदानुषंग**

किंग्सले डेविस ने प्रस्थिति से मिलती-जुलती कई अवधारणाओं की विवेचना की है, उनमें पदानुषंग भी एक प्रमुख अवधारणा है। किसी औपचारिक संगठन में वैधानिक नियमों द्वारा निर्मित पद को प्रो. डेविस ने पदानुषंग प्रस्थिति कहा है। यह एक ऐसा अर्जित पद होता है जिसे व्यक्ति अपनी योग्यता के आधार पर प्राप्त करता है। पदानुषंग, वास्तव में, प्रस्थिति का ही एक विशिष्ट रूप है जिसे हम 'औपचारिक वैधानिक प्रस्थिति' कह सकते हैं। पदानुषंग किसी पद पर आसीन व्यक्ति को मानकित नियमों द्वारा परिभाषित कुछ विशिष्ट दायित्व एवं अधिकार प्रदान करता है। पदानुषंग की अवधारणा प्रस्थिति की अवधारणा से संकुचित है। प्रस्थिति एक सामान्य संस्थात्मक व्यवस्था में किसी पद का संकेत देती है, जब कि पदानुषंग किसी संगठन में व्यक्ति द्वारा प्राप्त किये गये पद को इंगित करती है।

oligarchy **अल्पतंत्र**

सरकार का एक स्वरूप जिसमें 'कुछ व्यक्तियों द्वारा शासन' किया जाता है, अल्पतंत्र के नाम से जाना जाता है।

open and closed societies **मुक्त एवं प्रतिबंधित समाज**

मुक्त एवं प्रतिबंधित समाज शब्दों का सर्वप्रथम प्रयोग **कार्ल पॉपर** ने अपनी पुस्तक 'द ओपन सोसाइटी एण्ड इट्स ऐनिमीज़' (1945) में किया है। बाद में, इनकी सविस्तार चर्चा अपनी एक अन्य पुस्तक 'द पावर्टी ऑफ हिस्टोरिस्जिम्' (1957) में की है। पॉपर ने मार्क्सवाद की आलोचना करते हुए इन दो प्रकार के समाजों की रूपरेखा प्रस्तुत की है। पॉपर के अनुसार, मुक्त या खुले ऐसे समाज हैं जिनमें सामाजिक नीतियां अनोपेक्षित परिणामों को लेकर बनाई जाती हैं, उनकी खुले रूप में आलोचना की जाती है और इन आलोचनाओं के संदर्भ में उनमें संशोधन किया जाता है। ये समाज अनेक व्यक्तियों के कार्यकलापों, रचनाओं एवं आविष्कारों का प्रतिफल होती हैं तथा इनका विकास छोटी-छोटी सामाजिक अभियांत्रिकी पर आधारित होता है। ऐसे समाज इस अर्थ में उदारवादी तथा प्रजातांत्रिक दोनों होते हैं क्यों कि इनमें ऐसे शासकों को हटाया जा सकता है जो औचित्यपूर्ण आलोचनाओं के अनुसार कार्य करने में असफल रहते हैं। इसके विपरीत, प्रतिबंधित या बन्द समाजों में तानाशाही और अमानवीय शासन होता है तथा जिनमें परिवर्तन की सारी सामान्य प्रक्रियाएं अवरूद्ध हो जाती हैं।

मुक्त एवं प्रतिबंधित समाज की उपरोक्त परिकल्पनाओं के आधार पर तत्कालीन सोवियत रूस के सर्वसत्तावादी शासन (टोटेलिटेरियन रिज़ीम) को प्रतिबंधित समाज और पश्चिमी प्रजातंत्रों को मुक्त समाज की श्रेणी में रखा जाता है।

operational definition = definition, operational

operationalism **प्रायोजिकतावाद**

विज्ञान का एक दर्शन जो सत्य संबंधी समस्त कथनों को प्रमाणनीय अवधारणाओं में परिणत करने का हामी है, प्रायोजिकतावाद कहलाता है।

operationalization **प्रायोजीकरण**

शोध की दृष्टि से अवधारणाओं की अमूर्तता एक समस्या है। किसी अमूर्त अवधारणा की उपयोगिता तब ही प्रदर्शित की जा सकती है जब उस अवधारणा को किसी विशिष्ट मूर्त एवं आनुभविक घटना के साथ जोड़ा जाता है अन्यथा अमूर्त अवधारणा को समझना तथा उसका महत्व जानना कठिन होता है। प्रायोजीकरण इसी समस्या का एक हल है। प्रायोजीकरण अमूर्त अवधारणाओं को वास्तविक घटनाओं अथवा वस्तुओं, जिन्हें हम देख-परख सकते हैं, के साथ जोड़ने की एक प्रक्रिया है। किसी अवधारणा को प्रायोजिक बनाने से तात्पर्य उसे मापने तथा परिमाणन योग्य बनाने से है, ताकि उसका परीक्षण किया जा सके।

opinion **सम्मति/मत**

किसी घटना, वस्तु, व्यक्ति, समूह अथवा स्थिति के प्रति व्यक्ति द्वारा दिया गया अपना निष्कर्ष या निर्णय सम्मति या मत कहलाता है। यह किसी मनोवृति की एक शाब्दिक अभिव्यक्ति होती है।

opinion, public = public opinion

optimum population **इष्टतम जनसंख्या**

स्वीकृत एवं मान्यता प्राप्त सामाजिक लक्ष्यों को प्राप्त करने तथा उन्हें बनाये रखने की दृष्टि से यथेष्ट मात्रा वाली जनसंख्या को इष्टतम जनसंख्या कहते हैं। यह जनसंख्या आवश्यकता से न कम होती है और न ही अधिक। इष्टतम जनसंख्या की माप के लिए विभिन्न मानदंडों का प्रयोग किया गया है। सामान्यतः तथा सर्वाधिक रूप में जीवन-स्तर के आधार पर इष्टतम जनसंख्या को आंका जाता है। अर्थशास्त्री बहुधा जनसंख्या की वृद्धि को राष्ट्रीय आय की वृद्धि से संबंधित कर के यह देखते हैं कि अधिकतम आय की दृष्टि से जनसंख्या का आकार इष्टतम है अथवा नहीं। जनसंख्या के इष्टतम होने पर प्रति व्यक्ति आय अधिकतम होती है।

इष्टतम जनसंख्या एक गतिशील धारणा है। किसी भी समाज की इष्टतम जनसंख्या उन

कारकों के साथ बदलती रहती है जिनके द्वारा सम्पूर्ण सामाजिक प्रतिमान का निर्धारण होता है।

organic solidarity = social solidarity, organic

organicism **सावयववाद**

एक सिद्धांत अथवा परिप्रेक्ष्य जिसके अनुसार समाज को संरचना एवं प्रकार्य की दृष्टि से एक जैवकीय सावयव के समान माना जाता है। इस दृष्टिकोण के मुख्य प्रतिपादक **हरबर्ट स्पेंसर** रहे हैं जिन्होंने समाज को एक जैवकीय सावयव मानकर उसकी तुलना मानव अथवा किसी भी पशु के अन्तर्निर्भर अंगों द्वारा निर्मित सम्पूर्ण शारीरिक व्यवस्था से की है।

organization culture **संस्थान संस्कृति**

किसी औपचारिक संगठन में सामाजिक संबंधों को निर्धारित करने वाले मूल्यों, मानदंडों और व्यवहार-प्रतिमानों को संस्थान संस्कृति कहते हैं। सन् 1980 के बाद अमरीकी और ब्रितानी प्रबंध की पाठ्य पुस्तकों में इस अवधारणा का खूब प्रयोग हुआ है।

organization man **संस्थान/संगठनात्मक व्यक्ति**

संस्थान व्यक्ति या संगठनात्मक व्यक्ति का संबोध ऐसे व्यक्तियों के लिये किया जाता है जो अपने मित्रों, परिवार और समुदाय से कट कर पूर्णतः प्रशासन-तंत्र (नौकरशाही) ढांचे में ढल जाते हैं। ऐसे व्यक्तियों के व्यक्तित्व पर नौकरशाही की विशेषताएं हावी रहती हैं, उनके खुद के व्यक्तित्व का लोप हो जाता है। इस नौकरशाही व्यक्तित्व संरचना ने समविन्यास (कॅनफारमिटी) और वृहत जन समूहों द्वारा निर्मित उपनगरीय निजी जीवन शैली को उत्पन्न किया है तथा प्रतिस्पर्धी व्यक्तिवाद के अमरीकी मूल्यों को नष्ट कर दिया है। 'ऑरगॅनाइज़ेशन मेन' नाम से ही सन् 1956 में **विलियम व्हिटे** की बहुप्रसिद्ध पुस्तक का प्रकाशन हुआ था।

organized crime = crime, organized

other **अन्य**

सामाजिक जीवन के अध्ययन से संबंधित एक अवधारणा जिसके द्वारा सामाजिक संबंधों की व्याख्या की जाती है। समाजशास्त्रीय विश्लेषण में दो भिन्न 'अन्यों' का प्रयोग किया गया है। प्रथम 'विशिष्ट अन्य' (सिग्निफिकेंट अदर) की अवधारणा का प्रयोग मनोचिकित्सक **एच. एस. सुलिवन** ने उन व्यक्तियों के लिये किया जिनके विषय में हमें थोड़ी-बहुत एक निश्चित जानकारी होती। चूंकि हम उन्हें एक व्यक्ति के रूप में जानते हैं, अतः हम उनके व्यक्तिगत विचारों, भावनाओं, आंकाक्षाओं को पर्याप्त महत्व देते हुए उनके साथ वैसा ही व्यवहार करते हैं। जैसे, जब हमें किसी विशिष्ट दूकानदार के संबंध में यह ज्ञान होता है कि यह अपनी दूकान से टेलीफोन नहीं करने देता, तब हमें उसकी दूकान में

घुसते समय यह बात ध्यान में आ जाती है और हम उसे टेलीफोन के लिये निवेदन नहीं करते।

जार्ज मीड ने 'अन्य' शब्द का प्रयोग भिन्न अर्थ में करते हुए 'सामान्य अन्य' (जनरलाइज्ड अदर) की अवधारणा प्रस्तुत की है। 'सामान्य अन्य' से तात्पर्य किसी सामाजिक पद तथा उससे जुड़ी हुई भूमिका के अमूर्तीकरण से है। जैसे, जब हम किसी दूकान में जाते हैं, वहां दूकानदार से हमारा व्यवहार 'सामान्य अन्य' के आधार पर होता है, अर्थात् अन्य दूकानदारों के संबंध में हमारा जो सामान्य ज्ञान है उसी ज्ञान का प्रयोग करते हुए हम इस दूकानदार से भी वैसा ही व्यवहार करते हैं।

अधिकांश सामाजिक संबंध दोनों प्रकार के अनुभवों पर आधारित होते हैं। हमें हमारे दुकानदार के बारे में कुछ बातें पता हो सकती हैं, किन्तु बहुत सा ज्ञान जिसके आधार पर हम व्यवहार करते हैं, वह किसी विशिष्ट परिस्थिति में सामाजिक पद और उससे जुड़ी भूमिका की हमारी समझ पर निर्भर करता है।

ये दोनों ही अवधारणाएं (विशिष्ट अन्य और सामान्य अन्य) सामाजीकरण के अध्ययन के संदर्भ में बड़ी महत्वपूर्ण हैं। इन अवधारणाओं द्वारा यह स्पष्ट होता है कि किस प्रकार एक व्यक्ति सर्वप्रथम, 'विशिष्ट अन्य' तथा उनकी विशिष्ट प्रत्याशाओं (विशेषतः माता-पिता और मित्रगण) और बाद में सामाजिक व्यवस्थाओं की सामान्य व्यवस्थाओं की सामान्य प्रत्याशाओं के अनुरूप अपने व्यवहार को ढालना सीखता है। वास्तव में, 'सामान्य अन्यों' को समझने की हमारी योग्यता ही हमें भूमिकाओं के सम्पादन के लिये सक्षम बनाती है।

other-directed society **पर-निर्देशित समाज**

'पर-निर्देशितता' (अदर डायरेक्टेडनैस) की अवधारणा की रचना का श्रेय **डेविड रीज़मेन** को जाता है जिन्होंने अपनी पुस्तक 'द लोनली क्राऊड', (1950) में इस अवधारणा का प्रयोग करते हुए एक ऐसे समाज को पर-निर्देशित समाज का नाम दिया है जिसके सदस्यों में दूसरे व्यक्तियों की आंकाक्षाओं तथा अभिरुचियों के प्रति संवेदनशील होने की प्रवृति होती है। ऐसे समाज अत्यन्त गतिशील तथा अवैयक्तिता लिए होते हैं। इन समाजों का एक विशिष्ट सामाजिक चरित्र होता है जो इतर-निर्देशित समाजों से भिन्न होता है। आधुनिक औद्योगिक, नगरीकृत, नौकरशाह तथा वृहत उपभोगी समाज इस प्रकार के समाजों के उदाहरण हैं। इन समाजों में दूसरे व्यक्तियों के साथ ताल-मेल बिठाये रखने के लिए यह आवश्यक होता है कि व्यक्ति तात्कालिक सामाजिक परिस्थितियों के अनुरूप अपने को ढाले। ऐसे समाजों में व्यक्ति दूसरे व्यक्तियों के द्वारा चालित होते हैं। वे अपने व्यवहार के लिये दूसरे व्यक्तियों की स्वीकृति और अनुमोदन की आशा करते हैं।

out-group = group, out

P

panel technique **पैनल विधि**

तथ्य-संकलन की एक विधि जिसमें किसी समग्र अथवा प्रतिदर्श का अध्ययन कुछ अन्तरालों में एक लम्बे समय तक कई बार किया जाता है। इस प्रकार की विधि परिवर्तनों तथा प्रवृत्तियों के अध्ययन में काफी लाभप्रद सिद्ध हुई है। किन्तु इस प्रकार के अध्ययनों की सबसे बड़ी कठिनाई प्रतिदर्श के चुनाव व पैनल को यथावत बनाए रखने की है।

panic **भगदड़**

अत्यंत डर तथा आत्म-नियंत्रण की कमी के कारण बिना सोचे-समझे इधर-उधर भागने के व्यवहार को भगदड़ कहते हैं। भगदड़ भीड़ की स्थिति में उत्पन्न एक विशिष्ट प्रकार की प्रतिक्रिया है।

paradigm **वैचारिक रूपांकन/विचारांकन (पैराडाइम)**

पैराडाइम शब्द का प्रयोग प्रतिमान, प्रतिरूप (मॉडल), उदाहरण आदि के अर्थों में किया गया है। अन्वेषण-विधा के संदर्भ में, किसी विशिष्ट शोध से संबंधित अवधारणाओं, अनुमानों, प्रस्थापनाओं, शोध-विधियों के योजनाबद्ध समुच्चय को वैचारिक रूपांकन (पैराडाइम) कहते हैं। इस अवधारणा का सामाजिक विज्ञानों में सर्वप्रथम प्रयोग करने का श्रेय **थॉमस कुहन** (1962) को है जिन्होंने इसका प्रयोग कई अर्थों में किया। प्रो. कुहन ने पैराडाइम का प्रयोग 'सार्वभौमिक रूप में मान्यता प्राप्त ऐसी वैज्ञानिक उपलब्धियों के विवेचन के लिए किया है जो कुछ समय तक शोधकर्ताओं के एक समूह के समक्ष आदर्श समस्या (प्रश्न) तथा समाधान (उत्तर) का कार्य करती हैं।' वैचारिक रूपांकन (पैराडाइम) का मुख्य कार्य शोध का नियोजन, संयोजन तथा निर्देशन करना है। समाजशास्त्रीय साहित्य में इस अवधारणा का सर्वप्रथम प्रयोग **रॉबर्ट के. मर्टन** द्वारा शोध सामग्री को व्यवस्थित रूप देने तथा उसे क्रमबद्ध रूप में विश्लेषित करने के निर्देशात्मक अर्थ में किया गया है।

भौतिक विज्ञानों में सामान्यतः एक रूपांकन (पैराडाइम) एक लम्बे समय तक समस्त क्षेत्र पर छाया रहता है। उदाहरणार्थ, सापेक्षिता संबंधी न्यूटन का पैराडाइम लगभग दो सौ वर्षों तक चलता रहा। बाद में, इसमें अलबर्ट आइन्सटीन ने फेर-बदल किया। इस दृष्टि से समाजशास्त्र और भौतिक विज्ञान/रसायनशास्त्र में अन्तर है। समाजशास्त्र में एक ही समय

में कई पैराडाइम का प्रयोग किया जाता है। प्रत्येक पैराडाइम सामाजिक विश्व को देखने का एक वैकल्पिक नजरिया प्रस्तुत करता है। भिन्न पैराडाइमों का कारण सामाजिक विज्ञानों का मूलतः वैचारिक के साथ-साथ वैज्ञानिक होना है। समाजशास्त्र में मुख्यतः तीन प्रकार के रूपांकनों का प्रयोग किया जाता है, यथा रूढ़िवादी, उदारवादी तथा आमूल परिवर्तनवादी। फिर भी, समाजशास्त्र में इसके प्रयोग के बारे में अस्पष्टता बनी हुई है। कई बार इसका प्रयोग विभिन्न वैचारिक सम्प्रदायों के कार्यों के लिये कर लिया जातां है।

parallel cousins **सलिंग सहोदर**

समान सहोदर लिंगियों की संतानें जैसे दो भाई या दो बहिनों की संतानें सलिंग सहोदर या सम्भ्राता-सम्भगिनी भाई-बहिन या चचेरे-मौसेरे भाई-बहिन कहलाते हैं। कई समाजों में ऐसी संतानों के बीच विवाह वर्जित है, क्यों कि इन्हें भाई-बहिन समझा जाता है।

parallel cousin marriage **सलिंग सहोदर विवाह**

जब एक ही लिंग के सहोदरों की संतानों में विवाह होता है (जैसे दो भाइयों या दो बहिनों की संतानों), तो इसे सलिंग सहोदरज विवाह कहते हैं। दो भाइयों की संतानों वाले विवाह को चचेरा विवाह तथा दो बहिनों की संतानों के विवाह को मौसेरा विवाह कहते हैं। मुसलमानों में दोनों ही प्रकार के विवाह प्रचलित हैं।

parallelism **समानान्तरवाद**

पुर्णतः पृथक्कृत एवं विभिन्न संस्कृतियों अथवा प्रदेशों में समान अथवा एक-से सांस्कृतिक लक्षणों व रूपों अथवा आविष्कारों के स्वतंत्र विकास को समानान्तरवाद कहा जाता है। इस अवधारणा का प्रयोग इस वैचारिक दृष्टिकोण की पुष्टि के लिए भी किया जाता है कि सभी संस्कृतियों का विकास समान स्तरों में हुआ है।

parochialization **संकुचितीकरण**

संकुचितीकरण साहित्यिक एवं धार्मिक स्वरूपों आदि को स्थानीय बनाने की एक प्रक्रिया है। यह प्रक्रिया भारत की देशी सभ्यता के अन्तर्गत लघु समुदायों की एक विशिष्ट रचनात्मक क्रियाओं को प्रदर्शित करती है। **मैकिम मेरियट** ने भारत के किशनगढ़ी नामक गांव के अपने अध्ययन में वृहद् एवं लघु परम्पराओं के बीच होने वाली परस्पर क्रियाओं के आधार पर सार्वभौमीकरण एवं संकुचितीकरण नामक दो जुड़वां अवधारणाओं का विकास किया है। **मैकिम मेरियट** के शब्दों में, 'बोधगम्यता के क्षेत्र को सीमित करने, व्यवस्थित एवं चिन्तनशील आयामों में कमी लाने, स्थानीयकरण तथा साहित्यिक रूपों के अभाव की प्रक्रिया को संकुचितीकरण कहते हैं।' गोवर्धन पूजा, नवदुर्गा पर्व और इसी प्रकार शुक्राचार्य में विश्वास संकुचितीकरण के ही उदाहरण हैं। संकुचितीकरण की प्रक्रिया किसी संस्कृतनिष्ट देवी-देवता अथवा संस्कार के स्थानीय परिवेश में परिवर्तन को इंगित करती है।

parole **पैरोल/प्रतिज्ञा पर करामुक्ति**

पैरोल सजा प्राप्त ऐसे बन्दियों के सशर्त मुक्ति की एक विधि है जिन्होंने न्यायालय द्वारा दी गई सजा की अवधि का कुछ भाग कारावास अथवा सुधार-संस्थाओं में रहकर भोग लिया है। पैरोल पर, साधारणतः ऐसे बन्दियों को रिहा किया जाता है जो जेल में अच्छा व्यवहार करते हैं, आगे भी अच्छे व्यवहार करने का आश्वासन देते हैं तथा जेल-अधिकारियों की दृष्टि में जिनमें पर्याप्त सुधार हुआ है। पैरोल की अवधि में पैरोल पर छोड़े गए व्यक्ति को जेल के संरक्षण व मार्ग-दर्शन में रहना पड़ता है। रिहाई की शर्तों के उल्लंघन पर प्रारंभिक दंड पुनः प्रत्यावर्तित किया जा सकता है। पैरोल और परिवीक्षा में अन्तर है। पैरोल में अपराधी को कुछ समय जेल में अवश्य काटना पड़ता है, जबकि परिवीक्षा (प्रोबेशन) की व्यवस्था में उसे जेल जाना ही नहीं पड़ता।

participant observation = observation, participant

pater **पिता**

कुछ समाजों में उस व्यक्ति को पिता की संज्ञा दी जाती है जिसके द्वारा बालक को वैधानिक दायित्व एवं अधिकारों का हस्तान्तरण होता है तथा जिस पर बालक के वयस्कावस्था में पहुंचने तक उसके व्यवहारों का सारा दायित्व होता है। ऐसे समाजों में पिता वास्तविक रूप में बालक को उत्पन्न करने वाला ही हो, आवश्यक नहीं है।

paternalism **पितृवृति**

यह पिता और पुत्र के बीच संबंधों को अभिव्यक्त करने वाली एक अवधारणा है जिसका प्रयोग बहुधा ऐसे संबंधों के लिये किया जाता है जिसमें प्रभुत्व सम्पन्न व्यक्ति अपने साझीदार मातहतों के प्रति इस प्रकार का व्यवहार और दृष्टिकोण प्रदर्शित करते हैं कि जैसे वे अपने मातहतों की सहायता कर रहे हैं, कि वे उनके हितेषी और पालनहार हैं। कारखाना मालिक बहुधा इसी प्रवृति के तहत अपने मज़दूरों तथा अन्य कर्मियों के लिये मकान बनवाते हैं, चिकित्सा सुविधा प्रदान करते हैं, कैन्टीन खुलवाते हैं, सस्ती दरों पर जीवनोपयोगी वस्तुएं उपलब्ध करवाते हैं, आदि।

पिता-पुत्र की उपमा ने ही **मैक्स वेबर** को पुश्तैनीवाद के रूप में अपने पारम्परिक सत्ता के मॉडल को विकसित करने में मदद की है। इस मॉडल के अनुसार जिस प्रकार घर-परिवार पर मालिक (पिता) की सत्ता (पित्रतंत्र) होती है, इसी के विस्तारित स्वरूप को समस्त भू-भाग पर प्रभुत्व सम्पन्न व्यक्ति के शासन के रूप में देखा जाता है। राजनीतिक मामलों में मातहत अपने पिता तुल्य मालिक द्वारा प्राप्त सुरक्षा के बदले में उसके प्रति निष्ठा और आदर प्रकट करता है। आर्थिक क्षेत्र में, पितृवृति का तात्पर्य आर्थिक दृष्टि से उत्पादक इकाइयों, कृषिहर और औद्योगिक के संगठन से है। इसे उत्पादन के साधनों के मालिकों और मातहतों (कामगारों) के बीच रिश्तों जो कि पितृतंत्री मॉडल पर बने होते हैं, को बनाये रखने के एक

तरीके के रूप में देखा जाता है।

अतः पितृवृति एक ऐसी विधि है जिसके द्वारा संभावित विघटनकारी संस्तरणात्मक और शोषणकारी सम्बन्धों का प्रबंधन किया जाता है तथा उन्हें वैधता प्रदान की जाती है। यह विधि स्त्रियों की अपेक्षा पुरुषों, सर्वहारा की अपेक्षा शासकों, मजदूरों की अपेक्षा नियोजकों और गुलामों की अपेक्षा मालिकों के हितों की रक्षा करती है। पितृवृति के आधार पर बने संबंध और पारम्परिक पूंजीवादी सम्बन्धों में अन्तर होता है; (1) इसमें सत्ता की असमानता होती है; (2) इसमें मालिक-मातहत सम्बन्धों में प्रगाढ़ता होती है जो पूंजीवादी व्यवस्था में नहीं होती; (3) इसमें कार्य और कार्यविहीन सम्बन्धों में पूंजीवादी सम्बन्धों जैसी पृथकता नहीं होती।

patriarchal family = family, patriarchal

patriarchate **पितृसत्तात्मकता**

सामाजिक संगठन का एक रूप जिसमें पितृमार्गी वंशानुक्रम, उत्तराधिकार, पदाधिकार, पितृस्थानीयता, पैतृक सत्ता तथा वैधानिक रूप से स्त्रियों व बालकों के मातहत होने की प्रवृति होती है।

patriarchy **पित्रतंत्र**

इस पद का प्रयोग दो अर्थों में किया गया है। प्रथम अर्थ में, इसका प्रयोग स्त्रियों पर पुरुषों की सत्ता को प्रदर्शित करने के लिये किया जाता है। द्वितीय अर्थ में, इस पद को घर-परिवार के एक ऐसे संगठनात्मक स्वरूप के लिये किया जाता है जिसमें सबसे वरिष्ठ पुरुष की (मुखिया) परिवार के सभी सदस्यों (कनिष्ठ पुरुषों सहित) पर सत्ता होती हैं। पित्रतंत्र के क्या कारण रहे हैं, इस संबंध में समाजशास्त्रियों में मतभेद है। बहुधा इसकी (पुरुष प्रभुत्व) व्याख्या जैवकीय आधार पर की गई है, किन्तु स्त्रियों के जनन प्रकार्यों के संदर्भ में अधिकांश समाजशास्त्री पित्रतंत्र को प्राकृतिक संबंधों पर आधारित न मानकर सामाजिक संबंधों की उपज मानते हैं।

आजकल महिलावाद ने इस पद को पुरुष सत्ता का प्रतीक बना दिया है।

patrilineal = family, patrilineal

patrilocal residence = family, patrilocal

patrimonialism **पुश्तैनीवाद**

मैक्स वेबर ने राजनीतिक सत्ता के एक रूप में अपनी पुस्तक 'इकॉनमी एण्ड सोसाइटी', (1922) में पुश्तैनीवाद (पैट्रिमोनियलिज्म) की विवेचना की है। इस व्यवस्था में सत्ता, व्यक्तिगत और नौकरशाही की शक्ति पर निर्भर करती है जिसका प्रयोग बपौती के रूप में राजघराने के द्वारा किया जाता है। इसमें सत्ता औपचारिक रूप में स्वैच्छिक होने के

साथ-साथ शासक के प्रत्यक्ष नियंत्रण के अन्तर्गत होती है। वेबर ने इस प्रकार की सत्ता-व्यवस्था के उदाहरण पारम्परिक अफ्रीका तथा प्राच्य समाजों से दिये हैं जहां पुश्तैनी नौकरशाही पाई गई है।

patripotestal = family, patripotestal

patronymic **पितृनामी**

जब व्यक्ति अथवा परिवार का नामकरण पिता अथवा किसी पितृवंशीय सम्बन्धी के आधार पर किया जाता है, तब यह व्यवस्था पितृनामी कहलाती है।

pattern variable **परिवर्ती प्रतिमान**

सामाजिक संबंधों के द्विभाजन की एक विशिष्ट योजना 'परिवर्ती प्रतिमान' (पैटर्न वेरिएबल) के नाम से जानी जाती है। इस योजना के प्रस्थापक विद्वान **प्रो. टालकट पार्सन्स** रहे हैं। मूलतः यह योजना कर्त्ताओं द्वारा सम्पन्न की जाने वाली अन्तर्क्रियाओं के विभिन्न रूपों का अमूर्त प्रदर्शन है। इस योजना के अनुसार कर्त्ता के समक्ष क्रिया अथवा व्यवहार के कुछ वैकल्पिक जोड़े उपलब्ध होते हैं। किसी सामाजिक स्थिति में व्यवहार करने के पूर्व कर्त्ता इन जोड़ों में से किसी एक को अपने व्यवहार के लिए चुनता है। परिवर्ती प्रतिमान की योजना का प्रयोग सामाजिक व्यवस्थाओं अथवा अन्तर्क्रिया के प्रतिरूपों, विशेषतः पारम्परिक एवं आधुनिक समाजों की तुलना या भिन्नता प्रकट करने के लिए किया जाता है।

प्रो. पार्सन्स ने परिवर्ती प्रतिमान के पांच जोड़ों की योजना प्रस्तुत की है, यथा (1) सार्वलौकिक बनाम विशिष्टतावादी, (2) जन्मपरक बनाम उपलब्धिपरक, (3) भावात्मकता बनाम भावात्मक तटस्थता, (4) आत्महित बनाम सामूहिक हित, (5) एक पक्षीय बनाम बहुपक्षीय। **प्रो. लिपसेट** ने इन पांच जोड़ों के अतिरिक्त दो अन्य जोड़ों की चर्चा की है; (1) कारकीय बनाम संसिद्धिकी, (2) समतावादी बनाम अभिजनवादी। प्रो. लिपसेट के जोड़े राजनीतिक व्यवस्था के विश्लेषण में विशेष महत्व रखते हैं।

peasant **किसान/कृषक**

किन व्यक्तियों को किसान या कृषक कहा जाये, बड़ी अस्पष्टता है। इसमें खेतीहरों के अतिरिक्त, छोटे-मोटे भूस्वामियों, जोतदारों, बंटाईदारों और भूमिहीन मजदूरों जैसे अनेक लोगों को ऐतिहासिक और सांस्कृतिक संदर्भों में सम्मिलित किया गया है। मार्क्सवादियों ने कृषक अर्थशास्त्र के माध्यम से इस वर्ग को परिभाषित करने का यत्न किया है। इसके लिये उन्होंने किसानों के उत्पादन के ढंग का सहारा लेते हुए ऐसे व्यक्तियों को किसान कहा है जो ग्रामीण परिवेश में पारिवारिक आधार पर कृषि करते हैं, अर्थात् कृषि सम्बन्धित सभी कार्य परिवारजनों के सहयोग से सम्पादित किये जाते हैं। सामाजिक मानवशास्त्रियों ने कृषकों की परिभाषा उनके सांस्कृतिक रीति-रिवाजों, आदतों और मानदंडों के साथ-साथ उनकी संकुचित दृष्टि और परम्पराओं से चिपके रहने की प्रवृति के आधार पर की है।

इन दोनों दृष्टिकोणों के मिलेजुले रूप के आधार पर ऐसे लोगों को कृषक कहा जा

सकता है जो अपनी आजीविका और जीवन का गुजर-बसर खुद भूमि जोतकर चलाते हैं, जो स्वयं के उपभोग के लिये उत्पादन करते हैं तथा जिनका जमीन पर स्वयं का नियंत्रण होता है, साथ ही जिनकी पारम्परिक ग्रामीण जीवन-शैली होती है।

peasant community **कृषक समुदाय**

कृषकों का वह समुदाय जिसके लिए कृषि आजीविका का मात्र साधन ही नहीं, वरन् उनकी जीवन-शैली का आधार भी होता है, कृषक समुदाय कहलाता है। कृषकों के लिए कृषि-वृति का उद्देश्य लाभ कमाना नहीं होता। वे व्यापार के लिए नहीं, वरन् उपभोग के लिए खेती करते हैं। **रेडफील्ड** के शब्दों में, 'वे ग्रामीण व्यक्ति जो पारम्परिक जीवन-शैली के अंग के रूप में जीवनयापन के लिए अपनी भूमि को खुद जोतते हैं एवं जिसका नियंत्रण भी उनके हाथ में होता है तथा जो ऐसे संभ्रांत अथवा नगर के व्यक्तियों से प्रभावित होते हैं जिनकी जीवन-शैली उन्हीं के समान होते हुए भी थोड़ी अधिक परिष्कृत है, कृषक समुदाय की रचना करते हैं।'

peasant culture = folk culture/folk society

penology **दण्डशास्त्र**

व्यावहारिक समाजशास्त्र का वह भाग जिसमें अपराध के लिए दिए जाने वाले दण्ड के सिद्धांतों एवं पद्धतियों का विवेचन किया जाता है, दण्डशास्त्र कहलाता है। आजकल दण्ड का वर्णन-विश्लेषण अपराधशास्त्र में ही कर लिए जाने के कारण ज्ञान की एक विशिष्ट शाखा के रूप में दण्डशास्त्र अपना महत्व खोता जा रहा है।

personality **व्यक्तित्व**

व्यक्ति के शारीरिक, मानसिक, नैतिक और सामाजिक गुणों का वह सुगठित एवं गतिशील संगठन व्यक्तित्व कहलाता है जिसकी अभिव्यक्ति अन्य व्यक्तियों के प्रति रोजमर्रा के सामाजिक जीवन के आदान-प्रदान के दौरान होती है। व्यक्तित्व की रचना जैवकीय रूप में हस्तान्तरित मनो-दैहिक कार्यप्रणाली तथा सामाजिक रूप में संचरित सांस्कृतिक प्रतिमानों के आधार पर होती है। हमारे विचारों, मनोभावों तथा आचरण संबंधी कार्यकलापों का मिला-जुला जो प्रभाव दूसरों पर पड़ता है, उसी से व्यक्तित्व का ढाँचा तैयार होता है। व्यक्तित्व का सामान्य प्रचलित अर्थ व्यक्ति के मात्र शारीरिक गठन यथा रूप-रंग, नाक-नक्श और चाल-ढाल को ही महत्व देता है, किन्तु यह व्यक्तित्व का एक पक्ष (बाह्य) ही है। इसमें आन्तरिक पक्ष के गुण विचार, मूल्य, आचरण, विश्वास आदि सम्मिलित नहीं होते।

personality, authoritarian = authoritarian personality

personality, basic/model **मूलभूत व्यक्तित्व/मॉडल व्यक्तित्व**

एक समाज के व्यक्तियों के व्यक्तित्वों की उन विशेषताओं तथा प्रक्रियाओं को

'मूलभूत व्यक्तित्व' की संज्ञा दी जाती है जो उस समाज के अधिसंख्य व्यक्तियों में देखने को मिलती है। प्रत्येक संस्कृति के सांस्कृतिक मानदंड एवं सामाजिक संस्थाएं पुरुषों तथा स्त्रियों में एक विशिष्ट प्रकार के व्यक्तित्व को जन्म देती है। यह विशिष्ट प्रकार का व्यक्तित्व ही मूलभूत व्यक्तित्व कहलाता है। मूलभूत व्यक्तित्व के लिए कभी-कभी 'मॉडल व्यक्तित्व' की धारणा का भी प्रयोग किया जाता है। दोनों में विशेष अन्तर नहीं है फिर भी, मॉडल व्यक्तित्व का निर्धारण व्यक्तित्व-परीक्षणों द्वारा होता है। इन परीक्षणों द्वारा व्यक्तित्व-संरचना की विभिन्न विशेषताओं को मालूम कर सांख्यिकीय रूप में प्रस्तुत किया जाता है। सांख्यकीय आधार पर निर्धारित व्यक्तित्व के सर्वाधिक प्रचलित रूप को ही 'मॉडल व्यक्तित्व' कहते हैं।

personality, bohemian **बोहिमियाई (रूढ़िमुक्त) व्यक्तित्व**

उस व्यक्ति को 'बोहेमियन' कहा जाता है जो किसी भी वस्तु अथवा विचार से अपने आप को नहीं जोड़ता और किसी भी नये विचार एवं नये अनुभव को सहज ही ग्रहण कर लेता है। रूढ़िमुक्तता इस प्रकार के व्यक्तित्व की एक महत्वपूर्ण विशेषता होती है।

personality, creative **सृजनात्मक व्यक्तित्व**

सृजनात्मक व्यक्ति परिस्थिति की समस्त विशेषताओं के अनुसार नवीन तथ्यों को ग्रहण करता है तथा पुरानों को छोड़ता चला जाता है। इस प्रकार का व्यक्ति बोहिमियाई तथा 'फिलीस्टाइन' दोनों प्रकार की प्रवृतियों का संतुलित रूप होता है।

personality, philistine **फिलीस्टाइन/विषयासक्त व्यक्तित्व**

फिलीस्टाइन व्यक्तित्व वाला व्यक्ति छुद्र बुद्धि वाला होता है। वह दूरदर्शी नहीं होता और न ही उसकी रुचि नवीन बातों तथा नवीन अनुभवों को ग्रहण करने की होती है। ऐसा व्यक्ति यथास्थितिवादी होता है तथा किसी भी प्रकार के परिवर्तन के पक्ष में नहीं होता।

फिलीस्टाइन, बोहिमियाई तथा सृजनात्मक व्यक्तित्व के रूपों का प्रयोग **प्रो. टामस** ने किया है।

phenomenology **फिनॉमिनोलॉजी/घटनाक्रियावाद**

हीगल की पुस्तक 'फिनॉमिनोलॉजी ऑफ माइन्ड' (1807) में सर्वप्रथम 'फिनॉमिनोलॉजी' शब्द के प्रयोग के बाद दर्शनशास्त्र की यह एक मुख्य अवधारणा बन गई। किंतु आधुनिक काल में इस परम्परा का मुख्य स्त्रोत हमें **एडमंड हस्सर्ल** की कृतियों में देखने को मिलता है। 'फिनॉमिनोलॉजी' दो शब्दों 'फेनामई' अर्थात् प्रकट होना तथा 'लोगस' अर्थात् तर्क के मेल से बनी एक अवधारणा है। मानव तर्क का उद्‌भव कैसे होता है, इसे मानव अनुभव के क्रम-विन्यास के मौलिक ढाँचे में देखा, जाना चाहिये। फिनॉमिनोलॉजी में निहित यह मूल धारणा ही उसे आधुनिक दर्शनशास्त्र की अन्य मुख्य धाराओं यथा विश्लेषणात्मक दर्शनशास्त्र तथा संरचनावाद से भिन्न करती हैं। इन दोनों धाराओं के

विपरीत, फिनॉमिनोलॉजी अध्ययन की पद्धति तथा कार्यप्रणाली पर विशेष बल देती है। ज्ञान को किस रूप में प्रस्तुत किया जाता है अथवा तर्क का क्या स्वरूप है, इन्हें जानने की अपेक्षा मानव मस्तिष्क द्वारा अर्थ समझने की योग्यता को जानना अधिक महत्वपूर्ण है।

दर्शनशास्त्र की यह विधि 'यथार्थ' के मानवीय अनुभव की व्यक्तिनिष्ठ प्रवृति पर बल देती है, अर्थात् व्यक्ति के स्वयं के अनुभव से जो कुछ प्राप्त होता है, उसे ही इसमें सम्मिलित किया जाता है। स्वयं के अनुभव से परे जो भी पूर्वाग्रह, पूर्व मान्यताएं और दार्शनिक बोध हैं, वे सभी इसके क्षेत्र से परे हैं। इस विधि को समाजशास्त्र में प्रयोग करने का श्रेय हस्सर्ल के शिष्य **अल्फ्रेड शूज़** को है। वास्तव में, शूज़ की कृति 'फनॉमिनोलॉजी ऑफ द सोश्यल वर्ड' (1932) ने घटनाक्रियावादी समाजशास्त्र के उद्‌भव की नींव रखी। इसमें इस विधि की सविस्तार विवेचना की गई है कि हम किस प्रकार अविभेदीकृत अनुभव की मूल धारा से वस्तुओं और इनके संबंध में हमारे प्रतिदिन के ज्ञान की रचना करते हैं। इस परिप्रेक्ष्य की मान्यता है कि व्यक्ति ही समाज की रचना करते हैं और वे ही इसे परिभाषित करते हैं। अतः समाजशास्त्र को यह खोजना चाहिये कि व्यक्ति किस प्रकार समाज की रचना करते हैं। एक घटनाक्रियावादी समाजशास्त्री समाज की प्रक्रियाओं को आन्तरिक दृष्टि से, अर्थात् कर्त्ता के दृष्टिकोण से देखने का प्रयत्न करता है। घटनाक्रियावादियों का यह दृष्टिकोण **मैक्स वेबर** की 'वर्स्टहेन' की धारणा से मिलता-जुलता है जो कर्त्ता के दृष्टिकोण से मानवीय क्रियाओं के अर्थ को जानने पर बल देता है।

सन् 1960 के बाद घटनाक्रियावाद समाजशास्त्र पर छा गया। इसका सर्वाधिक चिरकालिक प्रभाव 'एथनोमेथडोलॉजी' पर पड़ा। **पीटर बर्गर और थॉमस लुकमन** ने अपनी पुस्तक 'द सोश्यल कन्सट्रक्शन ऑफ रिअलिटी' (1966) में घटनाक्रियावाद पर आधारित एक सामान्य सिद्धान्त प्रस्तुत किया जिसमें उन्होंने सामाजिक क्रिया और सामाजिक संरचना के दोनों सिद्धान्तों की मूल बातों को मिलाने का यत्न किया है। उनके अनुसार, सामाजिक विश्व का निर्माण प्रतीकीकरण की प्रक्रियाओं द्वारा होता है जिसमें बाद में उन समूहों से ऊपर और परे जिनके द्वारा सामाजिक विश्व की रचना होती है, वस्तुनिष्ठता के गुण का संचार हो जाता है। कुछेक समाजशास्त्रियों ने कार्ल मार्क्स के अलगाव (एलिअनेशन) के सिद्धान्त के साथ वस्तुपरकीकरण की इस प्रक्रिया को जोड़ने का प्रयत्न किया है।

घटनाक्रियावादी समाजशास्त्र विज्ञानवाद की कई स्थापनाओं को नकारता है। घटनाक्रियावादियों की मान्यता है कि सामाजिक और प्राकृतिक विज्ञानों की विषय-वस्तु में मूलभूत अंतर है, अतः प्राकृतिक विज्ञानों की विधियों और स्थापनाओं को मानव और उसके समाज के अध्ययन में यथावत प्रयुक्त नहीं किया जा सकता। मानव, पदार्थ की भांति चेतनाहीन नहीं है। उसके विचार, भावनाएं, अर्थ, उद्देश्य, अपने अस्तित्व के बारे में ज्ञान इसी चेतना के परिचायक हैं। उसकी प्रत्येक क्रिया के पीछे एक अर्थ (आन्तरिक तर्क) होता है। घटनाक्रियावाद इसी अर्थ को खोजने का प्रयास करता है।

फिनॉमिनोलॉजी के विकास में तीन विचारकों का प्रमुख योगदान रहा है। यूरोप में इसके प्रणेता **हस्सर्ल** और **शूज़** रहे हैं। अमेरिका में इसका विकास **जार्ज सन्त्याना** ने किया है। वास्तव में, समाजशास्त्र की मुख्य धारा में घटनाक्रियावाद विशेष स्थान नहीं बना पाया।

आजकल समाजशास्त्र के एक विशिष्ट घटनाक्रियावादी सम्प्रदाय का अलग से कोई स्थान नहीं है। अवश्यमेव, इन नवीन परिप्रेक्ष्य ने समाजशास्त्र को जहां-तहां थोड़ा-बहुत प्रभावित किया है।

phratry **भ्रातृदल**

जब किसी कारण विशेष से कई कुल या गोत्र एक बड़े समूह के रूप में संयुक्त हो जाते हैं, तब ऐसे समूह को भ्रातृदल कहा जाता है। भ्रातृदल एक बहिर्विवाही तथा एक रेखीय वंशज समूह होता है। यह किसी भी जनजाति का प्रारंभिक उप विभाजन है। बाद में, गोत्र, कुल, वंश आदि के आधार पर पुनः विभाजन होता जाता है। इस प्रकार की व्यवस्था कई पूर्व औद्योगिक समाजों, विशेषतः जनजातियों में पाई गई है।

pilot study **अग्रगामी/पूर्वगामी अध्ययन**

मुख्य क्षेत्र-कार्य किये जाने के पूर्व उपकरणों की लघु स्तर पर जांच, (प्रश्नावली, अनुसूची, साक्षात्कार प्रदर्शिका, आदि) तथा समग्र शोध-प्ररचना (प्रयोग आदि) के परीक्षण को अग्रगामी या पूर्वगामी अध्ययन कहते हैं। इस प्रकार के अग्रगामी अध्ययन शोध-उपकरणों और शोध-प्ररचना (रिसर्च डिज़ाइन) में प्रारंभिक स्तर पर ही आवश्यक सुधार, संशोधन और परिष्करण के उद्देश्य से किये जाते हैं ताकि बाद में वृहत् आधार पर किये जाने वाले शोध-कार्य में कोई कठिनाई उत्पन्न न हो या कोई त्रुटि न रह जाये।

planned change **नियोजित परिवर्तन**

सामाजिक व्यवस्था के किसी पक्ष के संबंध में जब व्यक्तियों का कोई समूह परिवर्तन संबंधी सामूहिक निर्णय लेता है, तब इसे नियोजित परिवर्तन कहते हैं। इसमें परिवर्तन संबंधी लक्ष्य एवं साधन पूर्णतः परिभाषित होते हैं।

planning **नियोजन**

लक्ष्यों, जरूरतों, प्राथमिकताओं के निर्धारण तथा उन्हें प्राप्त अथवा पूरा करने हेतु समुचित साधनों की व्यवस्था को नियोजन कहते हैं।

planning, social **सामाजिक नियोजन**

सामाजिक नियोजन वांछनीय दशाओं, संबंधों तथा मूल्यों को प्राप्त करने का एक बुद्धिसंगत प्रयास है। यह सामाजिक जीवन में परिवर्तन लाने वाली एक युक्तिपूर्ण एवं स्वेच्छाजन्य रूपान्तरण की एक प्रक्रिया है।

plural societies **बहुल समाज**

ऐसे समाज जो धर्म, भाषा, जाति, प्रजाति, नस्ल आदि के आधार पर विभिन्न समूहों और समाजों में बंटे होते हैं, बहुल समाज कहलाते हैं। वास्तव में, बहुल समाज की ये

विशेषताएं बहुधा सभी समाजों में देखने को मिलती हैं, अतः यह अवधारणा कभी-कभी 'बहुल-सांस्कृतिक समाज' के पर्यायवाची के रूप में प्रयोग की जाती है। भारत और अमेरिका इसके सर्वश्रेष्ठ उदाहरण हैं जहां अनेक जाति, प्रजाति, धर्म, नस्ल, संस्कृति, भाषा के लोग रहते हैं।

policy research **नीतिपरक शोध**

सामान्यतः सामाजिक शोध का उद्देश्य सैद्धान्तिक होता है और यह अधिकांशतः शिक्षण-प्रशिक्षण से जुड़े बौद्धिक वर्गों तक सीमित होती है। किन्तु कभी-कभी शोध का उद्देश्य किसी समस्या विशेष का समाधान होता है जिसका प्रवर्तन किसी निजी या सरकारी संगठन द्वारा किया गया होता है। अतः ऐसी शोध जो किसी निजी या सरकारी संगठन की किसी समस्या के समाधान और नीति-निर्माण के उद्देश्य से चालित होती है, उसे नीतिपरक शोध कहा जाता है।

नीतिपरक शोध वर्णनात्मक, विवेचनात्मक या किन्हीं प्रक्रियाओं की व्याख्या करने वाली हो सकती है। इनका उद्देश्य किसी नवीन या विद्यमान नीति कार्यक्रमों का मूल्यांकन हो सकता है, सामाजिक परिवर्तन को मापना हो सकता है, वृहत आधार पर एकत्रित किये गये आंकड़ों के आधार पर प्रक्षेपण करना हो सकता है।

इस प्रकार की शोध के प्रमुख क्षेत्र उद्योगों में श्रम-संबंध, व्यापारिक संस्थानों और राज्य-सरकारों द्वारा किन्हीं विशिष्ट समस्याओं के निदान आदि रहे हैं। जब इस प्रकार की शोध व्यापारिक संस्थानों द्वारा प्रवर्तित होती है, तब इस क्षेत्र में इसे 'परामर्शी कार्य' के नाम से अधिक जाना जाता है।

political culture **राजनीतिक संस्कृति**

किसी राजनीतिक व्यवस्था के सदस्यों के मूल्यों, मनोवृतियों, विश्वासों एवं प्रतीकों के ऐसे योग को राजनीतिक संस्कृति कहते हैं जिसके द्वारा उस समूह का राजनीतिक व्यवहार निर्धारित होता है। राजनीतिक संस्कृति राजनीतिक क्रियाओं को एक अर्थ एवं व्यवस्था प्रदान करती है। राजनीतिक संस्कृति के अध्ययनों में इस संस्कृति की अन्तर्वस्तु, राजनीतिक सामाजीकरण (परिवार, शिक्षा, जनसंचार, राजनीतिक दलों की भूमिका सहित) और राजनीतिक मूल्यों के आन्तरीकरण की प्रक्रियाओं का अध्ययन किया जाता है।

political organization **राजनीतिक संगठन**

सम्पूर्ण संगठन का वह पक्ष राजनीतिक संगठन कहलाता है जिसका उद्देश्य किसी क्षेत्र विशेष में शारीरिक शक्ति के वैधानिक प्रयोग द्वारा (वास्तविक प्रयोग अथवा प्रयोग की संभावनाओं द्वारा) सामाजिक व्यवस्था स्थापित करना एवं बनाए रखना होता है।

political parties **राजनीतिक दल**

राजनीतिक क्षेत्र में विभिन्न सामाजिक-आर्थिक शक्तियों के उद्देश्यों एवं हितों के

प्रतिनिधित्व हेतु बनाये गये औपचारिक संगठनों को राजनीतिक दल की संज्ञा दी गई है। राजनीतिक दल ऐसे संगठनात्मक साधन हैं जिनके द्वारा विभिन्न पदों के लिये अभ्यर्थियों का चुनाव किया जाता है तथा अपनी विचारधारा को प्रचारित किया जाता है। राजनीतिक दल सरकार के विभिन्न अंगों को संगठित एवं शासित करते हैं और राष्ट्रीय नेतृत्व प्रदान करने में मुख्य भूमिका प्रदान करते हैं। सभी समाजों में दलीय-राजनीतिक व्यवस्था के साक्ष्य नहीं मिले हैं। कुछेक ऐसे समाज भी हैं जहां किसी प्रकार के आधुनिक अर्थों वाले राजनीतिक दल नहीं हैं।

दलीय व्यवस्था के कई भिन्न स्वरूप हो सकते हैं। एक दलीय एकाधिकार वाले राज्यों से लेकर बहुदलीय व्यवस्थाओं के कई रूप देखने को मिले हैं। जहां अफ्रिकी राज्यों, जैसे केन्या और जिम्बाबवे में एक दलीय व्यवस्था है, वहां भारत, ब्रिटेन, अमेरिका, फ्रांस और जर्मनी आदि देशों में बहु दलीय व्यवस्थाओं की नीवें काफी गहरी गई हुई हैं।

संगठनों के रूप में राजनीतिक दलों का अध्ययन राजनीतिक समाजशास्त्रियों के अध्ययन का प्रमुख केन्द्र रहा है। उन्होंने इनकी संगठनात्मक गतिकी (डायनमिक्स) के अध्ययन में भी गहरी रुचि प्रदर्शित की है। इसके साथ-साथ राजनीतिक समाजशास्त्रियों ने नेताओं, आंदोलनकारियों, समर्थकों की सामाजिक-आर्थिक पृष्ठभूमि, दल के विभिन्न समूहों में सत्ता के वितरण तथा समर्थन जुटाने की विधियों का भी अध्ययन किया है। इस सम्बन्ध में जर्मन समाजशास्त्री **रॉबर्ट माइकेल्स** का राजनैतिक दलों का अध्ययन विशेष उल्लेखनीय है।

political socialization **राजनीतिक सामाजीकरण**

सीख की वह प्रक्रिया राजनीतिक सामाजीकरण कहलाती है जिसके द्वारा व्यक्ति राजनीतिक व्यवस्था के आदर्शों एवं मूल्यों का आन्तरीकरण करता है। यह राजनीतिक मूल्यों, प्रतिमानों तथा व्यवहार के तौर-तरीकों, संक्षेप में राजनीतिक संस्कृति का एक पीढ़ी से दूसरी पीढ़ी के हस्तान्तरण की यह एक प्रक्रिया है। इस प्रक्रिया द्वारा व्यक्ति अपनी एवं दूसरों की राजनीतिक भूमिकाओं के संबंध में जानकारी प्राप्त करता है।

अवधारणा की दृष्टि से यह पद (टर्म) बीसवीं शताब्दी के उत्तरार्द्ध की देन है। इसके पहले, इसके स्थान पर 'नागरिकता', 'नागरिक प्रशिक्षण' तथा 'नागरिक सामाजीकरण' जैसे शब्दों का प्रयोग होता था। इस प्रक्रिया द्वारा ही राष्ट्र नई पीढ़ी को विचार और व्यवहार के सुस्थापित प्रतिमानों से अवगत कराकर राजनीतिक परम्पराओं को चिरस्थाई बनाते हैं।

पिछले कुछ वर्षों से भारत में राजनीतिक सामाजीकरण हेतु विभिन्न राजनीतिक दलों द्वारा समय-समय पर ऐसे प्रशिक्षण शिविरों का आयोजन किया जा रहा है जिनमें वे औपचारिक शिक्षण द्वारा अपने कार्यकर्त्ताओं (संसद, विधानसभा, तथा अन्य लोकतांत्रिक संस्थाओं के सदस्यों सहित) को अपने-अपने दलों की विचारधारा, कार्य प्रणाली, मूल्य-व्यवस्था आदि से न केवल परिचित करवाते हैं, अपितु उन्हें राजनीतिक दाव-पेंचों में पारंगत होने के तौर-तरीके भी बताते हैं।

political sociology **राजनीतिक समाजशास्त्र**

समाजशास्त्र की वह शाखा राजनीतिक समाजशास्त्र के नाम से जानी जाती है जो समाजों में अथवा समाजों के बीच विद्यमान राजनीतिक सत्ता/शक्ति के वितरण के सामाजिक कारणों तथा प्रभावों के साथ-साथ ऐसे सामाजिक एवं राजनीतिक संघर्षों का अध्ययन करती है, जो सत्ता के आवंटन में परिवर्तन उत्पन्न करते हैं। प्रसिद्ध समाज वैज्ञानिक **लिपसेट** के शब्दों में, 'राजनीतिक समाजशास्त्र की परिभाषा एक ऐसे सामाजिक विज्ञान के रूप में दी जा सकती है जो समाज एवं राज्य व्यवस्था, सामाजिक संरचना एवं राजनीतिक संस्थाओं के पारस्परिक संबंधों का अध्ययन करता है।' संक्षेप में, ज्ञान की यह शाखा राजनैतिक घटनाओं को मुख्यतः उनके सामाजिक निर्धारकों (कारकों) के साथ जोड़ कर अध्ययन करती है।

राजनीतिक समाजशास्त्र में राजनीतिक एवं समाजशास्त्रीय परिवर्त्यों (वेरिअबल) को समान महत्व दिया जाता है। वस्तुतः राजनीतिक समाजशास्त्र केवल उन सामाजिक कारकों के अध्ययन तक ही समिति नहीं है जो राजनीतिक व्यवस्था को निर्धारित करते हैं, वरन् यह राजनीतिक संरचनाओं एवं संस्थाओं द्वारा सामाजिक क्रियाओं एवं व्यवहारों पर डाले जाने वाले प्रभावों को भी समान महत्व देता है। पारम्परिक रूप में, राजनीतिक विज्ञान मुख्यतः सरकार के अंगों तथा जन-प्रशासन के साधनों का अध्ययन करता है, किन्तु जब राजनीतिक घटनाओं का समाजशास्त्रीय विश्लेषण किया जाता है तब इसके अन्तर्गत राजनीतिक एवं सामाजिक संरचना तथा राजनीति एवं सामाजिक प्रक्रियाओं के पारम्परिक सम्बन्धों जैसे महत्वपूर्ण विषयों का अध्ययन किया जाता है। राजनीतिशास्त्री अपना अध्ययन राज्य से प्रारंभ करता है तथा देखता है कि राज्य किस प्रकार समाज को प्रभावित करता है। इसके विपरीत, एक राजनीतिक समाजशास्त्री अपना अध्ययन समाज से प्रारंभ कर राज्य पर पड़ने वाले समाज के प्रभावों का वर्णन-विश्लेषण करता है, अर्थात् सत्ता के वितरण तथा प्रयोग से संबंधित औपचारिक संस्थाएं किस प्रकार सामाजिक संरचना तथा प्रक्रियाओं से प्रभावित होती हैं। किन्तु जब से राजनीतिक वैज्ञानिक यह अध्ययन करने लगे हैं कि 'किसको, कब, कैसे और क्या मिलता है,' तथा राजनीतिक समाजशास्त्री औपचारिक संगठनों का विश्लेषण करने लगे हैं, तब से दोनों के बीच विषयों के विभाजन का यह अन्तर धीरे-धीरे धूमिल पड़ता जा रहा है।

polyandry **बहुपतित्व/बहुपति विवाह**

एक स्त्री के एक समय में एकाधिक पति होने की प्रथा बहुपति विवाह कहलाती है। 'पत्नी एक और पति अनेक' की यह प्रथा भारत में उत्तर प्रदेश के जौनसार-बावर क्षेत्र के निवासी खस लोगों में तथा दक्षिण में नीलगिरि पर्वत पर निवास करने वाली टोड़ा जनजाति में पाई गई है। ये दोनों ही पैतृक समाज हैं। केरल के मातृक व्यवस्था वाले नायर लोगों में भी बहुपतित्व प्रथा पाई गई है। बहुपत्नीक प्रथा की अपेक्षा बहुपतिक प्रथा कम प्रचलित है।

polyandry, adelphic/fraternal **भ्रातृक बहुपतित्व**

बहुपति विवाह का एक विशिष्ट रूप भ्रातृक बहुपतित्व के नाम से जाना जाता है जिसमें एक स्त्री से विवाह करने वाले सभी व्यक्ति आपस में भाई होते हैं। कभी-कभी ये सगे भाई न होकर सगोत्री भी होते हैं। भारत के देहरादून क्षेत्र के खस लोगों में भ्रातृक बहुपतित्व का ही प्रचलन पाया गया है।

polyandry, nonfraternal **अभ्रातृक बहुपतित्व**

अभ्रातृक बहुपतित्व में एक स्त्री के सभी पतियों का आपस में भाई होना आवश्यक नहीं होता। कभी-कभी एक ही गांव के कुछ व्यक्ति मिलकर जब किसी स्त्री का वरण करके लाते हैं, तब यह अभ्रातृक बहुपति विवाह कहलाता है। अभ्रातृक बहुपतित्व प्रथा में पति के भ्राताओं के अतिरिक्त अन्य लोग भी स्त्री के पति हो सकते हैं।

polygamy **बहुविवाह**

जब पतियों या पत्नियों की संख्या एक से अधिक होती है, तब ऐसा विवाह बहुविवाह या इसके आधार पर बने हुए परिवार को बहु विवाही परिवार कहते हैं। बहुविवाही परिवारों में एक से अधिक यौन-साथी की स्वीकृति होती है।

polygyny **बहुपत्नित्व/बहुपत्नि विवाह**

विवाह का वह रूप जिसमें एक पुरुष एक समय में एकाधिक स्त्रियों के साथ विवाह कर सकता है तथा एकाधिक पत्नियां रख सकता है। बहुपत्निक परिवार मुस्लिम देशों, भारत और साधारणतः पूर्वी देशों में पाये जाते हैं।

pop sociology **लोकप्रिय समाजशास्त्र**

पंडिताऊ या अकादमिक समाजशास्त्र से भिन्न, पिछले कुछ वर्षों में एक ऐसे समाजशास्त्र का उद्‌भव हुआ है जिसका तात्कालिक सम्बन्ध सामान्य रूप में रोजमर्रा के जीवन से और विशेष रूप में सामाजिक समस्याओं से होता है। इसे ही लोकप्रिय या पॉप समाजशास्त्र का नाम दिया गया है। ज्ञान की अन्य शाखाओं की अपेक्षा समाजशास्त्र का यह विषय लोकप्रियता प्राप्ति का एक अच्छा साधन है। यही कारण है कि इस विषय का बिना किसी प्रकार का औपचारिक शिक्षण/प्रशिक्षण पाये कोई भी व्यक्ति अपने आपको समाजशास्त्री कहलाने का हकदार बन जाता है।

पॉप समाजशास्त्र के मोटे रूप में चार प्रकार हैं: (1) ऐसे कोई भी व्यक्ति जो सामाजिक विषयों पर कुछ भी लिखते या टिप्पणियां करते रहते हैं, पॉप समाजशास्त्र की प्रथम श्रेणी में आते हैं। (2) दूसरी श्रेणी में वे व्यक्ति आते हैं जो विश्वविद्यालय या महाविद्यालयी जगत से बाहर अपने विचारों और निष्कर्षों को अधिक बड़े सामाजिक जनसमूह तक पहुंचाना अपने व्यावसायिक धर्म का अत्यन्त महत्वपूर्ण हिस्सा समझते हैं। ऐसे व्यक्ति कभी-कभी अपने लेखनों को जनप्रिय बनाने के लिये सामाजिक आंदोलनों में भी भाग लेते हैं या अपने

अध्ययन-निष्कर्षों को शैक्षणिक पत्र-पत्रिकाओं के अतिरिक्त अन्य जन साधारण पत्र-पत्रिकाओं में भी छपवाते हैं। **अलेन तूरेन** जैसे समाजशास्त्रियों को पॉप समाजशास्त्र की इस श्रेणी में रखा जा सकता है। ऐसा भी देखा गया है कि ये व्यक्ति अपने विषयों पर मीडिया में नियमित टीकाकार की भूमिका अदा करते हैं। (3) कुछेक ऐसे अकादमिक समाजशास्त्री भी हैं जो अपने को उस समय एक विचित्र स्थिति में पाते हैं जब अचानक उनके शोध-निष्कर्षों को प्रसिद्धि मिल जाती है, जैसा कि कभी-कभी अपराध या मादक द्रव्यों के सेवन संबंधी उनके सनसनी पैदा करने वाले निष्कर्षों के सम्बन्ध में देखा गया है। ऐसे व्यक्तियों को बहुधा अपनी इच्छा और कभी-कभी उनकी प्रतिभा के विरूद्ध भी जनता की आंखों का तारा बनने के लिये बाध्य होना पड़ता है। इन्हें समाज में कुछ समय के लिये अवश्य ख्यातिनामा मिल जाता है। (4) अंतिम श्रेणी में समाजशास्त्रियों का एक ऐसा विशिष्ट समूह आता है जो जनप्रिय उपभोग के लिये ही समाजशास्त्रीय अध्ययन-अनुसंधान करते हैं। अमेरिका में **पैकाई** नामक लेखक ने अपने अनेक हल्के-फुल्के लेखनों द्वारा समाजशास्त्र को प्रसिद्धि दिलवाने में महती भूमिका अदा की है। वास्तव में, इन्हीं कारणों से कई बार पॉप समाजशास्त्र और अकादमिक समाजशास्त्र के बीच लक्ष्मण रेखा खींचना मुश्किल हो जाता है।

popular culture — लोकप्रिय/जनप्रिय संस्कृति

सांस्कृतिक उत्पादों, जैसे संगीत, नृत्य, साहित्य, कला, फैशन, फिल्म, टी.वी., रेडियो के प्रयोग के ऐसे संग्रहीत भंडार को लोकप्रिय संस्कृति कहते हैं जिनका उपभोग प्रमुखतः अभिजन समूहों के अतिरिक्त निम्नवर्गीय कामगार समूह तथा मध्यम वर्ग के एक भाग द्वारा किया जाता है। कुछेक ने इसे 'आम जनता' की संस्कृति भी कहा है। लोकप्रिय संस्कृति और उच्च संस्कृति में एक महत्वपूर्ण अन्तर यह है कि उच्च संस्कृति में जहां शास्त्रीय संगीत, नृत्य, कला और गंभीर प्रकृति के उपन्यास, कविताएं, कहानियां तथा अन्य सांस्कृतिक उत्पाद आते हैं जिनकी सामान्यतः समाज के एक छोटे से शिक्षित वर्ग द्वारा प्रशंसा की जाती है, जब कि लोकप्रिय संस्कृति, जिसे कभी-कभी जन संस्कृति (मॉस कल्चर) भी कहते हैं, का अधिक व्यापक क्षेत्र होता है और यह प्रत्येक को आसानी से उपलब्ध होती है। लोकप्रिय संस्कृति का मुख्य कार्य मनोरंजन है और यह अब खेलकूद, दूरदर्शन, फिल्मों और रिकार्ड किये गये लोकप्रिय संगीत द्वारा समाज के सभी तबकों पर अपना प्रभाव जमाये हुए है।

पारम्परिक व्यक्ति लोकप्रिय संस्कृति की उसके हल्के-फुल्केपन के कारण आलोचना करते हैं। फ्रैंकफर्ट सम्प्रदाय के लोगों ने भी इसकी आलोचना करते हुए इसे तुच्छ, बाजारू, व्यापाराना और निष्क्रिय संस्कृति कहा है। उन्होंने इसे 'जनता की संस्कृति' के समतुल्य बताया है। जब कि उदारवादी और परिवर्तनवादी (रेडिकल्स) आलोचक इस संस्कृति का इस आधार पर समर्थन करते हैं कि यह समाज के अधिकांश लोगों की रुचि की असली अभिव्यक्ति है और ये लोग उच्च संस्कृति के उत्पादों को अभिजनीय कह कर नकारते और तिरष्कृत करते हैं। समाजशास्त्रियों ने लोकप्रिय संस्कृति के उत्पादों के अध्ययन में रुचि प्रदर्शित की है क्योंकि यह जन चेतना को समझने का एक अच्छा साधन है और विभिन्न

वर्गों में एकजुटता और विभाजन पैदा करने का एक महत्वपूर्ण कारक है।

positivism **प्रत्यक्षवाद**

सेन्ट-साइमन के विचारों से प्रभावित होकर **आगस्त कोम्त** ने दर्शन की जिस नवीन शाखा को जन्म दिया, वही आजकल प्रत्यक्षवाद के नाम से जानी जाती है। कोम्त के विचारानुसार ज्ञान का विकास कुछ चरणों में हुआ है। प्रथम चरण पर ज्ञान के धर्मशास्त्रीय आदिवासीय अथवा काल्पनिक रूप का विकास हुआ। धीरे-धीरे यह रूप तत्वशास्त्रीय अथवा अमूर्त रूप से गुजरते हुए अपने अन्तिम एवं उच्चतम स्तर पर पहुंचा। कोम्त ने ज्ञान के विकास के इस अन्तिम चरण के लिए ही 'पॉजिटिविज्म' शब्द का प्रयोग किया है जिसे आजकल 'विज्ञान'या 'विज्ञानवाद' के नाम से भी जाना जाता है। ज्ञान की इस शाखा में अनुभवपरक तथ्यों को ही ज्ञान का आधार माना जाता है। यह सिद्धान्त वस्तुओं की तात्विक प्रकृति के सम्बन्ध में विचार करने का विरोधी है।

प्रत्यक्षवाद एक ऐसा सिद्धान्त है जो परम सत्य की खोज का परित्याग कर ऐसी घटनाओं के नियमों की खोज में विश्वास करता है जिन्हें देखा-परखा जाना संभव है तथा उपयोगी भी है। कोम्त का विचार था कि प्रत्यक्षवाद अथवा विज्ञान को घटनाओं के अवलोकन एवं वर्गीकरण तक अपने आप को सीमित रखना चाहिए। इसे तत्वशास्त्र की भांति घटनाओं के कारणों अथवा कारकों की खोज नहीं करनी चाहिए और न ही धर्मशास्त्र की भांति परम सत्य पाने की अभिलाषा रखनी चाहिए। विज्ञान के लिए यही उचित है कि वह तथ्यों के मध्य पाए जाने वाले सहसंबंधों की खोज कर इन्हें नियंत्रित करने वाले नियमों की खोज करे। स्वयं कोम्त के शब्दों में, 'यदि भविष्य में मानव-ज्ञान का विस्तार करना है तो इसे अवलोकन, परीक्षण तथा तुलना की वैज्ञानिक विधियों को अपनाकर ही पूरा किया जाना चाहिए।'

'पॉजिटिविज्म' शब्द का प्रयोग कई अर्थों में हुआ है। दर्शनशास्त्रियों का एक सम्प्रदाय जो कि 'लॉजिकल पॉजिटिविस्ट' अथवा 'लॉजिकल एम्परिसिस्ट' के नाम से जाना जाता है, इस शब्द का प्रयोग किसी कथन के अर्थ के सत्यापन किए जाने की विधि के रूप में करता है। अतः उनकी दृष्टि में, ऐसे कथन जिनका सत्यापन संभव नहीं है, वे अर्थहीन हैं। धर्मशास्त्र तथा पुरातन तत्वशास्त्र के कथनों को यह सम्प्रदाय इसी वर्ग में सम्मिलित करता है। **टालकट पार्सन्स** ने अपनी पुस्तक 'द स्ट्रक्चर ऑफ सोश्यल एक्शन' (1937) में उन सभी सामाजिक सिद्धान्तों को 'पॉजिटिविस्टक' कहा है जिसमें 'कर्त्ता' के रूप में मानव की सभी मानवीय क्रियाओं को कर्त्ता के स्वयं के दृष्टिकोण से निरपेक्ष भाव से समझा जाता है।

समाजशास्त्र में, प्रत्यक्षवाद को लेकर भारी विवाद बना हुआ है। इसकी प्रमुख रूप से तीन आधार पर आलोचना की गई है; (1) यथार्थवाद प्रत्यक्षवाद के इस मत को नकारता है कि केवल प्रेक्षण योग्य घटनाओं का ही अध्ययन किया जा सकता है तथा व्याख्यांओं का स्वरूप घटनाओं में नियमितताओं को प्रकट करने वाला होता है; (2) जहां यथार्थवादियों ने विज्ञान के प्रत्यक्षवादी विचारणा की आलोचना की है, वहां अन्य समाजशास्त्रियों ने तो समाजशास्त्र को विज्ञान मानने से ही इन्कार कर दिया है। अतिवादियों का कहना है कि

समाजशास्त्र का उद्देश्य व्याख्या करना नहीं है, अपितु समझ पैदा करना है, अर्थात् समाज और सामाजिक सम्बन्धों को समझना है। अतः समाजशास्त्रीय विश्लेषण में कर्त्ता की प्रेरणाओं और उद्देश्यों पर भी ध्यान दिया जाना चाहिये। चूंकि ये घटनाएं (प्रेरणा और उद्देश्य) सामाजिक विश्व की ही विशेषताएं हैं और प्राकृतिक संसार में नहीं होती, अतः प्राकृतिक विज्ञानों की विधियों का समाजशास्त्र में उपयोग नहीं किया जा सकता; (3) फ्रैंकफर्ट सम्प्रदाय, विशेषतः अमरीकी समाजशास्त्र वाले विद्वानों ने इस बात की आलोचना की है कि प्रत्यक्षवादी विश्लेषण का दायरा परिमाणात्मक तथ्यों तक ही सीमित है और यह वास्तविक समाजशास्त्रीय विवेचन की गहराई तक नहीं जा पाता। उदाहरणार्थ, जनमत सर्वेक्षण यह तो बताते हैं कि किसी विषय के बारे में कितने व्यक्तियों के क्या मत हैं, किन्तु यह नहीं बता पाते कि उनके इन मतों के क्या कारण हैं, वे ऐसा क्यों सोचते हैं। अभी हाल में, **जे. हेर्बमॉ** ने कहा है कि सामाजिक विज्ञान में प्रत्यक्षवाद एक तकनीकी तार्किकता पर आधारित है जो समाजों के नियंत्रण की आवश्यकता से संबंधित है।

positivism, neo **नवप्रत्यक्षवाद/नव वस्तुनिष्ठवाद**

अमरीकी समाजशास्त्र में बीसवीं शताब्दी के प्रारंभ में उत्पन्न हुआ एक आंदोलन जिसमें ज्ञान की तीन धाराओं परिमाणीकरण, व्यवहारवाद और वस्तुनिष्ठवादी ज्ञानमीमांसा को घुलामिला दिया गया है। इस आंदोलन के प्रमुख प्रवर्तक **एफ.एच. गिडिंग्ज़** और **जार्ज ए. लुण्डबर्ग** रहे हैं। इस आंदोलन ने समाजशास्त्र को विज्ञान के रूप में प्रस्थापित करने के लिये मापण (मेज़रमेंट) और गणितीय प्रयोग पर बल दिया। लुण्डबर्ग ने तो इस संबंध में प्राकृतिक विज्ञानों के मॉडल पर समाजशास्त्र को विकसित करने की वकालत की और कहा की मानवीय व्यवहार का अध्ययन भावनाओं, लक्ष्यों, प्रेरणाओं और मूल्यों आदि से परे हटकर सामाजिक स्थितियों के संदर्भ में किया जाना चाहिये। इसी आधार पर बाद में अमरीकी समाजशास्त्र में 'गणितीय समाजशास्त्र' की प्रस्थापना हुई। इस संदर्भ में **रिचर्ड एम. एमर्सन** का गणितीय सिद्धान्त और विनिमय सिद्धान्त को जोड़ने का प्रयास विशेष उल्लेखनीय है।

post industrialism = industrialism, post

post modernism = modernism, post

post structuralism = structuralism, post

potlatch **पॉटलेच**

उत्तरी अमेरिका के उत्तरी-पश्चिमी तट पर निवास करने वाली जनजातियों में पाई जाने वाली एक प्रथा जिसमें सामाजिक प्रस्थिति प्राप्त करने अथवा बनाये रखने के उद्देश्य से सम्पत्ति को अत्यन्त उदारता से बांटा तथा नष्ट किया जाता है। इसके लिये वहां बड़े-बड़े भोज आयोजित किये जाते हैं। इन भोजों में खूब खिलाया-पिलाया जाता है। इसके

अतिरिक्त वस्तुओं को अकारण नष्ट किया जाता है तथा/या उन्हें लोगों को दे दिया जाता है। इस प्रकार के भोज-समारोहों का मुख्य उद्देश्य किसी व्यक्ति द्वारा अप्नी समृद्धि एवं वैभव का प्रदर्शन करना होता है।

poverty **गरीबी**

एक ऐसी दशा जिसमें सामान्यतः भौतिक, किन्तु कभी-कभी सांस्कृतिक संसाधनों का अभाव होता है, गरीबी कहते हैं। गरीबी को निरपेक्ष और सापेक्ष दोनों रूप में परिभाषित किया जाता है। निरपेक्ष अर्थ में, यह एक ऐसी दशा है जिसमें एक व्यक्ति के जीवन-निर्वाह के लिये आवश्यक संसाधनों का अभाव या कमी होती है। सापेक्षिक रूप में, समाज के अन्य व्यक्तियों की तुलना में व्यक्ति या समूह के पास संसाधनों के अभाव या कमी की स्थिति को गरीबी कहते हैं। समाजशास्त्रियों ने गरीबी सम्बन्धी अपने अध्ययनों में इसी परिभाषा का बहुधा प्रयोग किया है।

poverty line **गरीबी रेखा**

वह रेखा जो गरीबी की सीमा को निर्धारित करती है, अर्थात् जिसके आधार पर गरीबों की संख्या का निर्धारण होता है। यह रेखा अलग-अलग देशों में अलग-अलग है।

power **सत्ता/शक्ति**

मानव पर प्रभुत्व करने, उन्हें भयभीत करने तथा नियंत्रित करने, आज्ञा-पालन करवाने, उनकी स्वतंत्रताओं में हस्तक्षेप करने तथा उनके व्यवहार को एक विशिष्ट दिशा में मोड़ने के लिए बाध्य करने की योग्यता अथवा सत्ता को शक्ति कहते हैं। संक्षेप में, यह व्यक्तियों के व्यवहार को नियमित, व्यवस्थित, नियंत्रित अथवा निर्देशित करने की क्षमता को इंगित करती है। शक्ति व्यक्तिगत करिश्मा या परम्परा या तार्किक स्वीकृति की निष्पत्ति हो सकती है, या सम्पदा अथवा सैनिक शक्ति के एकाधिकार का परिणाम हो सकती है।

power elite **सत्ताधारी अभिजन**

अमेरिका के शासक अभिजनों के संदर्भ में **सी. डब्ल्यू. मिल्स** ने इस अवधारणा का विकास किया और इसी नाम से सन् 1956 में उन्होंने एक पुस्तक लिखी। मिल्स के विश्लेषण के अनुसार, ये ऐसे अभिजन होते हैं जिनमें व्यापार, सरकार और सेना के अगुवा लोग सम्मिलित होते हैं। ये लोग समान सामाजिक पृष्ठभूमि के कारण आपस में बंधे होते हैं। यही नहीं, इन तीनों वर्गों में आपस में अदला-बदली भी होती रहती है। मिल्स की इस पुस्तक ने बाद में ढ़ेर सारी प्रतिक्रियाओं और विवादों को जन्म दिया।

preferential marriage = marriage, preferential

pre industrial city **पूर्व औद्योगिक नगर**

औद्योगिक नगरों एवं महानगरों की चर्चा के साथ ही पिछले कुछ वर्षों में 'पूर्व

औद्योगिक नगर' की अवधारणा का विकास हुआ है। **प्रो. जोबर्ग** ने इस अवधारणा का सविस्तार वर्णन-विश्लेषण इसी नाम से लिखी पुस्तक में किया है। उनके अनुसार तथाकथित आधुनिक नगरों तथा पूर्व औद्योगिक नगरों में काफी अन्तर है। शहरी नगरों के विपरीत, पूर्व औद्योगिक नगर औद्योगीकरण से विहीन होते हैं। इनमें कार्यों के लिए पशु एवं मानवीय शक्ति का प्रयोग किया जाता है। इनके अतिरिक्त, सांस्कृतिक मूल्यों तथा तकनीकी विकास की दृष्टि से भी ये आधुनिक नगरों से भिन्न होते हैं।

prejudice **पूर्वाग्रह**

पूर्वाग्रह एक प्रकार का निर्णय, दृष्टिकोण अथवा विश्वास है जिसे लोग वास्तविक तथ्य से परिचित होने से पहले ही किसी वस्तु, घटना, व्यक्ति अथवा समूह के प्रति स्वीकार लेते हैं। यह पर्याप्त साक्ष्य तथा अनुभवरहित एक अर्जित मनोवृत्ति है जो सामान्यतः भावात्मक होती है। कोई भी पूर्वाग्रह जन्मजात नहीं होता, यद्यपि सभी व्यक्तियों में पूर्वाग्रह को आनुवंशिक रूप में प्राप्त करने की क्षमताएं अवश्य होती हैं। यह सकारात्मक तथा नकारात्मक दोनों हो सकती हैं। इसका निर्माण सुझाव, अनुकरण, विश्वास तथा सीमित अनुभवों के विभिन्न योग-संयोग द्वारा होता है।

रूढ़धारणाओं की भांति पूर्वाग्रह भी एक तरह की तर्कहीन अवधारणा है जिसकी मूल प्रवृत्ति विरोधात्मक होती है; जैसे कुछ लोगों का मत है कि प्राणिशास्त्रीय दृष्टि से गुर्जर निम्न जाति के लोग हैं, चमार गन्दे होते हैं, यहूदी एवं मारवाड़ी कंजूस होते हैं। ये सभी पूर्वाग्रह के उदाहरण हैं। पूर्वाग्रह विकृत अनुभूति तथा बोध की उपज होते हैं।

पूर्वाग्रह का प्रयोग अधिकांशतः विश्व संदर्भ में प्रजातिक समूहों और भारतीय सदंर्भ में जातीय समूहों के बीच असमानताओं और भेदभाव के बर्ताव को लेकर हुआ है। समाजशास्त्रियों के लिये पूर्वाग्रह के सामाजिक परिणाम विशेष महत्व रखते हैं। पूर्वाग्रह के कारण प्रजाति के क्षेत्र में प्रजातिवाद/नस्लवाद, जाति के क्षेत्र में जातिवाद और लिंग के क्षेत्र में लिंगवाद (महिलावाद) का जन्म हुआ है। महिलाओं द्वारा पुरुषों के विरूद्ध पूर्वाग्रह ने बहुसंख्यकों को अल्पसंख्यकों के बीच खाई को चौड़ा करने में मदद की है।

समाजशास्त्रीय दृष्टि से पूर्वाग्रह इसलिये भी महत्वपूर्ण है कि इससे भेदभाव और असमान बर्ताव की उत्पत्ति होती है। जब असमान बर्ताव शोषण, अन्याय और दुर्व्यवहार का नियोजित स्वरूप धारण कर लेता है, तब यह सामाजिक उत्पीड़न बन जाता है। किन्तु सभी भेदभाव, पूर्वाग्रह की उत्पत्ति नहीं होते। उदाहरणार्थ, अमेरिका में 'सकारात्मक क्रिया' (अफरमेटिव एक्शन) एक सरकारी नीति है जिसके अनुसार काले लोगों और महिलाओं को नौकरियों, सरकारी सौदों और शिक्षण संस्थाओं के प्रवेश में आरक्षण के रूप में प्राथमिकता दी जाती है। ये ऐसे समूह हैं जो सदियों से पूर्वाग्रह और भेदभाव के शिकार रहे हैं। इस प्रकार का सकारात्मक भेदभाव काफी विवाद का विषय बना हुआ है। सामान्यतः सकारात्मक भेदभाव का पुरुषों, स्त्रियों, काले और गोरे लोगों के व्यवसायों के वितरण में कोई विशेष अन्तर नहीं होता। (देखिये, डिस्क्रिमिनेशन, पोजिटिव)

prejudice, social **सामाजिक पूर्वाग्रह**

एक समूह के व्यक्तियों द्वारा किसी अन्य समूह के व्यक्तियों के प्रति निर्मित दृष्टिकोण को सामाजिक पूर्वाग्रह कहते हैं। पूर्वाग्रह समूह की प्रामाणीकृत सृष्टि है जिसे समूह के सदस्यगण अन्य किसी समूह के विरोध में उसी प्रकार ग्रहण कर लेते हैं जिस प्रकार वे अपने सामूहिक जीवन के अन्य दायित्वों, मूल्यों और पहिचानों को स्वीकार कर लेते हैं।

pressure group **दबाव-गुट**

किसी एक विशिष्ट वर्ग (सरकार, जनसमूह या हित समूह) के समूह के हितों का प्रतिनिधित्व करने हेतु आपस में मिल कर व्यक्तियों, मालिकों या अन्य संगठनों के समूहों को दबाव-गुट कहा जाता है। दबाव-गुट, हित समूह, समर्थन समूह, अन्य प्रकार के सामाजिक समूहों और क्लबों से इस बात में भिन्न होते हैं कि इन समूहों का व्यक्त प्रयोजन अपने उद्देश्यों की प्राप्ति के लिये जनमत जुटाना और निर्णय लेने वाली संस्थाओं को अपनी मांगों के प्रति समर्थन और स्वीकृति के लिये बाध्य किया जाना होता है। इनकी मांगे विद्यमान दशाओं को ही जारी रखना या उनमें परिवर्तन या संशोधन करना हो सकता है। दबाव-समूहों के राजनीतिक दलों से विशेष सम्बन्ध होते है। ये दबाव-समूह उस राजनैतिक दल, जिनसे वे जुड़े होते हैं, उन पर अपने हितों की पूर्ति के लिये दबाव डालते हैं। ब्रिटेन में श्रमिक-संगठन लेबर पार्टी पर और भारत में विश्व हिन्दू परिषद् भारतीय जनता पार्टी पर इस प्रकार दबाव बनाये हुए है।

preventive theory **निरोधात्मक सिद्धान्त**

दण्ड का एक सिद्धांत जो अपराधियों से समाज की रक्षा करने के लिए अपराधियों को समाज से पृथक कर देने पर बल देता है। इसके प्रमुख उपाय हैं—आजन्म कारावास, देश निकाला या प्राणदण्ड। यह सिद्धांत 'न होगा बांस, न बजेगी बांसुरी' के विचारों पर आधारित है। इस सिद्धांत के प्रतिपादक मानते हैं कि यदि अपराधी समाज में ही रहता है तो वह प्रायः अपराध करेगा ही, अतः इसे रोकने के लिए उसे सामाजिक परिवेश से पूर्णतः काट दिया जाये, तो अपराध रोके जा सकते हैं।

primary group = group, primary

primitive communism **आदिम साम्यवाद**

इस पद को बहुधा **कार्ल मार्क्स** के नाम से जोड़ा जाता है, किन्तु इसकी सविस्तार व्याख्या हमें **फ्रेडरिक एंजिल्स** की कृति 'द ऑरिजिन ऑफ फैमिली' (1884) में देखने को मिलती है। एंजिल्स ने इस अवधारणा का प्रयोग मूलभूत संसाधनों पर सामुदायिक अधिकार, सामाजिक सम्बन्धों में समानता, सत्तावादी शासन और संस्तरण की अविद्यमानता के लिये किया जो मानवीय इतिहास में स्तरीकरण और शोषण के किसी भी रूप के पूर्व विद्यमान थे। ऐसा कहा जाता है कि मार्क्स और एंजिल्स दोनों ही **एल.एच.मॉर्गन** के काल्पनिक

उद्‌विकासवादी सिद्धान्त से भारी प्रभावित थे। इस सिद्धान्त में तत्कालीन प्राचीन समाज में विद्यमान स्वतंत्रता, समानता और भ्रातृत्व के साथ-साथ साम्यवादी रहन-सहन की चर्चा की गई है।

primitive society **आदिम समाज**

इस अवधारणा का प्रयोग सरल प्रौद्योगिकी वाले प्राचीन एवं प्रागैतिहासिक समाजों के लिए किया जाता है। ऐसा कोई भी समाज जो इतिहास की शुरुआत अर्थात् लेखन-कला (लिखित भाषा) के आविष्कार एवं विकास के पूर्व विद्यमान रहा हो, आदिम समाज के नाम से इंगित किया गया है। 'आदिम' शब्द का प्रयोग सामान्यतः साक्षरताहीन संस्कृति का द्योतक है।

primogeniture **ज्येष्ठाधिकार**

उत्तराधिकार का एक नियम जिसके अनुसार सबसे पड़ा पुत्र (मातृवंशीय समाजों में पुत्री) माता-पिता की सम्पत्ति का उत्तराधिकारी बनता है। इस नियम के अनुसार न केवल सम्पत्ति वरन् मुखिया के पद का संचरण भी परिवार के ज्येष्ठ लड़के-लड़की को होता है।

prison **कारागृह**

एक दण्डात्मक संस्था जिसका संचालन सरकार द्वारा किया जाता है। इसमें विचाराधीन तथा सजा पाये हुए वयस्क अपराधियों को रखा जाता है। अपराधी को कारागृह में रखने का मुख्य उद्देश्य उसे सुधाकर समाज में पुनः स्थापित करना है। कारागृहों के प्रति नये दृष्टिकोण के अनुसार, आजकल इन्हें 'दण्ड स्थल' की अपेक्षा 'सुधार स्थल' माना जाने लगा है।

prisonisation **बन्दीकरण**

अपराधशास्त्र के क्षेत्र की एक अवधारणा जिसका विकास सन् 1940 में **डोनाल्ड क्लेमर** द्वारा किया गया। कारागार की उपसंस्कृति का बन्दी द्वारा आत्मसात किये जाने की प्रक्रिया को बन्दीकरण कहते हैं। इस प्रक्रिया द्वारा बन्दी कारागृह की जनरीतियों, रूढ़ियों व प्रथाओं को धीरे-धीरे न्यूनाधिक मात्रा में अपनाने तथा उनके अनुरूप अपने को ढालने का प्रयास करता है।

कैदियों द्वारा कारागृह व्यवस्था की औपचारिक आचार संहिता के पूर्णतः विपरीत व्यवहार-प्रतिमानों का उनके द्वारा अपनाया जाना (आन्तरीकरण किया जाना) ही बन्दीकरण की प्रक्रिया है। दूसरे शब्दों में यह प्रक्रिया कैदियों द्वारा कारागृह की संहिता के स्थान पर 'कैदी-संहिता' के पालन को इंगित करती है। बंदीगृह में कोई श्रम न करो, अधिकारियों के साथ असहयोग करो, हर बात पर असंतोष प्रकट करो जैसे कैदियों के व्यवहार-प्रतिमान 'कैदी-संहिता' के कुछ उदाहरण हैं।

private religion **निजी धर्म**

सामान्यतः समाजशास्त्रीय अर्थ में, धर्म को एक ऐसी सार्वजनिक क्रिया माना जाता है जिसमें सामुदायिक कर्मकाण्ड (जैसे पूजा-पाठ, सांस्कारिक क्रिया-कर्म आदि) तथा सभी द्वारा माने जाने वाले विश्वासों को सम्मिलित किया जाता है। कुछ समाजशास्त्री यह कहते हैं कि आधुनिक समाज जहां धर्म का लौकिकीकरण हो रहा है वहां धर्म निजी भावनाओं और विश्वासों के एक पुंज के रूप में ही जिन्दा रह सकता है। प्रसिद्ध समाजशास्त्री **मैक्स वेबर** ने भी अपने एक लेख 'साइन्स एज़ ए वोकेशन' में लिखा है कि "धर्म केवल व्यक्तिगत मानवीय स्थितियों में, अत्यंत मंद गति से ही जारी रहेगा।"

privatism **निजीवाद**

अत्यधिक विकसित औद्योगिक समाजों में आजकल एक नवीन प्रवृति का उद्‌भव हुआ है। इस प्रवृति के अनुसार लोग अपना जीवन सार्वजनिक संस्थाओं में कम से कम और अपने लघु नाभिकीय (एकाकी) परिवार के दायरों में अधिकाधिक व्यतीत करते हैं। दूसरे शब्दों में हम यह कह सकते हैं कि व्यक्तियों में 'घर-केन्द्रितता' या 'नाभिकीय परिवार केन्द्रितता' की प्रवृति बढ़ती जा रही है और सार्वजनिक संगठनों और कार्यकलापों, जैसे मठ, मंदिर, चर्च, मदिरालय, राजनीतिक दल, श्रम संगठनों आदि में भाग लेने की प्रवृति दिन-प्रतिदिन घटती जा रही है। यही स्थिति निजीवाद की द्योतक है। समाजशास्त्रियों में इसकी मात्रा को लेकर घोर मतभेद है।

privatization **निजीकरण**

आर्थिक क्रियाओं के दायित्वों का राज्य से निजी क्षेत्र के हस्तान्तरण की प्रक्रिया को निजीकरण कहते हैं। इसके कई रूप हो सकते हैं जो संबंधित दायित्वों की प्रकृति और हस्तान्तरण किये जाने वालों पर निर्भर करता है।

probability sampling = sampling, probability

probation **परिवीक्षा**

परिवीक्षा एक अदालती कार्यवाही है जिसमें अपराध प्रमाणित हो जाने पर अपराधी को कारावास का दण्ड देने के स्थान पर एक निश्चित अवधि तक सद्‌व्यवहार बनाए रखने की शर्त पर एक परिवीक्षा अधिकारी की देख-रेख में मुक्त कर दिया जाता है। परिवीक्षा का मूल उद्देश्य अपराधी को सुधारना है। पैरोल की भांति परिवीक्षा व्यवस्था में बन्दी को कुछ समय के लिए भी जेल नहीं काटनी पड़ती है। (देखिये – पेरोल)

probationary marriage = marriage, probationary

process **प्रक्रिया**

किसी लक्ष्य की ओर निर्देशित क्रियाओं के व्यवस्थित क्रम को प्रक्रिया कहते हैं। ये

क्रियाएं निरन्तर होती रहती हैं।

process, social = social, process

professional criminal **धंधेबाज/पेशेवर अपराधी**

वे अपराधी जो अपराध को एक पेशा तथा आजीविका का एक मात्र साधन मानते हैं, पेशेवर अपराधी कहलाते हैं। ऐसे अपराधी अपना पूरा समय व शक्ति अपराध करने में लगाते हैं। ये साधारण अथवा आदतन अपराधियों की अपेक्षा अधिक चुस्त-चालाक एवं निपुण होते हैं। ऐसे अपराधी उन अपराधों में विशेषज्ञता रखते हैं जिनमें हिंसा की कम किन्तु निपुणता की अधिक आवश्यकता पड़ती है। जालसाजी करना, तस्करी करना आदि पेशेवर अपराधियों के काम हैं। पेशेवर अपराधी का अपराध योजनाबद्ध एवं सावधानीपूर्वक नियोजित होता है।

progress **प्रगति**

मान्य एवं वांछित लक्ष्य अथवा उद्देश्य की ओर बढ़ने की प्रक्रिया को प्रगति कहते हैं। प्रगति मात्र परिवर्तन नहीं है, अपितु एक निश्चित दिशा की ओर होने वाला परिवर्तन है।

progress, social = social progress

projection **प्रक्षेपण**

मनोवैज्ञानिक साहित्य में 'प्रक्षेपण' शब्द का प्रयोग दो मुख्य अर्थों में किया गया है। प्रथम अर्थ में, प्रक्षेपण को एक रक्षात्मक युक्ति माना है जिसका उपयोग व्यक्ति अपने अहं के बचाव के लिए करता है। इस अर्थ में प्रक्षेपण का प्रयोग मनोविश्लेषणात्मक साहित्य में किया गया है। प्रसिद्ध मनोविश्लेषक **फ्रायड** ने विभ्रम की बीमारी से ग्रस्त व्यक्तियों के निदान में प्रक्षेपण का प्रयोग करते हुए लिखा है कि प्रक्षेपण एक ऐसी युक्ति है जिसके द्वारा विभ्रमित व्यक्ति आत्म निन्दा अथवा आत्म-संशय से बचने के लिए अपनी भावनाओं को दूसरों पर आरोपित करता है .... जब हम किन्हीं अनुभूतियों के कारणों को अपने अन्दर खोजने की अपेक्षा बाह्य संसार में खोजने का प्रयास करते हैं, तब यह प्रक्रिया प्रक्षेपण कहलाती है। यह हमारी इच्छाओं, भावनाओं, प्रेरणाओं का मूर्तिकरण है जो वास्तविकता की विभ्रमित विकृति को जन्म देती है। यह एक ऐसी प्रक्रिया है जिसमें व्यक्ति अपने कल्पित मनोभावों, दृष्टिकोणों, गुणों को वास्तविक मानकर दूसरे व्यक्ति अथवा किसी वस्तु पर आरोपित करता है। यह आरोपण अव्यक्त तथा अनजाने में होता है।

द्वितीय अर्थ में, प्रक्षेपण का प्रयोग सामान्य तथा व्याधिकीय दोनों प्रकार के व्यक्तियों के विकास में होता है। इस अर्थ के अनुसार यह माना जाता है कि प्रक्षेपण की प्रक्रिया रचनात्मक कार्यों में भी महत्वपूर्ण भूमिका अदा करती है। यह सामान्यीकृत प्रक्षेपण कहलाता है। **आल्पोर्ट** के अनुसार 'जब व्यक्ति की भावनात्मक दशा की अभिव्यक्ति अनजाने में उसके परिवेश की व्याख्या में हो जाती है, तो इसे हम प्रक्षेपण कहते हैं।'

प्रक्षेपण हमारी प्रच्छन्न आत्माभिव्यक्ति का एक रूप है। यह एक प्रकार की दोहरी अभिव्यक्ति है। प्रक्षेपण द्वारा हम अपनी अवसादपूर्ण स्थिति से छुटकारा प्राप्त करने का यत्न करते हैं। हम सामान्यतः अपने अपराधभाव, नैतिक दुर्बलता या किसी अभाव को दूसरों पर प्रक्षेपित करते हैं। धर्म के विभिन्न रूप—जीववाद, जीवात्मवाद, मूर्तिकरण आदि भी प्रक्षेपण के ही उदाहरण हैं।

projective technique **प्रक्षेपी विधि**

समाज मनोवैज्ञानिक गवेषणा की एक विधि जिसका प्रयोग व्यक्ति के अर्थों, मूल्यों, मनोभावों, प्रेरणाओं, रक्षायुक्तियों तथा व्यवहार के विशिष्ट तौर-तरीकों का अध्ययन असंरचित तथा अस्पष्ट प्रेरक के प्रति उसके प्रत्युत्तरों के विश्लेषण द्वारा किया जाता है। इस विधि का सर्वप्रथम व्यवस्थित रूप में प्रयोग **एल. के. फ्रेंक** ने सन् 1939 में किया। इस विधि में एक परिकल्पित अथवा चुनी हुई एक प्रेरक स्थिति को प्रयोज्य के समक्ष रख कर उसकी आंतरिक प्रतिक्रियाओं को उत्तेजित किया जाता है। इन प्रतिक्रियाओं के आधार पर प्रयोज्य के व्यक्तित्व के छुपे हुए पक्षों के संबंध में अनुमान लगाया है। प्रेरक स्थिति का प्रयोज्य के लिए वही अर्थ नहीं होता जो अर्थ प्रयोगकर्त्ता उस स्थिति का लगता है। प्रक्षेपी विधियां एक व्यक्ति के व्यक्तित्व के अनुभवों तथा छुपे हुए पक्षों के उद्घाटन का प्रयास है।

प्रक्षेपण हेतु कई प्रकार के परीक्षणों एवं उपकरणों का प्रयोग किया जाता है। उनमें से मुख्य रोशार्ख, टी. ए. टी., सी. ए. टी., वाक्य पूरक परीक्षण, कार्टून रेखाचित्र परीक्षण, खेल-परीक्षण, अस्पष्ट ध्वनि परीक्षण, मनोअभिनय या समाजोभिनय विधियां हैं।

propaganda **प्रचार**

व्यक्तियों अथवा समूहों की क्रियाएं या अभिव्यक्त सम्मतियां जिन्हें इस प्रकार सक्रिय ढंग से व्यवस्थित किया जाता है ताकि वे दूसरे व्यक्तियों अथवा समूहों की क्रियाओं अथवा मतों को प्रभावित कर सकें, प्रचार कहलाती हैं।

property **सम्पत्ति**

कोई बहुमूल्य अधिकार अथवा स्वार्थ जिसे मुख्यतः सम्पदा का एक तत्व अथवा स्त्रोत समझा जाता है, सम्पत्ति कहलाती है। सम्पत्ति की धारणा व्यक्ति को किसी वस्तु पर एकान्तिक स्वामित्व का अधिकार देती है। इस अधिकार में उस वस्तु के भोग करने के साथ-साथ बेचने, दान में देने आदि के अधिकार भी सम्मिलित हैं। ये अधिकार कानूनी अथवा प्रथानुगत होते हैं। सम्पत्ति में भौतिक एवं अभौतिक अमूर्त अथवा मूर्त सभी प्रकार के पदार्थ एवं साधन हो सकते हैं।

prostitution **वेश्यावृति**

आर्थिक लाभ के बदले में कामवृति की पूर्ति की स्वीकृति दिये जाने को वेश्यावृति

कहते हैं। इसका कोई न कोई संस्थागत रूप प्रत्येक समाज में विद्यमान रहा है। अधिकांशतः इसमें पुरुषों द्वारा स्त्रियों से काम पिपासा की तुष्टि की जाती है, किन्तु पुरुष वेश्याओं के भी उदाहरण देखने को मिले हैं जिसमें स्त्रियों द्वारा पुरुषों से या पुरुषों द्वारा पुरुषों से कामवृति तुष्ट की जाती है। कुछ समाजों में वेश्यावृति कानूनी तौर पर स्वीकृत है। यही नहीं, कुछ देशों में यह राज्य की देखरेख में की जाती है। भारत में भी इस धंधे को कानूनी स्वीकृति दिये जाने की मांग की जा रही है।

protestant ethic **प्रोटेस्टैन्ट नैतिकता**

मैक्स वेबर के अनुसार, प्रोटेस्टैन्ट नैतिकता के प्रमुख तत्व तार्किकता, लाभ की इच्छा, परिश्रम, बचत एवं पूंजी संग्रह, साहस तथा नौकरशाही संगठन हैं। वेबर मानते हैं कि आधुनिक पश्चिमी पूंजीवाद का उदय प्रोटेस्टैन्ट धर्म की आर्थिक नैतिकता के फलस्वरूप हुआ है। आधुनिक पूंजीवाद की आत्मा प्रोटेस्टैन्टवाद तथा इसके व्यवहार के नियमाचारों एवं व्यावहारिक नैतिकता में समाई हुई है।

psychoanalysis **मनोविश्लेषण**

मनोविज्ञान की एक शाखा जो विशिष्टतः स्नायुविक प्रवृतियों वाले व्यक्तियों के नैदानिक उपचार से संबंधित है। मनोविश्लेषण इस सिद्धान्त पर आधारित है कि हमारी अनेक इच्छाएं, विशिष्टतः काम-भावना से संबंधित इच्छाएं हमारे प्रारंभिक जीवन में अचेतन रूप में दबी होती हैं। इन इच्छाओं को स्वच्छन्द साहचर्य तथा स्वप्न विश्लेषण जैसी विधियों द्वारा पुनः बाहर लाकर स्नायु रोगों से पीड़ित व्यक्ति का उपचार किया जा सकता है। फ्रायड, जिन्हें मनोविश्लेषण का जन्मदाता कहा जाता है, ने इस सम्बन्ध में अनेक अवधारणाओं जैसे लिबिडो, इड, इगो, सुपर इगो, इरॉज, थेनटॉज, चेतन-अचेतन मन आदि का विकास कर मानव-व्यवहार की व्याख्या को एक नया आयाम दिया है।

psychologism **मनोविज्ञानवाद**

जब सामाजिक घटनाओं, सामाजिक सम्बन्धों और सामाजिक संरचना की व्याख्या पूर्णतः एकान्तिक रूप में व्यक्तिगत मनोविज्ञान के आधार पर की जाती है, तब इसे मनोविज्ञानवाद कहते हैं। आत्महत्या की मात्र मानसिक परेशानियों या उद्वेगों के आधार पर की गई व्याख्याएं मनोविज्ञानवाद का एक उदाहरण है।

psychology **मनोविज्ञान**

मानव के मस्तिष्क अथवा मानसिक दशाओं तथा प्रक्रियाओं के अध्ययन करने वाली ज्ञान की शाखा मनोविज्ञान कहलाती है। इसमें मानव प्रकृति का अध्ययन किया जाता है।

public opinion **जनमत**

किसी विचाराधीन समस्या के प्रति किसी जन समुदाय के अधिसंख्य भाग की प्रमापन योग्य तथ्यात्मक साक्ष्यों पर आधारित मनोवृति को जनमत कहते हैं। इसमें चिन्तन, विश्लेषण

और तार्किकत्ता की तीनों विशेषताओं के कुछ अंश सन्निहित होते हैं। जन भावना और जनमत में अतर है। जन भावना पूर्णतः मनोवेगों की उपज होती है। इसमें पर्याप्त तथ्यात्मक साक्ष्यों का होना आवश्यक नहीं है। इसके विपरीत, जनमत में आंशिक तौर पर विचारणा या बुद्धि का तत्व विद्यमान होता है। प्रचार करने वाले, वास्तव में, जनमत की अपेक्षा जन भावनाओं को ही अधिक उभारने का प्रयास करते हैं।

punarajanma **पुनर्जन्म**

हिन्दू धर्म के कर्म के सिद्धान्त से अति निकट से जुड़ी हुइ एक अवधारणा पुनर्जन्म की है जिसके अनुसार यह माना जाता है कि मनुष्य जन्मों के चक्र से बंधा होता है। कई योनियों में जन्म लेने के बाद ही उसे मोक्ष (जीवन के परम लक्ष्य) की प्राप्ति होती है। गीता में कहा है कि मनुष्य का शरीर नाशवान है, किन्तु आत्मा अनन्त है, अजर-अमर और सततता लिये हुए है। **गीता** के अनुसारु "अजो नित्यः शाश्वतोडयं पुराणो न हन्यते हन्यमाने शरीरे", अर्थात् यह आत्मा शाश्वत है, शरीर के नष्ट होने पर भी यह नष्ट नहीं होती। एक अन्य स्थान पर गीता में कहा गया है कि आत्मा को न शस्त्र काट सकते हैं, न आग जला सकती है, न जल गला सकता है और न ही वायु इसे सुखा सकती है। यह आत्मा नित्य, सर्वव्यापक, अचल, स्थिर रहने वाली और सनातन है। इस आत्मा का ही पुनर्जन्म होता है।

कर्म के सिद्धान्त के अनुसार माना जाता है कि कर्मों के फल भोगने के लिये पुनर्जन्म होता है। कुछ कर्म ऐसे हो सकते हैं जिनके फल एक ही जन्म में समाप्त नहीं होते, उनकी पूर्ति के लिये एक से अधिक जन्मों की आवश्यकता होती है। इस प्रकार जीव का पुनर्जन्म मोक्ष प्राप्ति न होने तक अवश्यम्भावी है और उसका हेतु हे कर्म। यही पुनर्जन्म की अवधारणा है।

ऋग्वेद की भांति पुनर्जन्म की अवधारणा भी हिन्दू ध्धर्म में बहुत प्राचीन है। इसका उल्लेख (परोक्ष रूप में) हमें ऋग्वेद के एक सूक्त 14 (मण्डल-10) में मिलता हैः

सं गच्छस्व पितृभिः सं यमेनेष्टापूर्तेन परमे त्योमन्।
हित्वायावद्यं पुनस्तमेहि सं गच्छस्व तन्वा सुवर्चाः॥

अर्थात् हे जीव! तू पितरों के साथ संयुक्त हो, तू यम (पितरों के देवता) के साथ संयुक्त हो, इष्ट और पूर्त यज्ञों के द्वारा उत्कृष्ट स्वर्ग लोक में रमण कर। अपने पाप अपराधादि को त्यागकर पुनः इसी भू लोक में आओ तथा सुन्दर उत्तम तेजस्वी शरीर प्राप्त करो।

punishment **दण्ड**

दण्ड का अर्थ ऐसे व्यक्ति के अधिकारों को छीनना है जो अन्य व्यक्तियों अथवा सम्पूर्ण समाज के अधिकारों पर अतिक्रमण करता है। ऐसे व्यक्ति को शारीरिक पीड़ा या यातना देकर उसे अपने किए हुए कर्म की बुराई का अहसास कराया जाता है। संक्षेप में, दण्ड अप्रिय तथा गैर कानूनी क्रियाओं के लिए अपराधी को राज्य द्वारा दी जाने वाली पीड़ा है।

purusārth **पुरुषार्थ**

मानव की रचना में चार प्रमुख तत्वों यथा शरीर, मन, बुद्धि और आत्मा का योगदान है। इन चारों से मिलकर व्यक्ति का निर्माण होता है। इन चारों की तुष्टि के लिये व्यक्ति द्वारा जो प्रयास या उद्यम किये जाते हैं, उन्हें पुरुषार्थ कहते हैं। शरीर की तुष्टि के लिये 'अर्थ', मन के लिये 'काम', बुद्धि अर्थात् विवेक के लिये 'धर्म' और आत्मा की तुष्टि के लिये 'मोक्ष' नामक चार पुरुषार्थों की जरूरत पड़ती है। पुरुषार्थ मानव के जीवन-व्यापारों का निर्धारण, नियमन, व्यवस्थापन और संचालन करते हैं। **डा. पी. एन. प्रभु** ने इन पुरुषार्थों को भारतीय 'आश्रम व्यवस्था' के विचार का मनः नैतिक आधार कहा है।

पुरुषार्थ हिन्दू जीवन के मौलिक सिद्धान्त है जो मनुष्य के अपने प्रति, अपने परिवार के प्रति और समुदाय के प्रति कर्त्तव्यों को परिभाषित करते हैं। इन सिद्धान्तों को संस्तरण व्यवस्था में व्यवस्थित मूल्य-रचना या जीवन के मूल घ्येय कह सकते हैं। धर्मशास्त्रों के अनुसार हिन्दू जीवन के चार मूल उद्देश्य हैं, यथा धर्म, अर्थ, काम और मोक्ष।

'धर्म' का सम्बन्ध सामाजिक, धार्मिक और सांस्कृतिक क्षेत्रों में निर्धारित नैतिक दायित्वों से है। यह व्यक्ति को विवेक प्रदान करता है, मार्गदर्शक का कार्य करता है। व्यक्ति की पाशविक और दैवीय प्रकृति के मध्य श्रंखला का कार्य करता है। व्यक्ति की 'अर्थ' और 'काम' की असीमित लालसा पर अंकुश का कार्य करता है। 'अर्थ' आर्थिक उपयोगितावादी लक्ष्य को प्रकट करता है जिसका सीधा सम्बन्ध धन के अर्जन और उपभोग से है। पारिवारिक एवं सामाजिक दायित्वों के निर्वाह में धन संग्रह की प्रमुख आवश्यकता होती है। 'काम' भौतिक लिप्सा, ऐन्द्रियक सुख और आनन्द को प्रतिबिम्बित करता है। यह सौन्दर्य एवं सृजन की वृतियों की अभिव्यक्ति का साधन है। जीवन का अंतिम लक्ष्य 'मोक्ष' माना गया है जिसका अर्थ जन्म और पुनर्जन्म के चक्र से मुक्ति प्राप्त करना है। यह मानव की आंतरिक आध्यात्मिक अनुभूति का प्रतीक है। तृप्ति ही विरक्ति का मार्ग प्रशस्त करती है।

प्रथम तीन उद्देश्य अर्थात् धर्म, अर्थ एवं काम को साधन के रूप में स्वीकार किया गया है क्यों कि इनका प्रत्यक्ष संबंध व्यक्ति के सामाजिक-सांस्कृतिक परिवेश से होता है। किन्तु 'मोक्ष' को वास्तविक लक्ष्य अर्थात् साध्य स्वीकार किया गया है जिसकी प्राप्ति के लिये प्रथम तीन उद्देश्य साधन का कार्य करते हैं। 'मोक्ष' का सम्बन्ध व्यक्ति के तात्विक अस्तित्व से है। हिन्दू धर्म इन सभी लक्ष्यों की प्राप्ति आवश्यक मानता है। इनमें से किसी एक को निम्न कोटि को मान कर उसे प्राप्त करने से व्यक्ति को नहीं रोकता। काम तुष्टि अथवा ऐन्द्रिक आनन्द को भी पुरुषार्थ व्यवस्था में उतना ही महत्व दिया गया है जितना धर्म अर्थात् नैतिक कर्त्तव्यों के निर्वाह को। पुरुषार्थों की मूर्त अभिव्यक्ति हिन्दू आश्रम-व्यवस्था में देखी जा सकती है। (देखिये – आश्रम-व्यवस्थ)

Q

questionnaire **प्रश्नावली**

तथ्य-संकलन का एक उपकरण जिसका प्रयोग एक निश्चित शोध-क्षेत्र में प्रश्नों के एक सामान्य समूह द्वारा उत्तर प्राप्त करने के लिए किया जाता है। यह प्रश्नों की एक सूची होती है जिसमें एक निश्चित क्रम में प्रश्न अंकित होते हैं। इस प्रश्नतालिका को सूचनादाताओं के पास भरने के लिए भेज दिया जाता है। साधारणतः इस विधि का प्रयोग साक्षर व्यक्तियों के लिए ही किया जाता है जो प्रश्नों को स्वयं पढ़ कर प्रत्युत्तर लिख सकते हैं। प्रश्नों की यह सूची अनुसूची से भिन्न होती है। अनुसूची भी प्रश्नों की सूची होती है किन्तु उसका प्रयोग प्रत्यक्ष साक्षात्कार की स्थिति में किया जाता है तथा इसमें प्रश्नों के उत्तर स्वयं गवेषक लिखता है। अनुसूची से अन्तर प्रदर्शित करने के लिए इसके लिए आजकल 'डाक प्रश्नावली' शब्द का प्रयोग किया जाता है।

questionnaire, closed-ended **प्रतिबंधित प्रश्नावली**

एक ऐसी प्रश्नतालिका प्रतिबंधित प्रश्नावली कहलाती है जिसमें प्रश्नों के कुछ निश्चित वैकल्पिक उत्तर दिए होते हैं। उत्तरदाता को अनेक वैकल्पिक उत्तरों में से ही किसी एक अथवा अधिक उत्तरों को चुनना होता है। इस प्रकार के प्रश्न हां/ना के अत्यन्त सरल रूप से लेकर बहु वैकल्पिक प्रकार के हो सकते हैं।

questionnaire, open-ended **मुक्त प्रश्नावली**

मुक्त प्रश्नावली में ऐसे प्रश्नों का प्रयोग किया जाता है जिसके प्रत्युत्तर देने के लिए सूचनादाता पूर्णतः स्वतंत्र होता है। इस प्रकार की प्रश्नावली में सूचनादाता पर उत्तर देने के लिए कोई प्रतिबंध नहीं होता। वह अपनी इच्छानुसार छोटा या बड़ा कैसा भी उत्तर अपनी भाषा में दे सकता है।

quota sample = sample, quota

R

race **प्रजाति/नस्ल**

प्रजाति प्राणिशास्त्रीय आधार पर बना व्यक्तियों का एक ऐसा समूह है जिसमें कुछ सामान्य शारीरिक लक्षण तथा आनुवांशिक गुण होते हैं। ये लक्षण एक समूह में दीर्घकाल तक विवाह-संबंध करने तथा प्रजनन द्वारा नियमित रूप से एक पीढ़ी से दूसरी पीढ़ी में संचरण की प्रक्रिया द्वारा बने रहते हैं।

इस शब्द का सर्व प्रथम प्रयोग आंग्ल भाषा में सोलहवीं शताब्दी में व्यक्तियों के एक ऐसे वर्ग के लिए किया गया जिनकी समान विशेषताओं को किसी सामान्य पूर्वज के साथ संबंधित किया जा सके। लगभग सन् 1800 के आसपास फ्रांसिसी शरीर- शास्त्रियों के प्रभाव से इस शब्द का प्रयोग एक स्थाई जीवशास्त्रीय श्रेणी के अर्थ में किया जाने लगा। सन् 1859 में **चार्ल्स डार्विन** ने अपनी पुस्तक 'ऑरिजिन ऑफ स्पीशीज़' में यह प्रतिपादित किया कि प्रकृति में कोई स्थाई वर्ग नहीं हैं। इसके विपरीत स्थानिक वर्गों के रूप में भौगोलिक प्रजातियां एवं उप प्रजातियां हैं जो पूर्णतः स्थिर तथा पृथक हैं।

race antipathy **प्रजाति विरोध**

किसी दूसरी प्रजाति के प्रति अलगाव की भावना प्रजाति विरोध का सूचक है। इस भावना की अभिव्यक्ति उदासीनता से लेकर कटु विद्वेष द्वारा हो सकती है। यह भावना प्रजातिक आधार पर निर्मित दो या दो से अधिक भिन्न व्यक्तियों अथवा समूहों के कारण होती है।

racialism/racism **प्रजातीयतावाद/प्रजातिवाद**

प्रजातीयतावाद संकुचित मनोवृति पर आधारित एक ऐसी विचारधारा है जो इस बात पर बल देती है कि एक प्रजाति शारीरिक रचना तथा मानसिक गुणों की दृष्टि से दूसरी प्रजाति से श्रेष्ठ है। उच्चता अथवा निम्नता की भावना एक समूह में दूसरे समूह के प्रति भय, घ्रणा, विद्वेष, क्रोध, ईर्ष्या, संदेह तथा प्रतिशोध जैसे भावों को जन्म देकर भेदभावपूर्ण असमान व्यवहार को प्रश्रय देती है। प्रजातिवाद एक निर्धारणवादी विश्वास व्यवस्था है जो प्रजातीयतावाद को बनाये रखती है।

प्रजाति की अवधारणा की भांति प्रजातिवाद की अवधारणा में भी निश्चितता तथा

वैज्ञानिक प्रमाणिकता का अभाव है। ऐसा माना जाता है कि वर्तमान युग में प्रजातिवाद की धारणा को हिटलर के प्रचार-सहायक जनरल गौविन्यू ने विकसित किया था।

racidivism **व्यसनी अपराधिता**

अपचारी अथवा अपराधी व्यवहार की पुनरावृति अथवा बार-बार दोहराये जाने की प्रवृति व्यसनी अपराधिता कहलाती है। यह प्रवृत्ति अधिकांशतः कारावास का दण्ड भुगते हुए अपराधियों में देखने को मिलती है।

radical **अतिवादी/आमूल परिवर्तनवादी**

व्युत्पत्तीय अर्थ में, 'रेडिकल' का अर्थ वस्तुओं की उत्पत्ति अथवा मूल कारणों से है। समाजशास्त्रीय अर्थ में, इस अवधारणा का प्रयोग सामान्यतः उन व्यक्तियों के लिए किया जाता है जो उग्र उपायों द्वारा सामाजिक दशाओं के सुधार में विश्वास करते हैं। विशिष्ट अर्थ में, यह शब्द उन लोगों के लिए काम में लिया जाता है जो समाज की राजनीतिक और/अथवा आर्थिक संरचना में आमूलचूल परिवर्तन में विश्वास करते हैं अथवा लाने के समर्थक हैं। इस परिवर्तन के लिए कुछ व्यक्ति हिंसा को अनिवार्य मानते हैं, जब कि कुछ शांतिपूर्ण तरीके से समाज को बदलना चाहते हैं।

radicalism **उग्रवाद/आमूल परिवर्तनवाद**

एक विचारधारा जो समाज के मूलभूत पहलुओं में आमूलचूल परिवर्तन को प्रश्रय देती है। राजनीतिक परिप्रेक्ष्य में, इस अवधारणा का प्रयोग बहुधा समाजवाद और साम्यवाद जैसी विचारधाराओं के समर्थन में किया जाता है जो समाज की आधारभूत वर्ग-संरचना में परिवर्तन लाना चाहती है। यह विचारधारा यथास्थितिवाद की घोर विरोधी है तथा समाज को अतिशीघ्र बदलना चाहती है, चाहे इसके लिए हिंसात्मक तौर-तरीकों का ही प्रयोग क्यों न करना पड़े। इसका मूल उद्देश्य शक्ति और धन की असमानताओं को समाप्त करना है।

radical sociology **आमूल परिवर्तनवादी/अतिवादी समाजशास्त्र**

लगभग सन् 1960 के आसपास समाजशास्त्र के क्षेत्र में एक नवीन परिप्रेक्ष्य का उदय हुआ जिसे विभिन्न समाजशास्त्रियों ने विभिन्न नाम दिया। **होर्टन** (1969), **सिजमन्सकी** (1970), **डियुच** (1970), कोलेफेक्स, मेक्डॉनल्ड, जेक रोच आदि ने इसे **'रेडिकल सोसिअलॉजी'** कहा है। इसी परिप्रेक्ष्य के एक भिन्न रूप को **होरैल** (1967), **ग्लास एवं स्ट्राड** (1972) तथा **ली** (1973) ने **'लूमनिष्ट सोसिअलॉजी'** का नाम दिया। **एल्विन गोल्डनर** (1970) ने इसे **'रेफलेक्सिव सोसिअलॉजी'** तथा **बिनरबॉम** (1971), तथा **एण्डरसन** ने **'क्रिटिकल सोसिअलॉजी'** के नाम से पुकारा है।

अमेरिका में अतिवादी या आमूल परिवर्तनवादी समाजशास्त्र के मुख्य प्रवर्तक **सी. डब्ल्यू. मिल्स** रहे हैं, तथापि इसके रूप को संवारने का कार्य मुख्यतः **इरविंग लुई होरोविज़** ने 'नवीन समाजशास्त्र' के नाम से किया है। आमूल परिवर्तनवाद बलवान के विरूद्ध

कमजोर, शोषक के विरूद्ध शोषित तथा वर्गों के अधिकार के विरूद्ध जनता के अधिकारों को समर्थन करता है। इस परिप्रेक्ष्य की रुचि मुख्यतः गरीबी, प्रजातिवाद, शोषण, शक्तिहीनता, सैनिक-औद्योगिक संस्थान जैसे विषयों में रही है।

अतिवादी समाजशास्त्र या आमूल परिवर्तनवाद की जड़ें मूलतः संघर्ष सिद्धांत में गड़ी हैं। इसका जन्म समाजशास्त्र के चिर-परिचित संरचना प्रकार्यवादी सिद्धांत की प्रतिक्रिया स्वरूप हुआ है। अतिवादी समाजशास्त्रियों के मतानुसार संरचना-प्रकार्यवादी प्ररिप्रेक्ष्य यथा स्थितिवाद का द्योतक है तथा परिवर्तन को नकारता है। अतिवादी समाजशास्त्री यह स्वीकारते हैं कि समाज में राजनीतिक साधनों द्वारा वृहत संरचनात्मक परिवर्तनों की आवश्यकता है और इन परिवर्तनों के लिए हिंसात्मक एवं क्रांतिकारी कदमों की भी यदि आवश्यकता पड़ती है तो उनका प्रयोग किया जाना चाहिए। समाजशास्त्रीय ज्ञान का प्रयोग समाज में आवश्यक परिवर्तन लाने तथा समाज के नव निर्माण के लिए किया जा सकता है। समाजशास्त्र की यह शाखा उन वर्गों के अध्ययन पर विशेष बल देती है जो अब तक शोषित एवं उपेक्षित रहे हैं। समतावादी समाज की रचना हेतु अतिवादिता तथा जन सहयोग की आवश्यकता में इन समाजशास्त्रियों ने अटूट विश्वास प्रकट किया है। उदारवादी तथा रूढ़िवादी समाजशास्त्रियों की भांति अतिवादी समाजशास्त्री न तो यह मानते हैं कि समाज में वैज्ञानिक विधियों के प्रयोग द्वारा सुधार सम्भव है और न ही वे सामाजिक एवं सांस्कृतिक व्यवस्था में संतुलन एवं निरन्तरता की धारणा में विश्वास करते हैं। वे इसे 'राजधर्मी समाजशास्त्र' (इस्टैबलिशमेंट सोसिअलॉजी) की साजिश मानते हैं।

random sampling = sampling, random

ranking scale = scale, ranking

rating scale = scale, rating

ratio scale = scale, ratio

rational choice theory **युक्तिमूलक चयन सिद्धान्त**

समाजशास्त्र के विनिमय सिद्धान्त के दो प्रमुख रूप हैं—मानवशास्त्रीय विनिमय सिद्धान्त और युक्तिमूलक चयन सिद्धान्त। मानवशास्त्रीय विनिमय सिद्धान्त के अनुसार सामाजिक व्यवस्था और व्यक्तियों की लाभ-प्राप्ति दोनों ही विनिमय की गई वस्तु के साथ जुड़े रस्मों-रिवाज़ और प्रतीकात्मक अभिव्यक्ति का प्रभाव है। (देखिये, सामाजिक विनिमय सिद्धान्त) युक्तिमूलक चयन सिद्धान्त चिर परिचित विनिमय सिद्धान्त का एक नया रूप है जो व्यक्ति केन्द्रित है और इस बात पर बल देता है कि व्यक्ति विनिमय सम्बन्ध बनाने के पूर्व अपनी क्रियाओं से अधिकतम लाभ प्राप्ति की दृष्टि से समस्त विकल्पों पर पूर्ण विवेक से सोच-विचार करता है और अन्ततः अधिक लाभ देने वाले विकल्प का चयन करता है। विवेकशीलता पर आधारित इसी परिप्रेक्ष्य को 'युक्तिमूलक चयन सिद्धान्त' की संज्ञा दी गई है। इस सिद्धान्त के अनुसार यह माना जाता है कि सहयोगात्मक विनिमय द्वारा व्यक्ति को

जो निजी लाभ प्राप्त होता है उससे समाज में व्यवस्था बनी रहती है।

युक्तिमूलक सिद्धान्त की जड़ें अठारवीं शताब्दी की शास्त्रीय (क्लासिकल) राजनीतिक अर्थव्यवस्था में खोजी जा सकती हैं जिसका सर्वाधिक प्रखर रूप **एडम स्थिम** के श्रम विभाजन के सिद्धान्त में निखर कर आया है (द वेल्थ ऑफ नेशन्स, 1776)। आधुनिक अर्थशास्त्र में युक्तिमूलक विनिमय सिद्धान्त का अत्यधिक अमूर्त और गणितीय रूप में विकास हुआ है। विशेष रूप में अमेरिका में सामाजिक जीवन की व्याख्या के लिये युक्तिमूलक चयन सिद्धान्त का प्रयोग किया जाता है। **जार्ज होमन्स, पीटर ब्ला** और अर्थशास्त्री **गैरी बेकर** आदि सभी ने सामाजिक जीवन के मंच पर सोच-समझ कर (लाभ-हानि पर विचार कर) की जाने वाली व्यक्तिगत क्रियाओं की बात किसी न किसी रूप में कही है। उन्होंने पारिवारिक क्रियाओं, स्नेहात्मक सम्बन्धों, सामूहिक परार्थवादी भावनाओं और दायित्वों के पीछे भी युक्तिमूलक चयन के तथ्य को स्वीकारा है।

अभी कुछ समय पूर्व इस सिद्धान्त में जो योगदान हुए हैं उससे प्रकट होता है कि यह सिद्धान्त विनिमय सिद्धान्तों से हटकर समाजशास्त्र के अन्य सैद्धान्तिक परम्पराओं, जैसे 'क्रिया की संदर्भ-परिधि' (एक्शन फ्रेम ऑफ रेफरेन्स) के साथ अपना संबंध जोड़ता जा रहा है। इस संबंध में **जे. एस. कोलमेन** (फाउन्डेसन्स ऑफ सोश्यल थिअरि, 1990) तथा **कारेन कूक,** (सोश्यल एक्शचेंज थिअरि, 1987) (सम्पादित) के योगदान विशेष उल्लेखनीय हैं।

समाजशास्त्र में युक्तिमूलक चयन सिद्धान्त का प्रयोग दो रूपों में हुआ है, निर्णय सिद्धान्त और खेल सिद्धान्त। सामूहिक व्यवहार और वृहत संगठनों की समस्याओं के समाधान में निर्णय सिद्धान्त और विभिन्न सामाजिक परिस्थितियों में सहयोग, प्रतिस्पर्धा और संघर्ष की प्रक्रियाओं में चयन करते समय खेल सिद्धान्त का प्रयोग किया जाता है। इस सिद्धान्त का सर्वाधिक प्रयोग आधुनिक अर्थशास्त्र में किया गया है। युक्तिमूलक चयन सिद्धान्त की अवधारणाओं का प्रयोग राजनीति विज्ञान में भी बड़ा जोश-खरोश से हुआ है। **एन्थोनी डाउन्स** और **मेनकुर ओलसन** ने राजनीतिक प्रतिबद्धता, मतदान व्यवहार, विरोध प्रदर्शन आंदोलनों तथा ऐच्छिक एवं बाध्यकारी दोनों प्रकार के सामूहिक संगठनों के पीछे योजनाबद्ध प्रतिफलों की चर्चा की है। **जोन एल्सटर, जॉन रोमर** तथा अन्य विद्वानों ने युक्तिमूलक चयन के आधार पर मार्क्सवादी वर्ग सिद्धान्त की पुनर्समीक्षा करने का यत्न किया है। इसमें **एल्सटर** की पुस्तक 'मेकिंग सेन्स ऑफ मार्क्स', 1985 विशेष उल्लेखनीय है। एल्सटर ने युक्तिमूलक क्रिया सिद्धान्त को 'प्रथम एवं सर्वाधिक आदर्शात्मक' बताया है। यह सिद्धान्त हमें बताता है कि हमें जहां तक संभव हो अपने लक्ष्य की प्राप्ति के लिये कुछ करना चाहिये। यह सिद्धान्त यह नहीं बताता कि हमारे उद्देश्य क्या होने चाहिये।

rationalism **तर्कवाद/विवेकशीलता**

एक सिद्धांत जो इस बात पर बल देता है कि केवल तर्क तथा व्यवस्थित विचारणा के आधार पर ही सत्य तथा ज्ञान को प्राप्त किया जा सकता है। तर्कवाद मानव को विवेकशील प्राणी मानते हुए समस्त मानवीय समस्याओं के समाधान को तर्कबुद्धि के आधार पर संभव मानता है। इस दृष्टि से यह अनुभव अथवा आनुभाविक गवेषणा से श्रेष्ठ है।

rationalization **युक्तिकरण**

समाजशास्त्र में इस अवधारणा का प्रयोग दो भिन्न अर्थों में किया गया है। प्रथम अर्थ में, किसी घटना के घटित हो जाने के बाद उसके औचित्य को सिद्ध करने की दृष्टि से इसका प्रयोग किया जाता है। जैसे जब कोई व्यक्ति, समूह अथवा देश दूसरे व्यक्ति, समूह या देश को हानि पहुँचाने, उसकी सम्पत्ति या जमीन या संसाधनों पर कब्जा करने या हड़पने के लिये हमला करता है। बाद में अपनी इस क्रिया को जायज़ ठहराने हेतु समाज द्वारा स्वीकार किये जाने के योग्य तथा श्रेष्ठ अनेक स्पष्टीकरण/युक्तियां प्रस्तुत करता है। युक्तिकरण का यह अर्थ स्पष्ट रूप से **विलफ्रेड पेरेटो** की अवशिष्ट चालक (रेज़िडयूज़) और भ्रांत तर्क (डिराइवेशन) की दो जुड़वां अवधारणाओं से मिलता-जुलता है।

युक्तिकरण के दूसरे अर्थ को **मैक्स वेबर** की कृतियों में ढूंढा जा सकता है। वेबर के अनुसार युक्तिकरण की प्रक्रिया रहस्य, उद्वेग, परम्परा और भावात्मकता के उन्मूलन पर जोर देती है और इसके स्थान पर तार्किक और विवेकसम्मत सोच-विचार को प्रश्रय देती है। यह प्रक्रिया आर्थिक जीवन, कानून, प्रशासन और धर्म आदि सभी क्षेत्रों को प्रभावित करती है। इसी के आधार पर पूंजीवाद, प्रशासनतंत्र (ब्यूरोक्रेसी) और कानूनी राज्य का उद्‌भव हुआ है। वेबर ने कहा है कि जैसे-जैसे औद्योगीकरण का विकास होगा, सामाजिक जीवन में परिकलनशीलता (विचारशीलता), तकनीकी क्षमता और नियंत्रण बढ़ता जायेगा। ऐसे तर्कनावादी समाजों में भावनाओं, आध्यात्मिकता और नैतिक मूल्यों का सामाजिक जीवन के सभी क्षेत्रों में महत्व उत्तरोत्तर घटता जायेगा। युक्तिकरण की प्रक्रिया की मुख्य विशेषता यह है कि इसमें सामाजिक व्यक्ति अपने निर्वैयक्तिक सम्बन्धों में अधिकाधिक ज्ञान का प्रयोग करते हैं ताकि वे अपने आसपास के जगत पर उत्तरोत्तर नियंत्रण स्थापित कर सकें।

realism **यथार्थवाद**

यथार्थवाद, यथार्थ को समझने का एक दार्शनिक उपागम है जो इन्द्रियों द्वारा प्रेक्षण योग्य के साथ-साथ अप्रेक्षणीय घटनाओं के महत्व पर बल देता है। उदाहरणार्थ, यदि हम अपने आपको मात्र उन घटनाओं के प्रेक्षण तक सीमित रखेंगे जिन्हें प्रत्यक्ष रूप में देखा-परखा जा सकता है, तब हमारा ज्ञान सामाजिक जीवन के अति सतही पक्षों तक ही सीमित रहेगा। हम मानवीय मूल्यों, विश्वासों, उद्देश्यों अथवा समाज के संरचनात्मक पक्षों जैसे वर्ग-व्यवस्था का खुली आँखों से प्रेक्षण नहीं कर सकते हैं। वास्तव में, स्वयं समाज की अवधारणा भी कई अर्थों में किसी घटना का अमूर्तिकरण ही तो है, जिसका अवलोकन-प्रेक्षण हम प्रत्यक्ष रूप में नहीं कर सकते। यही कारण है कि यथार्थवादी इस बात पर बल देते हैं कि समाजशास्त्र को सामाजिक प्रणाली में कार्यरत उन तरीकों को खोजना चाहिये तथा साथ ही उन्हें सामाजिक जीवन की हमारी समझ और व्याख्या में समन्वित करना चाहिये जो सामाजिक यथार्थ को समझने में हमारी मदद कर सके।

rebellian **विद्रोह**

प्रो. आर. के. मर्टन की व्यक्तिगत अनुकूलन की योजना का एक रूप जिसमें व्यक्ति

सांस्कृतिक लक्ष्यों तथा संस्थागत साधनों दोनों को ही छोड़ कर इनके स्थान पर नये लक्ष्यों और नये साधनों को अपना लेता है। जब समाज के अधिसंख्य व्यक्ति समाजोनुमोदित लक्ष्यों और साधनों दोनों से ही असंतुष्ट हैं, तब वे उनके प्रति विद्रोह कर देते हैं। वे नये आदेशों और नये साधनों की मांग करते हैं, और एक नये समाज की रचना की जाती है। यह स्थिति समाज में क्रांति की सूचक है।

reciprocity **पारस्परिकता**

समाजशास्त्रीय परिप्रेक्ष्य में, सामाजिक व्यवहारों में भाग लेने वाले व्यक्तियों के बीच होने वाली पारस्परिक क्रिया-प्रतिक्रिया को पारस्परिकता कहते हैं। यह आदान-प्रदान की एक ऐसी स्थिति है जिसके बिना व्यक्ति सामाजिक अन्तर्क्रिया में रुचि खो देते हैं और दूर हट जाते हैं। एक वक्ता को भाषण देने में तब तक रुचि होती है, जब तक श्रोतागण उसके भाषण को सुनते हैं, अर्थात् भाषण के दौरान श्रोतागत वक्ता की ओर देखते हैं, सुनते हुए गर्दन हिलाते हैं, और कभी-कभी गुनगुनाहट जैसी क्रियाएं करते हैं। इन क्रियाओं के बिना वक्ता को अपने भाषण में उकताहट उत्पन्न होने लगती है और कभी-कभी वह अपने भाषण को बीच में ही समाप्त कर देता है। हमारा अधिकांश सामाजिक व्यवहार पारस्परिकता के सिद्धांत द्वारा निर्धारित एवं नियमित होता है। रोजमर्रा के जीवन में वस्तुओं अथवा सेवाओं का जो आदान-प्रदान होता है, उसमें प्रत्यक्ष-अप्रत्यक्ष रूप में पारस्परिकता का सिद्धांत कार्य करता है, अर्थात् जिसने हमारी सहायता की है, हम उसकी सहायता के लिए तत्पर रहते हैं।

recreation **मनोरंजन**

एक ऐसे अवकाशकालीन अनुभव को मनोरंजन कहते हैं जिसमें मनुष्य को एक प्रकार की क्रिया में भाग लेने से शारीरिक, मानसिक एवं आध्यात्मिक संतोष मिलता है।

reductionism **संकुचनवाद/लघुकरण**

समग्र से संबंधित नियमों को समग्र की सबसे छोटी इकाई पर चरितार्थ करने को संकुचनवाद या लघुकरण कहते हैं, जैसे यह मानना कि समाज अथवा समूह उन व्यक्तियों का मात्र एक योग है जिनके द्वारा उसकी रचना हुई है। प्राकृतिक विज्ञानों में प्रयोग किये गये भौतिकवाद के संकुचनवादी स्वरूपों द्वारा प्राणियों की विशिष्ट विशेषताओं और क्षमताओं का रसायनशास्त्र की अवधारणाओं और नियमों के संदर्भ में स्पष्टीकरण किया गया है। इसी प्रकार, स्त्रियों एवं पुरुषों में पाये जाने वाले प्रमापित मानवीय बुद्धि एवं सामाजिक भिन्नताओं के प्रतिमानों को आनुवंशिक या शारीरिक भिन्नताओं के आधार पर समझाने के प्रयासों की बहुधा समाजशास्त्रियों द्वारा तीखी आलोचना की गई है।

reference group **संदर्भ-समूह**

सामान्यतः एक ऐसे समूह को संदर्भ-समूह की संज्ञा दी जाती है जिनके साथ एक व्यक्ति अपना समीकरण बिठाता है अथवा समीकरण बिठाने की आकांक्षा रखता है तथा

जिसके अनुसार एक व्यक्ति अपने मूल्यों, विश्वासों, मनोवृत्तियों को ढालने का प्रयास करता है और उसी के अनुरूप अपने व्यवहार को निर्देशित करता है। **टी. डी. केम्पर** के अनुसार 'एक संदर्भ-समूह एक ऐसा समूह या संग्रह अथवा व्यक्ति होता है जिसे कर्त्ता व्यवहारों के वैकल्पिक समूहों में से अपने लिये व्यवहार के रूप में चुनते हुए या किसी समस्या के संबंध में निर्णय लेते हुए ध्यान में रखता है।' ऐसे समूह व्यक्ति के व्यवहार, आचरण, मनोवृति के निर्धारण में अहम् भूमिका निभाते हैं। ये समूह व्यक्ति के व्यवहार के लिए एक मानक अथवा आदर्श समूह का कार्य करते हैं जिनकी सदस्यता के लिए वह लालायित रहता है।

संदर्भ-समूह की अवधारणा को **हरबर्ट हाइमेन** ने सन् 1942 में विकसित किया था। यह अवधारणा सदस्यता-समूह की अवधारणा के ठीक विपरीत अर्थों को प्रदर्शित करती है। सदस्यता-समूह की भांति संदर्भ-समूह का सदस्य होना आवश्यक नहीं है, किन्तु व्यक्ति ऐसे समूह की सदस्यता प्राप्ति के लिए आकांक्षी अवश्य हो सकता है। एक संदर्भ-समूह किसी व्यक्ति का सदस्यता समूह भी हो सकता है।

reference group, negative **नकारात्मक संदर्भ-समूह**

एक ऐसा समूह जिसके मानदंडों, मान्यताओं तथा क्रियाओं को एक व्यक्ति अपने व्यवहार के लिए न केवल अस्वीकारता है, अपितु उनके प्रति विरोध भी प्रकट करता है, नकारात्मक संदर्भ-समूह कहलाता है। सकारात्मक संदर्भ-समूह की भांति यह समूह भी व्यवहारों को प्रेरित करता है, किंतु इसकी प्रेरणा समूह-मूल्यों के ठीक विपरीत दिशा में होती है। बहुधा वे व्यक्ति जिनकी किसी विषय के संबंध में अनिश्चित धारणा होती है वे नकारात्मक संदर्भ-समूह की 'अशुद्ध' धारणा से प्रेरित होकर अपनी धारणा का निर्माण करते हैं।

reference group, positive = reference group

reflex action **प्रतिवर्ती क्रिया**

किसी प्रेरक के प्रभाव स्वरूप एक अपेक्षाकृत सरल, जन्मजात तथा स्वचालित होने वाली प्रतिक्रिया को प्रतिवर्ती क्रिया कहते हैं। ऑखों पर कार की तेज रोशनी गिरते ही आंखों का झपकना या किसी स्वादिष्ट वस्तु को देख कर मुंह में पानी आ जाना प्रतिवर्ती क्रिया के उदाहरण हैं। इस प्रकार की स्वचालित प्रतिक्रियाएं उपयुक्त उद्दीपनों द्वारा ज्ञानेन्द्रियों के उत्तेजित होते ही अति शीघ्र उत्पन्न हो जाती हैं। संभवतः मानव का यही व्यवहार लगभग पूर्णतः उसकी शारीरिक रचना द्वारा निर्धारित होता है। इस प्रकार की प्रतिक्रिया में एकरूपता पाई जाती है, अर्थात् एक विशेष प्रकार की उत्तेजना से सदा एक विशेष प्रकार की ही प्रतिक्रिया प्रकट होती है।

reform **सुधार**

किसी विशिष्ट सामाजिक प्रतिमान में उन्नति सुधार की परिचायक है। सुधार में किसी समाज-व्यवस्था की संरचना की अपेक्षा उसकी कार्य-प्रणाली पर अधिक बल दिया जाता है।

reform, social = social reform

reformative theory **सुधारवादी सिद्धांत**

दंड का एक सिद्धांत जिसके अनुसार यह माना जाता है कि अपराधी को दंड देने के पीछे यह उद्देश्य होना चाहिए कि उसमें पर्याप्त सुधार किया जाये ताकि वह समाज का पुनः एक सक्रिय एवं उपयोगी सदस्य बन सके। इसके लिए अपराधी के व्यक्तिगत दोषों के निवारण के साथ-साथ समाज की उन परिस्थितियों में भी सुधार की आवश्यकता पर बल दिया जाता है जो अपराध के लिए उत्तरदायी रही हैं। दण्ड का यह दृष्टिकोण अपराध को एक रोग तथा अपराधी को एक रोगी मानता है। अन्य रोगों के उपचार की भांति इस रोग का भी उपचार संभव है। अतः अपराधी का रोगी की भांति उपचार किया जाना चाहिए। दण्ड का उद्देश्य अपराधी के चरित्र में सुधार करना, उसकी अपराधी प्रवृति को दूर करना, उसके व्यक्तित्व में आ गए अनावश्यक एवं बाहरी दोषों को निकाल फेंकना होना चाहिये।

reformatory **सुधारगृह**

ऐसी संस्थाएं सुधारगृह कहलाती हैं जहां बाल एवं किशोर अपराधियों को पुनर्स्थापन के उद्देश्य से रखा जाता है। सामान्यतः इन संस्थाओं में ऐसे अपराधियों को रखा जाता है जिन्होंने पहली बार अपराध किया है। इन संस्थाओं में, अपराधियों को शिक्षण-प्रशिक्षण दिया जाता है, ताकि सुधारगृह से छूटने के बाद वे समाज के पुनः सक्रिय सदस्य बन सकें। आजकल स्त्रियों के सुधार के लिए भी इस प्रकार की संस्थाओं का प्रयोग किया जाने लगा है।

regional planning **प्रादेशिक नियोजन**

सामाजिक नियोजन का एक रूप प्रादेशिक नियोजन कहलाता है जिसकी रचना मुख्यतः प्रदेश को एक सामाजिक इकाई मानकर की जाती है। इस नियोजन में किसी प्रदेश विशेष के जीवन को स्वीकृत मूल्य-प्रतिमानों के आधार पर इस प्रकार सुसंगठित किया जाता है कि वह वृहत समाज से न अलग-थलग दिखे और न ही उससे विरोध प्रकट करने वाला प्रतीत हो।

relative deprivation **सापेक्षिक वंचन/हीनता**

शाब्दिक रूप में, वंचना से तात्पर्य किसी वस्तु के न होने या ले लिये जाने या अभाव की स्थिति से है। एक व्यक्ति को किन वस्तुओं का अभाव होता है, इस संबंध में भिन्नता होती है। किन्तु सामान्यतः भोजन, वस्त्र, निवास, शिक्षा और भावात्मक सुरक्षा जैसी मूलभूत कल्याणकारी जरूरतों का अभाव ही सामाजिक अध्ययन-अनुसंधान का मुख्य केन्द्र रही हैं।

इस अवधारणा का सर्वप्रथम् प्रयोग **प्रो. सेम्युअल स्टाऊफर** ने अमरीकी सिपाहियों के अपने अध्ययन में किया है। बाद में **प्रो. आर. के. मर्टन** ने इसमें संशोधन कर इसे संदर्भ समूह के साथ जोड़ दिया। सापेक्षिक वंचन या हीनता एक ऐसी स्थिति है जिसमें व्यक्ति

अपनी परिस्थितियों को दूसरे व्यक्तियों (संदर्भ-समूह)की तुलना में हीन एवं कमजोर अनुभव करता है। एक लखपति द्वारा अपने करोड़पति साथियों के समक्ष अपने आपको हीन समझने का अहसास इसी स्थिति का परिचायक है। इस प्रकार का वंचन सापेक्षिक होता है क्योंकि इसकी माप किसी निरपेक्ष या स्थाई मानदंड के आधार पर संभव नहीं है।

इस अवधारणा का प्रयोग 1950 और 1960 के दशकों में समाजशास्त्रियों द्वारा कई भिन्न उद्देश्यों के लिये काफी किया गया। इसका प्रयोग गरीबी की सापेक्षिक परिभाषाओं की रचना करने से लेकर सामाजिक न्याय के मानक स्थापित करने में किया गया। **डब्ल्यू. जी. रनसिमेन** ने इसका उपयोग अपने महत्वपूर्ण अध्ययन 'रिलेटिव डिप्राइवेशन एण्ड सोश्यल जस्टिस' में किया। इस अध्ययन ने संस्थागत असमानताओं और उनके प्रति जन-चेतना पर लोगों के ध्यान को आकर्षित किया। आजकल इस अवधारणा के द्वारा जीवन-प्रत्याशा में पाये गये अंतर्राष्ट्रीय अन्तर की व्याख्या कर यह सिद्ध करने का प्रयास किया जा रहा है कि 'उच्च स्तरीय असमानता सापेक्षिक वंचन के माध्यम से निम्न जीवन-प्रत्याशा को जन्म देती है।'

reliability of method **पद्धति की विश्वसनीयता**

तथ्य-संकलन की किसी भी विधि अथवा पैमाने को तब विश्वसनीय कहा जाता है जब समान दशाओं में वह एक ही परिणाम या माप प्रस्तुत करे। दूसरे शब्दों में, एक विधि अथवा पैमाना तभी विश्वसनीय होगा जब उसे एक ही प्रतिदर्श पर बार-बार प्रयोग करने के उपरान्त भी प्रत्येक बार समान परिणाम प्रकट करे। विश्वसनीयता की परख के लिए परीक्षण-पुनर्परीक्षण विधि, बहुस्वरूपीय विधि तथा अर्द्धक विधि का प्रयोग किया जाता है।

religion **धर्म**

धर्म को समाजशास्त्रीय उद्देश्यों से परिभाषित करना अत्यन्त कठिन है, क्योंकि इसके साथ अनेकानेक विश्वास एवं कर्मकांड जुड़े हुए हैं। यही नहीं, धर्म की आदर्शात्मक महत्ता भी है जो इसकी एक वस्तुपरक परिभाषा में व्यवधान उत्पन्न करती है। धर्म एक सामाजिक संस्था है जिसका समस्त तानाबाना अधिदैविक या उत्प्राकृतिक शक्ति अथवा शक्तियों तथा उनका मानव प्राणी के साथ सम्बन्ध के विचार के आधार पर बुना हुआ है। समाजशास्त्रीय परिप्रेक्ष्य में धर्म को मुख्यतः दो रूपों में परिभाषित किया गया है: तात्विक दृष्टि से तथा प्रकार्यात्मक दृष्टि से। तात्विक परिभाषाएं धर्म की व्याख्या 'क्या है' के आधार पर करती हैं, जब कि प्रकार्यात्मक परिभाषाएं धर्म की समाज में भूमिका अर्थात् धर्म 'क्या करता है', के रूप में करती हैं।

उन्नीसवीं शताब्दी के मानवशास्त्रियों, विशेषतः **टायलर** द्वारा की गई धर्म की व्याख्या तात्विक दृष्टिकोण को प्रस्तुत करती है। टायलर के अनुसार, धर्म देवी-देवताओं तथा अन्य अधि मानवीय प्राणियों जैसे पूर्वज अथवा आत्माओं के प्रति विश्वास तथा इनसे सम्बन्धित कर्मकाण्ड है। धर्म की इस व्याख्या में अवैयक्तिक प्रकार की अधि प्राकृतिक शक्तियों एवं सत्ताओं को सम्मिलित नहीं किया गया है। सामाजिक संस्थाओं की अन्य व्याख्याओं की

भांति समाजशास्त्र में धर्म की व्याख्या भी उसके प्रकार्यों (फंक्शन्स) के आधार पर की गई है जो यह (धर्म) सामाजिक व्यवस्था को बनाये रखने में सम्पन्न करता है। दुर्खाइम ने टायलर की धर्म की व्याख्या को अस्वीकारते हुए इसे प्रकार्यात्मक ढंग से परिभाषित किया है। **दुर्खाइम** के अनुसार धर्म पवित्र वस्तुओं से सम्बन्धित विश्वास तथा कर्मकाण्डों की एक संगठित व्यवस्था है जो उन व्यक्तियों को एक एकल सामाजिक-नैतिक समुदाय में बांधता है, जो इसका अनुसरण करते हैं। दुर्खाइम द्वारा दी गई धर्म की इस व्याख्या को पूर्णतः स्वीकार नहीं किया गया है, क्योंकि इसमें 'पवित्र वस्तुओं' सम्बन्धी धारणा के विषय में काफी मतभेद है।

संक्षेप में, किसी अलौकिक प्राणी, शक्ति अथवा सत्ता पर केन्द्रित विश्वासों, मूल्यों, आस्था जो पवित्रता की धारणा पर आधारित होते हैं, तथा कर्मकाण्डों के पुंज को धर्म कहते हैं। यह किसी वस्तु अथवा शक्ति के प्रति ज्ञान का मानवीय प्रत्युत्तर है जो कि अलौकिक एवं अतीन्द्रिय है। इसके तीन प्रमुख पक्ष हैं: (1) दैविक शक्ति की प्रकृति एवं चरित्र सम्बन्धी एक धारणा, (2) दैविक शक्ति तथा मानव प्राणी के बीच पारस्परिक दायित्वों एवं अधिकारों के संबंध में एक निश्चित विचारधारा, (3) ईश्वर की इच्छा के अनुरूप धर्मावलम्बियों का एक विशिष्ट व्यवहार-प्रतिमान।

सामान्य रूप में, धर्म एक ऐसी व्यवस्था है जो मानवीय जीवन के अज्ञात एवं अज्ञेय पक्षों जैसे जीवन, मृत्यु और उसके अस्तित्व के रहस्यों को जानने तथा उनके साथ व्यवहार करने का एक तरीका है। यही नहीं, धर्म नैतिक निर्णयों को लेने की प्रक्रिया में उत्पन्न कठिन असमंजस की स्थिति में उसकी सहायता भी करता है।

representation, collective = collective representation

research **शोध/अनुसंधान**

किसी भी क्षेत्र में नवीन ज्ञान की प्राप्ति अथवा विद्यमान ज्ञान में संशोधन, परिवर्द्धन अथवा परिमार्जन की दृष्टि से किये व्यवस्थित प्रयासों को शोध या अनुसंधान कहते हैं। शोध का उद्देश्य किसी समस्या से सम्बंधित सामान्य सिद्धांतों की व्यवस्थित खोज भी हो सकता है। सभी गवेषणाओं का प्रत्यक्ष-अप्रत्यक्ष उद्देश्य मानव के ज्ञान में वृद्धि करना है।

research, action = action research

research, applied **व्यावहारिक/अनुप्रयुक्त शोध**

एक ऐसी शोध जिसका उद्देश्य तात्कालिक अथवा दूरगामी महत्व की व्यावहारिक समस्याओं का समाधान खोजना होता है, व्यावहारिक शोध कहलाती है। इस प्रकार की शोध में तथ्यों का संकलन नीति-निर्माताओं की आवश्यकता तथा उपयोगिता के दृष्टिकोण से किया जाता है। व्यावहारिक शोध ऐसे वैज्ञानिक सिद्धांतों की खोज एवं गवेषणा पर बल देती है जिनके द्वारा व्यावहारिक महत्व की समस्याओं का कोई तत्काल समाधान ढूंढा जा सके।

research, basic **मूलभूत शोध**

किसी तात्कालिक समस्या के समाधान की अपेक्षा किसी विषय के मूलभूत नियमों या वैज्ञानिक सिद्धांतों के विकसित किये जाने के उद्देश्य से की गई गवेषणा को मूलभूत शोध कहते हैं। वास्तव में, मूलभूत शोध ही व्यावहारिक शोध की आधार स्थली का कार्य करती है।

research, evaluative **मूल्यांकनात्मक शोध**

किसी विशिष्ट समूह के जीवन में सुधार हेतु बनाने गऐ कार्यक्रमों अथवा नीतियों की सफलता एवं प्रभावकता को आंकने के उद्देश्य से की गई गवेषणा मूल्यांकनात्मक शोध कहलाती है। यह क्रियान्मुखी शोध का ही एक विशिष्ट रूप है जो किसी कार्यक्रम के अपेक्षित अथवा अनपेक्षित परिणामों को मालूम करने के लिए की जाती है।

research, experimental **प्रयोगात्मक शोध**

शोध का वह रूप जिसमें शोधकर्ता एक अथवा अधिक स्वतंत्र परिवर्त्यों (चरों) को परिचालित अथवा नियंत्रित कर आश्रित परिवर्त्य या परिवर्त्यों (वेरिएबल्स) पर उनके प्रभावों की जांच करता है, प्रयोगात्मक शोध कहलाती है।

research, social **सामाजिक शोध**

सामाजिक सम्बन्ध, सामाजिक अन्तर्क्रियाएं, सामाजिक समूह, सामाजिक समस्याएं, जैसे विषय अथवा विषयों को लेकर किये गये किसी भी वैज्ञानिक अध्ययन को सामाजिक शोध कहते हैं। सामाजिक शोध का मुख्य उद्देश्य मानव के सामाजिक जीवन को परिचालित करने वाले मूलभूत नियमों एवं सिद्धांतों की खोज तथा विद्यमान प्राकल्पनाओं तथा ज्ञान का परिष्करण करना है।

research, design **शोध-अभिकल्प/रूपांकन**

किसी अन्वेषण की एक ऐसी तार्किक एवं व्यवस्थित योजना जो तथ्यों के संकलन, विश्लेषण तथा मूल्यांकन का मार्ग प्रशस्त करती है, शोध-अभिकल्प (रूपांकन) कहलाती है। शोध-अभिकल्प का प्रयोग शोध-व्यूह (रिसर्च स्ट्रेट्जी) तथा शोध-संरचना (रिसर्च स्ट्रक्चर) के अर्थ में भी किया जाता है। शोध-व्यूह का दायरा अध्ययन में प्रयोग की जाने वाली विधियों तक सीमित है, अर्थात् शोध में किन विधियों का चुनाव किया जायेगा। शोध-संरचना अन्वेषण के विश्लेषण की प्रवृति को इंगित करती है। शोध-अभिकल्प की अवधारणा इन दोनों से ही अधिक व्यापक है। इसमें इन दोनों ही के अर्थ सन्निहित हैं।

residence rules **निवास स्थान के नियम**

विवाह के बाद दम्पति निवास कहां करे, इसे निर्धारित करने वाले नियम निवास स्थान के नियम कहलाते हैं। यदि विवाह के बाद दम्पति पति के माता-पिता के साथ रहते हैं, तो यह व्यवस्था **पितृ स्थानीयता** कहलाती है। इसके विपरीत, यदि वे पत्नी के माता-पिता के

साथ रहते हैं, तो यह **मातृस्थानीयता** का नियम कहलाता है। यदि दम्पति अपना नया घर बसा कर रहते हैं, तो इसे **नवस्थानीयता** कहते हैं। कहीं-कहीं दम्पति पति के मां के भाई (मामा) के पास जाकर रहने लगते हैं। यह व्यवस्था **मातुल स्थानीयता** के नाम से जानी जाती है। कुछ समाजों में दम्पति को यह छूट होती है कि वह पति अथवा पत्नी दोनों में से किसी के परिवार वालों के साथ रहे। इसे **मातृ-पितृ स्थानीयता** कहते हैं। जब पति व पत्नी विवाह के उपरान्त भी अपने-अपने जन्म-परिवार के साथ रहते हैं, तब इसे **द्विस्थानीयता** कहते हैं।

residues **अवशिष्ट चालक**

मानव के अतार्किक तथा अबुद्धिसंगत व्यवहारों को प्रेरित करने वाली भावनाओं व उद्वेगों को **वि. पेरेटो** ने अवशिष्ट चालक की संज्ञा दी है।

मानव बहुधा इस प्रकार का व्यवहार क्यों करता है जो अविवेकी होता है, इस प्रकार के व्यवहार की व्याख्या हेतु **विलफ्रेड पेरेटो** ने इस संबोध का प्रयोग किया। मानव व्यवहार के जिस पक्ष की व्याख्या पेरेटो ने चालकों के आधार पर की है, आधुनिक समाजशास्त्री इसकी व्याख्या के लिए मूल्यों एवं सामाजिक मानदंडों का प्रयोग करते हैं। पेरेटो के अनुसार ये अवशिष्ट चालक मानव-व्यवहार को संचालित एवं नियंत्रित करने में महत्वपूर्ण भूमिका अदा करते हैं। पेरेटो ने लगभग पचास अवशिष्ट चालकों का उल्लेख किया है जिन्हें उसने अग्रांकित छः वर्गों में बांटा है—

(1) सम्मिलन के अवशिष्ट चालक, (2) समूह स्थायित्व के अवशिष्ट चालक, (3) सामाजिकता के अवशिष्ट चालक, (4) कामवासना संबंधी अवशिष्ट चालक, (5) व्यक्तित्व की अखण्डता संबंधी अवशिष्ट चालक, (6) बाह्य क्रियाओं द्वारा भावनाओं की अभिव्यक्ति संबंधी अवशिष्ट चालक।

resocialization = socialization, re

retreatism **पलायनवादिता**

अपचारी व्यवहार का एक रूप जिसमें एक व्यक्ति समाजोनुमोदित लक्ष्यों तथा इन्हें प्राप्त करने के संस्थागत साधनों दोनों को अस्वीकार कर देता है। यह स्थिति व्यक्ति में नैराश्य उत्पन्न कर उसे पलायनवादी बना देती है। पलायनवादिता नैराश्य के साथ अनुकूलन करने का एक तरीका है जिसकी उत्पत्ति एक व्यक्ति में सांस्कृतिक दृष्टि से मूल्यवान लक्ष्यों की प्राप्ति के न होने के कारण होती है। मनोविक्षिप्त, आवारा, मद्यव्यसनी, मादक दवाओं के सेवन करने वाले व्यक्ति पलायनवादिता के उदाहरण हैं। इस अवधारणा का प्रयोग **प्रो. आर. के. मर्टन** ने सांस्कृतिक लक्ष्यों के प्रतिमानों और संस्थागत मानदंडों के साथ व्यक्ति द्वारा अनुकूलन किए जाने की अपनी योजना में किया है।

retributive theory **प्रतिशोधात्मक सिद्धांत**

दण्ड का एक सिद्धान्त जिसके अनुसार यह माना जाता है कि राज्य द्वारा अपराधी को दिया गया दंड व्यक्तिगत प्रतिशोध का स्थानापन्न है। यह बदले की भावना अर्थात् 'जैसा

को तैसा' के आदर्श पर आधारित सिद्धान्त है जो इस मान्यता पर बल देता है कि अपराधी को दण्ड देना राज्य का नैतिक कर्त्तव्य है। कानून पीड़ित व्यक्ति को अपराधी से बदला लेने की अनुमति नहीं देता, किन्तु राज्य के रूप में संगठित समाज स्वयं अपराधी के प्रतिकार का दायित्व अपने ऊपर ले लेता है। समाज अपराधी क्रिया के प्रति अपना तिरस्कार द विरोध व्यक्त करने के लिए उसे दण्ड देता है। यदि अपराधी को दण्ड न दिया जाए, तो पीड़ित व्यक्ति व्यक्तिगत प्रतिशोध लेने के लिए कानून अपने हाथ में लेगा जिससे अव्यवस्था फैलेगी, या फिर वह कोई शिकायत नहीं करेगा जिससे अपराध एवं अपराधी का प्रतिकार करना राज्य के लिए कठिन होगा। प्राचीन काल में दण्ड प्रतिशोध के सिद्धान्त पर आधारित रहा है। आधुनिक युग में इस सिद्धांत को महत्व नहीं दिया जाता, क्योंकि इस सिद्धांत के अनुसार अपराध को एक ऐसी सामाजिक समस्या समझा गया है जिसका निदान, उपचार व निवारण संभव नहीं है।

revolution **क्रांति**

किसी समाज की सामाजिक संरचना अथवा उसके किसी महत्वपूर्ण पक्ष—सामाजिक, आर्थिक अथवा राजनीतिक आदि, अथवा नेतृत्व या किसी महत्वपूर्ण संस्था में द्रुतगति से होने वाले आकस्मिक एवं वृहत आधारीय परिवर्तन को क्रांति कहते हैं। क्रांति का तात्पर्य सर्वदा राजनीतिक क्रांति ही नहीं होता। यह औद्योगिक, व्यापारिक, वैज्ञानिक, हरित क्रांति भी हो सकती है। सामाजिक क्रांति द्वारा समाज का मूलभूत ढांचा ही बदल जाता है या बदलाव की स्थिति में आ जाता है। सामान्यतः क्रांति को राजनीति और आकस्मिक, उग्र एवं हिंसक परिवर्तन से जोड़ा जाता है, किन्तु यह सामाजिक जीवन के किसी भी क्षेत्र में उत्पन्न हो सकती है तथा यह एक लम्बे समयावधि में चलती हुई अहिंसक भी हो सकती है।

riot **उपद्रव/दंगा**

जब किसी जनसंकुल (मॉब) का व्यवहार अत्यधिक व्यापक एवं विनाशात्मक रूप धारण कर लेता है, तब यह स्थिति उपद्रव या दंगे के नाम से जानी जाती है। इस स्थिति में एक समूह के सदस्य दूसरे समूह के सदस्यों तथा उनकी संपत्ति पर अंधा-धुंध प्रहार करते हैं।

rites de passage **जीवन-पथ के संस्कार**

एक व्यक्ति के जीवन की संक्रमणकालीन स्थितियों को प्रदर्शित करने वाले उत्सव तथा समारोह जीवन-पथ के संस्कार कहलाते हैं। यह एक सामाजिक प्रस्थिति के अन्त और दूसरी के समारंभ का एक संस्थागत तरीका है। ये संस्कार तथा इनसे जुड़े विधि-विधान (कर्मकाण्ड) एक व्यक्ति को आरंभ होने वाली नवीन प्रस्थिति के लिए भावनात्मक रूप से तैयार करते हैं तथा नए दायित्वों एवं अधिकारों के प्रति उसे सचेत करते हैं। प्रायः इन संस्कारों की प्रकृति धार्मिक होती है। बेलजिअन मानवशास्त्री **वॉन गैनेअप** (द राइट्स ऑफ पैसिज, 1909) ने संस्कारों के वर्गीकरण की एक रूपरेखा प्रस्तुत की है। गैनेप ने लिख हथ कि "एक व्यक्ति का समाज में मात्र जन्म ही नहीं होता अपितु जीवन-पथ के संस्कारों द्वारा तराश कर उसकी

एक सामाजिक व्यक्ति के रूप में पुनर्रचना की जाती है।" गैनेप ने इन संस्कारों की तीन अवस्थाओं की चर्चा की है जिनमें एक व्यक्ति को दीक्षित कर उसे सामाजिक पहचान दी जाती है; (1) पृथकता, अर्थात् एक व्यक्ति को अपनी पूर्व प्रस्थिति से अलग करना, (2) त्रिशंकु की दूसरी अवस्था जिसमें एक व्यक्ति अपनी पहली प्रस्थिति से तो कट जाता है किन्तु अभी उसे नवीन प्रस्थिति नहीं मिली होती है, (3) समावेशन की तीसरी अवस्था में एक प्रस्थिति से दूसरी प्रस्थिति में प्रवेश को प्रतीकात्मक अभिव्यक्ति दी जाती है।

मानव की प्रायः प्रत्येक संस्कृति में व्यक्ति की जीवन यात्रा के विभिन्न संक्रमण कालों को किसी न किसी प्रकार के संस्कार-समारोह से चिन्हित किया गया है। जन्म, विवाह एवं मरण, जीवन-पथ की तीन प्रमुख स्थितियां हैं। इनके अतिरिक्त नामकरण, वयः संधि, रजोदर्शन आदि की स्थितियां भी महत्वपूर्ण होती हैं। इन स्थितियों को पार करने से व्यक्ति की सामाजिक स्थिति एवं उसके अधिकारों में मूलभूत परिवर्तन हो जाते हैं।

हिन्दुओं में संस्कारों का विशेष महत्व है। इनका विशद् वर्णन हमें विभिन्न हिन्दू धर्मग्रंथों में देखने को मिलता है। एक हिन्दू के लिये संस्कार मात्र औपचारिक देहिक कर्मकाण्ड या अनुष्ठान मात्र नहीं हैं, अपितु ये उसके शारीरिक, मानसिक तथा बौद्धिक परिष्कार और शुद्धि के साधन हैं जो उसे पूर्णता प्रदान कर समाज का एक सक्रिय सदस्य बनने में उसकी सहायता करते हैं। इस परिष्करण के लिये कितने संस्कारों की आवश्यकता होती है, इस सम्बन्ध में धार्मिक ग्रंथ रचियताओं में थोड़ा मतभेद है। जहां गौतम धर्मसूत्र में चालीस संस्कार बताये हैं, वहां वेदों में (विशेष रूप में ऋग्वेद में। मात्र तीन प्रमुख संस्कारों (गर्भाधान, विवाह और मृत्यु) का उल्लेख मिलता है। यजुर्वेद में उपनयन एवं मुण्डन संस्कारों का जिक्र भी किया गया है। स्वामी दयानन्द सरस्वती ने सोलह संस्कार बताये हैं। प्रमुख संस्कार इस प्रकार हैं; गर्भाधान, पुंसवन, सीमन्तोनयन, जातकर्म, नामकरण, निष्क्रमण, अन्नप्राशन, मुण्डन, कर्णछेदन, विधाध्यन, उपनयन, वेदारंभ, केशान्त, समावर्तन, विवाह और अन्त्येष्ठि संस्कार।

ritual **अनुष्ठान/कर्मकाण्ड**

परम्परानुमोदित अवसरों पर सम्पन्न किए जाने वाले संस्कृति सम्मत व्यवहारों के पुंज को अनुष्ठान या कर्मकाण्ड कहते हैं। यह एक ऐसा सांकेतिक व्यवहार होता है जिसे निश्चित अवसरों पर बार-बार दोहराया जाता है। अनुष्ठान किसी समूह अथवा व्यक्ति के किन्हीं मूल्यों अथवा मान्यताओं की बाह्य अभिव्यक्ति होते हैं। धर्म, सामाजिक जीवन का एक प्रमुख क्षेत्र है जिसमें अनेक अवसरों पर धार्मिक कृत्य और अनुष्ठान सम्पन्न किये जाते हैं। किन्तु इनका क्षेत्र धर्म तक ही सीमित नहीं है। किसी अनुष्ठान में कौन-सी क्रियाएं होंगी तथा किन शब्दों अथवा मंत्रों का उच्चारण किया जाएगा, ये पूर्व-निश्चित एवं सुपरिभाषित होते हैं। परम्परा द्वारा यह भी निर्धारित होता है कि कौन-सा अनुष्ठान किस व्यक्ति द्वारा सम्पन्न किया जाएगा। धर्म के अतिरिक्त कई सामाजिक, सरकारी-गैर सरकारी धर्म-निरपेक्ष क्रियाकलापों तथा अनेकानेक उत्सव एवं त्यौहारों के अवसरों के साथ-साथ रोज़मर्रा के जीवन में विभिन्न प्रकार के अनुष्ठान सम्पन्न किए जाते हैं। अनुष्ठानों का प्रमुख प्रकार्य

अनुष्ठान में सहभागियों के बीच सामाजिक संबंधों को मजबूत कर सामाजिक व्यवस्था को बनाये रखना है।

कर्मकाण्डों या अनुष्ठानों का सम्पादन क्यों किया जाता है, सामाजिक जीवन में इनका क्या महत्व है, इस सम्बन्ध में दो प्रमुख मत हैं; (1) प्रकार्यात्मक और (2) मार्क्सवादी। प्रकार्यवादी विचारधारा के अनुसार अनुष्ठान समाज की निरंतरता को बनाये रखते हैं तथा व्यक्ति को मनोवैज्ञानिक सुरक्षा प्रदान करते हैं। यह विचारधारा **दुर्खाइम** के विचारों से अनुप्राणित है। दुर्खाइम में अनुसार अनुष्ठान सामाजिक एकजुटता उत्पन्न करते हैं जो समाज की एकता को बनाये रखने के लिये आवश्यक है। अनुष्ठान के माध्यम से व्यक्ति समाज में सम्बन्धों के प्रतिमानों में अपने आपको ठीक प्रकार से प्रतिनिधित्व करते हैं। दुर्खाइम के अनुसार अनुष्ठानों में क्रिया का महत्व है और इन क्रियाओं के द्वारा ही विश्वास पैदा होते हैं। मार्क्सवादी धारणा दुर्खाइम के दृष्टिकोण के विपरीत इस बात पर बल देती है कि अनुष्ठान मात्र 'भ्रांत चेतना' उत्पन्न करते हैं। ये अपने पालन कर्त्ताओं में समाज में सम्बन्धों के प्रतिमानों को गलत ढंग से पेश कर उनमें भ्रांति उत्पन्न करते हैं।

ritualism **विधि-विधान/विधिवाद**

इस अवधारणा का प्रयोग दो अर्थों में किया गया है। प्रथम अर्थ, में किसी अनुष्ठान अथवा कृत्य को सम्पादित करने के तरीके अथवा विधि से है। कई धार्मिक, सामाजिक, सैनिक तथा औपचारिकता के आधार पर संगठित समूहों को अनेक अवसरों पर एक निश्चित व्यवहार-प्रतिमान का पालन करते देखा जाता है। यह विधि-विधान का ही एक उदाहरण है।

द्वितीय अर्थ में, **प्रो. मर्टन** ने इस अवधारणा का प्रयोग व्यक्तिगत अनुकूलन की अपनी योजना में किया है। जब व्यक्ति संस्कृति सम्मत लक्ष्यों को अस्वीकारते हुए इन लक्ष्यों से जुड़े संस्थागत साधनों, मान्यताओं एवं रीति-रिवाजों का यथावत् पालन करता चला जाता है, तब यह स्थिति ही विधिवाद की द्योतक है। इस स्थिति में व्यक्ति यह जानता है कि वह इन लक्ष्यों को कभी प्राप्त करने में सफल नहीं होगा, अतः वह इन लक्ष्यों को छोड़ देता है। किन्तु संस्थागत साधनों के साथ चिपके रहने की प्रक्रिया उसे उन तनावों व चिन्ताओं से सुरक्षा प्रदान करती है जिनका उसे सामान्यतः लक्ष्यों की प्राप्ति में असफलता से उत्पन्न भय बना रहता है। विधिवाद (लक्ष्यों को नकारना और साधनों को स्वीकारना) एक प्रकार के सुरक्षा कवक्ष का कार्य करता है जो व्यक्तियों को सामाजिक आलोचना व विरोध से बचाए रखता है। आधुनिक नौकरशाही विधिवाद का एक अत्युतम उदाहरण है।

रॉबर्ट मर्टन के अनुसार विधिवाद अर्द्ध विचलन का एक रूप है जिसमें व्यक्ति मानदंडों के पालन करने की औपचारिकता निभाते हुए दिखावे के रूप में मानदंडो का पालन तो करते हैं, किन्तु अपनी भूमिकाओं और सामाजिक प्रणाली के आधारभूत मूल्यों के प्रति उनकी अन्तःस्थल से कोई प्रतिबद्धता नहीं होती। प्रतिबद्धता की यह कमी सामान्यतः दूसरे व्यक्तियों को भी पता चल सकती है, वे भी ऐसे व्यक्ति का धीरे-धीरे अनुसरण करने लगते है।

परिणामस्वरूप, व्यापक रूप में फैली हुई यह भावना (विधिवाद) व्यवस्था के प्रति उनके मनोबल और प्रतिबद्धता को गिरा देती है और अन्ततः सम्पूर्ण व्यवस्था की सामाजिक एकजुटता पर इसका गहरा प्रभाव पड़ता है।

role **भूमिका**

किसी विशिष्ट समूह अथवा सामाजिक स्थिति में किसी विशिष्ट पद-प्रस्थिति के साथ जुड़े हुए तथा किन्हीं विशिष्ट दायित्वों एवं अधिकारों में आबद्ध व्यवहार-प्रतिमान को भूमिका कहते हैं। सरल शब्दों में, भूमिका किसी एक सामाजिक प्रस्थिति के साथ जुड़े हुए विचारों का एक ऐसा समूह है जो दूसरी पद-प्रस्थिति के साथ उसके सम्बंधों को परिभाषित करता है। इन विचारों में भूमिका से जुड़े हुए विश्वास, मूल्य, मानदंड और मनोवृतियां सम्मिलित होती हैं। उदाहरणार्थ, एक विद्यार्थी की भूमिका विचारों के ऐसे समूह से बनी होती है जो अध्यापकों और विद्यार्थियों के संबंधों को परिभाषित करती है। विद्यार्थी की भूमिका में सामान्यतः ऐसे विश्वास सम्मिलित होते हैं कि विद्यार्थीगण अध्यापकों से कम जानते हैं; ज्ञानार्जन अपने आप में एक अच्छा लक्ष्य है, यह विद्यार्थी की भूमिका से जुड़ा एक मूल्य है; और ये अपेक्षाएं कि विद्यार्थी समय पर आयेंगे, कठोर परिश्रम करेंगे तथा उन्हें जो पढ़ाया जायेगा, उसका गहन अध्ययन करेगें; वे अपने अध्यापकों और अपने सहपाठियों के प्रति आदर का भाव प्रदर्शित करेंगे। यही नहीं, विद्यार्थियों और अध्यापकों दोनों से यह अपेक्षित है कि वे आपस में यौन संबंध स्थापित नहीं करेंगे, अच्छे अंक प्राप्त करने के लिये धन का लेन-देन नहीं करेंगे और न ही वे चरित्रहीन और दुर्दम्य होंगे। ये सभी अपेक्षाएं विद्यार्थी की भूमिका से जुड़े मानदंड और मनोवृतियों का संकेत देती हैं।

प्रस्थिति एवं भूमिका की अवधारणाएं एक दूसरे के साथ जुड़ी हुई हैं। **प्रो. राल्फ लिन्टन** जिन्होंने इन अवधारणाओं को एक समाजशास्त्रीय परिप्रेक्ष्य प्रदान किया, उनके एक बहु प्रसिद्ध कथन के अनुसार, 'प्रस्थिति' साधारणतः अधिकारों तथा दायित्वों का एक संकलन है, जबकि 'भूमिका' प्रस्थिति के गत्यात्मक पक्ष का प्रतिनिधित्व करती है।

समाजशास्त्री 'रोल' शब्द का प्रयोग किसी व्यक्ति द्वारा किसी नाटक अथवा फिल्म में अभिनीत भूमिका के अर्थ में नहीं करते जिसमें वह व्यक्ति किसी अन्य व्यक्ति के कार्य-व्यवहार की नकल करता है, अपितु वे 'रोल' या 'भूमिका' शब्द का प्रयोग किसी प्रस्थिति के साथ जुड़े हुए प्रकार्यों (फंक्शन्स) के अर्थ में करते हैं।

role, achieved **अर्जित भूमिका**

एक भूमिका जिसे एक व्यक्ति अपने व्यवहार एवं प्रयत्नों के आधार पर प्राप्त करता है अथवा जिसका उसने स्वयं ने चयन किया है, अर्जित भूमिका कहलाती है।

role, ascribed **जन्मजात भूमिका**

एक भूमिका जिसे व्यक्ति अपने जन्म के आधार पर प्राप्त कर लेता है, जन्मजात

भूमिका कहलाती है। लिंग, आयु, जाति, प्रजाति आदि के आधार पर बनी भूमिकाएं इसका एक अच्छा उदाहरण है।

role, counter **प्रति-भूमिका**

एक ऐसी भूमिका जो किसी अन्य भूमिका की पूरक हो, अर्थात् जिस भूमिका द्वारा अन्तर्क्रिया का चक्र पूरा होता हो, उसे 'प्रति-भूमिका' कहते हैं। अध्यापक-शिष्य, माता-पिता व सन्तान, दूकानदार-ग्राहक, डाक्टर-मरीज आदि प्रति-भूमिकाओं के ऐसे जोड़ों के उदाहरण हैं जो एक-दूसरे की भूमिकाओं के सम्पादन में सहायता करती हैं। इनमें से एक के अभाव में दूसरी भूमिका का सम्पादन असंभव हो जाता है।

role, prescribed **निर्धारित भूमिका**

एक भूमिका जो सांस्कृतिक मानदंडों द्वारा परिभाषित होती है, निर्धारित भूमिका कहलाती है। इस अवधारणा का प्रयोग **थिओडॉर एम. न्यूकोम्ब** ने ऐसे व्यवहारों के पुंज के लिए किया है जिनका किसी विशिष्ट भूमिका के सभी धारकों से अपेक्षा की जाती है। निर्धारित भूमिका एक विशिष्ट भूमिका के अन्तर्गत व्यवहारों की सीमाओं को बांध देती है। न्यूकोम्ब ने इस अवधारणा का प्रयोग एक अन्य अवधारणा भूमिका-व्यवहार से अन्तर बताने के लिए किया है।

role behaviour **भूमिका-व्यवहार**

एक विशिष्ट भूमिका में किसी विशिष्ट व्यक्ति द्वारा किए गए व्यवहार को भूमिका-व्यवहार कहते हैं। यह अवधारणा निर्धारित-भूमिका से भिन्न है। भूमिका-व्यवहार एक भूमिका में किसी एक व्यक्ति के व्यवहार को इंगित करती है। **न्यूकोम्ब** ने भूमिका-व्यवहार और निर्धारित-भूमिका में अन्तर बताते हुए निर्धारित-भूमिका को एक समाजशास्त्रीय अवधारणा तथा भूमिका-व्यवहार को एक मनोवैज्ञानिक अवधारणा माना है।

role cognition **भूमिका-संज्ञान**

कर्त्ता द्वारा किसी भूमिका के उचित सम्पादन के संबंध में बनाई गई धारणा को भूमिका-संज्ञान कहा जाता है।

role conflict **भूमिका-संघर्ष**

दो या दो से अधिक ऐसी भूमिकाओं के बीच असंगतता अथवा विरोधाभास की स्थिति, जिनके सम्बन्ध में एक व्यक्ति से किसी विचाराधीन स्थिति में सम्पादन किये जाने की आशा की जाती है, भूमिका-संघर्ष कहलाती है। इसमें एक भूमिका के सम्पादन द्वारा दूसरी भूमिका में व्यवधान अथवा विरोध की स्थिति उत्पन्न होती है। यह भूमिका-संघर्ष तब उत्पन्न होता है जब व्यक्ति विभिन्न प्रस्थितियों के धारण के कारण अपने जीवन में विरोधी अथवा असंगत भूमिका-प्रत्याशाओं का सामना करते हैं। वास्तव में, एक व्यक्ति की बहु

भूमिकाओं के कारण भूमिका-संघर्ष पैदा होता है।

भूमिका-संघर्ष के कई भिन्न रूप हैं। मिलिट्री के एक फील्ड कमाण्डर को जब सैनिक दलों को किसी जोखिम भरी सैनिक कार्यवाही के लिये भेजने का आदेश देना होता है, तब वह दो प्रकार के दायित्वों—अपने वरिष्ठ अधिकारियों के आदेशों के पालन का दायित्व तथा सैनिक दलों की रक्षा के दायित्व के बीच स्वयं को फंसा हुआ पाता है। इसी तरह, एक शिक्षित महिला को मां तथा एक कामकाजी महिला (अध्यापिका) के रूप में दो विरोधाभासी दायित्वों के संघर्ष का सामना करना पड़ता है। अध्यापिका के रूप में शिक्षण-कार्य के प्रति पूर्ण निष्ठा, तो दूसरी ओर मां के रूप में संतानों की सेवा सुश्रुसा एवं पालन-पोषण की उससे आशा की जाती है।

उपरोक्त दोनों उदाहरण दो प्रकार के भूमिका-संघर्ष को प्रकट करते हैं। प्रथम उदाहरण एक ही प्रस्थिति अर्थात् मिलिट्री कमान्डर के साथ जुड़ी दो भूमिकाएं—एक मातहत अधिकारी और एक कमांडर के भूमिका-संघर्ष को प्रस्तुत करती है। भूमिका-संघर्ष के इस रूप को '**भूमिका-तनाव**' कहा जाता है। इसके विपरीत, दूसरे उदाहरण में भूमिका-संघर्ष एक ही व्यक्ति द्वारा दो भिन्न प्रस्थितियों से जुड़े हुए भिन्न दायित्वों के बीच होता है। एक ही स्त्री की मां की प्रस्थिति और कामकाजी शिक्षिका की प्रस्थिति के साथ जुड़े हुए दायित्वों के बीच जो संघर्ष होता है, उसे '**प्रस्थिति-तनाव**' कहा गया है। संघर्ष की एक तीसरी स्थिति तब उत्पन्न हो सकती है जब किसी एक ही भूमिका के साथ जुड़ी हुई प्रत्याशाओं के बारे में व्यक्तियों में विवाद या असहमति हो। यह स्थिति तब उत्पन्न होती है जब किसी पद के साथ जुड़े दायित्व अस्पष्ट हों, अत्यधिक कठिन हों या अस्वीकार्य योग्य हों। सार रूप में, किसी एक पद-प्रस्थिति अथवा अधिक पद-प्रस्थितियों के साथ जुड़ी हुई भूमिकाओं से सम्बंधित प्रत्याशाओं के बीच होने वाले द्वन्द्व, असहमति अथवा परस्पर विरोध को भूमिका-संघर्ष कहते हैं।

role definition, personal **व्यक्तिगत भूमिका-परिभाषा**

किसी सामाजिक स्थिति में एक व्यक्ति द्वारा अपनी भूमिका के सम्बन्ध में बनाई गई स्वयं की धारणा को **डेनियल जे. लेविनसन** ने व्यक्तिगत भूमिका-परिभाषा का नाम दिया है।

role demands **भूमिका-आवश्यकताएं**

किसी सामाजिक स्थिति में एक भूमिका के सम्बन्ध में, भूमिका सम्पादन करने वाले व्यक्ति के प्रति बनाई गई दूसरे व्यक्तियों की प्रत्याशाओं को भूमिका-आवश्यकताएं कहा जाता है। कर्त्ता को इन भूमिका-आवश्यकताओं के सम्बन्ध में ज्ञान हो भी सकता है और नहीं भी। वह इन्हें पूरा करने की इच्छा रख भी सकता और नहीं भी।

role disposition **भूमिका प्रवणता**

किसी विशिष्ट भूमिका के प्रति अन्य भूमिकाओं की अपेक्षा अधिक लगाव एवं रुचि

को भूमिका प्रवणता कहते हैं।

role dispossession **भूमिका वंचन**

भूमिकाएं स्थिर नहीं होतीं। प्रस्थिति में परिवर्तन के साथ उनमें भी परिवर्तन अवश्यंभावी हो जाता है। पुरानी भूमिका को त्याग कर नई भूमिका का ग्रहण किया जाना भूमिका-वंचन कहलाता है।

role distance **भूमिका-दूरी**

कर्त्ता द्वारा सामाजिक दबावों के कारण सम्पन्न की जाने वाली वास्तविक भूमिका तथा उस भूमिका जिसकी निर्मिति उसके 'स्व' द्वारा हुई है, के बीच उत्पन्न हुई खाई भूमिका-दूरी को प्रकट करती है। इस अवधारणा का सर्वप्रथम प्रयोग संभवतः **ई. गोफमेन** ने भूमिका-सिद्धांत के संदर्भ में किया है। गोफमेन ने इस अवधारणा-के द्वारा यह बताया है कि व्यक्ति तथा उसकी सकारात्मक भूमिका के बीच उत्पन्न पृथकता के भाव के कारण किस प्रकार व्यक्ति द्वारा भूमिका में निहित 'स्व' को नकारा जाता है। भूमिका-दूरी की अवधारणा उन सभी क्रियाओं का संकेत देती है जो कर्त्ता की उस भूमिका से उत्पन्न अवज्ञापूर्ण अलगाव का कारण होती है।

role expectations **भूमिका-प्रत्याशाएं**

किसी विशिष्ट भूमिका के सम्बन्ध में समाज द्वारा अपेक्षित एवं इच्छित व्यवहारों अथवा प्रत्युत्तरों के सम्पूर्ण पुंज को भूमिका-प्रत्याशा कहते हैं। भूमिका-प्रत्याशा किसी कार्य के सम्पादन के सम्बन्ध में अन्य व्यक्तियों द्वारा बनाई धारणा को प्रकट करती है। इसमें स्वयं के सम्बन्ध में की गई अपेक्षाएं तथा दूसरों की अपेक्षाएं दोनों ही सम्मिलित हो सकती हैं।

role perception **भूमिका-बोध**

किसी भूमिका के सम्बन्ध में व्यक्ति द्वारा बनाई गई यह धारणा कि दूसरे व्यक्ति इस भूमिका को मुझसे 'इस' प्रकार निभाने की अपेक्षा रखते हैं, भूमिका-बोध कहलाती है।

role performance **भूमिका-सम्पादन**

किसी सामाजिक स्थिति में एक व्यक्ति जिस तरह वास्तविक रूप में अपनी भूमिका को निभाता है, भूमिका सम्पादन कहलाती है। जहां भूमिका किसी प्रस्थिति से जुड़े हुए अपेक्षित कार्य एवं व्यवहार को परिलक्षित करती है, वहां भूमिका-सम्पादन की अवधारणा व्यक्ति द्वारा किसी पद-प्रस्थिति पर किये गये वास्तविक व्यवहार एवं कार्यों का संकेत देती है।

role playing **भूमिका-निर्वाह**

किसी प्रस्थिति के धारक द्वारा अपनी भूमिका के सम्बन्ध में किया गया ऐसा व्यवहार

जिसे वह उचित समझता है, भूमिका-निर्वाह कहलाता है। भूमिका-निर्वाह करते समय व्यक्ति उन सामाजिक मानदंडों का पालन करता है जो किसी विचाराधीन भूमिका से सम्बन्धित उपयुक्त व्यवहार को परिभाषित करते हैं।

भूमिका- निर्वाह समाजोनाट्य तथा मनोनाट्य की एक तकनीक भी है जिसमें एक व्यक्ति जीवन की किसी घटना को तात्कालिक नाट्यीकरण के रूप में प्रस्तुत करता है।

role model **भूमिका आदर्श**

किसी भूमिका के सम्पादन करते समय हमें कैसा व्यवहार करना चाहिये, इसके लिये हम जिस किसी को अपने एक उदाहरण के रूप में स्वीकार करते हैं, उसे भूमिका आदर्श कहते हैं। भूमिका आदर्श और संदर्भ व्यक्ति में अन्तर होता है। जहां भूमिका आदर्श में कोई विशिष्ट व्यवहार ध्यान का केन्द्र होता है, वहां संदर्भ व्यक्ति का प्रयोग सामाजिक जीवन के कई क्षेत्रों के सामान्यीकरण के लिये किया जाता है। भूमिका आदर्श वाले व्यक्ति परिचित ही हों यह आवश्यक नहीं है। भूमिका आदर्श वाले व्यक्ति वास्तविक या पौराणिक भी हो सकते हैं।

role repertoire **भूमिका संग्रह**

जीवन के किसी अमुक समय पर एक व्यक्ति द्वारा सम्पादित सामाजिक भूमिकाओं के संपूर्ण योग को भूमिका-संग्रह कहते हैं।

role set **भूमिका-पुंज**

एक विशिष्ट सामाजिक प्रस्थिति के साथ जुड़ी हुई भूमिकाओं का समुच्चय भूमिका-पुंज कहलाता है। किसी भी सामाजिक प्रस्थिति में एक व्यक्ति अनेक सामाजिक सम्बन्धों से घिरा होता है जो कि व्यक्तियों के लिए उस सामाजिक प्रस्थितियों में सर्वदा अथवा सामान्यतः आवश्यक होते हैं। इस अवधारणा का प्रयोग **प्रो. आर. के. मर्टन** ने किया है। मर्टन के अनुसार, 'भूमिका-पुंज से मेरा तात्पर्य भूमिका-सम्बन्धों के उस तानेबाने से है जिसमें एक व्यक्ति एक विशिष्ट सामाजिक प्रस्थिति को धारण करने के कारण बंधा होता है। मर्टन ने इसका एक उदाहरण विद्यालय के अध्यापक का दिया है। एक विद्यालय के अध्यापक के रूप में एक व्यक्ति को कई व्यक्तियों के साथ अपने शिष्यों, सहयोगियों, प्रधानाध्यापक, अध्यापक-संघ, अभिभावक-संघ, विद्यालय बोर्ड, स्थानीय प्रशासन के व्यक्तियों के साथ कई भूमिकाओं का निर्वाह करना पड़ता है। उसे अपनी अध्यापक की प्रस्थिति में अध्यापन के साथ-साथ एक सामाजिक कार्यकर्त्ता, सामाजीकरण के एक अभिकर्त्ता, एक नेता, एक निर्णायक तथा एक पथ-प्रदर्शक की भूमिकाएं भी अदा करनी पड़ती हैं। अतः एक व्यक्ति की अध्यापक की प्रस्थिति में विभिन्न व्यक्तियों के साथ उसके विभिन्न दायित्वों से निर्मित सामाजिक संबंधों का ताना-बाना ही भूमिका-पुंज का द्योतक है। मर्टन ने भूमिका-पुंज को अधिक स्पष्ट करते हुए लिखा है कि, "भूमिका-पुंज शब्द का प्रयोग उन समस्त

सामाजिक-प्रस्थितियों के संकुल के लिए प्रयुक्त किया जा सकता है जिसके साथ कोई सामाजिक-प्रस्थिति विशेष आबद्ध होती है अथवा इसका प्रयोग उन समस्त व्यक्तियों की कुल-संख्या के लिए किया जा सकता है जो किसी सामाजिक-प्रस्थिति के धारक के साथ उस पद के संदर्भ में सह सम्बद्ध सामाजिक प्रस्थितियों पर आसीन होकर अन्तर्क्रिया में भाग लेते हैं।"

role strain **भूमिका-तनाव**

किसी व्यक्ति द्वारा एक ही पद-प्रस्थिति से जुड़े दायित्वों की आवश्यकताओं को पूरा करने में अनुभव की गई कठिनाइयों अथवा दबाव की स्थिति भूमिका-तनाव कहलाती है। (देखिये—भूमिका संघर्ष)

role structure **भूमिका संरचना**

प्रत्येक सामाजिक व्यवस्था में अनेक भूमिकाएं होती हैं। इन भूमिकाओं के सम्मिलित रूप को भूमिका संरचना कहते हैं। उदाहरणार्थ, एक परिवार की भूमिका संरचना में पति-पत्नी, माता-पिता और संतान तथा सहोदरों के बीच सम्बन्धों के साथ-साथ नातेदारी के सदस्यों जैसे दादा-दादी-नाना-नानी, चाचा-ताऊ आदि के सम्बन्धों के सम्मिलित रूप को परिवार की भूमिका-संरचना कहा जाता है।

role-taking **भूमिका-धारण**

किसी अन्य व्यक्ति के वास्तविक व्यवहार का अनुमान करने के उद्देश्य से अपने सम्बन्ध में उस व्यक्ति की कल्पना कर उसकी मनोवृत्तियों एवं दृष्टिकोणों को अपनाने या ग्रहण करने की प्रक्रिया भूमिका-धारण कहलाती है। 'जूते पहिनने वाला ही जानता है कि जूता कहाँ से काटता है,' अंग्रेजी की यह कहावत भूमिका-धारण के संदर्भ की दृष्टि से काफी उपयुक्त है कि कील चुभने के कारण जूते पहिनने वाले के व्यवहार में आए परिवर्तन को यदि समझना है तो इसके लिए उसके जूते को पहनना, अर्थात् उसकी भूमिका-धारण करना आवश्यक हो जाता है।

role theory **भूमिका सिद्धान्त**

समाजशास्त्रीय सिद्धान्त में भूमिका एक प्रमुख अवधारणा है। यह अवधारणा विशिष्ट प्रस्थितियों या सामाजिक पदों के साथ जुड़ी सामाजिक प्रत्याशाओं पर प्रकाश डालती है तथा इन प्रत्याशाओं की कार्य-विधि की विवेचना करती है। भूमिका सिद्धान्त प्रमुखतः बीसवीं शताब्दी के मध्य काफी प्रसिद्ध था, किन्तु बाद में इसकी भारी आलोचना से धराशाही हो गया। फिर भी, भूमिका की अवधारणा समाजशास्त्रीय समझ प्राप्त करने में आज भी केन्द्रीय महत्व रखती है और यह इसका एक आधारभूत उपकरण है।

भूमिका सिद्धान्त के दो प्रमुख रूप हैं। प्रथम का विकास **राल्फ लिंटन** द्वारा सामाजिक

मानवशास्त्र में किया गया। लिंटन ने किसी भी सामाजिक प्रणाली में पाई जाने वाली भूमिकाओं का एक संरचनात्मक खाका प्रस्तुत किया है। एक प्रस्थिति के साथ क्या-क्या दायित्व एवं अधिकार, आशाएं-प्रत्याशाएं भूमिका-साथी जुड़े होते हैं, इनके क्या भूमिका-संघर्ष और भूमिका-तनाव होते हैं, का वर्णन-विश्लेषण भूमिका-सिद्धान्त के प्रथम स्वरूप के अन्तर्गत किया जाता है। **टालकट पार्सन्स** द्वारा एक बीमार की भूमिका का विश्लेषण इसका एक सुप्रसिद्ध एवं प्रतिष्ठित उदाहरण है। पार्सन्स ने अपने सामाजिक सिद्धान्त में इन भूमिका प्रतिमानों का अपने तथाकथित परिवर्ती प्रतिमान (पैटर्न वेरिएबल्स) की योजना में समाहित कर परिभाषित किया है।

इसके ठीक विपरीत, भूमिका सिद्धान्त का द्वितीय स्वरूप सामाजिक-मनौवैज्ञानिक चरों (वेरिएबल्स) पर अधिक बल देता है। भूमिका धारणा (दूसरे व्यक्तियों की भूमिकाओं को ग्रहण करना), भूमिका-निर्माण (अपनी भूमिका की रचना करना), भूमिका-प्रत्यावर्तन (अपनी भूमिका के प्रति दूसरे व्यक्तियों के प्रत्युत्तरों की प्रत्याशा का अनुमान करना) और अन्त में, भूमिका-सम्पादन (वास्तविक रूप में व्यक्ति द्वारा भूमिका-निर्वाह करना) आदि भूमिका-सिद्धान्त के द्वितीय स्वरूप के केन्द्रीय विषय हैं। ये अवधारणाएं सांकेतिक अन्तर्क्रियावाद और अभिनयशास्त्र (ड्रामाटर्जी) की परम्पराओं के मुख्य अंग हैं।

भूमिका सिद्धान्त का समाज-मनोवैज्ञानिक दृष्टिकोण भूमिका अदाकारी के गतिशील पक्ष पर अधिक ध्यान केन्द्रित करता है, अर्थात् इसमें सामाजिक संरचना में इन भूमिकाओं के स्थान के वर्णन करने की अपेक्षा वास्तविक रूप में भूमिका सम्पादन करते हुए व्यक्ति क्या अन्तर्क्रिया करते हैं, उनका विश्लेषण किया जाता है। कई बार वास्तविक भूमिका अदा करते समय व्यक्ति किसी भूमिका के कुछ अंशों/भागों को तो पूर्ण निष्ठा से अदा करता है (भूमिका स्वीकरण) और कुछ अंशों के लिये वह मात्र औपचारिकता निभाता है (भूमिका-दूरी) या कभी-कभी भूमिका को मात्र दिखावे के रूप में सम्पादित करता है। ये सभी बातें भूमिका के गतिशील पक्ष पर प्रकाश डालती हैं। अतः किसी भी भूमिका को स्थिर प्रत्याशाओं के रूप में न देखा जाकर उसके बदलते हुए स्वरूपों के संदर्भ में देखा जाना चाहिये। इस परिप्रेक्ष्य का बहुत अच्छा विश्लेषण हमें **इरविंग गोफमेन** की 'द प्रजेन्टेशन ऑफ सेल्फ इन एवरिडे लाइफ' (1959) और 'एनकाउन्टर्स' (1961) नामक पुस्तकों में देखने को मिलता है।

roles, joint conjugal **संयुक्त दाम्पतिक भूमिकाएं**

ऐसी भूमिकाएं जिनमें से बहुत सी क्रियाएं (कार्य) पति और पत्नी दोनों साथ-साथ मिलकर करते हैं और दोनों के बीच कार्यों में अन्तर और हितों की पृथकता कम से कम बरती जाती है, संयुक्त दाम्पतिक भूमिकाएं कहलाती हैं।

rumour **जनप्रवाद/अफवाह**

एक ऐसे प्रमाणरहित संदेश अथवा खबर को जनप्रवाद या अफवाह कहते हैं जो

सामान्यतः असत्य तथा अशुद्ध होती है तथा जो अनौपचारिक रूप में एक व्यक्ति से दूसरे व्यक्ति को, सामान्यतः मौखिक रूप में सम्प्रेषित किया जाता है। जनप्रवाद सामान्यतः ऐसे व्यक्तियों अथवा घटनाओं के संबंध में होते हैं जिनमें जनता की गहरी रुचि होती है।

rural community **ग्रामीण समुदाय**

प्रत्यक्ष संबंधों पर आधारित एक ऐसे समूह को ग्रामीण समुदाय कहा जाता है, जिसके अधिसंख्य व्यक्ति अधिकांशतः उन सामाजिक, आर्थिक, शैक्षिक, धार्मिक तथा अन्य सेवाओं का प्रयोग करते हैं जो उनके सामूहिक जीवन के लिए आवश्यक हैं। इस समूह के सदस्यों का जीवन के आधारभूत मुद्दों, मनोभावों तथा क्रियाओं के संबंध में एक प्रकार का समझौता होता है जो सामान्यतः किसी गांव अथवा कस्बे पर केन्द्रीभूत होता है। ऐसा समूह मूलतः अनेक कृषि योग्य खेतों पर खेती करता है, मैदानी भूमि को आपस में बाँट लेता है, आस-पास की बेकार एवं बंजर भूमि पर पशुओं को चराता है तथा निकटवर्ती समुदायों की सीमाओं तक वह अपने अधिकारों का दावा करता है।

rural sociology = sociology, rural

rurality **ग्रामीणता**

किसी समुदाय अथवा क्षेत्र में ग्रामीण होने के लक्षणों की मात्रा की विद्यमानता उसकी ग्रामीणता की द्योतक है।

ruralization **ग्राम्यीकरण**

ग्रामीण मनोभावों, दृष्टिकोणों एवं चलनों को नगरीय व्यवहार के अंग बनाने की प्रक्रिया ग्राम्यीकरण कहलाती है।

rural-urban continuum **ग्राम्य-नगरीय नैरन्तर्य (सततता)**

ग्राम्य-नगरीय भेद के सम्बन्ध में दो सम्बोधों—ग्राम्य-नगरीय द्विभाजन और ग्राम्य-नगरीय नैरन्तर्य का प्रयोग किया जाता है। जहां प्रथम संबोध में ग्राम्य एवं नगरीयता को नितांत दो विपरीत प्ररूपों (ध्रुवों) में देखा जाता है, वहां द्वितीय संबोध में ग्राम्य एवं नगरीय अन्तर को दो छोरों के बीच सापेक्षिक अंशों के क्रम में देखा गया है। प्रत्येक छोर की प्रमुख विशेषता दूसरे छोर में घुली-मिली होती है। यह संबोध ग्रामवासियों और नगरवासियों के बीच सामाजिक संरचना, मूल्यों, धर्म तथा दृष्टिकोण आदि की निरन्तरता को प्रकट करता है तथा इस बात पर बल देता है कि नगर एवं गांव दोनों समूह परस्पर आबद्ध हैं। मूलतः इस धारणा का विकास **सोरोकिन एवं ज़िमरमेन** द्वारा किया गया, किन्तु इसे परिष्कृत रूप में प्रस्तुत करने का श्रेय **प्रो. रेडफील्ड** को जाता है जिन्होंने इसे एक निश्चित अर्थ व सन्दर्भ प्रदान किया है।

rurbanization **ग्राम्यनगरीकरण**

ग्रामीण एवं नगरीय समुदायों की पारस्परिक अन्तर्क्रिया द्वारा जनित एक पुनर्मेल की मध्यवर्ती प्रक्रिया को ग्राम्यनगरीकरण कहते हैं। इस अवधारणा की रचना **चार्ल्स जे. गाल्पिन** के नगरीय जनसंख्या के ग्रामीण एवं नगरीय जीवन के घुलन-मिलन तथा बड़े-बड़े छोर-क्षेत्रों अथवा मिश्रित ग्रामीण-नगरीय क्षेत्रों के विकास के लिए की है। ऐसे क्षेत्र वास्तव में, न तो शुद्ध ग्रामीण होते हैं और न ही शुद्ध रूप में नगरीय।

S

sample **प्रतिदर्श/निदर्श**

एक वृहत क्षेत्र (समग्र) में से चुनी गई कुछ प्रतिनिधिक इकाइयों के समूह को 'निदर्श' या 'प्रतिदर्श' कहते हैं। एक प्रतिदर्श एक वृहत् समष्टि या समग्र का एक लघुतम प्रतिनिधि अभ्यंश होता है। ऐसा अनुमान किया जाता है कि चुनी गई इकाइयों में समग्र की विचाराधीन सभी विशेषताएं विद्यमान होती हैं।

sample, biased **अभिनतिपूर्ण प्रतिदर्श**

जब किसी प्रतिदर्श का चुनाव इस ढंग से किया जाता है कि कुछ इकाइयों के चुने जाने की संभावना अन्य इकाइयों की अपेक्षा अधिक होती है, तब इसे अभिनतिपूर्ण प्रतिदर्श कहते हैं। ऐसा प्रतिदर्श समग्र का प्रतिनिधित्व करने वाला नहीं होता।

sampling **प्रतिचयन/प्रतिदर्शन/निदर्शन**

किन्हीं इकाइयों के समूह/समग्र में से पूर्व निश्चित योजनानुसार कुछ निश्चित मात्रा में इकाइयों को चुनने की प्रक्रिया प्रतिचयन या प्रतिदर्शन या निदर्शन कहलाती है। इकाइयों को चुनने के लिए अनेक विधियों एवं तकनीकों का प्रयोग किया जाता है जिनका वर्णन वर्णक्रमानुसार नीचे दिया गया है।

sampling, accidental **आकस्मिक प्रतिचयन**

जब प्रतिदर्श का चुनाव पूर्णतः सुविधा तथा उपलब्धता के आधार पर किया जाता है तथा प्रतिनिधित्वता पर कोई ध्यान नहीं दिया जाता, तब चुनाव की यह विधि आकस्मिक प्रतिचयन कहलाती है।

sampling, area **क्षेत्र-प्रतिचयन**

प्रतिचयन की एक विधि जिसमें समग्र में से कुछ व्यक्तिगत इकाइयों को न चुनकर, समग्र के किसी एक क्षेत्र को चुन लिया जाता है तथा चुने गये क्षेत्र की समस्त इकाइयों का अध्ययन किया जाता है, इसे क्षेत्र प्रतिचयन कहते हैं। इस विधि का प्रयोग मूलतः भौगोलिक तथा कृषि क्षेत्रों के अध्ययन से प्रारम्भ हुआ, किन्तु आजकल सामाजिक विज्ञानों के सभी क्षेत्रों में इसका प्रयोग किया जा रहा है।

sampling, cluster **संभाग-प्रतिचयन**

'क्लस्टर' का शाब्दिक अर्थ 'गुच्छा' या 'समूह' है। अतः व्यक्तिगत इकाइयों के एक गुच्छे या समूह के चुनाव की विधि संभाग-प्रतिचयन कहलाती है। संभाग-प्रतिचयन और क्षेत्र-प्रतिचयन विधियों में विशेष अन्तर नहीं है। अलग-अलग संदर्भों में प्रयोग किये जाने के कारण इनके नाम में अन्तर आ गया है। संभाग विधि में सम्पूर्ण जनसंख्या को पहिले कुछ संभागों में विभाजित किया जाता है, तत्पश्चात् इनमें से एक निश्चित मात्रा में कुछ संभागों को दैव प्रतिचयन के आधार पर चुन लिया जाता है। इन चुने हुए संभागों में से (प्रत्येक से) कुछ इकाइयों को या सभी इकाइयों को दैव प्रतिचयन द्वारा चुन कर अध्ययन किया जाता है।

sampling, controlled **नियंत्रित प्रतिचयन**

एक ऐसी प्रतिचयन विधि जिसमें प्रतिदर्श का चुनाव जनसंख्या की महत्वपूर्ण विशेषताओं (जैसे आयु, लिंग, आर्थिक प्रस्थिति) के आधार पर किया जाता है, नियंत्रित प्रतिचयन कहलाता है। इस प्रकार के प्रतिदर्श में अभिनति में कमी लाये जाने की काफी संभावना रहती है। इस प्रतिदर्श में प्रतिनिधित्वता जो कि एक अच्छे प्रतिदर्श की सबसे बड़ी विशेषता होती है, को बनाये रखा जा सकता है। इसका प्रयोग किफायती होता है क्यों इसमें छोटे प्रतिदर्श से भी काम चल जाता है।

sampling, judgement = sampling, purposive

sampling, multi-phase **बहु स्तरीय प्रतिचयन**

सांख्यिकीय विश्लेषण की एक विधि जिसमें अध्ययन के प्रथम स्तर पर एक प्रतिदर्श से मूलभूत सूचनाएं एकत्रित की जाती हैं, द्वितीय स्तर पर अधिक गहन विश्लेषण के लिए चुने हुए प्रतिदर्श में एक उप प्रतिदर्श का चुनाव करके, उन इकाइयों का अध्ययन किया जाता है। यही विधि बहु स्तरीय प्रतिचयन कहलाती है।

sampling, multi-stage **बहु चरणीय प्रतिचयन**

जब अन्तिम प्रतिदर्श का चुनाव कई चरणों में सम्पन्न किया जाता है, तब इसे बहुचरणीय प्रतिचयन कहते हैं। विशाल समग्र को कई समूहों, उपसमूहों तथा खंडों आदि में विभाजित करके प्रतिचयन के प्रत्येक चरण में एकाधिक इकाइयों के समूहों के चुनाव की प्रक्रिया ही बहुचरणीय प्रतिचयन कहलाती है। साधारण दैव प्रतिचयन की भांति इसमें प्रतिदर्श-इकाइयों का चुनाव एक चरण में नहीं किया जाता। विशाल समग्र में से इकाइयों का प्रत्यक्ष चुनाव करना न तो संभव है और न ही अपेक्षित। ऐसे समग्र में से प्रतिनिधिक इकाइयों के चुनाव के लिए बड़े समूहों में से कुछ समूहों को, फिर इन चुने हुए समूहों को पुनः उप समूहों में विभाजित कर इनमें से कुछ उप समूह चुने जाते हैं। यदि उप समूह भी अध्ययन की दृष्टि से बड़े होते हैं, तो इन्हें पुनः विभाजित कर कुछ खंडों को चुना जाता है।

चुने हुए इन खंडों की समस्त इकाइयां या फिर इनमें से भी चुनी हुई कुछ इकाइयों का आधारभूत इकाइयों के रूप में प्रयोग किया जाता है। राष्ट्रीय स्तर पर किये जाने वाले सर्वेक्षणों में सामान्यतः इस विधि का प्रयोग किया जाता है जिसमें सर्व प्रथम प्रान्तों या प्रदेशों का, बाद में जिलों का और इन जिलों में से विकास खंडों तथा उपखण्डों का चुनाव किया जाता है। भारत में 'नेशनल सेम्पल सर्वे' संगठन ने अपने कई अध्ययनों में इस विधि का प्रयोग किया है।

sampling, nonprobability **संभावनाहीन प्रतिचयन**

प्रतिचयन विधि का एक रूप जिसमें समग्र में से प्रत्येक इकाई को चुने जाने की संभावना का निर्धारण संभव नहीं होता, संभावनाहीन प्रतिचयन के नाम से जाना जाता है। इस विधि में यह कहना कठिन होता है कि समग्र की प्रत्येक इकाई को चुने जाने की कोई भी संभावना है अथवा नहीं। आकस्मिक प्रतिचयन, उद्देश्यात्मक प्रतिचयन, निर्णयात्मक प्रतिचयन आदि संभावनाहीन प्रतिचयनता के ही उदाहरण हैं।

sampling, probability **संभावनामूलक प्रतिचयन**

प्रतिचयन का एक रूप जिसमें समग्र में से प्रत्येक इकाई को चुने जाने की संभावना ज्ञात होती है या निर्धारित की जा सकती है, संभावनामूलक प्रतिचयन कहलाता है। साधारण दैव प्रतिचयन, स्तरित दैव प्रतिचयन, बहुचरणीय दैव प्रतिचयन, क्षेत्र अथवा संभाग प्रतिचयन आदि सभी संभावनामूलक प्रतिचयन विधियां हैं।

sampling, proportional = sampling, stratified

sampling, purposive **उद्देश्यात्मक प्रतिचयन**

जब किसी प्रतिदर्श का चुनाव सुविचारित रूप में किन्हीं परिवर्त्यों (वेरिएबल्स) को आधार बनाकर किया जाता है, ताकि चुनी गई इकाइयां समग्र का प्रतिनिधित्व कर सकें, तब इसे उद्देश्यात्मक प्रतिचयन कहते हैं। शोधकर्त्ता के निर्णय पर आधारित होने के कारण इस विधि में समग्र की प्रत्येक इकाई को चुने जाने की संभावना प्रायः समाप्त हो जाती है। इसीलिए इसे निर्णयात्मक प्रतिचयन भी कहते हैं।

sampling, quota **यथांश प्रतिचयन**

प्रतिचयन की एक विधि जिसमें सम्पूर्ण समग्र को किन्हीं परिवर्त्यों के आधार पर कुछ वर्गों में विभाजित कर, प्रत्येक वर्ग में से एक निश्चित मात्रा में इकाइयों का चुनाव किया जाता है, इसे यथांश प्रतिचयन कहते हैं। इसमें इकाइयों के चुनाव के लिए दैव प्रतिचयन का प्रयोग नहीं किया जाता। यथांश प्रतिचयन का सर्वाधिक प्रयोग जनमत सर्वेक्षणों में किया गया है। आजकल इसका प्रयोग बाजार अनुसंधानों तथा इस प्रकार के अध्ययनों में अधिकतर किया जा रहा है जिसमें अतिशीघ्र परिणामों की आवश्यकता होती है। इस विधि में सामान्यतः सर्वप्रथम किसी समग्र को कुछ भौगोलिक अथवा प्रशासनिक क्षेत्रों में विभाजित

कर उनमें से कुछ क्षेत्रों का चुनाव दैव प्रतिचयन के आधार पर किया जाता है। तत्पश्चात् साक्षात्कारकर्त्ताओं को इकाइयों की एक निश्चित मात्रा बता कर तथा चुनाव सम्बन्धी कुछेक अन्य निर्देश देकर प्रत्येक चुने हुए क्षेत्र में से कुछ विशिष्ट विशेषताएं रखने वाली इकाइयों के चुनने की स्वतंत्रता दे दी जाती है। साक्षात्कारकर्ता निर्देशों का पालन करते हुए अपने निर्णय पर इकाइयों का चुनाव करके उनका साक्षात्कार करते हैं। इस विधि पर आधारित निष्कर्षों की विश्वसनीयता प्रायः संदिग्ध रहती है।

sampling, random **दैव प्रतिचयन**

प्रतिचयन की वह विधि जिसमें इकाइयों का चुनाव पूर्णतः संयोग अथवा दैविक इच्छा पर निर्भर करता है, दैव प्रतिचयन कहलाती है। इस विधि में प्रत्येक इकाई का चुनाव स्वतंत्र रूप में किया जाता है, अर्थात् एक इकाई का चुनाव किसी भी प्रकार दूसरी इकाई के चुनाव की संभावना को प्रभावित नहीं करता है। यही नहीं, यह विधि किसी समग्र में से प्रत्येक इकाई को प्रतिदर्श में सम्मिलित किये जाने का समान अवसर देती है। दैव प्रतिचयन के लिए लॉटरी विधि, रेंडम अंक विधि, कार्ड विधि, नियमित-अनियमित अंकन विधि, ग्रिड विधि आदि का प्रयोग किया जाता है। दैव प्रतिचयन की जिस विधि में प्रत्येक प्रतिदर्श इकाई का चुनाव प्रत्यक्ष रूप में किया जाता है, इसे दैव प्रतिचयन की अन्य विधियों (क्षेत्र प्रतिचयन या स्तरित प्रतिचयन) से अन्तर प्रदर्शित करने के लिए 'साधारण दैव प्रतिचयन' के नाम से पुकारा जाता है।

sampling, simple random = sampling, random

sampling, stratified **स्तरित प्रतिचयन**

स्तरित प्रतिचयन एक समग्र को कुछ प्रासंगिक परिवर्त्यों (वेरिएबल्स) के आधार पर वर्गों (स्तृतों) में बांट कर प्रत्येक वर्ग में से कुछ निर्धारित संख्या में इकाइयों को चुनने की एक ऐसी विधि है, ताकि प्रतिदर्श में प्रत्येक वर्ग के प्रतिनिधित्व की आवश्यकता बनी रहे। यदि इकाइयों का अनुपात प्रत्येक वर्ग में समस्त जनसंख्या की भांति प्रतिदर्श में भी समान है, तब इसे 'आनुपातिक स्तरित प्रतिचयन' या कभी-कभी केवल 'आनुपातिक प्रतिचयन' भी कहते हैं। यदि प्रत्येक वर्ग में से इकाइयों का चुनाव दैव प्रतिचयन के आधार पर किया जाता है, तो यह स्तरित दैव प्रतिचयन विधि कहलाती है। किन्तु जब प्रत्येक वर्ग में से इकाइयों का चुनाव दैव प्रतिचयन के आधार पर नहीं किया जाता है, तब यह विधि यथांश प्रतिचयन बन जाती है।

sampling stratified random = sampling, stratified

sampling systematic **नियमित प्रतिचयन**

जब किसी समग्र की समस्त इकाइयों की एक विवेकाधीन सूची में से प्रत्येक इकाई का चुनाव किया जाता है, तब इसे नियमित प्रतिचयन कहते हैं।

sampling frame **प्रतिचयन-रचना**

समस्त इकाइयों की एक सूची जो प्रतिदर्श के चुनाव के लिए प्रयोग की जाती है, प्रतिदर्श-रचना कहलाती है।

sampling unit **प्रतिचयन इकाई**

समग्र का प्रत्येक तत्व जो प्रतिचयन का लक्ष्य होता है, प्रतिदर्श इकाई कहलाता है। प्रतिदर्श-इकाई एक अकेला प्रतिचयन-तत्व हो सकता है या यह तत्वों का एक समूह हो सकता है। क्षेत्र-प्रतिदर्शन में चुना हुआ इकाइयों का सम्पूर्ण समूह अथवा भाग प्रतिचयन इकाई होता है। इसके विपरीत, साधारण दैव प्रतिचयन में व्यक्तिगत तत्व ही प्रतिचयन की इकाई होता है।

sampling universe **प्रतिचयन-समग्र**

वह सम्पूर्ण समूह जिसमें से प्रतिदर्श का चुनाव किया जाता है 'समग्र' अथवा 'जनसंख्या' अथवा 'संभरण' कहलाता है।

sanction **अनुशास्ति**

कुछ विशिष्ट प्रकार के व्यवहारों को प्रोत्साहित अथवा हतोत्साहित करने हेतु व्यक्ति को दिये जाने वाले दण्ड अथवा पुरस्कार की व्यवस्था को अनुशास्ति कहते हैं। सकारात्मक अनुशास्ति में बहुधा प्रशंसा करना, पदक प्रदान करना, साधुवाद देना आदि सम्मिलित होते हैं। इसके विपरीत नकारात्मक अनुशास्ति में अस्वीकृति की मात्र झलक व्यक्ति के अहं को चोट पहुंचा सकती है। कारावास, देश निकाला, अर्थ-दण्ड नकारात्मक अनुशास्तियों के उदाहरण हैं। नकारात्मक अनुशास्तियां औपचारिक (कानून) और अनौपचारिक (शाब्दिक) दोनों प्रकार की हो सकती हैं।

sanskritization **संस्कृतिकरण**

भारत में सामाजिक परिवर्तन के विश्लेषण के सम्बन्ध में कुछ अवधारणाओं का विकास हुआ है जिनमें अन्तर्राष्ट्रीय ख्याति प्राप्त भारतीय समाजशास्त्री **डा. एम. एन. श्रीनिवास** की 'संस्कृतिकरण' की अवधारणा विशेष महत्व रखती है। इस अवधारणा की रचना डा. श्रीनिवास द्वारा मैसूर के रामपुरा नामक गांव के दौरान की गई । इसे परिभाषित करते हुए डा. श्रीनिवास ने लिखा है कि "यह एक ऐसी प्रक्रिया है जिसके अनुसार निम्न हिन्दू जातियां या जनजातीय समूह उच्च अथवा द्विज कहीं जाने वाली जातियों की दिशा में अपनी प्रथाओं, संस्कारों, विचारों तथा जीवन-शैली को बदलने का यत्न करती है....संस्कृतिकरण समाज के सांस्कृतिक प्रतिमान के संदर्भ में अर्थात् स्थानीय प्रभु-जाति के सन्दर्भ में सामाजिक गतिशीलता का एक आन्दोलन है।" निम्न जातियां उच्च जातियों के जीवन प्रतिमानों एवं विश्वासों को इसलिए अंगीकार करती हैं ताकि सामाजिक संस्तरण में ये अपनी सामाजिक प्रस्थिति को ऊंचा उठा सकें। वे उन आदतों एवं संस्कारों को त्यागने का प्रयास करते हैं

जिन्हें हेय समझा जाता है, जैसे गाय का मांस खाना या ठर्रा आदि पीना।

sanskritization, de **वि-संस्कृतिकरण**

वि-संस्कृतिकरण की अवधारणा का प्रयोग दो भिन्न अर्थों में किया गया है। इस अवधारणा का जन्म, वास्तव में, डा. श्रीनिवास की बहु प्रसिद्ध 'संस्कृतिकरण' की अवधारणा के विपर्यय के रूप में हुआ है। प्रथम अर्थ में, जब कभी उच्च जातियां संस्कृत ग्रंथों में वर्णित भारतीय संस्कृति के तत्वों को छोड़ कर पाश्चात्य जीवन-शैली को अपनाती है, तब इसे वि-संस्कृतिकरण कहा गया है। द्वितीय अर्थ में इसका प्रयोग एक ऐसी प्रक्रिया के लिये किया गया है जिसके द्वारा एक उच्च जाति या निम्न जाति या एक जनजाति का व्यक्ति किसी अस्पृश्य जाति की सदस्यता ग्रहण कर लेता है या उच्च जातियां नीची जातियों की जीवन-शैली और कर्मकांडों को अपना लेती हैं, परिणामस्वरूप उनकी सामाजिक के साथ-साथ कर्मकांडीय प्रस्थिति भी नीची हो जाती है, तब इसे वि-संस्कृतिकरण कहा जाता है।

scale **प्रमाप/पैमाना**

एक पैमाना या प्रमाप किसी घटना के मापने का एक उपकरण होता है, जैसे थर्मामीटर, बॉरोमीटर, साक्षात्कार-परीक्षा आदि। मापने के लिए आंकिक इकाइयों अथवा अंकहीन श्रेणियों के क्रमों का प्रयोग किया जाता है। पैमाने कई प्रकार के होते हैं—सांकेतिक प्रमाप, श्रेणीसूचक प्रमाप, अनुपातिक प्रमाप, तीव्रता मापक प्रमाप, बिन्दु प्रमाप, क्रम सूचक प्रमाप आदि। सामाजिक विज्ञानों में मनोवृतियों, रुझानों, सामाजिक प्रस्थिति, सामाजिक दूरी आदि घटनाओं को मापने के लिए कुछ पैमानों की रचना की गई है।

scale, bogardus social distance **बोगार्डस का सामाजिक दूरी पैमाना**

सामाजिक संबंधों में घनिष्टता व वैमनस्यता, घृणा व प्रेम, निकटता एवं दूरी दोनों विद्यमान होती है। सामाजिक संबंधों की इस निकटता एवं दूरी को मापने के लिए समाजवैज्ञानिकों ने कुछ पैमाने तैयार किए हैं। इनमें से एक पैमाना **एमरी एस. बोगार्डस** ने अपने पैमाने का एक अनुक्रम तैयार किया जिसके एक छोर पर घनिष्ट सामाजिक संबंधों को प्रकट करने वाले कथनों को तथा दूसरे छोर पर विद्वेष पूर्ण संबंधों को दर्शाने वाले कथनों को रखा। इन दोनों छोरों के बीच इसी प्रकार के पांच अन्य कथनों को चुना। बाद में, इन सातों वर्गों से बने हुए पैमाने को व्यक्तियों के सामने रख कर उनकी प्रतिक्रिया को मालूम किया जाता है। इस प्रकार का एक पैमाना प्रजातिक दूरी को मापने के लिए बोगार्डस ने तैयार किया था।

scale, chapin's social status **चैपिन का सामाजिक प्रस्थिति मापक पैमाना**

सामाजिक प्रस्थिति की परिमाणात्मक माप करने के लिए **स्टुअर्ट चैपिन** ने सन् 1928 में जिस पैमाने की रचना की, वह उन्हीं के नाम से प्रसिद्ध हो गया। चैपिन ने सामाजिक

प्रस्थिति के चार प्रमुख घटक बताए हैं—सांस्कृतिक उपलब्धियां, आय, भौतिक उपलब्धियां तथा समूह की क्रियाओं में सहभागिता। इन चारों को मापने के लिए चैपिन ने कई आधारों का प्रयोग किया। इन आधारों को उसने स्वेच्छिक भार प्रदान कर उनके कुल योग को ज्ञात करने का यत्न किया।

scale, interval **अन्तर्वर्ती पैमाना**

अन्तर्वर्ती पैमाना क्रमाकिंत पैमाने का संशोधित स्वरूप है। इस पैमाने में वस्तुओं को उनकी किसी प्रमापित विशेषता के आधार पर क्रमबद्ध नहीं किया जाता, अपितु विभिन्न बिन्दुओं के अन्तराल को पैमाने पर समान भी रखा जाता है, अर्थात् माप के बिन्दुओं के मध्य बराबर की दूरी होती है। अतः इस पैमाने के द्वारा प्रमापित विशेषता की दृष्टि से विभिन्न वस्तुओं की दूरी को मालूम किया जा सकता है। थर्मामीटर अन्तर्वर्ती माप का एक अच्छा उदाहरण है जिसमें शारीरिक तापक्रम की माप सेन्टीग्रेड में की जाती है।

scale, likert **लिकर्ट पैमाना**

यह पैमाना मनोवृति एवं अभिवृति को मापने के थर्सटन पैमाने का एक संशोधित स्वरूप है। इसमें थर्सटन पैमाने की भांति प्रमाप-मूल्यों को ज्ञात नहीं किया जाता और न ही प्रयोज्यों के कथनों को अलग-अलग ढेरियों में वर्गीकृत करने के लिए निर्णायकों का प्रयोग किया जाता है। **लिकर्ट** ने अपने इस पैमाने का प्रयोग सन् 1932 में विभिन्न समूहों की साम्राज्यवाद, प्रजातिवाद और अन्तर्राष्ट्रीयवाद जैसे विषयों पर मनोवृतियों एवं रुझानों को जानने में प्रयोग किया था।

scale, nominal **सांकेतिक पैमाना**

प्रमापन का यह सबसे सरल रूप है। इस पैमाने में वस्तुओं, पदार्थों, व्यक्तियों अथवा घटनाओं को उनकी भिन्न विशेषताओं के लिए भिन्न संकेतों (जैसे कोई संख्या, नाम, लेबल आदि) का प्रयोग कर उन्हें वर्गीकृत किया जाता है। लिंग के आधार पर प्राणियों का किया गया वर्गीकरण सांकेतिक पैमाने का एक उदाहरण है।

scale, ordinal **क्रमांकित पैमाना**

यह पैमाना बहुत-कुछ रूप में सांकेतिक पैमाने से मिलता-जुलता है। इसमें सांकेतिक पैमाने की भांति वर्गों को समान स्तर पर प्रदर्शित न कर के उनकी विशेषताओं के मूल्यों के अनुरूप क्रमबद्ध किया जाता है। सांकेतिक माप में केवल वर्गों का बोध होता है, जब कि क्रमांकित माप में वर्गों के बोध के साथ-साथ वर्गों की उच्चता-निम्नता का भी बोध होता है। इस पैमाने का प्रयोग घटनाओं को गुणात्मक रूप में क्रमबद्ध करने के लिए किया जाता है।

scale, point **बिन्दु पैमाना**

इस प्रकार के पैमाने में प्रयोज्यों के मनोभावों को जानने के लिए कुछ शब्द अथवा

स्थितियों का प्रयोग किया जाता है। इन चुने हुए शब्दों अथवा स्थितियों को एक-एक अंक प्रदान किया जाता है। प्रयोज्यों से इन शब्दों अथवा स्थितियों के प्रति अपनी प्रतिक्रिया को 'सहमति' अथवा 'असहमति' के रूप में प्रकट करने के लिए कहा जाता है। बाद में सहमति के अंकों को जोड़ कर प्रयोज्यों की प्रतिक्रिया का अनुमान किया जाता है।

scale, ranking **श्रेणी-सूचक पैमाना**

युग्ममूलक तुलनात्मक पैमाने का एक रूप जिसमें स्वयं प्रयोज्य को इकाइयों के युग्मों में से तुलनात्मक निर्णय के लिए कहा जाता है। इन निर्णयों के आधार पर जो क्रमांकित पैमाना तैयार होता है, वही श्रेणी सूचक पैमाना कहलाता है। श्रेणी-सूचक पैमानों से तात्पर्य ऐसे पैमानों से है जो किसी श्रेणी का कुछ अन्य श्रेणियों की तुलना में स्थान निश्चित करते हों। इस प्रकार के पैमाने का एक उदाहरण **होरोविज** द्वारा प्रजातीय पक्षपात को मापने के लिए अपनाई गई पद्धति है।

scale, rating **तीव्रता मापक पैमाना**

प्रयोज्यों की किसी विषय के प्रति मनोवृति अथवा रुचि की तीव्रता की माप करने के लिए प्रयोग किए जाने वाला पैमाना तीव्रता मापक पैमाना कहलाता है। इस पैमाने का प्रयोग तब किया जाता है जब प्रयोज्यों की रुचियों को पक्ष/विपक्ष अथवा पसन्द/नापसंद के द्वंद्वात्मक वर्गों में विभाज्जित करना कठिन हो। ऐसा पैमाना तीन, चार, पांच या अधिक खंड वाला हो सकता है। रोजमर्रा की जिन्दगी में प्रयोग किए जाने वाला यह सर्वाधिक लोकप्रिय पैमाना है। एक अध्यापक द्वारा अपने विद्यार्थियों को परीक्षा में दिए जाने वाले अंक या ग्रेड इसी पैमाने का एक उदाहरण है।

scale, ratio **आनुपातिक पैमाना**

आनुपातिक पैमाने की रचना तार्किकता के आधार पर की जाती है। इसमें एक निरपेक्ष शून्य बिन्दु होता है जिससे गुण एवं विभाजन की प्रक्रिया अर्थपूर्ण बन जाती है। रोजमर्रा काम में आने वाले आयु तथा भार के पैमाने आनुपातिक पैमानों के उदाहरण हैं।

scale, thurston's **थर्सटन पैमाना**

थर्सटन की सम-विस्तार तकनीक मनोवृतियों को मापने का सर्वाधिक रूप से प्रयुक्त किए जाने वाला एक पैमाना है। इस पैमाने में थर्मामीटर की भांति अनुक्रम में प्रयोग किए जाने वाले सभी बिन्दुओं के बीच बराबर की दूरी रखी जाती है। मनोवृति की माप के लिए इस पैमाने के एक सिरे पर सर्वाधिक अनुकूल मनोवृति सूचक कथन को और दूसरे सिरे पर न्यूनतम अनुकूल मनोवृति सूचक कथन को रखा जाता है। औसत अथवा तटस्थ मनोवृति को इन दोनों सिरों के बीच अवस्थित किया जाता है। इस प्रकार, इस पैमाने में किसी विषय के प्रति मनोवृत्ति के स्तरों के सम्पूर्ण विस्तार अर्थात् सर्वाधिक अनुकूल से लेकर न्यूनतम अनुकूल तक अंकित किया जाता है।

scaling **प्रमापन/पैमाइश**

प्रमापन या पैमाइश वस्तुओं की विशेषताओं को शब्दों या अंकों अथवा किसी अन्य प्रतीक द्वारा निर्धारण का एक तरीका है। यह एक ऐसा तरीका है जिसके द्वारा वस्तुओं अथवा घटनाओं को मापा जाता है। उदाहरणार्थ, मनोवृत्ति को आंकिक मूल्य प्रदान कर रुचियों के आयाम पर उसकी स्थिति को मालूम किया जाता है।

schedule **अनुसूची**

एक फार्म, तालिका, केटलॉग अथवा कार्ड जिसका निर्माण तथा प्रयोग शोध-तथ्यों के संकलन हेतु किया जाता है, अनुसूची कहलाती है। बहुधा इसे प्रश्नावली के पर्यायवाची के रूप में प्रयोग किया जाता है, किन्तु आजकल सामाजिक शोध में दोनों का प्रयोग अलग-अलग रूप में किए जाने के कारण इनके अर्थ एवं संदर्भ को निश्चितता प्रदान कर दी गई है। अनुसूची एक ऐसी प्रश्नतालिका है जिसका प्रयोग प्रत्यक्ष वार्तालाप (साक्षात्कार) की स्थिति में प्रश्न-उत्तर की तकनीक द्वारा सूचनाएं एकत्रित करने के लिए किया जाता है। अतः इसे साक्षात्कार अनुसूची भी कहते हैं। इसके विपरीत, प्रश्नावली को सूचनादाता के पास स्वयं सूचना द्वारा भरने के लिए भेज दिया जाता है। इसीलिए इसे 'डाक प्रश्नावली' भी कहते हैं।

schedule, document **प्रलेखीय अनुसूची**

लिखित स्त्रोतों से प्राप्त मूक तथ्यों के संकलन हेतु जिस तालिका या सूची का प्रयोग किया जाता है, वह प्रलेखीय अनुसूची कहलाती है। व्यक्तिगत इतिहास, आत्मकथा, डायरी, सरकारी-गैर सरकारी दस्तावेज आदि लिखित स्त्रोतों के उदाहरण हैं।

schedule, institutional **संस्थात्मक-अनुसूची**

संस्थाओं के आन्तरिक एवं बाह्य कार्यकलापों अथवा समस्याओं के अध्ययन में प्रयोग की जाने वाली तालिका संस्थात्मक अनुसूची कहलाती है।

schedule, interview = schedule

schedule, observation **अवलोकन अनुसूची**

जिस अनुसूची का प्रयोग अवलोकन के द्वारा प्राप्त तथ्यों के संकलन के लिए किया जाता है, अवलोकन अनुसूची कहलाती है। इस प्रकार की अनुसूची का मुख्य उद्देश्य अवलोकन विधि को सुव्यवस्थित एवं क्रमबद्ध बनाना होता है।

scheduled caste **अनुसूचित जाति**

भारत में अस्पृश्य जातियों को अनेक नामों से संबोधित किया गया है, यथा अछूत, दलित वर्ग, बाह्य जातियां, हरिजन आदि। सामाजिक तथा आर्थिक दृष्टि से कमजोर जातियों

के उत्थान तथा उन्हें कुछ विशेष सुविधाएं देने के लिए सन् 1935 के विधान में ऐसी जातियों की एक सूची तैयार की गई। इस सूची में सम्मिलित सभी जातियों को बाद में 'अनुसूचित जाति' कहा जाने लगा। स्वतंत्रता के बाद अस्पृश्यता को समाप्त करने तथा अस्पृश्य जातियों के सामाजिक-आर्थिक स्तर को ऊंचा उठाने के लिए स्वतंत्र भारत के संविधान में अनेक प्रावधान किए गए जिनमें संविधान के अनुच्छेद 341 के तहत् राष्ट्रपति को यह अधिकार दिया गया कि वह राज्य विशेष के प्रमुख से परामर्श कर के एक आदेश जारी करे कि किन समूहों को राज्य के विशेष संदर्भ में अनुसूचित जाति माना जाये। अतः वैधानिक दृष्टि से अनुसूचित जातियां वे समूह हैं जिनका नाम एक समय विशेष के लिए 'अनुसूचित जाति आदेश' में उल्लेखित किया गया है।

scheduled tribe **अनुसूचित जनजाति**

भारतीय संविधान में अनुसूचित जातियों तथा जनजातियों की कोई परिभाषा नहीं दी गई है। संविधान के अनुच्छेद 342 के तहत राष्ट्रपति को यह अधिकार दिया गया है कि वह जनादेश द्वारा उन जनजातियों या जनजातीय समूहों अथवा उनके किन्हीं भागों या उनके अन्तर्गत् समूहों के सम्बन्ध में घोषित करे कि संविधान की दृष्टि से किन्हें अनुसूचित जनजातियां माना जाये। संविधान के एक आदेश सन् 1950 के एस.आर. ओ. 510 के द्वारा (आसाम की जनजातियों को छोड़ कर) एक सौ साठ आदिवासी समूहों को अनुसूचित जनजातियां घोषित किया गया। सन् 1991 की जनसंख्या के आधार पर भारत में अनुसूचित जनजातियों की कुल जनसंख्या 6.78 करोड़ है।

संविधान की धारा 340 के तहत राष्ट्रपति ने 29 जनवरी 1953 को काका कालेलकर की अध्यक्षता में एक पिछड़े वर्ग आयोग की स्थापना की जिसने अनुसूचित जनजातियों के निर्धारण के लिए निम्नलिखित मापदण्ड का सुझाव दिया :

'ऐसे समूह जो पहाड़ों में रहते हैं तथा जहां कहीं वे मैदानों में रहते हैं, वहां भी वे अपना पृथक अस्तित्व बनाए हुए हैं तथा जिनका मुख्य निवासियों की जीवन-धारा में सात्मीकरण नहीं हुआ है। इनका कोई भी धर्म हो सकता है। इन्हें अनुसूचित जनजातियों की सूची में इसलिए सम्मिलित किया जाये क्यों कि उनकी एक विशेष प्रकार की जीवन-शैली है।'

भारत के सभी आदिवासी समूहों को उनकी आदिवासीय उत्पत्ति के बावजूद भी अनुसूचित जनजाति में सम्मिलित नहीं किया गया है। यही नहीं, एक ही जनजाति को एक स्तर पर अनुसूचित माना गया है किन्तु विकास के अन्य चरण पर उसे अनुसूचित जनजाति की सूची से निकाल बाहर किया गया। अतः अनुसूचित जनजाति के निर्धारण में उत्पत्ति के अतिरिक्त विकास के स्तर को भी आधार माना जाता है।

science **विज्ञान**

मानवीय ज्ञान संबंधी समस्याओं का एक दृष्टिकोण विज्ञान के नाम से जाना जाता है जिसके द्वारा आनुभविक प्रेक्षण (इन्द्रियों द्वारा प्राप्त अनुभव) के आधार पर असीमित वर्ग की घटनाओं के संबंध में सामान्य सिद्धांत खोजने का प्रयास किया जाता है। विज्ञान इस

अनुमान पर आधारित है कि विश्व के संबंध में इन्द्रियों द्वारा वस्तुपरक ज्ञान संभव है तथा इस ज्ञान की सत्यता की परख अनेक व्यक्तियों के समान प्रेक्षणों द्वारा की जा सकती है। संक्षेप में, विज्ञान से तात्पर्य ऐसे व्यवस्थित एवं वस्तुनिष्ठ ज्ञान से है जिसका सत्यापन किया जाना संभव है। विज्ञान को जब एक पद्धति के रूप में परिभाषित किया जाता है तब विज्ञान का अर्थ ज्ञान प्राप्ति की व्यवस्थित पद्धति से होता है।

science, applied **व्यावहारिक/अनुप्रयुक्त विज्ञान**

ज्ञात वैज्ञानिक सिद्धांतों का व्यावहारिक समस्या के समाधान में प्रयोग व्यावहारिक अथवा अनुप्रयुक्त विज्ञान कहलाता है। इसमें ज्ञानार्जन उपयोगितावादी दृष्टिकोण से किया जाता है।

science, pure **विशुद्ध विज्ञान**

'ज्ञान के लिए ज्ञान' के उद्देश्य से प्रेरित वैज्ञानिक अन्वेषण को विशुद्ध विज्ञान कहते हैं। इस प्रकार के अन्वेषणों का समस्याओं अथवा अन्य व्यावहारिक प्रयोगों के लिए कोई तात्कालिक महत्व नहीं होता। विशुद्ध विज्ञान का प्रमुख कार्य ज्ञान के विद्यमान भंडार में वृद्धि तथा परिष्करण करना है।

scientific management **वैज्ञानिक प्रबंध**

किसी कार्य को अत्यधिक कुशलता से सम्पादन हेतु कार्य करने के तरीकों का व्यवस्थित रूप में विश्लेषण के प्रयास को वैज्ञानिक प्रबंध कहते हैं। इस सिद्धान्त का प्रतिपादन **फ्रेडरिक विनस्लॉ टेलर** ने कारखाना संगठन और मालिक-मजदूर संबंधों को नवीन आयाम देने के लिये किया था जो बाद में 'टेलरवाद' के नाम से भी प्रसिद्ध हुआ। टेलर ने मानव शरीर को एक मशीन की भांति माना और इसके प्रयोग के अत्यधिक कुशल तरीके को मालुम करने के लिये उसने समय और गति के अध्ययन किये। कार्य की इस नवीन प्रणाली के अनुसार सर्वाधिक कुशल उपलब्ध मजदूरों का चयन किया जाता है, उन्हें इतना ऊंचा वेतन दिया जाता है ताकि वे छोड़ कर अन्यत्र कहीं न जायें। साथ की कार्य करने के तरीकों का मानकीकरण किया जाता है तथा कारखाने के सम्पूर्ण कार्यों का योजनाबद्ध रूप में संचालन किया जाता है।

उद्योगों में व्यवस्थित रूप से कार्य करने के तरीकों के अध्ययनों को वैज्ञानिक प्रबंध की शुरुआत कही जा सकती है। इसके द्वारा हेनरी फोर्ड जैसे उद्योगपति ही प्रभावित नहीं हुए अपितु अन्यत्र लेनिन जैसी विभूतियां भी इसके प्रभाव से नहीं बच पाई। किन्तु इसका मजदूरों, श्रमिक संगठनों यहां तक की प्रबंधकों द्वारा भी घोर विरोध प्रकट किया गया, क्यों कि इसने व्यक्तिगत जीवन को काफी जकड़ दिया। टेलरवाद में, कर्मचारियों को औद्योगिक मशीनरी का मानवीय विस्तार मान लिया गया। वास्तव में, टेलरवाद (वैज्ञानिक प्रबंध) एक सामाजिक प्रक्रिया के रूप में कार्य की प्रकृति की अवहेलना करता है, कर्मचारियों के प्रति इसका अमानवीय दृष्टिकोण है और कार्य की प्रेरणा को बड़े ही अपरिष्कृत साधनात्मक रूप

में देखता है। इन सभी बातों की बाद में औद्योगिक संगठन के 'मानवीय सम्प्रदाय' द्वारा भारी आलोचना की गई।

scientific method **वैज्ञानिक विधि**

ज्ञान को प्राप्त करने का एक ऐसा तरीका जिसमें तथ्यों का व्यवस्थित अवलोकन, परीक्षण, सामान्यीकरण तथा सत्यापन किया जाता है, वैज्ञानिक विधि कहलाती है। वैज्ञानिक विधि ज्ञान प्राप्त करने की अन्य सभी विधियों से इस आधार पर भिन्न है कि इसमें कठोर आनुभविक परीक्षणों पर बल दिया जाता है। सामान्यतः वैज्ञानिक विधि को आगमनात्मक पद्धति माना जाता है क्योंकि इसमें विशिष्ट तथ्यों के आधार पर सामान्य सिद्धांत की रचना की जाती है; तथापि शोध, सिद्धांत-रचना तथा सत्यापन के बीच आपसी अन्तर्क्रिया के लिये आगमनात्मक एवं निगमनात्मक दोनों पद्धतियों का प्रयोग आवश्यक है।

वैज्ञानिक विधि में मुख्यतः निम्नलिखित चरणों का प्रयोग किया जाता है: सर्वप्रथम अध्ययन-विषय का चुनाव कर उसे निश्चित शब्दों में परिभाषित किया जाता है। इसी के आधार पर एक ऐसी प्रस्थापना की रचना की जाती है जो शोध को दिशा-निर्देश दे सके। अन्वेषण की भाषा में इसे प्राक्कल्पना-निर्माण कहते हैं। प्राक्कल्पना की रचना के बाद इसकी सत्यता के परीक्षण के लिए आवश्यक तथ्यों का संकलन, वर्गीकरण एवं विश्लेषण किया जाता है। अन्तिम चरण के रूप में, प्राप्त निष्कर्षों के आधार पर सामान्यीकरण एवं सिद्धांत-रचना की जाती है।

scientific revolution **वैज्ञानिक क्रांति**

वैज्ञानिक क्रांति से तात्पर्य एक ऐसी प्रक्रिया से है जिसमें एक सैद्धान्तिक परिप्रेक्ष्य या वैचारिक रूपांकन (पैराडाइम) को किसी दूसरे परिप्रेक्ष्य द्वारा अस्वीकार या नकार दिया जाता है और उसका स्थान दूसरे परिप्रेक्ष्य/पैराडाइम द्वारा ग्रहण कर लिया जाता है। यह तभी संभव होता है जब इतना नया वैज्ञानिक ज्ञान तथा उपलब्धियां एकत्रित हो जाती हैं कि जिसके आधार पर पूर्व संचित ज्ञान सम्बन्धी भ्रांतियों और विरोधाभासों को गलत सिद्ध किया जा सके या उन पर नया प्रकाश डाला जा सके। सन् 1970 में **टी.एस. कुहन** ने वैज्ञानिक ज्ञान की प्रक्रिया की अपनी विवेचना में इसका सविस्तार वर्णन किया है।

secondary group = group, secondary

sect **सम्प्रदाय/पंथ**

एक धार्मिक हम-समूह जिसमें एकान्तिकता, अपेक्षाकृत मानसिक गतिहीनता तथा किसी पंथ विशेष के विचारों के अंध एवं हठधर्मी अनुसरण की विशेषताएं पाई जाती हैं, सम्प्रदाय के नाम से जाना जाता है। कभी-कभी इसका संगठन राजनीतिक आधार पर होता है, किन्तु दर्शन एवं विचारों की दृष्टि से इसकी मूल प्रकृति धार्मिक ही होती है। एक सम्प्रदाय के लोग किन्हीं विशिष्ट विश्वासों, मान्यताओं, रीति-रिवाजों, परम्पराओं तथा संत-महात्माओं के

साथ अपने सम्बन्धों के आधार पर अपनी अलग एवं विशिष्ट पहिचान बना लेते हैं।

secularism **लौकिकवाद/धर्मनिरपेक्षता/पंथ निरपेक्षता**

लौकिकवाद अथवा धर्मनिरपेक्षता एक ऐसे सिद्धांत पर आधारित सामाजिक नैतिकता की एक व्यवस्था है जिसमें नैतिकता के मापदण्ड तथा व्यवहार के निर्धारण के लिए, धर्म के बिना हस्तक्षेप के, वर्तमान जीवन तथा सामाजिक कल्याण की भावना पर बल दिया जाता है। यह विचारधारा घटनाओं के निर्णय करने में धर्म, परम्परा अथवा प्रथाओं को महत्व नहीं देती। इसके विपरीत घटनाओं अथवा समस्याओं का निर्धारण, इस व्यवस्था के अनुसार, बुद्धिसंगतता के आधार पर किया जाता है। भारतीय संदर्भ में, लौकिकवाद या धर्मनिरपेक्षता का तात्पर्य सभी धर्मों को उनके विकास तथा प्रथाओं के पालन सम्बन्धी समान स्तर प्रदान करना है।

secularization **लौकिकीकरण**

एक प्रक्रिया जिसमें किसी समाज के सदस्यों के विचार एवं व्यवहार के निर्धारण के लिए धार्मिक मान्यताओं, प्रतीकों एवं संस्थाओं की अपेक्षा बुद्धिसंगत एवं तार्किक दृष्टिकोण को अधिक महत्व दिया जाता है, लौकिकीकरण कहलाती है। **विल्बर्ट मूर** ने लौकिकीकरण की तीन प्रमुख विशेषताएं बताई हैं—(1) रोजमर्रा के जीवन पर घटता हुआ धार्मिक नियंत्रण, (2) धर्मशास्त्रीय सिद्धांतों के प्रति अज्ञेयवादी स्थिति का संभावित विकास, (3) सांस्कारिक व्यवहार का तर्कसम्मत व्यवहार द्वारा प्रतिस्थापन।

लौकिकीकरण की विचारणा यह मानती है कि लौकिकीकरण, औद्योगिक समाज और संस्कृति के आधुनिकीकरण की एक अपरिहार्य विशेषता है। इस विचारणा के पक्ष में यह कहा जाता है कि आधुनिक विज्ञान ने पारम्परिक विश्वासों की महत्ता को घटा दिया है, जीवन-जगतों के बहुवादीकरण ने धार्मिक प्रतीकों के एकाधिकार पर आघात किया है; नगरीकरण की प्रवृति ने व्यक्तिवादी और मानकशून्यतावादी जगत को जन्म दिया है; पारिवारिक जीवन के विच्छेदन ने धार्मिक संस्थाओं को कम सार्थक बनाया है; प्रौद्योगिकी ने परिवेश पर नियंत्रण कर ईश्वर की सर्वव्यापकता के विचार को कमजोर कर दिया है। इस अर्थ में, जैसा कि **मैक्स वेबर** ने कहा है कि लौकिकीकरण को समाज के विवेकीकरण के एक माप के रूप में प्रयोग किया जा रहा है।

एक आन्दोलन के रूप में लौकिकीकरण का उद्भव एवं विकास उन्नीसवीं शताब्दी में ब्रिटेन में **जी. जे. होल्के** के नेतृत्व में हुआ था जिन्होंने इसे सामाजिक नैतिकता की एक प्रणाली के रूप में प्रस्थापित करने का यत्न किया। लौकिकवादी विचारक धर्म अथवा अधि प्राकृतिक शक्ति के बिना केवल तर्क, विज्ञान एवं सामाजिक संगठन के आधार पर मानव जीवन में सुधार के लिए प्रयत्नशील थे। इसके संबंध में उनकी यह मान्यता थी कि किसी भी देश की राजनीति का धर्म से स्वतंत्र होना आवश्यक है।

सामाजिक परिवर्तन की एक प्रक्रिया के रूप में लौकिकीकरण द्वारा धर्म और धार्मिक सोच-विचार का प्रभाव घटता जाता है और उसका स्थान सामाजिक जीवन को नियमित करने

तथा यथार्थ की व्याख्या करने वाले दूसरे तरीकों द्वारा ले लिया जाता है। औद्योगिक समाज जहां लौकिकीकरण का सर्वाधिक विकास हुआ है, वहां प्राकृतिक जगत को समझने के लिये धर्म के स्थान पर विज्ञान को प्राथमिकता दी जाती है। इसी प्रकार सामाजिक नियंत्रण के एक स्त्रोत एवं साधन के रूप में धर्म का स्थान राज्य की संस्थाओं और वैधानिक कानूनों ने ले लिया है। इन समाजों में धार्मिक अवकाश के पर्वों की धार्मिक महत्ता दिन-प्रतिदिन घटती जा रही है। इन अवकाशों का प्रयोग अब एक व्यक्ति धार्मिक क्रियाकलापों में न कर के पारिवारिक स्वजनों के साथ मौज़-मस्ती में गुजारता है। मानवीय जीवन के एक लक्ष्य के रूप में भौतिकवाद तीव्र गति से आध्यात्मिकता का स्थान लेता जा रहा है और सामाजिक संबंध अधिकाधिक रूप में तार्किकता तथा द्वितीयक मुद्दों पर आधारित होने लगे हैं।

लौकिकीकरण के आलोचकों का विचार है कि इस विचारणा के पक्षकारों ने इसे अत्यधिक बढ़ा-चढ़ा कर प्रस्तुत किया है। उन्होंने धर्म के लौकिक विकल्पों (मानववाद) की अवहेलना की है जो पवित्रता संबंधी धार्मिक विश्वास के बिना भी धर्म के रूप में कार्य कर सकता है। **पीटर एल. बर्गर** (द सोश्यल रिअलिटी ऑफ रिलीजन, 1969) के अनुसार, विश्व को अर्थ देने के लिये मानव प्राणी को एक "पवित्रता की छत्रछाया" की आवश्यकता होती है, क्यों कि एक व्यवस्थित विश्व की हमारी जरूरत के लिये अर्थहीनता एक चुनौती है। **थॉमस लुकमेन** (द इनविज़िबल रिलीजन, 1963) ने कहा है कि आधुनिक समाजों में एक अदृश्य धर्म होता है। लौकिकीकरण के पक्षकारों जैसे **ब्रायन विलसन** (रिलिजन इन सोसिऑलाजिकल परस्पेक्टिव, 1982) का मत है कि विभिन्नता, बहुलता और नवीन धार्मिक आंदोलनों की पृथक्कारी प्रकृति, युवा संस्कृतियां और विपरीत (प्रति) संस्कृतियां, वास्तव में, चर्च (धर्म) के सामाजिक अधिकार की कमी के साक्ष्य हैं।

secular society **लौकिक/धर्मनिरपेक्ष समाज**

ऐसा समाज जिसमें उपयोगितावादी तथा तर्क संगत मूल्यों पर अधिक बल दिया जाता है तथा जो परिवर्तन तथा नवाचारों को प्रश्रय देता है, लौकिक अथवा धर्मनिरपेक्ष समाज कहलाता है। इस अवधारणा का प्रयोग **हॉवर्ड बेकर** ने समाज के प्ररूपों की अपनी योजना के अन्तर्गत् 'पवित्र समाज' के विपर्यय के रूप में किया है। पवित्र समाज के विपरीत धर्म निरपेक्ष समाज में आधि दैविक मूल्यों तथा परम्परावाद एवं रूढ़िवाद को हेय दृष्टि से देखा जाता है। इस प्रकार के समाज में धर्म के आधार पर कोई भेदभाव नहीं बरता जाता।

segregation **पार्थक्य/पृथक्करण**

एक प्रक्रिया जिसके द्वारा कुछ व्यक्तियों या समूहों को अलग-थलग कर उनके साथ बहुत कम अथवा बिल्कुल भी अन्तर्क्रिया नहीं की जाती है। संस्कृति, धर्म, भाषा, राष्ट्रीयता, जाति, प्रजाति, व्यवसाय, आय-स्तर अथवा समूह के सामूहिक हित ऐसे कुछ आधार हैं जो व्यक्तियों को एक समूह में बांधते हैं और जिनके आधार पर क्लब, निजी निवासों, व्यापारिक क्षेत्रों, शिक्षण संस्थाओं, मनोरंजन तथा अन्य कार्यकलापों से अन्य व्यक्तियों को अलग रखा जाता है।

कुछ पृथक्करण स्वाभाविक रूप में जन्म लेते हैं। किन्तु कई स्थानों पर सरकारें अधिक सामाजिक (समरसता) एकीकरण तथा इससे जुड़े अन्य लाभों के उद्देश्यों को प्राप्त करने के लिये इन्हें समाप्त करने का प्रयास करती हैं। भारत में जाति और लिंग के आधार पर विभिन्न क्षेत्रों में सदियों से चले आ रहे पृथक्करण की नीति को सरकार द्वारा समाप्त किया जा रहा है।

self **स्व**

व्यक्तित्व का वह पक्ष 'स्व' कहलाता है जिसमें व्यक्ति द्वारा अपने विषय में धारणा (विचार एवं भावनाएं) निहित होती है। एक व्यक्ति अपने विषय में क्या सोचता है या क्या अर्थ लगाता है, यह दूसरे व्यक्तियों के साथ उसके अनुभवों, दूसरे व्यक्तियों द्वारा अपने विषय में किए गए मूल्यांकनों का प्रतिफल होती है। संक्षेप में, अपने संबंध में बनाई गई धारणा कि 'मैं क्या हूँ', स्व के भाव का प्रकटीकरण है। **सी. एच. कूले** के अनुसार, प्रथम वाचक एकवचन के लिए 'मैं', 'मुझे', 'मेरा' जैसे सर्वनामों का प्रयोग ही स्व की अभिव्यक्ति है। ....स्व एक आत्मदर्पण है, अर्थात् अन्य लोगों की मनोवृतियों और मूल्यांकनों का प्रतिबिम्ब है।

स्व का विकास दूसरे व्यक्तियों के साथ सामाजिक अन्तर्क्रिया द्वारा सामाजीकरण के दौरान होता है। एक शिशु में अपनी पहचान अथवा विशेषताओं के विषय में कोई व्यवस्थित धारणा नहीं होती। अपने विषय में दूसरे व्यक्तियों की परिभाषाओं तथा समाज में उसके स्थान के सम्बन्ध में बनाई गई धारणाओं का आन्तरीकरण कर एक बालक अपने विषय में यह धारणा विकसित करता है कि कि वह कौन है तथा वह कैसा दिखता है। अतः स्व के निर्माण में 'अन्य की भूमिका के ग्रहण करने का भाव' निहित होता है। स्व का सम्पूर्ण विकास बाल्यावस्था में ही नहीं हो जाता अपितु वयस्कावस्था में इसका अन्तिम एवं अपरिवर्तनीय रूप निखर कर सामने आता है। कूले के अतिरिक्त, 'स्व' की अवधारणा का समाजशास्त्र में अत्यधिक प्रयोग **विलियम जेम्स** और **जे. एच. मीड** ने किया है और यही अवधारणा 'सांकेतिक अन्तर्क्रियावाद' का आधार है। यह अवधारणा मानव प्राणी की परावर्ती (प्रतिबिम्ब) और प्रतिवर्ती क्षमता को उजागर करती है। मीड ने लिखा है कि "यह 'स्व' ही है जिसके कारण वैशिष्टय मानवीय समाज संभव हो पाया है।" मीड ने अपनी कालजयी कृति 'माइन्ड, सेल्फ और सोसाइटी' (1934) में स्व निर्माण के दो चरणों यथा 'मैं' और 'मुझे' का सविस्तार वर्णन-विश्लेषण किया है। प्रथम चरण में 'मैं' का विकास होता है जो स्वतः प्रसूत, सहज, अन्तरंग, सृजनात्मक और व्यक्तिपरक होता है; दूसरे चरण में, 'मुझे' की उत्पत्ति होती है जो दूसरे व्यक्तियों की संगठित मनोवृतियों का प्रतिफल होता है तथा जो उसे वृहत समाज के साथ जोड़ता है। स्व निर्माण की प्रक्रिया का यह दूसरा चरण अधिक सामाजिक और निश्चित होता है। बहुधा 'मुझे' को आत्म-अवधारणा कहते हैं, अर्थात् किस प्रकार व्यक्ति अपने आपको दूसरों की नजरों से देखता है। वास्तव में, इसी आत्म-अवधारणा (सेल्फ कन्सेप्ट) का अध्ययन अधिक आसानी से किया जा सकता है।

अभी हाल के 'स्व' सम्बन्धी लेखनों में **मोरिस रोज़नबर्ग** के लेखन कार्य, विशेष रूप

में, उनका युवा संस्कृति संबंधी कार्य विशिष्ट रूप में उल्लेखनीय है।

self, looking glass = looking glass self

sensate culture = culture, sensate

sentiment **मनोभाव**

किसी व्यक्ति, वस्तु अथवा विचार के प्रति व्यक्ति की एक स्थाई उद्वेगात्मक प्रवृति के प्रतिमान को मनोभाव कहते हैं। **विल्फ्रेड पेरेटो** ने इसकी परिभाषा अतार्किक तथा मूलभूत प्रेरक उद्वेगों के रूप में की है। **जार्ज सी. होमन्स** के अनुसार, एक व्यक्ति की आन्तरिक तथा उद्वेगात्मक आलोड़ित ऐसी मनोवैज्ञानिक दशा जो उसके व्यवहार को प्रभावित करती है, मनोभाव कहलाती है। देशभक्ति तथा रोमांचक प्रेम मनोभाव के ही उदाहरण हैं।

shaman **शामन/ओझा**

उत्प्राकृतिक शक्ति-सम्पन्न ऐसे व्यक्ति जो बहुधा रोगियों का उपचार करते हैं, शामन के नाम से जाने जाते हैं। 'शामन' शब्द का प्रयोग मानवशास्त्र में साइबेरिया की जनजातियों में पाये जाने वाले इस प्रकार के विशेषज्ञों के नाम के आधार पर किया गया है। इन्हें 'मेडिसिन-मेन' भी कहा जाता है। आदिवासीय धर्मों, विशेषतः जीववादियों में, धार्मिक अनुष्ठानों को सम्पन्न करवाने के लिये (पुजारियों की भूमिका में) कुछ ऐसे चमत्कारी व्यक्ति होते हैं जिनके विषय में यह विश्वास किया जाता है कि ये व्यक्ति आत्माओं से सम्बन्ध स्थापित कर सकते हैं, उनसे बातचीत कर सकते हैं तथा ये आत्माओं को प्रभावित भी कर सकते हैं, इन्हें ही शामन या ओझा कहा जाता है। समाज में ऐसे व्यक्तियों की विशिष्ट प्रस्थिति होती है।

sib **सिब**

परम्परानुसार किसी मातृवंशीय अथवा पितृवंशीय सर्वपूर्वज पर आधारित तथा बहुधा एक गणचिन्ह (टोटम) में विश्वास करने वाले एकरेखीय तथा सामान्यतः बहिर्विवाही समूह को 'सिब' कहते हैं। प्रायः इस शब्द का प्रयोग गोत्र (क्लॉन) के पर्यायवाची अर्थ में किया जाता है किन्तु मुख्यतः इसका प्रयोग भाइयों तथा बहिनों के एक ऐसे अस्थानिक समूह के लिए किया गया है जो किसी एक वंश परम्परा के भागी हैं, चाहे वे कहीं भी रहते हों।

sibling **सहोदर**

एक ही माता-पिता की सन्तानें, भाई अथवा बहिन सहोदर कहलाती हैं।

significant others = others

sociability **सामाजिकता/मिलनसारिता**

सम्पूर्ण के साथ तथा सम्पूर्ण के द्वारा जुड़ने का भाव सामाजिकता अथवा मिलनसारिता

का प्रतीक है। रोजमर्रा में इस शब्द का प्रयोग सामूहिक जीवन में व्यक्तियों के घुलन-मिलन की क्षमता के अर्थ में किया जाता है। व्यक्ति जिस सीमा तक सहयोगी-भाव का प्रदर्शन करते हैं, अर्थात् एक-दूसरे के साथ उठते-बैठते हैं, एक दूसरे के सुख-दुख में साथी-संगी बनते हैं, यह उनकी मिलनसारिता का माप है।

sociable **मिलनसार**

सामूहिक जीवन में अत्यधिक भाग लेने वाले व्यक्ति को मिलनसार कहते हैं।

social **सामाजिक**

एक ऐसी स्थिति जिसमें एक व्यक्ति अपने आप को किसी समूह के साथ सक्रिय रूप में जुड़ा हुआ अनुभव करता है तथा समूह के हितों के प्रति जागरूक पाता है। एक अन्य परिप्रेक्ष्य में, व्यक्तियों अथवा समूहों के रूप में मानव प्राणियों की अन्तर्क्रियाओं के आधार पर निर्मित पारस्परिक संबंध।

'सामाजिक' शब्द का प्रयोग किसी भी ऐसी घटना के लिये किया जा सकता है जो सामाजिक प्रणालियों, उनकी विशेषताओं और व्यक्तियों की उनमें सहभागिता से जुड़ी हुई हों। ध्यान रहे, 'सामाजिक' का अर्थ मात्र यह नहीं है कि किसी घटना में बहुत से सहभागी हो या वह घटना बहुत से व्यक्ति को प्रभावित करती हो। उदाहरणार्थ, सभी मानव प्राणी भोजन करते हैं, किन्तु मात्र उनकी भोजन करने की क्रिया 'सामाजिक' नहीं है। भोजन संबंधी सांस्कृतिक आचार-विचार जो हमारे भोजन की क्रिया को प्रभावित करते हैं, वे भोजन करने को 'सामाजिक' बनाते हैं, जैसे क्या खाना, कैसे खाना, कब खाना, आदि।

social, anti **समाज विरोधी**

कोई भी क्रिया, व्यवहार, मनोवृत्ति, मूल्य जो किसी समूह के सदस्यों द्वारा समूह के कल्याण हेतु अहितकर अथवा हानिकारक माना जाता है, उसे समाज विरोधी की संज्ञा दी जाती है। इस दृष्टि से एक डाक के लूटने-पाटने का व्यवहार समाज विरोधी की श्रेणी में आता है।

social, non **असामाजिक**

जब एक व्यक्ति में अपने समूह के साथ जुड़ने का कोई चेतन बोध नहीं होता और न ही वह उस समूह के कल्याण के लिए सचेतन प्रयत्नशील होता है। यही नहीं, वह समूह के कार्यों के प्रति पूर्णतः उदासीन एवं तटस्थ होता है, यह स्थिति असामाजिक कहलाती है।

असामाजिक, समाज विरोधी और अर्द्ध सामाजिक में अन्तर है। समाज का परित्याग कर किसी कन्दरा में अकेला रहने वाला सन्यासी असामाजिक व्यक्ति है, क्योंकि वह मात्र अपने लिये रह रहा है, उसका किसी समूह अथवा समाज के साथ कोई उद्देश्यपूर्ण सम्बन्ध नहीं होता। इसके विपरीत, एक अपराधी व्यक्ति समाज में रहते हुए भी समाज विरोधी है।

उसकी क्रियाएं समाज के हितों को नुकसान पहुंचाने वाली हैं। पराक्रमी व्यक्ति अर्द्ध सामाजिक की श्रेणी में आते हैं।

social action **सामाजिक-क्रिया**

अन्य व्यक्ति अथवा व्यक्तियों द्वारा प्रेरित अथवा प्रभावित व्यवहार को सामाजिक क्रिया कहते हैं। सामाजिक क्रिया के लिए एक व्यक्ति से अधिक व्यक्तियों का शारीरिक रूप में उपस्थित होना आवश्यक नहीं होता, किन्तु इसके लिए अन्य व्यक्तियों का कोई भी व्यवहार अथवा प्रत्याशित व्यवहार का होना आवश्यक है। **मैक्स वेबर** के अनुसार, किसी भी क्रिया को तभी सामाजिक क्रिया कहा जा सकता है जब उस क्रिया के कर्त्ता अथवा कर्त्ताओं द्वारा लगाये गये व्यक्तिपरक अर्थ के अनुसार उसकी क्रिया में दूसरे व्यक्तियों की मनोवृतियों तथा क्रियाओं का समावेश हो तथा इसी के दौरान वह उनसे प्रभावित भी हो। वेबर ने सामाजिक क्रिया के चार प्रमुख प्रकार बताये हैं—बुद्धिसंगत, भावात्मक, मूल्यांकनात्मक तथा परम्परानुगत।

social action, affective **भावात्मक सामाजिक क्रिया**

व्यक्ति के मस्तिष्क अथवा मनोदशा द्वारा तत्काल प्रभावित होने वाली क्रिया संवेगात्मक अथवा भावात्मक सामाजिक क्रिया कहलाती है। मां द्वारा अपने बालक की किसी अशोभनीय क्रिया के कारण उसे थप्पड़ लगाने की मां की क्रिया भावात्मक सामाजिक क्रिया का एक उदाहरण है।

social action, evaluational **मूल्याकंनात्मक सामाजिक क्रिया**

समाज के नैतिक मूल्यों तथा सांस्कृतिक आदर्शों एवं मान्यताओं से प्रेरित क्रिया मूल्यांकनात्मक सामाजिक क्रिया कहलाती है। जहाज के किसी कप्तान की जहाज के डूबने के साथ डूब जाने की क्रिया तथा हिन्दू विधवा द्वारा अपने पति की चिता पर प्राणोत्सर्ग करने की क्रिया मूल्याकंनात्मक सामाजिक क्रिया के उदाहरण हैं।

social acton, rational **बुद्धिसंगत सामाजिक क्रिया**

पूर्व निश्चित किसी बाह्य लक्ष्य तथा सम्बद्ध साधनों को ध्यान में रख कर की गई क्रिया बुद्धिसंगत सामाजिक क्रिया कहलाती है। किसी बांध अथवा पुल के निर्माण सम्बन्धी अभियंता की क्रिया इसी श्रेणी में आती है। इसमें कर्त्ता क्रिया के सम्पादन के पूर्व न केवल लक्ष्य प्राप्ति के सभी साधनों पर तुलनात्मक दृष्टि से सोच-विचार करता है, अपितु उनकी उपयोगिता का भी मूल्यांकन करता है।

social action, traditional **परम्परानुगत सामाजिक क्रिया**

प्रथाओं, रूढ़ियों, विश्वासों द्वारा चालित क्रियाएं परम्परानुगत सामाजिक क्रिया कहलाती हैं। इस प्रकार की क्रियाओं का सम्पादन साधारणतः इसलिये किया जाता है, क्यों कि ये

क्रियाएं एक लम्बे काल से सम्पादित की जाती रही हैं। हिन्दू विवाह में तोरण-प्रथा इसी क्रिया का एक उदाहरण है।

social action theory **सामाजिक क्रिया सिद्धान्त**

एक विज्ञान के रूप में, समाजशास्त्र में अध्ययन-अनुसंधान के मोटे रूप में दो प्रमुख ढाँचों (फ्रेम्स) का प्रयोग किया गया है, यथा क्रिया (एक्शन) और संरचना (स्ट्रक्चर)। कुछ समाज वैज्ञानिकों ने समाजशास्त्रीय गवेषणा का प्रारंभिक बिन्दु 'क्रिया' को माना है। ऐसे समाजशास्त्री सामाजिक क्रिया के अध्ययन से शुरूआत कर 'संरचना' तक पहुँचते हैं, तो दूसरे प्रकार के समाज वैज्ञानिकों ने 'क्रिया' की अपेक्षा 'संरचना' को अधिक महत्व दिया है। वे अध्ययन-अन्वेषण की शुरूआत 'संरचना' से करते हैं और 'क्रिया' तक पहुचते हैं। क्रियावादी सिद्धान्तों की अध्ययन की प्रमुख विषय-वस्तु 'सामाजिक-क्रिया' है। इन सिद्धान्तों ने समाजशास्त्र के क्षेत्र को मात्र मानवीय क्रिया के अध्ययन तक परिमित करने का प्रयास किया है। इन सिद्धान्तों में प्रमुख रूप से वेबरवादी समाजशास्त्र, घटनाक्रियावादी और व्याख्यावादी समाजशास्त्र, प्रतीकात्मक अन्तर्क्रियावादी, और लोकपद्धतिवादी समाजशास्त्र शामिल हैं (इन सभी का वर्णन कोश में यथा स्थान दिया गया है) ये सभी सिद्धान्त/उपागम न केवल क्रिया की प्रकृति अपितु क्रिया के अर्थ और भावार्थ के अध्ययन पर बल देते हैं।

सामाजिक क्रिया सिद्धान्त, विशेषतः वेबरवादी इस बात पर बल देता है कि व्यवहार से भिन्न क्रिया की व्याख्या कर्त्ता के दृष्टिकोण से की जानी चाहिये, अर्थात् कर्त्ता किसी क्रिया का क्या अर्थ लगाता है, जिसमें वह प्रत्यक्ष-अप्रत्यक्ष रूप में सहभागी रहा है। किसी घटना विशेष के साथ जुड़े कर्त्ता के व्यक्तिपरक अर्थ को जानना ही सामाजिक क्रिया सिद्धान्त का मूल मंतव्य है। इस व्यक्तिपरक अर्थ का विवेचन कर्त्ता के आंतरीकृत मूल्यों और दूसरे व्यक्तियों की प्रतिक्रियाओं के फलस्वरूप उत्पन्न उसकी अपेक्षाओं के संदर्भ में किया जाता है। इस प्रकार, यह सिद्धान्त पारंपरिक व्यवहारवाद को अस्वीकारता है। इसमें मानवीय व्यवहार का अध्ययन सामाजिक संबंधों की व्यवस्थाओं तथा सांस्कृतिक रूप में परिभाषित परिस्थितियों के संदर्भ में किया जाता है। मैक्स वेबर ने इस सम्बन्ध में चार प्रकार की क्रियाओं का उल्लेख किया है, यथा पारम्परिक (प्रथानुगत), भावात्मक, मूल्याकंनात्मक (मूल्योन्मुख) और तार्किक (लक्ष्य-साधन परक साधक)।

सामाजिक क्रिया सिद्धान्त के अनुसार यह माना जाता है कि व्यक्ति के सामाजिक जीवन को समझने के लिए उसके विश्वासों, मनोवृतियों, भावनाओं व इरादों को समझना आवश्यक है। यह समस्या भौतिक विज्ञानों में नही है क्योंकि निर्जीव वस्तुओं में इरादों का कोई महत्व नहीं होता। क्रिया सिद्धान्त के अनुसार समस्त क्रियाएं किसी लक्ष्य की प्राप्ति के लिए होती हैं। साथ ही ये क्रियाएं किसी परिस्थिति विशेष में घटित होती हैं। व्यक्तियों की समस्त क्रियाएं समाज के ऐसे प्रतिमानों द्वारा निर्धारित होती है जो सामाजिक व्यवस्था को बनाये रखने में महत्वपूर्ण भूमिका अदा करते हैं।

आधुनिक क्रिया सिद्धान्त के उद्‌भव पर सर्वाधिक प्रभाव **मैक्स वेबर** का देखा जा सकता है, यद्यपि इसकी शुरूआत **विल्फ्रेड परेटो** के क्रिया सिद्धान्त से होती है। इसके

अतिरिक्त, **कार्ल मानहीम, मेकाइवर, नैनकी** और **टालकट पार्सन्स** आदि विद्वानों ने भी इसे आगे बढ़ाने में महत्वपूर्ण योगदान किया है। मैक्स वेबर के क्रिया सिद्धान्त से प्रभावित हो कर टालकट पार्सन्स ने सन् 1937 में 'द स्ट्रक्चर ऑफ सोश्यल एक्शन' नामक अपनी एक भारी भरकम पुस्तक में मार्शल, पेरेटो, दुर्खाइम तथा मैक्स वेबर के सामाजिक क्रिया संबंधित विचारों का विश्लेषण कर अपने विचारों को प्रतिपादन किया है। पार्सन्स ने सामाजिक क्रिया के अध्ययन में जहां एक ओर कर्त्ता, परिस्थिति, लक्ष्य एवं साधनों के तत्वों पर बल दिया है, वहीं दूसरी ओर उन्होंने सामाजिक क्रिया को प्रभावित करने वाले तीन प्रमुख कारक—व्यक्तित्व, संस्कृति एवं सामाजिक संरचना को भी रेखांकित किया है।

पार्सन्स के अतिरिक्त, समाजशास्त्र में आधुनिक क्रिया सिद्धान्तों की तीन प्रमुख धाराएं प्रचलित हैं। प्रथम धारा तार्किकता के स्वरूप और स्वयं तार्किक क्रिया पर केन्द्रित है। तार्किकता पर अधिक बल दिये जाने का कारण मैक्स वैबर के क्रिया के विभिन्न रूप रहे हैं जो क्रिया की कारणात्मक व्याख्या की संभावनाओं के बारे में कई प्रश्न उपस्थित करते हैं, जैसे क्या किसी भी कार्य करने का उसी प्रकार एक कारक होता है जिस प्रकार किसी भी धातु के टुकड़े को गर्म करने पर उसमें वृद्धि होती है। यही नहीं, यह इस प्रश्न को भी प्रेरित करता है कि क्या तार्किकता के कोई निरपेक्ष मानदंड हैं या क्या समाजशास्त्रीय व्याख्याएं हमेशा किसी अर्थ में सापेक्षिक होती हैं। सामाजिक क्रिया सिद्धान्तों की दूसरी धारा सामाजिक क्रिया से सम्बंधित कुछ अनुमोदित नियमों और ज्ञान-भंडार को महत्व देती है। इस धारा के अनुसरणकर्त्ता लोकपद्धति वैज्ञानिक (इथनोमेथडोलोजिस्ट) और घटनाक्रियावादी (फिनॉमिनालोजिस्ट) हैं। तीसरी धारा, प्रतीकात्मक अन्तर्क्रियावादियों की है जो कर्त्ताओं के बीच अर्थ को जानने और स्वीकार करने पर बल देती है।

social adaptation **सामाजिक अनुकूलन**

सामान्यतः अनुकूलन शब्द का प्रयोग जैवकीय अर्थ में किया जाता है। जैवकीय अर्थ में किसी जीव का अपने पर्यावरण के साथ समायोजन की प्रक्रिया को अनुकूलन कहते हैं। जब एक व्यक्ति अथवा समूह अपने व्यवहार को सामाजिक पर्यावरण अर्थात् अन्य समूहों, संस्थाओं तथा सम्पूर्ण समाज के अनुरूप इस प्रकार ढालता है कि उसका अस्तित्व बना रहे, तब यह प्रक्रिया सामाजिक अनुकूलन कहलाती है। कभी-कभी इस अवधारणा का प्रयोग अशुद्ध रूप में समायोजन अथवा समंजन के अर्थों में भी कर लिया जाता है।

सामाजिक अनुकूलन पद का प्रयोग ऐसे सामाजिक परिवर्तनों के संदर्भ में भी किया जाता है जो किसी संस्कृति के विभिन्न पक्षों अथवा इसकी संरचनाओं को बनाये रखने या किसी भी रूप में इसके अस्तित्व की रक्षा हेतु होते हैं। प्रत्येक सामाजिक व्यवस्था को अन्य व्यवस्थाओं तथा प्राकृतिक परिवेश के साथ अनुकूलन करना पड़ता है। उदाहरणार्थ, परिवारों को आर्थिक दशाओं, विद्यालयों तथा राज्य के साथ अनुकूलन करना आवश्यक होता है। इसी प्रकार, समाजों को दूसरे समाजों तथा संसाधनों और भौतिक परिवेश द्वारा निश्चित की गई सीमाओं के साथ अपने आपको ढालना जरूरी होता है। आज जब हम आधुनिक भारत के चित्र पर दृष्टिपात करते हैं तो पाते हैं कि किस प्रकार कृषिहर भारत धीरे-धीरे

औद्योगीकरण की ओर बढ़ता जा रहा है और इसकी विभिन्न संस्थाओं—परिवार, विवाह, नातेदारी, धर्म, राजनीति आदि में भी औद्योगिक समाज की आवश्यकताओं के अनुरूप परिवर्तन आते जा रहे हैं।

अनुकूलन की अवधारणा ने **टालकट पार्सन्स** के समाज संबंधी प्रकार्यात्मक दृष्टिकोण में महत्वपूर्ण भूमिका अदा की है। पार्सन्स ने सामाजिक व्यवस्था की चार मूलभूत आवश्यकताओं (लक्ष्य प्राप्ति, अनुकूलन, प्रसुप्ति और एकीकरण) में इसे भी सम्मिलित किया है। सामाजिक परिवर्तन के सिद्धान्तों (मुख्यतः उद्विकासीय सिद्धान्त) में भी अनुकूलन के महत्व को स्वीकार किया गया है।

social adjustment **सामाजिक समायोजन**

व्यक्तियों, समूहों, सांस्कृतिक तत्वों एवं सांस्कृतिक संकुलों के बीच सुसंगत, सद्भावपूर्ण तथा संतोषजनक सम्बंधों की व्यवस्था अथवा प्रक्रियाओं को जिसके द्वारा इस प्रकार के सम्बंधों की रचना होती है, सामाजिक समायोजन कहते हैं।

social anthropology = anthropology, social

social assimilation = assimilation

social behaviour **सामाजिक व्यवहार**

किसी व्यक्ति अथवा व्यक्तियों द्वारा किया गया वह व्यवहार जो दूसरे व्यक्तियों के व्यवहार अथवा संभावित प्रतिक्रिया के फलस्वरूप किया जाता है, सामाजिक व्यवहार कहलाता है। व्यक्ति के व्यवहार को प्रभावित करने वाले व्यक्तियों का शारीरिक रूप में उसी स्थान पर उपस्थित होना आवश्यक नहीं है।

social category **सामाजिक श्रेणी**

एक सामाजिक श्रेणी व्यक्तियों का एक ऐसा संकलन है जिनकी समान सामाजिक प्रस्थिति होती है, जैसे, 'स्त्री', 'व्यवस्थापक', 'अल्पसंख्यक'। एक सामाजिक श्रेणी के व्यक्तियों की आस्थाओं, मूल्यों या विचारों में समानता होना आवश्यक नहीं है, और न ही उनमें नियमित अन्तर्क्रियाएं होती हैं। उदाहरणार्थ, महिला आंदोलन एक स्त्रियों का आंदोलन है, किन्तु इस आंदोलन में सभी महिलाएं सहभागिक नहीं हैं। यही नहीं, कई महिलाएं 'स्त्रियों' को एक सामाजिक और जैवकीय विशेषता से अधिक कुछ नहीं समझतीं। सभी महिलाओं में, 'स्त्री' होने के कारण सामाजिक एकजुटता का भाव नहीं होता।

एक सामाजिक श्रेणी तब एक सामाजिक समूह या समष्टि में बदल जाती है जब उनके सदस्यों में अन्तर्क्रिया की मात्रा अधिक हो जाती है और समान पहचान का भाव उत्पन्न हो जाता है। सामाजिक आंदोलनों की शुरूआत इसी प्रकार होती है जब पीड़ित अल्पसंख्यक अपनी कमजोर प्रस्थिति को मात्र एक व्यक्तिगत विशेषता या असुविधा न मानकर एक वृहत सामाजिक समष्टि के एक सदस्य की हैसियत से मानते हैं।

social change **सामाजिक परिवर्तन**

किसी समाज के सामाजिक संगठन, उसकी किन्हीं सामाजिक संस्थाओं अथवा सामाजिक भूमिकाओं के प्रतिमानों में अथवा सामाजिक प्रक्रियाओं में होने वाले किसी भी प्रकार के रूपान्तरण, बदलाव, परिष्करण की प्रक्रिया को सामाजिक परिवर्तन कहते हैं। सामान्यतः सामाजिक परिवर्तन किन्हीं लघु समूहों में होने वाले छोटे-मोटे परिवर्तनों की अपेक्षा वृहत सामाजिक प्रणाली अथवा सम्पूर्ण सामाजिक सम्बंधों के ताने-बाने में होने वाले महत्वपूर्ण परिवर्तनों को इंगित करता है।,

social class **सामाजिक वर्ग**

सामाजिक संस्तरण की किसी व्यवस्था के अन्तर्गत् व्यक्तियों का एक वृहत समूह जिसकी (उसी समाज के अन्य समूहों की तुलना में) समान सामाजिक-आर्थिक प्रस्थिति होती है, सामाजिक वर्ग कहलाता है। एक सामाजिक वर्ग की पहचान पुरस्कार और संसाधनों जैसे सम्पदा, सत्ता और सम्मान के आधार पर की जाती है जो विभिन्न सामाजिक वर्गों में असमान रूप से वितरित होते हैं। एक सामाजिक वर्ग संगठित नहीं होता; किन्तु जिन व्यक्तियों अथवा परिवारों से इसकी रचना होती है, वे अपेक्षाकृत समान शैक्षणिक, आर्थिक तथा सम्मानित प्रस्थिति लिए होते हैं। कुछ समाजशास्त्रियों के अनुसार सामाजिक वर्गों की रचना का एक मात्र आधार आर्थिक होता है, जब कि अन्य समाजशास्त्री सम्मान, प्रतिष्ठा, जीवन-शैली, मनोभाव तथा पहचान जैसे कारकों को भी सामाजिक वर्ग की रचना में महत्वपूर्ण मानते हैं।

मार्क्सवादी चिंतन के अनुसार सामाजिक वर्गों की रचना उत्पादन के साधनों पर स्वामित्व के आधार पर होती है। इसी आधार पर वे पूंजीवादी समाज को दो वर्गों में बंटा पाते हैं। उत्पादन के साधनों पर स्वामित्व रखने वाला वर्ग 'बुर्जुआ' तथा स्वामित्व से वंचित वर्ग को 'सर्वहारा' कहा जाता है।

समाजशास्त्र के एक अन्य अग्रणी समाजशास्त्री **मैक्स वेबर** ने सामाजिक वर्ग की विवेचना सामाजिक संस्तरण के एक प्रमुख आयाम के रूप में की है। वेबर के अनुसार, एक वर्ग व्यक्तियों का एक ऐसा समूह है, जिनकी वर्ग-प्रस्थिति समान होती है। ऐसे समूह को जीवन के समान अवसर प्राप्त होते हैं, अर्थात् बाज़ार में जो कुछ वे चाहते हैं और जो कुछ उनकी आवश्यकताएं हैं तथा वस्तुओं और सेवाओं को खरीदने, दूसरों से अपनी रक्षा करने आदि के लिये एक वर्ग के सभी व्यक्ति समान रूप में योग्य होते हैं।

social competition **सामाजिक प्रतिस्पर्धा**

सामाजिक प्रस्थिति अथवा पद को प्राप्त करने के लिए (दूसरे व्यक्तियों के प्रयत्नों को चेतन रूप में ध्यान में न रखते हुए) व्यक्ति अथवा समूह द्वारा समाज-व्यवस्था की सीमाओं में किए गए प्रयास सामाजिक प्रतिस्पर्धा कहलाते हैं।

social conflict **सामाजिक संघर्ष**

एक ऐसी सामाजिक अन्तर्क्रिया जिसमें प्रत्येक सहभागी अपनी इच्छा को दूसरे व्यक्तियों के प्रतिरोध के उपरान्त भी उन पर थोपता है, सामाजिक संघर्ष कहलाती है। इस प्रकार की अन्तर्क्रिया का उद्देश्य दूसरे व्यक्ति को नुकसान पहुंचाना अथवा उसके मार्ग में बाधा उत्पन्न करना होता है।

social consciousness **सामाजिक चेतना**

व्यक्तियों के बीच अपने आपसी संबंधों के प्रति जागरूकता का भाव सामाजिक चेतना को परिलक्षित करता है, अर्थात् जब व्यक्ति समान अनुभवों में अपने को भागीदार समझते हैं, तब यह स्थिति सामाजिक चेतना को प्रकट करती है।

social constructionism **सामाजिक रचनात्मकतावाद**

एक सामान्य पद के रूप में सामाजिक रचनात्मकतावाद का प्रयोग कभी-कभी उन सिद्धान्तों के लिये किया जाता है जो सामाजिक रूप में निर्मित सामाजिक जीवन की प्रकृति पर बल देते हैं। किन्तु, विशिष्ट रूप में, इस पद से सम्बंधित विचारना को **डब्ल्यू. आई. थॉमस** तथा शिकागो सम्प्रदाय के साथ-साथ घटनाप्रधान (फिनॉमिनोलॉजिकल) समाजशास्त्रियों जैसे **अल्फ्रेड सूत्ज़** आदि की कृतियों में खोजा जा सकता है। इन लोगों के उपागम इस विचार पर आधारित हैं कि समाज का निर्माण सक्रिय और सृजनात्मक रूप में मानव प्राणियों द्वारा किया जाता है। ये उपागम विश्व को मात्र पूर्व निर्मित या स्वीकृत की अपेक्षा इसे निर्मित किया हुआ या आविष्कृत रूप में चित्रित करते हैं। इनके अनुसार, सामाजिक जगत व्यक्तियों और समूहों द्वारा बुना हुआ एक व्याख्यात्मक तानाबाना है।

समाजशास्त्रीय शब्दावली में इस अवधारणा को प्रवेश कराने का श्रेय **पीटर बर्गर** और **थॉमस लुकमेन** को है जिन्होंने इसे अपनी कृति 'द सोश्यल कन्सट्रक्शन ऑफ रिअलिटी', (1966) में इसका सर्वप्रथम प्रयोग किया। यह पुस्तक ज्ञान के समाजशास्त्र पर लिखी गई एक प्रबुद्ध मीमांसा है। इन दोनों विद्वानों ने सामाजिक व्यवस्था की मूलभूत विशेषताओं को इस सिद्धान्त में समाहित करते हुए कहा है कि 'समाज एक मानवीय कृति है। समाज एक वस्तुनिष्ठ वास्तविकता है और मानव एक सामाजिक निष्पति है।' बर्गर ने अपने इन विचारों को मूर्त रूप देने के लिये धर्म (द सोश्यल रिअलिटी ऑफ रिलीजन, 1969) और विचलन (लैबलिंग सिद्धान्त) के क्षेत्रों को चुना और बताया कि धर्म और विचलन दोनों की ही सामाजिक रूप में रचना की जाती है। **मेरी डगलस** और **बासिल बर्नस्टीम** ने इस अवधारणा का परीक्षण शिक्षा के समाजशास्त्र में किया और प्रतिपादित किया कि शैक्षिक ज्ञान की रचना सामाजिक रूप से होती है।

मनोविज्ञान में, इसी से मिलती-जुलती 'रचनात्मकतावाद' की अवधारणा **जीन पीजेट** के नाम से जुड़ी हुई है। जीन पीजेट के अनुसार रचनात्मकतावाद एक प्रक्रिया है जिसके द्वारा संज्ञानात्मक संरचनाओं का उद्भव परिवेश और व्यक्ति के बीच होने वाली अन्तर्क्रिया से

होता है। ये सामाजिक रचनाएं ही विश्व सम्बंधी हमारे ज्ञान को आकार प्रदान करती हैं।

social contract **सामाजिक संविदा (समझौता)**

सामाजिक संविदा एक ऐसी धारणा है जिसका प्रयोग बहुत कुछ एक रूपक के रूप में राज्य और उसके नागरिक के बीच प्रच्छन्न संबंधों की अभिव्यक्ति के लिये किया गया है। सत्रहवीं शताब्दी में दार्शनिक **थॉमस हॉब्स** ने राज्य की व्याख्या एक ऐसी आवश्यक संस्था के रूप में की थी जो व्यक्तियों को एक दूसरे को हानि पहुंचाने से रक्षा करती है। इस रक्षा के बदले में व्यक्ति को राज्य के समक्ष अपनी कुछ स्वतंत्रता और स्वायत्तता को त्यागना पड़ता है। इसी तथ्य ने संविदा (समझौता) के विचार को जन्म दिया, अर्थात् सुरक्षा के बदले सत्ता के प्रति समर्पण। इसमें दोनों पक्षों में यह समझ/ सहमति होती है कि राज्य और नागरिकगण इस समझौते की शर्तों का दुरुपयोग किये बिना इस आदान-प्रदान में अपनी भूमिकाओं की मर्यादाओं का पालन करेंगे। इस प्रकार के संविदा का कोई औपचारिक रूप नहीं होता, अर्थात् राज्य की स्थापना वास्तविक रूप में इस प्रकार के समझौते का ही प्रतिफल है, ऐसा नहीं कहा जा सकता।

सामाजिक संविदा की धारणा ने राज्य के साथ नागरिक के संबंधों और **जे.जे. रूसो** द्वारा प्रतिपादित एक संस्था के रूप में राज्य के विधि संगतता संबंधी वाद-विवाद में एक महत्ती भूमिका अदा की है। बाद में, **टालकट पार्सन्स** तथा अन्य सामाजिक वैज्ञानिकों ने सामाजिक सम्बद्धता को सामाजिक संविदा पर आधारित न मानते हुए इसे मूल्यों में एकमत्यता का परिणाम बताया है।

social control **सामाजिक नियंत्रण**

सामाजिक नियंत्रण की अवधारणा एक ऐसे नियोजित-अनियोजित साधनों अथवा प्रक्रियाओं का संकेत देती है जो व्यक्तियों को समूह के स्वीकृत मानदंडों, जीवन-मूल्यों तथा परिपाटियों के अनुरूप व्यवहार करने के लिये विवश अथवा प्रेरित करती है, ताकि समाज में विपथगामी प्रवृतियों एवं व्यवहार को रोका जा सके। दूसरे शब्दों में, सामाजिक नियंत्रण से तात्पर्य ऐसी विधियों/साधनों से है जिनके द्वारा किसी सामाजिक व्यवस्था में व्यक्तियों के विचारों, भावनाओं, आकांक्षाओं और व्यवहार को नियमित किया जाता है।

सामाजिक नियंत्रण का विवेचन दो रूपों में किया गया है: प्रथम, सामाजिक नियंत्रण व्यवहार के सामाजिक प्रतिमानों का संकेत देता है जो किसी समाज के स्थापित मूल्यों, प्रथाओं, रीतियों, संस्थाओं, परिपाटियों आदि द्वारा निर्धारित होते हैं। व्यक्ति से यह अपेक्षा की जाती है कि वह इन प्रतिमानों के अनुरूप व्यवहार करे। द्वितीय, सामाजिक नियंत्रण उन साधनों एवं विधियों की ओर संकेत करता है जिनके द्वारा व्यक्तियों के व्यवहार-प्रतिमानों को सुरक्षित रखा जाता है अथवा उन्हें आवश्यक ढांचे में ढाला जाता है।

अमरीकी समाजशास्त्री **ई. ए. रॉस** ने संभवतः सर्वप्रथम अपनी पुस्तक 'सोश्यल कन्ट्रोल' (1901) में सामाजिक नियंत्रण का विशद् विश्लेषण किया है। रॉस के अनुसार, प्रत्येक व्यक्ति में कुछ ऐसे स्थाई उद्वेग होते हैं जो उसको अपने साथियों के साथ सहयोग

करने तथा उनके कल्याण के बारे में सोचने-समझने के लिए विवश करते हैं। इन उद्वेगों में हम सहानुभूति, सामाजिकता और न्याय की भावना को ले सकते हैं। किंतु ये उद्वेग स्वयं में व्यक्ति की आत्म-प्राप्ति की प्रवृतियों को दबाने में बलशाली सिद्ध नहीं होते। इस कार्य को समाज को ही विभिन्न विधियों के प्रयोग द्वारा करना पड़ता है ताकि समाज में शांति एवं व्यवस्था बनी रहे। अपनी इसी मान्यता के आधार पर रॉस ने लिखा है कि सामान्यतः सामाजिक नियंत्रण से हमारा तात्पर्य सामाजिक प्रक्रिया में कुछ व्यक्तियों द्वारा मनमाना हस्तक्षेप है। ये व्यक्ति सरकारी अधिकारी, नेता अथवा कार्यकर्ता हो सकते हैं।

social control, coercive/formal **बाध्यकारी/औपचारिक सामाजिक नियंत्रण**

बाध्यकारी नियंत्रण सरकार तथा कानून की किसी संस्था की उपज होता है। इसके पालन हेतु वास्तविक बल प्रयोग अथवा बल-प्रयोग की धमकी दी जाती है। इसमें वे सभी व्यवहार-प्रकार आते हैं जो प्रमुखतः अपराध की श्रेणी में रखे जाते हैं। औपचारिक नियंत्रण में वे सभी साधन सम्मिलित होते हैं जिनका व्यक्ति सचेतन रूप में प्रयोग करता है। कानून, नियम, अधिनियम तथा सत्ता की व्यवस्था औपचारिक नियंत्रण के ही विभिन्न रूप हैं। इनके पालन पर पुरस्कार तथा उल्लंघन करने पर दंड की व्यवस्था होती है।

social control, persuasive/informal **विश्वासोत्पादक/अनौपचारिक सामाजिक नियंत्रण**

विश्वासोत्पादक नियंत्रण उन सभी संस्थाओं की उपज है जो व्यक्ति को समाज के मानदंडों, इच्छाओं तथा नियमाचारों के अनुरूप व्यवहार करने के लिए प्रेरित करते हैं। अनौपचारिक नियंत्रण में उन साधनों को सम्मिलित किया जाता है जो समाज की आवश्यकताओं के अनुसार स्वतः विकसित होते हैं, जैसे जनरीतियां, प्रथाएं, रूढ़ियां, परम्पराएं, जनमत, फैशन आदि। इस प्रकार के नियंत्रणों के पालन करने पर व्यक्ति की प्रशंसा तथा उल्लंघन करने पर उसे व्यंग्य तथा हास्य का सामना करना पड़ सकता है।

social darwinism = darwinism, social

social differentiation **सामाजिक विभेदीकरण**

सभी समाजों में मानव-मानव में लिंग, कद, आयु, प्रजाति, मानसिक क्षमता तथा मानव सावयव में पाई जाने वाली अन्य आन्तरिक विशेषताओं के आधार पर विभिन्नताएं पाई जाती हैं। इन सावयविक पैतृक भिन्नताओं के अतिरिक्त प्रत्येक समाज का सदस्य अर्जित सामाजिक विशेषताओं जैसे व्यवसाय, आय, सम्पत्ति, प्रतिष्ठा, प्रभुत्व, मूल्य, विश्वास तथा मनोभाव आदि के आधार पर एक-दूसरे से अलग-थलग किया जाता है। इन अर्जित तथा आनुवांशिक व्यक्तिगत भिन्नताओं के आधार पर निर्मित सामाजिक भूमिआओं तथा कार्यों के विभाजन की प्रक्रिया को ही सामाजिक विभेदीकरण कहा जाता है। सामाजिक विभेदीकरण में पद-प्रस्थितियों का विभाजन ऊंच-नीच के आधार पर नहीं होता है।

सामाजिक संगठन के लिए किसी भी प्रकार के श्रम-विभाजन अथवा भूमिकाओं के प्रकार्यात्मक विभाजन के रूप में सामाजिक विभेदीकरण अनिवार्य है। किन्तु विभेदीकरण के आधार एवं प्रकृति में परम्पराओं एवं मूल्यों में परिवर्तन के साथ दीर्घकाल में बदलाव आ जाता है।

social disintegration **सामाजिक विच्छेदन**

किसी समूह के पृथक-पृथक इकाइयों में बंटने के फलस्वरूप, समूह की संरचना में उत्पन्न हुई टूटन की प्रक्रिया, समूह की एकात्मता तथा समान हितों की भावना को भंग कर देती है। यह स्थिति सामाजिक विच्छेदन या विखंडन की परिचायक है।

social disorganization **सामाजिक विघटन**

विघटन किसी रचना की अस्वस्थता का परिचायक है। जब किसी रचना की इकाइयां निर्धारित उद्देश्यों के अनुसार अपना-अपना कार्य करना बंद कर देती हैं, तो हम इस स्थिति को विघटन का नाम देते हैं। अतः जब किसी सामाजिक इकाई के निर्मायक तत्व अर्थात् व्यक्ति, समूह अथवा संस्थाएं स्वीकृत उद्देश्यों के अनुसार अपनी-अपनी भूमिका निभाना इस सीमा तक बंद कर देते हैं कि उनके आपसी सम्बन्धों में व्यवधान अथवा विश्रृंखलन उत्पन्न हो जाता है, तो यह दशा सामाजिक विघटन कहलाती है। सामाजिक विघटन बहुधा सामाजिक नियंत्रण के भंग हो जाने अथवा सामाजिक संरचना या सामाजिक व्यवस्था के भंग हो जाने का संकेत देता है। संक्षेप में, किसी समाज के विभिन्न भागों में एकता अथवा सामंजस्य का ह्रास सामाजिक विघटन है।

social distance **सामाजिक दूरी**

व्यक्तियों अथवा समूहों के बीच पृथक्करण की भावना अथवा वास्तविक पार्थक्य, सीमित सामाजिक सम्बन्ध या सामाजिक अन्तर्क्रियाओं में किसी प्रकार का विघ्न सामाजिक दूरी का संकेत देता है। सामाजिक दूरी की भावना में बहुधा भय तथा विद्वेष निहित रहता है। जिन समाजों में प्रस्थितियों में संस्तरण (क्रम-विन्यास) पाया जाता है, जैसा भारतीय जाति-व्यवस्था में देखने को मिलता है; वहां सामाजिक दूरी, भूमिका-संरचना का एक भाग होती है। ऐसे समाजों में सामाजिक दूरी को वैध तथा वांछित माना जाता है। इस अवधारणा का सर्वप्रथम प्रयोग **जार्ज सिमेल** ने किया था। सामाजिक दूरी को मापने का सर्वप्रथम प्रयास **ई. एस. बोगार्डस** ने पूर्वाग्रह सम्बन्धी मनोवृतियों के अपने अध्ययनों में किया है। किसी व्यक्ति द्वारा अपने से भिन्न जाति/प्रजाति के पड़ोस में न रहने की भावना अत्यधिक सामाजिक दूरी और भिन्न जाति/प्रजाति में विवाह की अनुमति कम सामाजिक दूरी को प्रकट करती है।

social distance, horizontal **क्षैतिज (समतल) सामाजिक दूरी**

जब व्यक्तियों अथवा समूहों के बीच विद्यमान सामाजिक दूरी समान पद व्यवस्था पर

आधारित होती है तथा आपस में उच्चता-निम्नता का भाव नहीं होता, तब यह क्षैतिज या समतल सामाजिक दूरी कहलाती है। क्षैतिज सामाजिक दूरी स्वच्छंद अन्तर्क्रिया में कम अथवा अधिक बाधाओं का संकेत देती है। उदग्र सामाजिक दूरी की अपेक्षा इसमें घनिष्टता की कमी होती है।

social distance, vertical **उदग्र (शीर्ष) सामाजिक दूरी**

असमान सामाजिक स्तर वाले व्यक्तियों अथवा समूहों के बीच वाली सामाजिक दूरी को उदग्र (शीर्ष) सामाजिक दूरी कहते हैं।

social dynamics **सामाजिक गतिकी**

समाज का गतिशील पक्ष अर्थात् सामाजिक प्रक्रियाओं का अध्ययन। इस अवधारणा का प्रयोग **आगस्त कोम्त** ने अंतर्संबंधित सामाजिक प्रक्रियाओं तथा सामाजिक परिवर्तन के क्रमिक स्तरों के संदर्भ में समाज के अध्ययन हेतु किया। कोम्त ने समाज के विश्लेषण में समाज के स्थिर एवं गतिशील दोनों पक्षों को महत्वपूर्ण माना है। सामाजिक गतिकी का मुख्य लक्ष्य ऐतिहासिक परिवर्तन के नियमों की खोज करना है।

social ecology = ecology, social

social engineering **सामाजिक अभियांत्रिकी**

सामाजिक जीवन को अधिकाधिक सुखद और बेहतर बनाने की दृष्टि से किये गये नियोजित सामाजिक परिवर्तन और सामाजिक विकास को सामाजिक अभियांत्रिकी कहा जाता है। ऐसा माना जाता है कि अर्थव्यवस्था की भांति सरकार समाज के प्रमुख पक्षों को भी व्यवम्थित कर सकती है और उसे इच्छानुरूप आकार दे सकती है। सामाजिक अभियांत्रिकी के माध्यम से वह इस कार्य को सम्पादित करती है।

social evolution = evolution, social

social exchange theory **सामाजिक विनिमय सिद्धांत**

एक लाभ-केन्द्रित दृष्टिकोण या उपागम जिसमें सामाजिक अन्तर्क्रिया को इस प्रकार से नियोजित किया जाता है ताकि अन्तर्क्रिया में सहभागिक दोनों पक्षों को पुरस्कारों के विनिमय द्वारा अधिकाधिक लाभ प्राप्त हो। दूसरों को लाभ पहुंचा कर उसके बदले में स्वयं के लाभान्वित होने की आशा ही विनिमय-सिद्धांत का केन्द्रीय विचार है। इस सिद्धांत के अनुसार यह माना जाता है कि मानवीय व्यवहार का निर्धारण पुरस्कार एवं लागत के दो मूल तत्वों द्वारा होता है; अर्थात् व्यक्ति स्वैच्छिक रूप से स्वयं को किसी व्यवहार में तब तक लगाये रखता है जब तक उस व्यवहार में लगने वाली लागत से मिलने वाला पुरस्कार अधिक हो। दूसरे शब्दों में, एक व्यक्ति अथवा समूह को जब तक किसी व्यवहार से पूर्ण पुरस्कार मिलता रहेगा, वह उस व्यवहार को जारी रखेगा। किन्तु जैसे ही उसे उक्त व्यवहार

से पूर्ण पुरस्कार मिलना बंद हो जायेगा, उसके उस व्यवहार की समाप्ति हो जायेगी। पुरस्कार, लागत, प्रत्याशाएं तथा उपलब्ध विकल्प के आपसी सम्बन्ध ही विनिमय सम्बन्धों के मूलाधार हैं।

समाजशास्त्र में आधुनिक विनिमय सिद्धांत की जड़ों को कई सामाजिक विज्ञानों, विशेषतः अर्थशास्त्र, मानवशास्त्र और मनोविज्ञान में देखा जा सकता है। वर्तमान विनिमय सिद्धांत पर मनोविज्ञान की व्यवहारवादी परम्परा, अर्थशास्त्र की उपयोगितावादी धारणा तथा मानवशास्त्र की प्रकार्यवादी विचारधारा के मिश्रित स्वरूप का स्पष्ट प्रभाव है। आधुनिक विनिमय सिद्धांत के विकास का श्रेय सामान्यतः **थीबाऊ एवं कैली** (1959) तथा **होमन्स** को दिया जाता है। इनके विनिमय सिद्धांत पर बहुत कुछ मात्रा में व्यवहारवादी मनोवैज्ञानिक **स्कीनर** (1953) के विचा़रों की छाप अंकित है। ऐसा कहा जाता है कि होमन्स के विनिमय सिद्धांत का जन्म समाजशास्त्र के भीम कहे जाने वाले **प्रो. पार्सन्स** के सामाजिक क्रिया सिद्धांत की प्रतिक्रिया के फलस्वरुप हुआ है। होमन्स ने **लेवी स्ट्रास** के संरचनात्मक कारकों की अपेक्षा विनिमय को संचालित करने वाले मनोवैज्ञानिक कारकों पर विशेष बल दिया है। होमन्स ने अपने एक लेख 'सोश्यल बिहेवियर एज एक्सजेंज' (1958) में लिखा है कि व्यक्तियों के मध्य जो अन्तर्क्रिया होती है, वह कोई-न-कोई भौतिक अथवा अभौतिक वस्तुओं के विनिमय का रूप लिए होती है..... जब हम यह कहते हैं कि 'मुझे इससे यह-यह लाभ हुआ' या 'मुझे उसके द्वारा काफी लाभ हुआ' या 'उसके साथ रहने पर मुझे काफी नुकसान उठाना पड़ा', इन सभी वाक्यों में अप्रत्यक्ष रूप में विनिमय का भाव छुपा है। किन्तु होमन्स के विचारानुसार समाज वैज्ञानिकों ने इस तथ्य की उपेक्षा की है। संभवतः **मार्शल मॉस** ही प्रथग व्यक्ति थे जिन्होंने सन् 1925 में अपने एक लेख 'द गिफ्ट' में इस ओर ध्यान आकर्षित किया। आदिम समाजों के उदाहरणों द्वारा मॉस ने इस लेख में यह बताने का यत्न किया है कि सभी प्रकार के विनिमय का आधार आर्थिक नहीं होता। आदिम समाजों में जो विभिन्न अवसरों पर पारस्परिक भेंट देने की प्रथा प्रचलित है, उसे आर्थिक लेन-देन की अपेक्षा पूर्णतः एक सामाजिक प्रघटना समझा जाना चाहिए।

अनौद्योगिक/जनजातीय समाजों के अध्ययनों से यह ज्ञात हुआ है कि इन समाजों में भी विनिमय विद्यमान था/है, किन्तु इनमें 'दायित्व' का तत्व महत्वपूर्ण है, जब कि आधुनिक अर्थ व्यवस्थाओं का बाज़ार लेन-देन 'चयन' के तत्व पर आधारित होता है। इन दोनों की तुलना के आधार पर यह निष्कर्ष निकलता है कि सभी प्रकार के विनिमय के लिये व्यवस्थित सामूहिक जीवन एक पूर्वावश्यकता है, न कि यह स्वहित पर आधारित चयन का परिणाम है।

अनौद्योगिक समाजों के अनेकों अध्ययनों से एक प्रमुख तथ्य उभर कर आया है कि दायित्व-आधारित विनिमय के दो प्रमुख रूप हैं, यथा उपहार विनिमय और पुनर्वितरण विनिमय। मॉस ने जनजातीय समाजों में उपहार लेन-देन समारोहों का विस्तृत वर्णन-विश्लेषण कर पारस्परिकता के सिद्धान्त का प्रतिपादन किया है। ट्रोब्रिएण्ड द्वीपवासियों की **कूला प्रथा** और अमरीकी इन्डियन्स की **पोटलेच** प्रथा इसके सर्वप्रसिद्ध उदाहरण हैं। इन

समाजों तथा अन्य समाजों में विशुद्ध उपयोगिता पर आधारित विनिमय का स्थान द्वितीयक था। बाध्यतामूलक उपहार विनिमयों को प्राथमिकता दी जाती थी। इनकी अभिव्यक्ति कई रूपों में, जैसे आमोद-प्रमोद, अनुष्ठान, शिष्ट व्यवहार, सैनिक सहायता, नृत्य और भोजों के आयोजन-प्रदर्शनों में देखी जा सकती है। उपहार और भुगतान को कभी भी पाने वाले और देने वाले से अलग-थलग नहीं किया जाता था। इन व्यक्तियों के बीच जो सहसम्बन्ध और गठबंधन बनते थे, वे अटूट होते थे। इस प्रकार, सम्बन्धों को स्थापित करने का विनिमय एक महत्वपूर्ण साधन था। इसी के आधार पर या इसी के द्वारा ही किसी प्रकार के विनिमय की सामाजिक अर्थव्यवस्था तथा आर्थिक विनिमय का उद्‌भव हुआ प्रतीत होता है। मॉस के शोध कार्य ने मानवशास्त्र में विस्तृत क्षेत्रीय शोध एवं सिद्धान्त-निर्माण की परम्परा का प्रवर्तन किया है। कूला-प्रथा के बारे में **मालिनोस्की** की सुप्रसिद्ध शोध तथा अभी हाल के वर्षों में पोटलेच पर **हेलन कोड़ेर** का क्षेत्रीय कार्य इसके अच्छे उदाहरण हैं। आदिवासी समाजों में वधुओं के विनिमय पर **क्लाड लेवी स्ट्रॉस** का अध्ययन भी इसी कड़ी में वर्गीकरण तथा नातेदारी संगठन के पूर्व स्थापित नियमों की प्रतीकात्मक अभिव्यक्ति है।

पुनर्वितरण राजनीतिक विनिमय में एक राजनीतिक शासन व्यवस्था की जरूरत पड़ती है जो करों और कर्त्तव्यों का प्रबंध कर इनका पुनः विनियोजन करती है। आधुनिक कल्याणकारी समाज इसी सिद्धान्त द्वारा नियमित एवं नियंत्रित होते हैं। किन्तु इस प्रकार का विनिमय पूर्वऔद्योगिक समाजों में भी काफी मात्रा में प्रचलित था।

होमन्स के अतिरिक्त विनिमय सिद्धांत के प्रति **पीटर ब्ला** का योगदान भी महत्वपूर्ण है। ब्ला का विनिमय सिद्धान्त होमन्स आदि विद्वानों से भिन्न है। होमन्स का सिद्धान्त मनोवैज्ञानिक निर्धारणवाद से प्रभावित है, जब कि ब्ला ने विनिमय के संरचनात्मक पक्ष को उजागर किया है। ब्ला के अनुसार कर्त्ताओं के बीच बाह्य लाभों का पारस्परिक विनिमय अपूर्ण अथवा अनुपस्थित हो सकता है, जैसे कि हमें सत्ता-सम्बन्धों में देखने को मिलता है। विनिमय के रूप में एक व्यक्ति को मिलने वाले सामाजिक पुरस्कारों की चर्चा करते हुए पीटर ब्ला लिखते हैं, "अधिकांश मानवीय सुखों की जड़ें सामाजिक जीवन में गड़ी होती हैं। जीवन के किसी भी क्षेत्र में यथा खेल, परिवार, व्यवसाय, राजनीति, प्रेम आदि में व्यक्ति को जो सुख प्राप्त होता है, वह दूसरों के व्यवहार पर निर्भर करता है। यह बात कुछ सीमा तक स्वार्थरहित एवं आध्यात्मिक सुख पर भी चरितार्थ होती है। यही नहीं, एक भोजन कितना ही प्रीतिकर क्यों न हो, किन्तु इसका आनन्द जो किसी साभाजिक उत्सव के अवसर पर मिलता है, वह अकेले खाने पर नहीं आता। यह बात जीवन के अधिकांश व्यवहार में देखने को मिलती है। जरा कल्पना कीजिये उस कलाकार अथवा विद्वान की कृति के सम्बन्ध में, जिसे कोई देखना अथवा पढ़ना पसंद नहीं करता हो। क्या यह स्थिति उस कलाकार या विद्वान में घोर निराशा या करुणा उत्पन्न नहीं करेगी ?"

विनिमय सिद्धान्त के दो प्रमुख स्वरूप उभर कर आये हैं—अमरीकी तथा यूरोपीय। विनिमय का अमरीकी स्वरूप दो व्यक्तियों की जुड़वा अन्तर्क्रियाओं पर जोर देता है, जैसे पति-पत्नी के बीच प्रेम सम्बन्धों या मित्रों के बीच मैत्रीय सम्बन्धों या नौकरशाही में

अफसर-मातहत के बीच निष्पादन-पुरुस्कार पर आधारित संबंधों का आदान-प्रदान होता है। विनिमय का यूरोपीय स्वरूप का केन्द्र व्यक्ति और समूह या समूह और समूह या समूह और सम्पूर्ण समाज के पारस्परिक सम्बन्ध रहे हैं। कृषिहर समाजों में परिवारों के आपसी सम्बन्धों का विश्लेषण विनिमय के आधार पर किया गया है। (देखिये—युक्तिमूलक चयन सिद्धान्त)

social fact = fact, social

social group **सामाजिक समूह**

अति साधारण अर्थों में, किसी एक स्थान पर एकत्रित व्यक्तियों के झुण्ड को सामाजिक समूह समझ लिया जाता है। किन्तु समाज वैज्ञानिक दृष्टि से सामाजिक समूह से तात्पर्य ऐसे व्यक्तियों के एक ऐसे समुच्चय या संकलन से है जिसके सदस्यगण सामान्य हित एवं रुचियों के आधार पर सामाजिक सम्बन्धों के ताने-बाने द्वारा आबद्ध होते हैं तथा अपनी क्रियाओं द्वारा एक दूसरे को प्रभावित करते तथा होते हैं।

सामाजिक समूह एक मानसिक घटना है। अतः इसकी रचना के लिए मनोवैज्ञानिक अन्तर्क्रिया होना आवश्यक है। यह अन्तर्क्रिया ही समूह के सदस्यों में समूह तथा इसके प्रतीकों के प्रति चेतना-भाव उत्पन्न कर एक स्थाई-अस्थाई संगठन में उन्हें बांधे रखती है। व्यक्तियों के किसी संग्रह को सामाजिक समूह की संज्ञा तभी दी जा सकती है जब उनमें स्थाई रूप में अन्तर्क्रियाओं का अपेक्षाकृत कोई स्थाई संस्थापित प्रतिमान होता है। इस दृष्टि से, उपनगर के निवासियों या मध्यम वर्ग या प्रबंधकों को एक सामाजिक समूह नहीं कहा जा सकता। ये सामाजिक कोटियां हैं, सामाजिक समूह नहीं।

social indicators **सामाजिक संकेतक**

किसी समाज की सरलता से ज्ञात की जाने वाली ऐसी विशेषताएं जिन्हें मापा जा सकता है तथा जिनमें लम्बे समय में बदलाव आता है और जो सामाजिक यथार्थ के अन्तर्निहित किसी पक्ष का उजागर करती हैं, सामाजिक संकेतक कहलाती हैं।

social inequality **सामाजिक असमानता**

किसी समरूप समाज में मुख्यतः पारिवारिक पृष्टभूमियों, सामाजिक परिपाटियों, सम्पदा, आय, राजनीतिक प्रभाव, शिक्षा, आचरण, नैतिकता पर आधारित भिन्नताओं के कारण सामाजिक प्रतिष्ठा, अधिकार एवं अवसरों में उत्पन्न अन्तर को सामाजिक असमानता कहते हैं। अति संक्षेप में, किसी समाज के समूहों में या किसी एक समूह में भिन्न व्यक्तियों में पुरस्कारों और अवसरों की असमानता को सामाजिक विषमता (असमानता) कहते हैं। सामाजिक प्रतिष्ठा की भिन्नता का हस्तान्तरण माता-पिता से उनकी सन्तानों को पारिवारिक संस्थाओं, सम्पत्ति-स्वामित्व तथा उत्तराधिकार की संस्थाओं के साथ-साथ समान सामाजिक वर्ग के व्यक्तियों के साथ सम्पर्कों द्वारा होता रहता है। इसीलिए इसे 'पारम्परिक असमानता' भी कहते हैं। प्रजातिक तथा धार्मिक भिन्नताएं दूसरे प्रकार की होती हैं। इन भिन्नताओं का

सामाजिक असमानता के साथ कोई सम्बन्ध नहीं होता।

बहुत समय तक सामाजिक असमानता को भी प्राकृतिक तथा ईश्वर की देन मान कर इसे अटल माना गया, किन्तु अब इस विचार का समर्थन नहीं किया जाता। इस प्रकार की असमानता को सामाजिक प्रयासों द्वारा बदला जा सकता और मिटाया भी जा सकता है। आजकल सामाजिक भेदभाव तर्कसंगत आधार पर ही स्वीकार किए जाते हैं।

social institution **सामाजिक संस्था**

किसी मुख्य सामाजिक लक्ष्य के आधार पर निर्मित प्रतिमानों, सम्बन्धों, प्रक्रियाओं तथा भौतिक उपकरणों की व्यवस्था को सामाजिक संस्था कहते हैं। मानव के व्यवहार में कुछ ऐसी सामान्य आदतें होती हैं जो कालान्तर में सम्पूर्ण समूह में फैल जाती हैं और साथ ही प्रायः वे सभी लोगों द्वारा अपना ली जाती हैं। व्यवहार करने की ये आदतें, जो सम्पूर्ण समूह द्वारा मान्य होती हैं, सामाजिक संस्थाएं कहलाती हैं। किसी एक विशिष्ट संस्था का निर्माण परम्पराओं, रूढ़ियों, विधान, कार्य-कर्त्तागण तथा जनरीतियों के साथ-साथ भवन यंत्रों, संचार-साधनों (टेलीफून, आदि) आदि से मिलकर होता है। परिवार, धर्म, शिक्षा, राज्य आदि संस्थाओं के प्रमुख उदाहरण हैं। संस्थाएं संस्कृति के मुख्य वाहक होती हैं।

social integration **सामाजिक एकीकरण**

किसी समाज के भिन्न वर्गों, प्रजातिक, सांस्कृतिक समूहों, जातियों तथा अन्य विभिन्न तत्वों को एक संगठित समष्टि में समन्वित करने की प्रक्रिया सामाजिक एकीकरण कहलाती है। एकीकरण की प्रक्रिया समचेतना के भाव पर आधारित होती है जो विभिन्न समूहों अथवा उप समूहों को समाजोनुमोदित रचनात्मक प्रयासों द्वारा एक सामान्य लक्ष्य तथा अधिकाधिक मात्रा में सम्बद्धता, तादात्मीकरण तथा सहभागिता को प्राप्त करने का अवसर देती है।अतः सामाजिक एकीकरण मतभेदों के समायोजन की एक ऐसी प्रक्रिया है जिसमें व्यवहार के विभिन्न रूप प्रत्येक प्रतियोगी को अपना-अपना मुख्य लक्ष्य प्राप्त करने की स्वीकृति देते हैं। इस दृष्टि से, भारत जैसे बहु विशेषताओं (धर्म, जाति, भाषा, आचार-विचार) वाले समाज में एकीकरण का तात्पर्य भारत के निवासियों में एक सामान्य सामाजिक चेतना (राष्ट्रीय भावना) के भाव का उदय है।

विभिन्न समूहों के बीच पारस्परिक समायोजन तथा अधिकाधिक तादात्मीकरण ही सामाजिक एकीकरण है। जब एकीकरण की प्रक्रिया में सामाजिक-सांस्कृतिक भिन्नताओं के साथ-साथ पृथक समूह-पहचान को मिटाने का प्रयास किया जाता है, तब यह प्रक्रिया सात्मीकरण में परिणित हो जाती है।

social interaction **सामाजिक अन्तर्क्रिया**

सामाजिक क्रिया, अन्तर्क्रिया, प्रक्रिया तथा सामाजिक व्यवहार समाजशास्त्र तथा अन्य सामाजिक विज्ञानों की कुछ ऐसी मूलभूत अवधारणाएं हैं जिनका प्रयोग प्रायः पर्यायवाची शब्दों के रूप में कर लिया जाता है। इनमें काफी साम्यता होते हुए भी इनके अर्थों में सूक्ष्म

अन्तर है। जब दो या दो से अधिक व्यक्ति एक-दूसरे से अभिप्रेरित होकर अर्थपूर्ण क्रिया करते हैं, तब इसे सामाजिक अन्तर्क्रिया कहते हैं। क्रिया केवल एक व्यक्ति द्वारा भी हो सकती है, किंतु सामाजिक अन्तर्क्रिया के लिए कम से कम दो व्यक्तियों का होना आवश्यक है। सामाजिक अन्तर्क्रिया के दो मूल तत्व हैं, यथा पारस्परिक उत्तेजना तथा प्रत्युत्तर। इन दोनों के परिणामस्वरूप व्यवहार में अन्तर आ जाता है। ध्यान रहे, सामाजिक अन्तर्क्रिया के लिए भौतिक निकटता का होना आवश्यक नहीं है, किन्तु सामाजिक सम्पर्क तथा सम्प्रेषण होना जरूरी है। सामाजिक अन्तर्क्रिया के प्रमुख रूप विनिमय, सत्ता, संघर्ष, प्रतिस्पर्धा तथा सहयोग है।

social justice **सामाजिक न्याय**

एक सावयविक रूप में संगठित समाज के निर्माण के लिए व्यक्तियों का तर्कसंगत सहयोग, ताकि प्रत्येक व्यक्ति को अपनी योग्यताओं के अनुसार फलने-फूलने तथा जीवन को सही ढंग से जीने की कला सीखने के समान तथा वास्तविक अवसर प्राप्त हो सकें, सामाजिक न्याय कहलाती है। सामाजिक न्याय प्रजातंत्र की एक आवश्यक शर्त है।

social lag **सामाजिक विलम्बन**

बदलती हुई प्रौद्योगिकी के साथ सामाजिक संस्थाओं तथा मनोवृत्तियों के मध्य तालमेल बिठाने में असफलता सामाजिक विलम्बन की स्थिति कहलाती है।

social maladjustment **सामाजिक कुसमायोजन/दुर्सामंजस्य**

व्यक्तियों, समूहों, सांस्कृतिक तत्वों तथा सांस्कृतिक संकुलों के बीच असंतोषजनक संबंधों की स्थिति सामाजिक दुर्सामंजस्य या सामाजिक कुसमायोजन के नाम से जानी जाती है।

social mobility = mobility, social

social movement **सामाजिक आंदोलन**

सामूहिक व्यवहार का एक रूप जिसमें अधिसंख्य व्यक्ति न्यूनाधिक रूप में किन्हीं निश्चित सामाजिक उद्देश्यों की प्राप्ति हेतु एक कार्यक्रम बनाकर मिली-जुली कार्यवाही या संगठित प्रयास करते हैं, तब इसे सामाजिक आन्दोलन कहते हैं। इस प्रकार के प्रयास सामान्यतः निरन्तर तथा एक लम्बे काल तक चलते रहते हैं। सामाजिक आन्दोलन मुख्यतः सामाजिक परिवर्तन लाने के लिए अथवा किन्हीं सामाजिक परिवर्तनों का विरोध करने के उद्देश्यों से प्रेरित होते हैं।

सामाजिक आंदोलन के कई भिन्न रूप हो सकते हैं, यथा सुधार आंदोलन, क्रांतिकारी आंदोलन, प्रतिरोधी आंदोलन, आदि। एक सुधार आंदोलन किसी विद्यमान सामाजिक व्यवस्था में बेहतर स्थिति प्राप्त करने के लिये एक संगठित प्रयास होता है। इस प्रकार के आंदोलनों में स्वयं व्यवस्था की मूलभूत प्रकृति को बदलने का प्रयास नहीं होता। इसके

विपरीत, **क्रांतिकारी आदोंलन** व्यवस्था की मूलभूत संरचना अथवा सांस्कृतिक ताने-बाने में परिवर्तन लाने के उद्देश्य से प्रेरित होता है, जैसे किसी समाजवादी समाज का पूंजीवादी समाज में बदलाव। जब कभी आंदोलन सामाजिक परिवर्तन लाने के लिये नहीं, अपितु उसका विरोध करने की दृष्टि से किया जाता है, तब यह **प्रतिरोधी आंदोलन** कहलाता है। भारत में गांधीजी द्वारा किया गया 'नमक आंदोलन' इसका एक उदाहरण है। आजकल 'पर्यावरण बचाओ' और महिलाओं के अधिकारों को लेकर किये जाने वाले आंदोलन भी सामाजिक आंदोलनों के ही उदाहरण हैं।

social norm **सामाजिक मानदंड**

व्यवहार के किसी समाजोनुमोदित तरीके अथवा नियम को सामाजिक मानदंड कहते हैं। सामाजिक मानदंड विभिन्न व्यवहारों के सम्पादन हेतु दिशा-निर्देश का कार्य करते हैं। किसी विशिष्ट सामाजिक स्थिति में व्यक्ति के लिए किस प्रकार का व्यवहार उपयुक्त होगा, यह सामाजिक मानदंडों द्वारा निर्धारित होता है। प्रत्येक 'नार्म' के साथ पुरष्कार और दण्ड के रूप में अनुज्ञाएं जुड़ी होती हैं।

social oppression **सामाजिक उत्पीड़न**

जब व्यक्तियों के दो समूहों अथवा श्रेणियों में प्रभुत्व मूलक और मातहत के इस प्रकार के संबंध होते हैं कि प्रबल समूह, मातहत समूह के योजनाबद्ध रूप में दुरुप्रयोग, शोषण और अन्याय द्वारा लाभान्वित होता है, तब इसे सामाजिक उत्पीड़न कहते हैं।

social order **सामाजिक व्यवस्था**

सामाजिक व्यवस्था शब्द का प्रयोग कई भिन्न किन्तु परस्पर सम्बंधित अर्थों में किया गया है। प्रथम अर्थ में, इसका प्रयोग सामाजिक संबद्धता (एकजुटता) के रूप में किया गया है जिसके द्वारा प्रणालियां (सिस्टम्स) एक दूसरे से जुड़ी रहती हैं। यह प्रकार्यवादियों का केन्द्रीय विचार है। द्वितीय अर्थ में, इसे सामाजिक नियंत्रण तथा ऐसे संस्थागत साधनों एवं अन्य विधियों के पर्यायवाची के रूप में प्रयोग किया है जिनके द्वारा व्यक्ति मानदंडों का पालन और मूल्यों का अनुरक्षण करते हैं। तृतीय अर्थ में, यह व्यवहार और अनुभव के संभावित प्रतिमानों का संकेत देता है जो स्वयं प्रणालियों को जीवन देते हैं। इन तीनों को संयुक्त रूप में इस प्रकार प्रस्तुत किया जा सकता है कि प्रत्येक सामाजिक प्रणाली (सिस्टम) एक सामाजिक व्यवस्था है जिसमें कुछ मात्रा में सामाजिक व्यवस्था होती है और जो सामाजिक व्यवस्था द्वारा बनाये रखी जाती है।

समाज किस प्रकार से और क्यों एकता बनाये रखते हैं, सामाजिक व्यवस्था की इस संबंध में व्याख्याएं समाजशास्त्र में केन्द्रीय महत्व का विषय रही हैं। प्रमुख रूप में सामाजिक व्यवस्था के बारे में दो प्रकार की व्याख्याएं देखने को मिलती हैं जिनमें एक के साथ **दुर्खाइम** और दूसरी की साथ **कार्ल मार्क्स** का नाम जोड़ा जाता है। प्रथम धारा को प्रकार्यवादी सम्प्रदाय कहा जाता है जिसमें मर्टन और पार्सन्स आदि के साथ ढेरों अन्य समाजशास्त्रियों

के नाम जुड़े हुए है। प्रकार्यवादी सम्प्रदाय ने समाज में सुसम्बद्धता और एकजुटता बनाये रखने में मानदंड़ों और मूल्यों की भूमिका पर विशेष बल दिया है। दुर्खाइम ने इस सम्बन्ध में यांत्रिक एकता और सावयविक एकता की धारणाओं को प्रस्तावित कर सामाजिक व्यवस्था की समस्या का समाधान प्रस्तुत किया है। बाद में, **पार्सन्स** ने मतैक्यता, सहमति और संतुलन की अवधारणाओं द्वारा समाजों में एकता को समझाया है। यह दूसरी बात है कि पार्सन्स द्वारा समाज में संघर्ष की भूमिका को पूर्णतः नकार दिये जाने और सहमति और संतुलन पर आवश्यकता से अधिक बल दिये जाने के कारण उनकी भीषण आलोचना हुई है।

सामाजिक व्यवस्था की व्याख्या की दूसरी धारा को संघर्षवादी सम्प्रदाय (उपागम) के नाम से जाना जाता है। यह धारा मार्क्सवादी परम्परा का अनुसरण करते हुए समाज में एकता, एकजुटता या सम्बद्धता के लिये सांस्कृतिक कारकों के स्थान पर भौतिकतावादी कारकों को महत्व देती है। मार्क्स ने पूंजीवादी समाजों में भौतिक सम्पदा और राजनीतिक सत्ता में असमानता के आधार पर सामाजिक व्यवस्था की व्याख्या की है। उनके अनुसार भौतिक और राजनीतिक संसाधनों का विभिन्न सामाजिक वर्गों में असमान वितरण ही संघर्ष का प्रमुख कारण है। संघर्ष का अर्थ ही यह है कि समाज में कोई नैतिक सहमति या मतैक्यता नहीं है तथा सामाजिक व्यवस्था को हमेशा ज़ोर जर्बदस्ती से बनाये रखा जाता है।

समाज में सामाजिक व्यवस्था को बनाये रखने संबंधी इस वैचारिक वाद-विवाद में अभी हाल में **डेविड लॉकवुड** (सोलिडरिटी एण्ड स्किज्म, 1992) ने अत्यन्त महत्वपूर्ण एवं मौलिक योगदान किया है। उन्होंने स्पष्ट रूप में कहा है इस समस्या के संबंध में न तो मार्क्सवादी और न ही दुर्खाइमवादियों ने कोई संतोषजनक समाधान प्रस्तुत किया है। वास्तव में, दोनों की अपनी-अपनी खामियां हैं, दोनों एकांगी हैं और दोनों ही एक दूसरे के दृष्टिकोण को पूर्णतः नजरअंदाज करते हुए आवश्यकता से अधिक अपने मत पर बल देते हैं। लॉकवुड ने इन दोनों धाराओं के समन्वय के आधार पर सामाजिक व्यवस्था की एक नई रूपरेखा प्रस्तुत की है।

social organization **सामाजिक संगठन**

इस अवधारणा का प्रयोग किसी रचना के अन्योन्याश्रित भागों के सम्बन्धों के लिए किया जाता है जो किसी भी स्थाई सामूहिक रचना की एक आवश्यक विशेषता है। विभिन्न समाजशास्त्रियों द्वारा समाज के अन्योन्याश्रित भागों को अलग-अलग रूप में देखा-समझा गया है, जैसे मूल्य, नियमाचार, विश्वास, भूमिकाओं के आपसी सम्बन्ध, किसी वृहत इकाई के उपसमूह, संस्थाएं, आदि-आदि। **हरबर्ट स्पेन्सर** ने इसका प्रयोग समाज के आर्थिक, राजनीतिक तथा अन्य भागों के पारस्परिक सम्बन्धों के लिए किया है। **दुर्खाइम** ने इसे सामाजिक एकीकरण, नैतिकता एवं मूल्यों की मतैक्यता द्वारा व्यक्तिगत नियमाचारों के लिए किया है। **कूले** ने सामाजिक अन्तर्क्रिया के आवश्यक तत्वों के रूप में सहभागी क्रियाओं तथा उनके बोध को सामाजिक संगठन का नाम दिया है। संक्षेप में, सामाजिक संगठन एक ऐसी दशा या स्थिति है जिसमें किसी समाज के विभिन्न अंग अर्थात् संस्थाएं, समूह तथा समितियां आदि अपने स्वीकृत एवं निर्धारित उद्देश्यों के अनुसार कार्य करती हैं।

social planning **सामाजिक नियोजन**

सामाजिक नियोजन वांछनीय दशाओं, सम्बन्धों तथा मूल्यों को प्राप्त करने की एक अन्तर-पारस्परिक प्रक्रिया है जिसमें गवेषणा, विचार-विनिमय, समझौता तथा वास्तविक क्रियाएं सम्मिलित होती हैं। यह सामाजिक परिवर्तन की बुद्धिसंगत दिशा निश्चित करने का एक प्रयास है।

social pathology **सामाजिक व्याधिशास्त्र**

सामाजिक व्याधिशास्त्र सामाजिक विघटन, कुसमायोजन तथा समाज के अव्यवस्थित रूप में कार्य करने के आधारों का अध्ययन है। बढ़ते हुए अपराध, अपचार, नशावृति, आवारापन तथा अवैधानिकता की प्रवृति आधुनिक समाज के व्याधिकीय पक्षों को प्रकट करती है। **प्रो. एम. लेमर्ट** ने अपनी पुस्तक 'सामाजिक व्याधिकी' (1951) में एक अध्याय 'उग्रवाद तथा उग्रवादी' पर लिखकर इस विषय को भी सामाजिक व्याधिकी में सम्मिलित किया है।

'व्याधिकी' शब्द समाजशास्त्र में अन्य कई अवधारणाओं की भांति जैवकीय विज्ञानों से लिया गया है। चिकित्सा विज्ञान में 'व्याधिकी' का अर्थ रोग के कारणों तथा प्रक्रियाओं के अध्ययन के लिए किया गया है। यह विचलन सिद्धान्त का प्रारंभिक रूप है, जिसका प्रयोग आजकल नहीं किया जाता। इसमें जैवकीय उपमा के प्रयोग द्वारा यह प्रस्थापित किया गया है कि प्राणी के शरीर के अंगों की भांति समाज के भी कई भाग-उपभाग होते हैं जिनमें विश्रंखलन पैदा होने से बीमारी उत्पन्न हो जाती है।

social phenomenon **सामाजिक घटना**

कोई भी घटना जिसकी उत्पत्ति एक या अधिक व्यक्तियों के प्रभाव पड़ने के फलस्वरूप होती है, सामाजिक घटना कहलाती है। व्यक्ति के जीवन में घटने वाली ऐसी घटनाएं जो प्रेक्षनीय तथा आनुभविक होती हैं, वे ही सामाजिक घटना की श्रेणी में आती हैं।

social policy **सामाजिक नीति**

सामाजिक परिवर्तन एवं नियंत्रण की दिशा के प्रति एक स्थाई एवं सुसंगत दृष्टिकोण जो इनके लक्ष्य अथवा साधनों से संबंधित हो, सामाजिक नीति को प्रकट करता है।

social problem **सामाजिक समस्या**

ऐसी कोई भी अवांछित तथा आपत्तिजनक दशा, स्थिति अथवा व्यवहार-प्रतिमान जो किसी समाज के अधिसंख्य व्यक्तियों द्वारा असहनीय एवं निंदनीय माना जाता है तथा जिसके सुधार एवं निदान के लिए सामूहिक क्रिया की आवश्यकता महसूस की जाती है, सामाजिक समस्या कहलाती है। सामाजिक समस्याएं सामाजिक-व्यवहारों के टूटने, भंग होने अथवा विचलन की स्थिति की परिचायक हैं। अपराध, अपचार, वेश्यावृति, भिक्षावृति, मादक

द्रव्यों का प्रयोग, बेरोजगारी आदि सामाजिक समस्याओं के ही कुछ उदाहरण हैं।

किसी समस्या के 'सामाजिक' होने के लिये यह आवश्यक है कि यह स्थिति सम्पूर्ण प्रणाली को प्रभावित करे और व्यक्तियों की उसमें सहभागिता हो। इसमें वे समस्याएं ही सम्मिलित होती हैं जो अन्तर्निहित सामाजिक दशाओं के कारण उत्पन्न होती हैं तथा जिनके परिणाम सामाजिक व्यवस्था को प्रभावित करते हैं।

social process **सामाजिक प्रक्रिया**

सामाजिक अन्तर्क्रिया का ऐसा कोई भी रूप जो न्यूनाधिक मात्रा में पुनरावर्तक, अभिज्ञेय तथा निरन्तर प्रवाहित होने वाला हो, सामाजिक प्रक्रिया कहलाता है। जब कोई सामाजिक अन्तर्क्रिया एक लम्बे काल तक निरन्तर चलती है तथा उसे देखा-परखा जा सकता है, तब वह सामाजिक प्रक्रिया का रूप धारण कर लेती है। सामाजिक प्रक्रिया सामाजिक परिवर्तन को परिलक्षित करती है जिसमें कुछ स्थाई गुण एवं एक दिशा होती है।

प्रत्येक सामाजिक प्रक्रिया के चार-पांच संभावित रूप होते हैं: (1) व्यक्ति-व्यक्ति के बीच (2) व्यक्ति से समूह की ओर (3) समूह से व्यक्ति की ओर (4) समूह-समूह के बीच (5) अन्तः व्यक्तिगत, अर्थात् स्व तथा व्यक्तित्व के संकुलों के बीच होने वाली अन्तर्क्रिया।

समाजशास्त्रियों ने मुख्य सामाजिक प्रक्रियाओं की सूची में प्रतिस्पर्धा, संघर्ष, सहयोग, सात्मीकरण समायोजन आदि को सम्मिलित किया है।

social progress **सामाजिक प्रगति**

स्वीकृत एवं वांछित लक्ष्य अथवा लक्ष्यों की दिशा में होने वाले सामाजिक परिवर्तन को सामाजिक प्रगति कहते हैं। इस प्रकार का परिवर्तन 'अच्छाई' के लिए होता है, अतः सामाजिक प्रगति में मूल्य-निर्णय का भाव निहित होता है। सामाजिक प्रगति की चर्चा बिना मानकों के नहीं की जा सकती है। सामाजिक प्रगति की अवधारणा को एक बेहतर विश्व समाज की कल्पना को साकार करने की ओर कदम कहा जा सकता है।

social psychology **सामाजिक मनोविज्ञान**

सामाजिक मनोविज्ञान, समाजशास्त्र और मनोविज्ञान दोनों मूल विज्ञानों के विषय-क्षेत्रों से बना एक विज्ञान है जो व्यक्ति की मानसिक प्रक्रियाओं का अध्ययन उसकी सामाजिक अन्तर्क्रियाओं तथा सामाजिक परिवेश (समूह व्यवहार) के संदर्भ में करता है। मनोविज्ञान मूलतः व्यक्ति की जैवकीय सज्जा-मज्जा तथा जैवकीय प्रक्रियाओं पर पड़ने वाले बाद के अनुभवों का अध्ययन करता है। समाजशास्त्र मुख्यतः व्यक्तियों के सामाजिक सम्बन्धों, समूहों तथा उन सामाजिक शक्तियों का अध्ययन करता है जिन्हें किसी व्यक्ति द्वारा परिवर्तित किया जाना अपेक्षाकृत संभव नहीं होता। वास्तव में, सामाजिक मनोविज्ञान को इन दोनों विज्ञानों से पूर्णतः अलग-थलग करना अत्यन्त कठिन है।

social reform **सामाजिक सुधार**

ऐसा कोई आन्दोलन अथवा प्रयास जो सम्पूर्ण सामाजिक व्यवस्था अथवा उसके किसी एक भाग के दोषपूर्ण कार्य करने के फलस्वरूप उत्पन्न हुई बुराइयों एवं कुरीतियों को दूर करने अथवा उन्हें पूर्णतः मिटाने के उद्देश्य से प्रेरित होता है, उसे सामाजिक सुधार की संज्ञा दी जाती है।

social relationship **सामाजिक सम्बन्ध**

किन्हीं प्रयोजन को लेकर दो या दो से अधिक व्यक्तियों के बीच होने वाली अन्तर्क्रियाओं के आधार पर निर्मित व्यवहार-प्रतिमान को सामाजिक सम्बन्ध कहते हैं। सामाजिक सम्बन्धों की स्थापना के लिए अर्थपूर्ण सम्प्रेषण तथा चेतना का भाव होना आवश्यक है। एक सामाजिक सम्बन्ध कुछ समय के लिए (अल्पकालीन) अथवा दीर्घकालीन हो सकता है।

social research **सामाजिक शोध**

सामाजिक शोध मानव के सामाजिक जीवन के संबंध में खोज करने का एक वैज्ञानिक प्रयास है जिसका उद्देश्य नवीन ज्ञान जुटाना अथवा/और विद्यमान ज्ञान का परिष्करण हो सकता है। इसमें व्यवस्थित एवं तार्किक विधियों की सहायता से सामाजिक व्यवहार का वर्णन एवं विश्लेषण कर अमूर्तीकरण (सिद्धान्त-निर्माण) किया जाता है।

social sanction = sanction

social science **सामाजिक विज्ञान**

सामान्यतः सामाजिक विज्ञान शब्द का प्रयोग मानव तथा समाज से संबंधित किसी भी प्रकार के अध्ययन के लिए कर लिया जाता है, किन्तु सही अर्थ में, यह शब्द उन वैज्ञानिक पद्धतियों का संकेत देता है जिनका प्रयोग मानवीय संबंधों के जटिल एवं पेचीदा ताने-बाने तथा संगठनों के उन रूपों के अध्ययन हेतु किया जाता है जो व्यक्तियों को समाज में साथ-साथ रहने में सहायता करते हैं। सामाजिक विज्ञान के अन्तर्गत वे सभी विषय सम्मिलित किए जाते हैं जो मानव के सामाजिक जीवन के विविध पक्षों से सम्बंधित हैं, जैसे, समाजशास्त्र, मानवशास्त्र, अर्थशास्त्र, राजनीतिक विज्ञान, मानव भूगोल, सामाजिक मनोविज्ञान, इतिहास, शिक्षा, कानून, आदि। मनोविज्ञान को प्राकृतिक विज्ञान की श्रेणी में रखा गया है तथा इतिहास को कठिनतः ही विज्ञान माना जाता है।

सामाजिक विज्ञानों की सीमाओं के बारे में हमेशा से अस्पष्टता बनी हुई है। सामाजिक विज्ञान का यह सामान्य पद (टर्म) बहुधा सभी या अधिकांश सामाजिक विज्ञानों के लिये प्रयोग किया जाता है। इन सभी की विज्ञान की प्रकृति और वैज्ञानिक प्रस्थिति के बारे में भी विभिन्न मात्रा में मत-वैभिन्न्यता बनी हुई है। क्या सामाजिक विज्ञानों को प्राकृतिक विज्ञानों के समकक्ष रखा जा सकता है या क्या इनका मानवीय अध्ययन का उद्देश्य इनमें कुछ भिन्नता उत्पन्न कर देता है, और यदि ये विज्ञान प्राकृतिक विज्ञानों से भिन्न हैं तो किस

अर्थ में ये वैज्ञानिक हैं ? ये कुछ प्रश्न हैं जो समाजशास्त्रियों को समाजशास्त्र की प्रकृति के बारे में उद्वेलित करते रहे हैं और एक लम्बे अर्से से, शायद जब से इसका उद्‌भव हुआ, वे इस प्रकार के प्रश्नों का उत्तर देते रहे हैं।

social security **सामाजिक सुरक्षा**

यह वह सुरक्षा है जो एक समाज समुचित साधनों द्वारा अपने नागरिकों को उन अज्ञात आपदाओं तथा आकस्मिक संकटों के लिए प्रदान करता है जिनकी आशंका सदैव विद्यमान रहती है। सामान्यतः अभाव, अज्ञान, गंदगी, बेकारी एवं बीमारी दुर्घटना, वृद्धावस्था जैसे संकटों से रक्षा के लिए जो सेवाएं एक समाज द्वारा अपने सदस्यों को दी जाती हैं, वे सामाजिक सुरक्षा कहलाती हैं।

social selection **सामाजिक प्रवरण**

डार्विन के प्राकृतिक प्रवरण के सिद्धांत ने सामाजिक विज्ञानों को भी प्रभावित किया है। फलस्वरूप **हरबर्ट स्पेन्सर** ने सामाजिक जीवन में क्रियाशील एक ऐसी प्रक्रिया के लिए सामाजिक प्रवरण की अवधारणा का प्रयोग किया जो यह इंगित करती है कि जैवकीय प्रवरण की भांति व्यक्तियों, समूहों तथा सांस्कृतिक लक्षणों का उद्‌भव होता है तथा वे प्रभुत्वशाली बन कर कमजोर प्रतिस्पर्धा में विजय प्राप्त कर अपने अस्तित्व को बनाए रखते हैं। जैवकीय क्षेत्र में 'योग्यतम के अतिजीवन' का नियम लागू होता है, किन्तु मानवीय समाजों में चुनाव के कई आधार हैं और उनमें भी निरन्तर परिवर्तन होता रहता है। जैवकीय क्षेत्र के 'योग्यतम के अतिजीवन' के नियम की भांति, सामाजिक जीवन में सामाजिक प्रवरण के लिए अभी किसी भी सरल सिद्धांत का विकास नहीं हो पाया है।

social self **सामाजिक स्व**

व्यक्ति के व्यक्तित्व का वह पक्ष सामाजिक स्व कहलाता है जिसे दूसरे व्यक्ति उसके साथ व्यवहार करते समय महत्व देते हैं। सामाजिक स्व की रचना दूसरे व्यक्तियों के प्रति संचित अनुभवों के आधार पर होती है।

social solidarity **सामाजिक एकात्मता/एकजुटता**

दुर्खाइम ने अपनी पुस्तक 'सोश्यल डिवीजन ऑफ लेबर' के प्रथम भाग में सामाजिक व्यवस्थाओं के विभिन्न स्वरूपों के विश्लेषण के संदर्भ में सामाजिक एकात्मता की धारणा का प्रयोग किया है। किसी समूह की उस स्थिति को सामाजिक एकात्मता कहा जाता है जिसमें सामूहिक लक्ष्यों की प्राप्ति के लिए सहयोग, सद्‌भाव, एकता तथा सामूहिक क्रिया का प्रयोग किया जाता है। यह स्थिति सामाजिक संगठन के स्थायित्व को प्रकट करती है। दुर्खाइम की यह मान्यता है कि समाज का स्वरूप निरन्तर बदलता रहा है। समाज का आधुनिक स्वरूप जिसे दुर्खाइम ने सावयविक एकात्मता पर आधारित बताया है, वह उसके आदिकालीन स्वरूप से भिन्न था जिसका आधार यांत्रिक एकात्मता था।

social solidarity, mechanical **यांत्रिक सामाजिक एकात्मता**

किसी समष्टि के निर्मायक भागों द्वारा अपने-अपने पृथक अस्तित्व को समष्टि में पूर्णतः विलीन कर देने को **दुर्खाइम** ने यांत्रिक एकात्मता की स्थिति कहा है, अर्थात् जब व्यक्ति का व्यक्तित्व सामूहिक व्यक्तित्व में समाहित हो जाता है, तब यह स्थिति यांत्रिक एकात्मता की द्योतक है। दुर्खाइम के अनुसार आदिकालीन लघु तथा अशिक्षित समाजों की सामाजिक व्यवस्था यांत्रिक एकात्मता को प्रतिबिम्बित करती है जिनमें अत्यन्त सरल श्रम-विभाजन, बहुत कम विशेषीकरण, कुछ सामाजिक भूमिकाएं हुआ करती थीं। ऐसे समाजों में व्यक्ति का व्यक्तित्व सामूहिक व्यक्तित्व में इतना घुल-मिल जाता था कि उसके अपने व्यक्तित्व का अस्तित्व प्रायः समाप्त हो जाता था। वह लोक-प्रथाओं, जनमत, परम्पराओं और धर्म के नियंत्रण में यंत्रवत कार्य करता चला जाता था। मूल्यों एवं व्यवहार की समरूपता, कठोर सामाजिक नियंत्रण, तथा परम्परा एवं नातेदारी के प्रति निष्ठा, आदि यांत्रिक एकात्मता की प्रमुख विशेषताएं हैं।

social solidarity, organic **सावयविक सामाजिक एकात्मता**

जब किसी समष्टि के निर्मायक भाग समष्टि से मिलकर भी अपना पृथक अस्तित्व बनाये रखते हैं, वे अपना अस्तित्व समष्टि में लोप नहीं होने देते, इस स्थिति को **दुर्खाइम** ने सावयविक एकात्मता का नाम दिया है। आधुनिक औद्योगिक समाजों की सामाजिक व्यवस्था सावयविक एकात्मता को प्रकट करती है जिसमें श्रम-विभाजन एवं विशेषीकरण के अनुसार सभी व्यक्ति अपना अलग-अलग कार्य करते हुए भी कार्यों की अन्तर्निर्भर प्रकृति के कारण एक-दूसरे से जुड़े रहते हैं। इसे दुर्खाइम ने सावयविक एकात्मता का नाम इसलिए दिया है क्योंकि यह एकात्मता प्राणी के शरीर (सावयव) में पाई जाने वाली एकात्मता से मिलती-जुलती है। प्राणी-शरीर के विभिन्न अंग अलग-अलग कार्य करते हुए भी एक-दूसरे से संबंद्ध होकर एक समष्टि (शरीर) की रचना करते हैं।

social statics **सामाजिक स्थैतिकी**

इस अवधारणा का प्रयोग **ऑगस्त कोम्त** ने समाज के स्थिर पक्ष अर्थात् सामाजिक संरचना तथा उसके विभिन्न अन्तर्संबंधित भागों के पारस्परिक संबंधों के अध्ययन हेतु किया। कोम्त के अनुसार, सामाजिक स्थैतिकी का अध्ययन सामाजिक गतिकी के अध्ययन का पूरक है। सामाजिक स्थैतिकी सहअस्तित्व के नियमों के खोज का प्रयास करती है।

social statistics **सामाजिक सांख्यिकी**

सामाजिक सांख्यिकी शब्द का प्रयोग दो अर्थों में किया जाता है। प्रथम अर्थ में, सामाजिक समस्याओं के लिए सांख्यिकीय विधियों का किया गया प्रयोग सामाजिक सांख्यिकी कहलाता है। दूसरे अर्थ में, इसका प्रयोग संकलित किये गए उन वास्तविक आंकिक तथ्यों के लिए किया जाता है जिनका इन सामाजिक समस्याओं पर कोई प्रभाव होता है। समाजशास्त्रीय संदर्भ में, सामाजिक सांख्यिकी से तात्पर्य उन विषयों से संबंधित

परिमाणात्मक तथ्यों से है जिनका समाजशास्त्रियों के लिए विशेष महत्व है, जैसे विवाह अथवा परिवार-रचना से संबंधित तथ्य।

social status = status, social

social stratification **सामाजिक स्तरीकरण**

किसी सामाजिक व्यवस्था में प्रतिष्ठा, प्रभाव, शक्ति, सम्पत्ति तथा सुविधाओं आदि की भिन्नता के आधार पर प्रस्थितिओं एवं भूमिकाओं की एक अपेक्षाकृत स्थाई श्रेणीबद्धता को सामाजिक स्तरीकरण कहते हैं। सामाजिक स्तरीकरण एक विशिष्ट प्रकार के सामाजिक विभेदीकरण की एक व्यवस्था है जिसमें सामाजिक पदों की ऊंच-नीच पर आधारित श्रेणीबद्धता होती है। इन सामाजिक पदों के धारक सामाजिक महत्व की दृष्टि से एक-दूसरे से उच्चता, समानता अथवा निम्नता का व्यवहार करते हैं। सामाजिक स्तरीकरण का प्रमुख तत्व श्रेणीबद्ध संस्तरण है। यह संस्तरण असमानता या विषमता को जन्म देता है। जाति-व्यवस्था, वर्ग-व्यवस्था तथा सम्पत्ति व्यवस्था, सामाजिक स्तरीकरण के प्रमुख रूप हैं।

संस्तरण और असमानता में भिन्नता है। संस्तरण में सम्पदा, पुरस्कार और संसाधनों का वितरण असमान किन्तु व्यवस्थित होता है। यही नहीं, यह कुछ स्पष्ट सामाजिक प्रक्रियाओं पर आधारित होता है जिनके द्वारा व्यक्तियों को वर्ग, जाति, प्रजाति और लिंग जैसी श्रेणियों में वर्गीकृत किया जा सकता है। सिद्धान्ततः एक समाज में बिना संस्तरण के भी असमानता हो सकती है। सभी को समान अवसर देते हुए भी पुरस्कारों का वितरण कार्य-सम्पादन के आधार पर किया जाना इसका एक उदाहरण है।

social stratum **सामाजिक स्तृत**

श्रेणीबद्धता के आधार पर विभाजित किसी जन समुदाय के उस भाग को सामाजिक स्तृत कहते हैं जिसके सभी व्यक्ति अपेक्षाकृत समान पद, प्रस्थिति तथा सामाजिक दृष्टि से सार्थक समान विशेषताएं लिए होते हैं। एक स्तृत के निर्माण करने वाले व्यक्तियों की लगभग समान हैसियत होती है। सामाजिक वर्ग तथा जातियां इस दृष्टि से सामाजिक स्तृत के उदाहरण हैं। सामाजिक स्तृत संसाधनों, शक्ति, समाज द्वारा प्राप्त अधिमान्य व्यवहारों तथा सुविधाओं की दृष्टि से असमान होते हैं।

social structure **सामाजिक संरचना**

'संरचना' शब्द का प्रयोग सामान्यतः किसी रचना की इकाइयों, अंगों तथा अवयवों के ऐसे प्रतिमानित सम्बन्धों के लिए किया जाता है जो अपेक्षाकृत स्थिर एवं स्थाई होते हैं। अतः किसी वृहत रचना के विभिन्न भागों अथवा निर्मायक तत्वों के आपसी संबंधों में जो एक व्यवस्था अथवा संगठन होता है, उसे संरचना कहते हैं। संरचना अंगों की एक व्यवस्थित क्रमबद्धता को प्रकट करती है जिसे अपरिवर्तनीय माना जाता है। यह अपेक्षाकृत स्वयं स्थाई होती है, किन्तु इसके अंग परिवर्तनशील होते हैं। इस धारणा के अनुसार, एक वनस्पतिशास्त्री किसी पत्ते की संरचना का वर्णन करते समय उसकी बनावट अर्थात् उसके

विभिन्न अंगों के आपसी सम्बन्धों की व्यवस्था में, एक रसायनशास्त्री किसी योगिक की संरचना, उस योगिक के निर्मायक तत्वों के सम्बन्धों की व्यवस्था में तथा एक जीवशास्त्री मानवीय शरीर की संरचना को उसके अंगों, शिराओं, कोषों तथा धमिनियों की व्यवस्था के रूप में करता है। एक समाज वैज्ञानिक मानव समाज की संरचना को उसके अंगों अर्थात् सामाजिक संस्थाओं, समूहों तथा व्यक्तियों की सामाजिक क्रियाओं, भूमिकाओं, प्रस्थितियों तथा आदर्शात्मक व्यवस्था (मानदंड और मूल्य) के अपेक्षाकृत स्थाई सम्बन्धों में खोजता है।

सामाजिक संरचना शब्द का प्रयोग **स्पेन्सर** तथा **दुर्खाइम** की कृतियों से लेकर आधुनिक समाजशास्त्रीय साहित्य में प्रचुर मात्रा में हुआ है। सामान्यतः इसका प्रयोग समाजों को निर्मित करने वाली एक या अधिक विशेषताओं के संदर्भ में किया गया है। फलतः यह शब्द कहीं-कहीं व्यवस्था, संगठन, संकुल, प्रतिमान, संरूप और यहां तक कि सम्पूर्ण समाज का पर्याय बन गया है। प्रसिद्ध समाजशास्त्री **टालकट पार्सन्स** ने इसे परिभाषित करते हुए लिखा है कि "यह एक ऐसा पद है जिसका प्रयोग परस्पर सम्बंधित संस्थाओं, संगठनों तथा सामाजिक प्रतिमानों की एक विशिष्ट व्यवस्था के साथ-साथ किसी समूह में प्रत्येक सदस्य द्वारा ग्रहण की गई प्रस्थितियों तथा भूमिकाओं की विशिष्ट क्रमबद्धता के लिए किया जाता है।"

जब किसी सामाजिक समूह की संरचना की बात की जाती है तब हमारा तात्पर्य उस समूह के आंतरिक संगठन के स्थाई प्रतिमान अर्थात् समूह के सदस्यों के बीच पाये जाने वाले सामाजिक संबंधों के सम्पूर्ण ताने-बाने से होता है इन संबंधों में सामाजिक क्रिया, भूमिकाएं, प्रस्थितियां, संचार-व्यवस्था, श्रम-विभाजन तथा आदर्शात्मक व्यवस्था को सम्मिलित किया जाता है। सामाजिक सम्बन्धों का यह ताना-बाना समाज को उसका आधाभूत रूप प्रदान करता है तथा सामाजिक व्यवहार को सीमाबद्ध करता है।

सामाजिक मानवशास्त्र में सामाजिक संरचना तथा सामाजिक प्रकार्य की अवधारणाओं में भेद किया गया है। सामाजिक संरचना को 'स्वरूप' के अर्थ में तथा सामाजिक प्रकार्य को 'सामाजिक सम्बन्धों के प्रभाव' के अर्थ में प्रयोग किया जाता है। 'संरचना' किसी व्यवस्था के स्थिर पक्ष को तथा 'प्रकार्य' उसके गत्यात्मक पक्ष को प्रतिबिम्बित करती है।

social survey — सामाजिक सर्वेक्षण

किसी विशिष्ट भौगालिक, सांस्कृतिक, अथवा प्रशासनिक क्षेत्र में निवास करने वाले व्यक्तियों के सामाजिक जीवन से सम्बंधित तथ्यों के व्यवस्थित संकलन की विधि को सामाजिक सर्वेक्षण कहते हैं। आधुनिक सामाजिक सर्वेक्षणों का इतिहास ब्रिटेन में अट्ठारहवीं एवं उन्नीसवीं शताब्दी के प्रारंभिक वर्षों में किये गये सामाजिक अध्ययनों से जुड़ा हुआ है। ये अध्ययन किसी समुदाय विशेष की तात्कालिक एवं व्याधिकीय समस्याओं के निदान एवं समाधान के उद्देश्यों को लेकर किए गए थे। औद्योगिक क्रांति के फलस्वरूप उत्पन्न दशाओं जैसे मजदूर वर्ग के स्वास्थ्य, रहन-सहन की दशाओं, उनके आय-व्यय संबंधी आंकड़ों के अतिरिक्त सामाजिक समस्याओं जैसे अपराध, वेश्यावृति, भिक्षावृति, बेरोजगारी आदि के

समाधान को लेकर जो प्रारंभिक अध्ययन किये गये थे, उन्हीं के लिए 'सामाजिक सर्वेक्षण' शब्द का प्रयोग किया गया। आजकल इस शब्द का प्रयोग सन् 1935 में **ए. एफ. वेल्स** द्वारा दी गई परिभाषा के अर्थों में नहीं किया जाता। आधुनिक समाज वैज्ञानिक सामाजिक सर्वेक्षण को तथ्य-संकलन की एक ऐसी विधि मानते हैं जिसमें साक्षात्कार अथवा प्रश्नावली के माध्यम से सूचनादाताओं के एक वृहत वर्ग से विधिवत एवं क्रमबद्ध रूप में प्रश्नोत्तर द्वारा तथ्यात्मक अथवा/ और विचारात्मक सूचनाएं संकलित की जाती हैं।

social survey, ad hoc **तदर्थ सर्वेक्षण**

अधिकांश शैक्षिक शोध जो एक व्यक्ति के द्वारा कुछ सैद्धान्तिक या अन्य मुद्दों को लेकर की जाती हैं, तदर्थ सर्वेक्षण कहलाती हैं। ऐसे सर्वेक्षण बहुधा प्रतिनिधित्वता को बनाये रखने के लिये आवश्यक लघु प्रतिदर्श का ही प्रयोग करते हैं।

social survey, telephone **टेलीफोन सर्वेक्षण**

सर्वेक्षण व्यक्तिगत तौर पर, डाक द्वारा या टेलीफोन द्वारा हो सकता है। टेलीफोन सर्वेक्षण अमेरिका में काफी प्रचलित हैं जहां अधिकांश घरों में टेलीफोन की सुविधा है। यही नहीं, अमेरिका का आकार इतना लम्बा-चौड़ा है कि प्रत्यक्ष आमने-सामने बैठकर साक्षात्कार करना न केवल असुविधाजनक है अपितु अत्यधिक खर्चीला भी है। अतः वहां छोटे तथा लघुकालिक साक्षात्कारों के लिये टेलीफोन सर्वेक्षण की तकनीक का प्रयोग किया जाता है। आजकल कुछ पश्चिमी विकसित देशों में भी इस तकनीक का प्रयोग किया जा रहा है। भारत में बड़े नगरों में बाज़ार अनुसंधान संस्थाएं, जनमत सर्वेक्षण संस्थाएं तथा दूरदर्शन के शोध विभाग इस विधि का प्रयोग करने लगे हैं।

social system **सामाजिक प्रणाली**

'सामाजिक प्रणाली' शब्द का प्रयोग समाजशास्त्रियों, सामाजिक दार्शनिकों तथा समाज मनोवैज्ञानिकों आदि द्वारा कई भिन्न अर्थ एवं संदर्भों में किया गया है। कुछ समाजशास्त्रियों एवं मानवशास्त्रियों ने इस शब्द का प्रयोग 'सामाजिक संगठन' के पर्याय के रूप में भी किया है। सामान्यतः एक प्रणाली को अन्तर्निभर तत्वों अथवा भागों के समूह द्वारा निर्मित सम्पूर्णता के रूप में परिभाषित किया जाता है। इस अर्थ में, हम एक मोटर या मानवीय शरीर को एक प्रणाली के रूप में देख सकते हैं। इस प्रकार, समाज को एक इकाई के रूप में देखा जा सकता है। ध्यान रहे निर्मित प्रणाली की अपनी उद्भूत गुण और विशेषताएं होती हैं जो उसके निर्मायक तत्वों से भिन्न होती हैं। प्रणाली में संतुलन को प्राप्त करने की एक निहित व्यवस्था होती है। प्रणाली की प्रक्रिया इस संतुलन को बाह्य और आंतरिक रूप के अतिरिक्त अन्य प्रणालियों के साथ सम्बंधों को बनाये रखती है। एक सामाजिक प्रणाली की संरचना का निर्माण प्रस्थितियों तथा भूमिकाओं के अन्तर्संबंधों द्वारा होता है तथा इस संरचना का कार्य संचालन क्रियाओं तथा अन्तर्क्रियाओं के प्रतिमानों के रूप में होता है।

सामाजिक प्रणाली की अवधारणा का प्रयोग आधुनिक संदर्भों में हम **आगस्त कोम्त,**

हरबर्ट स्पेन्सर, कार्ल मार्क्स, इमाईल दुर्खाइम आदि समाज वैज्ञानिकों की कृतियों में देख सकते हैं। **टालकट पार्सन्स** ने इस अवधारणा का प्रयोग विशिष्ट अर्थों में किया है। उन्होंने इसकी अग्रांकित विशेषताएं बताई हैं: (1) यह क्रियाओं की एक ऐसी व्यवस्था है जिसमें दो या दो से अधिक व्यक्तियों के मध्य निरन्तर अन्तर्क्रिया होती है, (2) कर्त्ताओं का व्यवहार कर्त्ताओं द्वारा प्रभावित एवं निर्देशित होता है, (3) किसी सामूहिक लक्ष्यों अथवा मूल्यों को प्राप्त करने के लिए कर्त्ताओं द्वारा पारस्परिकता पर आधारित सामूहिक प्रयास किये जाते हैं।

social system analysis/theory **सामाजिक प्रणाली विश्लेषण/सिद्धान्त**

एक सैद्धान्तिक उपागम जिसका प्रयोग कई विज्ञानों में किया गया है। इसमें किसी इकाई का अध्ययन उसके पृथक भागों के रूप में करने की अपेक्षा उसके सम्पूर्ण तथा उसके निर्मायक भागों के अन्तर्संबंधों के संदर्भ में अध्ययन किया जाता है। प्रणाली सिद्धान्त की जड़ें प्राकृतिक विज्ञानों, विशेषतः जीव विज्ञान में गड़ी हुई हैं। ऐसा कहा जाता है कि सामाजिक विज्ञानों में सर्व प्रथम इस सिद्धान्त/परिप्रेक्ष्य/उपागम का प्रयोग मानवशास्त्र में किया गया। मानवशास्त्र से इसका पदार्पण समाजशास्त्र और बाद में अन्य सामाजिक विज्ञानों में हुआ। इस सिद्धान्त को प्रच्छन्न रूप में **दुर्खाइम** के लेखनों में और बाद में उन्हीं से प्रभावित सुप्रसिद्ध मानवशास्त्री **रेडक्लिफ ब्राउन** और **मालिनोस्की** की कृतियों में मुखर हुआ पाते हैं। किन्तु इसे एक प्रमुख समाजशास्त्रीय सिद्धान्त के रूप में प्रतिष्ठित करने का श्रेय **टालकट पार्सन्स** को है। बाद में, **आर. के. मर्टन** ने भी इस सिद्धान्त को आगे बढ़ाने में अपना योगदान किया है।

पार्सन्स के अनुसार, सामाजिक प्रणाली व्यक्तियों के बीच होने वाली पुनरावर्तक अन्तर्क्रियाओं द्वारा निर्मित एक संस्थागत प्रतिमान है। व्यक्ति अपनी भूमिकाओं के अनुसार निरंतर परस्पर अन्तर्क्रियाएं करते हैं। ये अन्तर्क्रियाएं व्यक्ति की मनोदशा (व्यक्तित्व प्रणाली) तथा मानदंडों एवं मूल्यों (सांस्कृतिक प्रणाली) से प्रभावित होती हैं। सामाजिक प्रणाली की अभिव्यक्ति हमें व्यक्तियों की परस्पर भूमिकाओं, व्यक्तित्व व्यवस्था के विचार, संवेग व अभिप्रेरणाओं में और सांस्कृतिक प्रणाली की मूल्य, विश्वास एवं प्रतीकों में देखने को मिलती है।

समाजशास्त्र में, प्रारंभ में प्रयोग किये गये यांत्रिक अथवा सावयविक प्रकार के प्रारूपों के विपरीत आजकल आधुनिक प्रणाली प्रारूप में सूचना और सम्प्रेषण के ताने-बाने के रूप में सामाजिक-सांस्कृतिक प्रणाली की एकता पर अधिक बल दिया जाता है। अतः समाजशास्त्र में, प्रणाली-विश्लेषण अथवा प्रणाली-सिद्धान्त का साइबरनेटिक सिद्धान्त के साथ घनिष्ठ सम्बन्ध है। प्रणाली-सिद्धान्त उन सिद्धान्तों का प्रयोग करता है जो प्रणाली के भागों के अन्तर्संबंधों को निर्धारित करते हैं।

अभी हाल, **एंथनी गिडिन्स** (सेन्ट्रल प्राबलम्स इन सोश्यल थिअरि, 1970) ने पार्सन्स के सामाजिक प्रणाली सिद्धान्त की आलोचना की है। उन्होंने कहा कि प्रणालियों में सामाजिक कर्त्ताओं (एक्टर्स), जिनके द्वारा प्रणाली की रचना होती है, के अतिरिक्त उद्‌भूत गुण नहीं होते। वास्तव में, इन गुणों का निर्माण और पुनर्निर्माण संरचित और रोजमर्रा की

सामाजिक परिपाटियों द्वारा होता रहता है। अतः सामाजिक प्रणालियों के प्रणालीगत गुणों का विकास स्वयं प्रणाली की अपेक्षा सामाजिक क्रिया की प्रकृति से होता है।

इसकी अन्य आलोचनाएं अग्राकिंत हैं; प्रथम यह सिद्धान्त जैविक उपमा पर आधारित है जाए अनुपयुक्त है; द्वितीय, सामाजिक व्यवस्था की अपेक्षा सामाजिक संघर्ष के अध्ययन के प्रति इसका रूढिवादी दृष्टिकोण है; तृतीय, यह सिद्धान्त सामाजिक परिवर्तन की कोई संतोषजनक व्याख्या नहीं करता क्यों कि यह मात्र वैभिन्नयीकरण की प्रक्रिया पर प्रकाश डालता है; चतुर्थ, इसके द्वारा सामाजिक स्तरीकरण, विशेषतः सामाजिक वर्ग को कोई पर्याप्त ढंग से नहीं समझाया गया है; पंचम, यह मात्र पुनरूक्रि है, क्यों कि प्रकार्य की अवधारणा को इसके द्वारा ठीक प्रकार से नहीं समझाया जा सकता; पष्ट, इसकी शब्दावली औपचारिक है जो सामाजिक घटना को स्पष्ट करने की अपेक्षा अधिक दुरूह बना देती है; सप्तम, इस सिद्धान्त के अनुमानों का संक्रियाकरण नहीं किया जा सकता।

social telesis **सामाजिक अभिप्रेरित आयोजन**

इस अवधारणा का प्रयोग **लेस्टर एफ. वार्ड** ने इस विचार की अभिव्यक्ति के लिए किया कि सामाजिक उद्देश्यों के लिए जिस प्रकार भौतिक विश्व को नियंत्रित करना संभव है, उसी प्रकार सामाजिक उद्देश्यों के लिए सामाजिक विश्व को भी नियंत्रित किया जा सकता है। सामाजिक अभिप्रेरित आयोजन समाज के विकास का चेतन एवं तर्क सम्मत आधार पर नियंत्रण करने का एक ऐसा प्रयास है जिससे उद्देश्यपूर्ण सामाजिक लक्ष्यों को व्यवस्थित एवं बुद्धिमततापूर्वक प्राप्त किया जा सके। यह सामाजिक नियोजन की अवधारणा से मिलती-जुलती एक धारणा है।

social tension **सामाजिक तनाव**

'तनाव' शब्द मूलतः शरीर-विज्ञान और मनोविज्ञान की एक प्रमुख अवधारणा है। तनाव जैविक प्राणियों का एक विशिष्ट गुण है। शरीर-विज्ञान में तनाव से तात्पर्य, उस दबाव से है जो स्नायुओं की सिकुड़न से उत्पन्न होता है तथा जिसके फलस्वरूप मांसपेशियों एवं पुट्ठों आदि में खिंचाव आ जाता है। मनोविज्ञान के संदर्भ में, तनाव व्यक्तित्व में दबाव की उस स्थिति का द्योतक है जिसकी उत्पत्ति विपरीत प्रेरकों के फलस्वरूप होती है। जब कभी कोई आवश्यकता जागृत होती है तब व्यक्ति के आंतरिक क्षेत्र में तनाव उत्पन्न हो जाता है। उद्देश्य की प्राप्ति के बाद तनाव मिट जाता है।

सामाजिक समूहों में दमित संघर्ष, मतभेद तथा विरोध, जो सामान्यतः एक लम्बे अर्से से चला आ रहा होता है, के फलस्वरूप उत्पन्न भावात्मक स्थिति सामाजिक तनाव की द्योतक है। इस स्थिति की उत्पत्ति हित समूहों के दबाव, पारस्परिक अज्ञानता, विभिन्न परम्पराएं, अकुशल नेतृत्व तथा पर्यावरण की वे शक्तियां हो सकती हैं, जो मानव नियंत्रण से परे होती हैं, जैसे विपरीत मौसम या अपर्याप्त संसाधन आदि। **कुर्ट लेविन** के अनुसार, जिन्होंने इस अवधारणा का प्रयोग सामाजिक समूह के अपने अध्ययनों में किया है, समूहों के मध्य तनावों की उत्पत्ति विरोधी विचारों, प्रेरकों अथवा मूल्यों के कारण होती है। ये तनाव समूहों के बीच

असंतुलन की स्थिति उत्पन्न कर देते हैं।

social theory = theory, sociological

social thought **सामाजिक विचारधारा**

चिन्तन एवं सोच-विचार की वह प्रणाली जो मानव समाज अथवा उसके सामाजिक जीवन से संबंधित है, सामाजिक विचारधारा के नाम से जानी जाती है। पुरातन काल के भारत, चीन, जापान, ग्रीक, मिस्र, बेबिलोनिया, इजराइल आदि के समाज विचारकों का समाज विषयक चिन्तन इसी श्रेणी में आता है। प्रारंभिक सामाजिक विचारधारा लोक-चिन्तन की उपज थी जिसकी अभिव्यक्ति हम कहावतों, लोकवार्ता, मिथकों, लोक गाथाओं, किंवदन्तियों आदि में देखते हैं। ग्रीक सामाजिक दार्शनिकों के समय से सामाजिक विचारधारा में हमें परिवर्तन देखने को मिलता है। फलस्वरूप व्यक्तिगत विचारकों के चेतन प्रयासों के कारण इसने आलोचनात्मक चिन्तन का रूप धारण कर लिया। अपनी परिपक्वता के कारण सामाजिक विचारधारा अब धीरे-धीरे सामाजिक विज्ञान का रूप धारण करती जा रही है। कल्पनात्मक तथ्यों के स्थान पर प्रेक्षनीय तथ्यों और अन्तःप्रज्ञा के स्थान पर स्थापना पर आधारित विधियों के विकास ने सामाजिक विचारधारा को सामाजिक सिद्धांत में बदलने में सहायता की है।

social unrest **सामाजिक विक्षोभ**

सामाजिक समूहों के आपसी सम्बन्धों में उत्पन्न किसी प्रकार की गड़बड़ी, अशांति, टूटन या अव्यवस्था की स्थिति सामाजिक विक्षोभ की परिचायक है।

social values **सामाजिक मूल्य**

एक समाज के प्रचलित लक्ष्य, आदर्श अथवा ऐसे मापदंड जिनके द्वारा एक व्यक्ति वस्तुओं, घटनाओं अथवा व्यवहारों का मूल्यांकन करता है, उन्हें सामाजिक मूल्य कहते हैं।

social welfare **सामाजिक कल्याण**

किसी समुदाय की समाज-व्याधिकीय तथा जरूरतमन्दी दशाओं में सुधार लाने की दिशा में निजी अथवा सार्वजनिक संस्थाओं द्वारा किये गए व्यवस्थित प्रयासों को समाज कल्याण कहते हैं। समाज-कल्याण का उद्देश्य जहां एक ओर व्याधिकीय दशाओं में सुधार लाना होता है, वहां दूसरी ओर इसके द्वारा व्यक्तियों को एक संतोषप्रद जीवन एवं स्वास्थ्य प्रदान करने का प्रयास किया जाता है। समाज कल्याण द्वारा सामाजिक संबंधों का नियोजन इस ढंग से किया जाता है ताकि एक व्यक्ति की व्यक्तिगत क्षमताओं का विकास सामुदायिक उत्थान की आवश्यकताओं के साथ समन्वित रूप से हो सके।

social work **सामाजिक कार्य**

सामाजिक कार्य एक सामान्य पद है जिसका प्रयोग पीड़ा के निरोध और बचाव की

विभिन्न संगठित एवं व्यवस्थित विधियों के लिये किया जाता है ताकि मानवीय कल्याण में वृद्धि की जा सके। उन्नीसवीं शताब्दी के उत्तरार्ध तक सामाजिक कार्य अधिकांशतः स्वेच्छिक था (पहले यह दान-पुण्य की भावना पर आधारित कार्य था)। आजकल सामाजिक कार्य ने एक विशिष्ट व्यावसायिक क्षेत्र का रूप धारण कर लिया है। प्रशिक्षित सामाजिक कार्यकर्त्ता समाजशास्त्रीय और मनोवैज्ञानिक सिद्धांतों के प्रयोग द्वारा विशिष्ट सामुदायिक समस्याओं का समाधान तथा व्यक्तिगत बाधाओं के निवारण का प्रयास करते हैं। आधुनिक व्यवस्थित सामाजिक कार्य की शुरुआत उन्नीसवीं शताब्दी में ब्रिटेन तथा अमेरिका में हुई जब व्यक्तियों का ध्यान आर्थिक दृष्टि से कमजोर वर्ग की ओर आकर्षत हुआ। बाद में उनकी भौतिक दशाओं में सुधार के साथ-साथ उनके मानसिक एवं भावात्मक कल्याण पर भी बल दिया गया।

सामाजिक कार्य के तीन प्रमुख रूप हैं। प्रथम, सामाजिक व्यक्तिशः कार्य जो प्रमुखतः व्यक्तियों तथा उनके परिवारों से संबंधित होता है। द्वितीय, सामाजिक समूह कार्य जिसमें दूसरे व्यक्तियों के सहयोग से निदानात्मक कार्य किया जाता है। तृतीय, सामुदायिक कार्य जिसमें संसाधनों के उपयोग एवं विकास पर बल दिया जाता है।

कभी-कभी समाजशास्त्र तथा सामाजिक कार्य को समानार्थी समझने की भूल की जाती है। वास्तव में, दोनों में काफी अन्तर है। समाजशास्त्र में समाज का सैद्धान्तिक आधार पर अध्ययन किया जाता है तथा उसकी संरचना एवं परिचालन के नियमों की खोज करने का प्रयास किया जाता है। सामाजिक कार्य एक व्यावहारिक विज्ञान है जिसमें समाजशास्त्र में खोजे गये ज्ञान के आधार पर समाज की समस्याओं का समाधान तथा सामाजिक कल्याण एवं पुनर्निर्माण करने का प्रयास किया जाता है।

सामाजिक कार्य संबंधी कई प्रतिरूप (माडल्स) का विकास हुआ है। 'समस्या-निदान' उपागम सामाजिक कार्यकर्त्ता द्वारा पीड़ित के भावात्मक और संगठनात्मक संसाधनों में फेर-बदलाव और पुनर्संगठन पर बल देता है ताकि वह स्वयं अपनी कठिनाईयों का समाधान कर सके। इस संबंध में विभिन्न 'मनो-सामाजिक चिकित्साएं' मनो-सामाजिक निदान पर बल देती हैं। प्रकार्यवादियों ने सामाजिक कार्यकर्त्ता की निदानकर्त्ता की भूमिका की अपेक्षा पीड़ित की केवल सहायता करने वाली भूमिका पर जोर दिया है। एक सामाजिक कार्यकर्त्ता को पीड़ित के साथ ऐसे संबंध बनाने चाहिये कि वह सुरक्षित अनुभव कर सके। दूसरे प्रतिरूप व्यवहार-बदलाव, संकट हस्तक्षेप और लघुकालिक कार्य-केन्द्रिता आदि हैं।

socialism **समाजवाद**

एक सामाजिक दर्शन, अथवा सामाजिक संगठन का एक रूप जो उत्पादन के भौतिक साधनों तथा वितरण पर राज्य के स्वामित्व तथा संचालन के सिद्धांत पर बल देता है। इस व्यवस्था में सामान्यतः वांछित लक्ष्यों की प्राप्ति के लिए तर्क सम्मत सामाजिक नियोजन का प्रयोग किया जाता है। इस अवधारणा का प्रयोग कई अर्थों में किया गया है। कुछ लेखकों ने समाजवाद को एक लोकतंत्रीय व्यवस्था माना है और उन्होंने साम्यवाद से इसे अलग रखने का यत्न किया है, जब कि कुछ अन्य लेखकों ने समाजवाद को साम्यवाद का समानार्थी

घोषित किया है।

इस शब्द का प्रयोग उन्नीसवीं शताब्दी के पूर्वार्द्ध में सर्व प्रथम व्यक्तिवाद के विरोध में तथा उन विचारों के समर्थन में किया गया जिनका लक्ष्य समाज के आर्थिक एवं नैतिक आधार को बदलना था। ऐसे विचारक जीवन में व्यक्तिगत नियंत्रण के स्थान पर सामाजिक नियंत्रण में विश्वास करने वाले थे। यह एक सिद्धान्त एवं आन्दोलन दोनों है। एक आंदोलन के रूप में समाजवाद उत्पादन के मुख्य साधनों के सामाजीकरण पर आधारित वर्ग-विहीन समाज की स्थापना को प्रोत्साहित करता है।

ऐतिहासिक दृष्टि से, समाजवादी सिद्धांत के कई रूप हैं, जैसे मार्क्सवादी समाजवाद, फैबियन समाजवाद, गिल्ड समाजवाद, राष्ट्रीय समाजवाद आदि। वृहत आधार पर व्यापक समाजवाद की स्थापना का इतिहास में यदि कोई उदाहरण मौजूद है, तो वह है समाजवादी रूस का जिसका अब पतन हो चुका है।

socialization **सामाजीकरण**

एक सामाजिक-मनोवैज्ञानिक प्रक्रिया जिसके द्वारा हम समाज के सक्रिय सदस्य बनते हैं। इस प्रक्रिया में समाज के मानदंडो और मूल्यों के आन्तरीकरण के साथ-साथ अपनी सामाजिक भूमिकाओं को सम्पादन करना सीखना दोनों बातें सम्मिलित होती है। इसी प्रक्रिया के द्वारा 'स्व' का विकास होता है, अतः कुछेक समाजशास्त्रियों ने इसे 'स्व' के विकास की प्रक्रिया भी कहा है। इस प्रक्रिया में परिवार, समुदाय और विद्यालय की विशेष भूमिका होती है। यह अविरल रूप से जीवन पर्यन्त चलने वाली प्रक्रिया है। इसमें सम्प्रेषण, संस्कृतकरण तथा सीखने की सभी उन प्रक्रियाओं का समावेश होता है जिनके द्वारा एक मानवीय सावयव सामाजिक प्रकृति को ग्रहण कर सामाजिक जीवन में भाग लेने योग्य बनता है।

मानव शिशु इस संसार में पाशविक प्रवृत्तियों एवं उद्वेगों को लेकर एक जैवकीय प्राणी के रूप में जन्म लेता है। इस अवस्था में उसमें सामाजिक गुणों का सर्वथा अभाव होता है। 'सामाजिक प्राणी' की संज्ञा से विभूषित किये जाने के लिए उसे सामाजिक गुणों को सीखना पड़ता है। अतः सामाजीकरण सीखने की एक प्रक्रिया है जो जीवशास्त्रीय मानव को एक सामाजिक मानव का रूपाकार प्रदान करती है। बाल्यावस्था, इस प्रक्रिया का सर्वाधिक महत्वपूर्ण एवं नाजुक काल है, जिसमें बालक समाज के उन मूल्यों, मनोवृत्तियों, निपुणताओं तथा भूमिकाओं का आंतरीकरण करता है जो उसके व्यक्तित्व को एक आकार प्रदान करती है तथा जिसके फलस्वरूप समाज के साथ उसका एकीकरण स्थापित हो पाता है। यह प्रारंभिक समाजीकरण ही बालक की सामाजिक पहचान और सामाजिक जीवन में उसके भावी योगदान की दिशा का निर्धारण करता है।

socialization, anticipatory **पूर्वाभासी सामाजीकरण**

किसी भावी सामाजिक भूमिका से सम्बंधित दायित्वों, अधिकारों, अपेक्षाओं, मनोभावनाओं तथा व्यवहारों को सीखने तथा उसके लिये तैयारी करने की प्रक्रिया पूर्वाभासी

सामाजीकरण कहलाती है। पूर्वाभासी सामाजीकरण प्रस्थिति में होने वाले परिवर्तन के साथ जुड़े हुए व्यक्ति के समायोजन को सरल तथा नवीन प्रस्थिति के लिए उसे स्वीकार किए जाने योग्य बना देता है। इस अवधारणा की रचना **प्रो. राबर्ट के. मर्टन** तथा **ए.एस. किट्ट** ने की है।

socialization, de **विसामाजीकरण**

सीखे हुए व्यवहारों, मूल्यों, आदर्शों, मनोभावनाओं को भुला देने की प्रक्रिया विसामाजीकरण कहलाती है। इस प्रक्रिया में पहले पूर्व सामाजीकरण के प्रभाव को नष्ट किया जाता है और बाद में नये सिरे से उसका सामाजीकरण कर एक नये व्यक्तित्व की रचना की जाती है। एक अपराधी को एक सुसभ्य नागरिक बनाने के लिए विसामाजीकरण की प्रक्रिया का प्रयोग किया जाता है। राजनैतिक कैदियों के मत-परिवर्तन के लिये भी इस प्रक्रिया का प्रयोग किया जाता है।

socialization, negative **नकारात्मक सामाजीकरण**

जब व्यक्ति समाजोनुमोदित व्यवहार-प्रतिमानों, मूल्यों एवं मनोभावों के स्थान पर त्याज्य एवं निषेधित व्यवहार-प्रतिमानों, मूल्यों एवं मनोभावों को ग्रहण करता है, तो इसे नकारात्मक सामाजीकरण कहते हैं। विपथगामी व्यवहार, अपराध एवं विचलन इसी प्रकार के सामाजीकरण की अभिव्यक्तियां हैं।

socialization, re **पुनर्सामाजीकरण**

सीखे हुए व्यवहार के स्थान पर नवीन मूल्यों, मानकों, मान्यताओं एवं व्यवहार का प्रशिक्षण अथवा पुराने ही मूल्यों, मानकों एवं मान्यताओं के पुनः ज्ञान कराने की प्रक्रिया पुनर्सामाजीकरण कहलाती है। राजनीतिक बंदियों में मत-परिवर्तन के लिए इस प्रक्रिया का प्रयोग किया जाता है जिसमें उनके मस्तिष्क में बैठी हुई पूर्व धारणाओं को पहले बदला जाता है। तत्पश्चात् उनमें वांछित मत-धारणाओं का प्रत्यारोपण किया जाता है। सरकारी तथा गैर-सरकारी संस्थाएं अपने कार्यकर्ताओं की कुशलता में वृद्धि के लिए एक निश्चित अवधि के बाद जो अभिनव कार्यक्रम (आरियन्टेशन प्रोग्रेम) एवं प्रशिक्षण का आयोजन करती हैं, वह समाजशास्त्रीय भाषा में पुनर्सामाजीकरण ही है।

पुनर्सामाजीकरण आजीवन चलने वाली सामाजीकरण की प्रक्रिया का ही एक भाग है जिसमें एक व्यक्ति समय के अनुसार बदलती हुई विभिन्न भूमिकाओं के अनुसार कुछ नया सीखता जाता है और कुछ सीखा हुआ भूलता जाता है। अनेक वयस्क भूमिकाओं, जैसे पति-पत्नी, माता-पिता, विधवा, परित्यकता, एकाकी मां और बाप ऐसी ही कुछ वयस्क भूमिकाएं हैं, जिन्हें व्यक्ति को सीखना पड़ता है।

sociation **सामाजिकता**

सम्प्रेषण तथा सामाजिक अन्तःक्रियाओं के आधार पर व्यक्तियों के बीच बनने वाले

स्थाई सामाजिक संबंधों के प्रतिमानों को सामाजिकता कहते हैं। इस अवधारणा का प्रयोग **जार्ज सिमेल** ने समूह रचना तथा समाज की आधारभूत संरचना की प्रक्रियाओं के विश्लेषण में किया है। यह अवधारणा बहुत कुछ रूप में सामाजिक संबंध, सामाजिक व्यवहार, सामाजिक प्रक्रिया आदि अवधारणाओं से मिलती-जुलती है।

society **समाज**

समाजशास्त्रीय लेखन में इस अवधारणा का प्रयोग कई अर्थ एवं संदर्भ में प्रचुर मात्रा में हुआ। अतः इसकी परिभाषा एवं व्याख्याओं के सम्बन्ध में मत-भ्रांति बनी हुई है। अत्यंत सामान्य अर्थों में, समाज को व्यक्तियों के एक संकलन के रूप में परिभाषित किया जाता है, किंतु समाजशास्त्रीय दृष्टिकोण के अनुसार मात्र व्यक्तियों के संकलन को समाज की संज्ञा नहीं दी जा सकती, जब तक ऐसे व्यक्तियों के बीच किसी प्रकार के सामाजिक सम्बन्ध न हों। यही कारण है कि सर्व श्री **मेकाइवर** ने समाज को सामाजिक सम्बन्धों की एक ऐसी व्यवस्था माना है जिसमें तथा जिसके द्वारा हम रहते हैं। विस्तृत रूप में परिभाषित करते हुए **मेकाइवर एवं पेज** ने लिखा है, कि 'समाज परिपाटियों, कार्यविधियों, सत्ता, पारस्परिक सहयोग, अनेकों समूहों एवं श्रेणियों, मानवीय व्यवहार के नियंत्रणों तथा स्वतंत्रताओं की एक व्यवस्था है।' **एफ. टॉनिज** ने इसी व्यवस्था के लिए 'गैसलशेफ्ट' शब्द का प्रयोग किया है।

समाजशास्त्री 'समाज' और 'एक समाज' की धारणा में भी भेद करते हैं। एक समाज किसी एक सामाजिक इकाई, जैसे, 'एक जनजाति' अथवा 'एक देश' को इंगित करती है। इस इकाई की अपनी राजनीतिक, आर्थिक, पारिवारिक तथा अन्य संस्थाएं होती हैं जो आसपास के समाजों से अपेक्षाकृत स्वतंत्र होती हैं।

society, industrial = industrial society

society, industrial, post = post industrial society

society, plural = plural societies

society, primitive = primitive society

society, traditional = traditional society

sociobiology **सामाजिक जीवशास्त्र**

अभी हाल विकसित एक नया शैक्षिक विषय जो विशेषतः अमेरिका में काफी लोकप्रिय बन गया, इस विचारणा पर आधारित है कि समस्त पशु और मानवीय व्यवहार और जीवन-संगठन की जड़ें अन्ततः आनुवंशिक विशेषताओं और जीवशास्त्र में गड़ी हैं। ये चयन की प्रक्रियाओं द्वारा उद्‌विकासीय इतिहास के माध्यम से निर्मित होती हैं। **एडवर्ड ओ विलसन** जिन्हें इस पद की रचना का श्रेय जाता है, उन्होंने इस नाम 'सोसिओबाइलॉजी : द नियू सिन्थिसिस' (1975) से पुस्तक लिख कर इस विषय को स्थापित करने का प्रयत्न

किया। प्रो. विलसन ने इसे परिभाषित करते हुए लिखा है कि यह 'समस्त सामाजिक व्यवहार के जैवकीय आधार का व्यवस्थित अध्ययन है।' अनेक समाजशास्त्रियों और मानवशास्त्रियों ने इस नये विषय की विचारणा के प्रति संदेह प्रकट किया है और उन्होंने मानवीय समाजों की अत्यधिक सांस्कृतिक विविधताओं की ओर ध्यान आकर्षित कर सामाजिक-जीवशास्त्र की विचारणा को चुनौती दी है। **मार्सल शाहलिन** ने तो इस विषय के सैद्धान्तिक आधार को ही स्वीकार नहीं किया है।

समाजशास्त्र इस तथ्य को अस्वीकार नहीं करता कि अन्ततोगत्वा सभी मानवीय क्षमताओं का जैवकीय आधार होता है, किन्तु अपने सामाजिक परिवेश को बनाने और अर्थ देने में मानव प्राणी की रचनात्मक संभावनाएं इतनी अधिक होती हैं कि समाजशास्त्रीय विश्लेषण में जैवकीय कारक अपेक्षाकृत बहुत कम महत्व रखते हैं। फिर भी, इसी नई धारणा ने समाजशास्त्र में बहुत पुराने विवाद को हरा कर दिया और समाजशास्त्री पुनः सोचने लगे हैं कि समाजशास्त्रीय सोच-विचार में जैवकीय कारकों को किस प्रकार प्रभावशाली रूप में सम्मिलित किया जाये।

sociodrama **समाजोभिनय**

प्रक्षेपी विधि का एक प्रकार जिसमें प्रयोज्य को एक अथवा अधिक भूमिकाओं को अभिनीत करने के लिए कहा जाता है। यदि वह अपने स्वयं की भूमिका अदा करता है, तो इसे 'मनोभिनय' (साइकोड्रामा) कहते हैं और यदि वह दूसरों की भूमिका अदा करता है, तो यह 'समाजोभिनय' कहलाता है। प्रयोज्य ने किस भूमिका को चुना है, वह किस प्रकार भूमिका अदा करता है, भूमिका के साथ किस इतिहास को वह जोड़ता है, आदि बातें प्रयोज्य के आंतरिक मनोभावों को समझने में सहायता करती हैं।

sociogram **समाज आलेख/समाजमितीय चित्र**

समाजमिति के आधार पर किसी लघु समूह के व्यक्तियों के परस्पर स्वीकृति-अस्वीकृति आकर्षण-विकर्षण के भावों को चित्र के रूप में प्रदर्शित करने की विधि को समाज-आलेख अथवा समाजमितीय चित्र कहते हैं। यह किसी समय विशेष में एक लघु समूह के सदस्यों में पाए जाने वाले पारस्परिक संबंधों की सम्पूर्ण संरचना को प्रस्तुत करने का एक साधन है। इसके द्वारा पारस्परिक संबंध, समूह में व्यक्ति की सामाजिक स्थिति, समूह में प्रभावक व्यक्ति, नेतृत्व व गुट आदि की जानकारी प्राप्त की जा सकती है।

sociological intervention **समाजशास्त्रीय हस्तक्षेप**

एक नवीन विचारणा या तकनीक जो इस बात पर बल देती है कि समाजशास्त्रियों को अपने वैज्ञानिक शोध-कार्य के साथ-साथ उन सामाजिक आंदोलनों में भी भाग लेना चाहिये जो प्रत्यक्ष-अप्रत्यक्ष रूप से उनसे संबंधित हैं। ऐसे आंदोलनों में भाग लेकर वे बिगड़ी हुई दशाओं, स्वीकृत एवं संगठित व्यवहार की गड़बड़ियों के पीछे छुपे हुए 'वास्तविक सामाजिक संबंधो' को उजागर कर पायेंगें। इस विचारणा को प्रस्तुत करने तथा प्रयोग में लाने का श्रेय

फ्रांसिसी समाजशास्त्री **एलेन तूरेन** को दिया जाता है जिन्होंने अपने सहयोगी शोधकर्त्ताओं के साथ मिलकर सन् 1960 में 'समाजशास्त्रीय हस्तक्षेप' के अभियान की शुरूआत की। शोध कर्त्ताओं ने अपने मंतव्य के अनुसार फ्रांसिसी विद्यार्थी आंदोलन, आणविक विरोधी आंदोलन, और पोलेन्डवासी एकजुटता आंदोलन में हिस्सा लिया। उन्होंने सहभागिक अवलोकन की विधि के परे जाकर इन समूहों के राजनीतिक विचारों और क्रियाओं में खुल कर भाग लिया ताकि वे अधिक अच्छी प्रकार से उन्हें समझ सकें। सैद्धान्तिक दृष्टि से, इस प्रकार के कदम को 'सक्रियतावाद' कहा गया है। समाजशास्त्रीय क्षेत्र-कार्य का सक्रिय मार्क्सवाद और सामाजिक क्रिया के अधिक व्यक्तिपरक सिद्धान्तों के साथ घालमेल की तकनीक को अत्यंत विवाद के घेरे में ला खड़ा किया। संभवतः सन् 1968 को फ्रांसिसी विद्यार्थी और श्रमिक आंदोलन का अध्ययन इस तकनीक की एक सर्वाधिक सफल निष्पति है।

तूरेन ने समाजशास्त्रीय हस्तक्षेप के चार स्वरूपों (तकनीकों) की चर्चा की है: (1) सामाजिक आंदोलनों के उग्रवादियों को समूह के रूप में संगठित कर सामाजिक आंदोलनों के साथ सम्बन्ध स्थापना द्वारा उनमें प्रवेश करना; (2) इन समूहों को उनकी उग्रवादी गतिविधियों के लिये प्रोत्साहित करना; (3) आंदोलनों के सक्रिय कार्यकर्त्ताओं को आंदोलनों के ऐतिहासिक संदर्भ को समझना तथा (4) समाजशास्त्रीय हस्तक्षेप के दौरान हुई घटनाओं की व्याख्या के माध्यम से उग्रवादी समूह-स्थिति के आत्म-विश्लेषण में भाग लेना।

तूरेन के विचारों को पूर्णतः नया नहीं कहा जा सकता। इस संबंध में तथाकथित रेडिकल समाजशास्त्री भी थोड़े दूसरे रूप में (राजनीति में सक्रिय सहभागिता द्वारा समाज में बदलाव) यही बात कहते हैं। आंदोलनों में भागीदारी कैसे हो और कितनी हो, इस संबंध में अवश्य तूरेन द्वारा बताई गई तकनीक को नया माना जा सकता है।

sociological jurisprudence **समाजशास्त्रीय न्यायशास्त्र**

इस पद की रचना अमरीकी विधिवेत्ता **रॉस्को पाऊंड** (1870-1964) ने कानून के अध्ययन संबंधी अपने उपागम में की। पाऊंड ने यह विचार प्रस्तुत किया कि आधुनिक समाजों में कानून भिन्न हितों और विचारधाराओं को एक दूसरे के नज़दीक लाने का मुख्य साधन है। दुर्भाग्यवश, पाऊंड यह न बता पाये (शायद इसलिये कि वे एक समाजशास्त्री न होकर एक विधिवेत्ता थे) कि आखिर इन भिन्न हितों की रचना कैसे होती है और इनमें से कुछेक को दूसरों की अपेक्षा कानूनी व्यवस्था में क्यों अधिक महत्व दिया जाता है।

sociological theory = theory, sociological

sociologism **समाजशास्त्रवाद**

समाजशास्त्रवाद संबोध (कन्सप्ट) के साथ प्रमुखतः **एमिल दुर्खाइम** का नाम जुड़ा हुआ है किंतु दुर्खाइम ने इस संबोध की कहीं भी स्पष्ट व्याख्या नहीं की है। यह संबोध उन समाजशास्त्रियों के विचारों को प्रकट करने के लिए प्रयोग में लिया गया है जो सामाजिक

वास्तविकता की सम्पूर्णता में व्याख्या हेतु समाजशास्त्र को एक स्वतंत्र विज्ञान के रूप में प्रतिष्ठित करना चाहते हैं। स्वयं दुर्खाइम ने इस संबंध में स्पष्ट कहा है कि सामाजिक तथ्यों की व्याख्या मनोविज्ञान, जीवविज्ञान या दर्शनशास्त्र के आधार पर नहीं की जा सकती है, अपितु सामाजिक तथ्यों की व्याख्या अन्य सामाजिक तथ्यों के संदर्भ में ही की जानी चाहिए।

समाजशास्त्रवाद के समर्थक व्यक्ति की अपेक्षा समाज को अधिक महत्व देते हैं। दुर्खाइम ने कहा है कि समाज ने ही हमें पशु प्रकृति की जंजीरों से मुक्त किया है, हमें एक व्यक्तित्व प्रदान किया है जो हमें मानव बनाता है .... अतः समाज एक जीवित वास्तविकता है। अस्तित्ववादियों के विपरीत समाजशास्त्रवादी मानव को एक व्यक्ति नहीं वरन् एक समूहगत प्राणी मानते हैं। (देखिए : अस्तित्ववाद)

sociology **समाजशास्त्र**

आधुनिक समाजशास्त्र का विकास उन्नीसवीं शताब्दी से ही माना जाता है। सामाजिक विज्ञानों की श्रृंखला में यह एक नवीनतम विषय है जिसकी एक उभयवाही वंशावली और विवादास्पद आधुनिक इतिहास रहा है। इसी कारण से, प्रारंभ से ही इसके (समाजशास्त्र) पहचान का संकट बना हुआ है। यह बात हमें स्पष्ट रूप में इसकी अनेक परिभाषाओं द्वारा परिलक्षित होती हैं। इसके अध्ययन-क्षेत्र तथा विषय-वस्तु के सम्बन्ध में काफी मत-मतांतर रहे हैं जैसा कि **पॉल. एच. फर्फे** के एक अध्ययन से प्रकट होता है। **फर्फे** ने समाजशास्त्र की 81 परिभाषाओं का अध्ययन कर उन्हें सात प्रमुख वर्गों में विभाजित किया है। परिभाषाओं के ये समूह स्पष्ट रूप में समाजशास्त्र के स्वरूप के बारे में आम सहमति के अभाव को प्रकट करते हैं। बीसवीं शताब्दी में समाजशास्त्रीय धारणा में परिपक्वता के आने से इसके कलेवर, दृष्टिकोण तथा पद्धतियों के संबंध में थोड़ी-बहुत एकमत्यता प्रकट हुई है।

समाजशास्त्र, विशेषतः सामाजिक प्रणाली (सिस्टम) के संदर्भ में, सामाजिक जीवन और व्यवहार का वैज्ञानिक अध्ययन है। सामाजिक प्रणालियां कैसे कार्य करती हैं इनमें किस प्रकार फेर-बदलाव (परिवर्तन) होता है, इनके क्या परिणाम होते हैं और व्यक्तियों के जीवन के साथ इनके किस प्रकार के जटिल सम्बन्ध हैं; ये ही समाजशास्त्र के अध्ययन के प्रमुख विषय हैं। सामाजिक व्यवहार का आधार सामाजिक सम्बन्ध हैं और इनकी रचना व्यक्तियों की सामाजिक क्रिया और अन्तर्क्रियाओं से होती है। इन अन्तर्क्रियाओं की प्रक्रियाओं और प्रतिमानों द्वारा विभिन्न सामाजिक समूहों और संस्थाओं और अन्ततोगत्वा समाज की रचना होती है जो समाजशास्त्र के अध्ययन का मुख्य केन्द्र बिन्दू है। यही कारण है कि अनेक समाजशास्त्रियों ने समाजशास्त्र को "समाज के अध्ययन" के रूप में परिभाषित किया है। कुछेक ने सामाजिक क्रिया या अन्तर्क्रिया और अन्य ने सामाजिक समूहों के अध्ययन को समाजशास्त्र कहा है। वास्तव में, मानव के सामाजिक जीवन और व्यवहार को समझना समाजशास्त्र का प्राथमिक उद्देश्य है और इन्हें समझने के लिये ही समाज, सामाजिक समूह, सामाजिक क्रिया और अन्तर्क्रिया के अध्ययन की जरूरत पड़ती है। अतः चाहे हम समाज के अध्ययन से शुरूआत करें या सामाजिक क्रिया के अध्ययन से, अन्ततः लौट फिर कर हम

मानव के सामाजिक जीवन और व्यवहार के अध्ययन पर ही आ जाते हैं।

अन्य सामाजिक विज्ञानों की तुलना में समाजशास्त्र की यह विशिष्टता है कि यह सामाजिक जीवन का अध्ययन एक समष्टि के रूप में करता है। यह अर्थशास्त्र, राजनीतिशास्त्र, विधिशास्त्र या मनोविज्ञान की भांति समाज के किसी एक पक्ष या संस्था मात्र पर ध्यान केन्द्रित नहीं करता। एक समाजशास्त्री समाज के विभिन्न पहलुओं एवं पक्षों को एक समष्टि के परस्पर निर्भर भागों के रूप में देखता है। वह समाज को अपने समग्रता में अध्ययन करता है। किन्तु इसका तात्पर्य यह नहीं कि समाजशास्त्र समाज के विभिन्न पक्षों के विशिष्ट अध्ययन को कोई महत्व नहीं देता है। विशिष्ट अध्ययन तो समाजशास्त्र के लिए अनिवार्य हैं ही। महत्वपूर्ण बात यह है कि समाजशास्त्र के अन्तर्गत ऐसे विशेषीकृत अध्ययनों को एक एकाकी एवं असंबद्ध संस्थाओं का विवेचन न मानकर उन्हें सांस्कृतिक एवं ऐतिहासिक संदर्भों में स्थित सामाजिक संबंधों के अंगों के रूप में देखा जाता है।

ऐतिहासिक दृष्टि से, "सोसिआलॉजी" शब्द की रचना सर्वप्रथम फ्रांस के विद्वान **ऑगस्त कोम्त** ने की, यद्यपि इसके पूर्व भी भारतीय और पश्चिमी विचारधाराओं में समाज की प्रकृति की खोजबीन होती रही है। किन्तु उन्नीसवीं शताब्दी में औद्योगिक क्रांति और इसके फलस्वरूप राजनीतिक उथलपुथल ने लोगों की समाज के अध्ययन में रुचि उत्पन्न की। कोम्त का विचार था कि प्राकृतिक विज्ञानों की भांति मानव समाज का भी एक विज्ञान होना चाहिये जो मानव समाज का अध्ययन उसी भांति कर सके जिस प्रकार प्राकृतिक जगत की घटनाओं का अध्ययन किया जाता है; अर्थात् इस विज्ञान की भी अध्ययन-पद्धतियां वस्तुपरक हों, ताकि वे अध्ययन-कर्त्ता की भावनाओं, विचारों और मूल्यों से मुक्त हों। कोम्त ने अपनी कृतियों में, समाजशास्त्र को विज्ञान की ऐसी उच्चतम उपलब्धि के रूप में प्रस्थापित करने का प्रयास किया जो प्रकृति के नियमों संबंधी हमारे ज्ञान की भांति सामाजिक विश्व के नियम संबंधी ज्ञान को उत्पन्न कर सके। जब कभी इस प्रकार का ज्ञान उपलब्ध हो जायेगा तब हम यह निर्णय करने में सक्षम होंगे कि हमें किसी भी प्रकार की राजनीतिक अस्तव्यस्ता को समाप्त करने के लिये किस प्रकार के सामाजिक परिवर्तन की आवश्यकता होगी।

समाजशास्त्र की क्या उपयुक्त विषय-वस्तु है, इस सम्बन्ध में वर्तमान में समाजशास्त्र में तीन प्रमुख दृष्टिकोण/परिप्रेक्ष्य उभर कर आये हैं। ये तीनों दृष्टिकोण पूर्णतः पारस्परिक रूप में एकान्तिक नहीं हैं। ये तीनों ही समाज के अध्ययन को समाजशास्त्र की विषय-वस्तु मानते हैं। तीनों ही समाज के अध्ययन को परिभाषित करते हैं, किन्तु समाज क्या है, इस विषय में तीनों में भिन्नता है। प्रथम दृष्टिकोण के अनुसार समाजशास्त्र की उपयुक्त विषय-वस्तु सामाजिक संरचना है। सामाजिक संरचना से तात्पर्य सम्बन्धों के प्रतिमानों से है जिनका उन व्यक्तियों या समूहों जिनसे इन प्रतिमानों की रचना होती है, स्वतंत्र अस्तित्व है। ये व्यक्ति या समूह एक निर्दिष्ट समय पर इन संरचनाओं में विशिष्ट पद धारण किये होते हैं, जैसे नाभिकीय परिवार में मां, पिता और संतान के पद होते हैं। ये पद पीढ़ी दर पीढ़ी और एक स्थान से दूसरे स्थान पर समान होते हैं। ये पद, उन व्यक्तियों जिनके द्वारा ये

धारण किये गये होते हैं या धारण नहीं किये गये होते हैं, स्वतंत्र होते हैं। इस दृष्टिकोण के दो मुख्य स्वरूप हैं: प्रथम, मार्क्सवाद जो उत्पादन की विधियों के रूप में संरचनाओं की व्याख्या करता है और द्वितीय, पार्सन्स का संरचनात्मक-प्रकार्यवाद जो प्रणालियों (सिस्टम्स), उपप्रणालियों और भूमिका-संरचनाओं को प्रस्तुत करता है।

द्वितीय दृष्टिकोण, समाजशास्त्र की उचित विषय-वस्तु **दुर्खाइम** के शब्दों में 'सामूहिक प्रतिनिधान' मानता है। सामूहिक प्रतिनिधान से तात्पर्य विश्व के संज्ञानात्मक रूप में संगठित करने की विधियों तथा अर्थों से है जिनका उन व्यक्तियों से परे सतत अस्तित्व होता है जिनका इसी में सामाजीकरण हुआ होता है। भाषा इसका एक सुन्दर उदाहरण है। यह हमारे जन्म से पूर्व विद्यमान थी और मृत्यु के उपरान्त भी निरन्तर चलती रहेगी। व्यक्तियों के रूप में हम इसमें थोड़ा सा परिवर्तन कर सकते हैं या कुछ भी नहीं कर सकते हैं। अधिकांश आधुनिक संरचनावाद और उत्तर आधुनिक शोध कार्य को इसी परम्परा के भाग के रूप में देखा जा सकता है।

तृतीय दृष्टिकोण, उन लोगों से सम्बंधित है जो **मैक्स वेबर** के अनुरूप अर्थपूर्ण सामाजिक क्रिया को समाजशास्त्रीय अन्वेषण की उचित विषय-वस्तु मानते हैं। इस दृष्टिकोण का प्रत्यक्ष या अप्रत्यक्ष रूप में यही अर्थ है कि समाज जैसी कोई वस्तु नहीं है और केवल व्यक्ति या समूह एक दूसरे से मिलकर सामाजिक संबंध स्थापित करते हैं। सामाजिक सम्बन्ध बनाने वाली अन्तर्क्रिया के कई भिन्न तरीके हैं जिनमें से वेबर का तार्किक क्रिया और विश्वासों एवं क्रियाओं के बीच सम्बन्धों का अपना एक तरीका है। इसके अतिरिक्त, सांकेतिक अन्तर्क्रियावादियों का उत्पादन, रखरखाव और आमने-सामने की अन्तर्क्रिया के अर्थों में बदलाव और भाषागत विधियों के द्वारा सामाजिक यथार्थ की रचना का एथनोमेथडोलॉजिकल अध्ययन का एक अन्य तरीका भी है।

समाजशास्त्र के उपर्युक्त चर्चित तीन प्रमुख दृष्टिकोणों के अतिरिक्त भी कई अन्य छोटे-मोटे दृष्टिकोण एवं उपागम हैं जो अपने ढंग से समाजशास्त्र और इसकी विषयवस्तु को परिभाषित करते हैं। वास्तव में, समाजशास्त्र के उद्भव के साथ जुड़ी कुछ महत्वपूर्ण दशाएं आज भी विद्यमान हैं जिसके कारण इसकी एक मात्र परिभाषा देना असंभव नहीं तो कठिन अवश्य है। इस संबंध में **एंथनी गिडिन्स** ने ठीक ही लिखा है, "समाजशास्त्र का उद्भव पारम्परिक और आधुनिक समाजों के बीच हुए अत्यधिक सामाजिक रूपान्तरण को समझने के एक प्रयास के रूप में हुआ है और यह परिवर्तन अभी भी चल रहा है और तेज गति पकड़ रहा है, अतः अब इसे समझने का प्रयास अधिक महत्वपूर्ण हो जाता है।"

sociology, applied = applied sociology

sociology, cognitive **संज्ञानात्मक समाजशास्त्र**

नृजातीय (लोक) पद्धति का एक रूप जो रोजमर्रा के जीवन की समस्यात्मक प्रकृति की खोज करता है, संज्ञानात्मक समाजशास्त्र के नाम से जाना जाता है। यह एक ओर नृजातीय पद्धति (एथनोमेथडोलॉजी) को भाषा विज्ञान (गहन संरचनाएं) के साथ जोड़ता है तो दूसरी

ओर इसे पारम्परिक समाजशास्त्र के साथ जोड़ता है। ज्ञान के इस क्षेत्र में अमरीकी समाजशास्त्री **ए. वी. सिसोरल** का योगदान मुख्य रूप से उल्लेखनीय है जिन्होंने कई भिन्न घटनाओं जैसे अपराध, बहरापन, शिक्षा और शोध-विधियों का अध्ययन यह जानने के लिये किया कि प्रतिदिन के जीवन में सामाजिक संगठन और 'समझौतापरक व्यवस्था' का क्या रूप रहता है।

sociology, critical **विवेचनात्मक समाजशास्त्र**

विवेचनात्मक समाजशास्त्र मानव की मानवीय संभावनाओं और उनकी तुष्टियों के नाम में की कई आधुनिक समाज की आलोचना है। समाजशास्त्र की यह धारा पारंपरिक समाजशास्त्र विशेषतः प्रकार्यवादी की कटुआलोचक है। विवेचनात्मक समाजशास्त्र, वास्तव में, संघर्ष सिद्धान्त का ही एक विशिष्ट रूप है। मार्क्स के विचारों से अनुप्राणित होते हुए भी इस सिद्धान्त की आधारशिला मार्क्स के विचारों की आलोचना पर आधारित है। कुछेक विद्वानों ने इसे समाजशास्त्र की एक शाखा मानने से अपनी असहमति प्रकट की है और वे इसके अलग अस्तित्व की बात करते हैं। ज्ञान की इस विधा का जन्म यूरोप के प्रबोध काल में हुआ। मानववादियों और सुधारवादियों द्वारा स्थापित कपोल कल्पित धार्मिक धारणाओं की आलोचनाओं ने समाजशास्त्र की इस नवीन धारा को जन्म दिया।

इस धारा के प्रमुख प्रणेता **हरबर्ट मारकूस, थियोडर एडर्नो, मैक्स होरखीमर, लिओ लोनथल, एरिक फ्रॉम, जर्गेन हर्बमॉ तथा फ्रेज न्यूमेन** रहे हैं। पारम्परिक समाजशास्त्र का औद्योगिक-नगरीय समाज के प्रति झुकाव तथा इस पर आधारित समाजशास्त्रीय सिद्धान्त एवं शोध ने विशेषतः हरबर्ट मारकूस को इसकी कटु आलोचना के लिये आंदोलित किया।

sociology, educational = sociology of education

sociology, folk **लोक समाजशास्त्र**

समाजशास्त्र की एक शाखा जो विशेषतः 'लोक' को सामाजिक सम्बन्धों का आधार मानती है। इसमें सांस्कृतिक आधार पर बंधे हुए समूहों के लोक साहित्य, कला, मिथकों, गाथाओं तथा गीतों आदि का अध्ययन किया जाता है।

sociology, formal = formal school of sociology

sociology, historical = historical sociology

sociology, industrial = industrial sociology

sociology, medical = sociology of medicine

sociology, political = political sociology

sociology, pop = pop sociology

sociology, radical = radical sociology

sociology, rural **ग्रामीण समाजशास्त्र**

ग्रामीण समाजशास्त्र ग्रामीण पर्यावरण में आवेष्टित मानवीय संबंधों का अध्ययन है। इसके अन्तर्गत ग्रामीण जनसंख्या, संगठन, संस्थाओं तथा ग्राम्य जगत की सामाजिक प्रक्रियाओं जैसे विषयों का अध्ययन किया जाता है। आजकल ग्रामीण समाज पर औद्योगीकरण तथा नगरीकरण जैसी प्रक्रियाओं पर पड़ने वाले प्रभावों तथा उनसे उत्पन्न समस्याओं का भी इसमें अध्ययन किया जाने लगा है।

sociology, urban **नगरीय समाजशास्त्र**

समाजशास्त्र की एक शाखा, जिसमें विशेषतः नगरीय जीवन, संगठन, संस्थाओं और समस्याओं के साथ-साथ नगरीय जीवनशैली पर आधारित एवं उसके द्वारा विकसित सभ्यता के रूपों का अध्ययन किया जाता है, नगरीय समाजशास्त्र कहलाता है। नगरीय समाजशास्त्र आधुनिक नगरीकृत समाजों का विज्ञान है।

sociology and the demystification **समाजशास्त्र और विरहस्यीकरण**

अठारहवीं और उन्नीसवीं शताब्दी में यूरोप में औद्योगीकरण के साथ एक ऐसे यूटोपिआई (आदर्श लोक) समाज की कल्पना की गई जिसमें सभी स्थानों के सभी व्यक्ति खुशहाल और धन-सम्पदा से सम्पन्न होंगें। विश्व में आज भी बहुत से व्यक्तियों का यही सोच है, उनकी अभी भी यही वैचारिक दृष्टि बनी हुई है। किन्तु बीसवीं शताब्दी के उत्तरार्द्ध में औद्योगिक समाज के संबंध में हमारे प्रबोधकालीन अनुमान कितने गलत और मूर्खतापूर्ण साबित हुए, यह हम सभी जानते हैं। किन्तु इस सामाजिक यथार्थ पर किस प्रकार सत्ताधीशों के साथ-साथ समाज वैज्ञानिकों के वर्ग (जो इन्हीं सत्ताधीशों से पोषित हैं) ने रहस्य का पर्दा डाल रखा है, यह भी किसी से छुपा नहीं है। समय आ गया है कि इस नवीन उद्‌भूत स्थिति पर समाज वैज्ञानिकों, विशेष रूप में समाजशास्त्रियों को नये सिरे से सोच-विचार करना चाहिये।

इस सम्बन्ध में, **जॉन रेक्स** (सोसिआलॉजी एण्ड द डिमिस्टिफिकेशन ऑफ द मॉडर्न वर्ड, 1974) ने समाजशास्त्रियों को चेतावनी देते हुए लिखा है कि इस नवीन विश्व के प्रति प्रबोधकाल के उन्माद भरे आशावाद से समाजशास्त्रियों को दूर रहना चाहिये। औद्योगिक और राजनीतिक आंदोलन के द्वारा जिन प्रक्रियाओं (आधुनिकीकरण, युक्तिकरण, उदारीकरण, वैश्वीकरण आदि) की शुरुआत हुई थी, वे न्यूनाधिक मात्रा में अब हमारे नियंत्रण में नहीं हैं और यह भी पूर्ण संभावना व्यक्त की जा रही है कि विश्व एक नवीन अंधकार युग की ओर बढ़ता जा रहा है। समृद्ध देशों के निवासियों को अभी यह अस्पष्ट है, किन्तु विश्व के अधिकांश लोगों को यह स्पष्ट हो गया है। ये लोग नव औपनिवेशिक बाह्य जनित गृह युद्ध होने की संभावनाओं में सतत सांस ले रहे हैं। ऐसा प्रतीत होता है कि विकसित औद्योगिक देश और तृतीय विश्व के देश दोनों ही "संरचनात्मक तनाव" के चिन्ह प्रकट कर रहे हैं। ये

संरचनात्मक तनाव व्यक्तियों के लिये व्यक्तिगत रूप में **मिल्स** के शब्दों में "निजी समस्याएं" हैं। समाजशास्त्र का सर्वाधिक मानवीय ध्येय यही है कि वह इन निजी समस्याओं पर गंभीरता से विचार करे, इनकी जड़ों की गहराई की खोजबीन करे।

समाजशास्त्र एक ऐसा विषय है जिसका ज्ञान अधिकाधिक लोगों को उपलब्ध करवाया जाना चाहिये ताकि वे सामाजिक यथार्थ की रहस्यात्मकता से अपने आपको मुक्त कर सके। यह रहस्यात्मकता निरन्तर, और नियमित रूप से उन लोगों द्वारा फैलाई जा रही है जिनके पास सत्ता और प्रभाव दोनों हैं। यह रहस्यीकरण दो प्रकार से होता है; (1) विचारणाओं द्वारा (2) स्वयं समाजशास्त्र में उत्पन्न रहस्यीकरण। समाजशास्त्र में व्याप्त रहस्यीकरण, जो कि जटिल एवं दुर्बोध रहस्यमयी भाषा के प्रयोग द्वारा उत्पन्न हुआ है, के कारण अनेक प्रबुद्ध पुरुष एवं स्त्रियां भी समाजशास्त्र की छोटी से छोटी बात को नहीं समझ पाते हैं और वे अपने निजी और राजनीतिक जीवन में समाजशास्त्र की लड़खड़ाती अनिश्चितताओं की अपेक्षा अविवेकी सामान्य ज्ञान या प्रथाओं पर अधिक विश्वास करते हैं। समाजशास्त्र में व्याप्त इस रहस्यीकरण को दूर करने के प्रयास करने की आवश्यकता है। इसका तात्पर्य यह कदापि नहीं है कि समाजशास्त्र का कार्य एक पूर्णतः साधारण व्यापार है। इसके साथ कुछ अत्यंत जटिल दार्शनिक प्रश्न जुड़े हुए हैं जो विशेषतः ज्ञान के सिद्धान्त से सम्बंधित हैं। संभव है कि इस भौतिक विश्व को जानने की उनकी क्षमता के बारे में दार्शनिकों के मन में पुरातन काल में कुछ भी और कितनी भी शंकाएं रही हों, किन्तु सामाजिक विश्व के बारे में जानकारी हासिल करने के संबंध में उत्पन्न शंकाओं के सामने वे शंकाएं कुछ भी नहीं हैं। बहुत कुछ इसी अनिश्चितता के कारण वैचारिक विकृतियों को सच के रूप में फैलाने का कार्य संभव हो पाया है। इसके विपरीत, पिछले कुछ वर्षों में पेशेवर समाजशास्त्री दार्शनिक शंकाओं के घेरे में इस सीमा तक फंस गये हैं कि वे विरले ही इस स्तर पर उठ कर यह कहने का हौसला जुटा पाते हैं कि क्या यह सब कुछ गलत नहीं है।

आजकल बहुत से ऐसे प्रश्न भी उठाये जा रहे हैं, जैसे बदमाश कौन है? अपराधी कौन है? पागल कौन है? यही नहीं, एक स्त्री कौन है? जैसे प्रश्न के सर्वसम्मत उत्तरों के बारे में भी पुनः विचार की आवश्यकता को अनुभव किया गया है, क्यों कि इन प्रश्नों के उत्तर सत्ता द्वारा आरोपित अर्थों के संदर्भ में बहुधा निश्चित कर लिये गये है। कुछ समाजशास्त्रियों (जैसे, गारफिंकल) ने इन अर्थों के औचित्य के बारे में भी प्रश्न खड़े किये हैं। यही नहीं, **विलियम थॉमस** की बहुत पुरानी धारणा 'स्थिति की परिभाषा' अर्थात् घटना का सहभागिक कर्त्ता के दृष्टिकोण से की जानी चाहिये, भी अब कोई महत्व नहीं रखती, क्यों कि कर्त्ता के अर्थ को भी सत्ता द्वारा पोषित समाजशास्त्रियों द्वारा घढ़ा जा सकता है। इन सभी प्रश्नों ने समाजशास्त्रियों को एक मूल्य-तटस्थ वैज्ञानिक की भूमिका को त्याग कर अपनी एक ऐसी नई भूमिका की रचना करने का आह्वान किया है जो जन समुदाय को रहस्यीकरण से मुक्त कर उसे सामाजिक यथार्थ का सही-सही ज्ञान उपलब्ध करवा सके। समाजशास्त्रियों को तथाकथित विचारकों के महत्वपूर्ण मुद्दों सम्बन्धी विकृत विचारों के खोखलेपन को उजागर करना चाहिये। साथ ही उन्हें सत्ता के केन्द्र तथा पीड़ा और दुखों के

स्त्रोतों का भी रहस्योद्‌धाटन करना चाहिये जिन पर ये सत्ताधीश आवरण डालते रहते हैं और भ्रम फैलाते रहते हैं। इसके लिये उन्हें सामाजिक सम्बन्धों की संरचनाओं की व्याख्या करनी चाहिये। इसी प्रकार, व्यवस्था और आंदोलन के साथ अस्तव्यस्तता, मानकशून्यता (एनॉमी) और सामाजिक विघटन की संभावनाओं के सम्बन्ध में उसे कोई भ्रांति नहीं होनी चाहिये। वास्तव में, इस मामले में समाजशास्त्रियों को नास्तिवादी दृष्टिकोण को अपनाने की आवश्यकता है। विश्व की रहस्यात्मकता से पर्दा हटाने के लिये नास्तिवाद (निहिलिज़्म) आवश्यक है।

sociology of ageing **वृद्धावस्था का समाजशास्त्र**

वृद्ध बनने की शारीरिक प्रक्रिया के अनेक सामाजिक एवं सांस्कृतिक आयाम हैं जो बहुधा जैवकीय अपरिहार्यता को भी प्रभावित करते हैं। आयु एक सांस्कृतिक कोटि (केटगरी) है और इसका अर्थ और महत्ता ऐतिहासिक दृष्टि से और विभिन्न संस्कृतियों में, (समय और स्थान) दोनों में बदलते रहते हैं। अभी तक समाजशास्त्र में वृद्धावस्था कोई महत्व नहीं रखती थी, किन्तु पिछले कुछ वर्षों में 'लिंग' की भांति 'आयु' के आधार पर प्राकृतिक विभाजन को भी स्वीकारा जाने लगा है। इस कारण से समाजशास्त्र में गवेषणा की जिस नई शाखा का सूत्रपात हुआ है, उसे ही 'वृद्धावस्था का समाजशास्त्र' का नाम दिया गया है।

पश्चिमी विकसित समाजों में जनांनकीय परिवर्तनों जैसे जन्म और मृत्यु दर में कमी, आयु में बढ़ोत्तरी (दीर्घ आयु) तथा जनसंख्या में 65 वर्ष से ऊपर के लोगों के बड़े अनुपात में वृद्धि ने व्यक्तियों के प्रति नैतिक घबराहट के साथ-साथ उनकी राजनीतिक एवं उपभोक्ता के रूप में संभावनाओं में रुचि जाग्रत की है।

sociology of art **कला का समाजशास्त्र**

समाजशास्त्र की वह शाखा जो कलाकृतियों, कलाकारों तथा समाज के पारस्परिक प्रभावों के संदर्भ में कला का स्वरूप-निरुपण, वर्गीकरण, विवेचन-विश्लेषण करती है, कला का समाजशास्त्र कहलाती है। इसमें क्षेत्रीय, सामाजिक, एवं आर्थिक पृष्ठभूमि में कला की शैली, स्वरूप एवं प्रतिमानों का व्यवस्थित ढंग से अध्ययन किया जाता है। एक कलाकार किस प्रकार अपनी कलाकृतियों से समाज को प्रभावित करता है तथा स्वयं किस प्रकार समाज से प्रभावित होकर कलाकृतियों का सृजन करता है, कला के समाजशास्त्र के अध्ययन का मुख्य विषय है।

sociology of body **शरीर का समाजशास्त्र**

समाजशास्त्र की अनेक विशिष्ट शाखाओं में से यह एक अत्यंत नवीन शाखा है जिसमें मानव का अध्ययन-विवेचन मूल्यों एवं मनोवृतियों से युक्त मात्र कर्त्ताओं की अपेक्षा शरीरयुक्त व्यक्तियों के रूप में किया जाता है। इसमें मानव शरीर और उसके विभिन्न अंगों से जुड़े हुए सांस्कृतिक अर्थों तथा उनका संचालन, नियंत्रण और उनका प्रजनन का अध्ययन

विशेषतः रूग्नता, कामुकता और बीमारी के संदर्भ में किया जाता है। समाजशास्त्र के इस विशेषीकरण पर **माइकेल फॉकल्ट** के लेखनों की छाप स्पष्ट रूप में अंकित देखी जा सकती है।

sociology of consumption **उपभोग का समाजशास्त्र**

सन् 1980 के आसपास समाजशास्त्र की इस नवीन विशिष्ट शाखा का तीव्र गति से विकास हुआ। इसका प्रमुख विषय विकसित पूंजीवादी देशों की भौतिक संस्कृति, विशेष रूप में जन संस्कृति (मॉस संस्कृति) के प्रसार को आंकना रहा है। **पेर ओटन्स** की 'उपभोग का समाजशास्त्र' (1988) नामक पुस्तक में इस विषय के कई भिन्न क्षेत्रों पर संकलित लेख इस विषय की विस्तृता पर प्रकाश डालते हैं। सामाजिक विषमता और राजनीतिक गठजोड़ जैसे विषय जो कभी नगरीय या औद्योगिक समाजशास्त्र के प्रमुख विषय माने जाते थे, आजकल इस क्षेत्र में अध्ययन किये जा रहे हैं और ऐसा माना जाने लगा है कि इन विषयों ने राजनीतिक चिन्तन में भारी क्रांति उत्पन्न की है। उन्नीसवीं शताब्दी का समाजशास्त्र अलगाव, नौकरशाही, सामाजिक वर्ग, श्रम-विभाजन और प्रारंभिक औद्योगिक पूंजीवाद की विशेषताओं से अटापटा हुआ था जो उत्पादन को ही सामाजिक व्यवस्था या संघर्ष का आधार और इसके सामाजिक अर्थ का स्त्रोत मानता था, किन्तु अभी हाल की वृहत आधार पर उपभोग की पूंजीवादी घटना ने इस सभी को बदल दिया है। पिछले दिनों समाजशास्त्रियों ने इस विषय पर अनेक अध्ययन प्रकाशित किये हैं कि 'फोर्ड के लिये काम करना कैसा लगता है', जब कि इस विषय पर नगण्य ही अध्ययन हुए हैं कि 'फोर्ड को पाना, उसे चलाना या उसके ग्राहक बनने का क्या अर्थ है।'

उपभोग के समाजशास्त्र के क्षेत्र में अवकाश, फैशन, विपणन, पर्यटन तथा हेरिटेज उद्योग जैसे विषयों पर शोध-अध्ययनों को अधिकाधिक प्रोत्साहित किया गया है। ऐसे विभिन्न प्रकार के अध्ययनों को बांधने वाला एक प्रमुख सूत्र यह रहा है कि उपभोग सामाजिक संबंधों को उसी रूप में आकार और अर्थ प्रदान करता है, जितना कि उत्पादन। **डेनियल मिलर** ने इस सम्बन्ध में लिख है कि उपभोग का समाजशास्त्र 'किसी वस्तु को अलगाव के एक प्रतीक और उसकी लागत कीमत से बदल कर एक ऐसी शिल्पकृति में बदल देता है जिसके कुछ विशिष्ट अर्थ होते हैं जिन्हें उनसे अलग नहीं किया जा सकता।

sociology of development **विकास का समाजशास्त्र**

जब से विभिन्न देशों में (विशेषतः तृतीय विश्व के देश) नियोजित आर्थिक परिवर्तन की प्रक्रिया प्रारंभ की गई, तब से यह जरूरत महसूस की गई की इन परिवर्तनों के सामाजिक प्रभावों का मूल्यांकन किया जाये। तृतीय विश्व के ऐसे समाज जो पूंजीवादी औद्योगीकरण की संक्रमण-प्रक्रिया से गुजर रहे हैं, उनके विश्लेषण हेतु सामाजिक सिद्धान्तों का प्रयोग ही विकास का समाजशास्त्र है। विकास के समाजशास्त्र में वर्ग-संबंधों तथा कृषकों एवं नगरीय दरिद्र व्यक्तियों जैसे सामाजिक समूहों पर विकास के सामाजिक प्रभावों का विश्लेषण किया जाता है।

इस प्रकार के अध्ययनों की शुरुआत विश्व युद्ध के बाद हुई। इन अध्ययनों का मुख्य उद्देश्य उपनिवेशी शासन के बाद के राजनीतिक एवं आर्थिक विकास को आंकना रहा है। प्रारंभिक शोध एवं अन्वेषण द्वारा यह प्रस्थापित किया गया कि यदि अल्प विकसित देश पश्चिमी पूंजीवाद की आर्थिक एवं सामाजिक व्यवस्था को अपनाते हैं तो वे भी औद्योगिकृत विश्व के समान प्रगति कर सकते हैं। इस प्रकार का आधुनिकीकरण सिद्धान्त, जो मुख्यतः संरचनात्मक-प्रकार्यात्मक उपागम पर आधारित था, की बाद में अति सरलीकरण, अत्यधिक आशावादी और प्रजाति केन्द्रितता जैसी कमजोरियों के कारण भारी आलोचना हुई। सन् 1960 के आसपास विकास के इस अत्यधिक लोकप्रिय समाजशास्त्रीय विश्लेषण का स्थान 'आश्रितता उपागम' ने ले लिया। किन्तु यह उपागम भी आगे नहीं बढ़ पाया और इस पर भी अति सरलीकरण का आरोप लगाया गया और कहा गया कि यह उपागम भी पूर्व परम्परावादियों की मान्यताओं में मात्र थोड़ा हेर-फेर है।

इन उपागमों की आलोचना-प्रत्यालोचनाओ ने विकास के समाजशास्त्र के क्षेत्र को पंगु बना दिया। पिछले कुछ वर्षों से यह अनुभव किया जा रहा है कि राष्ट्र-राज्य का विश्लेषण अंतर्राष्ट्रीय संदर्भ से अलग कर के नहीं किया जा सकता। आजकल पुनः न केवल आर्थिक आधार पर अपितु संस्कृति और विचारधारा के स्तर पर राष्ट्रों की आपसी अन्तर्निभरता और एकीकरण पर वैचारिक दृष्टि से बल दिया जा रहा है। इस संबंध में **डेविड ई. ऐप्टर** की पुस्तक 'रीथिंकिंग डेवल्पमेंट' (1987) पठनीय है जिसमें इस विषय की विशद् व्याख्या की गई है। (देखिये—वैश्वीकरण)

sociology of disasters **विपदाओं का समाजशास्त्र**

बाढ़, भूकम्प, भूस्खलन, भूचाल, समुद्री अंधड़, जैसी प्राकृतिक विपत्तियां समाजों में भंयकर अस्त-व्यस्तता उत्पन्न कर देती हैं जिससे उत्पादन और वितरण व्यवस्थाएं नष्ट हो जाती हैं या चरमरा जा जाती है, तथा संसाधनों के लिये तीव्र प्रतिस्पर्धा और शरणार्थी समस्या उत्पन्न हो जाती है। मानव जनित (विशेष रूप में युद्ध) विपत्तियों जिनसे बचा जा सकता है, के सामाजिक कारण एवं परिणाम भिन्न होते हैं। समाज वैज्ञानिक इनके सामाजिक और मनोवैज्ञानिक प्रभावों के अध्ययन में रुचि रखते हैं। सुप्रसिद्ध समाजशास्त्री **आर. के. मर्टन** ने बताया है कि विपत्तियों के स्थल समाजशास्त्रीय शोध एवं समाजशास्त्रीय सिद्धान्त रचना के लिये महत्वपूर्ण अवसर प्रदान करते हैं क्यों कि सामूहिक दबाव से उत्पन्न दशाएं सामाजिक प्रक्रियाओं को असामान्य लघु समय-काल में उत्पन्न होने के लिये बाध्य कर देती हैं और बहुधा निजी व्यवहार को सार्वजनिक बना देती है। अतः ऐसी क्रियाओं का अध्ययन किया जाना संभव हो जाता है। यही नहीं, विपत्ति-स्थलों के अध्ययन सामाजिक व्यवस्थाओं और प्रक्रियाओं के उन पक्षों को बहुधा उजागर करते हैं जिन पर सामान्यतः रोजमर्रा के रूटिन जीवन में ध्यान नहीं जाता है।

sociology of drinking and alcoholism **मद्यपान और पियक्कड़पन का समाजशास्त्र**

अधिकांश संस्कृतियों (आदिवासीय, ग्रामीण और आधुनिक) में अवकाश के क्षणों में

एक अवसादक नशे के रूप में मद्यपान करना एक लोकप्रिय रीति रही है। यही नहीं, कई समाजों में अनेक धार्मिक और लौकिक उत्सवों तथा संस्कारों के अवसर पर मद्यपान करना न केवल अच्छा समझा जाता है, अपितु यह उत्सव या संस्कार का एक मुख्य कृत्य होता है। किन्तु, कुछ समाज धर्म के आधार पर मद्यपान को पूर्णतः वर्जित करते हैं जैसा कि हम मुस्लिम धर्मावलम्बियों में देखते हैं। कुछ देश, जैसे फिनलेंड, ऐसे भी हैं जहां सामाजिक कारणों से इसकी उपलब्धता बनाये रखने के लिये कठोर कानून बने हुए हैं। कई देशों में पूर्ण नशाबंदी के प्रयास भी किये गये हैं, किन्तु वे असफल ही रहे हैं। भारत में भी कई प्रान्तों जैसे सर्वप्रथम गुजरात, बाद में आंध्र प्रदेश और अभी हाल हरियाणा में पूर्ण नशाबंदी के कानून बनाये गये, किन्तु बाद में इन कानूनों को पूर्णतः या आंशिक रूप में किन्हीं कारणोंवश निरस्त करना पड़ा है।

द्वितीय विश्व युद्ध के बाद विकसित औद्योगिक समाजों में घर-परिवार के विलासी वस्तुओं के लिये उपलब्ध वित्तीय साधनों के बढ़ते हुए अनुपात के भाग के रूप में शराब के खर्चे में वृद्धि हुई है। घर में मद्यपान की प्रवृति में भी बढ़ोत्तरी हुई है, फिर भी अभी यह पुरुषोचित व्यवहार ही अधिक माना जाता है। यह बात अलग है कि अब स्त्रियों में भी मद्यपान की प्रवृति अधिकांशतः नव धनाढय विलासी वर्ग या निम्नतम कामगार वर्ग में ही अधिक है। तुलनात्मक दृष्टि से, मध्यम वर्ग इस प्रवृति का शिकार अभी कम हुआ है।

मद्यपता या पियक्कड़पन एक प्रकार की बीमारी है जो सीमा से अधिक पीने की आदत के कारण उत्पन्न होती है। यह आनुवंशिक विकृतियों, मनौवैज्ञानिक समस्या और विघटित परिवारों को जन्म देती है। निस्संदेह, मद्यपान और इसके अत्यधिक उपभोग के कारण छोटे-मोटे और गंभीर अपराध (विशेष रूप में हिंसा और यातायात दुर्घटनाएं) होते हैं, कई स्वास्थ्य सम्बंधी समस्याएं उत्पन्न होती हैं और कार्य-स्थल पर चोट लगने का भय रहता है।

sociology of economic life — आर्थिक जीवन का समाजशास्त्र

सामाजिक विश्व आर्थिक, राजनीतिक, धार्मिक, पारिवारिक, शैक्षिक तथा अन्य कई पक्षों से निर्मित है। इन सभी की एक-दूसरे से स्वतंत्र रूप में परिभाषा की जा सकती है, किन्तु ये सभी एक-दूसरे को प्रभावित करते हैं। इन पक्षों को अध्ययन करने के लिये सामाजिक विज्ञानों की भिन्न शाखाएं हैं। समाजशास्त्र का क्षेत्र इस मामले में काफी विस्तृत है। इसमें सामाजिक जगत के कई पक्षों का अध्ययन होता है, अतः इसकी कई उप-शाखाएं हैं, जैसे धर्म का समाजशास्त्र, राजनीति का समाजशास्त्र, शिक्षा का समाजशास्त्र आदि। इसी प्रकार, आर्थिक जीवन का समाजशास्त्र भी इसी की एक शाखा है जो सामाजिक जीवन के आर्थिक और गैर-आर्थिक पक्षों के बीच सम्बन्धों का अध्ययन करती है, अर्थात् कहां ये एक दूसरे को पार कर जाती हैं और कहां ये एक दूसरे को प्रभावित करती हैं। इसीलिये इस विषय को 'आर्थिक समाजशास्त्र' भी कहा गया है।

किसी समाज के सीमित उत्पादन संसाधनों एवं प्रयासों का कई प्रकार के वैकल्पिक उपयोगों के बीच किस प्रकार से आवंटन किया जाता है, यह अर्थशास्त्र के अध्ययन की मुख्य समस्या है। पारम्परिक अर्थशास्त्रीय सिद्धान्त पद्धतिशास्त्रीय दृष्टि से व्यक्तिवादी

दृष्टिकोण अपना कर इस समस्या का समाधान करने का यत्न करता है, अर्थात् संसाधनों के आवंटन के प्रश्न का उत्तर अकेले अर्थशास्त्र में खोजने का यत्न करता है, किन्तु समाजशास्त्र की यह नवीन शाखा इसी प्रश्न के समाधान के लिये सामाजिक जीवन के अन्य पक्षों (गैर-आर्थिक) को भी बराबर का महत्व देती है और गैर-आर्थिक कारकों में भी इस प्रश्न के उत्तर को खोजती है। अतः सामाजिक जीवन के समाजशास्त्र का अध्येता एक अर्थशास्त्री की भांति किसी घटना का अध्ययन एकांगी दृष्टिकोण (आर्थिक) से नहीं करता, अपितु वह आर्थिक एवं गैर-आर्थिक दोनों दृष्टिकोण के आधार पर घटना का अध्ययन करता है।

आर्थिक विचारकों, जैसे **एडम स्मिथ, कार्ल मार्क्स** और **जे. एम. कीन्स** आदि ने अर्थव्यवस्था और समाज के अन्य पक्षों के बीच संबंधों को अलग-अलग ढंग से प्रस्तुत किया है, किन्तु इन सभी ने सामाजिक जीवन के आर्थिक पक्ष को निर्धारणवादी महत्व प्रदान किया है। इसके विपरीत, **दुर्खाइम, मैक्स वेबर** और **मालिनोस्की** जैसे सामाजिक विचारकों ने बड़े व्यवस्थित ढंग से यह प्रदर्शित किया है कि किस प्रकार राजनीतिक, पारिवारिक और वैधानिक प्रभाव आर्थिक प्रक्रियाओं को निर्धारित करते हैं।

sociology of education **शिक्षा का समाजशास्त्र**

समाजशास्त्र की एक शाखा जिसमें शिक्षण संस्थाओं तथा शिक्षा के संगठन का अध्ययन किया जाता है, शिक्षा का समाजशास्त्र कहलाती है। इसके अन्तर्गत शिक्षा की औपचारिक संस्थाओं—स्कूल, कॉलेज, विश्वविद्यालय आदि के आन्तरिक एवं बाह्य परिवेश का अध्ययन किया जाता है। आन्तरिक परिवेश में शिक्षण-संस्थाओं की क्रियाशील शैक्षिक प्रक्रियाओं तथा बाह्य परिवेश में इन संस्थाओं का समाज के अन्य भागों जैसे अर्थतंत्र, राजतंत्र, धर्म, परिवार, नातेदारी, आदि के संबंधों को सम्मिलित किया जाता है।

आजकल जिसे 'शिक्षा का समाजशास्त्र' कहा जाता है, उसका विकास सर्व प्रथम 'शैक्षिक समाजशास्त्र' (एड्यूकेशॅनल सोसिऑलाजी) के रूप में पिछली शताब्दी के उत्तरार्द्ध में लगभग सन् 1892 में अमेरिका में तत्कालीन शिक्षाशास्त्रियों द्वारा शिक्षण संस्थाओं की दैनिक जीवन की गंभीर समस्याओं के समाधान करने के उपयोगितावादी उद्देश्य को लेकर हुआ है। अमेरिका में साठ-पैंसठ वर्षों तक ज्ञान की इस शाखा को पल्लवित करने में विशेष रूप में **जॉन ड्यूई, लेस्टर एफ. वार्ड, ए. स्माल, किनमैन, स्नेडन, पीटर्स स्मिथ, जोरबां, जार्ज पैनी** तथा **कुक** आदि ने महत्वपूर्ण भूमिका अदा की है। कोम्त को समाजशास्त्र के पिता कहे जाने की भांति जार्ज पैनी को शैक्षिक समाजशास्त्र का पिता कहा जाता है। पैनी के शब्दों में, "शैक्षिक समाजशास्त्र से तात्पर्य उस विज्ञान से है जो सामाजिक संस्थाओं, समूहों तथा सामाजिक प्रक्रियाओं का वर्णन एवं उनकी व्याख्या करता है।"

सन् 1947 तक शैक्षिक समाजशास्त्र के विषय-क्षेत्र तथा प्रकृति के संबंध मे अस्पष्टता बनी रही। सन् 1950 में **प्रो. स्टीवर्ड** ने अपने एक लेख में तीन विभिन्न अवधारणाओं यथा शैक्षिक समाजशास्त्र, शिक्षा का समाजशास्त्र और शिक्षा का समाजशास्त्रीय दृष्टिकोण में अन्तर प्रदर्शित किया। बाद में, 'शैक्षिक समाजशास्त्र' की अवधारणा के साथ जुड़ी हुई भ्रांतियों के कारण इस पद का पूर्णतः परित्याग कर दिया गया और इसके स्थान पर नये अर्थ

एवं संदर्भ में 'शिक्षा के समाजशास्त्र' पद का प्रयोग करने वाले अग्रणी विद्वानों में प्रमुखतः **नील ग्रॉस, ब्रुक ओवर, रॉबर्ट बेल्स, मार्टिन ट्रो, सी. एच. पेज** आदि का नाम विशेष उल्लेखनीय है।

शैक्षिक समाजशास्त्र में समाज का अध्ययन शिक्षा की दृष्टि से किया जाता था, अर्थात् किस प्रकार शिक्षा समाज की प्रगति को प्रभावित करती है। इसके विपरीत, शिक्षा के समाजशास्त्र में समाज को केन्द्र मान कर शिक्षा का अध्ययन, सामाजीकरण तथा नियंत्रण की एक संस्था के रूप में किया जाता है। **प्रो. जोन्स** ने लिखा है कि शैक्षिक समाजशास्त्र की विषय-वस्तु शिक्षा के क्षेत्र से प्राप्त होती है जब कि शिक्षा के समाजशास्त्र को अपनी विषय-वस्तु समाजशास्त्र से मिलती है। शिक्षा के समाजशास्त्र का प्रमुख विषय शैक्षणिक घटनाओं और संस्थाओं का समाजशास्त्रीय परिप्रेक्ष्य में अध्ययन किया जाना है, वे अनिवार्यतः समाजशास्त्र की समस्याएं हैं न कि व्यावहारिक अध्ययन-अध्यापन की। शिक्षा के समाजशास्त्र की एक अधिकारिक भारतीय विदुषी **श्रीमती सुमा चिटनीश** के अनुसार, 'शिक्षा के समाजशास्त्र का सम्बन्ध औपचारिक शिक्षा का एक सामाजिक संस्था के रूप में विश्लेषण एवं अध्ययन करना है।' संक्षेप में, शिक्षा को प्रभावित करने वाले विविध सामाजिक, आर्थिक, राजनीतिक एवं सांस्कृतिक कारकों एवं निर्धारकों का वैज्ञानिक रूप में अध्ययन ही शिक्षा का समाजशास्त्र है।

समाजशास्त्री किसी शिक्षा की व्यवस्था, एक विद्यालय अथवा एक कक्षा का अध्ययन भी सामाजिक सम्बन्धों की एक आत्म-निर्भर व्यवस्था के रूप में करते हैं तथा सामाजिक संगठन के सिद्धांतों का प्रयोग करते हुए इनका विश्लेषण करते हैं। आजकल समाजशास्त्रियों का रुख शिक्षा के कुछ विशिष्ट प्रकार्यों के अध्ययन पर केन्द्रीभूत है। समाजशास्त्रियों के अनुसार शिक्षा की प्रक्रिया का प्रमुख कार्य संस्कृति के संरक्षण, प्रसारण तथा नवोन्मेष के साथ इसका औपचारिक रूप में हस्तान्तरण करना है। समाजशास्त्रियों द्वारा विद्यालय-संगठन, विद्यालयों तथा समाज के आपसी सम्बन्धों को विशेषतः सामाजिक वर्ग, परिवार तथा समुदाय के सम्बन्धों को लेकर अनेक अध्ययन किए गए हैं।

sociology of emotion — संवेगों का समाजशास्त्र

समाजशास्त्र की इस शाखा में लज्जा (शरमिंदगी) और गौरव, प्रेम और घ्रणा, भय और आश्चर्य, नीरसता और अवसाद जैसे संवेगों का अध्ययन किया जाता है तथा यह मालुम किया जाता है कि ये संवेग सांस्कृतिक रूप में किस प्रकार निर्धारित होते हैं, अनुभव किये जाते हैं, अर्जित किये जाते हैं। इनमें किस प्रकार संशोधन होते हैं, रोजमर्रा के जीवन में इन्हें कैसे बनाये रखा जाता है और किस प्रकार इन्हें वैधता प्रदान की जाती है। दूसरे शब्दों में, संवेग के समाजशास्त्र में भावनाओं और संस्कृतियों, संरचनाओं तथा अन्तर्क्रियाओं के बीच संबंधों की खोज की जाती है।

यद्यपि, संवेगों का अध्ययन किसी न किसी रूप में प्रारंभिक समाजशास्त्र में देखने को मिलता है, जैसा कि **सी.एच. कूले** की कृतियों में विद्यमान है, तथापि एक विशिष्ट उप विषय के रूप में समाजशास्त्र में इसका उद्‌भव सन् 1970 के आसपास हुआ।

sociology of everyday life **रोजमर्रा-जीवन का समाजशास्त्र**

समाजशास्त्र की ऐसी शाखाएं जो रोजमर्रा जीवन के अर्थ एवं संगठन को खोजने और जानने में जुटी हुई हैं, वे सूक्ष्म समाजशास्त्र (माइक्रो सोसिआलॉजी) के नाम से जानी जाती हैं। ज्ञान की इन शाखाओं में गुणात्मक शोध-विधियों के द्वारा प्रतिदिन के जीवन-अनुभवों, जो राहगीरों के व्यवहार से लेकर निद्रा, टेलीफून, कार्य-स्थल अनुभव, बातचीत और समय तक हो सकते हैं, की खोजबीन की जाती है। इस संबंध में **जैक डगलस** की 'अन्डरस्टेंडिंग एवरिडे लाइफ' (1970), **पेट्रिसिया ए. एडलर** द्वारा सम्पादित 'एवरिडे लाइफ सोसिआलॉजी (1987), **एंड्रियू वेगर्ट** की 'सोसिआलॉजी ऑफ एवरिडे लाइफ, (1981) पुस्तकें विशेष उल्लेखनीय हैं। **एंड्रियू वेगर्ट** ने समाजशास्त्र की इस शाखा के चार परिप्रेक्ष्य बताये हैं, यथा **इर्विंग गोफमेन** का अभिनयशास्त्र (ड्रामाटर्जी) जिसमें रंगमंचीय रूपक के प्रयोग द्वारा व्यक्तियों के प्रतिदिन के जीवन का विश्लेषण किया जाता है कि व्यक्ति किस प्रकार प्रतिदिन के जीवन में स्वयं को प्रदर्शित करते हैं; द्वितीय, **हेराल्ड गारफिंकल** की नृजातिपद्धति (एथनोमेथडालॉजी) जिसमें उन विधियों को अध्ययन का केन्द्र बनाया जाता है जिनके द्वारा व्यक्ति अपने रोजमर्रा के जीवन को संगठित एवं समन्वित करते हैं; तृतीय, **अल्फ्रेड शूज़, थॉमस लुकमान** तथा अन्य की घटनाशास्त्रीय विधि (फिनॉमिनोलॉजी) जो प्रतिदिन की चेतना के विश्लेषण एवं रचना का दार्शनिक आधार प्रस्तुत करती है; चतुर्थ, **हेनरी लेफबेर** का विवेचनात्मक सिद्धान्त (क्रिटिकल थिअरी) जिसमें पूंजीवादी व्यवस्था में रहने वाले व्यक्तियों के प्रतिदिन के जीवन के दमनात्मक विरोधाभासों का अध्ययन किया जाता है। इस अंतिम परिप्रेक्ष्य में सूक्ष्म समाजशास्त्रीय संदर्भ-परिधि (फ्रेम ऑफ रेफरेन्स) का प्रयोग नहीं किया जाता।

sociology of family **परिवार का समाजशास्त्र**

परिवार एक ऐसा घनिष्ट घरेलू समूह है जो रक्त, लैंगिक सहवास, या कानूनी बंधनों के आधार पर संबंधित व्यक्तियों द्वारा बना होता है। यह एक सर्वाधिक लचीली सामाजिक इकाई है जो एक लम्बे काल से चली आ रही है और बदलते परिवेश से अनुकूलन करती जा रही है। फिर भी, कुछ लोग इसके भविष्य को लेकर चिन्तित है और कहने लगे हैं कि धीरे-धीरे इसमें कमी आती जा रही है। कुछेक तो परिवार के अवसान का स्वागत करने के लिये भी आतुर दिखते हैं। ऐसे लोग इसे शोषणमूलक और दिवालिया संस्था कहते हैं।

इस प्रकार के विचारों के उपरान्त भी परिवार के समाजशास्त्र की महत्ता बढ़ती जा रही है तथा इस क्षेत्र में पहले से अधिक शोध हो रहे हैं। इन शोधों के परिणामस्वरूप पुरातन सामाजिक व्यवस्थाओं के सम्बन्ध में बनी हमारी भ्रांतियों में सुधार हो रहा है तथा न केवल विभिन्न देशों की अपितु विभिन्न वर्गों, प्रजातिक समूहों तथा प्रदेशों के पारिवारिक जीवन की भिन्नताओं के बारे में हमारी समझ में वृद्धि हो रही है। आजकल परिवार का अध्ययन कई दृष्टियों से किया जा रहा है। पारिवारिक जीवन और कार्य के बीच में सहसम्बन्ध, वृहत सामाजिक एवं आर्थिक परिवर्तनों का पारिवारिक जीवन पर प्रभाव; विवाह से वृद्धावस्था तक, विभिन्न स्तरों में परिवार के स्वरूप में अन्तर; विभिन्न प्रकार के परिवार के स्वरूपों, जैसे

माता या पिता किसी एक के आधार पर बना परिवार या पुनर्रचित परिवार आदि विषय परिवार के समाजशास्त्र के अध्ययन के केन्द्र बनते जा रहे हैं।

परिवारों के ऐतिहासिक अध्ययनों ने पुरातन प्रकार के पारिवारिक जीवन संबंधी मिथकों और किंवदंतियों की कलई खोल दी है। उदाहरणार्थ, पहले यह माना जाता था कि नाभिक परिवारों का उद्‌भव औद्योगीकरण की प्रतिक्रिया स्वरूप हुआ जिन्होंने पूर्व विद्यमान वृहत परिवारों (भारतीय संदर्भ में संयुक्त परिवारों) का स्थान ले लिया। किन्तु नवीनतम शोधों द्वारा यह विदित हुआ है कि अधिकांश पश्चिमी यूरोप में नाभिक परिवारों का जन्म पूंजीवाद की स्थापना के प्रारंभिक वर्षों में हुआ। यही नहीं, परिवार की यह अतिरंजित छवि कि पुरातन परिवार घनिष्टतायुक्त एवं स्थाई हुआ करते थे, गलत सिद्ध हुई है। इसी प्रकार, पारिवारिक भूमिका संबंधी अध्ययनों ने भी कई मामलों में नई दृष्टि प्रदान की है। इस सम्बन्ध में **माइकेल यंग और पीटर विलमोट** का 'द सिमेट्रिकल फेमिली' (1973) नामक अध्ययन उल्लेखनीय है जिसमें घरेलू श्रम-विभाजन के सम्बन्ध में उत्पन्न समानता को दर्शाया गया है।

पिछले कुछ ५र्षों में समकालीन परिवार की दशा तथा इसकी उत्तरजीविता की वांछनीयता के सम्बन्ध में अत्यान्तिक पूनर्मूल्यांकन हुआ है। आलोचना की एक धारा के अनुसार, परिवार पूंजीवादी समाज का अवलम्ब है। (**ई. जैरेस्की**, 'केपिटलिज्म, द फेमिली, एण्ड पर्सनल लाइफ', 1976) दूसरी धारा के अनुसार, दाम्पत्यमूलक परिवार उत्पीड़क और दमनकारी हैं। (**आर. डी. लैंग,** 'द पोलिटिक्स ऑफ द फेमिली', 1971) आलोचना की तीसरी धारा हमें महिलावादी विचारों की पोषक लेखक-लेखिकाओं, जैसे **जैसी बर्नार्ड** तथा **अन्न ओकले** की कृतियों में देखने को मिलती है। इन लेखक-लेखिकाओं ने समकालीन परिवार में वर्तमान लैंगिक-भूमिका विभाजन की प्रकृति एवं परिणामों पर प्रकाश डाला है। इनमें भी अधिक उग्रवादी विचार **माइकेल बैरेट और मेरी मिकतोष** की पुस्तक 'द एन्टी सोश्यल फेमिली,' (1982) में देखे जा सकते हैं जो परिवार को न केवल दमनकारी मानती हैं, अपितु इसे एक समाज विरोधी संस्था मानती हैं।

sociology of food — भोजन का समाजशास्त्र

समाजशास्त्र का यह एक अत्यंत नया और अछुता क्षेत्र है जिसमें हाल के वर्षों में शोध कर्त्ताओं की रुचि उत्पन्न हुई है, यद्यपि कुछ सामाजिक मानवशास्त्रियों ने अवश्य भोजन से जुड़े अनुष्ठानों, संस्कारों व रिवाजों को अपने अध्ययन का विषय बनाया है। इस संबंध में सुप्रसिद्ध मानवशास्त्री **लेवी स्ट्रास** का अध्ययन 'द रॉ एण्ड द कुक्ड', (1970) विशेष उल्लेखनीय है। नृजातिशास्त्रियों ने विभिन्न समाजों में भोजन संबंधी निषेधों और निर्देशों का अध्ययन कर सांस्कृतिक भिन्नताओं पर प्रकाश डाला है। अभी तक सामान्यतः भोजन के बनाने और उसके उपभोग को मात्र एक जैवकीय आवश्यकता की पूर्ति के रूप में देखा जाता था, किन्तु आजकल इन्हें भिन्न सामाजिक एवं सांस्कृतिक महत्ता प्रदान की जा रही है। एक ओर भोजन को व्यक्तिगत शारीरिक स्वास्थ्य के लिये अत्यधिक महत्वपूर्ण मानकर व्यक्ति के आहार (डाइट) से जुड़े व्यवहार का अध्ययन किया जाने लगा है। व्यक्तियों की

खाने की आदतों से कई प्रकार के शारीरिक एवं मानसिक रोग होने की संभावना रहती है, यह तथ्य इस क्षेत्र में हुए कई अध्ययनों में उभर कर आया है। दूसरी ओर, घर में भोजन के बनाने और उपभोग को लेकर लिंग-आधारित श्रम-विभाजन और संसाधनों के वितरण के विषय भोजन के समाजशास्त्र के अन्य महत्वपूर्ण पक्ष हैं। यही नहीं, घर से बाहर, सार्वजनिक जगहों पर भोजन करने की बढ़ती हुई प्रवृति के कारण एक ओर अवकाश में वृद्धि हो रही है, तो दूसरी ओर इस प्रवृति ने नौकरी-पेशा स्त्री-पुरुषों के सामाजिक बंधनों को बनाये रखने में मदद की है।

किसी सांस्कृतिक समूह के रोजमर्रा के व्यवहार की बारीकियों के अध्ययन के लिये उस समूह के भोजन संबंधी निषेधों, निर्देशों और जनरीतियों का अध्ययन आवश्यक है। रोजमर्रा के जीवन के बारे में हम बहुत सी बातों को अत्यंत साधारण या सामान्य मानकर उनके अध्ययन की अवहेलना कर जाते हैं, किन्तु कई बार समाजशास्त्रियों की दृष्टि से ऐसी बातें महत्वपूर्ण होती हैं। अभी तक भोजन और भोजन की वस्तुओं को गरीबी या वंचन संबंधी अध्ययनों या कृषि और उद्योग के अध्ययनों में ही महत्व दिया जाता था, किन्तु अब भोजन के समाजशास्त्र के एक स्वतंत्र विषय में भोजन का अध्ययन एक नई दृष्टि से किया जाने लगा है। ऐसा प्रतीत होता है कि इस विषय में आने वाले वर्षों में गवेषणा की प्रवृति का अधिकाधिक विकास होगा।

sociology of gender **लिंग-भेद का समाजशास्त्र**

लिंग-भेद का समाजशास्त्र उन तरीकों का अध्ययन करता है जिसमें स्त्रियों और पुरुषों की शारीरिक भिन्नताओं को संस्कृति और सामाजिक संरचना के संदर्भ में देखा और समझा जाता है। इन भिन्नताओं की सांस्कृतिक और सामाजिक आधार पर व्याख्या की जाती है, जैसे (1) स्त्रियों को विशिष्ट स्त्रियोचित व्यक्तित्व तथा सामाजीकरण द्वारा एक 'लैंगिक पहचान' दी जाती है; (2) औद्योगिक समाजों में स्त्रियों के कार्यकलापों को घर के निजी क्षेत्र तक सीमित कर उन्हें बहुधा सार्वजनिक जीवन से अलग रखा जाता है; (3) सामान्यतः स्त्रियों को हल्के तथा निम्न स्तर के उत्पादन कार्यों में लगाया जाता है; (4) स्त्रियों के बारे में ऐसी रूढ़धारणाएं व्याप्त हैं जो स्त्रियों को कमजोर और पुरुषों पर भावनात्मक रूप में आश्रित दर्शाती है। (देखिये – फेमिनिज़्म)

sociology of gift **उपहार लेन-देन का समाजशास्त्र**

उपहार देने और लेने की मानवीय क्रिया लगभग सभी प्राचीन और अर्वाचीन, सभ्य और निरक्षर समाजों में किसी न किसी रूप में विद्यमान रही है। यह एक मौलिक और सार्वभौमिक महत्व का एक सामाजिक व्यवहार है जो आदिवासीय समाजों से लेकर आधुनिक-औद्योगिक समाजों में प्रचलित है। यह क्रिया समाज के सदस्यों में पाई जाने वाली पारस्परिक निर्भरता के एक मूर्त प्रतीकात्मक प्रतिनिधान के रूप में संचालित होती है। इसके द्वारा जहां एक ओर सामाजिक एकजुटता में वृद्धि होती है, वहां दूसरी ओर आर्थिक वस्तुओं का पुनर्वितरण होता है।

मनोवैज्ञानिक दृष्टि से, यह उपहार देने वाले के अहम् की तुष्टि का एक प्रभावशाली साधन है। समाजशास्त्रीय रूप में, उपहार समाज में प्रतिष्ठा प्राप्त करने का एक अच्छा साधन है। उपहार देने की मुख्य महत्ता सभी प्रकार के सामाजिक सम्बन्धों में अन्तर्निहित पारस्परिकता के भाव में प्रकट होती है। दूसरों के लिये की गई प्रत्येक सामाजिक क्रिया एक पारस्परिक क्रिया को जन्म देती है या किसी अन्य पारस्परिक क्रिया की प्रत्याशा में सम्पन्न की जाती है। किसी उपहार का देना यह संकेत देता है कि बदले में ऐसा ही कोई उपहार उचित अवसर पर प्राप्त होगा। उपहार आदान-प्रदान के कई अवसर है, यथा जन्मोत्सव, गर्भाधान, विवाह, किसी संस्था या क्लब की सदस्यता ग्रहण करना, विवाह की वर्षगांठ, व्यवसाय या प्रतिष्ठान का समारंभ, आदि।

sociology of health and illness **स्वास्थ्य एवं रुग्नता का समाजशास्त्र**

समाजशास्त्र की यह शाखा स्वास्थ्य एवं रुग्नता के सामाजिक आयामों का अध्ययन करती है। इसमें तीन प्रमुख विषयों का अध्ययन किया जाता है, प्रथम, स्वास्थ्य एवं रुग्नता संबंधी वैचारीकरण; द्वितीय, उनके माप तथा सामाजिक वितरण का अध्ययन; तृतीय, स्वास्थ्य एवं रुग्नता के प्रतिमानों की व्याख्या। सर्वप्रथम इस क्षेत्र में स्वास्थ्य एवं रूग्नता से जुड़ी अवधारणाओं का स्पष्टीकरण सांस्कृतिक वैभिन्नयताओं के संदर्भ में किया जाता है। रुग्नता या बीमारी क्या है? इसकी व्याख्या अलग-अलग सांस्कृतिक समूह किस प्रकार करते हैं? ये विषय समाजशास्त्र की इस शाखा के अध्ययन के मुख्य विषय हैं। रुग्नता एवं स्वास्थ्य की माप के लिये सामान्यतः दो तरीकों—सरकारी आंकड़ों और सामुदायिक सर्वेक्षणों का प्रयोग किया जाता है। किन्तु इन दोनों ही विधियों की अपनी सीमाएं एवं कमजोरियां हैं। रुग्नता और स्वास्थ्य के प्रतिमान एक ही समाज में भिन्न समयों में और भिन्न समाजों में एक ही समय पर एक से नहीं होते। यही नहीं, इन प्रतिमानों में लिंग और आयु के आधार पर भी अन्तर होता है। बालक और वृद्ध व्यक्तियों में बीमारी और मृत्यु की अधिक संभावना रहती है। इसी प्रकार कई समाजों में पुरुषों की अपेक्षा स्त्रियां अधिक जीवित रहती हैं। वास्तव में, स्वास्थ्य एवं रुग्नता के प्रतिमानों की व्याख्या करना सरल कार्य नहीं है।

sociology of homework **गृहकार्य का समाजशास्त्र**

अभी पिछले कुछ वर्षों पूर्व तक समाजशास्त्रियों द्वारा स्त्रियों का अध्ययन घर से बाहर सवेतनिक कर्मचारियों, या पत्नियों और माताओं के रूप में ही किया जाता था और वेतनहीन घरेलू श्रम) बालकों के पालन-पोषण और घर को व्यवस्थित रखने से जुड़े हुए कार्य, जैसे घर की सफाई, भोजन तैयार करना, आदि) की अन्य प्रकार के कार्यों के अनुरूप नहीं माना जाता था। किन्तु साठ और सत्तर के दशकों में घरेलू श्रम के वैज्ञानिक अध्ययन की भी शुरुआत हुई। इस सम्बन्ध में **अन्न ओकले** का 'द सोसिओलॉजी ऑफ हाउस वर्क', (1974) का अध्ययन विशेष उल्लेखनीय है। अपने इस अध्ययन में ओकले ने गृहणी के कार्यों सम्बन्धी कुछ प्रश्न उठाये हैं, जैसे विभिन्न घरेलू कार्यों के प्रति उनका संतोष और असंतोष, सफाई और व्यवस्था के मानदंडों को बनाये रखने सम्बन्धी उनकी दिनचर्या, इन कार्यों के सम्पादन

सम्बन्धी उनकी आत्म-छवि, दैनिक कार्यों से उत्पन्न नीरसता, टूटन आदि; गृहणियों की परस्पर सामाजिक अन्तर्क्रिया, गृहकार्य में आत्म-पुरस्कार (संतोष), तथा इन सभी से संबंधित सामाजिक वर्ग सम्बन्धी समानताएं और भिन्नताएं। उपरोक्त विषयों पर हुए अध्ययनों से एक महत्वपूर्ण तथ्य यह उभर कर आया कि अधिकांश गृहणियां अपने घरेलू कार्य से असंतुष्ठ पाई गईं हैं।

sociology of housing **आवासों (मकानों) का समाजशास्त्र**

एक भौतिक शिल्पकृति के रूप में मकान की प्रकृति, इसका स्थानिक वितरण तथा इसके भोगाधिकार सम्बन्धी शर्तें (भौतिक, कानूनी, वित्तीय) सामाजिक संरचनाओं और प्रक्रियाओं द्वारा प्रभावित होती हैं। ठीक इसके विपरीत, मकान की इन विशेषताओं के सामाजिक प्रभाव भी होते हैं। अतः मकान को दो रूपों, अर्थात् एक सामाजिक रचना के रूप में और दूसरे एक सामाजिक कारणों के रूप में देखा जा सकता है। इन दोनों ही रूपों को लेकर अनेक प्रकार की समाजशास्त्रीय शोध हुई हैं। इस संबंध में पाँच प्रमुख क्षेत्रों की गणना की जा सकती है। प्रथम, मकान के प्रारूप (डिजाइन) पर संस्कृति और सामाजिक विभाजनों (वर्ग, लिंग, आदि) का प्रभाव; द्वितीय, सामाजिक संरचनाओं और प्रक्रियाओं द्वारा किस प्रकार निवासीय बस्तियों में सामाजिक समूहों का वितरण प्रभावित होता है; तृतीय, लघु स्तर पर सामाजिक अन्तर्क्रिया का प्रतिमान, अर्थात् व्यक्तिगत घरों के भीतर तथा उनके बीच के संबंधों को मकानों की भौतिक प्रकृति (बनावट) और मकानों के स्थानिक सम्बन्ध किस प्रकार प्रभावित करते हैं; चतुर्थ, विभिन्न प्रकार के समाजों (समाजवादी, पूंजीवादी, अविकसित, विकासशील) में मकानों की प्रबंध व्यवस्था का निर्धारण, विभिन्न संस्कृतियों एवं राष्ट्रों में इनके प्रतिमानों में भिन्नता; और अंतिम, सामाजिक वर्गों और सामाजिक एकता को बनाये रखने में मकानों की भूमिका, उदाहरणार्थ आवास और वर्ग, समुदाय, प्रस्थिति, लिंग, प्रजाति और उपभोग के स्वरूपों के बीच संबंध।

sociology of knowledge **ज्ञान का समाजशास्त्र**

ज्ञान अथवा चिंतन की उत्पत्ति कैसे होती है, इसके स्वरूप निर्धारण में समाज और संस्कृति की क्या भूमिका है, आदि विषयों को लेकर ज्ञान के समाजशास्त्र का जन्म हुआ है। समाजशास्त्र की यह शाखा ज्ञान अथवा चिंतन की प्रणालियों तथा सामाजिक-सांस्कृतिक कारकों के पारस्परिक संबंधों का अध्ययन करती है। ज्ञान का समाजशास्त्र इस मान्यता पर आधारित है कि सभी प्रकार का ज्ञान यथा धार्मिक, दार्शनिक, कानूनी, राजनीतिक, आदि समाज की उपज है, अर्थात् ज्ञान के उद्‌भव एवं विकास पर तत्कालीन सामाजिक-सांस्कृतिक कारकों का प्रभाव पड़ता है। विगत वर्षों में समाजशास्त्र के नये उपागम यथा 'मानवीय समाजशास्त्र' का विकास इस बात की पुष्टि करता है कि ज्ञान का आधार समाज है।

ज्ञान के समाजशास्त्र की व्यवस्थित रूप में उत्पत्ति उन्नीसवीं शताब्दी में हुई, किन्तु इसका अस्पष्ट रूप पहले से ही किसी न किसी रूप में विद्यमान था। प्रसिद्ध दार्शनिक **बेकन** ने बहुत पहले ही यह लिखा था कि "प्रकृति की भांति मानव मस्तिष्क पर लिंग, आयु, स्थान,

स्वास्थ्य, बीमारी, सुन्दरता व कुरूपता आदि आन्तरिक कारकों के साथ-साथ राज्य, कुलीनता, परिवार, धन, आवश्यकता, समृद्धि, पतन, पद, प्रतिष्ठा आदि बाह्य कारकों का भी प्रभाव पड़ता है। समाजशास्त्र की एक पृथक शाखा के रूप में आधुनिक ज्ञान के समाजशास्त्र की स्थापना सन् 1920 में हुई। इसकी उत्पत्ति एवं विकास पर दो भिन्न प्रमुख बौद्धिक धाराओं—मार्क्स एवं दुर्खाइम की स्पष्ट छाप देखी जा सकती है। **मार्क्स** के अनुसार, मानव का समस्त ज्ञान शोषित एवं शोषक वर्गों के विरोधी चेतन अथवा अचेतन हितों द्वारा विकृत होता है।'

फ्रांस में **एमाइल दुर्खाइम** ने ज्ञान की उत्पत्ति को एक अन्य दृष्टिकोण से देखने का यत्न किया है। दुर्खाइम के अनुसार, 'हमारे बोध तथा अनुभव-क्रम के प्रमुख तत्व (स्थान, दिशा, समय, कारणता, आदि) सामाजिक संरचना की उपज तथा उसके भाग हैं जो सामाजिक जीवन के जीवन्त रूप को बनाने तथा बनाए रखने में सहायता करते हैं।'

ज्ञान के समाजशास्त्र को पिछले वर्षों में ठोस आधार देने तथा पल्लवित करने में **कार्ल मानहीम** की दो कृतियों—'आइडिऑलॉजी एंड यूटोपिया' (1936) तथा 'एसेज ऑन द सोसियोलॉजी ऑफ नौलेज' (1952) की प्रमुख भूमिका रही है। उन्होंने लिखा है कि ज्ञान के समाजशास्त्र में ज्ञान एवं अस्तित्व के सम्बन्धों का विश्लेषण किया जाता है। उनके मतानुसार, समस्त विचार जिसमें सत्य भी सम्मिलित है, सामाजिक-ऐतिहासिक परिस्थितियों द्वारा प्रभावित होते हैं ... प्रत्येक ऐतिहासिक युग विशेष की अपनी विचार-शैली होती है क्यों कि विचार तथा सामाजिक संरचना के बीच एक सीधा सम्बन्ध होता है.... एक व्यक्ति केवल अपनी मानसिक क्षमता के कारण ही विचारों को प्रस्तुत कर रहा है, यह सोचना गलत है। संभव है कि वह समूह द्वारा प्रभावित होकर सोचता और विचारों को प्रस्तुत करता है। मानहीम ने इस सम्बन्ध में एक महत्वपूर्ण प्रश्न उठाया है कि यदि ज्ञान समाज की उपज है तो फिर वस्तुपरक ज्ञान किस प्रकार संभव है? यदि यह संभव नहीं है तो इसका तात्पर्य यह है कि हम शून्यवाद के घेरे में फंस गये हैं।

sociology of law — कानून का समाजशास्त्र

अत्यन्त सामान्य अर्थ में, समाजशास्त्र की यह शाखा कानूनी एवं वैधानिक संस्थाओं का सामाजिक संदर्भ में अध्ययन करती है। **गुरविच** के अनुसार, 'समाजशास्त्र के एक अंग के रूप में कानून का समाजशास्त्र, कानून का अध्ययन एक प्रेक्षणीय तथ्य तथा वृहत सांस्कृतिक प्रतिमान को निर्मित करने वाली अनेक सामाजिक घटनाओं में से एक घटना मान कर करता है।' कानून का समाजशास्त्र कानून को एक सामाजिक संस्था के रूप में देखता है तथा सामाजिक जीवन पर उसके प्रभावों का विश्लेषण करता है। कानून का विकास अर्थात् कानूनी अवधारणाओं में बढ़ती हुई तार्किकता तथा इसे प्रभावित करने वाली सामाजिक परिस्थितियां भी इसके अध्ययन के प्रमुख विषय हैं।

प्राकृतिक व्यवस्था के अंग के रूप में कानून के सैद्धांतिक आधार का अध्ययन करना भी समाजशास्त्रियों का महत्वपूर्ण विषय रहा है। कानून स्वयं एक सामाजिक घटना है। यह सामाजिक नियंत्रण का एक महत्वपूर्ण साधन है। इस दृष्टि से कानून का समाजशास्त्र समाज वैज्ञानिकों तथा कानून के व्यवसायियों, दोनों के आत्मज्ञान में महत्वपूर्ण योगदान करता है।

आत्म-ज्ञान तथा नैतिक विकास दोनों घनिष्टतः सम्बंधित हैं। अतः समाजशास्त्र का इसमें अपना महत्वपूर्ण योगदान है।

कानून के समाजशास्त्र का विकास अमेरिका तथा ब्रिटेन की अपेक्षा यूरोप के अन्य देशों में अधिक हुआ है। इस संबंध में **एमाइल दुर्खाइम** द्वारा प्रतिशोधात्मक (दमनकारी) तथा क्षतिपूरक कानून का दो वर्गों में किया गया विभाजन उल्लेखनीय है। दुर्खाइम ने प्रतिशोधात्मक कानून को आदिम समाज के साथ तथा क्षतिपूरक कानून को आधुनिक औद्योगिक समाज के साथ जोड़ने का यत्न किया है। **मैक्स वेबर** ने समाज तथा कानून के पारस्परिक संबंधों के आधार पर सामाजिक व्यवस्थाओं का विश्लेषण किया है। दुर्खाइम की भांति मार्क्स ने कानून का कोई प्रत्यक्ष व्यवस्थित अध्ययन नहीं किया, फिर भी समाज संबंधी उनकी विवेचनाओं में नियंत्रण के साधन के रूप में कानून का उल्लेख अवश्य मिलता है। मैक्स वेबर ने अवश्य अपनी पुस्तक 'अर्थव्यवस्था और समाज' में कानून का सविस्तार वर्णन किया है। इसी प्रकार आस्ट्रेलिया के एक विद्वान **इरलिच** ने कानून के समाजशास्त्र में अपना योगदान किया है। इन सभी विद्वानों ने कानून तथा वैधानिक व्यवस्थाओं को समाज का एक अंग स्वीकार किया है। सभी ने सामाजिक नियंत्रण का एक साधन मान कर इन्हें नैतिक व्यवस्था तथा समाज की प्रथाओं तथा विचारों से सहसम्बंधित करते हैं। ब्रिटेन के कुछ मानवशास्त्रियों जैसे **मैक्स ग्ल्कमेन** ने सरल समाजों की कानून तथा न्यायालय की व्यवस्था का अध्ययन कर सामाजिक व्यवस्था के अन्य पक्षों के साथ इनके सम्बन्धों को मालूम किया है। अभी कुछ वर्षों पूर्व **आर. कोट्रेल** की पुस्तक 'द सोसिआलॉजी ऑफ लॉ' (1984) ने पुनः समाजशास्त्रियों का ध्यान इस विषय की ओर आकर्षित किया है।

न्यायशास्त्र और कानून के समाजशास्त्र में अन्तर है। न्यायशास्त्र में आदर्शात्मक प्रतिमानों तथा प्रतीकों की व्यवस्था का अध्ययन किया जाता है, जब कि कानून के समाजशास्त्र में सभी समाजों तथा समूहों के अनुभवों को सम्मिलित किया जाता है। कानून का समाजशास्त्र एक वर्णनात्मक विज्ञान है जिसका मूल्यों के साथ कोई प्रत्यक्ष सम्बन्ध नहीं है। इसका सम्बन्ध मूल्यों के साथ केवल इतना-सा है कि इसमें मूल्यों की यथार्थता का परीक्षण किया जाता है। इसका न्यायशास्त्र से मात्र इतना संबंध है कि यह उसे एक वस्तुपरक तथ्यों के रूप में कच्ची सामग्री प्रदान करता है जिससे कि कानून या विधान तथा उसका प्रयोग भली-भांति हो सके। वकील, पंच, न्यायाधीश, अपचारी आदि की सामाजिक भूमिकाओं तथा इनका वृहत समाज के साथ सम्बन्ध कानून के समाजशास्त्र के प्रमुख विषय हैं।

sociology of leisure — अवकाश का समाजशास्त्र

अवकाश का अर्थ प्रतिदिन की रूटिन क्रियाओं/कार्यकलापों से छुट्टी और इनके स्थान पर ऐसी मनमौजी, शौकिया एवं आनन्दप्रद क्रियाओं में स्वयं को संलग्न करने से है जिन्हें व्यक्ति अत्यधिक महत्व देता है, जैसे बागवानी करना, खेलना, सिनेमा जाना आदि। ये क्रियाएं उत्पादक या लाभकारी ही हों, आवश्यक नहीं। किन्तु इनके साथ एक व्यक्ति की सामाजिक भूमिकाओं से जुड़े सामाजिक दायित्व नहीं होते। खेलकूद की क्रिया इसी का एक

उदाहरण है। इसी प्रकार कोई व्यक्ति अलभ्य, विलक्षण एवं बहुत पुरानी कारों को सुधारने एवं ठीक-ठाक कर उन्हें सजाने-संवारने में आनन्द का अनुभव करता है, जो कि उसका धंधा नहीं है, तब इसे भी अवकाश की क्रिया ही कहा जायेगा। संभव है ऐसी क्रिया में उसे भारी काम करने से थकान भी हो, किन्तु यह थकान भी उसे आनन्द ही देती है।

अवकाश के समाजशास्त्र का विकास दो मुख्य धाराओं में हुआ है। प्रथम को 'स्वरूपात्मक (फार्मल)' उपागम और द्वितीय को 'ऐतिहासिक एवं सैद्धान्तिक उपागम' के नामों से जाना जाता है। स्वरूपात्मक उपागम के अन्तर्गत तीन प्रमुख समस्याओं का आनुभविक अध्ययन किया जाता है। ये समस्याएं हैं—अवकाश के प्रतिमान किस प्रकार सम्पूर्ण जीवन-चक्र को बदलते रहते हैं? (देखिये, **रेपोपर्ट** की पुस्तक 'लेज़र एण्ड द फैमिली लाइफ साइकल, 1975), कार्य और अवकाश में क्या अन्तर्संबंध है? (देखिये—**स्टेनले पार्कर** का अध्ययन, 'लेज़र एण्ड वर्क', 1983) और तीसरे प्रकार के अध्ययन कुछ विशिष्ट प्रकार के अवकाशों जैसे सिनेमा जाने वाले, क्रिकेट या फुटबाल खेलने वालों या नृत्य गृहों में जाने वालों की संख्या को लेकर हुए हैं।

ऐतिहासिक/सैद्धान्तिक उपागम के अन्तर्गत ऐतिहासिक परिप्रेक्ष्य में अवकाश की बदलती हुई प्रकृति तथा सामाजिक परिवर्तन में इसकी भिन्न भूमिकाओं जैसे विषयों को लेकर अध्ययन किये गये हैं। इस संबंध में दो परिप्रेक्ष्य विकसित हुए हैं, यथा प्रकार्यात्मक (फंक्शनल) और नव मार्क्सवादी। सन् 1960 के दशक में अत्यधिक बहु चर्चित प्रकार्यवादी उपागम ने 'अवकाशोन्मुख समाज' (लेज़र सोसाइटी) की ओर अपरिहार्य कदम की बात की। **क्लार्क कैर** ने 'इन्डस्ट्रियलिज्म एण्ड इन्डस्ट्रियल मेन', (1960) पुस्तक में 'औद्योगीकरण के तर्क' के माध्यम से इस उपागम की प्रस्थापना हुई। इसके विपरीत, नव मार्क्सवादियों ने इसकी चर्चा 'अवकाश के अवश्यंभावी व्यापारीकरण' के रूप में की और कहा कि औद्योगीकरण ने अवकाश को एक बाज़ार की वस्तु बना दिया है।

इसी प्रकार, विवेचनात्मक (क्रिटिकल) सिद्धान्त के फ्रेंकफुर्त सम्प्रदाय ने भी इसका अत्यंत निराशावादी चित्र खींचा है। उनके अनुसार, व्यापाराना जन आमोद-प्रमोद (सिनेमा, खेलकूद, दूरदर्शन, नाट्य प्रदर्शन आदि) ने एक प्रकार के 'संस्कृति उद्योग' (कल्चर इन्डस्ट्री) को जन्म दिया है जो व्यक्तियों का शोषण करता है और संस्कृति की वैविध्यता को समाप्त करता है।

अवकाश और फुरसत के क्षणों के बारे में उपरोक्त चर्चाओं के बावजूद अभी इस क्षेत्र में विशेष कार्य नहीं हुआ है, किन्तु सन् 1990 के प्रारंभ में अब कुछ लोगों की मीडिया, खेलकूद, उपभोक्तावाद जैसे विषयों में समाजशास्त्रीय रुचि का श्रीगणेश यह संकेत देता है कि आने वाले वर्षों में यह विषय भी समाजशास्त्रीय अन्वेषणों में पर्याप्त महत्व ग्रहण करेगा।

sociology of literature **साहित्य का समाजशास्त्र**

कृति, कृतिकार और समाज के बीच होने वाली अन्तर्क्रियाओं के परिणाम स्वरूप निर्मित

ऐसी संरचनाओं, जिनके आधार पर कोई कृति अपना स्वरूप ग्रहण करती है, उस वस्तुनिष्ठ अध्ययन करने वाली ज्ञान की शाखा को साहित्य का समाजशास्त्र कहा जाता है। साहित्य के समाजशास्त्र का लक्ष्य समाजशास्त्र के सिद्धान्तों और संदर्भों के परिप्रेक्ष्य में साहित्य का अध्ययन करना है। साहित्य अपने व्यक्त अथवा मूर्त रूप में एक रचना अथवा कृति है, किन्तु अव्यक्त रूप में कृति के पीछे कृतिकार का व्यक्तित्व और उसके व्यक्तित्व के पीछे उसका सामाजिक परिवेश रहता है, अतः साहित्य के पूर्ण अध्ययन के लिए उसके सामाजिक पहलुओं तथा संदर्भों का अध्ययन आवश्यक है जो उसके अस्तित्व और महत्ता को प्रभावित करते हैं। साहित्यकार के कृतित्व का जिन रूपों में विकास होता है, तथा जिन दशाओं में वह साहित्य की रचना करता है, वह साहित्यकार का सामाजिक परिवेश है। जिन सामाजिक संदर्भों को आधार बना कर और जिन विशेष सामाजिक परिस्थितियों में साहित्यिक कृति का सृजन पूर्ण होता है, वह कृति का सामाजिक परिवेश है। स्वभावतः कृति और कृतिकार दोनों के सामाजिक परिवेश में घनिष्ट संबंध होता है, किन्तु दोनों सदा-सर्वदा एक नहीं होते। कभी-कभी कृति की रचना-प्रक्रिया कुछ ऐसी परिस्थितियों से होकर गुजरती है जो कर्त्ता की सामान्य परिस्थितियों से भिन्न होती है। अतः साहित्य के समाजशास्त्र का लक्ष्य साहित्य एवं समाज के पारस्परिक संबंधों का अध्ययन करना है।

साहित्य के समाजशास्त्र की परंपरा वस्तुतः यूरोप में उन्नीसवीं शती में प्रारंभ हो गई थी और वर्तमान युग की लोकवादी विचारधाराओं, विशेषतः मार्क्स-दर्शन के प्रभाव से उसका निरंतर विकास होता रहा है।

sociology of mass media **जन माध्यम का समाजशास्त्र**

ऐसे विस्तृत संगठनों को जन माध्यम के रूप में परिभाषित किया जाता है जो प्रिंट, रेडियो या टी.वी. जैसी तकनीकों में से किसी एक या अधिक का अधिसंख्य व्यक्तियों के साथ सम्प्रेषण के लिये प्रयोग किया जाता है। जन संचार की दो प्रमुख विशेषताएं हैं: प्रथम, कुछ व्यक्ति बहुत से व्यक्तियों को अपनी बात कह सकते हैं, द्वितीय, दर्शक/श्रोतागणों के पास प्रत्युत्तर का कोई प्रभावशाली साधन नहीं होता है। इसीलिये जन संचार की परिभाषा एक तरफा प्रक्रिया के रूप में की जाती है। अधिकांशतः मीडिया संगठन प्रशासनतंत्री (ब्यूरोक्रेटिक) और निगम के रूप में होते हैं। लगभग सभी जगह मीडिया तंत्र पर सरकार का नियंत्रण होता है और इस नियंत्रण की मात्रा अलग-अलग जगह पर भिन्न होती है, जैसे कहीं-कहीं पर नग्नता प्रदर्शन या धूम्रपान के प्रचार पर कड़ी पाबन्दी होती है, कहीं नहीं। निरंकुशतावादी समाजों में जन संचार के माध्यमों पर कड़ी सेन्सर व्यवस्था होती है।

आधुनिक समाजों में जन संचार के साधनों का मानसिक जीवन पर घना प्रभाव होता है, अतः यह विषय समाजशास्त्रियों के अध्ययन का रुचिकर विषय रहा है। सन् 1930 के प्रारंभिक अध्ययनों में नवीन मीडिया प्रौद्योगिकी, विशेषतः रेडियो तथा टी.वी. में निहित सत्ता/शक्ति का अध्ययन करना रहा है। **एडोल्फ हिटलर** ने रेडियो का अपने अभियान के प्रचार के लिये सफलतापूर्वक प्रयोग कर मीडिया के दुरूपयोग के संभावित खतरों को उजाकर किया था। बाद में, जन समाज (मॉस सोसाइटी) की अवधारणा के प्रादुर्भाव ने इस

विचार को अधिक पुख्ता बना दिया कि विद्युत संचालित मीडिया मस्तिष्क नियंत्रण की ओरविलिअन स्थिति को उत्पन्न कर सकता है जिसमें एक छोटे से सम्प्रेषणकर्त्ता के अभिजनों द्वारा निश्चेष्ठ वृहत समाज पर प्रभुत्व किया जाता है।

हेरोल्ड लासवेल, पॉल लेज़ार्सफेड तथा अन्य समाज वैज्ञानिकों द्वारा इस क्षेत्र में किये गये अध्ययनों से यह विदित हुआ है कि मीडिया का प्रभाव प्रत्यक्ष और शक्तिशाली होता है। किन्तु अधिक गहन अध्ययनों द्वारा यह प्रकट हुआ है कि दर्शक-श्रोताओं पर यह प्रभाव वर्ग, जाति, सामाजिक पृष्ठभूमि, मूल्य, विश्वास, संवेगात्मक स्थिति और यहां तक की दिन का कौन सा समय जैसे कई कारकों पर निर्भर करता है। सन् 1960 के बाद मीडिया शोध में भारी प्रगति हुई। अधिकांशतः इस क्षेत्र में गवेषणाएं टी.वी. पर अधिक केन्द्रित रही हैं, क्यों कि यह जन संचार का सर्वाधिक प्रभावशाली साधन है। इस संबंध में **डी. मैक्वेल** की 'मॉस कम्यूनिकेशन थिअॅरि' (1983) नामक पुस्तक इस विषय के संबंध में एक सुन्दर विहंगम दृष्टि प्रस्तुत करती है। मीडिया के क्षेत्र में हुए अध्ययनों को चार क्षेत्रों में विभाजित किया जा सकता है। प्रथम, मीडिया विषय-वस्तु अध्ययन जो मीडिया उत्पादन की सांस्कृतिक गुणवत्ता या विशिष्ट झुकाव और प्रभाव से सम्बंधित होते हैं। उदाहरणार्थ, रूढिबद्ध धारणाओं का प्रदर्शन या हिंसा और समाज विरोधी व्यवहार को प्रोत्साहन देने वाले विशेषतः बच्चों के टी.वी. क्रार्यक्रमों का अध्ययन इसी के अन्तर्गत किया जाता है। द्वितीय, मीडिया के स्वामित्व एवं नियंत्रण के प्रतिमानों तथा अधिकाधिक कार्यक्रमों के व्यापारीकरण के विषयों को लेकर किये गये अध्ययन। तृतीय, एक समन्वित जीवन और विचारदृष्टि को प्रोत्साहन देने वाले मीडिया के वैचारिक प्रभाव। चतुर्थ, प्रजातांत्रिक राजनीति पर विद्युतचालित मीडिया का प्रभाव, जैसे सामाजिक समस्याओं से जनता के ध्यान को हटाना या राजनीतिक अभियान में टी.वी. विज्ञापनों का प्रयोग आदि। इसके अतिरिक्त भी टी.वी. के अधिक मौलिक प्रभावों की चर्चा हुई है।

sociology of medicine — चिकित्सा का समाजशास्त्र

समाजशास्त्र की एक शाखा जो बीमारी के सामाजिक पक्षों का अध्ययन करती है, चिकित्सा का समाजशास्त्र कहलाती है। इसके अन्तर्गत बीमारी के प्रति समाज का दृष्टिकोण, इसका वितरण, बीमारी का समाज के संगठन के साथ सम्बन्ध, चिकित्सा-व्यवस्था, विभिन्न सामाजिक भूमिकाएं (बीमार, चिकित्सक, नर्स, कम्पाउन्डर आदि), चिकित्सक-बीमार सम्बन्ध जैसे विषयों का अध्ययन किया जाता है। जब कोई व्यक्ति रोग-ग्रस्त हो जाता है तो मानवीय सम्बन्धों के सम्पूर्ण कलेवर में परिवर्तन की प्रक्रिया का आविर्भाव होता है। बीमारी के द्वारा व्यक्तियों की प्रस्थिति तथा भूमिका दोनों पर प्रभाव पड़ता है। बीमारी के दौरान व्यक्ति की सम्पूर्ण व्यक्तित्व-संरचना में भी परिवर्तन होता है। इन सभी विषयों का अध्ययन चिकित्सा के समाजशास्त्र में किया जाता है।

चिकित्सा के समाजशास्त्र को प्रोत्साहित करने में चिकित्सा व्यवसाय और रोगी की भूमिका सम्बन्धी **टालकट पार्सन्स** के अध्ययन ने महत्वपूर्ण भूमिका अदा की है जिसने चिकित्सा और रुग्नता को समाजशास्त्र के अध्ययन का एक प्रमुख विषय बना दिया। इस

क्षेत्र में सन् 1950 के बाद काफी काम हुआ है। (देखिये, सोसिऑलाजी ऑफ हेल्थ एण्ड इलनेस)

sociology of occupation **व्यवसाय का समाजशास्त्र**

पेशे, व्यवसाय अथवा रोजगार के विश्लेषण हेतु समाजशास्त्रीय सिद्धान्तों का प्रयोग ही व्यवसाय का समाजशास्त्र है। किसी समाज की व्यावसायिक संरचना, विशिष्ठ व्यवसायों तथा समाज के अन्य पक्षों जैसे परिवार, जाति, अर्थव्यवस्था, शिक्षण व्यवस्था, राजनीतिक व्यवस्था, सामाजिक संस्तरण व्यवस्था के बीच सम्बन्धों का अध्ययन व्यवसाय के समाजशास्त्र के मुख्य विषय हैं।

व्यवसाय अथवा कार्य के समाजशास्त्र सम्बन्धी साहित्य में यह विषय काफी केन्द्रीय महत्व का रहा है कि व्यक्ति का कार्य अथवा व्यवसाय उसके व्यवहार (व्यवसाय सम्बन्धी व्यवहार तथा व्यवसाय के अतिरिक्त व्यवहार) को प्रभावित करता है। अतः व्यक्ति के व्यवसाय की जानकारी द्वारा उसकी मनोवृत्ति, जीवन-शैली और मूल्यों का पता लगाया जा सकता है। अतः व्यक्ति के जीवन में जीवनयापन संबंधी उसका कार्य या व्यवसाय अत्यधिक महत्व रखता है। अतः समाजशास्त्रियों ने व्यक्ति के व्यवहार को समझने के लिए उसके व्यवसाय अथवा कार्य को भी अपना अध्ययन का विषय बनाया है।

व्यावसायिक समाजशास्त्र के अध्ययन के प्रमुख विषय हैं: व्यवसाय का रूप, भर्ती का रूप तथा प्रशिक्षण, पारिश्रमिक की मात्रा तथा वितरण का रूप, भूमिका में निहित संघर्ष, व्यक्तित्व तथा व्यवसाय में सम्बन्ध, व्यवसाय के दौरान पारस्परिक सम्बन्ध, व्यवसाय के प्रति जन धारणा, व्यवसाय में सत्ता एवं सम्मान का वितरण, आदि।

sociology of organizations **संगठनों/संस्थानों का समाजशास्त्र**

उन्नीसवीं शताब्दी में औद्योगिक समाजों के विकास ने कारखानों तथा राज्य जैसे अनेक वृहत स्तरीय संगठनों को जन्म दिया। कारखानों के उद्‌भव द्वारा ही **एफ.डब्ल्यू. टेलर** की 'वैज्ञानिक प्रबंध' की धारणा का जन्म हुआ और बाद में **मैक्स वेबर** ने इसी आधार पर प्रशासन-तंत्र (नौकरशाही) के आदर्श-प्ररूप (आइडियल टाइप) को विकसित किया। इन दोनों ही सिद्धान्तों का मूल उद्देश्य वृहत संगठनों की संरचनाओं का विवेचना करना था; अर्थात् किसी संस्थान में पदों का क्या स्वरूप है, इन पदों के साथ किस प्रकार के अधिकार, शक्ति और कर्त्तव्य जुड़े हुए हैं तथा संगठन के लक्ष्यों को प्राप्त करने के लिये इनके क्या आपसी संबंध हैं। इन दोनों ही सिद्धान्तों में संगठनों/संस्थानों की विवेचना संस्तरणात्मक संरचनाओं के रूप में की गई है जो कि किसी भी कार्य के प्रबंधकीय नियंत्रण के लिये आवश्यक होती है।

सन् 1930 और 1940 के बीच इस क्षेत्र में कई अन्य प्रकार के अध्ययन-अनुसंधान किये गये जिनमें **चेस्टर बर्नार्ड** का 'ह्यूमन रिलेशन्स मूवमेंट' तथा **फिलिप सेल्ज़निक** का अति प्रतिष्ठित 'टेनेशी वैली ऑथोरिटी' अध्ययन विशेष उल्लेखनीय हैं। इन अध्ययनों ने संगठनों के विश्लेषण के द्वितीय क्षेत्र का सूत्रपात किया। इन अध्ययनों में संगठनों में होने वाली

सामाजिक प्रक्रियाओं, विशेषतः ऐसे अनौपचारिक तथा अकार्यालयी सामाजिक संबंधों का अध्ययन किया गया जिनके कारण संगठन के लक्ष्यों के अवरूद्ध या नष्ट-भ्रष्ट हो जाने का खतरा बना रहता है। यही नहीं, ऐसे संगठनों का भी अध्ययन किया गया जिनका स्वरूप संस्तरणात्मक की अपेक्षा सहकारी होता है। आजकल अनेक प्रकार के संगठनों के समाजशास्त्रीय अध्ययन तथा उनके सिद्धान्त उपलब्ध हैं। इन अध्ययनों को अग्रांकित चार मोटे वर्गों में विभाजित किया जा सकता है: (1) संगठनों के प्रकारों का वर्णन/विश्लेषण करने वाले अध्ययन (2) सामाजिक प्रणालियों के रूप में संगठनों का अध्ययन (3) अनुभवजन्य संरचनाओं के रूप में संगठनों का अध्ययन (4) क्रिया की संरचनाओं के रूप में संगठनों का अध्ययन।

sociology of politics **राजनीति का समाजशास्त्र**

राजनीति का समाजशास्त्र सामान्य समाजशास्त्र का एक उपभाग है जिसमें राजनीतिक व्यवस्था तथा सामाजिक व्यवस्था के परस्पर सम्बन्धों का अध्ययन किया जाता है। प्रारंभ में राजनीतिक समाजशास्त्र और राजनीति के समाजशास्त्र में अन्तर किया जाता था, किन्तु वर्तमान राजनीतिक समाजशास्त्र के अध्ययन-क्षेत्र की विषय-वस्तु एवं क्षेत्र की व्यापकता के सन्दर्भ में राजनीति के समाजशास्त्र और राजनीतिक समाजशास्त्र में भेद करना अब कठिन है। आजकल राजनीति के समाजशास्त्र या राजनीतिक समाजशास्त्र प्रारंभ की भांति सामाजिक-संरचनात्मक परिवर्त्यों (वेरिएबल्स) को स्वतन्त्र तथा राजनीतिक-संरचनात्मक परिवृत्यों (वेरिएबल्स) को आश्रित मान कर अध्ययन नहीं किया जाता है, अपितु दोनों विज्ञानों के परिवृत्यों को समान महत्व दिया जाता है। यह एक ऐसी अन्तर्वैज्ञानीय वर्णशंकर ज्ञान की एक शाखा है जिसमें समाजशास्त्र और राजनीतिशास्त्र का घुलन-मिलन हो जाता है। दोनों के आपसी लेने-देने के फलस्वरूप राजनीतिक समाजशास्त्र की उत्पत्ति होती है। इस प्रकार, राजनीतिक समाजशास्त्र, राजनीति का समाजशास्त्र तो है ही, किन्तु यह इससे कुछ अधिक भी है।

sociology of religion **धर्म का समाजशास्त्र**

धर्म और समाज के अन्तर्पारस्परिक सम्बन्धों के अध्ययन करने वाली समाजशास्त्र की शाखा को धर्म का समाजशास्त्र कहा जाता है। धर्मिक भावनाएं, विचार तथा संस्थाएं किस प्रकार सामाजिक शक्तियों, सामाजिक संगठन तथा सामाजिक संस्तरण को प्रभावित करती हैं तथा इनसे प्रभावित होती हैं, इन दोहरे सम्बन्धों का अध्ययन ही धर्म का समाजशास्त्र कहलाता है। **प्रो. यिंगर** के अनुसार 'धर्म का समाजशास्त्र उन तरीकों का वैज्ञानिक अध्ययन है जिसमें समाज, संस्कृति, व्यक्तित्व द्वारा धर्म को प्रभावित किया जाता है। साथ ही, इसमें उन विधियों का भी अध्ययन किया जाता है जिसमें धर्म के द्वारा समाज, संस्कृति और व्यक्तित्व प्रभावित होते हैं।'

धर्म का समाजशास्त्र धर्म में अन्तर्निहित अलौकिक शक्ति का अध्ययन नहीं करता और न ही इसमें यह परखने का यत्न किया जाता है कि धार्मिक विचार सही हैं या गलत।

वैज्ञानिक आधार पर इन दोनों ही तथ्यों की विवेचना संभव नहीं है। स्वयं अलौकिक शक्ति अदृश्य एवं काल्पनिक है, किन्तु इससे जुड़े विश्वास 'वास्तविक' हैं। धर्म के समाजशास्त्र में इन विश्वासों का अध्ययन किया जाता है। इन विश्वासों की अभिव्यक्ति किसी धर्म विशेष के मानने वाले व्यक्तियों के आचरण एवं व्यवहारों में होती है, जिनका निरीक्षण-परीक्षण संभव है। इसी प्रकार, धर्म के समाजशास्त्र का धर्म के दर्शन, जैसे हिन्दू धर्म की कर्म एवं पुनर्जन्म की धारणा या धर्म के सारतत्व (ऍसन्स) से कोई प्रत्यक्ष सरोकार नहीं है। इसके विपरीत धर्म के समाजशास्त्र में धार्मिक व्यवहार को मनुष्य की एक लौकिक गतिविधि के रूप में अध्ययन किया जाता है।

अलौकिक शक्ति की अलौकिकताओं से पृथक कर के धर्म को वैज्ञानिक आधार देने का प्रयत्न हमें सर्वप्रथम **अगस्त कोम्त** की 'मानवता का धर्म' की अवधारणा में देखने को मिलता है। कोम्त के विचारानुसार, 'सभी सामाजिक घटनाओं, जिसमें धर्म भी एक है, के कुछ अन्तर्निहित नियम होते हैं। यदि इन नियमों को समझना है तो इन्हें आध्यात्मिक अथवा तात्विक आधारों पर नहीं, अपितु प्रत्यक्ष आधारों पर अर्थात् विज्ञान की विधियों द्वारा ही समझा-परखा जा सकता है।'

धर्म के समाजशास्त्र को धार्मिक समाजशास्त्र से अलग-थलग किया जाना चाहिये। धार्मिक समाजशास्त्र का प्रयोग रोमन कैथोलिक चर्च द्वारा औद्योगिक समाजों में मिशिनरी कार्यों की प्रभावकता में सुधार लाने के लिये किया गया है। धर्म का समाजशास्त्र, इसके विपरीत, धार्मिक संस्थाओं, विश्वासों तथा कर्मकांडों के वैज्ञानिक अध्ययन पर अपने आप को केन्द्रित करता है। धर्म के समाजशास्त्र में, धर्म को न केवल समाजशास्त्रीय परिप्रेक्ष्य में परिभाषित किया गया, अपितु इसे जादू (जिसमें इसी से मिलती-जुलती कुछ क्रियाएं की जाती हैं) से भी अलग किया गया। धर्म का समाजशास्त्र धर्म को रूढ़ियों, अंधविश्वासों तथा कुसंस्कारों का एक बण्डल मात्र नहीं मानता है। इसमें इस विचार को भी लगभव त्याग दिया है कि धर्म, ईश्वर में विश्वासों का एक पिटारा मात्र है। इसके विपरीत, इसमें कर्मकांडों का अध्ययन उनकी पवित्रता के संदर्भ में किया जाता है।

धर्म के समाजशास्त्र में, मोटे रूप में, दो भिन्न परम्पराएं रही हैं, यथा **दुर्खाइम** और **वेबर** की परम्परा। सामाजिक जीवन में धर्म की एक विशिष्ट भूमिका है, इसके कुछ सामाजिक प्रकार्य (फंक्शन) हैं। यह सामाजिक कारकों की उपज है। इस तथ्यों को सर्व प्रथम दुर्खाइम ने ही अपनी कृतियों में प्रस्थापित करने का प्रयास किया। बाद में, इसी धारणा को विकसित करने में **रेडक्लिफ ब्राउन** तथा **ब्रानस्ला मालिनोस्की** जैसे प्रतिष्ठित मानव वैज्ञानिकों ने अपना योगदान किया। जहां दुर्खाइम ने सामान्य रूप में सामाजिक एकीकरण के संदर्भ में धर्म के सामाजिक प्रकार्यों पर बल दिया, वहां वेबर ने प्रमुखतः ईशशास्त्र (मृत्यु, दुख और अनिष्ठ) की आधारभूत नैतिक समस्याओं और मुक्ति-अभियान के तुलनात्मक अध्ययन तक अपने को सीमित रखा। वेबर ने अपने 'धर्म के समाजशास्त्र' (1922) में विश्व संबंधी दो प्रमुख दृष्टिकोणों यथा रहस्यवाद और यतित्ववाद (तपश्चर्या) का विवेचन किया। वेबर की रुचि प्रमुखतः आर्थिक और भोगवादी क्रियाओं पर धर्म के प्रभाव को जानने में थी। इस संबंध

में उसने कहा कि आन्तरिक सांसारिक तपश्चर्या विश्व पर नैतिक नियंत्रण को लागू करने का एक सर्वाधिक महत्वपूर्ण प्रयास है। उसने अपने इस विषय की खोज अपनी पुस्तक 'द प्रोटेस्टेंट इथिक एण्ड द स्प्रिट ऑफ केपिट्लिज्म' में प्रस्तुत की। इस पुस्तक में उन्होंने विश्व के छः प्रमुख धर्मों का अध्ययन कर धर्म के समाजशास्त्र को एक विशिष्ट दिशा प्रदान की।

कुछ समाजशास्त्रियों ने इस प्रकार के विचार भी व्यक्त किये हैं कि आधुनिक समाजों में नगरीकरण, सांस्कृतिक बहुलवाद तथा विश्व के बारे में बढ़ती हुई वैज्ञानिक समझ के प्रसार के कारण लौकिकीकरण (सेक्यूलराइजेशन) की प्रक्रिया के फलस्वरूप धर्म में गिरावट आई है। किन्तु इस विचारधारा का प्रतिकार करते हुए अनेक समाजशास्त्रियों ने कहा है कि धर्म के महत्व में कमी आने के विपरीत धर्म के रूप-स्वरूप में परिवर्तन हुआ है।

sociology of science **विज्ञान का समाजशास्त्र**

मर्टन ने इसे परिभाषित करते हुए लिखा है कि "यह ज्ञान के समाजशास्त्र का एक उप विभाग है जो विशिष्ट प्रकार के ज्ञान के सामाजिक परिवेश का अध्ययन करता है जिसकी उत्पत्ति नियंत्रित प्रयोग या नियंत्रित अवलोकन से होती है।" समाजशास्त्र की इस विशिष्ट शाखा की उत्पत्ति अमेरिका में हुई। सरल शब्दों में, यह शाखा उस संस्थात्मक और मानदंडात्मक व्यवस्था का अध्ययन करती है जिसमें विज्ञान प्रस्फुटित होता है, फलता और फूलता है। इस संबंध में स्वयं मर्टन के बहु प्रसिद्ध अध्ययन उल्लेखनीय है। मर्टन ने विज्ञान के विकास में आधुनिकता के परिणामों तथा तापस्विक प्रकृति के प्रोटेस्टेन्टवाद और लोकतांत्रिक आदर्शों के प्रसार के उद्‌भव के प्रभावों के संबंध में अन्वेषण किया है।

विज्ञान और औद्योगिकी का उद्‌भव कैसे हुआ, इनका मानव और उसके समाज की भौतिक पर्यावरण के साथ समायोजन की आवश्यकताओं से क्या सहसम्बन्ध है, इनके द्वारा किन मानवीय समस्याओं का सूत्रपात हुआ, चिन्तन के नये रूपों का विकास किस प्रकार होता है, आदि विषय मुख्य रूप से विज्ञान के समाजशास्त्र के अध्ययन के विषय रहे हैं। **कार्ल पॉपर** की पुस्तक 'लॉजिक ऑफ साइन्टिफिक डिस्कवरी' (1959) तथा **टी. एस. कुहन** की 'द स्ट्रक्चर ऑफ साइन्टिफिक रिवोल्यूशन' (1970) नामक पुस्तकों में इन विषयों पर व्यापक रूप से विचार किया गया है।

sociology of sociology **समाजशास्त्र का समाजशास्त्र**

समाजशास्त्री समाजशास्त्र को एक सामाजिक घटना मानते हैं। एक घटना के रूप में समाजशास्त्र क्या है, इस प्रश्न का उत्तर ही समाजशास्त्र का समाजशास्त्र है। मूलतः समाजशास्त्र समाज के अस्तित्वात्मक सम्पूर्ण का सार है। एक घटना के रूप में समाजशास्त्र का जन्म भी अकारण नहीं हुआ है, अपितु कुछ विशिष्ट परिस्थितियों ने समाजशास्त्र के उद्‌भव में महत्वपूर्ण भूमिका अदा की है।

sociology of time **समय का समाजशास्त्र**

'समय' सामाजिक जीव को संगठित करने वाले मुख्य तत्वों में से एक है। यही कारण

है कि यह विषय समाज वैज्ञानिकों के अध्ययन का उत्तरोत्तर एक महत्वपूर्ण विषय बनता जा रहा है। स्थूल स्तर पर भौतिक समय और सामाजिक समय में अन्तर किया जाना लाभप्रद है। भौतिक समय का ज्ञान हमें जीवशास्त्र और पर्यावरण, जैसे चन्द्रमा की कलाओं, ज्वार-भाटा के उतार-चढ़ाव और पिंडों के अवसान से होता है। सामाजिक समय जो कि समाज वैज्ञानिकों के अध्ययन का विषय है, का सम्बन्ध मानवीय क्रियाओं की प्रकृति, रचना और परिणामों से होता है। ये क्रियाएं समय को अर्थ प्रदान करने के आसपास संगठित होती हैं। इसमें सप्ताह, पंचांग, दशाब्दियां, और त्योहारों का सम्पादन; समय-सारणियों और समय-क्रम की रचना सहित प्रतिदिन होने वाली क्रियाओं का अध्ययन; जीवन के पड़ाव, प्रस्थिति संक्रमण, एवं व्यवसायों के वृतांत के रूप में समय का जीवन चरित्रात्मक अनुक्रम सम्मिलित होता है।

sociology of training **प्रशिक्षण का समाजशास्त्र**

व्यवस्थित अनुदेशों के द्वारा किसी विशिष्ट कार्य या भूमिका की तैयारी को प्रशिक्षण कहते हैं। शैक्षिक समाजशास्त्री बहुधा शिक्षा और प्रशिक्षण में भेद करते हैं। समाजशास्त्रीय दृष्टि से, प्रशिक्षण विचारात्मक रूप में शिक्षण (स्कूलिंग) से विपरीत है। प्रशिक्षण किसी नौकरी की तैयारी हेतु या इसके बीच में या किसी घरेलू कार्य के लिये हो सकता है। बड़े-बड़े प्रतिष्ठानों में समय-समय पर अलग से प्रशिक्षण-शिविरों, प्रशिक्षण-कार्यशालाओं का आयोजन किया जाता है। विद्यालयों में इस प्रकार की कार्यशालाओं का आयोजन दिन-प्रतिदिन बढ़ता जा रहा है। औद्योगिक समाजों में प्रशिक्षण और शिक्षण के सम्बन्धों का स्वरूप काफी भिन्न है। यह तुलनात्मक शोध का एक रुचिकर विषय है, क्योंकि इसे आर्थिक विकास और मानवीय पूंजी के प्रभावक प्रयोग का एक महत्वपूर्ण तत्व माना जाता है। समाजशास्त्रीय क्षेत्र में प्रशिक्षण से सम्बंधित कई मुद्दों, जैसे निपुणता, श्रम-प्रक्रिया तथा श्रम-बाज़ार, कार्य और वर्ग-चेतना सम्बंधी व्यक्तिपरक अनुभव के बीच संबंध, श्रमिक संगठन, श्रमिक नेतागिरी आदि पर निरन्तर विचार-विमर्श होता रहता है।

sociology of welfare **कल्याण का समाजशास्त्र**

स्वस्थ या कुशल रूप से रहने या कार्य करने की दशा या स्थिति को कल्याण कहते हैं। इस पद का वास्तव में, तब सर्वप्रथम प्रयोग किया गया जब व्यक्ति या समूह के कल्याण हेतु किसी कार्यवाही की आवश्यकता को महसूस किया गया। दूसरे शब्दों में, जब कल्याण के सम्बन्ध में संदेहास्पद स्थिति रहती है। यह पद जरूरतों की अवधारणा से घनिष्ठ रूप में जुड़ा हुआ है, क्यों कि जरूरतें पूरा कर के ही कल्याण किया जा सकता है। इसका सम्बन्ध नीति-निर्माण से भी है। कल्याणकारी नीतियां वे होती हैं जो व्यक्तिगत और समूह की जरूरतों को पूरा करती हैं। यहां जरूरतों से तात्पर्य मात्र उन जरूरतों से नहीं हैं जो जीने के लिये आवश्यक होती हैं, अपितु उन जरूरतों से भी है जो किसी समाज में औचित्यपूर्ण और उपयुक्त जीवन के लिये आवश्यक होती हैं। इसमें मात्र भोजन और वस्त्र के लिये एक न्यूनतम आय को ही सम्मिलित नहीं किया जाता, अपितु इसमें उपयुक्त मकान की सुविधा,

शिक्षा, स्वास्थ्य-रक्षा तथा नियोजन के अवसर भी सम्मिलित होते हैं। किस तरह तथा किस सीमा तक इन आवश्यकताओं की पूर्ति होती हैं, इस बारे में एक समाज से दूसरे समाज में भारी भिन्नता है। बीसवीं शताब्दी में, विकसित औद्योगिक समाजों में कल्याण की आवश्यकताओं को पूरा करने में राज्य की भूमिका काफी बढ़ गई है। किन्तु, पिछले दशक से पश्चिमी समाजों में कल्याण सेवाओं के बढ़ते हुए निजीकरण के कारण कल्याण-कार्यों में कुछ कमी आई है।

समाज-कल्याण का मुद्दा समाजशास्त्र से प्रत्यक्षतः संबंधित है अथवा नहीं, यह विषय वाद-विवाद का बना हुआ। कुछेक लेखकों ने कहा है कि समाज-कल्याण समाजशास्त्र की अपेक्षा सामाजिक नीति के अधिक निकट है, अतः इसका अध्ययन समाजशास्त्र की मुख्यधारा में नहीं किया जाना चाहिये।

sociology of work **कार्य का समाजशास्त्र**

व्यक्ति के व्यक्तिगत और सामूहिक जीवन में 'कार्य' का विषय एक महत्वपूर्ण स्थान रखता है। प्रारंभ में इसका अध्ययन औद्योगिक समाजशास्त्र के अन्तर्गत ही किया जाता था। **मिलर एवं फार्म** की पुस्तक 'औद्योगिक समाजशास्त्र' इसका एक उदाहरण है जिसका उप शीषर्क लेखकों ने 'कार्य संगठन का समाजशास्त्र' दिया है। किन्तु **केप्लो** (सोसिओलॉजी ऑफ वर्क) ने औद्योगिक समाजशास्त्र और कार्य के समाजशास्त्र में भेद किया है। एक स्वतंत्र विषय के रूप में कार्य के समाजशास्त्र की शुरुआत सन् 1950 और सन् 1960 के फ्रांसिसी समाजशास्त्रियों के लेखनों से हुई जिन्होंने कारखानों पर आधारित तत्कालीन औद्योगिक समाजशास्त्र के मुख्यधारा परिप्रेक्ष्य की नये सिरे से समीक्षा की। इन लेखनों द्वारा कार्य-संगठन, प्रौद्योगिकी और कार्य-संगठन में परिवर्तन तथा व्यक्तिगत अलगााव (एलिनिएशन), वर्ग और सामाजिक-राजनीतिक सम्बन्धों के बीच संबंधों की पुनर्स्थापना करने का यत्न किया। इन समाजशास्त्रियों में **फ्रीडमेन, माइकेल, क्रोजिअर, पियरे नवेली, ऐलन, तूरेन** और **सर्ज मलेट** के नाम विशेष उल्लेखनीय हैं। इनमें से कई समाजशास्त्रियों के लेखनों का अनुवाद अब आंग्ल भाषा में उपलब्ध है। मार्क्स ने भी अपने लेखनों में कार्य संगठन और अलगाव के बीच सम्बन्ध स्थापित किया है।

कार्य के समाजशास्त्र के अन्तर्गत व्यक्तियों और समूहों का कार्य के सम्बन्ध में उनके वास्तविक अनुभवों का अध्ययन किया जाता है। इस अध्ययन में कार्य के प्रति अभिमुखन, दृष्टिकोण, प्रेरणाएं तथा कार्य-संतुष्ठि के विषय सम्मिलित होते हैं। (देखिये—व्यवसाय का समाजशास्त्र)

sociometry **समाजमिति**

समाजमिति किसी लघु समूह के अन्तर्पारस्परिक सम्बन्धों, समूह-संरचना तथा समूह में व्यक्तियों की प्रस्थिति के माप की एक विधि है। इस विधि अथवा तकनीक का विकास **जे. एल. मोरेनो** ने सन् 1934 में समूह-संरचना के अपने अध्ययनों में किया। मोरेनो के बाद इस विधि का प्रयोग **एच. एच. जैनिग्ज** ने अपने शोध-अध्ययनों में किया। इस विधि में

समूह के प्रत्येक व्यक्ति से यह बतलाने के लिए कहा जाता है कि उसे समूह के कौन से व्यक्ति भले लगते हैं? उसे किन के साथ उठना-बैठना, काम करना, भोजन करना, साथ में रहना आदि अच्छा लगता है? उसे कौन व्यक्ति अच्छे नहीं लगते? वह किन लोगों से अलग रहना चाहता है, आदि। इन प्रश्नों के विश्लेषण द्वारा किसी समूह में आकर्षण-विकर्षण, स्वीकृति-अस्वीकृति की माप द्वारा समूह की संरचना, उसका विकास तथा व्यक्तियों की सामाजिक प्रस्थिति का अध्ययन किया जाता है। समाजमिति का प्रयोग गुटों की संरचना और लघु समूहों के अध्ययन में किया गया है।

solidarity = social solidarity

sororate polygyny = sororate

sororate **पत्नी भगिनी/साली विवाह**

विवाह का एक नियम जो एक व्यक्ति को अपनी प्रथम पत्नी की छोटी बहिनों (सालियों), या उनमें से किसी एक के साथ, प्रथम पत्नी के जीवन काल में ही अतिरिक्त पत्नियों के रूप में अथवा प्रथम पत्नी की मृत्यु के उपरान्त उसके स्थानापन्न के रूप में विवाह करने की स्वीकृति देता है या विवाह करने का प्राथमिक अधिकार देता है, पत्नी भगिनी विवाह या साली विवाह कहलाता है। यह बहुपत्नीक प्रथा का ही एक रूप है। पत्नियों में परस्पर बहन का सम्बन्ध इस बात में सहायक होता है कि तनाव और झगड़ों की स्थितियां अधिक न पनपने पायें। प्रथम पत्नी की मृत्यु के उपरान्त उसकी बहिन के साथ किया गया विवाह 'सीमित साली विवाह' कहलाता है, किन्तु जब किसी व्यक्ति को परिवार की ज्येष्ठ लड़की के साथ विवाह करने पर उसकी छोटी बहिनों पर भी वैवाहिक अधिकार प्राप्त हो जाता है, तब यह प्रथा 'असीमित साली विवाह' के नाम से जानी जाती है।

sovereignty **संप्रभुता/प्रभुसत्ता**

किसी शक्ति, समूह अथवा न्यायिक व्यवस्था की आरोपित सर्वोच्चता की विशेषता संप्रभुता या प्रभुसत्ता कहलाती है। इस अवधारणा का प्रयोग बहुधा तीन भिन्न अर्थों में किया गया है, यथा न्यायिक संप्रभुता, राजनीतिक संप्रभुता, संकल्पित संप्रभुता। अधिकांशतः इसका प्रयोग राजनीतिक संप्रभुता के अर्थ में ही किया जाता है। राजनीतिक संप्रभुता के अर्थ में इसका प्रयोग किसी राज्य का अपने नागरिकों तथा अपने अधिकृत क्षेत्र पर सर्वोच्च और अंतिम सत्ता के रूप में किया जाता है।

state **राज्य**

समाज का वह पक्ष, अभिकरण अथवा संस्था, राज्य के नाम से जानी जाती है जिसे निर्दिष्ट भू-क्षेत्र पर शारीरिक शक्ति के प्रयोग का वैधानिक एकाधिकार प्राप्त होता है। **मैक्स वेबर** ने इसे "वैधानिक हिंसा का एकाधिकार" कहा है। इस शक्ति को लागू करने के लिये राज्य के पास सैनिक बल, नागरिक सेवा (सिविल सर्विस), ब्यूरोक्रेसी, न्यायिक व्यवस्था तथा

चुने हुए प्रतिनिधियों की स्थानीय और राष्ट्रीय परिषदें होती हैं। इस शक्ति का प्रयोग समाज के सदस्यों पर नियंत्रण स्थापित करने अथवा दूसरे समाजों के विरुद्ध किया जाता है। राज्य की आवाज कानून होते हैं तथा इसके अभिकर्त्ता (एजेन्ट्स) वे लोग होते हैं जो कानून को बनाते और लागू करते हैं। इन अभिकर्त्ताओं द्वारा ही सरकार की रचना होती है।

राज्य, सरकार तथा देश में अन्तर है। देश व्यक्तियों का एक स्वायत्तता प्राप्त राजनीतिक संगठन है। सरकार व्यक्तियों का एक ऐसा समूह है जिसे राज्य के प्रयोजनों को पूरा करने का दायित्व सौंपा गया होता है तथा इन दायित्वों को निभाने के लिए सभी अधिकार प्राप्त होते हैं। इसके विपरीत, राज्य के अन्तर्गत शक्ति प्रयोग सम्बन्धी सभी संस्थाएं, परिपाटियां, परम्पराएं तथा राजनीतिक साधन जैसे संविधान एवं चार्टर आदि सम्मिलित की जाती हैं।

station **हैसियत**

प्रो. किंग्सले डेविस ने व्यक्ति की सामान्य प्रस्थिति को इंगित करने के लिए 'स्टेशन' शब्द का प्रयोग किया है। स्टेशन अथवा हैसियत व्यक्ति की सामान्य सामाजिक प्रस्थिति की द्योतक एक विशिष्ट अवधारणा है जो समाज में व्यक्ति के स्तर अथवा स्थान को प्रकट करती है। इस सामान्य प्रस्थिति के आधार पर ही समाज की स्तरण-व्यवस्था में व्यक्ति के स्थान अर्थात् हैसियत का पता चलता है। **मार्सल** ने व्यक्ति की सामान्य प्रस्थिति को इंगित करने के लिए 'स्टेशन' के स्थान पर 'स्टेंडिंग' शब्द के प्रयोग का सुझाव दिया है।

statistics **सांख्यिकी**

संख्यात्मक आंकड़ों के संकलन, वर्गीकरण, सारणीकरण, विश्लेषण एवं विवेचन की विधियों के समूह को सांख्यिकी कहते हैं। सांख्यिकीय प्रविधियों के प्रयोग का मुख्य उद्देश्य विशाल तथ्यों को संक्षिप्त रूप प्रदान कर उन्हें बोधगम्य बनाना तथा उनके आधार पर सामान्यीकरण प्रदान करना है।

status **प्रस्थिति**

किसी समूह अथवा समाज की संरचना के अन्तर्गत एक निर्दिष्ट समय पर व्यक्ति को प्राप्त पद, प्रतिष्ठा, सम्मान उसकी प्रस्थिति है। समाज वैज्ञानिक प्रस्थिति की अवधारणा का प्रयोग उच्च-निम्न स्थितियों के अर्थ में नहीं करते, जैसा कि इसका प्रयोग सामान्य भाषा में किया जाता है। एक समाज वैज्ञानिक की दृष्टि में, "प्रस्थिति वह सामाजिक पद है जो इसके धारक के व्यक्तिगत गुणों अथवा सामाजिक सेवाओं के अतिरिक्त उसके आदर प्रतिष्ठा, प्रभाव, अधिकार एवं कर्त्तव्य की सीमाओं का निर्धारण करता है।" ध्यान रहे, एक प्रस्थिति शुद्ध रूप में एक संबंध सूचक शब्द है, अर्थात् प्रत्येक प्रस्थिति का दूसरी प्रस्थिति या प्रस्थितियों के साथ संबंध के संदर्भ में ही अस्तित्व होता है। एक व्यक्ति अपनी सन्तान के समक्ष पिता की, पत्नी के साथ पति की, शिष्यों के साथ अध्यापक की, किसी संस्था में मंत्री आदि की अनेक प्रस्थितियां लिए हो सकता है। अतः एक व्यक्ति की एक ही समय पर

अलग-अलग व्यक्तियों के साथ भिन्न प्रस्थितियां हो सकती हैं। प्रत्येक पद-प्रस्थिति की अभिव्यक्ति उसके साथ जुड़ी हुई भूमिका, अर्थात् किसी प्रस्थिति के धारक से अपेक्षित व्यवहार-प्रतिमानों द्वारा होती है। यही कारण है कि **प्रो. राल्फ लिन्टन** ने प्रस्थिति एवं भूमिका में अन्तर प्रदर्शित करते हुए, भूमिका को प्रस्थिति का गतिशील पक्ष कहा है।

चूंकि किसी सामाजिक प्रणाली में प्रस्थितियों से तात्पर्य पदों से होता है, अतः ये पद अपने धारक व्यक्ति विशेष से स्वतंत्र होते हैं। वास्तव में, एक प्रस्थिति का अस्तित्व व्यवस्था में तब भी बना रहता है जब कि किसी समय विशेष पर उस पद को धारण करने वाला कोई व्यक्ति नहीं होता। उदाहरणार्थ 'प्रधानमंत्री' एक प्रस्थिति है। विद्यमान प्रधानमंत्री के मरने के बाद और नये प्रधानमंत्री के चुनाव होने तक की बीच की अवधि में प्रधानमंत्री का पद समाप्त नहीं हो जाता है।

status, achieved **अर्जित प्रस्थिति**

किसी सामाजिक व्यवस्था में वह पद जो एक व्यक्ति प्रयासों, बहुधा प्रतिस्पर्धा, विशिष्ट योग्यता, ज्ञान एवं निपुणताओं, द्वारा प्राप्त करता है, अर्जित प्रस्थिति कहलाती है। डाक्टर, इंजीनियर, अध्यापक, कलक्टर आदि अर्जित प्रस्थिति के ही उदाहरण हैं। इन प्रस्थितियों को प्राप्त करने के लिए व्यक्ति को सक्रिय प्रयास करने पड़ते हैं।

status, ascribed **प्रदत्त प्रस्थिति**

वह प्रस्थिति जो व्यक्ति को मात्र जन्म के आधार पर प्राप्त हो जाती है, प्रदत्त प्रस्थिति कहलाती है। प्रदत्त प्रस्थिति को प्राप्त करने के लिए व्यक्ति को न तो किसी योग्यता अथवा निपुणता की जरूरत पड़ती है और न ही मेहनत की। लिंग, आयु, नातेदारी, जाति, प्रजाति आदि कारक प्रदत्त प्रस्थिति के मुख्य निर्धारक तत्व हैं। स्त्री, पुरुष, बालक, युवा, वृद्ध, ब्राह्मण, क्षत्रिय, वैश्य आदि प्रदत्त प्रस्थितियों के उदाहरण हैं। इन प्रस्थितियों पर व्यक्ति का अपना कोई नियंत्रण नहीं होता। अर्जित एवं प्रदत्त प्रस्थितियों की अवधारणा का सर्वप्रथम प्रयोग **राल्फ लिन्टन** ने दोनों में अन्तर प्रदर्शित करने के लिए किया है।

status, latent = status-set

status, manifest = status-set

status, master = master status

status, paired **युग्मित प्रस्थितियां**

प्रत्येक समाज में कुछ प्रस्थितियां आपस में जुड़ी होती हैं। इन जुड़ी प्रस्थितियों को युग्मित प्रस्थितियां कहते हैं। ये ऐसी प्रस्थितियां होती है कि इनमें से हम एक के बिना दूसरे की बात सोच भी नहीं सकते हैं। पति-पत्नी, मां-बाप और संतान, ग्राहक-दूकानदार ऐसी ही कुछ युग्मित प्रस्थितियों के उदाहरण हैं।

status, situational **स्थितिपरक प्रस्थिति**

यह एक ऐसा अस्थाई पद है जो किसी व्यक्ति द्वारा उस समय तक धारण किया जाता है, जब तक वह किसी विशिष्ट स्थिति में होता है तथा वह उस प्रस्थिति के साथ जुड़ी हुई भूमिका को सक्रिय रूप में सम्पादित करता रहता है। स्थितिपरक प्रस्थिति और अन्य सामाजिक प्रस्थितियों, जिन्हें व्यक्ति स्थिति की बिना परवाह किये किसी अवसर पर निभाता है, में फर्क होता है। 'भारतीय', 'विवाहित', 'स्नातक' आदि ऐसे सामाजिक पद हैं कि व्यक्ति जहां कही भी जाता है, ये पद-प्रस्थितियां सामाजिक विशेषताओं के रूप में उसके साथ हर समय जुड़ी रहती हैं। इसके विपरीत, 'यात्री' एक ऐसी पद-प्रस्थिति है जो उसे रेल, बस या हवाई यात्रा के समय मिलती है और जैसे ही यात्रा की स्थिति समाप्त होती है, यह पद-प्रस्थिति भी तत्काल समाप्त हो जाती है।

status, social **सामाजिक प्रस्थिति**

कुछ विद्वानों ने प्रस्थिति और सामाजिक प्रस्थिति में भेद किया है। सामान्यतः प्रस्थिति में पद-सोपान अथवा अधिक्रम का भाव निहित नहीं होता, किन्तु कुछ समाज वैज्ञानिकों ने प्रस्थिति में ऊंच-नीच, संस्तरण एवं सम्मान के भाव को जोड़ कर एक व्यक्ति की विभिन्न प्रस्थितियों के योग को सामाजिक प्रस्थिति कहा है। इस दृष्टि से, डाक्टर, पिता, खिलाड़ी, क्लब के सदस्य आदि प्रस्थितियों से मिलाकर एक व्यक्ति को समाज में जो सम्मान प्राप्त होता है, वह उसकी सामाजिक प्रस्थिति है। इस व्याख्यानुसार, सामाजिक प्रस्थिति किसी संस्तरण-व्यवस्था में व्यक्ति के एक अनुक्रम का संकेत देती है। नेतृत्व, प्रभुत्व, योग्यता, उपलब्धियां, व्यवसाय तथा पदवी, उपाधि, सदस्यता, व्यवहार, पोशाक आदि वे कुछ मानक हैं जिनके द्वारा सामाजिक प्रस्थिति का मूल्यांकन किया जाता है।

status, transitional **अन्तरवर्ती प्रस्थिति**

एक ऐसी प्रस्थिति जो पूर्णतः दो अन्य प्रस्थितियों के सेतु के रूप में काम करती है, अन्तरवर्ती प्रस्थिति कहलाती है। 'सगाई हो जाने' की प्रस्थिति अविवाहित और विवाहित की प्रस्थितियों के बीच की ऐसी ही एक स्थिति है। इसी प्रकार, नौकरी के क्षेत्र में, परिवीक्षा (प्रोबेशन) पर रखे गये व्यक्ति की स्थिति भी अन्तरवर्ती प्रस्थिति का ही एक अन्य उदाहरण है।

status crystallization **प्रस्थिति क्रिस्टलीकरण**

अमरीकी समाजशास्त्री **गेरहार्ड लेनस्की** द्वारा प्रयोग की गई एक अवधारणा जिसके अनुसार यह माना जाता है कि प्रस्थिति-विशेषताओं में असंगति, प्रस्थिति अस्पष्टता की ओर अग्रसर करती है और यह स्थिति बाद में सामाजिक तनाव को उत्पन्न करती है। बाद में, **जार्ज होमन्स** जैसे लेखकों ने इस अवधारणा और प्रस्थिति एकीकरण को "सापेक्षिक वंचन" और "संदर्भ समूह" की अवधारणाओं के साथ जोड़कर इस अवधारणा की सामाजिक न्याय संबंधी चर्चा में वृहत सार्थकता प्रकट की है।

status frustration **प्रस्थिति कुंठा/हताशा**

एक अवधारणा जिसका प्रयोग **अल्बर्ट कोहेन** ने अपनी पुस्तक 'डिलिन्क्वेन्ट बॉयज़' (1956) में किया। उन्होंने बताया की श्रमिक वर्ग में पुरुष अपचारिता मध्यम वर्ग के सफलता के मूल्यों के प्रति प्रतिक्रिया के फलस्वरूप उत्पन्न होती है जैसा कि हमें स्कूल के परिवेश में देखने को मिलता है। अपचारी बालकों को प्रस्थिति संबंधी कुंठा या हताशा अनुभव होती है, अतः वे अपचारी संस्कृति की रचना करने के लिये स्कूल के मध्यम वर्गीय मूल्यों को उलटा कर देते हैं। (देखिये—'सब कल्चर')

status generalization **प्रस्थिति सामान्यीकरण**

प्रस्थिति सामान्यीकरण एक ऐसी प्रक्रिया है जिसकी उत्पत्ति तब होती है जब एक प्रस्थिति जो किसी स्थिति विशेष में निरर्थक होती है, किन्तु उसका प्रभाव होता है। उदाहरणार्थ, एक न्यायालय के कमरे में न्यायाधीश, वकील, न्यायिक कर्मचारी, गवाह और वादी-प्रतिवादी की प्रस्थितियों को वैध एवं सार्थक माना जाता है, अर्थात् इन पदों के एक दूसरे के साथ सम्बन्ध अपेक्षाओं के आधार पर बने होते हैं। सामान्य रूप में, एक न्यायालय के कमरे में डाक्टर की प्रस्थिति सार्थक नहीं होती जब तक कि उसे एक गवाह के रूप में बुलाया नहीं जाता। जब उसे गवाह के रूप में बुलाया जाता है, तब डाक्टर की भूमिका अन्य गवाहों से अधिक महत्वपूर्ण बन जाती है, यह प्रस्थिति सामान्यीकरण है।

status group **प्रस्थिति समूह**

जाति, प्रजाति, पूर्वज-परम्परा तथा उपभोग-प्रतिमानों के आधार पर निर्मित प्रतिष्ठा लिए हुए व्यक्तियों का संकलन प्रस्थिति-समूह कहलाता है। ऐसे समूह के सभी व्यक्तियों की जीवन-शैली प्रायः समान होती है तथा समाज में उन्हें समान सम्मान प्राप्त होता है। उनमें समूह के रूप में एक चेतना-भाव विद्यमान होता है। भारत के जाति-समूह प्रस्थिति समूह का एक अच्छा उदाहरण है। वर्ग भी एक प्रस्थिति समूह ही है जिसका निर्माण उत्पादन-संबंधों के आधार पर होता है, जब कि जाति एक वंशानुगत समूह होता है जिसकी एक निश्चित सांस्कारिक प्रस्थिति होती है।

status inconsistency **प्रस्थिति असंगतता**

अधिकांश जटिल समाजों की संस्तरण व्यवस्था में व्यक्तियों की पद-प्रस्थितियां कई विशेषताओं जैसे व्यावसायिक प्रतिष्ठा, शिक्षा, आय और कई बार जाति, प्रजाति, लिंग और आयु पर आधारित होती है। प्रस्थिति निर्धारण की इन विशेषताओं में कुछेक को अन्य की अपेक्षा अधिक महत्व दिया जाता है। यह स्थिति ही प्रस्थिति असंगतता को जन्म देती है।

प्रस्थिति असंगतता, विशेषतः उन समाजों में अधिक देखने को मिलती है जिनमें प्रदत्त प्रस्थितियों जैसे जाति, प्रजाति, लिंग या आयु को अधिक महत्व दिया जाता है। भारत में अनुसूचित जाति/जनजाति के व्यक्ति को आरक्षण के आधार पर व्यावसौयिक क्षेत्र में उच्च प्रस्थिति मिल जाती है, किन्तु जातीय आधार पर उनकी निम्न प्रस्थिति असंगतता को उत्पन्न

कर संभावित विद्वेष और तनाव का कारण बन जाती है। यही बात बहुत कुछ रूप में लैंगिक भिन्नता के बारे में उत्पन्न होती है।

status-sequence **प्रस्थिति-क्रम**

एक व्यक्ति द्वारा उत्तरोत्तर क्रम में धारण की गई प्रस्थितियों की श्रृंखला को प्रस्थिति-क्रम कहते हैं। एक व्यक्ति अपने जीवन-काल में एक के बाद एक अनेक प्रस्थितियां धारण करता चला जाता है, यह प्रक्रिया ही प्रस्थिति-क्रम की द्योतक है, जैसे बालक, युवा, प्रौढ़, तथा वृद्ध की प्रस्थितियां एक के बाद एक चलती रहती हैं। इसी प्रकार एक चिकित्सा का विद्यार्थी इन्टर्न, रेजीडेन्ट, रजिस्ट्रार तथा स्वतंत्र चिकित्सक की प्रस्थितियां उत्तरोत्तर ग्रहण करता चला जाता है। इस अवधारणा की रचना **प्रो. आर. के. मर्टन** ने की है।

status-set **प्रस्थिति-पुंज**

प्रो. मर्टन के अनुसार, एक अकेले व्यक्ति द्वारा धारण की गई विभिन्न तथा विशिष्ट प्रस्थितियों के संकुल को प्रस्थिति-पुंज कहते हैं। एक व्यक्ति की अनेक प्रस्थितियों में से किसी एक में परिवर्तन होने पर सम्पूर्ण प्रस्थिति-पुंज में भी परिवर्तन हो जाता है। अतः एक प्रस्थिति पुंज निर्दिष्ट समय में एक व्यक्ति की भिन्न प्रस्थितियों को प्रकट करता है। एक ही व्यक्ति कई सामाजिक पद धारण करता है, जैसे एक व्यक्ति एक डाक्टर, एक पति, एक पिता, एक नागरिक, एक राजनीतिक दल का सदस्य, एक स्वयंसेवी संगठन में मंत्री आदि हो सकता है। कई पदों के इस संकुल को ही प्रस्थिति-पुंज या पद-पुंज कहा जाता है। एक व्यक्ति की कितनी प्रस्थितियां होती हैं, यह इस बात पर निर्भर करता है कि वह जीवन के कितने क्षेत्रों में भाग लेता है। यदि एक व्यक्ति विवाह नहीं करता है, तब उसके लिए पति और पिता की प्रस्थितियों को धारण करने का प्रश्न ही नहीं उत्पन्न होता है।

प्रत्येक प्रस्थिति पुंज में भिन्न प्रकार की कई प्रस्थितियां सम्मिलित होती हैं, किन्तु हम किसी निर्दिष्ट समय पर सभी प्रस्थितियों या उनमें से अनेक प्रस्थितियों पर एक साथ ध्यान नहीं देते। किसी विशिष्ट सामाजिक स्थिति में कोई एक या कुछेक प्रस्थितियां ही वास्तव में सार्थक होती हैं और विद्यमान स्थिति को पहिचान देती हैं। ये "प्रकट प्रस्थितियां" (मेनिफेस्ट स्टेटॅस) कहलाती हैं। इसके विपरीत, प्रस्थिति-पुंज में किसी निर्दिष्ठ समय पर जो प्रस्थिति या प्रस्थितियां पृष्ठभूमि में रहती हैं, अर्थात् जो सार्थक नहीं रहतीं, वे "अप्रकट प्रस्थितियां" (लेटॅट स्टेटॅस) कहलाती हैं। उदाहरणार्थ, किसी पारिवारिक भोज के समय नातेदारी से संबंधित प्रस्थितियां जैसे माता-पिता, पुत्र-पुत्री, भाई-बहिन, दादा-दादी या नाना-नानी आदि की ही प्रस्थितियां अधिक महत्व रखती हैं। उस समय प्रस्थिति-पुंज में सम्मिलित अन्य प्रस्थितियां जैसे प्रिंसिपल, किसी क्लब का सचिव, किसी सामाजिक संगठन में अध्यक्ष आदि की प्रस्थितियां निष्क्रिय रहती हैं और सामान्यतः उस समय उनका कोई प्रभाव नहीं रहता है। पारिवारिक भोज के समय 'प्रिंसिपल' के पद से जुड़े दायित्वों का नगण्य महत्व रहता है। इस प्रकार, 'प्रिंसिपल' या 'सचिव' की प्रस्थितियां पारिवारिक भोज के समय "अप्रकट प्रस्थितियां" हैं।

किन्तु कभी-कभी अप्रकट प्रस्थिति तत्काल प्रकट प्रस्थिति बन जाती है। भोज के समय यदि विद्यालय के किसी कर्मचारी/अध्यापक का विद्यालय में आग लगने या बलवा हो जाने की घटना के संबंध में कोई फोन पहुंचता है, तब 'प्रिंसिपल' की 'अप्रकट प्रस्थिति' तत्काल 'प्रकट प्रस्थिति' बन जाती है।

यहां यह बात देखने योग्य है कि बहुधा अप्रकट प्रस्थितियों को किस प्रकार देखा-परखा जाता है। लिंग पर आधारित 'स्त्री' एवं 'पुरुष' की प्रस्थितियां और आयु एवं व्यवसाय पर आधारित प्रस्थितियां भी बहुधा इसी प्रकार कार्य करती हैं। सामान्य रूप में, एक व्यक्ति को 'पुरुष' की प्रस्थिति होने के कारण किसी भी व्यवसाय में वरीयता दी जाती है।

stem family = family, stem

stereotype **रूढ़धारणा**

ऐसा लोक-विश्वास, समूह स्वीकृत कोई अचल विचार या भावना जो सामान्यतः शाब्दिक तथा संवेगयुक्त होता है, रूढ़धारणा कहलाता है। इन विचारों, विश्वासों या भावनाओं का आधार तर्कपूर्ण चिन्तन नहीं होता। अतः इनकी वस्तुनिष्ठता के आधार पर जांच करना कठिन होता है। साधारणतः हम बनी-बनाई धारणाओं को तर्कहीन रीति से ग्रहण कर लेते हैं। बहुधा हम लोगों से यह कहते सुनते हैं कि 'मारवाड़ी भारत के यहूदी हैं', या 'कायस्त का बच्चा कभी न सच्चा', या 'यहूदी बड़े चालाक व चतुर होते हैं,' आदि-आदि। ये रूढ़धारणाओं के ही कुछ उदाहरण हैं। इन विचारों या विश्वासों का निर्माण सामाजिक सम्पर्क तथा संस्कृति के प्रभाव के फलस्वरूप होता है। रूढ़धारणाएं एक व्यक्ति को किसी अन्य व्यक्ति अथवा समूह के प्रति अनुकूल या प्रतिकूल दृष्टिकोण अपनाने के लिए बाध्य करती हैं।

stimulus **उद्दीपक**

ऐसा कोई कारक या घटना जो एक सावयव में प्रतिक्रिया उत्पन्न करती है, उसे उद्दीपक कहते हैं। एक उद्दीपक का जन्म बाह्य अथवा आन्तरिक परिवेश किसी में भी हो सकता है।

stimulus, social **सामाजिक उद्दीपक**

ऐसा कोई उद्दीपक जो एक अकेले व्यक्ति की अपेक्षा समूह के सदस्य के रूप में व्यक्ति में प्रतिक्रिया उत्पन्न करता है, सामाजिक उद्दीपक कहलाता है। सामाजिक उद्दीपक व्यक्ति के व्यवहार का एक ऐसा तत्व होता है जो दूसरे व्यक्ति अथवा समूह के व्यवहार को प्रभावित करता है। जनप्रवादों, खबरों, विपत्तियों आदि के रूप में उद्दीपक जनमत तथा समूहों का निर्माण कर सामाजिक प्रतिक्रिया पैदा करते हैं।

stratification = social stratification

stratified sampling = sampling, strat

stratum, social **सामाजिक स्तृत**

व्यक्तियों का एक समूह जिसका प्रत्येक सदस्य सापेक्षतः समान प्रस्थिति, दरजा तथा अन्य सामाजिक रूप में सार्थक विशेषताएं लिए होता है, सामाजिक स्तृत कहलाता है। इस अवधारणा का प्रयोग किसी जन समुदाय को संस्तरणात्मक (जैसे जातियां व सामाजिक वर्ग) तथा असंस्तराणात्मक (जैसे लिंग, धर्म, आयु या वैवाहिक प्रस्थिति के आधार पर समूह) भागों में बांटने के लिए किया जाता है।

structural differentiation **संरचनात्मक विभेदीकरण**

यह अवधारणा इतिहास के उद्‌विकासीय सिद्धान्तों और संरचनात्मक-प्रकार्यवाद से जुड़ी हुई है। ऐसा देखा गया है कि समाज संरचनात्मक विभेदीकरण पर आधारित सामाजिक परिवर्तन की प्रक्रिया के माध्यम से सरलता से जटिलता की ओर अग्रसर होते हैं। इस प्रक्रिया को अपने सरलतम रूप में ्मोबा नामक कल्पित जीव में हुए परिवर्तन में देखा जा सकता है जो विभाजन, पुनर्विभाजन और पुनः पुनर्विभाजन की अनेक प्रक्रियाओं से गुजरते हुए आज के अति विकसित मानव प्राणी तक पहुंचा है। आदिम समाज तथाकथित सरलतम समाजों के उदाहरण हैं जहां सभी कार्य नातेदारी व्यवस्था के दायरे और आधार पर सम्पन्न किये जाते थे। इसके ठीक विपरीत, आधुनिक जटिल समाज हैं जिनमें सभी कार्यों को सम्पादित करने के लिये लगभग अलग-अलग संस्थाएं और समूह हैं।

structural-functional analysis **संरचनात्मक-प्रकार्यात्मक विश्लेषण**

सामाजिक घटनाओं को समाज की संरचना तथा इसके भागों के प्रकार्यात्मक संबंधों के संदर्भ में विश्लेषण हेतु प्रयोग किए जाने वाले एक सैद्धान्तिक तथा पद्धतिमूलक उपागम को सामान्यतः संरचनात्मक-प्रकार्यात्मक विश्लेषण की संज्ञा दी जाती है। यह उपागम बहुत कुछ रूप में जीवशास्त्रियों के परिप्रेक्ष्य से मिलता-जुलता है जो शरीर के कार्य-संचालन को उसके संरचनात्मक भागों तथा सम्पूर्ण शारीरिक व्यवस्था में उनके द्वारा सम्पादित किए जाने वाले प्रकार्यों के संदर्भ में देखते हैं। संरचनात्मक-प्रकार्यात्मक विश्लेषण इस अनुमान पर आधारित है कि सामाजिक इकाइयां (समूह, संस्थाएं, आदि) जिनमें अन्तःक्रियाएं होती हैं, वे पारस्परिक रूप में एक-दूसरे को प्रभावित करती हैं तथा एक-दूसरे के साथ समायोजन करती रहती हैं। ये सामाजिक इकाइयां विभिन्न सामाजिक प्रक्रियाओं यथा सहयोग, प्रतिस्पर्धा, संघर्ष, समंजन, सात्मीकरण आदि द्वारा अपेक्षाकृत एक समन्वित सामाजिक व्यवस्था का निर्माण करती हैं।

संरचनात्मक-प्रकार्यात्मक विश्लेषण तथा 'प्रकार्यवाद' या 'प्रकार्यवादी विश्लेषण' में विशेष अन्तर नहीं है। अधिकांशतः इन अवधारणाओं तथा कुछ अन्य अवधारणाओं को पर्यायवाचियों के रूप में प्रयोग किया जाता है। फिर भी, संरचनात्मक-प्रकार्यात्मक विश्लेषण में बहुधा समाज तथा सामाजिक व्यवस्थाओं के संरचनात्मक पक्षों के स्वरूपात्मक विश्लेषण पर अधिक बल दिया जाता है, जैसा कि हमें **टालकट पार्सन्स** की 'द सोश्यल सिस्टम' तथा **मेरियन जे. लेवी** की 'द स्ट्रक्चर ऑफ सोसाइटी' नामक कृतियों में देखने को मिलता है।

structural strain theory **संरचनात्मक तनाव सिद्धान्त**

जब व्यक्ति को उसकी अपेक्षाओं के अनुरूप नहीं मिल पाता, तब वह अपने आसपास की घटनाओं की व्याख्या के लिये अतार्किक विश्वासों का प्रयोग करता है। **नील स्मेल्सर** ने इसी तथ्य को आधार बनाते हुए लिखा है कि 'समाज में विरोधाभास, संघर्ष और तनावों से चिन्ताएं और अनिश्चितता की स्थिति उत्पन्न होती है और व्यक्ति इस स्थिति से मुक्ति चाहता है।' सामाजिक आंदोलनों की व्याख्या के लिये कुछेक समाजशास्त्रियों ने इस सिद्धान्त का प्रयोग किया है।

structuralism **संरचनावाद**

"संरचनावाद" घटनाओं के विश्लेषण का एक तरीका एक विधि, एक परिप्रेक्ष्य है जिसका सर्व प्रथम प्रयोग 1900-1930 के बीच भाषाविज्ञान के क्षेत्र में हुआ। सन् 1960 के उपरान्त सामाजिक विज्ञानों तथा विज्ञानों तथा मानविकी के कई क्षेत्रों में, विशेषतः फ्रांस में, विश्लेषण के इस परिप्रेक्ष्य को अपनाया जाने लगा। संरचनावादियों की मान्यता है कि सामाजिक घटनाएं भी उसी प्रकार सरंचित होती हैं जिस प्रकार भाषा सरंचित होती है। सरंचनावादी सामाजिक घटनाओं की व्यवस्थागत तथा संबंधात्मक प्रकृति पर बल देते हैं। उनके मतानुसार अध्ययन की जाने वाली घटना की व्याख्या उसकी आन्तरिक विशेषता की अपेक्षा उसी व्यवस्था की अन्य घटनाओं के साथ उसके संबंध तथा उनसे अन्तर के आधार पर की जानी चाहिए। जब किसी घटना में रूपान्तर होता है, तब इसकी व्याख्या कारणात्मक रूप में, अर्थात् एक घटना का दूसरी घटना पर प्रभाव, अथवा प्रयोजनात्मक रूप में, अर्थात् एक व्यवस्था के लक्ष्यों अथवा उद्देश्य के संदर्भ में नहीं की जानी चाहिए। इनके स्थान पर परिवर्तन की व्याख्या संरचनात्मक रूपान्तरण के सदंर्भ में की जानी चाहिए जिसके द्वारा एक व्यवस्था के संबंध दूसरी व्यवस्था में बदल जाते हैं। सामाजिक घटनाओं का सामाजिक प्रणाली के रूप में विवेचन करते समय, संरचनावादी शायद ही कभी सतही घटनाओं पर विचार करते हों, किन्तु वे यह अवश्य मानते हैं कि इन घटनाओं की उत्पति अन्तर्निहित गहन तथा 'प्रच्छन्न' संरचनाओं के प्रचलन द्वारा होती है।

समाजशास्त्र और सामाजिक मानवशास्त्र की अंग्रेजी भाषा की शब्दावली में सामान्यतः 'संरचनावाद' शब्द का सर्वप्रथम प्रयोग फ्रांसिसी सामाजिक मानवशास्त्री **क्लॉड लेवी स्ट्रॉस** द्वारा विकसित सिद्धांतों तथा पद्धतियों के उस समूह के लिए किया गया जिनकी रचना उन्होंने सन् 1945-1978 के बीच अपनी विभिन्न कृतियों (स्ट्रक्चरल एंथ्रापोलॉजी, 1968, द्वितीय भाग 1977, द एलिमेन्ट्री स्ट्रक्चरस् ऑफ किनशिप, 1969 तथा द सैवेज माइन्ड 1966) में की है। लेवी स्ट्रॉस के अनुसार, सभी संस्कृतियों के तत्व मूलतः एक ही मानसिक प्रक्रिया की उपज है जो सम्पूर्ण मानव में समान रूप से पाई जाती है। यह संभव है कि सांस्कृतिक दृष्टि से बाह्य रूप में भिन्नता हो, किन्तु आंतरिक संरचना में समानता होती है जो मानव चिन्तन की समान संरचना को प्रकट करती है। लेवी स्ट्रॉस ने कहा है कि हम मानव मस्तिष्क की कार्य प्रणाली के संबंध में मूलभूत तथ्यों की जानकारी उसकी सांस्कृतिक अभिव्यक्तियों के अवलोकन द्वारा प्राप्त कर सकते हैं। घटनाओं को 'द्वि विरोधी धड़ों में

बांटने की प्रवृति मानव मस्तिष्क की एक सार्वभौमिक विशेषता है।' संरचनावादी विचारणा के आधार पर मिथकों की व्याख्या करते हुए स्ट्रॉस ने लिखा है कि मिथक उन विरोधाभासों को प्रकट करते हैं जो मानव मस्तिष्क को घेरे रहते हैं। साथ ही ये मिथक इन विरोधाभासों को दूर करने के तार्किक तरीकों को भी बताते हैं।

संरचनावादी विचारणा के संदर्भ में **जीन पेजेट** की 'स्ट्रचरलिज्म' (1971) नामक पुस्तक विशेष उल्लेखनीय है, जिसमें उन्होंने संरचनावादी विचारों के उस सामान्य सूत्र को खोजने का यत्न किया है जो गणितशास्त्र, भौतकशास्त्र, जीवशास्त्र, मनोविज्ञान, भाषाविज्ञान, दर्शनशास्त्र तथा सामाजिक विज्ञानों आदि में विद्यमान रहा है। एक अन्य पुस्तक 'द स्ट्रक्लचरलिस्टस्: फ्राम मार्क्स टू लेवी स्ट्रॉस' (1972) का सम्पादन आर. टी. तथा एफ. एम. डी. जॉर्ज ने किया है। इस विषय पर अन्य लेखकों जैसे **सॉसर, जेकबसन, मार्क्स, फ्रायड, लेवी स्ट्रॉस, बार्थस, आल्थूजर** आदि के विचारों के लिए यह पुस्तक पठनीय है।

संरचनावाद का कोई भी स्वरूप हो, विश्व की प्रकृति के बारे में उनके निम्नलिखित कुछ महत्वपूर्ण निष्कर्ष हैं:

(1) संरचना के अन्तर्निहित तत्व स्थिर (अपेक्षाकृत) होते हैं। वास्तव में, उनके बीच के भिन्न प्रकार के सम्बन्ध भिन्न प्रकार की भाषाओं, वैचारिक प्रणालियों और समाज के प्रकारों को जन्म देते हैं। अतः हमारा दृष्टिकोण विशिष्ट रचनाओं से हट कर उनके तत्वों के बीच के संबंधों पर केन्द्रित हो जाता है। उत्तर संरचनावाद ने तत्वों के बीच सम्बन्धों पर इससे भी अधिक बल दिया है; (2) जो हमें वास्तविक, सामान्य या स्वाभाविक नजर आता है; वास्तव में, वह अन्तर्निहित संरचना के किसी स्वरूप के उत्पादन की किसी प्रक्रिया का अंतिम परिणाम होता है। यह हमें साहित्यिक आलोचनाओं में बड़े अच्छे ढंग से देखने को मिलता है कि जहां यथार्थवादी उपन्यास को भी कलात्मक उत्पादन की प्रक्रिया का परिणाम बता दिया जाता है। वास्तव में, यह धारणा लिंग-भेद के समाजशास्त्रीय अध्ययनों में आजकल सामान्य हो गई है जिसमें पुरुषत्व, स्त्रीत्व और समलैंगिकता आदि के विचारों को सामाजिक रचना (कन्सट्रक्शन) माना जाता है। इसी प्रकार, बहुधा यह कहा जाता है कि वैज्ञानिक ज्ञान, वास्तव में, यथार्थ या बाह्य संसार का ज्ञान ही नहीं है, अपितु यह तो कुछ सामाजिक प्रक्रियाओं और हमारी सोच की विधियों, जिसे हम वैज्ञानिक कहते हैं का परिणाम है; (3) यह भी कहा जाता है कि संरचनावाद व्यक्तियों के बारे में हमारी मान्यताओं को बदल देता है। संरचनावाद में व्यक्तियों को सामाजिक यथार्थ के निर्माता के स्थान पर संबंधों की मात्र एक उपज या निष्पत्ति समझा जाता है। संरचनावादी परिप्रेक्ष्य में इस बदलाव, जिसे तथाकथित विकेन्द्रन की प्रक्रिया कहा जाता है, को बहुधा विश्व संबंधी हमारी समझ को स्थाई प्रगति मान लिया जाता है। इसी कारण से कोपर्निकस द्वारा हमें यह अनुभूति हुई की ब्रह्माण्ड का केन्द्र पृथ्वी नहीं है, डार्विन द्वारा यह पता चला की मानव प्राणी रचना का केन्द्र नहीं है, अपितु वह तो उद्‌विकास की उपज है, मार्क्स द्वारा यह विदित हुआ कि मानव प्राणी उत्पादनकर्त्ता नहीं अपितु वे सामाजिक संबंधों की उपज हैं और फ्रायड ने हमें यह अनुभूति करवाई कि व्यक्ति विकल्प-निर्धारण के चेतन अभिकर्त्ता नहीं हैं, अपितु वे अचेतन इच्छाओं

की उपज हैं। वास्तव में, संरचनावाद के बारे में इसकी लोकप्रियता की चरम सीमा पर भी इसके अवसान की सामान्य चर्चा होती रही है, अर्थात् व्यक्तियों द्वारा स्वेच्छा से वरण और व्यवहार करने के विचार का अवसान; (4) अंतिम, संरचनावाद ने इतिहास संबंधी हमारी धारणा में भी परिवर्तन किया है, अर्थात् अपेक्षाकृत स्थाई उद्‌विकासीय विकास के विचार से छुटकारा दिला कर आमूल (रेडिकल) परिवर्तनों की ओर हमें उन्मुख किया है। संरचनावाद अपने रेडिकल स्वरूप में आजकल इतना लोकप्रिय नहीं है जितना पहले था यद्यपि इसके कुछ उपरोक्त विचारों ने संरचनावादी दायरे के बाहर भी प्रभावित किया है।

structuralism, cultural **सांस्कृतिक संरचनावाद**

संरचनावाद के एक नये रूप, जिसके प्रमुख प्रणेता **पीअरे बोरदियू** व **रोबर्ट बूथनोव** रहे हैं, को सांस्कृतिक संरचनावाद का नाम दिया गया है। इन नवीन संरचनावाद के अनुसार, संरचना नियमों की एक कड़ी मात्र है। इन नियमों द्वारा ही आनुभविक स्थितियों का अनुमान लगाया जाता है। कुछ व्यक्ति जैसे लेवी स्ट्रास इस आंतरिक संरचना को मस्तिष्क की देन मानते हैं और कुछ इसे संस्कृति की उपज मानते हैं। सांस्कृतिक संरचनावादी एक ओर बहुत कुछ रूप में दुर्खाइम के ऋणि हैं, तो दूसरी ओर वे **लेवी स्ट्रास** से प्रेरणा प्राप्त करते रहे हैं। ये लोग प्रतीकात्मक व्यवस्था की संरचना पर बल देते हैं। आधुनिक सामाजिक विचारधारा पर सांस्कृतिक संरचनावाद के प्रभाव को स्पष्ट रूप में देखा जा सकता है।

structuralism, post **उत्तर संरचनावाद**

संरचनावाद के विकास का सम्पूर्ण इतिहास फ्रांस से जुड़ा हुआ है। (देखिये, संरचनावाद) इसकी जड़ें भाषा में है। संरचनात्मक भाषा विज्ञान के विकास के संबंध में **फर्डिनेंड डे सोसुरे** का नाम विशेष उल्लेखनीय है जिन्हें इसका जनक भी माना जाता है। **लेवी स्ट्रास** तथा अन्य मानव वैज्ञानिकों ने भाषा विज्ञान के क्षेत्र में प्रचलित संरचनावाद से प्रेरणा ग्रहण की है। लेवी स्ट्रास ने जिस संरचनावाद को जन्म दिया वह भाषाई व्यवस्था और नातेदारी व्यवस्था में पाई जाने वाली समानता पर आधारित है। लेवी स्ट्रास ने बाद में आग्रहपूर्वक यह स्थापित किया कि भाषा व्यवस्था और नातेदारी व्यवस्था (सामाजिक संरचना) अन्ततः व्यक्ति के मस्तिष्क की संरचनाओं की उपज है।

समाजशास्त्र के क्षेत्र में जिस संरचनावाद की चर्चा की जाती है वह मार्क्स के विचारों पर आधारित है। संरचनात्मक मार्क्सवाद पूंजीवादी समाज में छिपी हुई मूल संरचनाओं की खोज पर बल देता है। इस धारा के विचारक (आल्थूज़र, पॉलेन्ज़ाज, गोडेलियर, आदि) मार्क्सवादी मानसिक प्रक्रियाओं और उनसे उत्पन्न संरचनाओं को केन्द्र बना कर मार्क्स का विश्लेषण करते हैं। आल्थूज़र ने यह भी स्थापित करने का यत्न किया है कि मार्क्स सोसुरे से भी पहले के संरचनावादी हैं। संरचनात्मक मार्क्सवाद पूंजीवाद की वास्तविक संरचना को जानना चाहता है। इसके लिये ये विचारक ऐतिहासिक और आनुभविक विधियों को अपर्याप्त मानते हैं।

संरचनावाद के जिस नवीन स्वरूप का पिछले कुछ वर्षों में जन्म हुआ और जिसे 'उत्तर

संरचनावाद' या 'नव संरचनावाद' के नाम से विभूषित किया गया, वह लेवी स्ट्रास के मानवशास्त्रीय संरचनात्मक सिद्धान्त की पृष्ठभूमि पर ही विकसित हुआ है। नव संरचनावाद के प्रस्थापकों ने लेवी स्ट्रास के सार्वभौमिक मानसिक संरचनाओं के विचार को पूर्णतः नकार दिया है। उत्तर संरचनावादी विचारकों में **लेमर्ट, दरिदा, गिडिन्स** आदि का नाम विशेष उल्लेखनीय है। दरिदा जिन्होंने संरचनावाद का डट कर विरोध किया, उनका कहना है कि हम यथार्थ को भाषा के हस्तक्षेप के बिना नहीं समझ सकते। अतः भाषा और ग्रंथों का अध्ययन हमारी प्राथमिकता होनी चाहिये। ग्रंथों का अध्ययन बाहरी यथार्थता के संदर्भ में नहीं किया जा सकता, अपितु इनका अध्ययन दूसरे ग्रंथों के संदर्भ में ही किया जा सकता है। उत्तर संरचनावाद का सम्बन्ध उत्तर-आधुनिक अर्थात् नई दुनियां से है। इसमें संरचनावाद के व्यक्तिनिष्ठता के स्थान पर वस्तुनिष्ठता पर जोर दिया गया है। उत्तर संरचनावादियों का कहना है कि आधुनिकता ने पद्दलित वर्गों की उपेक्षा की है। अतः उत्तर आधुनिकता या उत्तर संरचनावाद पिछड़े और पद्दलित जन समुदाय का युग होगा। उत्तर संरचनावादी लेखकों ने उपेक्षित वर्ग को अपने लेखन का आधार बनाया है। ये लेखक एकता की खोज की अपेक्षा विभिन्नता को पहिचानने पर बल देते हैं, क्योंकि ये लोग यह मानते हैं कि दुनियां की केन्द्रियता विभिन्नता में है।

उत्तर संरचनावाद/उत्तर आधुनिकता का साहित्य, कला, विज्ञान सभी क्षेत्रों में प्रभाव देखा जा सकता है। मानवीय त्रासदी की प्रतीक पेरिस की पुर्तइगो नामक आवासन मंडल की संरचनात्मक परियोजना को नष्ट करना इस विचार की पुष्टि करता है कि आधुनिक शिल्पकला असफल हो गई है और इस अर्थ में स्वयं आधुनिकता भी अप्रासंगिक है।

structuration **संरचनाकरण**

संरचनाकरण एक सामाजिक सत्ता-मीमांसात्मक सिद्धान्त है जो विश्व में विद्यमान वस्तुओं के स्वरूपों की व्याख्या करता है। यह सिद्धान्त विकास के नियमों या वास्तविक रूप में क्या होता है, इनके बारे में न कोई चर्चा करता है और न ही कोई प्राक्कल्प

नाएं प्रस्तुत करता है। समाजशास्त्रीय सिद्धान्त के क्षेत्र में इस अवधारणा को प्रणीत करने का श्रेय ब्रिटिश समाजशास्त्री **एंथोनी गिडिन्स** (ऐ कन्टम्परेरी क्रिटिक ऑफ हिस्टॉरिकल मटिरिअलिज्म, 1981) को है। गिडिन्स ने प्रकार्यवादी और उद्‌विकासीय सिद्धान्तों की कटु आलोचना की है जिन्हें वह बन्द व्यवस्थाएं मानता है और कहता है कि घटनाएं हमेशा आकस्मिक और मुक्त स्वरूप की होती हैं।

गिडिन्स के अनुसार, "सामाजिक संरचनाएं" सामाजिक कर्त्ताओं के बाहर की वस्तु नहीं है, अपितु ये तो नियम और संसाधन हैं जो कर्त्ताओं द्वारा अपने व्यवहार के दौरान निर्मित और पुनर्निर्मित किये गये हैं। स्वयं संरचनाओं का दुहरा चरित्र होता है, अर्थात् वे माध्यम और व्यवहार दोनों की निष्पत्ति होती हैं जिससे सामाजिक प्रणाली निर्मित होती है।" संक्षेप में, जहां संरचनाएं व्यक्तियों के व्यवहारों को आकार और स्वरूप प्रदान करती हैं, वहां ये व्यवहार की सामाजिक प्रणालियों को निर्मित और पुनर्निर्मित भी करती है। गिडिन्स ने सामाजिक व्यवहार पर ध्यान आकर्षित कर समाजशास्त्र में एक लम्बे समय से क्रिया और

संरचना के बीच चले आ रहे पारम्परिक द्विभाजन को पाटने का यत्न किया। यही नहीं, उसने सामाजिक सिद्धान्त और सामाजिक विश्लेक्षण हेतु समय और स्थान की महत्ता पर बल दिया। अतः गिडिन्स का ऐतिहासिक समाजशास्त्र उन विभिन्न तरीकों की खोज करता है जिनमें समाज इन्हें बांधे रखता है।

गिडिन्स के संरचनाकरण संबंधी विचारों की कुछेक समाज वैज्ञानिकों ने प्रशंसा की और कहा कि यह सिद्धान्त सामाजिक सिद्धान्त निर्माण का एक कल्पनात्मक कदम है। इसके विपरीत, दूसरे व्यक्तियों ने संरचनाकरण के विचार को अस्वीकार करते हुए कहा कि यह समस्या का पुनर्वर्णन मात्र है। जहां तक क्रिया, संरचना और परिवर्तन के सिद्धान्तों का प्रश्न हैं, उन पर 'चक्र के पुनर्जीवन' का आरोप लगाया गया। यही नहीं, कुछेक विचारक संरचनाकरण को रूढ़िवादी और एक अनुभवशून्य सिद्धान्त कहने में भी नहीं चूके हैं।

structure = social structure

sub culture **उप संस्कृति**

किसी समाज की सम्पूर्ण संस्कृति के एक भाग को उप-संस्कृति कहा जाता है जो वृहद संस्कृति से किन्हीं बातों जैसे भाषा, रीति-रिवाज, मूल्य, सामाजिक मानदंड तथा जीवन-शैली में भिन्न होती है। उप संस्कृति और वृहत संस्कृति में विरोधाभास नहीं होता, किन्तु फिर भी उप संस्कृति में कुछेक मूल्यों एवं विश्वासों पर अधिक बल दिए जाने के कारण वह एक विशिष्ट रूप ग्रहण कर लेती है। उदाहरणार्थ कोई संस्कृति सुखवादी हो सकती है, किन्तु यह आवश्यक नहीं है कि उस संस्कृति का प्रत्येक व्यक्ति सुख की इच्छा रखता हो। अतः सुख पर अधिक बल देने वाले व्यक्ति मिलकर कुछ अन्य विशेषताओं के साथ एक उप संस्कृति का निर्माण कर सकते हैं।

इस अवधारणा का प्रयोग अपराधों एवं अपचारों की व्याख्या तथा युवा संस्कृति के अध्ययनों में विशेष रूप में किया गया जिसके आधार पर 'अपराधी उप संस्कृति' की धारणा का विकास हुआ है। अपराधी उप संस्कृति ऐसे विश्वासों, मूल्यों, नियमाचारों, आशाओं-प्रत्याशाओं तथा व्यवहार के रूपों को प्रदर्शित करती है जिसमें अपराधी एवं अपचारी व्यवहार का प्रत्यक्ष अथवा परोक्ष रूप में अनुमोदन कर उन्हें प्रश्रय दिया जाता है। अपराधी उप संस्कृति के सिद्धांत का प्रयोग मुख्यतः **क्लोवार्ड** एवं **ओहलिन, ए. के. कोहेन, वाल्टर मिलर, डेविड माटज़ा** आदि विद्वानों ने किया है।

subjectivity **व्यक्तिपरकता**

व्यक्ति या प्रयोज्य के आत्म-चेतन परिप्रेक्ष्य या दृष्टिकोण को व्यक्तिपरकता/व्यक्तिनिष्ठता कहते हैं। इस अवधारणा की वस्तुपरकता (ओब्जेकटिविटी) के साथ अनिवार्यतः तुलना की जाती है और प्रत्यक्षवादी समाज वैज्ञानिकों द्वारा इस दृष्टिकोण (व्यक्तिपरकता) की निन्दा की जाती है। इसके विपरीत, यह हरमेन्युटिक्स के लिये महत्वपूर्ण है। यही नहीं, संरचनावदियों, मार्क्सवादियों और मनोविश्लेषण सिद्धान्तों में यह बताया गया

है कि किस प्रकार व्यक्ति की रचना होती है और इस रचना में व्यक्तिपरक दृष्टिकोण का क्या महत्व है।

sublimation **उदात्तीकरण**

यह समायोजन की एक मनोवैज्ञानिक प्रक्रिया है जिसके द्वारा एक व्यक्ति अपनी लैंगिक अथवा अन्य शक्तियों या भावनाओं को इनकी अपनी मूल अभिव्यक्तियों के स्थान पर कोई अन्य अभिव्यक्ति प्रदान करता है, उदात्तीकरण कहलाती है।

subsistence economy **जीवन-निर्वाही अर्थव्यवस्था**

ऐसी अर्थव्यवस्था जो विनिमय की अपेक्षा उपभोग के लिये उत्पादन पर आधारित होती है, जीवन-निर्वाही अर्थव्यवस्था के नाम से जानी जाती है। इस प्रकार की अर्थव्यवस्थाओं में उत्पादन जीवन की आधारभूत आवश्यकताओं की पूर्ति के लिये लघु स्तर पर किया जाता है जिसमें अधिशेष (बचत) लगभग ना के बराबर होता है। अधिकांश विकास संस्थाएं तृतीय विश्व के देशों की गरीबी और अल्प विकास का प्रमुख कारण उनकी जीवन-निर्वाही अर्थव्यवस्था को मानती है।

substitution **प्रतिस्थापन**

एक मनो-शारीरिक स्थिति-प्रक्रिया जिसमें कोई वैकल्पिक तुष्टि-वस्तु को प्राप्त करने अथवा स्वीकार करने का यत्न किया जाता है, प्रतिस्थापन कहलाती है। प्रतिस्थापन द्वारा व्यक्ति अप्राप्य लक्ष्यों अथवा तुष्टियों के स्थान पर ऐसे लक्ष्यों अथवा तुष्टियों को अपना लेता है जिन्हें प्राप्त करना संभव होता है।

sub structure **अधोसंरचना**

कार्ल मार्क्स ने सामाजिक संरचना को मोटे रूप में दो भागों में विभाजित किया है। समाज के सम्पूर्ण ढांचे के ऊपरी भाग को उन्होंने 'अधिसंरचना' तथा निचले भाग अथवा बुनियादी भाग को 'अधोसंरचना' की संज्ञा दी है। उत्पादक-शक्ति और उत्पादन-संबंधों के योग से निर्मित समाज की आर्थिक संरचना को ही मार्क्स ने अधो संरचना का नाम दिया है। मार्क्स का कहना है कि व्यक्ति का धर्म, साहित्य, कला और संस्कृति जो समाज की अधि संरचना (सुपर स्ट्रक्चर) का प्रतिनिधित्व करते हैं, सभी के निर्धारण का कारक बुनियादी रूप से आर्थिक व्यवस्था (उत्पादन प्रणाली) है। जैसी अर्थ व्यवस्था होगी, उसी के अनुरूप धार्मिक, राजनैतिक और कलात्मक चिन्तन होगा।

मार्क्स का समस्त दर्शन उत्पादन-प्रणाली, उत्पादन-शक्ति और उत्पादन-संबंधों के इर्द-गिर्द घूमता है। मार्क्स के अनुसार ये तत्व ही समाज की नींव के पत्थर हैं। सामाजिक परिवर्तन के ये ही निर्णायक कारक हैं। समस्त सामाजिक परिवर्तन उत्पादन प्रणाली में परिवर्तन के फलस्वरूप होते हैं।

suburb **उपनगर**

किसी बड़े नगर की परिधि पर बसा हुआ अपेक्षाकृत एक लघु समुदाय जो सामान्यतः अपनी आर्थिक आवश्यकताओं आदि के लिए मुख्य नगर पर निर्भर रहता है, किन्तु राजनीतिक इकाई की दृष्टि से यह मुख्य नगर से स्वतन्त्र होता है, उपनगर कहलाता है।

suburban **उपनगरीय क्षेत्र**

ऐसे क्षेत्र जो बहुधा आकार की दृष्टि से ग्रामीण लगते हैं, किन्तु रूपरंग तथा आचार व्यवहार के रूप में नगर की विशेषताओं को प्रकट करते हैं, उपनगरीय क्षेत्र कहलाते हैं। ऐसे क्षेत्रों के व्यक्ति कृषि कार्यों अथवा किसी स्थानीय उद्योग में कार्यरत रहने की अपेक्षा आसपास के बड़े नगरों में नौकरी करने जाते हैं।

suburbanism **उपनगरवाद**

कुछ समाजशास्त्रियों का कहना है कि उपनगर के निवासी एक विशेष प्रकार की सामाजिक और सांस्कृतिक विशेषताएं परिलक्षित करते हैं। ये विशेषताएं ही उपनगरवाद को प्रकट करती हैं। जीवन की एक शैली के रूप में उपनगरवाद की विशेषताओं में काफी भिन्नता देखने को मिलती है, किन्तु सामान्यतः उपनगर की मुख्य विशेषताएं—युवाओं और मध्यम वर्ग का आधिक्य और प्रभुत्व, परिवार अभिमुखी कार्य का स्वरूप तथा सामाजिक जीवन, नातेदारी के तानेबाने की अपेक्षा मित्रता पर आधारित सामाजिक कार्यकलाप, काफी मात्रा में अनुरूपता का भाव तथा जीवन के तौर-तरीकों में भी अनुरूपता प्रचुर मात्रा में देखी जा सकती है।

suburbanization **उपनगरीकरण**

यह एक प्रक्रिया है जो नगरों की परिधीय विस्तार को प्रकट करती है। प्रारंभ में यह विस्तार जनसंख्या के बाह्य प्रव्रजन और आर्थिक कार्यकलापों के द्वारा घने नगरीय क्षेत्रों में कम घनी सटी हुई बस्तियों के रूप में होता है। यातायात की प्रौद्योगिकी (रेल तथा सड़क यातायात) में अप्रतिम विकास ने उपनगरीयकरण की प्रक्रिया को द्रुत गति प्रदान की है।

इस प्रक्रिया की व्याख्या कई ढंग से की गई है। अर्थशास्त्रियों और भूगोलविदों ने नगरीय भूमि बाज़ार में प्रतिस्पर्धा की महत्ता को रेखांकित किया है, जब कि समाजशास्त्रियों ने व्यक्तियों द्वारा अपने जीवन की गुणवत्ता में सुधार लाने की प्रेरणाओं को उपनगर के विकास का प्रमुख कारण माना है। मार्क्सवादियों तथा अन्य विज्ञानियों ने उपनगरीकरण और पूंजी संचय के बीच सहसंबंध स्थापित किया है। वास्तव में, उपनगरीकरण की जटिल प्रक्रिया के एकाधिक कारण हैं।

success proposition **सफलता प्रस्थापना (सिद्धान्त)**

अपने व्यवहारवादी-विनिमय सिद्धान्त की रचना करते हुए **जार्ज होमन्स** (सोश्यल बिहेविअरः इटस् एलिमेन्ट्री फॉर्म्स, 1974) में बताया कि सामाजिक संरचनाओं की व्याख्या

व्यक्तियों के बीच होने वाले सामाजिक विनिमयों की श्रंखला के रूप में की जा सकती है, अर्थात् व्यक्ति निरन्तर दूसरों से भौतिक और अभौतिक वस्तुओं का विनिमय पाँच अन्तर्संबंधित सिद्धान्तों के आधार पर करते रहते हैं। ये सिद्धान्त बहुत कुछ स्कीनरवादी मनोविज्ञान पर आधारित हैं। इन प्रस्थापनाओं में एक 'सफलता प्रस्थापना' भी है जिसके अनुसार यह माना जाता है कि 'व्यक्तियों द्वारा सम्पादित समस्त क्रियाओं में से व्यक्ति द्वारा उस क्रिया के सम्पादन किये जाने की अधिक संभावना रहती है जिस विशिष्ट क्रिया को बहुधा पुरस्कृत किया जाता है।' इस प्रस्थापना (सिद्धान्त) के अतिरिक्त अन्य चार प्रस्थापनाएं—उद्दीपक प्रस्थापना, मूल्य प्रस्थापना, वंचन-परितृप्ति प्रस्थापना और आक्रमकता-स्वीकृति प्रस्थापना हैं।

succession **अनुक्रमण/पदारोहण**

इस अवधारणा का प्रयोग दो अर्थों में किया गया है। प्रथम, पारिस्थितिकी प्रक्रिया के रूप में यह अवधारणा किसी क्षेत्र पर एक प्रकार के अधिभोक्ता को किसी अन्य प्रकार के अधिभोक्ता द्वारा जबरदस्ती से बाहर निकाल कर अधिकार जमाने को इंगित करती है। बाहर निकालने तथा दूसरी प्रजाति द्वारा क्षेत्र विशेष पर अधिकार जमाने की निरंतर चलने वाली प्रक्रिया ही अनुक्रमण कहलाती है। अनुक्रमण तब होता है जब हमलावार किसी क्षेत्र पर प्रबल अधिभोक्ता बन जाते हैं।

द्वितीय, इस अवधारणा का प्रयोग अधिकारों के संचरण की प्रक्रिया के लिए भी किया जाता है। यह संचरण वरिष्ठता, चुनाव या नातेदारी संबंधों के आधार पर हो सकता है। अंग्रेजी के 'सक्सेशन' शब्द का बहुधा प्रयोग अंग्रेजी शब्दावली के एक अन्य शब्द 'इन्हेरिटेन्स' के पर्याय के रूप में किया जाता है जो पद तथा सम्पत्ति दोनों के संचरन को प्रकट करता है। किन्तु 'सक्सेशन' शब्द अधिकांशतः पद के अधिकारों के संचरण की प्रक्रिया को प्रकट करता है। अतः इसे 'पदाधिकार' कहना ही अधिक उपयुक्त होगा। पदाधिकार का रूप मातृवंशीय अथवा पितृवंशीय दोनों में से कोई एक हो सकता है।

suggestion **सुझाव**

एक मनोवैज्ञानिक प्रक्रिया जिसमें एक व्यक्ति दूसरे व्यक्ति के व्यवहार एवं मनोभावों से अप्रत्यक्ष रूप से प्रभावित होकर उन्हें बिना सोच-विचार के ग्रहण कर लेता है, सुझाव कहलाती है। सुझाव सम्प्रेषण की एक ऐसी प्रक्रिया है जिसमें सम्प्रेषित प्रस्ताव को विश्वास के साथ स्वीकार कर लिया जाता है, चाहे उसकी स्वीकृति के लिए कोई तार्किक आधार न भी हो। सुझाव का प्रयोग अनुकरूण की भांति सीख की एक प्रक्रिया के रूप में भी किया जाता है।

sui generis **स्वमूलक**

ऐसी वस्तु जिसका अपने घटक तत्वों से परे भी अस्तित्व हो, स्वमूलक कहलाती है। जैसे, समाज में व्यक्ति के ऊपर अपने बल (शक्ति) के अलावा भी सामाजिक बल (शक्ति)

काम करती है, यद्यपि वह शक्ति स्वयं भी समाज की शक्ति का अंग होती है।

suicide **आत्महत्या**

सामान्य रूप में, किसी व्यक्ति द्वारा साभिप्राय अपनी ही जान लेने की क्रिया आत्महत्या कहलाती है। समाजशास्त्र में इस अवधारणा को महत्वपूर्ण बनाने का श्रेय प्रसिद्ध समाजशास्त्री **दुर्खाइम** की कृति 'आत्महत्या' (सूसाइड, 1897) को जाता है। अपनी इस कृति में सर्वप्रथम आत्महत्याओं का व्यवस्थित रूप में अध्ययन कर यह प्रतिपादित किया कि आत्महत्याओं के प्रतिमानों का विश्लेषण मात्र व्यक्तिगत मनोविज्ञान के आधार पर नहीं किया जा सकता। आत्महत्या एक सामाजिक तथ्य है, अतः इसके कारणों को सामाजिक तथ्यों में ही खोजा जाना चाहिये। दुर्खाइम के अनुसार, "ऐसी कोई मृत्यु जो आत्म-विनाश के लिए जानबूझकर की गई किसी क्रिया का परिणाम है अथवा उसकी ऐसी निष्क्रियता का परिणाम है जिसके भयंकर परिणामों के विषय में उसे पहले से ज्ञान हो, आत्महत्या की श्रेणी में आती है।" दुर्खाइम ने आत्महत्या की व्याख्या में आत्महत्या के अभिप्राय को महत्व नहीं दिया है क्यों कि अभिप्राय का जानना कठिन है। दुर्खाइम ने तीन प्रकार की आत्महत्या बताई हैं।

suicide, altruistic **परार्थवादी आत्महत्या**

इमाईल दुर्खाइम द्वारा बताये गए आत्महत्या के तीन रूपों में से एक को परार्थवादी आत्महत्या कहा जाता है। आत्महत्या के इस रूप में एक व्यक्ति जो अपने समूह अथवा समाज से इतना घुलमिल जाता है कि वह समूह अथवा समाज के कल्याण अथवा रक्षा के लिए अपने आपको न्यौछावर कर देता है। परार्थवादी आत्महत्या समाज के लिए अपने जीवन को उत्सर्ग करने की इच्छा से प्रेरित होती है। एक सैनिक द्वारा अपने देश की रक्षा के लिए अपने आपको युद्ध में झोंक देने की प्रक्रिया परार्थवादी आत्महत्या का एक उदाहरण है। इसी प्रकार, भारत में विधवाओं द्वारा अपने पति की चिता पर सती हो जाने की प्रथा तथा जापानियों की हाराकिरी की प्रथा भी परार्थवादी आत्महत्या की श्रेणी में आती है।

suicide, anomic **मानकशून्यतावादी आत्महत्या**

आत्महत्या का एक अन्य रूप जो नियमहीनता की स्थिति अथवा सामाजिक तथा व्यक्तिगत विघटन के कारण होता है, उसे मानकशून्यतावादी आत्महत्या कहते हैं। नियमहीनता की दशा एक ऐसी स्थिति होती है जिसमें समूह की मूल्य-व्यवस्था का व्यक्ति के लिए अर्थ या महत्व नहीं रह जाता तथा वह अपने आपको अकेला, समूह से कटा हुआ तथा एक असमंजस और उलझन की स्थिति में पाता है। यह स्थिति व्यक्ति को आत्महत्या के लिए प्रेरित करती है। मानकशून्यतावादी आत्महत्या न तो समाज के साथ अधिक एकीकरण का परिणाम होती है, और न ही एकीकरण की शिथिलता के कारण व्यक्ति आत्महत्या करता है, अपितु **दुर्खाइम** के अनुसार इस प्रकार की आत्महत्याएं समाज में संकटकालीन स्थितियों (आर्थिक मंदी, राजनीतिक उथल-पुथल, आदि) की उपज होती हैं।

suicide, egoistic **अहंवादी आत्महत्या**

वे आत्महत्याएं जो कठोर सामाजिक नियमाचारों, शिथिल समूह एकीकरण तथा अत्यधिक व्यक्तिगत दायित्व की भावना से प्रेरित होती है, अहंवादी आत्महत्या कहलाती हैं। अहंवादी आत्महत्याएं उन समूहों एवं समाजों में अधिक पाई जाती हैं जिनमें व्यक्तिगत स्वायत्तता, आत्म-दायित्व तथा आत्म-निर्भरता पर अधिक बल दिया जाता है तथा सामूहिक स्थितियों में व्यक्ति को बहुत कम सहायता मिल पाती है। इसी आधार पर **दुर्खाइम** ने यह प्रदर्शित किया है कि अविवाहित, विधुर, प्रोटेस्टेण्ट धर्मावलम्बी तथा औद्योगिक मजदूर ऐसे ही कुछ समूह हैं जिनमें सामाजिक लगाव के भाव की कमी होने के कारण आत्महत्या की मात्रा अन्य समूहों की अपेक्षा अधिक होती है। दुर्खाइम ने अहंवादी आत्महत्या के संदर्भ में एक सूत्र प्रस्तुत किया है कि, 'व्यक्ति जिस समूह का सदस्य होता है, आत्महत्या में इस समूह के एकीकरण की मात्रा के विपरीत परिवर्तन होता है।'

super ego = ego, super

super organic **अधि सावयविक**

सांस्कृतिक घटनाओं से संबंधित वे समस्त कार्यकलाप जो जैवकीय अथवा सावयविक घटनाओं से भिन्न होते हैं, अधि सावयविक कहलाते हैं। यह अवधारणा मूलतः इस तथ्य पर बल देती है कि मानव के सामाजिक व्यवहार का विवेचन पूर्णतः जैवकीय आधार पर नहीं किया जा सकता क्योंकि वह एक सामाजिक-सांस्कृतिक प्राणी भी है। इसीलिए प्रसिद्ध मानवशास्त्री **ए. एल. क्रोबर** ने मानव की संस्कृति को 'अधि सावयविक' विशेषण से अलंकृत किया है। उनके अनुसार, संस्कृति अन्य सभी वस्तुओं की आधात्री है और स्वयं संस्कृति की अभिवृद्धि एवं क्रियाशीलता भी अपने ही नियमों द्वारा परिचालित होती है। मानव-शारीरिकी, मानव-मनोविज्ञान और मानव-समाज तीनों ही संस्कृति की व्याख्या करने में सक्षम नहीं हैं। इसी दृष्टिकोण को अधि सावयविक या पराजैविक कहा जाता है।

super structure **अधि संरचना**

कार्ल मार्क्स ने समाज के ढ़ांचे के ऊपरी भाग को 'अधि संरचना' की संज्ञा दी है। इसकी रचना सामाजिक राजनैतिक, बौद्धिक, वैधानिक, सांस्कृतिक व्यवस्थाओं से होती है। मार्क्स के अनुसार अधि संरचना का रूप अधो संरचना अर्थात् उत्पादन प्रणाली की प्रकृति पर निर्भर करता है। इसीलिए उत्पादन प्रणाली का परिवर्तन समाज के ऊपरी ढांचे अर्थात् लोगों के धार्मिक विश्वास, नैतिक आदर्श, कला साहित्य, सामाजिक एवं राजनीतिक संस्थाओं को भी बदल देता है। अधि संरचना और अधो संरचना मार्क्स के सामाजिक दर्शन की दो जुड़वा केन्द्रीय अवधारणाएं हैं। भौतिक उत्पादन के आधार पर समाजों का संगठन कैसे हुआ है, इसे समझने के लिये मार्क्स की इन दोनों अवधारणाओं को समझना आवश्यक है। मार्क्स के अनुसार समाजों के अधि संरचनात्मक पक्ष (कला, साहित्य, धर्म, नैतिकता) को समझने के लिये उसकी अधो संरचना को समझना आवश्यक है।

surplus value **अतिरिक्त मूल्य**

एक मार्क्सवादी अवधारणा जिसके अनुसार यह माना जाता है कि मजदूर के श्रम से पैदा होने वाले सम्पूर्ण मजदूरी का लाभ श्रमिक को नहीं दिया जाता है, अपितु उसके एक अंश को उद्योगपति अपने लाभ में समायोजित कर लेते हैं। श्रम का यह अंश ही 'अतिरिक्त मूल्य' कहलाता है। यह अतिरिक्त मूल्य मजदूर के शोषण का प्रतीक है।

survey = social survey

survival of the fittest **सर्वोत्तम का अतिजीवन**

चार्ल्स डार्विन ने अपनी प्रसिद्ध पुस्तक 'ऑरिजन ऑफ स्पीसीज' (1859) में जीवों के उद्विकास संबंधी विवेचन में लिखा है कि शक्तिशाली या बड़े जीव अपने अस्तित्व को बनाये रखने के लिए, निर्बल या छोटे जीवों का भक्षण करते हैं। इसी आधार को लेकर **हरबर्ट स्पेन्सर** ने 'सर्वोत्तम (योग्यतम) के अतिजीवन' की सूक्ति की रचना की और कहा कि जीवन संघर्ष में सर्वोत्तम प्राणी ही जीवित रह पाते हैं।

मानव पर यह बात ठीक वैसे ही लागू नहीं होती, जैसे वनस्पति या अन्य पशुओं पर होती है क्यों कि अव्वल तो मानव एक बुद्धिजीवी एवं श्रेष्ठ प्राणी है, तिस पर भी उसके सामाजिक-सांस्कृतिक होने के कारण उसमें अपने समाज की मान्यताओं के अनुरूप मानवीयता का गुण निहित होता है। इसकी प्रत्येक क्रिया समाजोनुमोदित ही हो, ऐसी अपेक्षा रहती है तथा नियंत्रण के औपचारिक व अनौपचारिक साधनों द्वारा उसके व्यवहार को निश्चित एवं नियंत्रित कर दिया जाता है। फिर, मानव में समायोजन की क्षमता भी उसके लिए रक्षा-कवच का कार्य करती है।

syllogism **न्यायवाक्य**

गणितीय तर्क के अनुसार दो प्राप्त निर्णयों के आधार पद तीसरे निर्णय अथवा निष्कर्ष निकालने की प्रक्रिया को न्याय वाक्य या 'सिलॉजिज़्म' कहते हैं। प्राप्त निर्णयों में से एक सामान्य होता है जो साध्यपद या साध्यवाक्य (मेजर प्रेमइज) कहलाता है और दूसरा विशिष्ट जिसे लघुपद या लघुवाक्य (माइनर प्रेमइज) कहते हैं। दोनों के आधार पर जो तीसरा निर्णय लिया जाता है, उसे निष्कर्ष कहते हैं। न्यायवाक्य विचारों की प्रामाणिकता के परीक्षण का एक तरीका है इसका प्रयोग जटिल विचारों को सरल तार्किक भागों में बांट कर उन्हें सरल रूप प्रदान करना है।

symbiosis **सहजीवन**

दो भिन्न सावयवों की घनिष्ठ संगति में एक-दूसरे के साथ रहने अथवा भिन्न प्रजातियों के सावयवों का एक ही परिवेश में साथ-साथ रहने की प्रक्रिया सहजीवन कहलाती है। मूलतः यह एक जीवशास्त्रीय अवधारणा है जिसका प्रयोग समाज वैज्ञानिकों ने भिन्न अथवा

असमान विशेषताओं वाले समूहों के परस्पर निर्भर रहने तथा एक-दूसरे के हित में कार्य करने की प्रक्रिया के विश्लेषण में किया है।

symbol **प्रतीक/संकेत**

अति सामान्य अर्थों में, कोई क्रिया या वस्तु जो किसी अन्य क्रिया, वस्तु या विचार का प्रतिनिधित्व करती है, प्रतीक कहलाती है। अधिक विशिष्ट रूप में, संस्कार, स्वप्न या मिथक के शब्दार्थ के क्षेत्रों में अति लघु अर्थ इकाई को प्रतीक कहा जाता है। मनोविश्लेषण में, किसी दमित अचेतन इच्छा को प्रतिनिधित्व करने वाला व्यवहार या वस्तु को प्रतीक कहा जाता है।

symbolic interaction **प्रतीकात्मक अन्तर्क्रिया**

भाषा अथवा संकेतात्मक भाव-भंगिमाओं पर आधारित सम्प्रेषण एवं अन्तर्क्रिया के विशिष्ट रूप को प्रतीकात्मक अन्तर्क्रिया कहते हैं। यह मानव व्यवहार की एक विशिष्टता है। मानव का सम्पूर्ण सामाजिक जीवन सम्प्रेषण की इस विशिष्टता पर आधारित है।

symbolic interactionism **प्रतीकात्मक अन्तर्क्रियावाद**

अमरीकी समाज मनोविज्ञान का एक सिद्धान्त जो यह बताता है कि अन्तर्क्रियाओं के द्वारा किस प्रकार अर्थ की रचना होती है। यह सिद्धान्त रोजमर्रा के जीवन के अर्थों को जानने के लिये अति निकटता और घनिष्टता से सामाजिक अन्तर्क्रियाओं के प्रेक्षण किये जाने पर बल देता है ताकि अन्तर्क्रियाओं के अन्तर्निहित स्वरूपों को समझा जा सके।

'सिम्बॉलिक इन्टरएक्शनिज्म' शब्द की रचना सन् 1937 में **हरबर्ट ब्लूमर** ने की। किन्तु इस सिद्धांत की उत्पत्ति के संबंध में मतभेद है। कुछ लोगों ने इसे **जार्ज एच. मीड** की देन बताया है। कुछ अन्य व्यक्तियों ने इसे शिकागो सम्प्रदाय के **रॉबर्ट पार्क** के नाम के साथ भी जोड़ा है। कुछ भी हो, ये दोनों ही विद्वान समकालीन थे तथा शिकागो सम्प्रदाय के साथ जुड़े रहे हैं।

इस सिद्धान्त के चार प्रमुख आधार हैं : (1) मानव प्राणी विशिष्ट रूप में प्रतीक-प्रयोगकर्त्ता प्राणी है। सभी प्राणियों में से केवल मानव प्राणी ही प्रतीकों के माध्यम से संस्कृति का निर्माण करने और उसे हस्तांतरित करने में सक्षम है। अन्तर्क्रियावादी मुख्यतः उन तरीकों/विधियों का अध्ययन करते हैं जिनके द्वारा व्यक्ति अपनी देह, अपनी भावनाओं, अपने स्व, अपने जीवन-चरित्र, अपनी परिस्थितियों और सबसे ऊपर अपने विशाल सामाजिक विश्व जिसमें वे अपना जीवन जीते हैं, को अर्थ प्रदान करते हैं। इस प्रकार के अध्ययन के लिये वे अधिकांशतः सहभागिक अवलोकन पद्धति का प्रयोग करते हैं; (2) अन्तर्क्रियावादी सामाजिक विश्व को गतिशील और एक द्वन्द्वात्मक तानाबाना मानते हैं। उनके अनुसार परिस्थितियां हमेशा अनिश्चित परिणामों सहित संघर्षों से भरी रहती हैं और जीवन और जीवन-चरित्र हमेशा फेरबदल और निर्माण की प्रक्रिया में रहते हैं जो कभी

अनिश्चित और अपरिवर्तनीय नहीं होते; (3) अन्तर्क्रियावादी सामाजिक विश्व की अन्तर्क्रियात्मक प्रकृति पर बल देते हैं। उनकी दृष्टि से अकेला व्यक्ति जैसी कोई चीज नहीं है। मानव हमेशा 'दूसरों' से किसी न किसी रूप में संबंधित रहता है। अन्तर्क्रियावादियों के विश्लेषण की मूल इकाई 'स्व' है जो उन तरीकों पर बल देता है जिनके द्वारा व्यक्ति अपने आपको वस्तु समझने लग सकते हैं और भूमिका-ग्रहण की प्रक्रिया द्वारा दूसरों की भूमिका सम्पादित करते हैं। इसी प्रक्रिया को **कूले** ने 'आत्मदपर्ण' और **मीड** ने 'स्व' की अवधारणाओं द्वारा समझाया है; (4) अन्तर्क्रियावादी प्रतीकों के पीछे छुपी हुई प्रक्रियाओं और अन्तर्क्रियाओं की खोज करते हैं ताकि वे सामाजिक जीवन के अन्तर्निहित प्रतिमानों और स्वरूपों का निर्धारण कर सकें। वास्तव में, यह सिद्धान्त मूल सामाजिक प्रक्रियाओं (ऐसी प्रक्रियाएं जो समान रूप से सभी में पाई जाती हैं) की खोज पर बल देता है। उदाहरणार्थ, ये लोग चिकित्सकों, मादक दवाओं के सेवन कर्त्ताओं, संगीतज्ञों और मरनासन्न व्यक्ति जैसे विभिन्न प्रकार के व्यक्तियों के समूहों के जीवन-अनुभवों को मालुम कर इन सभी समूहों में पाई जाने वाली समान (कॉमन) प्रक्रियाओं का अध्ययन करते हैं।

सन् 1970 के दशक में इस सिद्धान्त की काफी आलोचना हुई। यह कहा गया कि इस सिद्धान्त ने संरचना, सत्ता/शक्ति, और इतिहास की सरासर अवहेलना की है। किन्तु आधुनिक अन्तर्क्रियावादियों जैसे **शेल्डन स्ट्राइकर** (सोश्यल इन्टरएक्शन—ए सोश्यल स्ट्रक्चर वर्सन, 1980) ने इस आलोचना को भ्रामक बताया है। स्ट्राइकर ने प्रतीकवादी अन्तर्क्रियावाद के एक ऐसे संस्करण को प्रस्तुत किया जो रूढ़िवादी सूक्ष्म समाजशास्त्रीय परिप्रेक्ष्य को विश्लेषण के संगठनात्मक एवं समाजमूलक परिप्रेक्ष्य के साथ जोड़ता है। स्ट्राइकर का यह परिप्रेक्ष्य भूमिका-सिद्धान्त को पुनर्परिभाषित करता है।

symbolism **प्रतीकवाद**

ऐसी क्रियाएं, वस्तुएं, ध्वनियां तथा अन्य साधन जो अपने आप में कोई महत्व नहीं रखते हैं, किन्तु जिनका प्रयोग किसी ऐसी घटना पर ध्यान आकर्षित करने के लिए किया जाता है जो महत्वपूर्ण समझी जाती हैं, प्रतीकवाद कहलाती हैं। प्रतीकवाद संबंधी अधिकांश अध्ययन समाजशास्त्र की अपेक्षा सामाजिक मानवशास्त्र में हुए हैं।

sympathy **सहानुभूति**

दूसरे व्यक्तियों की अनुभूतियों तथा प्रेरकों के प्रति इस प्रकार प्रतिक्रिया प्रकट करना जैसे वे स्वयं की हों, सहानुभूति कहलाती है। यह एक ऐसी प्रक्रिया है जिसमें एक व्यक्ति दूसरे व्यक्ति के उद्वेगों को अपने ही समझने लगता है। परिणामतः दूसरे के सांवेगिक-व्यवहार उसके सांवेगिक व्यवहार में बदल जाते हैं। दुखी व्यक्ति का दृश्य दर्शक के लिए कभी-कभी इतना उत्तेजक होता है कि दर्शक के मस्तिष्क में समान चिन्तन-धारा बहने लगती है। प्रसिद्ध मनोवैज्ञानिक **मेक्डूगल** ने इसे एक सामान्य प्रवृति कहा है।

system = social system

system analysis **प्रणाली विश्लेषण**

'प्रणाली' (सिस्टम) की अवधारणा समाजशास्त्र के लिये विलक्षण नहीं है। इसका प्रयोग किसी भी वैज्ञानिक विश्लेषण में किया जा सकता है जहां शोधकर्त्ता इकाइयों या भागों के किसी समूह के बीच पाये जाने वाले प्रतिमान या संरचना का अध्ययन करना चाहता है। अतः एक प्रणाली से तात्पर्य कई तत्वों के बीच पाये जाने वाले संरचनात्मक या प्रतिमानात्मक सम्बन्धों से है जो इसे एक समग्र का रूप प्रदान करती है। यह माना जाता है कि एक प्रणाली का एक परिवेश होता है, अतः इसकी सीमाओं के रख-रखाव की आवश्यकता होती है। प्रणाली और इसके परिवेश के बीच अन्तर परिवर्तन होता है। प्रणाली सिद्धान्त जो संतांत्रिकी (साइबरनेटिक) नियमों का प्रयोग करते हैं, वे इस अन्तर परिवर्तन को सूचना के भंडार और नियंत्रण के संदर्भ में देखते हैं। इसके साथ, यह भी माना जाता है कि प्रणाली में संतुलन बनाये रखने की प्रवृति होती है। प्रणालियों में परिवर्तन भी होता है। यह परिवर्तन अधिक आन्तरिक वैभिन्न्यीकरण के द्वारा होता है

T

taboo **वर्जना/निषेध**

'टेबू' शब्द का अर्थ व्यवहार सम्बन्धी पवित्र निषेधों से है। यह एक कठोर सामाजिक नियम का संकेत देता है जो कुछ वस्तुओं, व्यक्तियों और व्यवहारों को वर्जनाओं की श्रेणी में रख कर उनके उल्लंघन पर समूह अथवा समाज द्वारा दंड की व्यवस्था करता है। कुछ व्यवहारों के संबंध में यह माना जाता है कि यदि उन व्यवहारों का प्रयोग किया गया तो व्यक्ति के समस्त अथवा कुछ सम्बन्ध, जिनसे वह घिरा होता है, भ्रष्ट हो जायेंगे। इन सम्बन्धों के दायरे में न केवल व्यक्ति और व्यक्ति के बीच के सम्बन्ध, अपितु व्यक्ति के भौतिक शक्तियों के साथ सम्बन्ध भी सम्मिलित किए जाते हैं। इन सम्बन्धों की सुचिता को बनाए रखने के लिए ही संभवतः इस प्रकार की वर्जनाओं अथवा निषेधों का विकास हुआ प्रतीत होता है। 'निकटाभिगमन निषेध' (इन्सेस्ट टेबू) इसका सर्वात्कृष्ठ उदाहरण है जो लगभग सार्वभौमिक है जिसके अनुसार निकट सम्बंधियों में विवाह वर्जित है। **फ्रायड और लेवी स्ट्रास** का कहना है कि स्वयं समाज की उत्पत्ति 'इन्सेस्ट टेबू' से हुई है। समाजशास्त्रीय दृष्टि से निषेध कई दृष्टि से महत्वपूर्ण हैं। जैसे, एक निषेध का पालन किसी समूह विशेष की सदस्यता का संकेत दे सकता है या जैसा की **दुर्खाइम** ने कहा है कि अन्य संस्कारों (रिचुअल) की भांति, एक निषेध सामाजिक एकजुटता को बनाये रखने में महत्वपूर्ण भूमिका अदा कर सकता है। **मेरी डगलस** (प्योरिटी एण्ड डेन्जर, 1966) के अनुसार, 'टेबू' सामाजिक वर्गीकरण के निर्माण करने और बनाये रखने में सामाजिक की भूमिका अदा करता है।

'टेबू' मूल रूप में अंग्रेजी भाषा का शब्द नहीं है। यह पोलिनिशिया, माइक्रोनिशिया और मलेनिशिया के 'टाबू' शब्द से मिलता-जुलता है। संभवतः **केप्टेन कूक** के जनजातियों के अध्ययन द्वारा इस शब्द ने अंग्रेजी भाषा में प्रवेश किया।

tabulation **सारणीकरण**

सारणीकरण या सारणीयन वर्गीकृत समंको को स्तंभों एवं पंक्तियों में क्रमबद्ध रूप में व्यवस्थित करने की एक प्रक्रिया है, ताकि समंकों को सरलता से समझा जा सके तथा उनकी तुलना अधिक सुगमता से की जा सके। सारणीकरण विश्लेषण की प्रक्रिया का एक प्रमुख एवं प्रारंभिक चरण है। सारणियां द्विगुणी, त्रिगुणी अथवा बहुगुणी हो सकती हैं। चार से अधिक गुणों/परिवर्त्यों को एक ही सारणी में प्रदर्शित किया जाना संभव नहीं होता।

tautology **पुनरूक्रिता**

एक ही कथन या अर्थ को दोहराने के लिये (अनावश्यक रूप में) शब्दों का प्रयोग पुनरूक्रिता कहलाता है। उदाहरणार्थ, यह कहना कि 'ब्रिटेन एक टापू है जो चारों ओर से पानी से घिरा हुआ है', एक पुनरूक्रि है क्यों कि टापू की परिभाषा ही इस रूप में की जाती है। पुनरूक्रितापूर्ण व्याख्याएं परिभाषा की दृष्टि से समान रूप में सही होती है, अतः उन्हें झुटलाना कठिन होता है। अनेक समाजशास्त्रीय व्याख्याओं में पुनरूक्रिता का प्रयोग हुआ है। इसे सामाजिक संस्थाओं के उद्‌गमों की व्याख्याओं में स्पष्ट रूप में देखा जा सकता है। उदाहरणार्थ, मालिनोस्की सहित कुछ प्रारंभिक प्रकार्यवादी मानवशास्त्रियों ने कहा है कि कुछ (विदेशक) सामाजिक परिपाटियां (जैसे, जादू टोना) विद्यमान थी, अतः उनका कोई न कोई सामाजिक प्रकार्य भी रहा होगा और चूंकि यह माना जा सकता है कि उनका कोई प्रकार्य था, अतः ये परिपाटियां विद्यमान थीं।

team research **दल अनुसंधान**

जब किसी घटना का अध्ययन अकेले शोधकर्ता द्वारा न किया जाकर अनेकों शोधकर्ताओं के एक समूह द्वारा मिलकर किया जाता है, तब यह दल-अनुसंधान कहलाता है। जब शोध-समूह के सदस्य किसी एक विज्ञान में ही शिक्षित-प्रशिक्षित होते हैं, तब इसे 'एकल विज्ञानीय दल अनुसंधान' कहा जाता है। किंतु जब शोध-समूह के सदस्य अलग-अलग विज्ञानों में शिक्षित-प्रशिक्षित होते हैं, तब यह 'अन्तर्विज्ञानी दल अनुसंधान' कहलाता है। एक अन्तर्विज्ञानी शोध-दल एक ऐसा समूह होता है जिसके सदस्य विभिन्न उपकरणों तथा अवधारणाओं के प्रयोग में प्रशिक्षित होते हैं। इन व्यक्तियों में किसी एक सामान्य समस्या को लेकर एक संगठित श्रम-विभाजन होता है जिसमें दल का प्रत्येक सदस्य अपने-अपने उपकरणों का प्रयोग करता है तथा दूसरे सदस्यों के कार्यों द्वारा प्रस्तुत सीमाओं के संदर्भ में अपनी प्राकल्पनाओं का अन्तर-पारस्परिक सम्प्रेषण द्वारा परीक्षण करता रहता है। सामान्यतः वह अपने अंतिम निष्कर्षों के लिए सामूहिक दायित्व भाव द्वारा दूसरों से जुड़ा रहता है।

teknonymy **माध्यमिक संबोधन**

इस शब्द की रचना अंग्रेज मानवशास्त्री **ई. बी. टायलर** ने एक ऐसी प्रथा के लिए की है जिसके अनुसार कई समाजों में कुछ संबंधियों को इंगित या संबोधित करने के लिए किसी अन्य व्यक्ति को माध्यम के रूप में प्रयोग किया जाता है। सामान्यतः इसका प्रयोग माता-पिता को संबोधित करने के लिए उनकी सन्तान को माध्यम बनाकर किया जाता है, जैसे रामू की माँ या रामू का बाप।

terrorism **आतंकवाद**

एक ऐसे तरीके या विधि को आतंकवाद कहा जाता है जिसमें कोई संगठित समूह योजनाबद्ध रूप में हिंसात्मक क्रियाओं के प्रयोग द्वारा किसी व्यक्ति, समुदाय या उसके एक

वृहत भाग को भयभीत कर वांछित सामूहिक उद्देश्य/उद्देश्यों को प्राप्त करता है। सामान्यतः हम जिस आतंकवाद से परिचित है उसका सरोकार अधिकांशतः सत्ता की राजनीति से है। राजनीतिक आतंकवाद सत्ता के एक उपकरण के रूप में प्रयोग किया जाता है। यहां दृष्टव्य है कि राज्य-तंत्र द्वारा अपनाया गया हिंसात्मक व्यवहार राज्य-विरोधियों द्वारा अपनाये गये आतंकवाद से भिन्न होता है। फ्रांसीसी उत्तर आधुनिकतावादी विचारक **ज्यां बौद्रीआ** ने आतंकवाद को आधुनिक राज्यसत्ता के ऊपरी जनतंत्र में निहित निरंकुशतावाद का एक उत्तर आधुनिक प्रतिकार कहा है।

thanatos **मरणवृति/मुमूर्षा**

अपने को या दूसरे को नष्ट करने की ध्वंसात्मक प्रवृति को मरणवृति या मुमूर्षा कहा गया है। यह वृति जीवनवृति (इरोज़) अर्थात् रचनावृति के विपरीत है। इसका प्रभाव मानव व्यवहार और व्यक्तित्व पर विशेष रूप में पड़ता है। बालकों द्वारा खिलौनों को तोड़ना-फोड़ना, क्रोध में हाथ-पैर पटकना आदि इस प्रकृत वृति के कुछ लक्षण हैं। इसे सरल भाषा में 'डेथ इन्सटिंक्ट' कहते हैं। **फ्रायड** ने इस वृति का सविस्तार वर्णन-विश्लेषण किया है।

thematic apperception test (TAT) **थेमेटिक अप्रेपशन टेस्ट**

व्यक्तित्व-अंकन की एक प्रक्षेपी विधि जिसमें प्रयोज्य को सामाजिक स्थितियों के अनेक अस्पष्ट चित्र दिखा कर उसे प्रत्येक चित्र के सम्बन्ध में एक कहानी घड़ने के लिए कहा जाता है। इन कहानियों के विश्लेषण द्वारा प्रयोज्य के इन मूल्यों, मनोभावों तथा भूमिका-संघर्षों को जानने का यत्न किया जाता है जिसे उसने अनुभव किया है, अथवा अनुभव कर रहा है, किंतु वह उन्हें प्रत्यक्ष रूप से बताना नहीं चाहता या बताने में असमर्थ है। इस विधि का प्रयोग मनोवैज्ञानिक परीक्षणों तथा अन्तर सांस्कृतिक शोध में बहुधा प्रयोज्य के स्वप्निल संसार को जानने हेतु किया गया है। इस विधि को संक्षिप्त में 'टी.ए.टी.' भी कहते हैं।

themes **मान्यताएं**

मोरिस ओपलर ने संस्कृति के एकीकरण के संदर्भ में मान्यताओं की अवधारणा को विकसित किया है। मान्यताएं ऐसे सामान्य अभिप्रेरक हैं जो किसी समाज में विभिन्न प्रकार के व्यवहारों के मूल में निहित होती हैं। ओपलर ने अपनी इस धारणा की पुष्टि अपाचे नामक जनजाति के लोगों की संस्कृति के अध्ययन से की है।

theoretical perspective **सैद्धान्तिक परिप्रेक्ष्य**

वस्तुओं और घटनाओं की प्रकृति के संबंध में अन्तर्निहित प्रश्नों और उनके संभावित उत्तरों के बारे में हम जो अनुमान लगाते हैं, इन अनुमानों के समूह को ही सैद्धान्तिक परिप्रेक्ष्य कहते हैं। चूंकि घटनाओं और वस्तुओं की प्रकृति के बारे में भिन्न विज्ञानों के भिन्न प्रश्न

एवं उत्तर होते हैं, अतः सभी विज्ञानों के परिप्रेक्ष्यों में भिन्नता है। समाजशास्त्र में ही कई परिप्रेक्ष्य हैं, जैसे संघर्षवादी, प्रकार्यवादी, अन्तर्क्रियावादी आदि-आदि।

theory **सिद्धांत**

विभिन्न परिवर्त्यों या चर (वेरिएबल्स) के मध्य कारणात्मक संबंधों को प्रदर्शित करने वाले प्रस्थापनाओं के एक समूह को सिद्धांत कहते हैं। यह एक ऐसा सामान्यीकरण है जिसे तथ्यों के एक वृहद् समूह के प्रामाणीकरण के बाद प्राप्त किया जाता है। सिद्धांत किसी घटना के संबंध में 'क्यों' और 'कैसे' के प्रश्नों के उत्तर देने का एक तरीका है।

सिद्धांत शब्द का प्रयोग, अत्यंत सामान्य अर्थ में, 'व्यावहारिक' के विपर्यय के अर्थ में भी कर लिया जाता है। इस दृष्टि से 'व्यावहारिक कार्य' और 'सैद्धांतिक कार्य' में भेद प्रदर्शित किया जाता है। किन्तु इस प्रकार का प्रयोग भ्रमपूर्ण है। इसी प्रकार, जब इस शब्द का प्रयोग दार्शनिक अर्थों में किया जाता है जैसा कि प्रारंभिक राजनीतिक अध्ययनों में 'राज्य के सिद्धांत' आदि के रूप में किया गया है, तब इसका अर्थ वैज्ञानिक सिद्धांत से भिन्न होता है। एक वैज्ञानिक सिद्धांत अनुभवजन्य परीक्षणीय प्रस्थापनाओं के तार्किक रूप में अन्तर्सम्बंधित समूह को कहते हैं। सिद्धान्त और अनुस्थापन (ऑरिएँन्टेशन) में अन्तर है। सिद्धान्त परिवर्त्यों के बीच संबंधों से बनता है जिसे सही अथवा गलत सिद्ध किया जा सकता है, किन्तु अनुस्थापन को तर्कपूर्ण या तर्कहीन ही माना जा सकता है।

theory, sociological **समाजशास्त्रीय सिद्धांत**

सामाजिक अथवा समाजशास्त्रीय सिद्धांत के सम्बन्ध में काफी मत-भ्राति फैली हुई है, क्योंकि इसका प्रयोग कई अर्थ एवं संदर्भ तथा अनेक क्रियाओं के लिए किया गया है। इन क्रियाओं में आपसी सम्बन्ध होने के कारण कुछ समाज वैज्ञानिकों ने पद्धतिशास्त्र, अवधारणा, प्राक्कल्पना, समाजशास्त्रीय अभिमुखन, समाजशास्त्रीय निर्वचन, सामाजिक विचारधारा जैसी अनेक क्रियाओं एवं विधाओं को समाजशास्त्रीय सिद्धांत मानने अथवा समझने की भूल की है। वस्तुतः समाजशास्त्रीय सिद्धांत सामाजिक घटनाओं के संबंध में वैज्ञानिक तथ्यों पर आधारित कोई ऐसा मान्य सामान्यीकरण है जिसके आधार पर विश्वसनीय सामाजिक व्याख्या की जा सकती है। एक समाजशास्त्रीय सिद्धांत मानवीय सामाजिक अन्तर्क्रिया की प्रकृति, प्रतिमान तथा गत्यात्मकता के संबंध में व्याख्या व भविष्योक्ति प्रस्तुत करता है। समाज के संबंध में प्रारंभिक समाज वैज्ञानिकों, जैसे **मैक्स वेबर, दुर्खाइम, मीड, सिमेल, पेरेटो** आदि के विचारों ने आधुनिक समाजशास्त्रीय सिद्धांत की आधार शिला तैयार करने में महती भूमिका अदा की है।

कुछ विद्वान समाजशास्त्रीय सिद्धान्त की संभावना को ही स्वीकार नहीं करते। कुछेक के अनुसार समाजशास्त्रीय सिद्धान्त अत्यन्त सीमित एवं आंशिक रूप से प्रामाणित होते हैं। इन सबसे विपरीत प्रसिद्ध समाजशास्त्री **टालकट पार्सन्स** जैसे विद्वान भी हैं जो समाजशास्त्र में सार्वलौकिक तथा महत् सिद्धांतों (ग्रैन्ड थिअरिज) की रचना की बात करते हैं। **प्रो. टी.**

एच. मार्शल तथा **प्रो. राबर्ट के. मर्टन** ने महत् सिद्धान्तों के स्थान पर 'मध्यवर्ती सिद्धान्त' (मिडिल रेन्ज थिअरि) की विचारधारा प्रस्तुत की है। ऐसे लोगों की संख्या भी कम नहीं है जिन्हें समाजशास्त्र में न महत् सिद्धान्त स्वीकार हैं और न ही मध्यवर्ती सिद्धान्त। वे इन दोनों प्रकार के सिद्धान्तों के स्थान पर 'लघु सिद्धान्त' (माइनर थिअरि) के विचार का प्रतिपादन करते हैं। इस विवाद के कारण अभी यह कहना कठिन है कि समाजशास्त्र में सिद्धान्त का रूप क्या हो।

totem **गणचिन्ह**

कोई वस्तु अथवा वस्तुओं का एक समूह, सामान्यतः कोई पशु अथवा पेड़-पौधा, जिसे किसी सामाजिक समूह (गोत्र समूह या वंश समूह, आदि) के सदस्य विशेष सम्मान तथा श्रद्धा से देखते हैं तथा जिसके साथ विशिष्ट भावनात्मक संबंधों को अनुभव करते हैं, टोटम या गणचिन्ह कहलाता है। संसार की अनेक आदिवासी जातियों में टोटम की धारणा विद्यमान पाई गई है। आदिवासी लोगों के लिए टोटम देव तुल्य होता है। इसके साथ अनेक धार्मिक क्रियाकलाप जुड़े पाये गये हैं। कुछ विद्वानों ने तो टोटम से जुड़े विश्वासों और कृत्यों को धर्म की उत्पत्ति का एक कारण भी माना है। 'टोटम' पद के प्रति पश्चिम के व्यक्तियों का ध्यान सर्वप्रथम **जे. लेंग** ने अपनी पुस्तक 'वोयेज़ेज एण्ड ट्रेवेल्स' (1791) द्वारा आकर्षित किया है।

totemism **गणचिन्हवाद**

किसी गणचिन्ह के साथ जुड़े हुए विश्वासों, प्रथाओं और संस्कारों के समूह को गणचिन्हवाद कहा जाता है। टोटमवाद या गणचिन्हवाद किसी सामाजिक समूह (वंश अथवा गोत्र समूह) तथा किसी प्राकृतिक वस्तु जैसे कोई वृक्ष या पशु आदि के बीच स्थापित सांकेतिक संबंधों की अभिव्यक्ति है।

टोटमवाद की उत्पत्ति कैसे हुई, इस सम्बन्ध में मानवशास्त्रियों ने अपने-अपने तर्क एवं व्याख्याएं प्रस्तुत की हैं। **जे.एफ.मेक्लिनेन** ने टोटमवाद को आत्मावाद का अवशेष बताया। **विलियम रोबर्टसन् स्मिथ** के अनुसार, टोटम की उपस्थिति यह बताती है कि व्यक्ति टोटम से कुछ लाभ होने की आशा रखते थे। **फ्रेजर** ने इसे प्रजनन की धारणा से जोड़ते हुए कहा कि टोटमवाद वहां पाया गया जहां जंगली लोगों में गर्भधारण में पुरुष की भूमिका के विषय में जानकारी नहीं थी। उन्होंने अरूण्टा जनजाति का उदाहरण देते हुए बताया कि वहां स्त्रियां टोटम को ही गर्भधारण के लिए उत्तरदायी मानती हैं। **दुर्खाइम** ने इसकी व्याख्या धार्मिक जीवन के सर्वाधिक प्रारंभिक स्वरूप के रूप में की और बताया की टोटम की पूजा स्वयं की पूजा है, अर्थात एक गोत्र के व्यक्तियों द्वारा अपनी पूजा करना है। **मालिनोस्की** ने कहा कि जीवित रहने के लिये यह आवश्यक है कि व्यक्तियों को दुर्लभ जाति के पौधों और पशुओं के बारे में ज्ञान हो। **हॉकिन्स** ने टोटमवाद की उत्पत्ति के लिए आर्थिक कारणों को उत्तरदायी माना है। उनके अनुसार, पशु-पक्षियों और वनस्पतियों के प्रति आदर-भाव उत्पन्न होने का मुख्य करण आदिवासियों की भोजन सम्बन्धी आवश्यकता की पूर्ति करना रहा

होगा। **मेयर फोर्ट्स** ने मानव प्राणी और पशुओं के बीच सम्बन्धों को जीवित व्यक्तियों और उसके पूर्वजों के साथ सम्बन्धों के रूप में देखा है। **प्रिचार्ड** ने टोटमवाद की प्रकार्यात्मक उपयोगिता को अस्वीकार करते हुए कहा कि सर्वाधिक बेकार (अनुपयोगी) पशु भी संस्कारों का केन्द्र हो सकता है। मानव प्राणी और पशुओं के सम्बन्ध मात्र लाक्षणिक हो सकते हैं। **लेवी स्ट्रास** ने इस वाद-विवाद के समाहार के रूप में हमें मानव की वर्गीकरण करने की आवश्यकता का इसे एक उदाहरण बताया। पशुओं या वनस्पति जगत की भिन्नताओं को मानव ने अपनी भिन्नताएं प्रकट करने के लिये किया है। स्ट्रास के तर्कों ने पश्चिमी तथा अपश्चिमी समाजों में पुनः पशु सांकेतिकता सम्बन्धी अध्ययनों को प्रोत्साहित किया है।

totalitarianism **सर्वाधिकारवाद**

शासन-प्रशासन का एक ऐसा स्वरूप जिसमें 'निजी' और 'सार्वजनिक' जीवन के सारे पक्ष एक सर्वव्यापक प्रभुत्व की प्रक्रिया में विलीन हो जाते हैं, सर्वाधिकारवाद कहलाता है। मूलतः इस प्रकार के शासन का प्रयोग **मुसोलिनी** द्वारा व्यक्ति पर फासीवादी राज्य की सर्वोच्चता को प्रदर्शित करने के लिये किया गया था, किन्तु अब इस अवधारणा का प्रयोग एक आदर्श प्रारूपीय (आइडल टाइप) ऐसी राज्य व्यवस्था के लिये किया जाता है जो अपने निश्चित क्षेत्र में सामाजिक अस्तित्व के समस्त पक्षों पर पूर्ण नियंत्रण स्थापित करने का प्रयास करती है। ऐसे राज्य में सार्वजनिक और निजी, राजनीतिक और गैर-राजनीतिक में कोई भेद नहीं किया जाता। सर्वाधिकारवाद के प्रमुख उदाहरण नाज़ीवादी जर्मनी, स्टालिनवादी रूस, माओ-झे-डॉग का चीन बताये जा सकते हैं जो सर्वाधिकारवाद आदर्श प्रारूप से काफी मिलते-जुलते हैं।

tradition **परम्परा**

परम्परा, परिपाटियों का एक पुंज है जो कुछ व्यवहार सम्बन्धी मानदंडों और मूल्यों जो इस आधार पर अपनाये जाने या सम्पन्न किये जाने पर बल देती है कि इनका वास्तविक या काल्पनिक भूत के साथ तारतम्य है। बहुधा इन परम्पराओं के साथ व्यापक रूप से स्वीकृत कर्मकाण्ड या प्रतीकात्मक व्यवहार के अन्य स्वरूप जुड़े होते हैं। परम्परा में हस्तान्तरण या संचरण की प्रक्रिया निहित होती है जिसके द्वारा एक समाज अपनी संस्कृति को अक्षुण्य बनाये रखता है।

व्युत्पत्तीय दृष्टि से, ऑग्ल भाषा के 'ट्रॅडिशन' शब्द की उत्पति 'ट्रॅडेर' शब्द से हुई है जिसका अर्थ है, संचरण या हस्तान्तरण। 'ट्रॅडिशन' का संस्कृत पर्यायवाची शब्द 'परंपरा' है जिसका अर्थ 'ऐतिह' अर्थात् विरासत में प्राप्त होना है। इसकी उत्पति 'इतिहास' में है। अतः 'परम्परा' शब्द से उन सभी बातों का बोध होता है जिनका उद्‌गम स्मृतियों, ऋषि-मुनियों के आप्त वाक्यों अथवा पौराणिक नायकों द्वारा प्रदत्त ज्ञान से होता है। इसका उद्‌गम कुछ भी रहा हो, अधिकांश व्यक्तियों द्वारा परम्परा की ऐतिहासिकता को स्वीकार किया गया है। इन्हें उद्धृत, स्मरण तथा सम्मानित किया जाता है। वास्तव में, पीढ़ी-दर-पीढ़ी हस्तान्तरित होने के कारण इनमें यह विश्वास जन्म जाता है कि ये मूल्यवान हैं। समाज की एकता एवं सामाजिक

सुदृढ़ता के निर्मायक तत्व के रूप में यह विश्वास पनपता जाता है।

tradition, elite = tradition, great

tradition, great **महत् परम्परा**

महत् एवं लघु परम्परा की दो जुड़वां अवधारणाओं का प्रतिपादन **रॉबर्ट रेडफील्ड** द्वारा कृषक समुदायों के सांस्कृतिक जीवन के विश्लेषण की एक पद्धति के रूप में किया गया है। महत् परम्परा से तात्पर्य ऐसे उच्च एवं बौद्धिक प्रभावों से है जिनका जन्म बाहर से होता है। इस परम्परा का विकास विद्यालयों तथा देवालयों में होता है। दार्शनिकों, चिन्तकों तथा साहित्यकारों की परम्पराओं का सृजन एवं हस्तान्तरण सचेतन प्रयासों द्वारा होता है। महत् परम्परा को अभिजन या नगरीय परम्परा भी कहा जाता है।

tradition, little **लघु परम्परा**

लघु परम्परा से तात्पर्य ऐसे प्रभावों से है जिनका उद्‌गम गांवों (स्थानीय संस्कृति) में होता है। इसका विकास ग्रामीण समुदायों में रहने वाले अप्रबुद्ध एवं सामान्य जनों के बीच स्वतः होता है। महत् परंपरा की भांति लघु परम्परा के परिष्करण तथा सजाने-संवारने का कोई सचेतन प्रयास नहीं किया जाता और न ही इसकी अधिक छानबीन ही की जाती है। इसे 'लोक परम्परा' के नाम से भी जाना जाता है।

दोनों परम्पराएं परस्पर निर्भर हैं। दोनों को विचार एवं क्रिया की ऐसी दो धाराओं के रूप में समझा जा सकता है जो अलग-अलग होते हुए भी कभी (दोनों) एक-दूसरे के साथ मिलकर, तो कभी अलग होकर निरन्तर प्रवाहित होती रहती हैं।

tradition directed society **परम्परा निर्देशित समाज**

समाज का एक अमूर्त रूप जो अपने प्रतिनिधिक सदस्यों में एक ऐसे सामाजिक चरित्र का विकसित करता है जिसमें साधारणतः परम्पराओं के पालन की प्रवृति होती है। इस अवधारणा का विकास **डेविड रिज़मेन** द्वारा उनकी पुस्तक 'द लोनली क्राउड' में किया गया है।

traditional authority = authority, traditional

traditional society **पारम्परिक समाज**

'पारम्परिक समाज' पद का सामान्य रूप में औद्योगिक, नगरीकृत और पूंजीवादी 'आधुनिक' समाज के साथ तुलना के संदर्भ में किया जाता है। कई बार भूल से कई प्रकार के अ-औद्योगिक समाजों जैसे समकालीन आखेटक और कंद-मूल-फल संग्रहाक समूहों को भी इसमें सम्मिलित कर लिया जाता है। वास्तव में, यह एक मूल्यांकनात्मक पद है जिसे बहुधा नकारात्मक लक्षणों जैसे पिछड़ापन, आदिम, अ-वैज्ञानिक और भावात्मकता आदि के साथ जोड़ा जाता है। यही नहीं, कभी-कभी इस पद का प्रयोग घनिष्ठ रूप में गुंथे हुए

पारिवारिक मूल्यों और समुदाय के पौराणिक स्वर्ण युग की कल्पनाओं के लिये भी किया जाता है।

पारम्परिक समाज अपेक्षाकृत धीमी गति से परिवर्तित होने वाला एक ऐसा समाज होता है जिसमें सामाजिक प्रस्थिति का निर्धारण अधिकांशतः जन्म, नातेदारी, आयु, जाति-प्रजाति के आधार पर होता है। ऐसे समाज में मूल्यों की एक अधिक समरूप संरचना देखने को मिलती है, विशेषीकरण कम से कम होता है, सामान्यतः सामाजिक ढांचा सत्तावादी होता है और अधिकांशतः ऐसे समाज भूमिगत कुलीनतंत्र की व्यवस्था लिये होते हैं। पारम्परिक समाज के व्यक्ति पारलौकिक विचारणा एवं भाग्यवादी मूल्य-व्यवस्था, रूढ़िगत धार्मिक आस्था और विश्वास, जिसमें तार्किकता का अभाव होता है, से निर्देशित होते हैं।

trial marriage **परीक्षा विवाह**

विवाहेच्छुक युवकों के साहस एवं शौर्य की परीक्षा की प्रथा पर आधारित जीवन-साथी के चुनाव को परीक्षा विवाह कहते हैं। इस प्रकार की विवाह की प्रथा कुछ आदिवासी जातियों में देखने को मिली है। परीक्षा में खरा उतरने वाले व्यक्ति को अपनी मनचाही लड़की के साथ विवाह करने की अनुमति मिल जाती है। परीक्षा के रूप विभिन्न जातियों में अलग-अलग देखने को मिले हैं। गुजरात के भीलों में इसी प्रकार की एक प्रथा को 'गोल-गधेड़ो' कहा जाता है जिसमें युवा अविवाहित भीलों की ताड़ अथवा खजूर के लम्बे वृक्ष पर बंधे गुड़ एवं नारियल को, उतारने की परीक्षा ली जाती है। इसी प्रकार असम के नागाओं में 'नर-मुंड' के काटने और प्रदर्शन की प्रथा देखी गई है।

tribalization **जनजातिकरण**

किसी सभ्य मानव समुदाय द्वारा जनजातियों के ऐसे रीति-रिवाजों, कर्मकांडों तथा विश्वासों को अपना लेने की प्रक्रिया जनजातिकरण कहलाती है, जो उनके अपने रीति-रिवाजों एवं विश्वासों से सर्वथा भिन्न होते हैं। **एस. एल. कालिया** ने उत्तर प्रदेश की जौनसार बावर और मध्य प्रदेश में बस्तर क्षेत्र की जनजातियों के बीच अस्थाई रूप से निवास करने वाले उच्च जातियों के हिन्दुओं द्वारा वहां की जनजातियों के रीति-रिवाजों एवं विश्वासों के अपनाने की इस प्रक्रिया का उल्लेख किया है।

tribe **जनजाति**

एक जनजाति परिवारों अथवा परिवार-समूहों का एक ऐसा संकलन है जिसका एक सामान्य नाम, विशिष्ट भाषा, समाज-व्यवस्था, संस्कृति और उत्पति सम्बन्धी एक पुराकथा होती है, तथा जो एक निश्चित भौगोलिक क्षेत्र में निवास करता है। एक जनजाति के लोग किसी एक ही पूर्वज की संतान के रूप में अपने आपको परस्पर संबंधित मानते हैं। बदलती हुई विश्व दृष्टि के कारण 'ट्राइब' की अवधारणा के अर्थ में भी परिवर्तन होता जा रहा है।

tribe, scheduled = scheduled tribe

U

ultimogeniture **कनिष्ठाधिकार**

उत्तराधिकार का वह नियम जिसके अनुसार सबसे छोटा पुत्र (मातृवंशीय समाजों में पुत्री) अपने माता-पिता की सम्पत्ति का उत्तराधिकारी बनता है, कनिष्ठाधिकार कहलाता है। यह ज्येष्ठाधिकार का पूर्णतः विपरीत नियम है। 'बारो इंगलिस' के नाम से प्रसिद्ध यह प्रथा इंगलैंड के कई भागों तथा जर्मनी, रूस, हंगरी में भी देखी गई है। एशिया में यह प्रथा तुर्की एवं मंगोल जातियों, भारत, सुमात्रा आदि देशों में भी पाई गई है।

unemployment **बेरोजगारी**

बेरोजगारी व्यक्ति के कार्यहीनता की एक ऐसी दशा अथवा स्थिति है जिसमें उसके काम करने के योग्य होने तथा काम चाहने पर भी उसे कोई लाभप्रद काम नहीं मिल पाता है। संक्षेप में, बेरोजगारी एक व्यक्ति की अनैच्छिक निष्क्रियता की एक दशा है।

बेरोजगारी के कई कारण तथा रूप हैं। इसके वैयक्तिक कारणों में व्यक्ति की शारीरिक एवं मानसिक दशाएं, मनोवृति तथा आदतें सम्मिलित की जाती हैं। इन कारकों के अतिरिक्त बेरोजगारी के कुछ अवैयक्तिक कारक जैसे जनाधिक्यता, जनसंख्या की गतिशीलता, आर्थिक उतार-चढ़ाव, बाढ़, अकाल, तूफान, भूकम्प जैसी प्राकृतिक विपदाएं, मशीनीकरण तथा कुछ अन्य सामाजिक कारक हो सकते हैं। बेरोजगारी के प्रमुख रूपों में मौसमी बेकारी, प्रौद्योगिकीय बेकारी, चक्रिक बेकारी, शिक्षित-अशिक्षित बेकारी, ग्रामीण-नगरीय बेकारी आदि सम्मिलित की जाती हैं।

unigeniture **समानाधिकार**

उत्तराधिकार का एक नियम जिसके अनुसार सहोदरों के समूह में कोई एक माता-पिता की सम्पत्ति का उत्तराधिकारी बनता है।

unilateral/unilineal descent = descent, unilateral

unilocal residence **एक पक्षीय निवास**

एक प्रथा जो विवाहित युग्म को पति अथवा पत्नी दोनों में से किसी एक के सम्बंधियों के साथ अथवा उनके आसपास रहने के लिए बाध्य करती है, एकपक्षीय निबास कहलाती

है। किसी संस्कृति में विवाहित युग्म पति अथवा पत्नी दोनों में से किसके परिवार वालों के साथ रहें, यह वहां की परम्परा-परिपाटी द्वारा निर्धारित होता है।

universals = culture universals

universalism **सार्वभौमवाद**

एक सिद्धान्त जिसके अनुसार यह माना जाता है कि समाज एक वास्तविकता के साथ-साथ एक मानसिक प्रत्यय है तथा इसका सर्वोपरि महत्व है। सार्वभौमवाद के दो प्रमुख रूप हैं: (1) अतिवादी सार्वभौमवाद व्यक्ति को सामाजिक समष्टि का मात्र एक अंश मानता है। इस अंश का समष्टि से पृथक कोई महत्व नहीं होता तथा अंश की अपेक्षा समष्टि का अधिक महत्व होता है। (2) नरमपंथी सार्वभौमवाद व्यक्तिगत वास्तविकता तथा सामाजिक समष्टि से पृथक व्यक्ति के कुछ महत्व को स्वीकारता है।

universalism-particularism **सार्वभौमवाद-विशिष्टवाद**

एक परिवर्ती-प्रतिमान (पैटर्न वेरिएबल) अथवा सामाजिक व्यवहार की एक विरोधाभाषी स्थिति जिसमें एक व्यक्ति को यह चुनना पड़ता है कि एक स्थिति विशेष में उसे दूसरे व्यक्ति अथवा व्यक्तियों के साथ व्यवहार करते समय सामान्य मानदंडों के अनुसार व्यवहार करना चाहिए अथवा किन्हीं विशिष्ट मानदंडों के अनुसार करना चाहिए। सामाजिक व्यवहारों का यह द्विभाजन **टालकट पार्सन्स** द्वारा प्रस्तावित पांच परिवर्ती-प्रतिमानों में से एक है। पार्सन्स ने लिखा है, 'किसी स्थिति का सामना करते समय कर्त्ता के समक्ष यह असमंजस बना रहता है कि क्या उसे किसी स्थिति विशेष में वस्तुओं अथवा अन्य व्यक्तियों के साथ व्यवहार करते समय उस वर्ग की समस्त वस्तुओं को ध्यान में रखते हुए सामान्य मानदंडों के अनुसार व्यवहार करना चाहिए, अथवा उनके साथ स्थापित विशिष्ट संबंधों के आधार पर व्यवहार करना चाहिए। इस असमंजस का निराकरण उन सामान्यकों अथवा मूल्य-मानदण्डों को प्राथमिकता देते हुए किया जा सकता है जो काफी सामान्यीकृत हो चुके हैं तथा जिनकी प्रामाणिकता का कोई आधार है।'

universalisation **सार्वभौमीकरण**

मैकिम मेरियट ने लघु एवं महत् परम्पराओं के मध्य सम्प्रेषण की प्रक्रियाओं के स्पष्टीकरण हेतु सार्वभौमीकरण तथा संकुचितीकरण की दो अवधारणाओं का विकास किया है। सार्वभौमीकरण को स्पष्ट करते हुए मेरियट ने लिखा है कि 'मैं इस पद का प्रयोग न केवल सांस्कृतिक-चेतना अपितु साँस्कृतिक विषय-वस्तुओं को आगे तथा ऊपर ले जाने की प्रक्रिया के लिए करता हूं। ..... जब लघु परम्परा के तत्व (देवी-देवता, प्रथाएं, अनुष्ठान, आदि) ऊपर की ओर बढ़ते हैं, उनके फैलाव का क्षेत्र बढ़ता है, तब वे महत् परम्परा के स्तर तक पहुंच जाते हैं और उनका मूल स्वरूप परिवर्तित हो जाता है, तब इस प्रक्रिया को सार्वभौमीकरण कहते हैं।'

universe **समग्र**

'यूनिवर्स' का शब्दिक अर्थ विश्व या सृष्टि है, किन्तु सामाजिक शोध शब्दावली में इस शब्द का प्रयोग विशेषतः अध्ययन-क्षेत्र के लिये किया जाता है। एक शोधकर्ता का विश्व या सृष्टि उसकी अध्ययन-इकाइयों का वह सीमित क्षेत्र है जिनका वह अध्ययन करने जा रहा है। अतः शोध की दृष्टि से, अध्ययन की इकाइयों के समुच्चय को समग्र कहते हैं।

urban **नगरीय**

नगर-निवास की विशिष्ट जीवन-शैली के पुंज को नगरीय कहते हैं।

urban community **नगरीय समुदाय**

वह समुदाय जहां जनसंख्या का उच्च घनत्व, अकृषिहर व्यवसायों का बाहुल्य, अत्यधिक श्रम-विभाजन तथा विशेषीकरण, नियंत्रण एवं व्यवस्था की औपचारिक संस्थाओं की प्रधानता हो, नगरीय समुदाय कहलाता है। नगरीय समुदाय की जनसंख्या विषमता एवं विजातीयता लिये होती है तथा वहां जीवन-शैली की रचना अवैयक्तिक, द्वितीयक संबंधों द्वारा होती है।

urban sociology = sociology, urban

urbanism **नगरीयता/नगरवाद**

नगरीय जीवन के साथ व्यक्तियों के समायोजन की प्रक्रिया को नगरवाद या नगरीयता कहते हैं। शिकागो सम्प्रदाय के **लुई वर्थ** के अनुसार, नगरवाद या नगरीयता बसावट का तरीका नहीं है, अपितु यह जीवन की एक विशिष्ट शैली है। यह शैली ग्राम्य जीवन-शैली से भिन्न होती है। नगरीयता की प्रमुख विशेषताएं हैं—निर्वैयक्तिक सामाजिक अन्तर्क्रिया, अत्यधिक गतिशीलता एवं परिवर्तनशीलता, समय तथा लय का दबाव, गुमनामपन, काम करने के लिए निर्जीव शक्ति का प्रयोग, उन्नत प्रौद्योगिकी पर आधारित सामाजिक जीवन, परिवारवाद का ह्रास, आदि।

नगरवाद और नगरीकरण में अन्तर है। नगरवाद एक दशा या परिस्थितियों का एक पुंज है, जब कि नगरीकरण परिवर्तन की एक प्रक्रिया है जिसमें व्यक्ति नगरीय जीवन-शैली को अंगीकार करते हैं।

urbanization **नगरीकरण**

नगरवाद के लक्षणों (विचारों एवं व्यवहार के रूप) के विकास एवं प्रसार की प्रक्रिया नगरीकरण कहलाती है। **लुई वर्थ** ने ग्रामों के नगरों में बदलने की प्रक्रिया को नगरीकरण की संज्ञा दी है। इसी प्रकार कुछ विद्वानों ने ग्रामीण जनसंख्या के नगर की ओर निष्क्रमण की प्रक्रिया को नगरीकरण का नाम दिया है। वास्तव में, नगरीकरण की प्रक्रिया का प्रयोग कई अर्थों में किया गया है, जैसे नगरीय होना, नगरों की ओर जाना, कृषि कार्यों को छोड़

कर अकृषिहर कार्यों को अपनाना तथा व्यवहार-प्रतिमानों में समानान्तर परिवर्तन, आदि। आजकल इस अवधारणा का प्रयोग वृहत समुदायों (नगरों) में जनसंख्या के केन्द्रीकरण के लिये किया जाने लगा है जहां व्यवसायों की प्रकृति अकृषिहर होती है।

uterine descent = matrilineal descent

utilitarianism **उपयोगितावाद**

एक नैतिक एवं मनोवैज्ञानिक सिद्धान्त जो इस बात पर बल देता है कि समस्त मानवीय आचरण तथा नियमों की उपयुक्तता की जांच का एक मात्र उद्देश्य एवं मानदंड 'अधिकतम व्यक्तियों का अधिकतम सुख' होना चाहिए। यह सिद्धान्त **जरमी बेंथम** तथा **जॉन स्टुअर्ट मिल** के नाम के साथ जुड़ा हुआ है जिनकी दृष्टि में 'दुख की अपेक्षा सुख' ही जीवन का मूलमंत्र है। उपयोगिता ही अधिकतम व्यक्तियों का अधिकतम सुख है। उपयोगिता को बढ़ाना ही मानव प्राणी के जीवन का यथोचित लक्ष्य है। अतः उपयोगितावाद सामाजिक प्रभावों वाला एक नैतिक सिद्धान्त है जिसके अनुसार यह माना जाता है कि किसी भी वस्तु की अपने आपके लिए कामना नहीं की जाती, अपितु उस वस्तु से प्राप्त होने वाले सुख के लिए की जाती है।

मानवीय जीवन का यह दार्शनिक उपागम तार्किक सोच वाले व्यक्ति की महत्ता पर बल देता है। इस उपागम द्वारा यह माना जाता है कि मानव जीवन के अस्तित्व का मूलमंत्र बुद्धिसंगत स्वहित है। मानव इसी से प्रेरित होकर दुख और अप्रसन्नता को ढालने और आनन्द और सुख को बढ़ाने का यत्न करता है। इस प्रकार समाज व्यक्तियों का संग्रह मात्र है जिसमें सामाजिक संबंधों का प्रयोग भी स्वहित अर्थात् अधिकाधिक सुख प्राप्ति के लिये किया जाता है।

बेंथम ने इस सिद्धान्त का प्रयोग प्रशासन, कानून तथा अर्थशास्त्र के क्षेत्र में किया। प्रशासन का कोई कानून या क्रिया कहां तक उपयुक्त है, इसका परीक्षण दुख और सुख के हिसाब के आधार पर किया जाना चाहिए। प्रारंभिक समाजशास्त्र पर उपयोगितावाद का काफी प्रभाव पड़ा है, जैसा कि हम **स्पेंसर** के विचारों में देख सकते हैं। किन्तु **दुर्खाइम** ने इसकी कटु आलोचना की है। आधुनिक आर्थिक विचारों पर आज भी इसके प्रभाव को देखा जा सकता है।

utopia **स्वप्नलोक/आदर्शलोक**

एक ऐसा समाज जिसमें आदर्श एवं सर्वगुण सम्पन्न समाज की बुराइयों, कमजोरियों तथा अवांछित तत्वों के प्रतिकार की आकांक्षा व्यक्त की जाती है। यह विचार एक ऐसे आदर्श समाज का चित्र प्रस्तुत करता है जिसमें आपसी भेदभाव, मनमुटाव, संघर्ष एवं प्रतिस्पर्धा जैसे तत्वों की तनिक भी गुंजाइश नहीं होती। आदर्शलोक या 'यूटोपिआ' का विचार सर्वप्रथम **सर थॉमस मोर** ने सन् 1916 में इसी नाम के अपने ग्रंथ में प्रस्तुत किया

था। रोजमर्रा की भाषा में, इस शब्द का प्रयोग जब भ्रष्ट अर्थों में किया जाता है, तब इसका अर्थ किसी कार्य की ऐसी काल्पनिक एवं अव्यवहारिक योजना से होता है जिसे पूरा करना प्रायः असंभव होता है।

uxorilocal residence = matrilocal residence

V

validity of scale **पैमाने की वैधता/प्रामाणिकता**

किसी शोध-विधि अथवा पैमाने की वैधता अथवा प्रामाणिकता से तात्पर्य मापे जाने वाले तथ्य की सही-सही माप करने की क्षमता से है। पैमाने की प्रामाणिकता के लिए यह आवश्यक है कि वह पैमाना उस वस्तु अथवा घटना की माप करने की क्षमता रखता हो जिसके लिए उसका प्रयोग किया जा रहा है। उदाहरणार्थ, सामाजिक दूरी के लिए बनाया गया पैमाना यदि सामाजिक दूरी न माप कर कुछ अन्य तथ्य की माप करता है, तब इसे एक प्रामाणिक पैमाना नहीं माना जायेगा। पैमाने की वैधता की जांच के लिए तार्किक वैधता विधि, पंचों की राय विधि, परिचित समूह विधि, स्वतंत्र मापदंड विधि, आदि का प्रयोग किया जाता है।

value **मूल्य**

किसी वस्तु की मानवीय आकांक्षा को पूरा करने की विश्वसनीय क्षमता, अथवा किसी वस्तु का वह गुण जो एक व्यक्ति अथवा समूह में रुचि उत्पन्न करता है, उसके मूल्य का द्योतक है। मूल्य वे सांस्कृतिक अथवा व्यक्तिगत धारणाएं अथवा आदर्श हैं जिसके द्वारा वस्तुओं अथवा घटनाओं की एक दूसरे के साथ तुलना की जा सकती है, उन्हें स्वीकार अथवा अस्वीकार किया जा सकता है तथा सापेक्षिक रूप में यह देखा जा सकता है कि क्या वांछित अथवा अवांछित है, क्या अच्छा या बुरा है, क्या अधिक ठीक और कम ठीक है। मूल्य लक्ष्य एवं उद्देश्य हैं, जिसके प्रति एक व्यक्ति अथवा सम्पूर्ण समाज के व्यवहार को निर्देशित किया जाता है। न्याय, स्वतंत्रता, देशभक्ति, अहिंसा, सत्ता, समानता, आदि मूल्यों के ही कुछ उदाहरण हैं। मूल्यों का प्रयोग किसी भी घटना, अनुभव, वस्तु, अमूर्तीकरण (जैसे, तर्क) के क्रम-विन्यास के लिये किया जा सकता है। ध्यान रहे मूल्य साध्य हैं, जबकि कि मानदंड (नॉर्म्स) इन साध्यों के साधन हैं।

value judgement **मूल्य निर्णय**

क्या वांछनीय तथा मूल्यवान है, इसके संबंध में लिया गया निर्णय ही मूल्य-निर्णय कहलाता है। हठधर्मिता और मतान्धता को छोड़कर सभी मानवीय क्रिया के लिए मूल्य-निर्णयों का होना आवश्यक है। विज्ञान में भी मूल्य-निर्णय शोध-समस्या के चुनाव

तथा वैज्ञानिक उपलब्धियों के व्यावहारिक प्रयोग को निर्धारित करते हैं, किन्तु सामाजिक विज्ञानों में मूल्य-निर्णयों को वस्तुपरक, निष्पक्ष तथा पूर्वाग्रह रहित शोध के लिए अवांछनीय माना जाता है, यदि वे उपलब्ध तथ्यों की प्राप्ति में अवरोध उत्पन्न करते हैं।

variable **परिवर्त्य/चर**

एक तकनीकी शब्द जिसका प्रयोग आनुभविक शोध में किसी विशिष्ट सामाजिक विशेषता अथवा सामाजिक कारक (जैसे आयु, लिंग, आय, शिक्षा, व्यवसाय, धर्म, जाति, प्रजाति, आदि) के लिए किया जाता है। सामान्य अर्थों में, परिवर्त्य का तात्पर्य ऐसी कोई मात्रा से है जो बदलती रहती है। विशिष्ट अर्थ में, परिवर्त्य अथवा चर अनेकों व्यक्तियों, वस्तुओं, समूहों अथवा घटनाओं के किसी ऐसे विशिष्ट लक्षण, गुण अथवा विशेषता को कहते हैं जिसकी भिन्न व्यक्तिगत इकाइयों में भिन्न मात्रा होती है। एक परिवर्त्य या चर में एकाधिक मूल्य अथवा विशेषताएं सन्निहित होती हैं।

परिवर्त्य सामाजिक शोध में केन्द्रीय महत्व का एक प्रत्यय है। अवधारणाओं को प्रत्यक्षतः मापना कठिन होता है, अतः शोध में अवधारणाओं को मापने योग्य बनाने के लिए उन्हें परिवर्त्यों में बदला जाता है, जैसे 'लिंग' की अवधारणा को स्त्री और पुरुष के दो परिवर्त्यों में तथा 'सामाजिक वर्ग' की अवधारणा को उच्च, मध्यम तथा निम्न वर्ग के परिवर्त्यों में बदला जाता है। एक परिवर्त्य की रचना अवधारणा की परिभाषा तथा उसकी एक संतोषजनक माप को विकसित कर के की जाती है।

variable, dependent **आश्रित परिवर्त्य**

स्वतंत्र परिवर्त्य के प्रत्याशित प्रभाव को आश्रित परिवर्त्य (या y परिवर्त्य) कहते हैं। इस परिवर्त्य को 'आश्रित' इसलिए कहा जाता है क्योंकि यह अपने परिणामों एवं परिवर्तनों के लिए दूसरे परिवर्त्य या परिवर्त्यों में होने वाले परिवर्तनों पर निर्भर करता है। कारक-प्रभाव योजना के अन्तर्गत् आश्रित परिवर्त्य को प्रभाव माना जाता है।

variable, independent **स्वतंत्र परिवर्त्य**

एक स्वतंत्र परिवर्त्य (या जिसे x परिवर्त्य भी कहा जाता है) उसे कहते हैं जिसकी उपस्थिति अथवा उसमें होने वाला परिवर्तन किसी अन्य परिवर्त्य (आश्रित परिवर्त्य) को प्रभावित करता है। जैसे 'धूम्रपान केंसर को जन्म देता है।' इसमें 'धुम्रपान' स्वतंत्र परिवर्त्य है तथा 'केंसर का उत्पन्न होना' (अर्थात् धुम्रपान का प्रभाव) आश्रित परिवर्त्य है। कारक-प्रभाव योजना के संदर्भ में इसे कारक माना जाता है। नियंत्रित प्रयोगों में स्वतंत्र परिवर्त्य को 'प्रायोगिक परिवर्त्य' कहते हैं, अर्थात् वह परिवर्त्य जिसे प्रायोगिक समूह में प्रयोग किया गया है, किन्तु जिसे नियंत्रित समूह से दूर रखा गया है।

variable, intervening **मध्यवर्ती परिवर्त्य**

जब दो परिवर्त्यों के मध्य कारणात्मक सम्बन्धों को प्रकट करने के लिए किसी अन्य

परिवर्त्य का प्रयोग एक व्याख्यात्मक कड़ी के रूप में किया जाता है, तब इस तीसरे परिवर्त्य को 'मध्यवर्ती परिवर्त्य' कहते हैं। जैसे, सामाजिक एकीकरण का ह्रास (स्वतंत्र परिवर्त्य) आक्रामक भावनाओं (मध्यवर्ती परिवर्त्य) को उत्पन्न कर आत्महत्या अथवा मानव हत्या (आश्रित परिवर्त्य) को जन्म देता है।

variable, qualitative **गुणात्मक परिवर्त्य**

संख्यात्मक इकाइयों की अपेक्षा श्रेणियों को प्रदर्शित करने वाले परिवर्त्य को गुणात्मक परिवर्त्य कहते हैं। लिंग, धर्म, जाति, प्रजाति गुणात्मक परिवर्त्य हैं। ऐसे परिवर्त्यों में विभेद के लिए अंकों अथवा संख्याओं का प्रयोग नही किया जाता।

variable, quantitative **परिमाणात्मक परिवर्त्य**

एक ऐसा परिवर्त्य जिसमें अनेक संख्यात्मक इकाइयों का प्रयोग किया जाता है, उसे परिमाणात्मक परिवर्त्य कहते हैं। आयु, आय, परिवार का आकार परिमाणात्मक परिवर्त्य के उदाहरण हैं।

variable, test **परीक्षण परिवर्त्य**

स्वतंत्र तथा आश्रित परिवर्त्यों के मध्य के संबंधों की जांच के लिए जिस परिवर्त्य का प्रयोग किया जाता है, उसे परीक्षण परिवर्त्य कहते हैं।

varna system **वर्ण व्यवस्था**

'वर्ण' हिन्दू सामाजिक संगठन की एक प्रमुख अवधारणा है। इस शब्द का सर्वप्रथम प्रयोग ऋग्वेद में किया गया जिसका रचना-काल लगभग 4000 ई. पू. मानते हैं। भारत में सामाजिक स्तरीकरण के जिस स्वरूप के दर्शन हुए हैं, उसे 'वर्ण' और 'जाति' के दो रूपों में देखा गया है। इन दोनों व्यवस्थाओं को प्रायः एक दूसरे का पर्याय मानकर बहुधा इन दोनों का प्रयोग समान अर्थ में किया जाता रहा है, किन्तु इस प्रकार का प्रयोग भ्रामक है। 'वर्ण' और 'जाति' दो भिन्न अवधारणाएं हैं, दोनों अलग-अलग व्यवस्थाएं हैं। दोनों शब्दों की उत्पत्ति अलग रूप में हुई हैं। 'जाति' शब्द का उद्‌भव संस्कृत की 'जन' धातु से हुआ है जिसका अर्थ जन्म लेने से होता है, जब कि 'वर्ण' की व्युत्पत्ति 'वृ' धातु से मानी जाती है जिसका अर्थ "वरन करने" से होता है। वर्ण-व्यवस्था के संदर्भ में इसका अभिप्रायः 'व्यवसाय के वरण' करने से रहा होगा। एक अन्य अर्थ में 'वर्ण' का अर्थ रंग भी होता है। **सेनार्ट** नाम अंग्रेज विद्वान ने इन दोनों में भेद किया है और लिखा कि "पारस्परिक क्रिया-प्रतिक्रिया के फलस्वरूप भले ही आगे चल कर इन दोनों का समन्वय हो गया हो, प्रारंभ से 'वर्ण' और 'जाति' की सत्ता एक दूसरे से भिन्न और पृथक थी।" अतः आरंभ में, भारत में सामाजिक स्तरीकरण के रूप में वर्ण-व्यवस्था ही पाई जाती थी और कालान्तर में इस व्यवस्था का स्थान जाति-व्यवस्था ने ले लिया।

पी.वी. काने के अनुसार, वर्ण की धारणा वंश, संस्कृति, चरित्र, स्वभाव एवं व्यवसाय

पर मूलतः आधारित है। इसमें व्यक्ति की नैतिक और बौद्धिक योग्यता का समावेश होता है। यह स्वाभाविक वर्गों की व्यवस्था को इंगित करती है, किन्तु इसके विपरीत जाति-व्यवस्था जन्म और आनुवंशिकता पर बल देती है तथा यह कर्त्तव्य रहित आचरण को अंगीकार करते हुए केवल विशेषाधिकार पर ही आधारित है।

'वर्ण' का अर्थ मुख्यतः गुण और कर्म से है, अर्थात् जिन व्यक्तियों में समान गुण और कर्म होते हैं, वे एक समूह (वर्ण) का निर्माण करते हैं। यह सही है कि कुछेक विद्वानों ने वर्ण-निर्धारण में आनुवंशिक क्षमताओं को भी थोड़ा-बहुत महत्व दिया है। किन्तु सामान्यतः कर्म को ही वर्ण का मुख्य आधार माना गया है। समाज में एक व्यक्ति अपनी प्रकृति के अनुसार जिस कार्य को अपनाता है, उसी के आधार पर उसके वर्ण का निर्धारण होता है।

वर्ण के कितने प्रकार हैं, इस संबंध में भी थोड़ा मतभेद है। ऐसा कहा जाता है कि प्रारंभ में दो वर्ण थे—आर्य और अनार्य (दास)। किन्तु वैदिक साहित्य जिसे भारतीय धर्म और समाज का एक प्राचीनतम एवं प्रामाणिक स्त्रोत माना जाता है, उसमें अनेक स्थलों पर विभिन्न वर्णों की उत्पत्ति पर प्रकाश डाला गया है। इस संबंध में ऋग्वेद के प्रथम श्लोक 'पुरुषसूक्त' में चार वर्णों—ब्राह्मण, क्षत्रिय, वैश्य और शूद्र का स्पष्ट उल्लेख किया गया है। वैदिक काल में वर्ण-व्यवस्था में उच्चता और निम्नता का विचार नहीं था। समाज का चार वर्णों—ब्राह्मण (पुरोहित), क्षत्रिय (सैनिक), वैश्य (व्यापारी) और शूद्र (सेवक) में विभाजन पूर्णतः श्रम-विभाजन पर आधारित था। बाद में, महाकाव्यों और धर्मशास्त्रों में इन चारों वर्णों और इनके कर्त्तव्यों, जिसे वर्ण-धर्म कहा गया है, का सविस्तार वर्णन देखने को मिलता है। ब्राह्मण वर्ण के व्यक्ति के लिये विद्यादान, पठन-पाठन, तपश्चर्या और संयम का पालन, क्षत्रिय के लिये रक्षा और दान, वैश्य के लिये वाणिज्य, धनोपार्जन और दान और शूद्र व्यक्ति के लिये शेष तीनों वर्णों की सेवा करना बताया गया है।

वैदिक काल में, इन वर्णों में आपसी वैवाहिक, खान-पान या अन्य सामाजिक सहवास संबंधी कोई प्रतिबंध नहीं थे। यही नहीं, कर्म पर आधारित होने के कारण एक व्यक्ति दूसरे वर्ण की सदस्यता ग्रहण कर सकता था। वास्तव में, वर्णों में संकुचितता, और ऊंच-नीच की भावना के साथ-साथ विभिन्न प्रतिबंधों का विकास ब्राह्मण काल (230 ई.पू. से 700 ई.पू.) में हुआ बताते हैं और इसी काल में ब्राह्मणों को शीर्ष और शूद्रों को निम्न स्थिति में रखते हुए वर्ण-व्यवस्था में अनुक्रम का संचार हुआ।

verstehen **वर्स्टेहन (बोध)**

कुछ समाज वैज्ञानिकों ने प्राकृतिक तथा सामाजिक विज्ञानों की भिन्न विषय-वस्तु के आधार पर यह स्वीकार किया है कि ये ज्ञान की दो भिन्न विधाएं हैं। डिल्थे तथा वेबर ने इसी आधार पर यह कहा कि प्राकृतिक तथा समाज वैज्ञानिकों को भिन्न उपागमों तथा शोध-विधियों का प्रयोग करना चाहिए। समाज वैज्ञानिकों को सामाजिक घटनाओं का अध्ययन करते समय मानवीय व्यवहार के ऐतिहासिक आयाम तथा मानवीय अनुभव के व्यक्तिपरक पहलुओं को भी ध्यान में रखना चाहिए। प्राकृतिक वैज्ञानिक के विपरीत एक

समाज वैज्ञानिक को अपनी विषय-वस्तु के आन्तरिक चित्र को प्राप्त करने का भी यत्न करना चाहिए। वह अपनी विषय-वस्तु के अन्दर झांक सकता है जो कि एक प्राकृतिक वैज्ञानिक के लिए सर्वथा संभव नहीं है।

इसी विचार ने वास्तव में, **मैक्स वेबर** को 'वर्स्टेहेन समाजशास्त्र' को विकसित करने के लिए प्रोत्साहित किया। 'वर्स्टेहेन' जर्मन भाषा का एक शब्द है जिसका अभिप्राय अन्तर्दृष्टि अथवा व्यक्तिगत बोध से है जो एक व्यक्ति सामाजिक अन्तर्क्रिया तथा दूसरों की भूमिकाओं के निर्वाह द्वारा प्राप्त करता है। किसी तथ्य अथवा घटना को अन्तर्दृष्टि द्वारा समझने के प्रयास को कुछ सीमा तक वर्स्टेहेन कहा जा सकता है। वेबर ने कहा है कि यदि समाज वैज्ञानिक व्यक्तियों तथा समूहों के व्यवहारों का अध्ययन करना चाहते हैं तो उन्हें 'दूसरों की भूमिका का निर्वाह' करना सीखना होगा। वास्तव में, यह शब्दावली मूलतः **प्रो. मीड़** की है जिन्होंने कर्त्ता के मूल्यों, दृष्टिकोणों, प्रतीकों, भावनाओं आदि को समझने के लिए कर्त्ता के सामाजिक वास्तविकता संबंधी विचारों को समझना आवश्यक बताया है। **कूले** ने वर्स्टेहेन के बारे में लिखा है कि इसका विकास सम्प्रेषण के आधार पर दूसरे व्यक्तियों के मस्तिष्क के साथ सम्पर्क द्वारा होता है। परिणामतः यह हमारे मस्तिष्क में दूसरे व्यक्तियों के समकक्ष विचारों एवं मनोभावों की प्रक्रिया समारंभ कर हमें दूसरे व्यक्ति के मानस को समझने में सहायता करती है।

vertical mobility = mobility, vertical

victim in crime **अपराध में पीड़ित**

एक ऐसे व्यक्ति या समूह को अपराध में पीड़ित या अपराध का शिकार कहा जाता है जिसे किसी गैर कानूनी क्रिया के कारण शारीरिक, भौतिक अथवा नैतिक क्षति उत्पन्न हुई हो।

victimology **पीड़ितजन्य विज्ञान**

अपराधशास्त्र की एक शाखा जो अपराध की उत्पत्ति और विकास में पीड़ितजन्य की भागीदारी की मात्रा और स्वरूप का अध्ययन करती है, पीड़ित विज्ञान कहलाती है। इसके अतिरिक्त, यह विज्ञान पीड़ित की मदद और लाभ के लिये क्या उचित और उपयुक्त है, इसका मूल्यांकन भी करता है। संक्षेप में, यह विज्ञान अपराधी-पीड़ित के सम्बन्धों का अध्ययन करती है।

village **गांव**

गांव का तात्पर्य घरों के उस समूह से है जिसकी एक निश्चित स्थानीय सीमा तथा एक नाम होता है। गांव की सीमा में वह समस्त जमीन आती है जिस पर गांव के लोग रहते हैं, कृषि करते हैं, पशु चराते हैं तथा अन्य कार्यों के लिए उसका प्रयोग करते हैं। यह एक ऐसा लघु समुदाय है जो सामाजिक एवं सांस्कृतिक दृष्टि से समरूपता लिए होता है तथा जहां

प्राथमिक समूहों तथा अनौपचारिक सम्बन्धों की प्रधानता होती है। जनसंख्या की दृष्टि से ऐसा समुदाय कम घनत्व वाला होता है तथा यहां व्यवसाय के रूप में कृषि को प्रधानता मिली होती है।

voluntarism **संकल्पवाद**

मानवीय व्यवहार के अध्ययन का एक परिप्रेक्ष्य जिसमें व्यवहार के निर्धारण में व्यक्तिगत चुनाव व निर्णय की प्रक्रिया को महत्व दिया जाता है। इस परिप्रेक्ष्य के अनुसार मानवीय व्यवहार को मात्र बाह्य कारकों की निष्पत्ति न मान कर उसे तार्किक तथा उद्देश्यपूर्ण माना जाता है। **टालकट पार्सन्स** ने अपनी पुस्तक 'द स्ट्रक्चर ऑफ सोश्यल एक्शन' (1937) में क्रिया के स्वैच्छिक सिद्धान्त के प्रतिपादन में इस बात पर बल दिया है कि मानव प्राणी विभिन्न लक्ष्यों एवं उन्हें प्राप्त करने वाले साधनों के बीच निर्णय कर के चुनाव करता है।

voting behaviour **मतदान व्यवहार**

समाजशास्त्रीय दृष्टि से कौन व्यक्ति किसको क्यों वोट देता है, इसका अध्ययन ही मतदान व्यवहार कहलाता है। मतदान व्यवहार को प्रभावित करने वाले प्रमुख कारक, धर्म, जाति, वर्ग, प्रजाति, नस्ल, लिंग, पारिवारिक या दल सम्बद्धता, आदि हैं

W

westernization **पश्चिमीकरण**

पाश्चात्य संस्कृति के संघात के द्वारा उत्पन्न सामाजिक प्रक्रिया को पश्चिमीकरण की संज्ञा दी गई है। यह प्रक्रिया पाश्चात्य संस्कृति के तत्वों को अंगीकार करने तथा पश्चिमी जीवन के अनुरूप सामाजिक, नैतिक और आर्थिक व्यवहारों में परिवर्तन को इंगित करती है। भारत में हो रहे सामाजिक परिवर्तन के संदर्भ में **प्रो. एम. एन. श्रीनिवास** ने लिखा है कि "मैने पश्चिमीकरण शब्द को ब्रिटिश राज्य के 150 वर्षों में शासन के परिणामस्वरूप भारतीय समाज व संस्कृति में उत्पन्न हुए परिवर्तनों के लिये प्रयोग किया है और यह शब्द विभिन्न स्तरों जैसे प्रौद्योगिकी, संस्थाओं, विचारधारा, मूल्य आदि में घटित होने वाले परिवर्तनों का द्योतक है। जहां संस्कृतिकरण की प्रक्रिया नीची जातियों द्वारा ऊंची जातियों की जीवन-शैली, मूल्य एवं विश्वासों के अनुकरण को इंगित करती है, वहां पश्चिमीकरण द्वारा ऊंची जाति के हिन्दुओं द्वारा पाश्चात्य जीवन-शैली, विचारों एवं सांस्कृतिक मूल्यों के ग्रहण को प्रकट करती है।"

white collar crime = crime, white collar

white collar criminal = criminal, white collar

wife hospitability **पत्नी आतिथ्यता**

कुछ आदिम समाजों में एक व्यक्ति द्वारा आतिथ्य-सत्कार के रूप में अतिथि को अपनी पत्नी को रात्रि में भेंट करने की प्रथा है, इसे ही पत्नी आतिथ्यता कहते हैं। कई बार इसका पालन विशेष अवसरों पर ही होता है। मानवशास्त्रियों का मत है कि यह प्रथा कामाचार के अवशेष के रूप में अभी भी कहीं-कहीं विद्यमान है।

witchcraft **जादू-टोना**

एक समुदाय के व्यक्ति जब दूसरों को नुकसान पहुंचाने की भावना से ऐसे अलौकिक साधनों का प्रयोग करते हैं जो सामाजिक दृष्टि से हेय माने जाते हैं तथा समाजोनुमोदित नहीं होते, तब यह क्रिया तथा इससे जुड़े विश्वासों को जादू-टोना कहा जाता है।

woman's suffrage **महिला मताधिकार**

जन-नेताओं को चुनने के लिए पुरुषों की भांति स्त्रियों को दिए जाने वाले मताधिकार की समानता को महिला मताधिकार के नाम से जाना जाता है।

word association test **शब्द साहचर्य परीक्षण**

व्यक्तित्व के अध्ययन की एक प्रक्षेपी विधि जिसमें प्रयोज्य को शब्दों की एक सूची देकर यह कहा जाता है कि वह प्रत्येक शब्द के साथ उस शब्द को जोड़े जो उसके मस्तिष्क में उस शब्द को देखने-पढ़ने के बाद सर्वप्रथम उत्पन्न होता है।

work **कार्य**

अपने लिये या दूसरों के उपभोग या विनिमय के लिये वस्तुओं और सेवाओं के उत्पादन हेतु शारीरिक, मानसिक और संवेगात्मक प्रयासों की आपूर्ति को कार्य कहा जाता है। उत्पादक कार्य की तीन मुख्य श्रेणियां हैः आर्थिक क्रिया या नियोजन, निशुल्क घरेलू और अवकाश की क्रियाएं, तथा स्वैच्छिक सामुदायिक सेवाएं। इन तीनों श्रेणियों के बीच सीमा-रेखा खींचना मुश्किल है। सर्वेक्षणों तथा सरकारी आंकड़ों के उद्देश्य से इनका निर्धारण राष्ट्रीय परिपाटियों के आधार पर होता है।

नियोजन और घरेलू श्रम में 'तृतीय व्यक्ति मापदंड' के आधार पर भेद किया जाता है। 'तृतीय व्यक्ति मापदंड' से तात्पर्य कि क्या वही क्रिया किसी अन्य व्यक्ति से बिना उपयोगिता में कमी लाये सम्पन्न की जा सकती है। इस आधार पर, विद्यालय का कार्य, अध्ययन कार्य, व्यायाम के उद्देश्य से खेल में भाग लेना, आमोद-प्रमोद के लिये भोजन बनाना या बागबानी करना जैसी क्रियाओं को नियोजन या रोजगारयुक्त कार्य नहीं कह सकते, जबकि इनमें भी बड़ी मेहनत की आवश्यकता होती है। इसी प्रकार, शुद्ध रूप से घरेलू उपभोग के लिये वस्तुओं और सेवाओं के उत्पादन को भी नियोजन की परिभाषा में सम्मिलित नहीं किया जा सकता। स्वैच्छिक सामुदायिक सेवाएं भी सामुदायिक विकास कार्य या दूसरों को सेवाएं देने के उद्देश्य से किये गये उत्पादक कार्य होते हैं, किन्तु सामान्यतः ये कार्य निशुल्क किये जाते हैं, अतः इन्हें भी नियोजन की श्रेणी से अलग रखा जाता है।

working class **कामगार वर्ग**

शास्त्रीय दृष्टि से, वह वर्ग जिसे जीवित रहने के लिये अपनी श्रम-शक्ति को बेचना पड़ता है, कामगार वर्ग कहलाता है। **मार्क्स** ने इस वर्ग को 'सर्वहारा वर्ग' के नाम से संबोधित किया है। बीसवीं सदी के विकसित समाजों के लिये कामगार वर्ग की उपरोक्त परिभाषा को कठिनतः ही उपयुक्त कहा जा सकता है। यदि कामगार वर्ग जैसी कोई श्रेणी है जो समाज के अन्य व्यक्तियों से भिन्न है, तब इसके कार्य तथा बाजार की स्थितियों की भी भिन्न विशेषताएं होनी चाहिये।

बाज़ार की स्थिति के संदर्भ में, उस वर्ग को कामगार वर्ग कहा जाता है जो अपनी श्रम-शक्ति को निश्चित समय के लिये (घंटों के हिसाब से मजदूरी) या ठेके पर कुछ निश्चित

काम के लिये निश्चित मजदूरी के आधार पर बेचते हैं। इसके विपरीत, कार्य की स्थिति के आधार पर कामगार वर्ग उसे कहा जाता है जिनकी पूर्णतः अधीनस्थ की भूमिका होती है। इसे उनके श्रम-समझौते की एक मुख्य विशेषता के रूप में माना जाता है। अतः मूलतः कामगार वर्ग में वे व्यक्ति सम्मिलित होते हैं जो हाथ से काम करते हैं या जो श्रम-साध्य व्यवसायों में लगे होते हैं। फिर भी, इसका तात्पर्य यह नहीं है कि एक आकारहीन कामगार वर्ग होता है क्योंकि कई ऐसे तरीके हैं जिनके आधार पर वर्ग को विशिष्ट समूहों में विभाजित किया जा सकता है।

worship, ancestor = ancestor, worship

world view/weltanschauung **विश्वदृष्टि**

विश्व के प्रति सोचने-समझने के हमारे विशिष्ट दृष्टिकोण या नजरिए को विश्वदृष्टि कहा जाता है। यह वास्तविकता का एक मानसिक अवबोधन है। एक व्यक्ति जीवन और विश्व का क्या अर्थ लगाता है, उसकी दृष्टि में विश्व तथा जीवन का क्या प्रयोजन है तथा विश्व एवं मानव के उद्‌भव और अस्तित्व के संबंध में उसकी क्या धारणाएं हैं, इन सभी विषयों के संबंध में उसके सोच द्वारा उसकी विश्वदृष्टि का निर्माण होता है। जर्मन भाषा में इसके लिए 'वल्टेचुआंग' शब्द का प्रयोग किया गया है। प्रसिद्ध दार्शनिक **डिल्थे** तथा समाजशास्त्री **कार्ल मानहीम** के नामों के साथ 'वल्टेचुआंग' की अवधारणा स्पष्ट रूप में जुड़ी हुई है।

समाजशास्त्रियों के लिये यह अवधारणा कई दृष्टि से महत्वपूर्ण है। ऐसा कहा जाता है समाज में विभिन्न समूहों की विश्वदृष्टि में भिन्नता होती है। बेरोजगार, मध्यम वर्ग, व्यापारी वर्ग, श्रमिक वर्ग के जीवन-दर्शन एक दूसरे से भिन्न होते हैं। समाजशास्त्रियों ने इस संबंध में कई प्रश्न खड़े किये हैं। क्या कुछ विशिष्ट सामाजिक समूहों की वास्तव में भिन्न विश्वदृष्टियां होती हैं जिनकी पहचान की जा सकती है। यदि यह सही है, तो व्यक्ति किस प्रकार समाज की विशिष्ट छवियों की रचना करते हैं? तथा एक समूह की सदस्यता और एक व्यक्ति की इसकी प्रतिकात्मक प्रतिनिधित्वता के बीच क्या संबंध हैं? इन प्रश्नों की खोज सरल कार्य नहीं है क्योंकि विश्वदृष्टि की रचना किन मूल्यों एवं विश्वासों से होती है, इस संबंध में एकमत्यता नहीं है।

women's movement = feminist movement

X

xenocentrism **विदेश केन्द्रितता**

सांस्कृतिक आधार पर बनी हुई एक ऐसी प्रवृति जिसके अनुसार अन्य संस्कृतियों को अपनी संस्कृति की अपेक्षा अधिक महत्व दिया जाता है, विदेश केन्द्रितता कहलाती है। सामान्य रूप में यह देखा गया है कि तीसरे विश्व के लोगों में औद्योगिक-विकसित समाजों की तुलना में अपनी संस्कृति के प्रति हीन भावना होती है। वे अपनी संस्कृति को इन समाजों की अपेक्षा कम महत्व देते हैं।

Y

youth culture — युवा संस्कृति

किशोरावस्था या युवावस्था को बाल्यावस्था और वयस्कावस्था के बीच की संक्रमणकालीन अवस्था माना जाता है। यह दोनों अवस्थाओं को अलग करती है। युवा किसे कहा जाये या किशोर कौन है, इसे मनो-देहिक और सामाजिक-सांस्कृतिक दोनो दृष्टि से परिभाषित किया जा सकता है। शारीरिक दृष्टि से यह एक ऐसी अवस्था है जिसमें व्यक्ति में कुछ शारीरिक परिवर्तन होते हैं। पुरुषों में इस अवस्था में दाड़ी-मुंछ और आवाज़ में भारीपन की शुरुआत हो जाती है। स्त्रियों में इस अवस्था में मासिक धर्म की शुरुआत के साथ वक्षस्थल में उभार और अन्य ग्रंथियों का विकास होता है। इसी अवस्था में दोनों लिंगों के व्यक्तियों में यौन भावना जाग्रत होती है और प्रजनन की क्षमता प्राप्त करते हैं। मानसिक दृष्टि से यह अवस्था उत्साह, उमंग, कामुकता, चंचलता, चपलता, उत्तेजना, कुछ करने की तमन्ना जैसी भावनाओं और उद्वेगों से भरी होती। सामाजिक-सांस्कृतिक दृष्टि से यह वह अवस्था है जब युवाओं के सामने घर और बाहर के परिवेश के साथ समायोजन की समस्याएं उत्पन्न करती है।

कई समाजों में युवावस्था की गणना को उम्र के साथ जोड़ा गया है। सामान्यतः 16 से 21 वर्ष के बीच (अलग-अलग देशों में भिन्न) युवावस्था की शुरुआत मानी जाती है। ब्रिटेन और सोवियत रूस में यह आयु 18 वर्ष है कई देशों में यह आयु स्त्री और पुरुष के लिये अलग-अलग निर्धारित की गई। भारत में विवाह की दृष्टि से हिन्दुओं में लडके की कानूनी आयु न्यूनतम 21 वर्ष और लडकी की 18 वर्ष रखी गई है, जब कि मताधिकार की आयु दोनों लिंगों के लिये न्यूनतम 18 वर्ष नियत की गई है।

युवावस्था/यौवनकाल मुख्यतः आधुनिक औद्योगिक समाजों की एक विशिष्ट घटना है। द्वितीय विश्व युद्ध के पश्चात् एक सामाजिक श्रेणी (केटेगरी) के रूप में युवाओं पर अधिकाधिक बल दिया जाने लगा, क्यों कि इन जटिल समाजों में विकास की इस अवस्था को विशेष चुनौतीपूर्ण माना गया। यही कारण है कि इन आधुनिक औद्योगिक समाजों में बहुधा 'युवाओं' को एक 'समस्या' समझा जाता है और इन पर इतना अधिक ध्यान दिया जाता है और इनके लिये इतने अधिक प्रयास किये जाते हैं ताकि इनका 'स्वस्थ' सामाजिक अनुकूलन हो सके। इन देशों में (विशेषतः अमेरिका और पश्चिमी देश) इस युवा कहे जाने वाली सामाजिक श्रेणी ने अपनी जीवन-शैली, पहनाव-ओड़ाव, खान-पान, बातचीत और

व्यवहार के तौर-तरीकों से अपनी एक अलग पहचान बना ली है।

युवा संस्कृति एक विशिष्ट प्रकार की उप संस्कृति है जो प्रमुख रूप से संगीत, फैशन, शैली तथा अवकाश के क्षणों के प्रयोग पर केन्द्रित होती है। यह कार्य की अपेक्षा आराम की संस्कृति है। इस समूह की मुख्य रुचि "शैली" में होती है। परिवार के व्यक्तियों की अपेक्षा युवाओं के सामाजिक संबंधों का समस्त तानाबाना हम-आयु के व्यक्तियों द्वारा बुना होता है। इस संस्कृति के युवा कुंठा, कई रूप-स्वरूप में विचलन और अ-आज्ञाकारिता तथा मुख्यधारा की वयस्क मध्यमवर्गीय संस्कृति के प्रति विद्रोह की भावना से ग्रसित होते हैं।